U0835800

汇集十年精华
展现裁判思维
促进适法统一

《中国法院年度案例集成丛书》

主　　编　胡田野　国家法官学院副院长
副 主 编　刘　畅　最高人民法院司法案例研究院规划部主任
　　　　　李晓果　最高人民法院司法案例研究院研究部副主任
主编助理　赵文轩　最高人民法院司法案例研究院规划部编辑

编审人员（按姓氏笔画为序）

王晓梅　王　锐　王蓓蓓　王　曦　朱志磊　朱建伟
朱　琳　刘　畅　安慧中　李迎昌　李明桓　李　彦
李　洋　李晓果　李　婧　李　谦　李想成　张智颖
陈佳艺　周丽华　赵文轩　荣学磊　胡田野　胡　岩
姜子佳　姜　丹　费嘉荣　徐万佳　唐世银　唐墨华
唐鑫鑫　梁　欣　程　瑛　焦明静　童启鑫　熊　燕
潘园园

本书编审人员　潘园园　李　婧

中国法院年度案例集成丛书

劳动纠纷

裁判规则 理解与适用

国家法官学院
最高人民法院司法案例研究院
—— 编 ——

中国法制出版社
CHINA LEGAL PUBLISHING HOUSE

《中国法院年度案例集成丛书》通讯编辑名单

刘晓虹　北京市高级人民法院

王　凯　北京市高级人民法院

董　扬　天津市高级人民法院

童若涵　河北省高级人民法院

崔铮亮　山西省高级人民法院

杨智勇　内蒙古自治区高级人民法院

周文政　辽宁省高级人民法院

苏　浩　吉林省高级人民法院

王　妍　黑龙江省高级人民法院

牛晨光　上海市高级人民法院

缪　芳　江苏省高级人民法院

卢燊绅　江苏省高级人民法院

符东杰　江苏省南通市中级人民法院

宋婉龄　江苏省无锡市中级人民法院

杨　治　浙江省高级人民法院

蒋　莹　浙江省高级人民法院

刘伟玲　安徽省高级人民法院

杨　宇　福建省高级人民法院

章光园　江西省高级人民法院

李　宁　山东省高级人民法院

郭宇凌　河南省高级人民法院

宋淼军　湖北省高级人民法院

黄　娅　湖北省宜昌市中级人民法院

唐　竞　湖南省高级人民法院

李　雪　广东省高级人民法院

邹尚忠　广西壮族自治区高级人民法院

陈小青　广西壮族自治区高级人民法院

李周伟　海南省高级人民法院

闫帅锋　重庆市高级人民法院

任　梦　四川省高级人民法院

李丽玲　云南省高级人民法院

石　瑾　云南省昆明市中级人民法院

伍席芳　贵州省高级人民法院

余长智　贵州省贵阳市中级人民法院

王丽萍　西藏自治区高级人民法院

郑亚非　陕西省高级人民法院

张旦旦　甘肃省高级人民法院

王　晶　青海省高级人民法院

康　莹　宁夏回族自治区高级人民法院

石孝能　新疆维吾尔自治区高级人民法院

吉　雄　新疆维吾尔自治区高级人民法院生产建设兵团分院

序

党的十八大以来，以习近平同志为核心的党中央高度重视依法治国，明确提出全面依法治国，坚持在法治轨道上推进国家治理体系和治理能力现代化。党的二十大报告指出，要坚持走中国特色社会主义法治道路，建设中国特色社会主义法治体系、建设社会主义法治国家，围绕保障和促进社会公平正义，坚持依法治国、依法执政、依法行政共同推进，坚持法治国家、法治政府、法治社会一体建设，全面推进科学立法、严格执法、公正司法、全民守法，全面推进国家各方面工作法治化。人民法院始终坚持以习近平新时代中国特色社会主义思想为指导，深入贯彻落实习近平法治思想，把加强案例指导和研究作为助力推进全面依法治国的重要途径，通过制定司法解释、发布指导性案例、提炼裁判要旨、推行类案检索等系列举措，深入推进法律适用统一，不断提升司法质量、效率和公信力，努力让人民群众在每一个司法案件中感受到公平正义。

“中国法院年度案例丛书”是国家法官学院于2012年开始编辑出版的一套大型案例丛书，每年年初定期出版。截至2022年，已经连续出版11年。2020年起，丛书由国家法官学院和最高人民法院司法案例研究院共同编著。丛书编辑始终坚持以习近平新时代中国特色社会主义思想为指导，深入贯彻落实习近平法治思想，深化成果运用，认真总结案例积累的审判执行经验做法，积极回应人民群众多元司法需求，记录我国司法审判执行工作发展进程，助力丰富司法审判理论，构建中国法治话语体系。该丛书案例涵盖人民法院刑事、民事、商事、行政、知产、环资和执行各业务领域，按照业务领域和案由层级设计分册及纲目，目前汇编案例合计1.2万余篇。丛书严格遵循案例选编要求，突出争议焦点、裁判规则和法律适用分析，追求“好读有用”，已经形成品牌效应。为总结十余年的案例编选和研究经验，在全国各级人民法院的大力支持下，国家法官学院与最高人民法院司法案例研究院经全面梳理丛书的1.2万余篇案例，以新法新规为依据，对于其中“判得好且写得好”的案例进行再次深度加工，编辑出版“中国法院年度案例集成丛书”。

“中国法院年度案例集成丛书”坚决贯彻落实党的二十大报告关于坚持全面依法治国，推进法治中国建设的部署要求，深度挖掘优秀案例在完善裁判规则体系、促进统一法律适用、促进民法典等新法新规正确实施和应用法学研究等方面的法治价值、学术价值和时代价值，探索体系化提炼和编纂裁判规则的新思路，发挥司法案例的规范、指导、评价、引领作用，展现新时代我国法治建设成就，大力弘扬社会主义核心价值观，助推全民法治意识和法治素养提升。

“中国法院年度案例集成丛书”共15个分册：《物权纠纷裁判规则理解与适用》《合同纠纷裁判规则理解与适用》《借款担保纠纷裁判规则理解与适用》《人格权纠纷裁判规则理解与适用》《婚姻家庭与继承纠纷裁判规则理解与适用》《侵权纠纷裁判规则

理解与适用》《道路交通纠纷裁判规则理解与适用》《保险纠纷裁判规则理解与适用》《劳动纠纷裁判规则理解与适用》《公司纠纷裁判规则理解与适用》《金融纠纷裁判规则理解与适用》《知识产权纠纷裁判规则理解与适用》《行政纠纷裁判规则理解与适用》《刑事案例裁判规则理解与适用》《执行纠纷裁判规则理解与适用》。丛书在编辑工作中坚持以下原则：一是突出裁判规则价值。以历年“中国法院年度案例丛书”采用的1.2万余篇案例为精选基础，优中选优，提供给读者十余年积累的多类型、多视角的疑难新型典型性案例，概览人民法院的类型化裁判规则。二是方便读者检索。为体现以读者为本的理念，丛书分卷细化，每卷根据最新的案由、法律适用问题分类编排案例，以裁判规则、裁判思路或案件焦点的核心内容作为主标题，让读者一目了然，迅速找到目标案例。三是注重案例分析的实用性。根据最新的法律法规以及司法解释对原“法官后语”进行完善，高度提炼案例对理解和适用新法新规的参考价值，为新型疑难法律适用问题提供解决方案，为司法工作提供借鉴，为法学研究提供启迪。

中国法制出版社始终全力支持“中国法院年度案例集成丛书”的出版，给了作者和编辑们巨大的鼓励。该丛书还提供了数据库增值服务，内附精美书签，扫描其中二维码，即可免费查阅往年同类案例数据库。我们在此谨表谢忱，并希望通过共同努力，臻于至善，真正探索出一条编辑案例书籍、挖掘案例价值的新路，不断增强丛书案例的代表性、时代性、权威性，丰富案例类型，细化裁判规则，提升分析质量，以更好服务于社会主义法治国家建设、服务于司法审判执行工作、服务于学习研究法律的广大读者。

“中国法院年度案例集成丛书”既是法官、检察官、律师等法律工作者的办案参考和司法人员培训的实用教材，也是社会大众学法用法的经典案例读本，同时是教学科研机构案例研究的良好素材。当然，我们难以一步到位实现初衷，该丛书还存在各种不足甚至错误，欢迎读者批评指正。我们愿听取各方建议，不断拓宽司法案例研究领域，有效发挥类案裁判规则功能，立足新发展阶段，实现中国特色司法案例研究事业的高质量发展。

国家法官学院

最高人民法院司法案例研究院

2023 年 2 月

目 录
Contents

一、确认劳动关系

二、劳动合同履行和变更

三、劳动合同解除和终止

四、追索劳动报酬、经济补偿金

五、竞业限制

六、社会保险

七、劳动争议仲裁

八、其 他

一、确认劳动关系

001 保险代理与劳动关系的认定

——范某诉保险某支公司劳动争议案

【案件基本信息】

1. 裁判书字号

新疆维吾尔自治区博尔塔拉蒙古自治州中级人民法院（2020）新27民终107号民事判决书

2. 案由：劳动争议纠纷

3. 当事人

原告（被上诉人）：范某

被告（上诉人）：保险某支公司

【基本案情】

2012年9月1日，保险某支公司（甲方）与人才服务公司（乙方）签订《劳务派遣协议书》，约定由乙方向甲方派遣工作人员，甲方根据实际录用派遣人员的数量按月向人才服务公司支付劳务费用，劳务费用含派遣人员的工资、派遣人员社会保险金和服务公司管理服务费三项，甲方须支付被派遣人员的加班费、绩效资金，提供与工作岗位相关的福利待遇。2014年9月1日，范某与人才服务公司签订《劳动合同书》，约定范某在保险某支公司从事综合业务，工资按照用工单位工资制度执行，合同期限为2年，于2016年8月31日终止。合同签订后，范某即在保险某支公司工作，合同到期后双方未再续签劳动合同。2016年10月12日，范某与保险某支公司签订《保险营销员保险代理合同》，约定：保险某支公司授权范某在博乐区域从事保险代理业务，依据合同约定取得代理手续费（佣金）及相应的奖励，该合同的有效期为三年；保险某支公司在合同中以加黑字体注明：范某已知悉并了解本合同仅构成甲乙双方的保险代理关系，在任何时候均不构成劳动关系或劳务关系，本合同对外不作为任何身份证明。2018年8月9日，双方再次签订保险代理合同。2019年3月2日，范某向保险某支公司履行请假手续，保险某支公司未向其发放工资。范某向劳动人事争议仲裁委员会提出仲裁申请，请求裁决保险某支公司支付未签订劳动合同工资、休息日加班工资、生育津贴等，劳动人事争议仲裁委员会裁决不予支持范某的请求。经查，范某为保险某支公司团险部内勤，从事该部门员工培训、考勤等工作，其佣金根据该部门办理的业务量予以确定。

【案件焦点】

1. 范某与保险某支公司之间是否存在劳动关系；2. 保险某支公司是否应当支付范某生育津贴及生活报销费用、未签订劳动合同工资、休息日加班工资。

【法院裁判要旨】①

新疆维吾尔自治区博乐市人民法院经审理认为：关于双方是否系劳动合同关系的问题。根据《中华人民共和国劳动合同法》规定，

---

① 本书【法院裁判要旨】适用的法律法规等条文均为案件裁判当时有效，下文不再对此进行提示。

用人单位自用工之日起，即与劳动者建立劳动关系。根据《劳动和社会保障部关于确立劳动关系有关事项的通知》第一条规定，用人单位招用劳动者未订立劳动合同，但同时具备下列情形的，劳动关系成立：（一）用人单位和劳动者符合法律、法规规定的主体资格；（二）用人单位依法制定的各项劳动规章制度适用于劳动者，劳动者受用人单位的劳动管理，从事用人单位安排的有报酬的劳动；（三）劳动者提供的劳动是用人单位业务的组成部分。范某从2011年3月开始在保险某支公司从事内勤工作，接受保险某支公司的管理，从事保险某支公司安排的有报酬的劳动，保险某支公司以自己所制定的规章制度管理范某，范某提供的劳动是保险某支公司业务的组成部分。双方的关系符合劳动关系的主要特征，范某自2014年9月由人才服务公司派遣至保险某支公司工作，与人才服务公司签订了劳动合同，合同期限为2014年9月1日至2016年8月31日。合同到期后，范某继续在保险某支公司从事内勤工作。因此，保险某支公司自2016年9月起即与范某确立了事实劳动关系。

保险某支公司认为双方系代理关系，所谓代理是指代理人在代理权限内以被代理人的名义与第三人实施民事法律行为，所产生的民事权利和民事义务由被代理人承受，由此产生的法律关系称为代理关系。在代理关系中，被代理人不能制定一套规章制度对代理人的工作时间、工作过程进行规定、管理。范某与保险某支公司之间不符合代理关系的特征，不属代理关系。故，保险某支公司辩称双方是代理关系的意见，不予采纳。

未参加生育保险，符合生育保险相关规定的女职工因生育而产生的医疗费用应由用人单位支付。范某的诉讼请求未超出法律规定，予以支持。关于范某请求保险某支公司支付未缴纳30个月五险一金以及生育期间5个月社保费用共计68087.25元的诉讼请求，因不属于劳动争议范围，范某可通过劳动行政部门解决，故对范某的该项诉讼请求不予支持。关于范某请求保险某支公司支付11个月未签订劳动合同工资47025元（4275元×11个月）的诉讼请求，符合法律规定，予以支持。关于范某请求保险某支公司支付自2018年1月至2018年12月每周六休息日（共计48天）正常上班工资报酬18869元（4275元/月÷21.75天×48天×200%）的诉讼请求，保险某支公司对范某在庭审中提交的值班表真实性予以认可，因双方存在事实劳动合同关系，保险某支公司理应按相关规定对周末加班支付双倍加班工资。故对范某的该项请求，亦予以支持。

新疆维吾尔自治区博乐市人民法院依照《中华人民共和国民事诉讼法》第六十四条第一款之规定，作出如下判决：

一、保险某支公司于判决书生效后三日内向范某支付生育津贴及生活报销费用24672.5元；

二、保险某支公司于判决书生效后三日内向范某支付11个月未签订劳动合同工资47025元；

三、保险某支公司于判决书生效后三日内向原告范某支付自2018年1月至2018年12月每周六休息日上班的工资报酬18869元；

四、驳回范某的其他诉讼请求。

保险某支公司不服，提起上诉。新疆维吾尔自治区博尔塔拉蒙古自治州中级人民法院经审理认为：根据劳动法的规定，劳动合同是指劳动者与用人单位确立劳动关系，明确双方权利和义务的协议。事实劳动关系，是指劳动者与用人单位虽未签订劳动合同，但在实现劳动过程中依据劳动法律规范而形成的事实上的劳动权利和义务关系。保险代理制度是民事代理制度的一种，是指保险代理人根据保险委托合同或授权委托书在授权范围内，以保险人的名义代理保险业务，并向保险人收取报酬的民事法律行为，代理行为所产生的法律后果直接由保险人承担。保险代理合同是保险代理人和保险人之间为明确双方权利和义务关系而签订的合同。

本案中，范某与保险某支公司于2016年10月签订《保险营销员保险代理合同》，该合同系双方当事人的真实意思表示，且未违反法律、法规强制性规定，为有效合同。范某与保险某支公司在《保险营销员保险代理合同》中明确约定，保险某支公司授权范某在博乐区域从事保险代理业务，依据合同约定取得代理佣金，并注明双方系保险代理关系，并不存在劳动关系或劳务关系，且该内容以明显加粗加黑字体告知范某。范某为保险某支公司团险部内勤，其每月工资按照该部门保险代理员办理的业务量有所波动、不固定，不符合作为劳动关系中的劳动者工资收入每月相对固定的特征。2016年10月至范某离职期间，范某的身份是保险代理人，其与保险某支公司之间构成保险代理合同关系，而非劳动关系。综上，范某主张保险某支公司支付生育津贴及生活报销费用、11个月未签订劳动合同工资及自2018年1月至2018年12月每周六休息日上班工资的请求，无事实及法律依据，本院不予支持。一审法院认定双方之间存在劳动关系，并判令保险某支公司向范某支付其主张的各项费用不当，应予以纠正。综上所述，保险某支公司的上诉请求成立，应予支持。一审法院认定事实不清，证据不足，应予纠正。

新疆维吾尔自治区博尔塔拉蒙古自治州中级人民法院依照《中华人民共和国民事诉讼法》第一百七十条第一款第二项之规定，作出如下判决：

一、撤销一审判决；

二、保险某支公司不支付范某生育津贴及生活报销费用、11个月未签订劳动合同工资、自2018年1月至2018年12月每周六休息日上班工资报酬。

【法官后语】①

事实劳动关系，是指劳动者与用人单位虽未签订劳动合同，但在实现劳动过程中依据劳动法律规范而形成的事实上的劳动权利和义务关系。保险代理制度是民事代理制度的一种，是指保险代理人根据保险委托合同或授权委托书在授权范围内，以保险人的名义代理保险业务，并向保险人收取报酬的民事法律行为，保险代理人在保险人授权的范围内以保险人的名义进行业务活动，代理行为所产生的法律后果直接由保险人承担。

本案的争议焦点为范某与保险某支公司之间系劳动关系还是保险代理关系。笔者认为，判定是劳动关系还是保险代理关系，应当从合意因素、管理因素及经济因素三个方面进行考量，即主要考量当事人之间的合意、保险公司对保险代理人的管理程度和保险代理人的报酬性质。

在判定保险代理人与保险公司形成的法律关系时，通常应先考虑双方签订的合同类型，因为合同代表着双方的合意，最能反映当事人希望形成的是何种法律关系，所以当事人的合意是审理此类案件时应考量最多的因素。我国保险法规定，保险代理人从事代理业务需要与保险公司签订代理合同，这就说明保险代理人不是公司的员工，双方是平等的民事代理关系。保险代理人与保险公司之间签

---

① 本书【法官后语】对相关法律问题涉及的法律法规等进行了时效性更新，下文不再对此进行提示。

订了合同，且实际履行的内容与合同的约定一致，则签订的合同就代表了双方的合意，应当按照双方签订的合同关系处理争议。即双方签订了保险代理合同，且保险代理人与保险公司均遵守代理合同的约定事项，此时双方形成代理关系，约定按照保险代理关系处理双方之间的争议。

虽然保险代理人不具有劳动者身份，但这并不代表他们不需要接受保险公司的管理。这是因为保险代理工作要求代理人具备一定的专业技能，保险公司应当对保险代理人实施一定的管理行为以规范他们的保险代理工作。实践中，有的保险公司会要求保险代理人参加每日考勤、定期参与培训等，这些管理方式与公司对员工的管理方式很相似，因此保险代理人会被误认为保险公司的员工，当与保险公司发生争议的时候，保险代理人通常会请求确认与保险公司之间存在劳动关系来维护自己的权益。劳动关系与代理关系最大的区别在于前者具有强烈的从属性，通过审查用工单位对劳动者的管理程度可以从一定程度上看出二者是否具备从属性特征，因此保险公司对保险代理人关于考勤、培训、规章制度等方面的管理程度也是判定双方是否形成劳动关系的重要考量因素。

保险代理人与普通劳动者的区别在于，前者的报酬属于佣金形式，即保险代理人的报酬是不定额的，每月取得的报酬数量取决于当月的保险业务量，没有固定的底薪，因此在判定时应当审查案件中保险代理人的报酬性质等经济因素。劳动法第七十二条规定用人单位须为本单位的劳动者缴纳社会保险费，但在保险代理关系中，保险公司则无此义务。劳动法第五十条规定劳动者的工资要按月支付，这与保险代理人无固定的报酬取得方式亦不同。

本案中，范某与保险某支公司签订有《保险营销员保险代理合同》，且双方在合同中明确约定，保险某支公司授权范某在博乐区域从事保险代理业务，依据合同约定取得代理佣金，并注明双方系保险代理关系，并不存在劳动关系或劳务关系。范某担任公司团险部内勤，其每月工资按照该部门保险代理员办理的业务量有所波动，不固定，不符合作为劳动关系中的劳动者工资收入每月相对固定的特征。因此，2016年10月至范某离职期间，范某的身份是保险代理人，其与保险某支公司之间构成保险代理合同关系，而非劳动关系。

编写人：新疆维吾尔自治区温泉县人民法院　卓娅

002　法定代表人劳动关系的认定

——集团公司诉张某劳动争议案

【案件基本信息】

1. 裁判书字号

北京市第二中级人民法院（2020）京02民终3799号民事判决书

2. 案由：劳动争议纠纷

3. 当事人

原告（反诉被告、被上诉人）：集团公司

被告（反诉原告、上诉人）：张某

【基本案情】

集团公司为国际贸易公司的唯一股东。国际贸易公司董事长韩某与张某为朋友。2017年7月末，韩某告知张某，让其做国际贸易公司的法定代表人。后张某于同年8月18日提出辞职，但之后法定代表人一直没有更换。2018 年 1 月 22 日，集团公司需要国际贸易公司作担保，需要张某签字，故为其出具了保证函，保证函内容为："集团公司为国际贸易公司的控股股东。自 2017 年 8 月 1 日起，我公司任命张某为国际贸易公司的法定代表人，每月工资为税后 18000 元，在职期间，工资由我公司支付，并由我公司在北京市为其缴纳社会保险及住房公积金。我公司指派张某在国际贸易公司开展的经营活动出现的一切经济风险和法律责任均由我公司承担……"张某在其他公司缴纳了社会保险。

张某于 2017 年 8 月 1 日至 2018 年 11 月 28 日担任国际贸易公司法定代表人，而在上述任职期间内，张某大部分时间都在家里，未至集团公司或国际贸易公司上班，未对国际贸易公司进行管理，偶尔至山东待几天办理工商登记、开户、银行贷款等手续。国际贸易公司曾于 2017 年 12 月至 2018 年 12 月向张某转账数次。

2019 年 4 月 29 日，张某向北京市丰台区劳动争议仲裁委员会（以下简称仲裁委员会）提出本案前置仲裁申请，要求确认自 2017 年 8 月 1 日至 2019 年 4 月 29 日与集团公司存在劳动关系，要求集团公司支付其工资、社会保险费用、公积金、未签订劳动合同二倍工资、基本生活保障费、解除劳动关系经济补偿金，并为其出具解除劳动合同证明。2019 年 7 月 17 日，仲裁委员会作出裁决书，裁决张某与集团公司于 2017 年 8 月 1 日至 2018 年 10 月 26 日存在劳动关系，集团公司支付张某工资差额、未签订劳动合同的二倍工资差额，为张某出具离职证明，并驳回张某的其他仲裁请求。

张某与集团公司均不服仲裁裁决结果，向法院提起诉讼。集团公司要求确认双方在上述期间不存在劳动关系，无需支付张某裁决款项，无需为张某开具离职证明。张某要求确认其与集团公司于2017年8月1日至2018年11月29日存在劳动关系，集团公司支付其2017年8月1日至2017年12月31日拖欠工资30000元，2018年5月1日至2018年11月30日拖欠工资、社会保险费、公积金费用12800元，2017年9月1日至2018年8月31日未签订劳动合同二倍工资216000元，2018年12月1日至2019年7月31日北京市基本生活保障费17600元、补偿金18000元并为其办理解除劳动合同手续。

【案件焦点】

张某与集团公司是否存在劳动关系。

【法院裁判要旨】

北京市丰台区人民法院经审理认为：《中华人民共和国劳动合同法》第七条规定，用人单位自用工之日起即与劳动者建立劳动关系。张某主张其与集团公司存在劳动关系的主要证据为集团公司出具的保证函。根据双方陈述及均认可的证据，该保证函出具的背景系张某在辞去法定代表人未果的情况下，因集团公司要求国际贸易公司担保，需张某签字，于2018年1月22日为其出具。内容中记载的由集团公司任命张某担任国际贸易公司法定代表人的情况，与双方当庭均认可的张某系因与国际贸易公司董事长韩某私人关系受邀担任法定代表人的事实存在出入。且张某认可其另有缴纳社会保险的单位，集团公司并未按照保证函所述在北京为其缴纳社会保险及住房公积金；现亦无充分证据证明国际贸易公司的转账行为系代替集团公司向张某支付工资。故保证函无法作为充分证据证明张某与集团公司存在劳动关系。

劳动关系是劳动者基于从属关系，向用人单位提供职业性的劳动，由用人单位给付劳动报酬所形成的法律关系，其最核心的判断标准为是否具有从属性。张某在其主张的与集团公司存在劳动关系的期间，仅协助国际贸易公司办理工商登记与银行开户、销户、贷款业务，其余时间均在北京家中。张某在此期间仅担当法定代表人，无需上班，无需遵从集团公司各项劳动规章制度，不接受集团公司的日常管理，未实际向集团公司提供劳动，难以认定其与集团公司之间具有从属关系。故双方并未形成实际的用工关系。

综上，对张某关于其与集团公司在 2017 年 8 月 1 日至 2018 年 11 月 29 日期间存在劳动关系的主张不予采信。对张某基于劳动关系，要求集团公司支付工资、五险一金费用、未签订劳动合同二倍工资、补偿金、生活保障费及办理解除劳动合同手续的诉讼请求，不予支持；对集团公司要求确认双方不存在劳动关系，不支付张某工资、未签订劳动合同二倍工资、无需出具离职证明的诉讼请求，予以支持。

北京市丰台区人民法院依照《中华人民共和国劳动合同法》第七条规定，判决如下：

一、集团公司与张某于 2017 年 8 月 1 日至 2018 年 11 月 29 日期间不存在劳动关系；

二、集团公司无需支付张某 2017 年 8 月 1 日至 2017 年 12 月 31 日期间工资差额 30000 元；

三、集团公司无需支付张某 2018 年 6 月 1 日至 2018 年 6 月 30

日工资差额6000元；

四、集团公司无需支付张某2018年7月1日至2018年10月26日工资69724.14元；

五、集团公司无需支付张某2018年4月30日至2018年7月31日未签订劳动合同二倍工资差额54000元；

六、集团公司无需为张某开具离职证明；

七、驳回张某的诉讼请求。

二审法院同意一审法院裁判意见。

【法官后语】

法定代表人是依照法律或法人章程规定，代表法人从事民事活动的负责人。作为法定代表人的自然人是否与公司存在劳动关系，应当就其从事活动的性质及内容具体分析，不能一概而论。

首先，法定代表人身份与劳动关系具有评价体系的双重性。法定代表人基于其身份从事的活动，系其对内行使业务执行权、对外行使公司代表权的体现，其活动的动因系法律或公司章程赋予的职权。而劳动关系则是劳动者基于从属关系，向用人单位提供劳动，接受用人单位管理，并由用人单位发放劳动报酬的法律关系，其核心为人格从属性。劳动者活动的动因系接受公司管理，向公司提供有价值的劳动。二者是基于不同维度对一个人身份的评价，具有明显的区别。

其次，法定代表人的身份并不排斥劳动关系的成立。从法律规定层面分析，法定代表人依照公司章程规定，由董事长、执行董事或者经理担任，并依法登记。而根据公司法规定，董事会中可以有公司职工代表。由此可见，劳动者可以担任公司董事，进而担任法

定代表人，二者并不冲突。从社会现实层面分析，实践中公司的实际控制人基于逃避风险等各方面考虑，要求公司员工担任法定代表人的情况不在少数，在此类情况下，法定代表人与公司存在劳动关系。

最后，在判断担任法定代表人的个人与公司是否存在劳动关系时，应当具体分析其活动的内容与性质，对二者之间是否具有管理与被管理的从属关系作出认定。实践中，很多法定代表人除行使法定代表人职权外，还从事公司的其他具体业务，需遵守公司的管理制度，并以劳动报酬作为收入来源，在这种情况下其同时与公司形成了劳动关系。而在本案中，张某从事的活动为协助公司办理工商登记与银行开户、销户、贷款业务，这些活动显然为履行法定代表人对外代表权的体现。除此之外，张某无需从事任何活动，不接受国际贸易公司或集团公司的日常管理。因此，难以认定其与集团公司存在劳动关系。

编写人：北京市丰台区人民法院　王吟元

003　非典型劳动者的劳动关系确认审查

——某服务局诉许某劳动争议案

【案件基本信息】

1. 裁判书字号

北京市第二中级人民法院（2020）京02民终10938号民事判决书

2. 案由：劳动争议纠纷

3. 当事人

原告（反诉被告、被上诉人）：某服务局

被告（反诉原告、上诉人）：许某

【基本案情】

许某于1994年通过某服务局的家委会负责人贺某介绍进入某服务局工作。某服务局认可许某曾在上述地点提供看车服务，后于2003年成立物业公司负责提供物业服务，但不认可其系物业公司员工。双方认可许某的报酬来源为某服务局出租其宿舍楼中部分房屋的租金收入，通过贺某以现金形式发放，其中2015年至2016年期间因家委会账目资金调查需要，由该单位后勤处人员金某通过银行转账方式向许某发放工资。

某服务局主张双方之间为承揽关系，故起诉请求确认双方不存在劳动关系，无需支付工资等。许某则主张其受某服务局的员工贺某指派进行工作，时间长达25年，持续而稳定，工资也由某服务局发放，双方不仅具备劳动关系主体资格，许某也需要受某服务局管理和规章制度制约，其提供的劳动也是某服务局的业务组成，双方之间理应存在劳动关系。故许某不同意某服务局的诉讼请求，亦起诉要求其支付工资差额、加班工资、未休年休假工资、未交保险的养老保险待遇损失等。某服务局坚持其起诉意见，不同意许某的诉讼请求。

【案件焦点】

1. 许某与某服务局之间是否存在劳动关系；2. 非典型劳动者的劳动关系确认审查。

【法院裁判要旨】

北京市东城区人民法院经审理认为：劳动关系具备人身依附性和财产性双重属性。首先，根据许某的庭审陈述和提交的证据，从用工主体来看，家委会并非某服务局的内设机构或部门，贺某作为某服务局的工作人员虽担任过家委会负责人，但不能据此证明家委会具备用工主体资格，亦不能证明家委会的历史职责应由某服务局承继。其次，从工作内容及报酬发放来看，双方认可许某从事看车等工作，报酬直接从贺某处以现金方式领取，且认可其收入系从出租房屋租金中支出，自始至终并非直接源于某服务局财务支出。再次，某服务局为事业单位，许某从事的工作为看车，不属于某服务局的业务范围；且许某自述由贺某安排其工作内容，由贺某进行工作管理，贺某亦认可许某的具体工作内容由其进行安排，并不直接受某服务局相关业务部门及其内部规章制度的管理。最后，贺某出庭作证称其招用许某做临时工，并未向其告知系某服务局招聘，许某与某服务局之间并未形成建立劳动关系的合意；且许某曾起诉物业公司要求确认劳动关系，亦可推知许某对于建立劳动关系的对象等并无明确认知。综上，许某与某服务局之间并不存在接受用人单位劳动规章制度管理等紧密的人身依附性，亦不存在直接受领劳动成果、支付劳动报酬等劳动法意义上的财产从属性，不具备劳动关系的法律特征。故双方之间不存在劳动合同法意义上的劳动关系。许某基于双方之间存在劳动关系，要求某服务局支付工资等项，均不予支持。某服务局亦无需支付许某相关费用。

北京市东城区人民法院依据《中华人民共和国劳动法》第七十七条之规定，判决如下：

一、确认某服务局与许某之间自 1994 年 12 月 26 日至 2019 年 1

月 1 日期间不存在劳动关系；

二、某服务局无需向许某支付 2011 年 1 月至 2018 年 12 月期间工资差额 47560 元；

三、某服务局无需向许某支付 2017 年 1 月 1 日至 2018 年 12 月 31 日期间未休年休假工资 6069 元；

四、驳回许某的全部诉讼请求。

二审法院同意一审法院裁判意见。

【法官后语】

根据现行法律规定，劳动关系的建立必须符合法定条件，将除劳务派遣和非全日制用工外的很大一部分非典型劳动关系和非典型劳动者排除在外。近年来非典型劳动者群体规模迅速扩大，其劳动关系确认成为劳动争议审判中占比较大的案件类型，这也对劳动关系审查认定的人身依附性和经济从属性标准提出了时代化的新需求。

1. 人身依附性的审查认定

随着共享经济的迅猛发展，我国进入劳动弹性化的时代。劳动者依赖雇主赚取稳定工资的全职就业率在发达国家和发展中国家分别呈现出下降和增长放缓的趋势，以固定就业关系为主的从业格局向灵活性和多样性转变。其中最主要的体现就是平台交易对象从商品拓展到服务性劳务，“平台+个人”的模式通过智能终端与企业开发的应用软件相联系，迅速匹配消费者需求与服务方供给，增加大量的灵活就业岗位。在这种模式下，企业的主营业务通常仅为软件开发，而非劳务服务提供本身，弱化了劳务服务提供方与平台之间的依存关系，从而区别于典型劳动关系。但对于如快递员等众包形式劳动者而言，企业平台却可以通过大数据、黑箱算法等技术手段对派送的时间、路线、评价等服务项目进行控制，从而实现对劳动者提供劳务过程中的人身限制。

因此，对人身依附性标准的审查认定不能仅以形式上所呈现的关系加以判断，而应当加以细化：(1) 劳动者是否有拒绝劳动任务的权利；(2) 劳动者是否必须完全遵守工作规则和管理制度；(3) 用人单位是否有对劳动者的劳动过程、方式和任务指挥命令的权力；(4) 用人单位是否有对劳动过程和劳动成果监督考核的权力；(5) 用人单位是否有根据企业制定的工作制度进行惩罚的权力且劳动者必须无条件接受企业的惩罚；(6) 用人单位是否有权禁止劳动者与其他用工主体建立劳动关系。

2. 经济从属性的审查认定

劳动关系从本质上来说，是劳动者通过付出劳动，换取对价以维持基本生活所需的交易过程。因此，劳动者与其为之付出劳动的用人单位之间是否存在经济联系，也是认定劳动关系的基本原则。仍以骑手为例，非典型劳动者的收入组成看似完全取决于其接单数量，而非来自平台企业的经营收入，但平台企业的经营收入系来自骑手的接单抽成，且骑手的收入需要经过平台企业账户转账支付，平台还从每单中扣除一定的商业保险或技术费用。可见平台企业的经营收益系建立在骑手劳动基础之上，双方之间存在本质上的经济从属性。

据此，可对经济从属性审查标准进行如下分解：(1) 劳动者的劳动是否为用人单位创造价值或收益；(2) 用人单位和劳动者在用工关系中各自的风险负担程度；(3) 用人单位对劳动者技能的依赖程度；(4) 劳动者从某一用人单位获得的劳动收入占个人经济收入的比例；(5) 用人单位是否为劳动者缴纳社会保险、各种税收或者为其购买了补充商业保险来分担用工风险。

3. 本案的审查认定

具体到本案，同样可以依据人身依附性和经济从属性二原则进行劳动关系的审查。

首先，许某自述经某服务局家委会负责人招录提供劳动，但在工作过程中从未实际到某服务局工作地点参加与工作内容相关的会议等管理活动，也没有受到某服务局对其劳动过程或成果的考核等，某服务局更没有对许某只能从事家属楼自行车管理工作而不能与其他用工主体建立劳动关系做出禁止性要求，因此难以认定双方之间存在人身依附性。

其次，虽然许某的劳动报酬曾经通过银行转账发放，但其经费来源为出租房屋租金，出租房屋并非某服务局的业务范围，房屋租金也不是某服务局的业务经费来源或经营收益；且许某从事的看车工作与出租房屋的租金收益亦无直接关联。许某和某服务局之间难以建立从属性的经济联系。

综上，许某并非依附和从属于某服务局的非典型劳动者，双方之间不存在典型或非典型劳动关系。非典型劳动关系的认定也应当综合二原则各细化标准进行考察。与许某类似的劳动者权益，则可以通过其他民事法律规范或社会福利规范加以保护。

编写人：北京金融法院　王玫

北京市东城区人民法院　李燕

004 非全日制劳动关系的确认应符合实际用工特征

——王某诉酒楼公司劳动争议案

【案件基本信息】

1. 裁判书字号

北京市第二中级人民法院（2020）京 02 民终 11817 号民事判决书

2. 案由：劳动争议纠纷

3. 当事人

原告（上诉人）：王某

被告（上诉人）：酒楼公司

【基本案情】

2012 年 1 月 26 日及 2015 年 1 月 25 日，王某与酒楼公司两次签订《非全日制劳动合同》，两份合同均约定工作时间为每天 4 小时，支付劳动报酬周期不得超过 15 日。王某主张双方虽签订非全日制劳动合同，但实质上建立的是全日制劳动关系，故起诉要求确认与酒楼公司之间形成全日制劳动合同关系，并要求酒楼公司支付加班工资、未休年休假工资、解除劳动合同经济补偿金等。

为证明双方之间系全日制劳动关系，王某提交以下证据：1. 银行对账单，其中 2010 年 12 月至 2014 年 3 月期间，酒楼公司于每月 20 日左右支付上个自然月工资；2014 年 4 月至 2019 年 5 月期间，酒楼公司于每月中旬分两次支付上个自然月工资。酒楼公司对该证据真实性认可，对证明目的不认可。2. 部分小时工签到表、报班表，系通过拍照取得，其上反映王某日工作小时数(均超过了8小时)，每日用餐0.5小时，小时工签到表上均有本人签名。酒楼公司对该证据真实性、证明目的均不认可。3. 部分每月签字确认的四张考勤表，系通过拍照取得，显示上半月和下半月各有两张考勤表，一张考勤表显示王某每天出勤4小时，另一张则显示王某每天出勤2~7.5小时不等。酒楼公司对该证据真实性、证明目的均不认可。

酒楼公司提交2017年7月至2019年6月考勤表，每月分上半月和下半月各一张考勤表，其上显示王某每日出勤4小时，每周至少休息1天，有王某本人签字，以证明王某的出勤符合非全日制用工的规定。王某认可该证据真实性，但主张实际上每月有4张考勤表，合并起来才是其真实的出勤小时数。经法院释明，酒楼公司未提交王某在职期间的原始打卡记录。

【案件焦点】

双方是否存在全日制劳动关系。

【法院裁判要旨】

北京市东城区人民法院经审理认为：首先，王某提交部分小时工签到表、报班表、部分每月签字确认的四张考勤表，用以证明每日工作时间超过4小时，王某提交的上述证据虽非原件，但该种情形系因劳动者客观举证能力较弱所致，对此酒楼公司虽不认可，却未提交原始打卡记录加以反证，若仅以证据非原件而未采信，有悖公平。其次，从银行对账单反映的酒楼公司劳动报酬结算支付周期可知，2010年12月至2014年3月期间酒楼公司每月仅支付1次工资，与双方合同关于支付周期不超过15日的约定不符；另，2014年4月至2019年5月期间，酒楼公司于每月中旬分两次支付上个自然月工资，仅说明酒楼公司在每月相近的两天内将上月工资拆分成两笔分别支付，与法律所要求的“结算支付周期最长不得超过15日”的要求不符。最后，酒楼公司未向法院提交到当地劳动保障行政部门办理录用备案手续的证据。综上，法院根据实际用工特征，认定双方存在全日制劳动关系。

北京市东城区人民法院依照《中华人民共和国劳动合同法》第四十六条、第四十七条、第六十八条、第七十二条，《最高人民法院关于审理劳动争议案件适用法律若干问题的解释（三）》第九条规定，作出如下判决：

一、确认王某与酒楼公司自2006年12月20日至2019年6月26日期间存在全日制劳动关系；

二、酒楼公司自本判决生效之日起七日内支付王某2017年1月1日至2019年6月26日期间未休年休假工资21166.9元；

三、酒楼公司自本判决生效之日起七日内支付王某一次性伤残就业补助金31776元；

四、酒楼公司自本判决生效之日起七日内支付王某解除劳动合同经济补偿金110491元；

五、驳回王某的其他诉讼请求。

二审法院同意一审法院裁判意见。

【法官后语】

非全日制用工作为灵活用工的一种形式，《中华人民共和国劳动合同法》对其进行了专门的规定。非全日制劳动关系与全日制劳动关系在劳动合同形式、工作时间、工资支付周期、劳动关系的解除及经济补偿金的支付等方面都存在很大的区别。但是实践中，有些用人单位一方面采用全日制用工的实际用工形式，另一方面却要求员工与其签订书面的非全日制劳动合同，从而逃避全日制用工形式下用人单位应当承担的法定义务。

本案中的用人单位就存在上述情形。劳动者起诉要求确认全日制劳动关系，用人单位拿出与劳动者签订的《非全日制劳动合同》作为主要证据进行抗辩，劳动者解释系用人单位强迫其签订，劳动者为了得到工作机会只能签署。乍看之下，有书面的《非全日制劳动合同》摆在案前，劳动者的解释又没有证据予以证明，似乎应当认定双方之间系非全日制劳动关系；但是对非全日制劳动关系的认定不能仅依据劳动合同的名称，而应审慎审查双方之间的实际用工特征是否符合非全日制劳动合同的特点。

首先，从工作时间来看，《中华人民共和国劳动合同法》第六十八条规定，非全日制用工，是指以小时计酬为主，劳动者在同一用人单位一般平均每日工作时间不超过四小时，每周工作时间累计不超过二十四小时的用工形式。本案中，用人单位提交了每月两张考勤表作为证据，其中显示劳动者每日工作时间为4小时。但劳动者提交证据证明每天的实际工作时间都多于4小时，用人单位每个月实际使用四张考勤表记录考勤，极有可能是为了在诉讼时只提交其中两张来证明劳动者的工作时间符合非全日制用工的法律规定。劳动者提交的证据系手机拍照所得，用人单位虽以无法出示原件为由不予认可，但应当指出，考勤表系用人单位掌握的文件材料，劳动者基于弱势地位，不具备取得该证据原件的客观条件，若仅以无法提供原件为由不予采信，明显有失公允。劳动者已完成了初步的举证责任，用人单位应提供进一步的反证，但用人单位并未提交劳动者的原始打卡记录。

其次，从工资支付周期来看，《中华人民共和国劳动合同法》第七十二条第二款规定，非全日制用工劳动报酬结算支付周期最长不得超过十五日。据此，若劳动者整月都在用人单位处工作，每月应至少发放两次工资。但在审查用人单位的工资支付情形时，不能仅以每月工资支付次数机械认定，应核查工资支付的实质特征，例如本案中用人单位明显系将整月工资强行拆分成两次发放，并不符合非全日制劳动关系的真正特点。

最后，从程序要件来看，按照《劳动和社会保障部关于非全日制用工若干问题的意见》的规定，用人单位招用劳动者从事非全日制工作，应当在录用后到当地劳动保障行政部门办理录用备案手续。

编写人：北京市东城区人民法院　张亚婷

005　签订劳动合同是否必然建立劳动关系

——李某诉建筑公司、袁某劳务合同案

【案件基本信息】

1. 裁判书字号

北京市第一中级人民法院（2020）京01民终4211号民事判决书

2. 案由：劳务合同纠纷

3. 当事人

原告（被上诉人）：李某

被告（上诉人）：建筑公司

被告（被上诉人）：袁某

【基本案情】

2015年6月20日，劳务分包人（甲方）建筑公司与班组承包人（乙方）袁某签订《教工住宅项目一标段J地块回迁住宅二次结构、屋面及初装工程班组协议书》。李某在上述工地从事瓦工工作，同时受袁某委托从事给工人记考勤、代领工资等管理工作。三方当事人针对形成的关系陈述如下：李某主张其并非建筑公司的员工，而是受袁某雇用，二人之间是劳务关系；建筑公司则主张与李某之间存在劳动关系，公司不清楚袁某与李某之间的关系，只知道袁某雇李某干活；袁某于原审诉讼过程中表示李某是其雇用的工人，双方并不存在分包关系。

建筑公司提交《劳动合同书》，载明系建筑公司与李某签订，合同期限为2015年5月17日起至二次结构工作任务完成，岗位为瓦工，工资计算方式为150元/日×出勤工日。李某认可其签字的真实性，但表示其签字时合同期限与工资标准处均为空白，并表示上述劳动合同书是建筑公司为了应付上级单位检查而签，上级单位要求建筑公司与进场的工人均签订劳动合同。建筑公司表示上级单位确有要求其公司与进入工地的工人均签订劳动合同，其公司按照不低于北京市最低工资标准的数额向工人结算工资，已结算的工资款项会从其公司向袁某结算的工程款中扣除，以防止袁某将钱卷走而工人找其公司索要工资的情况出现。至于袁某如何承诺工人薪资标准与其公司无关，其公司自己的瓦工工资标准为每天 200 元左右。

李某主张袁某承诺其每月工资 1 万元，另外有电话费等补助 2000 元，袁某委托其去找工人，其找来了 6 个亲戚来工地上干活，每人工资 300 元/天，袁某知情并同意。李某针对其主张提举了欠条，载明“今欠李某工人工资 147000 元整，2016 年 10 月 24 日”，下方显示袁某签字捺印字样。李某表示上述欠条中 147000 元系经与袁某对账后确认的数额，为欠付其本人、汤某等 7 人的工资，核算方式为袁某承诺的上述 7 人的工资数额，扣除建筑公司实际已按照每天 150 元的标准支付工资后的差额。李某表示，欠条中包含其本人的工资数额为 55000 元，袁某 2017 年给了其 5000 元，其同意从欠条款项中抵扣。

【案件焦点】

各方之间形成的法律关系如何认定。

【法院裁判要旨】

北京市海淀区人民法院经审理认为：首先，从报酬支付情况来看，建筑公司认可该公司支付给李某的报酬需从该公司支付给袁某的工程款中扣除，这明显不符合劳动关系中用人单位向劳动者支付工资的特点；其次，从日常工作管理来看，建筑公司对李某的工作安排陈述前后并不一致，但不论是其陈述的不直接给李某安排工作还是基于李某作为袁某的代表、向李某安排工作系向袁某安排工作，均不符合劳动关系项下的用人单位对劳动者的管理与安排工作的特征。此外，各方均认可李某系袁某介绍招录至本案工地工作，袁某并非建筑公司的工作人员，不能代表建筑公司，从该角度来讲，李某与建筑公司并未建立成立劳动关系的合意。综上，虽然建筑公司与李某签订了劳动合同，但不论是从报酬发放、用工管理还是建立劳动关系的合意的角度来看，均无法认定建筑公司与李某构成劳动关系。

进而，袁某欠付李某劳务费 55000 元，已支付 5000 元，故还应支付 50000 元。针对建筑公司是否应承担连带责任，《建设领域农民工工资支付管理暂行办法》第十二条规定："工程总承包企业不得将工程违反规定发包、分包给不具备用工主体资格的组织或个人，否则应承担清偿拖欠工资连带责任。"建筑公司将其承包的工程违法分包给袁某个人，故对于袁某欠付李某的劳务费 50000 元，建筑公司应当承担清偿劳务费的连带责任。另，欠条所载其余款项系袁某雇用其他工人的报酬，李某无权主张向其本人支付，故对李某要求袁某与建筑公司共同向其支付该部分款项的请求，不予支持。

北京市海淀区人民法院依照《中华人民共和国合同法》第一百零九条、《中华人民共和国民事诉讼法》第一百四十四条之规定，判决：

一、袁某于判决生效之日起十日内支付李某欠付劳务费 50000 元，建筑公司对此承担连带责任；

二、驳回李某的其他诉讼请求。

二审法院同意一审法院裁判意见。

【法官后语】

一直以来，劳动关系与劳务关系的区别与认定始终是劳动争议领域常见但疑难颇多的问题。通常情况是双方未签订任何合同，提供劳动一方主张双方存在劳动关系，用工一方主张双方存在劳务关系。但实践中亦有恰恰相反的情形，在这种情况下，能否直接认定劳动合同双方存在劳动关系，而不考察实际履行的情况？

1. 签订劳动合同并非一定成立劳动关系

建立劳动关系，应当签订劳动合同。但劳动关系的建立并非以劳动合同的签订为前提，而是以双方当事人是否履行了事实劳动关系为依据。正如本文所涉案例，施工单位与劳动者签订劳动合同，单位方认可劳动关系，但劳动者否认劳动关系，此时亦需如同常见的未订立劳动合同案例一样，考察双方是否存在事实劳动关系。认定存在劳动关系的因素见于劳动和社会保障部《关于确立劳动关系有关事项的通知》第一条的规定，即从主体资格、用工管理、报酬支付、业务组成等因素考虑是否存在事实劳动关系，此外建立劳动关系的合意通常也是考察的范围。

就本文案例来看，虽然双方签订了劳动合同，但是劳动者并非施工单位所招录，而是由作为个人的包工头招录至案件工地工作，劳动者也不认可其是单位员工，所以劳动者与施工单位从未建立成立劳动关系的合意。从报酬支付情况来看，施工单位支付给劳动者的报酬需从该公司支付给包工头的工程款中扣除，这明显不符合劳动关系中用人单位向劳动者支付工资的特点。从日常工作管理来看，施工单位的行为也都不符合劳动关系项下的用人单位对劳动者的管理与安排工作的特征。因此，本案施工单位与劳动者并不构成劳动关系。可见，并不能因签订劳动合同就直接认定存在劳动关系，劳动关系建立与否需要事实证明。

2. 劳动关系认定标准与《保障农民工工资支付条例》的关系

《保障农民工工资支付条例》于 2020 年 5 月 1 日起实施，该条例第二十八条第一款规定："施工总承包单位或者分包单位应当依法与所招用的农民工订立劳动合同并进行用工实名登记，具备条件的行业应当通过相应的管理服务信息平台进行用工实名登记、管理。未与施工总承包单位或者分包单位订立劳动合同并进行用工实名登记的人员，不得进入项目现场施工。"该条例规定了农民工进场施工就必须签订劳动合同，本案中劳务公司即分包单位，其与劳动者签订劳动合同的目的也是应付上级单位的检查，由此产生了两个问题：首先，该条例实施之后是否还会存在类似的形式大于实质的问题？其次，如果该条例的规定导致签订劳动合同就可以认定劳动关系，那么通常掌握的劳动关系认定标准是否应发生变化？

笔者认为，《保障农民工工资支付条例》的规定与劳动关系认定标准并不冲突，因为该条例规定了一项非常重要的制度，即实名管理制。该条例规定，分包单位要对所招用的农民工进行实名制管理，并直接负责工资支付，总承包单位对分包单位劳动用工和工资发放情况进行监督。所以劳动合同的签订不再只是流于表面，用于应付检查，而是据此进行实名登记管理。同时，该条例还规定了工资的总包代发制度，施工总承包单位通过专用账户直接将工资发到农民工本人的银行账户。如此一来，劳动关系项下用工管理、报酬发放的主体得到了统一，取消了包工头的中间环节，总包或分包单位与农民工直接签订劳动合同，双方也一定存在建立劳动关系的合意。

3. 连带责任承担与《保障农民工工资支付条例》的关系

本案还涉及违法分包的连带责任承担问题。《建设领域农民工工资支付管理暂行办法》第十二条规定："工程总承包企业不得将工程违反规定发包、分包给不具备用工主体资格的组织或个人，否则应承担清偿拖欠工资连带责任。”本案中劳务公司将其承包的工程违法分包给袁某个人，故对于袁某欠付李某的劳务费，建筑公司应当承担清偿劳务费的连带责任。

同样是针对违法分包，《保障农民工工资支付条例》第三十六条第一款规定：“建设单位或者施工总承包单位将建设工程发包或者分包给个人或者不具备合法经营资格的单位，导致拖欠农民工工资的，由建设单位或者施工总承包单位清偿。”即只规定了清偿责任，未明确是否为连带责任，发包或分包给个人或不具备合法经营资格的单位是否承担责任亦不明确。不过笔者相信，相应的规定会越来越明确，越来越具有指导性。

编写人：北京市第一中级人民法院　范楷强

006　未订立书面劳动合同的事实劳动关系应当予以认定

——田乙诉展览中心劳动争议案

【案件基本信息】

1. 裁判书字号

北京市第三中级人民法院（2020）民申字第472号民事裁定书

2. 案由：劳动争议纠纷

3. 当事人

原告（再审被申请人）：田乙

被告（再审申请人）：展览中心

【基本案情】

田甲于1965年2月28日出生，于2017年2月入职展览中心，每月工资3000元，双方未签订书面劳动合同。2017年4月14日，田甲在从工厂前往T市工作地点的路途中发生交通事故死亡。

展览中心的经营范围为展览会组织服务，租赁展具、展台，零售装饰材料、工艺美术品、百货，法定代表人为郭某。证人张某到庭作证称，田甲在展览中心干活，事发当天田甲装货物并押车，从展览中心的工厂装车后去T市工作地点。证人李某到庭作证称，田甲给展览中心工厂干活，装货去T市搭建，在从工厂到T市的路上追尾了。证人刘某到庭作证称，刘某按照郭某的要求招工，介绍田甲到展览中心工作，田甲自2017年起在展览中心工作，每月工资3000元，4月14日凌晨4时左右一名工人打电话给刘某说“出事了，田甲不行了”，刘某给郭某打电话处理，郭某不接电话。

田乙系田甲之女，其以展览中心为被申请人申请劳动仲裁，后仲裁委驳回了田乙的仲裁请求。田乙不服仲裁裁决，诉至法院。

【案件焦点】

展览中心在用工之后是否与田甲建立了劳动关系。

【法院裁判要旨】

北京市第三中级人民法院经审查认为：依据《中华人民共和国劳动合同法》第七条，用人单位自用工之日起即与劳动者建立劳动关系。本案双方虽然未签订书面劳动合同，但展览中心在用工之后即与田甲建立了劳动关系。田甲是在从事展览中心安排的有报酬的劳动时死亡，该劳动是展览中心业务的组成部分。展览中心虽主张双方不存在劳动关系，但未能够提供有效证据予以证明。展览中心虽然未与田甲订立书面劳动合同，但具备了劳动关系成立的情形。另外依据《劳动和社会保障部关于确认劳动关系有关事项的通知》第一条的规定，双方当事人虽未签订劳动合同，但展览中心具备用工的主体资格，田甲同样具备劳动主体资格。田甲从 2017 年 2 月开始按照展览中心工作要求和工作安排，向展览中心提供劳动并获取劳动报酬，且提供劳动的内容确在展览中心的经营范围内。关于案外人刘某与田甲是否存在雇用关系，从本案整个事实看，没有证据证明田甲是单独接受刘某的授权或指示，为刘某干活并获取劳动报酬。第一，在形式要件上，无证据证明刘某与田甲曾经有口头或书面雇用协议，同时也无证据证明刘某与展览中心存在承包或分包等性质的协议。第二，在实质要件上，首先，田甲不是为刘某提供劳动，刘某不直接支付劳动报酬；其次，田甲不完全受刘某的控制、指挥和监督。

本案中，刘某将劳动报酬转给劳动者系居中行为，无证据显示刘某从中获取提成。田甲在提供劳动时，刘某对劳动者未行使具体管理、监督等职责，田甲不是直接在刘某的授权或者指示范围内从事劳务活动，故不符合雇用关系的构成要件。

北京市朝阳区人民法院依照《中华人民共和国劳动争议调解仲裁法》第六条，《中华人民共和国民事诉讼法》第六十四条、第一百四十四条之规定，判决：

确认田甲与展览中心存在劳动关系。

再审法院同意原审法院裁判意见。

【法官后语】

在此类案件中，劳动关系或雇用关系（劳务关系）的认定涉及劳动者的重大利益，对于工伤认定以及获得损害赔偿有至关重要的作用，然而实践中劳动关系或雇用关系（劳务关系）的认定往往伴随着两者之间的区分。

1. 劳动关系与劳务关系的概念

劳动关系是指用人单位与劳动者个人之间依法签订劳动合同，劳动者接受用人单位管理，从事用人单位安排的工作，成为用人单位的成员，并从用人单位领取劳动报酬和受劳动保护的社会关系。劳动关系按规范程度和性质不同分为规范的劳动关系、事实劳动关系和非法劳动关系。

劳务关系是指两个或两个以上的平等主体之间根据口头或书面约定，由劳动者向用工者提供一般性的或特定的劳动服务，用工者依约支付报酬的一种有偿服务的法律关系。

2. 劳动关系与劳务关系的区别

事实劳动关系的外在表现与规范的劳动关系的外在表现最大的区别就在于劳动合同的签订与否，事实劳动关系的建立由于不存在书面的劳动合同，常常与劳务关系相混淆，因此把握两者之间的不同点是法律关系认定时的关键点。

事实劳动关系虽然没有书面的劳动合同，但是它具有劳动关系成立的其他必要特征，即接受用人单位管理、从事用人单位安排的工作、成为用人单位的成员、从用人单位领取劳动报酬和受劳动保护。由此可以看出，事实劳动关系的建立，使得劳动者与用人单位之间不仅存在经济关系，而且存在人身隶属关系。劳动者不仅为用人单位提供劳务，从用人单位处获得报酬，而且接受用人单位的管理，遵守用人单位的相关工作规范，在这一点上双方之间存在管理与被管理的关系。

而劳务关系则与此不同，虽然劳务关系可以通过口头方式建立，但与事实劳动关系不同的是，提供劳务者与接受劳务者之间仅存在经济关系，不存在人身隶属关系。即提供劳务一方仅需要完成对方的工作任务、获得最终的劳动成果即可，至于提供劳务一方如何完成、是否遵循管理规定和工作规范则在所不问，双方不存在紧密的管理与被管理、监督与被监督的关系，人身依附性弱，关系较为松散。除此之外，劳动关系中，劳动者提供的劳动是用人单位业务的组成部分，劳动关系相对固定，而在劳务关系中，劳动者提供劳动的直接对象一般不是相关的用人单位，且劳务关系的固定性差。

3. 结合本案分析

本案双方当事人争议的焦点问题是展览中心与田甲是否存在劳动关系。首先，田甲虽为刘某介绍至展览中心任职，且尚未签订劳动合同，但在用工过程中，卸货、布展等具体工作，均由展览中心负责组织实施，田甲按照展览中心的工作安排从事有报酬的劳动。其次，展览中心的经营范围中包括从事会议展览服务项目，田甲系在前往T市完成展览中心布置车展活动途中遇车祸死亡，其提供的劳动在展览中心的业务范围内。

关于案外人刘某与田甲是否存在劳务关系，从现有证据来看，双方之间不存在口头或书面的劳务协议，且田甲并非为刘某提供劳动并获得报酬，而是由展览中心提供劳动报酬。田甲实际接受展览中心的工作安排，并非为刘某本人提供劳动。综上，应当认定田甲与展览中心之间存在事实劳动关系。

本案中再审法院依据现行有效的《中华人民共和国劳动合同法》

等相关法律法规，结合案件法律事实以及案件特征，采用综合认定的方法，认定田甲与展览中心之间存在事实劳动关系，支持了原审法院的判决，作出驳回展览中心再审请求的裁定。不仅结合法律法规和案件事实确定了事实劳动关系，厘清了劳动关系与劳务关系之间的区别，更有力地保护了广大劳动者的合法权益，对劳动关系的恰当准确处理具有重要的参考意义。

编写人：北京市第三中级人民法院　温云翔　葛秋庆

007　船舶挂靠经营时船员与被挂靠人劳动合同关系的认定

——陈某诉船务公司船员劳务合同案

【案件基本信息】

1. 裁判书字号

广州海事法院（2021）粤72民初55号民事判决书

2. 案由：船员劳务合同纠纷

3. 当事人

原告：陈某

被告：船务公司

第三人：赵某

【基本案情】

“某某288”轮系一艘内河集装箱船。登记船舶经营人为船务公司，登记的船舶共有情况为：船务公司占股51%，赵某占股49%。该轮自2019年1月1日起由赵某挂靠在船务公司名下经营，船务公司和赵某确认该轮由赵某实际所有和经营。

2020年3月，经过中介介绍，赵某与陈某取得联系，双方约定赵某聘请陈某上船提供劳务，工作岗位是轮机员兼职厨师，每月工资8000元。赵某不是船务公司的员工。3月7日，陈某登上“某某288”轮提供劳务。陈某在船期间根据赵某安排提供相应劳务，每月劳务报酬由赵某支付。

2020年11月4日，陈某以其腰部有伤等为由申请离船。赵某与陈某进行了劳务报酬结算并为陈某办理了离职手续，陈某的船员服务簿上加盖了船章和船务公司船员服务部签证章。船务公司陈述，该印章没有备案，系赵某为便于经营和管理船舶自行制作的。

陈某认为其与船务公司成立事实劳动关系，提出判令其与船务公司成立劳动关系，船务公司支付未签订书面劳动合同的赔偿、加班工资费、违约解除劳动合同补偿金等多项诉请。陈某明确只以劳动合同纠纷起诉船务公司，只请求船务公司承担用人单位责任。船务公司提出涉案船舶为挂靠经营，该公司与陈某既无劳动合同关系，也无劳务合同关系等抗辩，请求驳回陈某的诉讼请求。赵某述称，陈某系与其成立个人劳务合同，陈某与船务公司不存在劳动合同关系。赵某已向陈某足额支付劳务报酬，请求驳回陈某的诉讼请求。

【案件焦点】

船舶挂靠经营时船员是否与被挂靠公司成立劳动合同关系。

【法院裁判要旨】

广州海事法院经审理认为：陈某对其与船务公司成立劳动合同关系的基本事实承担举证证明责任。因双方之间不存在书面劳动合同，应审查是否成立事实劳动合同关系。陈某船员服务簿上加盖了载明船务公司名称的船章和船员服务部签证章，前述证据具有证明两者之间成立劳动合同的初步证明力。此时举证责任发生转移，应由船务公司提供相反证据。根据船务公司以及赵某的举证，陈某系经中介机构介绍与赵某取得联系、陈某与赵某商定从事劳务工作的岗位及报酬、在船期间陈某根据赵某的安排提供相关劳务、陈某所得的劳务报酬由赵某支付、劳务报酬的调整亦由赵某作出。而且赵某并非船务公司的员工、赵某将“某某 288”轮挂靠在船务公司名下经营、赵某系“某某 288”轮的实际经营人和管理人，只是基于经营和管理涉案船舶之便，刻制了载有船务公司名称的船章或者船员签证章。船务公司的举证足以证明陈某并非船务公司的员工、陈某与船务公司不存在管理上的从属关系、陈某从事的劳务并非船务公司业务的直接组成部分、陈某获取报酬与船务公司无关等事实，足以推翻陈某关于两者之间成立事实劳动合同关系的证据。此时，举证责任再次转移，陈某应进一步提供证明其与船务公司存在事实劳动关系的相关证据，但陈某未能进一步举证。综合陈某、船务公司和赵某的举证情况，足以认定陈某与船务公司之间不符合事实劳动关系的基本法律特征，不宜认定两者之间成立事实劳动合同关系，而应认定陈某与赵某形成了平等主体之间的劳务合同关系。

赵某将“某某 288”轮挂靠在船务公司名下经营，此种挂靠行为属于违反相关规范性文件的行为，会对正常的运营秩序产生一定不良影响。但是，无论是从立法精神还是社会效果来看，对挂靠现象应当通过多种渠道予以遏制。多管齐下制止挂靠行为的发生，属于行政管理层面的问题；认定陈某与船务公司之间是否形成劳动关系，属于适用劳动合同法相关规范的司法判断问题。两者即使因挂靠事实发生关联，但是权利义务边界仍应保持清晰明确，仅仅因为赵某挂靠在船务公司名下经营的行为违反行政管理规定不足以认定与赵某成立劳务合同关系的陈某与作为被挂靠人的船务公司成立劳动关系。

广州海事法院依照《中华人民共和国民事诉讼法》第六十四条第一款，《最高人民法院关于适用〈中华人民共和国民事诉讼法〉的解释》第九十条第二款、第九十一条规定，判决如下：

驳回陈某的全部诉讼请求。

判决后，双方当事人均未上诉，本判决现已生效。

【法官后语】

挂靠经营模式下，涉及挂靠人聘请的人员与出借资质的被挂靠人是否成立劳动合同问题，最高人民法院发布的《关于国内水路货物运输纠纷案件法律问题的指导意见》以及《关于审理涉船员纠纷案件若干问题的规定》（本案以下简称《船员纠纷规定》）均未予以规范。在劳动合同法施行后，对于上船提供劳务的船员与不具有用人单位资格的、作为挂靠人的船舶所有人和经营人成立个人劳务关系还是与具有用人单位资格的被挂靠人成立劳动合同关系，应当坚持“适度分离”原则，根据个案的情形，区别处理。

在我国没有名义借贷①相关规范的情况下，若船员可举证挂靠人

---

① 名义借贷是指允许他人使用自己的姓名或商号订立的借贷契约，也称名义借贷契约或字号借贷契约，即有信用的人准许他人使用自己的姓名，取得营业许可者把名义借贷给无许可者等使用。参见［日］我妻荣：《新版新法律学辞典》，黄璐舆译，中国政法大学出版社1991年版，第743页。

系被挂靠人的表见代理人,[①] 可适用表见代理以及商事代理的相关规定,[②] 根据船员的选择认定被挂靠人为用人单位或者认定船员与挂靠人成立个人劳务合同关系。若船员无法举证证明与被挂靠人成立事实劳动关系,[③] 则应认定船员与被挂靠人不存在劳动合同关系，而与作为挂靠人的实际船舶所有人和经营人成立个人劳务合同关系。

审查船员是否与被挂靠人成立事实劳动合同关系，可根据《关于确立劳动关系有关事项的通知》第一条、第二条确定的相关规则予以认定，重点审查船员上船提供劳务是与何人协商工作岗位、劳务报酬（含组成、给付期限、数额调整等）、在协商过程中该人对外显明的身份、劳务报酬由何人实际支付等事实。根据《最高人民法院关于适用〈中华人民共和国民事诉讼法〉的解释》第一百零五条确定的日常经验法则原则并结合前述证据认定情况，以该司法解释第一百零八条第一款确定的“高度可能性”作为证明标准衡量船员主张的相关待证事实是否成立。如果船员是因为工伤保险问题提起诉讼，则可依据《船员纠纷规定》第四条的相关规定处理。船员提供的包括加盖被挂靠人名称的船章或者船员签证章，对于善意第三人具有一定的对外公示性，具有证明船员与被挂靠人成立事实劳动合同关系的初步证明力。此时，举证责任发生转移，应当由被挂靠人或挂靠人提交相反证据。

编写人：广州海事法院　徐春龙　钟科

---

① 一般认为，表见代理需同时满足四个条件：代理人以被代理人的名义进行了代理行为；相对人在客观上有理由相信无权代理人有代理权；相对人主观善意；无权代理人与相对人之间的民事行为具备成立要件。

② 参见《中华人民共和国民法典》第一百七十二条关于表见代理的规定，第九百二十五条、第九百二十六条关于间接代理和隐名代理的规定。

③ 有书面劳动合同的劳动关系不在讨论之列。

008 学校安排到企业进行实习的学生与企业之间是否存在劳动关系的认定

——韩甲、张某诉纺织公司确认劳动关系案

【案件基本信息】

1. 裁判书字号

山东省淄博市中级人民法院（2020）鲁03民终121号民事判决书

2. 案由：确认劳动关系纠纷

3. 当事人

原告（上诉人）：韩甲、张某

被告（被上诉人）：纺织公司

【基本案情】

韩乙系韩甲、张某之子，生前在某学校就读。纺织公司与某学校签订《联合办学实习协议》，安排包括韩乙在内的多名学生自2017年2月起到纺织公司实习。后韩乙于2017年7月10日因交通事故死亡。韩甲于2018年7月5日向人社部门申请认定韩乙为工伤，人社部门于2018年8月2日作出工伤认定中止通知书，未予认定工伤。韩甲于2019年8月10日向劳动仲裁部门申请仲裁，劳动仲裁部门于2019年8月16日作出不予受理通知书。后韩甲、张某提起本案诉讼，请求确认韩乙在2017年7月10日与纺织公司存在劳动关系。

【案件焦点】

学校安排到企业进行实习的学生与企业之间是否存在劳动关系。

【法院裁判要旨】

山东省淄博市淄川区人民法院经审理认为：关于韩乙与纺织公司之间是否存在劳动关系，韩乙系某学校的在校学生，学校基于与纺织公司达成的联合办学实习协议，由学校组织、统一安排其及其他学生到纺织公司进行实习，并未经过正常的招工、招聘程序，未办理正常入职手续，纺织公司也未与韩乙签订劳动合同或其他书面协议。实习活动是学生专业培养和教学计划的一部分，是学校教学内容的延伸和扩展。韩乙在实习时尚未毕业，仍接受学校的教育管理，实习目的并非像普通劳动者一样是获得工作岗位和劳动报酬，而主要是获得专业知识和实践经验。此外，实习结束后，韩乙有选择是否继续工作的权利，纺织公司亦享有是否录用韩乙的权利。由此可见，双方并不存在建立劳动关系的合意，在韩乙尚未毕业，仍受学校教育管理的前提下，韩乙与纺织公司之间不能形成新的身份隶属关系，不符合劳动法上劳动者与用人单位之间存在人身关系与财产关系双重从属性特征，不能认定为劳动关系。

山东省淄博市淄川区人民法院依照《中华人民共和国民事诉讼法》第六十四条第一款，《最高人民法院关于适用〈中华人民共和国民事诉讼法〉的解释》第九十条之规定，判决如下：

驳回韩甲、张某的诉讼请求。

韩甲、张某不服，提起上诉。山东省淄博市中级人民法院经审理认为：韩乙在纺织公司实习期间是否与纺织公司成立劳动关系，应考察韩乙与纺织公司是否存在成立劳动关系的合意。从韩乙到纺织公司实习的经过看，其系某学校根据与纺织公司的《联合办学实习协议》实施教学计划安排到纺织公司参加生产实习的一批学生之一，韩乙到纺织公司实习系为完成其学习计划，即完成纺织公司的实习系韩乙在某学校的实践学习内容之一。虽然韩乙到纺织公司实习时已年满 16 周岁且实习期间纺织公司向其发放一定的报酬、其受到纺织公司一定管理制度的制约，但是其获得报酬和受纺织公司管理制约仍系根据纺织公司与某学校的前述协议约定。此外，根据某学校和纺织公司的前述协议，某学校在韩乙实习期间仍然对其按照学籍管理规定、学校管理制度进行管理包括作出处分，韩乙需要按照某学校的要求缴纳学籍管理费；纺织公司向韩乙按照标准日薪发放生活费用，纺织公司学生实习报酬管理规定中学生实习津贴亦是根据日津贴和学生实际实习天数确定，即双方并未明确相应岗位工资报酬、福利待遇和劳动期限。综上，韩乙在纺织公司实习并非系其与纺织公司之间成立劳动合同法律关系合意的结果。综上，韩乙与纺织公司亦不形成事实上的劳动关系。

山东省淄博市中级人民法院依照《中华人民共和国民事诉讼法》第一百六十九条、第一百七十条第一款第一项规定，判决如下：

驳回上诉，维持原判。

【法官后语】

本案主要涉及学校安排到企业进行实习的学生与企业之间是否存在劳动关系的认定问题。

本案所反映出的情况在实践中较为常见，因为许多学校（主要是大专院校）确实会将在校学生安排至一些企业进行实习。由于实习期间学生也确实在企业进行工作，一旦学生在实习期间受伤，学生和企业之间往往会对是否属于工伤产生争议，而这一争议的本源则在于此种情形下学生和企业之间是否构成劳动关系。要认定这一问题，则需要通过对劳动关系的形式和本质进行深入分析从而得出正确结论。

劳动关系是指用人单位与劳动者之间依法签订劳动合同，劳动者接受用人单位的管理，从事用人单位安排的工作，成为用人单位的成员，从用人单位定期领取劳动报酬的法律关系。构成劳动关系的两个主体即用人单位和劳动者之间不仅具有财产关系（或者说经济关系），而且更重要的是双方具有人身上的从属性，即行政隶属关系：劳动关系确立后，劳动者除要向用人单位提供劳动外，必须接受用人单位的管理，遵守用人单位的规章制度并服从其安排等，从而成为用人单位的稳定的内部成员。这就决定了劳动者与用人单位虽然在法律地位上平等，但在实际工作和生活中的地位并不平等，劳动者处于弱势地位。

确认劳动者与用人单位之间是否构成劳动关系，其关键和重点就在于劳动者与用人单位之间是否存在劳动法上的隶属关系。隶属性是劳动关系的本质特性，具体包括人身隶属性、经济隶属性和组织隶属性。人身隶属性是指劳动关系确立后，劳动者除向用人单位提供劳动外，必须接受用人单位的管理，遵守用人单位的规章制度并服从其安排等；经济隶属性表现在劳动者通过劳动换取劳动报酬，用人单位要对劳动者支付劳动报酬；组织隶属性是指劳动关系存在期间，劳动者始终作为用人单位的稳定的内部成员，接受用人单位的指挥与管理。因此，在未订立书面劳动合同情形下，如果能够证明双方之间存在上述人身、经济和组织上的隶属性，则依法应当认定双方存在劳动关系；如果不能证明双方之间存在上述三种隶属性，则不应认定双方存在劳动关系。对于像本案这样的学校将其在校学生安排至企业实习的情形，是否构成劳动关系亦应坚持上述确认原则加以认定。

如在本案中，从韩乙到纺织公司实习的经过看，其系某学校根据与纺织公司的《联合办学实习协议》实施教学计划安排到纺织公司参加生产实习的一批学生之一，韩乙到纺织公司实习系为完成其学习计划，即完成纺织公司的实习系韩乙在某学校表现为实践操作的学习内容之一。尽管韩乙到纺织公司实习时已年满16周岁且实习期间纺织公司向其发放一定的报酬、其受到纺织公司一定管理制度的制约，但是，其获得报酬和受纺织公司管理制约仍系根据纺织公司与某学校的前述协议约定和确保实践教学任务顺利完成，因而韩乙在纺织公司实习并非系其与纺织公司之间成立劳动合同法律关系合意的结果。同时，根据某学校和纺织公司的前述协议，某学校在韩乙实习期间仍然对韩乙按照学籍管理规定、学校管理制度进行管理包括作出处分，韩乙需要按照某学校的要求缴纳学籍管理费，且根据纺织公司与某学校的协议，纺织公司向韩乙按照标准日薪发放生活费用，纺织公司学生实习报酬管理规定中学生实习津贴亦是根据日津贴和学生实际实习天数确定，即双方并未明确相应岗位工资报酬、福利待遇和劳动期限。综上，在韩乙尚未毕业，仍受学校教育管理的前提下，韩乙与纺织公司之间不能形成新的身份隶属关系，不符合劳动法上劳动者与用人单位之间存在人身关系与财产关系双重从属性特征，不能认定为劳动关系。同时从韩乙与纺织公司在韩乙实习期间的权利义务履行看，双方亦不形成事实上的劳动关系。

编写人：山东省淄博市中级人民法院　荣明潇

山东省淄博市张店区人民法院　刘晓辉

009 劳动者的学历信息虚假并不必然导致劳动合同无效

——某学校诉黄某劳动争议案

【案件基本信息】

1. 裁判书字号

北京市第二中级人民法院（2020）京 02 民终 6614 号民事判决书

2. 案由：劳动争议纠纷

3. 当事人

原告（上诉人）：某学校

被告（被上诉人）：黄某

【基本案情】

2017 年 3 月 20 日，某学校与黄某签订劳动合同，约定本合同于 2017 年 3 月 20 日生效，试用期至 2017 年 5 月 19 日止，合同于 2019 年 3 月 20 日终止，岗位为移动软件部门讲师。该合同第二十五条约定：在签订本合同时对未取得本科学历的三十五岁以下员工，甲方要求其在两年之内达到本科学历，如未达到甲方有解除本合同的权利。同日，黄某在员工信息登记表中填写的教育经历为“某大学计算机专业毕业，学士学位”，但其并无本科学历。此后，黄某在某学校任教。2019 年 4 月 15 日，双方续订劳动合同，约定续订合同 2021 年 3 月 20 日终止。黄某 2019 年 3 月至 9 月期间的工资，由某学校于 2019 年 5 月 20 日至 2019 年 10 月 10 日期间陆续支付。2019 年 9 月 21 日起黄某未到某学校工作。2019 年 10 月 10 日，黄某以拖欠工资为由，与某学校解除劳动合同。

此后，黄某向北京市房山区劳动人事争议仲裁委员会提出申请，要求：一、确认与某学校于 2017 年 3 月 20 日至 2019 年 10 月 10 日存在劳动关系；二、某学校支付 2019 年 9 月 21 日至 2019 年 10 月 10 日期间工资 10000 元；三、某学校支付解除劳动关系经济补偿金 60000 元。2019 年 12 月 30 日，该委员会裁决：一、确认 2017 年 3 月 20 日至 2019 年 9 月 20 日期间黄某与某学校存在劳动关系；二、某学校于本裁决书生效之日起 3 日内支付黄某解除劳动合同经济补偿金 40236 元；三、驳回黄某的其他申请请求。某学校不服该裁决，向法院提起诉讼。审理中，某学校认可：如支付黄某解除劳动合同经济补偿金，金额应为 40236 元。

【案件焦点】

1. 黄某入职时是否存在欺诈行为；2. 如果存在，该欺诈行为是否导致某学校与其签订的劳动合同无效。

【法院裁判要旨】

北京市房山区人民法院经审理认为：首先，根据本案查明的事实，黄某未能提供其系某大学毕业并取得学士学位的证据，黄某入职时在员工信息登记表中填写某大学毕业、获得学士学位，违反了诚信原则；但现无证据表明某学校对于入职学历有明确要求，且根据双方劳动合同第二十五条约定，对入职后两年内未取得本科学历的三十五岁以下员工，甲方有权解除合同，而非合同无效，故难以认定某学校受欺诈与黄某签订劳动合同，从而导致合同无效。其次，在劳动合同履行过程中，某学校并未对黄某的工作提出异议，且劳动合同期满后，某学校与黄某续订了劳动合同，应视为对黄某工作的认可。综上，某学校要求确认其与黄某的劳动合同无效，依据不足，不予支持。其要求黄某返还或赔偿款项，未经仲裁前置，法院不予审理。根据查明的事实，某学校存在未及时足额支付劳动报酬的情形，黄某以此为由与其解除劳动合同并要求支付经济补偿，符合法律规定，予以支持。双方对于仲裁委员会认定的劳动关系期间未提出异议，予以确认。

北京市房山区人民法院依照《中华人民共和国劳动法》第五十条，《中华人民共和国劳动合同法》第七条、第三十八条第一款第二项、第四十六条第一项、第四十七条，《最高人民法院关于审理劳动争议案件适用法律若干问题的解释》第六条的规定，判决如下：

一、驳回某学校的诉讼请求；

二、确认 2017 年 3 月 20 日至 2019 年 9 月 20 日期间黄某与某学校存在劳动关系；

三、某学校支付黄某解除劳动合同经济补偿 40236 元。

某学校不服，提出上诉。北京市第二中级人民法院经审理认为：关于黄某入职时是否存在欺诈行为从而导致某学校与其签订劳动合同的效力问题，首先，某学校提交的证据不能证明其在招聘黄某时将本科学历作为三十五岁以下员工的明确录用条件，亦无证据证明签订劳动合同时违背了其真实意思表示；其次，某学校作为用人单位，亦应就招聘人员的简历进行核实，但其怠于行使核实的权利；最后，根据双方劳动合同第二十五条约定，对入职后两年内未取得本科学历的三十五岁以下员工，甲方有权解除合同，但某学校并未在黄某入职两年后就学历问题向黄某主张过权利，而是在劳动合同期满后，与黄某续订了劳动合同。故，虽然黄某未能提供其系某大学毕业并取得学士学位的证据，其在入职时填写了该信息，违反了诚信原则，但不能认定该行为导致了双方的劳动合同无效。

黄某以某学校存在未及时足额支付劳动报酬的情形为由与某学校解除劳动合同，经查，某学校确实存在未及时足额支付劳动报酬的情形，一审法院确认黄某与某学校的劳动关系存续期间，并判决某学校向黄某支付解除劳动合同经济补偿金正确，予以维持。某学校上诉主张无需向黄某支付上述解除劳动关系补偿金，无事实及法律依据，不予支持。

北京市第二中级人民法院依照《中华人民共和国民事诉讼法》第一百七十条第一款第一项规定，判决如下：

驳回上诉，维持原判。

【法官后语】

本案中，双方争议的焦点是：劳动者学历虚假，是否导致其与用人单位的劳动合同无效？根据劳动合同法的相关规定，以欺诈、胁迫的手段或者乘人之危，使对方在违背真实意思的情况下订立或者变更劳动合同的，劳动合同无效或者部分无效。用人单位据此可以辞退劳动者且不支付经济补偿金。因此，本案中，劳动者入职时在员工信息表中填写虚假的学历信息是否构成欺诈，从而导致双方劳动合同无效，是审理本案的关键。

首先，一般而言，学历确实是用人单位判断劳动者是否符合录用要求的参考因素之一，如果用人单位对劳动者的学历有特殊要求，应当在录用前明确向劳动者提出，劳动者若提供虚假的材料予以证明，可以确认劳动者构成欺诈而致使劳动合同无效。但是，对用人单位事后提出的此类主张则不应予以支持。本案中，用人单位并不能举证证明其对劳动者的入职学历具有明确要求。根据双方劳动合同的约定，对入职后两年内未取得本科学历的三十五岁以下员工，用人单位有权解除合同，并非无效，且由此可见学历并非入职必要条件，于入职两年内取得亦可。因此，本案难以认定用人单位对本案劳动者入职有学历要求、其系受欺诈与劳动者签订劳动合同。

其次，在判断劳动者是否构成欺诈的问题上，应当强化用人单位在此过程中应尽的注意义务。通常，劳动者会在简历或填表中美化甚至夸大自己，存在一定的不实成分，若用人单位轻信劳动者的自我陈述而怠于对相关凭证予以审查、核实，而在此后一味以劳动者入职时存在虚假陈述为由主张劳动者构成欺诈而任意辞退，亦有欠妥当。本案中，用人单位并未依据劳动合同的约定在限期内就学历问题向劳动者主张过权利，且在劳动合同期满后，与劳动者续订了劳动合同。现用人单位在双方发生工资争议后，以劳动者学历虚假为由主张劳动合同无效，不应得到支持。

最后，学历并不等同于能力。实践中，有的劳动者虽持虚假学历证明获得了工作机会，但长期的工作亦证明了劳动者的能力符合岗位要求，并未因学历未达到要求而出现不能胜任工作的状况。在这种情况下，劳动者事实上并未因其虚假陈述而使用人单位遭受损失，若赋予用人单位随意主张劳动合同无效的权利，对于劳动者亦有所不公。本案中，用人单位在首次合同期满后又与劳动者续订了合同，可见用人单位是认可劳动者的能力的。现用人单位未及时足额支付劳动报酬，却以劳动者入职时学历虚假为由主张劳动合同无效，对劳动者明显不公。

综上，本案的劳动者虽然在入职时填写了虚假的学历信息，违反了诚信原则，但不能认定其行为导致双方劳动合同无效，故一审法院认定双方劳动合同有效，劳动者有权解除合同并取得经济补偿，二审法院予以维持。

编写人：北京市房山区人民法院　赵洪波

010 在第三方代发工资的情形下，劳动者与用人单位之间劳动关系的认定

——陆某诉器械公司劳动争议案

【案件基本信息】

1. 裁判书字号

北京市第一中级人民法院（2019）京 01 民终 3320 号民事判决书

2. 案由：劳动争议纠纷

3. 当事人

原告（被上诉人）：陆某

被告（上诉人）：器械公司

第三人（被上诉人）：贸易公司

【基本案情】

2016 年 12 月 9 日，经器械公司员工鹿某某招用，陆某入职器械公司，工作地点在器械公司的某车间，岗位是操作工，由车间工段长赵某某负责记工，工资标准由鹿某某与陆某商谈，工资具体由贸易公司的法定代表人朱某通过银行转账向陆某支付，工作时间为一个星期每天 12 小时，中午没有休息时间，一个星期倒一

次班；器械公司未与陆某签订书面劳动合同，也未为其缴纳社会保险。2017年11月20日，鹿某某强制不让陆某进入车间工作并将其辞退。

2017年11月21日，陆某向北京市延庆区劳动人事争议仲裁委员会（以下简称延庆仲裁委）申请仲裁，要求器械公司支付经济赔偿金等各项费用。仲裁中，器械公司提供了与贸易公司签订的工业品委外加工合同、贸易公司出具的委托鹿某某发放工资的授权委托书，证明其公司与陆某不存在劳动关系。2018年1月11日，延庆仲裁委裁决驳回陆某的仲裁请求。陆某不服该裁决，于法定期限内诉至北京市延庆区人民法院，要求器械公司支付经济补偿金等各项费用，并申请将贸易公司追加为第三人。

器械公司认可陆某在其公司车间工作，认可鹿某某、赵某某是其公司员工，但不认可陆某与其公司之间存在劳动关系，辩称其公司与贸易公司之间存在真实的委托加工合同关系，陆某是贸易公司的员工，与贸易公司存在事实劳动关系，贸易公司为陆某投保了人身意外伤害保险，员工鹿某某和赵某某均受贸易公司委托才对陆某进行聘用和日常管理，陆某的工资由贸易公司发放，因贸易公司委托器械公司陆某才会在器械公司车间工作。

贸易公司述称陆某与器械公司存在劳动关系，其公司只是代器械公司向陆某发放工资。器械公司在仲裁时提交的与贸易公司的合同和贸易公司出具的授权委托，是器械公司为逃避用人单位责任胁迫贸易公司签订的。

【案件焦点】

陆某与器械公司之间是否存在劳动关系。

【法院裁判要旨】

北京市延庆区人民法院经审理认为：器械公司和陆某符合劳动关系的主体资格，双方虽未签订书面劳动合同，但器械公司认可陆某由其公司制造部经理鹿某某同意入职，陆某在其公司车间工作，陆某穿着其公司工作服的照片和其公司向其发放的工作证、专用章，且陆某由器械公司车间工段长赵某某计算工时，故可以认定器械公司负责陆某的招聘录用、考勤记录等。综上，虽然双方未签订书面劳动合同，但根据器械公司向陆某发放工作证和工作服、专用章，器械公司员工对陆某记工的事实，足以认定双方成立劳动关系。器械公司主张陆某与贸易公司之间存在劳动关系的抗辩意见，不予采信。器械公司未提交证据证明陆某的入职时间、离职时间、工资标准和支付情况、考勤，故法院采信陆某的主张，认定双方自 2016 年 12 月 9 日至 2017 年 11 月 20 日期间存在劳动关系，器械公司应支付陆某 2017 年 10 月和 11 月工资、未签订劳动合同二倍工资差额、经济补偿金。根据陆某提交的加班明细等证据，足以认定陆某存在加班的事实，器械公司应支付陆某延时加班工资、双休日加班工资、法定节假日加班工资。

北京市延庆区人民法院依照《中华人民共和国劳动法》第四十四条，《中华人民共和国劳动合同法》第三十条、第三十八条、第四十六条、第四十七条、第八十二条，《中华人民共和国劳动争议调解仲裁法》第六条，《中华人民共和国民事诉讼法》第六十四条第一款，《最高人民法院关于审理劳动争议案件适用法律若干问题的解释（三）》第九条之规定，判决如下：

一、器械公司支付陆某经济补偿金 4303.15 元、未签订劳动合同二倍工资差额 44994.6 元、法定节假日加班工资 900 元、双休日加班工资 8546.1 元、延时加班工资 6321.75 元、2017 年 10 月及 11 月工资 8256 元；

二、驳回陆某的其他诉讼请求。

二审法院同意一审法院裁判意见。

【法官后语】

本案是一起典型的农民工对工资等劳动待遇维权的纠纷。器械公司作为一家汽车复合材料产品的生产商，需要一部分劳动力从事车间操作工作，车间操作工属于劳动密集型典型工种，对劳动者的知识和技术要求相对较低，器械公司往往招用陆某等农民工作为临时工，不签订书面劳动合同，不缴纳社会保险。本案中，器械公司更是以订立虚假合同的方式，将陆某等人从事的车间操作业务以合同形式分包给贸易公司，约定贸易公司使用其公司场地进行加工，再将陆某等人的考勤、工资待遇、工作内容等制作成《外包工资明细》《内部职工介绍人员加工费明细》《贸易公司加工明细》，向贸易公司开具银行承兑汇票后，再委托贸易公司向陆某等人代发工资。器械公司通过这一系列包装操作，试图达到降低用工成本、规避相关劳动法律规定、逃避用人单位法定责任的目的。

依据《劳动和社会保障部关于确立劳动关系有关事项的通知》规定，用人单位招用劳动者未订立书面劳动合同，但用人单位和劳动者符合法律、法规规定的主体资格，用人单位依法制定的各项劳动规章制度适用于劳动者，劳动者受用人单位的劳动管理，从事用人单位安排的有报酬的劳动，劳动者提供的劳动是用人单位业务的组成部分，同时具备以上情形的，劳动关系成立。另外，可以参照用人单位向劳动者发放的“工作证”“服务证”等能够证明身份的证件、考勤记录等对劳动关系进行认定。就本案而言，器械公司和陆某符合法律、法规规定的建立劳动关系的主体资格，陆某经器械公司员工鹿某某同意入职，陆某在器械公司的车间提供劳动，陆某的工作属于器械公司的生产经营活动内容，且陆某接受器械公司的管理，器械公司向陆某发放了“工作证”“工作服”“工作专用章”，综合上述情形，足以认定器械公司与陆某之间存在劳动关系。器械公司的一系列包装和贸易公司代发工资等，均不能对抗陆某与器械公司之间形成劳动关系的事实。

在劳动关系中，劳动者往往是弱势一方。我国在进行劳动立法时，注重对劳动者进行倾斜保护，平衡劳动关系双方的利益。自2020年5月1日起正式施行的《保障农民工工资支付条例》从农民工欠薪这个问题出发，不再纠结劳动关系的认定、劳动合同的签订等，保障为用人单位提供劳动的农民工能获得劳动报酬。劳动关系的认定，对于全面保障农民工的工资、经济赔偿金、未签订劳动合同的二倍工资等待遇，仍具有至关重要的意义。无论用人单位委托第三方代发工资还是代缴社保，均不能逃避用人单位向劳动者支付工资报酬等法定责任。

编写人：北京市延庆区人民法院　吴丹

011 公司与个人开办的加工点是否构成混同用工情形的认定

——罗某诉家具公司、廖某确认劳动关系案

【案件基本信息】

1. 裁判书字号

福建省泉州市中级人民法院（2019）闽05民终4128号民事判决书

2. 案由：确认劳动关系纠纷

3. 当事人

原告（上诉人）：罗某

被告（被上诉人）：家具公司、廖某

第三人：王某

【基本案情】

廖某与王某系夫妻关系。家具公司成立于2017年3月9日，法定代表人为廖某，廖某担任公司经理兼执行董事，经营范围为工艺品、家具、家居饰品、家居用品、货架、广告牌、厨房餐饮用具、灯饰设计等生产、销售。2017年5月至2018年4月，罗某在王某个人开办的加工点从事铁件工艺品加工，报酬支付方式为部分计件部分计时，由王某支付报酬。2018年4月17日9时30分许，罗某在工作中被切管机割伤右手，之后被送到医院治疗，医疗费用由王某支付。事故发生后，廖某、王某共同与罗某协商赔偿事宜。因未能就赔偿款达成协议，2018年11月19日，罗某向安溪县劳动人事争议仲裁委员会申请仲裁，请求确认罗某与家具公司存在劳动关系。2019 年 1 月 7 日，安溪县劳动人事争议仲裁委员会裁决罗某与家具公司不存在劳动关系。罗某不服仲裁裁决，遂向法院提起诉讼，请求确认罗某与家具公司存在事实劳动关系。家具公司、廖某认为，罗某向王某提供劳动，接受王某管理，由王某支付劳动报酬，与家具公司不存在事实劳动关系，且起诉主体错误。王某认为，罗某是其个人招聘进私人加工点工作的工人，工资由其支付。

【案件焦点】

1. 家具公司与王某个人是否构成混同用工；2. 罗某与家具公司是否存在事实劳动关系。

【法院裁判要旨】

福建省安溪县人民法院经审理认为：劳动关系是用人单位招用劳动者为其成员，劳动者在用人单位的管理下提供有报酬的劳动而产生的权利义务关系，劳动关系最本质的特征在于劳动者以用人单位内部成员的身份进行劳动，受用人单位规章制度（如考勤、考核）的约束，接受用人单位全面的管理、监督。《劳动和社会保障部关于确立劳动关系有关事项的通知》第一条进一步规定，确认事实劳动关系必须符合以下三个要件：（一）用人单位和劳动者符合法律、法规规定的主体资格；（二）用人单位依法制定的各项劳动规章制度适用于劳动者，劳动者受用人单位的劳动管理，从事用人单位安排的有报酬的劳动；（三）劳动者提供的劳动是用人单位业务的组成部分。本案中，罗某、家具公司虽然符合法律、法规规定的主体资格，但罗某未能举证证明其系家具公司员工，亦未能证明家具公司对其进行劳动管理、支付其劳动报酬以及其提供的劳动系家具公司业务组成部分等事实，故罗某请求确认其与家具公司存在事实劳动关系的诉讼请求，证据不足，不予支持。

福建省安溪县人民法院依照《中华人民共和国民事诉讼法》第六十四条第一款、《最高人民法院关于民事诉讼证据的若干规定》第二条规定，作出如下判决：

驳回罗某的诉讼请求。

罗某不服一审判决，提起上诉。福建省泉州市中级人民法院经审理认为：罗某请求确认与家具公司之间存在劳动关系，但其提供的录音和证人证言等证据不足以证明家具公司对其进行劳动管理、支付其劳动报酬等事实，因此罗某与家具公司之间的关系不符合《劳动和社会保障部关于确立劳动关系有关事项的通知》第一条第二项规定的“用人单位依法制定的各项劳动规章制度适用于劳动者，劳动者受用人单位的劳动管理，从事用人单位安排的有报酬的劳动”这一劳动关系的成立要件，故应当认定罗某与家具公司之间不存在劳动关系。罗某的上诉请求不能成立，应予驳回。一审判决认定事实清楚，适用法律正确，应予维持。

福建省泉州市中级人民法院依照《中华人民共和国民事诉讼法》第一百七十条第一款第一项规定，作出如下判决：

驳回上诉，维持原判。

【法官后语】

1. 如何认定用人单位与劳动者是否建立劳动关系

我国劳动合同法规定，用人单位自用工之日起即与劳动者建立劳动关系，建立劳动关系，应当订立书面劳动合同。由此可见，劳动者是否成为用人单位的员工，应以有无订立书面劳动合同作为确立劳动关系的主要标准。实践中，用人单位未按照规定与劳动者签订书面劳动合同的情形层出不穷，认定用人单位与劳动者是否建立劳动关系，应该以《劳动和社会保障部关于确立劳动关系有关事项的通知》（本案以下简称《通知》）第一条、第二条之相关内容作为依据。上述通知第一条规定，用人单位招用劳动者未订立书面劳动合同，但同时具备下列情形的，劳动关系成立。(1) 用人单位和劳动者符合法律、法规规定的主体资格；(2) 用人单位依法制定的各项劳动规章制度适用于劳动者，劳动者受用人单位的劳动管理，从事用人单位安排的有报酬的劳动；(3) 劳动者提供的劳动是用人单位业务的组成部分。在学理上，这三个判定因素也被称为人格从属性、经济从属性和组织从属性，这也是劳动关系区别于与雇佣关系或劳务关系的根本标准。第二条规定，用人单位未与劳动者签订劳动合同，认定双方存在劳动关系时可参照下列凭证：(1) 工资支付凭证或记录（职工工资发放花名册）、缴纳各项社会保险费的记录；(2) 用人单位向劳动者发放的“工作证”“服务证”等能够证明身份的证件；(3) 劳动者填写的用人单位招工招聘“登记表”“报名表”等招用记录；(4) 考勤记录；(5) 其他劳动者的证言等。

由此可见，《通知》第一条规定明确了劳动关系的成立要件，第二条规定为怎么证明劳动关系的存在提供了依据。即没有签订劳动合同的劳动者如能够提供应聘登记表、录用通知书、工作中来往邮件、微信记录、财务报销凭证等证据就可证明自己与用人单位成立事实上的劳动关系。具体到本案中，罗某未能举证证明其系家具公司员工，亦未能证明家具公司对其进行劳动管理、支付其劳动报酬以及其提供的劳动系家具公司业务组成部分等事实。

2. 家具公司与王某个人是否构成混同用工

（1）关于混同用工概念问题。混同用工是指实际控制人为同一人或者具有亲属关系的两个或多个经济组织，业务内容相同或存在交叉，经营场所无法区分，人员、财务等高度混同，且往往不与员工签订书面劳动合同，故意混淆用工，使劳动者无法确定其用人单位。主体混同单位通过“混同用工”来模糊承担劳动法律义务的主体，在发生劳动争议时，相互推诿法律责任或者直接将法律责任推卸到没有实际偿付能力的主体上，以达到规避劳动法律义务的目的。本案并非一般情形下关联单位混同用工的劳动关系，而是公司与个人之间用工上的争议问题，因此笔者认为在判断混同用工时，公司作为独立的民事主体，具有其独立人格，只有当个人与公司高度混同时，公司才需为个人的行为承担相应责任。本案中，罗某受伤后，廖某作为王某的配偶参与事故纠纷的协调处理，符合常理，不能据此推定家具公司与罗某存在劳动关系。

（2）关于举证责任分配问题。对是否属于主体混同发生争议时，需要双方分别进行举证证明。鉴于劳动者处于举证弱势地位及生产经营模式的内部性特征，依据公平原则，可由劳动者承担基础事实的证明责任，举证证明单位之间具有主体混同的较大可能，使法官产生合理怀疑，进一步的举证责任则转移至单位，由单位举证排除合理怀疑。具体到本案中，家具公司的法定代表人廖某与第三人王某虽然为夫妻关系，但家具公司与王某个人开办的加工点在工作场所、人员构成、经营范围、劳动管理上均不相同，并未存在混同用工的情形。罗某请求确认与家具公司之间存在劳动关系，但其提供的录音和证人证言等证据尚未能达到相关基础事实的证明力，不足以证明家具公司对其进行劳动管理、支付其劳动报酬等事实，因此罗某与家具公司之间的关系不符合《通知》第一款第二项规定的“用人单位依法制定的各项劳动规章制度适用于劳动者，劳动者受用人单位的劳动管理，从事用人单位安排的有报酬的劳动”这一劳动关系的成立要件，罗某与家具公司之间不存在事实劳动关系。

编写人：福建省安溪县人民法院　刘雅芬　黄磊

012 关联企业混同用工的劳动者可择一主张用工主体责任
——胡某诉汽车公司劳动争议案

【案件基本信息】

1. 裁判书字号

陕西省宝鸡市中级人民法院（2019）陕03民终1706号民事判决书

2. 案由：劳动争议纠纷

3. 当事人

原告（上诉人）：胡某

被告（上诉人）：汽车公司

【基本案情】

被告汽车公司成立于2006年2月28日，类型为有限责任公司（自然人投资或控股），住所地为宝鸡市金台区××路51号，经营范围为旧机动车鉴定、估价服务。旧车交易中心成立于1999年11月18日，类型为内资企业法人，住所地为宝鸡市金台区××路51号（与汽车公司一致），经营范围为旧机动车拓号服务、新车销售、新旧置换、配件销售、停车、房屋租赁、复印。原告从2007年4月开始到宝鸡市金台区××路51号工作。在旧车交易中心的工资表上签名领取工资，被告公司工资表上载明有姜某等员工，无原告姓名。但被告提交的旧车交易中心工资表和被告的工资表中签发人一致，自2018年9月起两单位工资表均由同一人签字同意支付。原告的工作内容之一为：在二手机动车买卖双方当事人现场签名确认书中经办单位承诺一栏经办人处签字，经办单位处由旧车交易中心加盖公章。2018年11月16日，被告向宝鸡市金台区税务局开具工作证明一份，内容为“兹有我单位胡某同志，自2007年4月于业务部门从事业务经理工作，现于贵局办理个人所得税业务，请给予接洽”并加盖被告公司公章。2018年12月24日，被告向中国工商银行股份有限公司宝鸡分行出具一份个人职业和薪金收入证明，内容为“兹证明胡某系本单位员工，已连续在本单位工作11年，担任业务经理职务……近一年内该职工的税后平均月收入为肆仟元人民币……联系人姜某”，由姜某签字并加盖被告公司公章。2019年3月工作6天后原告离开用人单位。2019年4月16日，被告公司员工姜某通过微信向原告支付2019年1月至3月工资8998元。

【案件焦点】

1. 涉案公司是否为关联公司，其是否构成混同用工；2. 劳动者与哪家单位成立劳动关系；3. 用工主体责任如何承担。

【法院裁判要旨】

陕西省宝鸡市金台区人民法院经审理认为：用人单位自用工之日起即与劳动者建立劳动关系。原告在被告处工作，2019年第一季度工资由被告工作人员代发，被告向税务机关及其他单位出具证明，认可原告系被告公司员工，并清楚载明原告上班起始日期、职务、身份证号码等信息，可充分证明原告与被告之间建立了劳动关系。虽原告签收工资的工资表上注明用人单位为旧车交易中心，部分工作内容亦与该交易中心相关联，但旧车交易中心与被告住所地相同、内部高级管理人员相同，经营范围相关联，二单位之间的关系与关联企业相类似。两单位混同用工造成劳动者无法准确判断实际用人单位的，该不利后果不应由劳动者承担。除了全日制劳动合同之外，一个劳动者只能与一个用人单位之间建立劳动关系，而被告向案外相关单位出具文书确认原告系该单位员工，故原告选择确认与被告之间存在劳动关系，一审法院予以认定。

陕西省宝鸡市金台区人民法院依照《中华人民共和国劳动合同法》第七条、第三十九条、第四十六条、第四十七条，《中华人民共和国劳动争议调解仲裁法》第二十七条，《最高人民法院关于审理劳动争议案件适用法律若干问题的解释（三）》第一条、第八条，《职工带薪年休假条例》第三条、第五条之规定，作出如下判决：

一、汽车公司于判决生效之日起 15 日内支付原告胡某解除劳动合同经济补偿金 48000 元、带薪年休假工资 6252. 87 元；

二、驳回胡某的其他诉讼请求。

二审法院同意一审法院裁判意见。

【法官后语】

在劳动用工实践中，实际控制人相同或者经营范围相关联的部分企业内部组织重合、管理混乱，名义上的用工主体与负责日常管理、支付劳动报酬及实际接受劳动成果的主体互有交织，一旦企业之间推卸、规避用工责任，劳动者往往无法证明谁是适格的用工主体，这也为人民法院判决确认劳动关系和承担用工主体责任带来了困扰和争议，因而本案具有一定的典型性。

1. 关联公司混同用工的认定

旧车交易中心与被告汽车公司虽然名称不同，但登记住所地、高级管理人员相同，经营范围及部分工作内容相关联，且作为独立经营重要识别依据的财务人员也为同一人，因此两公司在主体特征上类似于关联公司；劳动者在该两公司共同的经营场所工作，其工资表所载明的用人单位与税务机关留存证明等公文中载明的用人单位分属两个不同的单位，从该行为推知，两单位均有与劳动者建立劳动关系的意思表示，加之主体身份互相关联，故两公司对劳动者构成混同用工。

2. 混同用工下的劳动关系认定

通常，一个劳动者在同一时期只能与一个用人单位之间建立劳动关系。《劳动与社会保障部关于确立劳动关系有关事项的通知》明确了认定劳动关系时可参照的具体情形。但在混同用工的情况下，上述参考凭证往往可与两个以上的公司产生关联，在适用法定标准无法准确识别用人单位时，应综合考虑用人单位和劳动者的意思表示。本案中，两家公司在各自文件中均表示为原告的用人单位，则应视为其均愿意与原告建立事实劳动关系。原告现择一主张权利，故在与旧车交易中心建立劳动关系的范围内，双方成立了一致意思表示。

3. 用工主体责任的承担

原则上来讲，混同用工主体均实际享有用人单位的权利，相应地也应承担对劳动者所负的义务，虽然在通常情况下，劳动者只能与一个用人单位成立合法劳动关系，但并不影响关联公司就其自身过错对劳动者的损失承担连带责任。如劳动者同时起诉关联公司的，应依法判决其承担连带责任，如仅仅起诉其中一个公司的，属于劳动者对自身权利的处分，人民法院应当予以尊重并在此基础上作出判决。

编写人：陕西省宝鸡市金台区人民法院　韩江

013　快递员与 App[①] 平台企业间劳动关系确认之诉中“从属性”有无的审查要素

——郭某诉科技公司劳动争议案

【案件基本信息】

1. 裁判书字号

北京市海淀区人民法院（2019）京 0108 民初 34030 号民事判决书

2. 案由：劳动争议纠纷

3. 当事人

原告：郭某

被告：科技公司

【基本案情】

科技公司系某 App（快递平台）经营者，该 App 面向社会提供专人直送快递服务。郭某于 2015 年 4 月 2 日注册为该平台快递员。

郭某主张双方系劳动关系，要求科技公司按北京市最低小时工资标准支付工资及加班费并要求返还工牌费等款项。科技公司主张双方为合作关系，不存在用工管理。为此，郭某曾提起劳动仲裁，后因不服仲裁不予受理决定而诉至法院，即本案。

---

① App 是英文 Application 的简称，指智能手机的应用程序。以下不再提示。

经查：郭某称在网站上查看兼职信息时看到了该App平台招募快递员的信息，招募页面载明“兼职赚钱……时间灵活、工作区域自由不受限”等内容；郭某自行下载App，点击“同意”《合作协议》后注册成为平台快递员，《合作协议》载明“甲方为科技公司，乙方为平台快递员……双方确认甲方及甲方的关联公司与乙方之间是商业合作关系，不存在劳动人事关系，不受劳动法律法规调整。双方确认由于不存在劳动关系，双方间不存在缴纳相关社会保险的义务”。

双方间无劳动合同，无社会保险及住房公积金缴纳、个人所得税代扣代缴关系。双方未约定底薪，郭某按单获取收入（科技公司根据配送距离和重量向提出配送需求的客户收取费用，收到的款项20%归App平台作为信息费，其余归平台快递员，平台快递员可自行决定提款周期）。银行明细显示2017年4月至2018年8月科技公司以“周”为频率向郭某转账“劳务费”，金额不稳定，最高为1733.2元，最低为26.5元且部分期间无转账。双方未约定工作时间及地点，郭某自备交通工具，自行“抢单”。订单明细显示2015年至2019年4月郭某共接1500余单，2015年8月、10月、11月，2016年11月、12月，2017年1月至3月、12月，2018年1月、2月、7月、9月至12月，2019年1月、2月等月份未接单；2015年5月、9月，2016年4月、5月，2017年11月，2018年3月、6月、8月，2019年3月、4月等月份接单量低于10单。郭某自述，“看哪个活儿好抢哪个”，有时因天气寒冷或因平台对其进行了处罚而不愿接单；2015年至2019年还曾从事厨师、兼职或全职保安、面包厂学徒等工作。

【案件焦点】

平台快递员与 App 平台企业间是否属于劳动关系。

【法院裁判要旨】

北京市海淀区人民法院经审理认为：本案中郭某各项诉求的基础为双方间存在劳动关系。对于双方间是否存在劳动关系的判定，结合在案证据及双方陈述可知：

其一，从“入职”经过而言。郭某系在查找兼职信息时获悉 App 平台招募快递员的信息，其对平台快递员的兼职属性有着清晰认知，且确是抱持着寻找兼职的心态注册成为平台快递员，其并无与特定用人单位建立稳定劳动关系、接受劳动关系的意愿。

其二，从双方约定而言。郭某与科技公司间并无劳动合同。反之，郭某在明知《合作协议》已排除劳动关系的情况下，仍接受《合作协议》并自主完成了后续注册行为。

其三，从收入来源而言。双方间并未约定底薪，且“收入”结算周期、计算方式及获利分配比例等明显有别于劳动关系项下工资的结算周期、计算方式以及用人单位与劳动者之间的利润分配比例。加之，郭某自述 2015 年至 2019 年曾先后从事后厨等其他工作。平台快递员并非其唯一、固定、稳定的收入来源。

其四，从用工管理而言。科技公司对郭某是否在线、是否抢单、在何地登录抢单均无管理。郭某在是否上线、是否抢单方面拥有绝对的自主权，有权因天气不好、心情不好等原因长期休息；以上自由、自主状态，完全与劳动关系项下劳动者应接受用人单位用工管理、应遵守劳动纪律的特点相悖。

退而言之，双方间是否属于非全日制用工劳动关系？在非全日制用工模式下，劳动者依然需要在用人单位的管理、安排下提供劳动，依然需要接受用人单位在工作时间、工作岗位、工作内容、考勤等诸多方面的管理和要求，劳动者仍处于被管理状态，双方间仍具有隶属性特征。但如前所述，本案中，郭某与科技公司间缺乏劳动管理，不符合非全日制用工劳动关系的特征。综上所述，郭某与科技公司间并非劳动关系。进而，郭某坚持以劳动关系为基础法律关系，以劳动争议为由，基于劳动法律、法规提出的各项诉求，缺乏事实及法律依据。

北京市海淀区人民法院依照《中华人民共和国劳动法》第七十九条之规定，判决如下：

驳回郭某的全部诉讼请求。

判决后，双方当事人均未上诉，本判决现已生效。

【法官后语】

近年来，随着互联网因素介入传统的劳动力供求关系，网约工队伍不断发展壮大。与之相伴，网约工与平台企业间是否成立劳动关系的现实问题被置于法台之上。其中，最为典型的即快递员与App平台企业间是否属于劳动关系。

笔者认为，网约工仅是互联网经济发展下的一种用工模式，并非特定法律概念，判断网约工与平台企业间是否成立劳动关系仍应以“从属性”为标准进行个案实体审查，在裁判“从属性”有无方面，可从如下七个方面入手：

1. 双方合意

双方间是否签订有劳动合同、合作协议。但在对《合作协议》等排除劳动关系的书面协议进行审查时，应考量网约工是否在充分知悉有关权益的情况下基于完全的意思自治而自愿签订协议排除劳动关系，并应在实质上审查双方间有无劳动用工管理关系。

2. 招录方式

劳动关系中，用人单位作为管理者，除关心劳动结果外亦关注劳动过程，会对劳动者的体力、智力、岗位适应性甚至团队契合度等提出要求并以面试等方式加以考核。但在非劳动关系中，相对方则更看重工作成果的交付，对个人的体力、智力等并无特殊要求，往往不加以审查。

3. 主要劳动工具及生产资料的提供情况

劳动关系来源于劳动力与工资报酬的等价交换，因此主要劳动工具及生产资料的提供情况可作为考量要素用以辨别双方间是否为劳动关系。至于除主要劳动工具及生产资料外的其余物品，如标识身份的服装、卡片、贴纸等，由于并非劳动过程中的必备工具，故在判定双方是否构成劳动关系时证明力十分有限。

4. 订单获取及分配方式

劳动关系体现为劳动者在用人单位的安排下从事劳动。因此，订单获取及分配方式应属于重点审查项目。通常，网约工的订单获取模式可分为抢单模式、“抢单+派单”模式、派单模式①三类。显然，三种不同模式下，互联网平台企业对于网约工的管理程度依次逐渐加强。

5. 工作时间、地点等劳动管理

用人单位享有用工管理权，有权对劳动者在工作时间、工作区域、劳动纪律等方面提出明确要求。在网约工模式下，则可体现为：

---

① 实践操作中，派单又可分为多种模式，因篇幅原因不再赘述。

(1) 时间要求。如每日上线时间、每日最低在线时长等。(2) 地域要求。如指定地域上线、指定地域接单等。(3) 拒单自由。即网约工有无接单自由、有无拒单权。(4) 业务考核及处罚权。

6. 报酬构成模式及收益分配比例

劳动者与用人单位间具有显著的经济从属性。从收入角度可审查双方是否约定底薪，同时，应注意考量平台企业与网约工间的收益分配比例。通常而言，劳动关系下平台企业在收益中的占比会高于非劳动关系下平台企业在收益中的占比。此外，需要考虑该种收入是否稳定地构成了网约工的主要经济来源。

7. 稳定性与排他性

劳动关系中“从属性”的另一表征为稳定性及排他性。基于劳动力资源的有限性和人身属性，除极个别法定情形及混同用工情形外，通常情况下某段时期内，劳动者仅可能稳定地、持续地接受一家用人单位的劳动管理并向其提供劳动、取得报酬。因此，判断互联网平台企业与“网约工”间是否为劳动关系可以从稳定性及排他性的角度加以考量。

以上七个方面的内容，可作为判断“从属性”有无的切入点，对网约工与平台企业间是否成立劳动关系加以判定。但需要格外加以关注的是，同一平台企业在不同时期可能对网约工采取不同的“管理模式”，甚至同一时期对不同的网约工采取不同的“管理模式”。由此，对于网约工与平台企业间是否具有“从属性”应个案判定。

总体而言，基于对经济发展规律的尊重，一方面裁判机关不应对劳动关系加以宽泛认定，不应将网约工一揽子纳入劳动关系范畴，如此方能助力市场经济的多样化健康发展；但另一方面，裁判机关亦应秉持和坚守保护劳动者合法权益的基本初衷，对于确实符合劳动关系的网约工依法确认其劳动者身份，给予其应有的劳动法律保护。

编写人：北京市海淀区人民法院　蔡笑

014　如何区分劳动者与用人单位之间的内部承包关系与承揽关系

——石业公司诉刘某确认劳动关系案

【案件基本信息】

1. 裁判书字号

山东省济南市中级人民法院（2019）鲁01民终3653号民事判决书

2. 案由：确认劳动关系纠纷

3. 当事人

原告（上诉人）：石业公司

被告（被上诉人）：刘某

【基本案情】

2014年9月，刘某经招聘进入石业公司工作，双方没有签订书面劳动合同，石业公司没有为刘某缴纳社会保险费。从2015年3月开始，刘某带领三人（共四人）在石业公司某分厂为石业公司加工石料，相应的场地及设备均系石业公司提供，双方按照加工量结算报酬，酬劳系现金支付，每年麦收前后、秋收前后以及春节前分三次支付，刘某领取后在四人内部进行分配。石业公司某分厂是石业公司的一个石料加工点，未进行工商登记。2016 年 12 月 11 日工作期间，刘某右脚被石头砸伤，受伤后被送往医院治疗。刘某住院治疗了 340 天，治疗费 20 多万元由石业公司支付。2018 年 7 月 11 日，刘某作为申请人，以石业公司为被申请人，提出仲裁申请，要求确认双方存在劳动关系。仲裁裁决：申请人刘某与被申请人石业公司之间存在劳动关系。石业公司不服，遂诉至法院。

【案件焦点】

刘某与石业公司之间是劳动关系还是承揽关系。

【法院裁判要旨】

山东省济南市历城区人民法院经审理认为：石业公司认可 2014 年 9 月至 2015 年 3 月双方存在劳动关系。结合刘某的女儿、妹妹等亲属与石业公司经理的多次通话录音、石业公司为刘某支付了 20 多万元治疗费的事实以及石业公司未提交与刘某签订有承揽协议的证据等，刘某自 2014 年 9 月至今与石业公司之间存在事实劳动关系，双方的劳动关系至今未解除。

山东省济南市历城区人民法院依照《中华人民共和国民事诉讼法》第六十四条之规定，作出如下判决：

驳回石业公司的诉讼请求，石业公司与刘某之间存在事实劳动关系。

石业公司不服一审判决，提出上诉。山东省济南市中级人民法院经审理认为：2014 年 9 月至 2015 年 2 月，双方之间存在劳动关系。虽然刘某于 2015 年 3 月到石业公司某分厂工作，工作岗位、工作内容、劳动报酬发放形式发生了较大变化，但双方并未就解除劳动关系事宜达成一致，亦未通过其他方式解除劳动关系，因此双方之间的劳动关系在 2015 年 3 月以后继续存在。刘某所从事的石料加工业务属于石业公司业务的组成部分，在双方存在劳动关系的情况下，并不影响在石业公司同意的情形下由刘某在石业公司内部承包有关石料加工业务，由其负责组建石料加工团队，对团队成员进行管理，分配团队成员劳动报酬。刘某的工作地点在石业公司某分厂，按照石业公司的要求为石业公司从事石料加工业务，这本身就是对刘某及其团队的一种管理。虽然石业公司并不对刘某的具体工作时间及内容进行管理，但这是基于刘某特殊的工作形式而形成的松散管理方式，不能因此认定石业公司没有对刘某进行管理。刘某带领其团队在石业公司某分厂为石业公司加工石料，双方按照加工量结算报酬，但是石业公司某分厂的场地、设备均系石业公司提供，刘某带领的团队实质上仅付出劳动，石业公司向刘某团队支付的报酬仅是劳动报酬，并不包含设备、场地的费用。因此，石业公司向刘某团队支付的报酬实质上是劳动报酬，刘某个人所取得的报酬亦是其个人劳动获取的劳动报酬，而不是定作人向承揽人支付的报酬，石业公司关于双方之间系承揽关系的上诉主张不能成立，不予采纳。综上，双方均是适格劳动关系主体，刘某所从事的石料加工业务系石业公司业务组成部分，接受石业公司的管理，石业公司为刘某发放劳动报酬，双方之间的关系符合劳动关系的主要特征。一审法院判决双方存在事实劳动关系并无不当。

山东省济南市中级人民法院依照《中华人民共和国民事诉讼法》第一百七十条第一款第一项规定，作出如下判决：

驳回上诉，维持原判。

【法官后语】

企业与职工个人签订承包协议，是企业内部经营管理的一种方式。在承包协议内容未违反法律规定的情形下，这种管理模式既可以体现企业的自主管理权，也可以充分调动职工的工作积极性，同时也更加明确了双方之间的权利义务，因此已经成为越来越多的企业为转变经营理念、创新经营模式而普遍采用的一种管理模式。

企业内部承包协议并不能一概认定为承包关系或劳动关系，而应当从内部承包协议约定的具体权利义务来区别认定该内部承包协议的法律性质。具体来说，承包关系一般受民法调整，遵循“平等、自愿、等价有偿”原则，双方当事人的法律地位是平等的，不存在管理与被管理的关系，一般体现为发包方将某项经营权或工作发包给承包方，由承包方按照协议的约定向发包方支付承包费用，而由承包方享受超额利润。而劳动关系受劳动法调整，双方当事人具有人身隶属性的特征，是管理与被管理的关系，劳动者受用人单位的劳动管理，劳动者付出劳动并获得报酬，且提供的劳动应当是用人单位业务的组成部分。

本案中，2014 年 9 月至 2015 年 2 月期间，双方之间存在劳动关系。虽然刘某于 2015 年 3 月到石业公司某分厂工作，工作岗位、工作内容、劳动报酬发放形式发生了较大变化，但双方并未就解除劳动关系事宜达成一致，亦未通过其他方式解除劳动关系，因此双方之间的劳动关系在 2015 年 3 月以后继续存在。

虽然双方没有签订承包协议，但是从刘某与石业公司之间的承包实际运行方式看，双方之间系劳动关系下的内部承包。首先，刘某所从事的石料加工业务属于石业公司业务的组成部分，在双方存在劳动关系的情况下，并不影响在石业公司同意的情形下由刘某在石业公司内部承包有关石料加工业务，由其负责组建石料加工团队，对团队成员进行管理，分配团队成员劳动报酬。其次，刘某的工作地点在石业公司某分厂，按照石业公司的要求为石业公司从事石料加工业务，这本身就是对刘某及其团队的一种管理。最后，刘某带领其团队在石业公司某分厂为石业公司加工石料，双方按照加工量结算报酬，但是石业公司某分厂的场地、设备均系石业公司提供，刘某带领的团队实质上仅付出劳动，石业公司向刘某团队支付的报酬仅是劳动报酬，并不包含设备、场地的费用。因此，石业公司向刘某团队支付的报酬实质上是劳动报酬，刘某个人所取得的报酬亦是其个人劳动获取的劳动报酬，而不是定作人向承揽人支付的报酬。双方之间的关系应属于企业内部责任承包协议和用人单位内部经营管理的一种方式，其并未改变双方的劳动关系，也未改变承包者的职工身份，双方之间属于劳动关系而非承揽关系。

编写人：山东省济南市中级人民法院　曹强　殷茜茜

015　双重劳动关系的合法性认定

——介某诉甲公司劳动争议案

【案件基本信息】

1. 裁判书字号

北京市第一中级人民法院（2019）京01民终3931号民事判决书

2. 案由：劳动争议纠纷

3. 当事人

原告（被上诉人）：介某

被告（上诉人）：甲公司

【基本案情】

2015年11月4日，甲公司向介某发送电子邮件，告知其填写员工入职需要填写的表格，提交本人身份证复印件、学历证书。11月9日，介某将填写完毕的《员工信息登记表》发给甲公司。介某在甲公司担任销售部主管，由公司报销礼品费、交通费、应酬费等，并负责审批其下属员工的报销单。甲公司先后向介某等员工下发“执行考勤管理”“定期召开公司例会”的通知；关于2016年春节放假、2015年年终奖发放的通知；《劳动合同》《保密及竞业禁止协议》《员工劳动纪律管理规定》等。介某使用甲公司邮箱向公司法定代表人张某发送汇报项目进展等工作的电子邮件。2015年12月至2016年4月，甲公司、张某、甲公司员工祝某，向介某支付工资、报销、差旅费等款项。2016年4月6日甲公司的会议纪要记载了甲公司与介某的相关事宜：1. 销售员工的报销和工资，支付至2016年3月。2. 目前现有项目，介某以代理方式参与。甲公司主张介某于当日自行离职。介某主张其与甲公司之间系代理合作关系，但认可其间甲公司每月支付其35000元生活费。北京某人力资源服务有限公司内蒙古分公司自2009年5月至2017年1月为介某缴纳社保，2018年4月9日为介某出具终止劳动关系证明。2015年6月23日，介某与乙公司签订劳动合同，劳动期限为2015年7月31日至2016年5月31日，乙公司以较为固定的时间及金额向介某支付“工资”。介某主张自2015年

6月起在乙公司工作至今，不需要坐班，无需考勤，在家工作，由该公司支付工资。甲公司2017年5月31日以要求确认与介某存在劳动关系为由向北京市海淀区劳动人事争议仲裁委员会提出仲裁申请，该委作出裁决书，裁决确认甲公司与介某自2015年11月9日至2016年4月6日存在劳动关系。

【案件焦点】

在介某与其他用人单位存在劳动关系的情况下，能否确认甲公司与介某之间的劳动关系。

【法院裁判要旨】

北京市海淀区人民法院经审理认为：介某提交的劳动合同、社保缴纳情况及银行明细，能够形成完整的证据链，法院认定介某与案外公司的劳动关系是真实有效的。结合甲公司与介某在2016年4月6日会议纪要中提及“目前现有项目，介某以代理方式参与”的表述，在现行法律语境下，介某无法同时与两家公司存在劳动关系，故法院认定介某与甲公司并非劳动关系。

北京市海淀区人民法院依照《中华人民共和国劳动法》第七十九条规定，作出如下判决：

确认甲公司与介某自2015年11月9日至2016年4月6日不存在劳动关系。

甲公司不服一审判决，提出上诉。北京市第一中级人民法院经审理认为：介某以建立劳动关系为目的、接受甲公司之管理，从事甲公司安排的有报酬的劳动，其提供的劳动是甲公司业务的组成部分，故双方之间系劳动关系。介某虽主张其与甲公司之间系合作关系，但其对此未提交证据证明，且对于合作双方的权利义务、合作对价的支付条件等，均不能作出明确肯定的陈述，双方法律关系解除后介某以代理方式参与现有项目的安排，亦不能作为判断双方关系存续期间法律关系性质的依据，故对介某的主张不予采信。法律并不禁止双重劳动关系，故即使介某与案外公司系劳动关系，亦不能因此否定其与甲公司之间存在劳动关系。根据双方之间往来邮件、支付款项的日期综合判断，法院采信甲公司关于劳动关系存续期间的主张。综上所述，甲公司的上诉请求成立，应予支持。

北京市第一中级人民法院依照《中华人民共和国劳动合同法》第七条，《中华人民共和国民事诉讼法》（2017 年修正）第一百七十条第一款第二项规定，作出如下判决：

一、撤销一审判决；

二、确认甲公司与介某自 2015 年 11 月 9 日至 2016 年 4 月 6 日存在劳动关系。

【法官后语】

随着经济的发展和社会的进步，劳动用工形式也发生了深刻的变化，出现了多样性、灵活性，双重劳动关系也随之产生，并且在现实生活中大量存在。由于现行法律法规并未作出明确规定，在理论和司法实践中对企业停薪留职人员、未达到法定退休年龄的内退人员、下岗待岗人员以及企业经营性停产放长假人员等以外的人员，是否应认可全日制用工条件下的“双重劳动关系”存在较大争议，一直存在两种不同意见。

否定说认为，一个劳动者在一个时期内只能与一个用人单位建立劳动关系，通常将“双重劳动关系”中第一重以外的劳动关系作为劳务关系来处理。劳动法第九十九条规定："用人单位招用尚未解除劳动合同的劳动者，对原用人单位造成经济损失的，该用人单位应当依法承担连带赔偿责任。"劳动合同法第三十九条第四项规定，劳动者同时与其他用人单位建立劳动关系，对完成本单位工作任务造成影响，或经用人单位指出，拒不改正的，用人单位可以随时解除劳动合同。否定说据此认为，法律虽无明文禁止"双重劳动关系"，但从立法意图看仍着重于维持劳动关系稳定，原则上，一个劳动者在一个时期内只能与一个用人单位建立劳动关系。

肯定说认为，对于双重劳动关系中第一重劳动关系以外的劳动关系，应该认定为劳动关系或事实劳动关系。法无禁止即可为，既然法律没有明文禁止，"双重劳动关系"就应该得到承认和保护。自市场经济体制改革以来，劳动者与单位之间原本较强的人身从属性不断淡化，人力资源市场逐步成熟，劳动就业越发呈现出双向选择模式。劳动者法定工作时间相对缩短，可自由支配的时间更长，劳动者在原有的劳动关系之外从事兼职活动甚至建立第二、第三重劳动关系并无不当。另外，把双重劳动关系中第一重劳动关系以外的关系认定为劳务关系，不利于保护劳动者合法权益，即劳动者只能要求劳动报酬的给付而不能要求其他依照劳动法所能享有的权益。

笔者认为，承认双重劳动关系有其法律基础和现实需求。首先，劳动合同法并没有明确规定一个劳动者与多个用人单位建立双重劳动关系属于违法。根据劳动法第九十九条和劳动合同法第九十一条规定，用人单位招用与其他用人单位尚未解除或者终止劳动合同的劳动者，给其他用人单位造成损失的，应当承担连带赔偿责任。但其并非对主动型双重劳动关系的否定，而是对后一用人单位侵权责任的规定。劳动合同法第三十九条第四项规定，劳动者同时与其他用人单位建立劳动关系，对完成本单位的工作任务造成严重影响，或者经用人单位提出，拒不改正的，用人单位可以解除劳动合同。但其也非对双重劳动关系的否定，而是用人单位行使经营自主权的体现，当劳动者出现违约行为时赋予用人单位救济权、解除权。《最高人民法院关于审理劳动争议案件适用法律问题的解释（一）》第三十二条第二款规定，企业停薪留职人员、未达到法定退休年龄的内退人员、下岗待岗人员以及企业经营性停产放长假人员，因与新的用人单位发生用工争议而提起诉讼的，人民法院应当按劳动关系处理。该规定对于四类人员的双重劳动关系持明确肯定的意见。其次，有些地方规定或者司法实践中否定双重劳动关系的判决使得劳动者的合法权益得不到切实保护，出现了劳动者在其他用人单位就业，无法享受社会保险待遇（尤其是工伤保险）；劳动者遇到请求解除和终止劳动合同或者用人单位克扣或无故拖欠劳动者工资等情况时，无法向其他用人单位主张经济补偿金等现象。

基于上述法律基础和现实需求，笔者认为，对于第一重劳动关系以外的劳动关系不能简单将其归为劳务关系，在其具备劳动关系的基本要素、符合劳动关系的基本特点的情况下，即劳动者与用人单位之间系劳动力使用关系，是一种从属性的劳动，用人单位与劳动者存在管理与被管理的关系时，应当认定为劳动关系。这样不但有利于切实保护劳动者的合法权益，也在现实意义上实现了劳动者和实际用人单位权利义务的对等性。

本案中，介某与甲公司之间的法律关系性质是一种事实状态，不能因法律的否定性评价而改变，且法律并未明确规定禁止双重劳动关系，故即使介某与乙公司系劳动关系，亦不影响确认介某与甲公司之间存在劳动关系。

编写人：北京市第一中级人民法院　赵悦

016　通过互联网平台提供服务者的劳动关系认定

——高某诉房屋租赁公司劳动争议案

【案件基本信息】

1. 裁判书字号

北京市东城区人民法院（2019）京 0101 民初 5239 号民事判决书

2. 案由：劳动争议纠纷

3. 当事人

原告：高某

被告：房屋租赁公司

第三人：劳务公司

【基本案情】

房屋租赁公司系某房屋租赁服务商微信公众号的实际运营者。

高某于 2017 年 5 月 15 日经人介绍入职房屋租赁公司，岗位为公共区域保洁，双方未签订劳动合同，工资根据保洁订单的类型及数量而定，每月另有房补 500 元和话补 100 元，劳务公司于每月 10 日以银行转账形式代为发放。高某的工作区域由其本人向房屋租赁公司提出申请并安排；保洁工作完成后，其需拍照上传至某房屋租赁服务商微信公众号，并告知房屋租赁公司的员工；没有保洁派单时，其可以自由安排时间，但需随时待命。高某于2018年6月8日被房屋租赁公司口头辞退，故起诉要求确认双方之间存在劳动关系，并支付劳动关系项下各项诉请。

房屋租赁公司则主张双方不存在劳动关系，其与劳务公司曾签订劳务外包合同，约定劳务公司与劳动者订立合同并委派到房屋租赁公司进行保洁工作。高某从事保洁服务的接单数量和时间自由，可根据个人情况和主观意愿决定是否承接任务，可就工作区域和时间要求房屋租赁公司进行调整，双方之间不存在管理与被管理的关系；双方之间没有任何资金往来，所有费用均由劳务公司支付。

劳务公司述称，其与房屋租赁公司之间系代发服务费关系，招聘和人员管理均与其无关，高某与其不存在劳动关系。

【案件焦点】

通过互联网平台提供服务的劳动者，其劳动关系归属如何确认。

【法院裁判要旨】

北京市东城区人民法院经审理认为：本案系涉互联网平台用工这一新型确认劳动关系纠纷，判断双方是否存在劳动关系，应综合审查各个要素。第一，高某与房屋租赁公司之间没有签订劳动合同；第二，从工资构成来看，高某的工资均按工单数量乘以每单对应的单价计算；第三，高某的保洁任务虽来源于房屋租赁公司运营的互联网平台，但根据双方提交的证据显示，其可调整或拒绝派单任务，有一定的自主性；第四，本案证据没有反映出平台经营者房屋租赁公司对保洁员的接单量、在线时长有明显的限制或要求。综上，从高某的工作形式和工作内容来看，其仅需根据接到的保洁订单提供劳动，工作完成后将工作成果上报，并根据工作成果取酬，在没有保洁派单时，可以自由安排时间，总体工作模式相对灵活；从微信聊天内容来看，保洁人员与房屋租赁公司之间就工作时间、工作区域等问题能够进行充分沟通，并据此加以调整；另高某获取报酬的方式为由劳务公司代发劳务费。由此可见，房屋租赁公司与高某之间并非严格的管理与被管理的关系。此外，由房屋租赁公司与劳务公司签订《劳务外包合同》可见，房屋租赁公司在用工时，并无与保洁人员建立劳动关系的意愿。综上，高某与房屋租赁公司之间缺乏建立劳动关系的合意，不符合建立劳动关系的特征，故高某关于确认双方自 2017 年 5 月 15 日至 2018 年 6 月 20 日期间存在劳动关系的请求不予支持。因高某的其他诉讼请求均需以双方存在劳动关系为前提，现缺乏该前提，故高某的其他诉求均不予支持。

北京市东城区人民法院依照《中华人民共和国民事诉讼法》第六十四条规定，作出如下判决：

驳回高某的诉讼请求。

判决后，双方当事人均未上诉，本判决现已生效。

【法官后语】

“互联网+”模式在劳动用工领域的广泛适用，积极发挥了互联网对劳动力资源进行优化配置的优势。而如何在日新月异的用工模式中充分保障劳动者的合法权益，也成为劳动法领域日益突出的课题，其中首要的问题就是如何在现行劳动法的框架内确认通过互联网平台提供服务者的劳动关系归属，这亦是本案的争议焦点。

劳动关系是劳动者与用人单位之间由劳动者提供劳动、用人单位支付劳动对价的法律关系。劳动关系具备人身依附性和财产性的双重属性。审判实践也应从这两个维度出发，着重从以下几个方面进行分析。

第一，确定提供服务的互联网平台性质。互联网平台所属的公司性质，可根据其营业执照中登记的经营范围确定。一般情况下，容易引发此类争议的互联网公司经营范围可分为提供服务信息、技术支持和提供服务两大类，二者是完全不同的业务性质。如该互联网平台仅为客户和提供服务的劳动者提供双向选择的信息，是否订立服务合同仍需由客户和劳动者协商确定，而互联网平台仅发挥了中介的作用，则难以认定其与劳动者之间存在劳动关系。如该互联网平台为客户提供自营服务，而提供服务的劳动者又是经该互联网平台选择录用，互联网平台不仅提供服务和服务者，还提供咨询、收费、售后等链式服务，则可考虑认定其与互联网平台之间存在劳动关系。

第二，考察互联网平台是否与提供服务的劳动者签订书面协议。如互联网平台与劳动者订立“合作协议”或“劳务协议”，但实际条款内容却更符合法律关于劳动合同条款的规定，则理应确认双方之间存在事实上的劳动关系。或者互联网平台与劳动者订立了“劳动合同”，但实际上双方之间的人事工作管理、劳动报酬获取等方式更明显属于法律规定的承揽合同，亦应以双方之间的实际工作模式确定其法律关系。比如，本案中房屋租赁公司与劳务公司之间签订了劳务外包协议，高某的劳动报酬由劳务公司发放，由此可见高某与房屋租赁公司之间不存在直接的法律关系，但可能与劳务公司之间存在劳动或劳务关系。在审查案件中存在的书面协议时，也应当注意公司以各种形式的书面协议或实际履行状况规避劳动关系项下用人单位应承担的法律义务的情形。

第三，根据劳动者与互联网平台之间人身依附关系的紧密程度进行确认。劳动者受雇于用人单位，用人单位为劳动者提供劳动条件和工具，对劳动者在工作量、工作效果、工作时间、工作场所等方面进行管理，并根据前述成果按照固定周期向劳动者支付相对固定的劳动报酬。在这一过程中，劳动者的人身自由受到一定程度的限制。日常生活中，如互联网平台提供的仅为服务信息，劳动者依据自己的劳动技能、采用自己的劳动工具、按照自己的时间安排向客户提供专业技术服务，则与互联网平台之间不存在紧密的人身依附性，不符合现行法律规定的劳动关系。如互联网平台提供的是实际服务，甚至特殊类型的服务（需要获得法律规定的行政许可、资质要求等）；或者虽不需要提供服务的劳动者按时打卡上下班，但对其实际工作时间、工作成果等内容负有一定的监管职责，则可考虑认为劳动者与互联网平台之间建立了较为密切的人身依附关系，可认定存在劳动关系。

编写人：北京市东城区人民法院　王玫　程新桐

017　委派用工的劳动关系认定与解除

——孙某诉柴米公司、油盐公司劳动争议案

【案件基本信息】

1. 裁判书字号

北京市高级人民法院（2019）京民申5269号民事裁定书

2. 案由：劳动争议纠纷

3. 当事人

原告（上诉人、再审被申请人）：孙某

被告（上诉人、再审被申请人）：柴米公司（化名）

被告（被上诉人、再审申请人）：油盐公司（化名）

【基本案情】

2011年，孙某通过招聘方式入职柴米公司，岗位为综合部部长。2013年3月11日，柴米公司出具《关于人事调动的函》，自2013年3月12日起委派孙某至油盐公司工作。自2013年3月12日起，孙某至油盐公司工作，工作岗位仍为综合部部长，油盐公司为孙某支付工资并缴纳社会保险。2017年6月23日，油盐公司向柴米公司发送《关于退回孙某的函》，载明因孙某组织纪律差、责任心不强，其不能胜任目前岗位，不适合继续在油盐公司工作，经总经理办公会研究通过，决定将孙某退回柴米公司。2017年6月30日，油盐公司向孙某发送《通知》，载明：公司决定将你退回派出单位柴米公司，经公司与柴米公司沟通后，7月21日按时到原派出单位柴米公司报到。2017年7月6日，孙某收到该通知并表示对内容有异议。2017年7月，油盐公司停止为孙某缴纳社会保险，工资支付至2017年7月。2017年7月21日，柴米公司复函油盐公司，表示不同意接收孙某回其公司工作，要求油盐公司根据孙某的工作表现按照相关规章制度办理。后柴米公司、油盐公司均未安排孙某工作。

孙某提起劳动仲裁，要求柴米公司、油盐公司支付其工资、违法解除劳动关系赔偿金等。仲裁委员会裁决：一、柴米公司支付孙某2017年8月1日至2017年8月31日基本生活费1323元；

二、驳回孙某的其他仲裁请求。

孙某不服仲裁裁决，起诉至法院，请求：1. 柴米公司、油盐公司支付拖欠孙某自2017年1月1日至2017年5月31日的奖金8750元；2. 柴米公司、油盐公司支付孙某自2017年8月1日至2017年8月31日的工资16914.45元；3. 柴米公司、油盐公司支付孙某违法解除劳动关系的赔偿金236802.3元。

【案件焦点】

1. 孙某经柴米公司委派至油盐公司工作，自委派开始至争议发生时孙某与哪家用人单位存在劳动关系；2. 油盐公司退回孙某后，劳动关系是否解除及其性质。

【法院裁判要旨】

北京市丰台区人民法院经审理认为：因柴米公司与油盐公司之间委派员工属于企业自主用工行为，故确认孙某与柴米公司于2011年2月1日至2017年8月31日期间存在劳动关系，孙某与油盐公司之间不存在劳动关系。油盐公司通知孙某将其退回至柴米公司工作，油盐公司向孙某支付工资至2017年7月，2017年8月柴米公司与孙某就重新安排工作一事进行沟通协调但未能达成一致，孙某亦未回柴米公司工作，故视为2017年8月31日柴米公司与孙某协商一致解除劳动关系。

北京市丰台区人民法院依照《中华人民共和国劳动合同法》第三十六条、第四十六条、第四十七条，《中华人民共和国劳动争议调解仲裁法》第六条之规定，判决如下：

一、柴米公司于判决生效之日起十日内支付孙某2017年8月1

日至2017年8月31日基本生活费1323元；

二、柴米公司于判决生效之日起十日内支付孙某解除劳动合同经济补偿108584.5元；

三、驳回孙某的其他诉讼请求。

孙某、柴米公司不服，提起上诉。北京市第二中级人民法院经审理认为：孙某与两公司劳动关系的认定需结合用人单位发放工资、缴纳社会保险、工作地点、工作内容等作为具体的判断依据。柴米公司通过《关于人事调动的函》将孙某委派至油盐公司工作，该委派并未明确孙某的劳动关系保留在柴米公司，亦未明确具体期限和是否可退回孙某，同时，该函件的名称为人事调动，内容显示“以上同志的工作关系转移”。孙某到油盐公司任综合部部长后，由油盐公司发放工资并缴纳社会保险，孙某为油盐公司提供劳动，并受油盐公司管理，故综合考虑孙某被委派时的实际情况和被委派后的工作情况，一审法院认定孙某自2013年3月12日起仍与柴米公司存在劳动关系不妥，应认定自2013年3月12日起至争议发生时孙某与油盐公司存在劳动关系。油盐公司退回孙某并停发其工资、停缴社会保险，可认定为油盐公司解除与孙某劳动关系的意思表示。鉴于油盐公司未能就其公司退回孙某的具体事实及其公司所依据的规章制度提供充分且有力的证据予以证明，故油盐公司应支付孙某违法解除劳动关系赔偿金。

北京市第二中级人民法院依照《中华人民共和国劳动合同法》第七条、第四十八条、第八十七条，《中华人民共和国民事诉讼法》第一百七十条第一款第二项规定，判决如下：

一、维持一审判决第一项；

二、撤销一审判决第二项、第三项；

三、油盐公司于本判决生效之日起10日内支付孙某违法解除劳动关系赔偿金201656.91元；

四、驳回孙某的其他诉讼请求。

再审法院同意二审法院裁判意见。

【法官后语】

司法实践中涉及有关联关系的用人单位用工而引发的劳动争议案件逐年增加，混同用工、交叉轮换用工、内部委派用工、借调用工等现象屡见不鲜。各方当事人的争议往往集中于劳动关系的认定及解除。有关联关系的用人单位用工情况复杂，无法一概而论，需针对不同情况予以分析处理。本案系较为典型的关联企业间因委派用工而引发的劳动争议案件。委派用工，顾名思义，乃用人单位委派劳动者到另一单位工作的情况。具体到本案中，二审法院对一审判决进行改判，主要涉及委派用工中的两个基本问题：其一为委派发生后劳动者劳动关系的归属；其二为解除劳动关系的认定。

1. 委派用工中劳动关系的认定

本案中，一审法院认为委派用工系企业自主用工行为，故劳动者应与派出单位存在劳动关系，与接收单位不存在劳动关系。然而，二审法院认为涉及委派用工的劳动关系认定不能一概而论，应具体考察委派时各方当事人之间的约定及委派后劳动者的实际工作状况。本案中的派出单位系通过《关于人事调动的函》将劳动者委派至接收单位工作，各方对劳动者劳动关系的归属、福利待遇、委派性质（如委派期限、退回流程）等具体问题均未有明确约定，即未明确委派含义的同时表明劳动者的工作关系转移。在此情况下，劳动者到接收单位任职后即由该单位发放工资并缴纳社会保险。长达四年多的时间里，劳动者为接收单位提供劳动，并受接收单位的完全管理，可认定自委派发生至产生争议时劳动者与接收单位存在劳动关系，而非与派出单位存在劳动关系。故二审法院对劳动者劳动关系的认定进行了改判。

从本案的处理来看，对于涉及委派用工的劳动关系认定，首先，应明确劳动者与用人单位是否签订有劳动合同及各方是否针对劳动关系的归属作出了约定，在不违反法律法规强制性规定的情况下，可根据当事人的约定进行处理；其次，在各方无明确约定的情况下，应着重审查用人单位在作出委派行为时是否对委派性质及期限作出说明，如果用人单位曾出具相关委派函、调动函等书面文件，则应重点审查其函件内容；最后，应综合考虑劳动者被委派后的具体工作情况以明确劳动关系归属，即劳动者在日常劳动中受谁管理、从事何种工作、工资由谁发放、社会保险由谁缴纳等具体问题。

2. 委派用工中解除劳动关系的认定

本案中，一审法院认为接收单位退回劳动者后，派出单位与劳动者就重新安排工作一事未能达成一致，劳动者亦未回到派出单位工作，故视为派出单位与劳动者协商一致解除劳动关系。对此，二审法院认为，无论是派出单位还是劳动者均未作出过解除劳动关系的意思表示，即便认定派出单位与劳动者存在劳动关系，亦不能作出双方协商一致解除劳动关系的结论。诚然，根据本案的情况，劳动者系与接收单位存在劳动关系，该单位将劳动者退回原派出单位，这种退回的意思表示明确，且其单位停发劳动者工资、停缴其社会保险的行为具有不与劳动者继续履行劳动关系的性质，故可将接收单位退回劳动者的行为视为接收单位解除与劳动者劳动关系的意思表示。

从本案的处理来看，首先应明确劳动者的劳动关系归属，在此基础上审查用人单位和劳动者是否作出解除劳动关系的意思表示，这里的意思表示不应仅限于明确表示解除劳动关系，基于委派而衍生出的退回等行为亦应予以综合考虑。

综上，有关联关系的用人单位采取委派劳动者的用工方式，劳动关系的确认应综合考虑各方约定、劳动者被委派时的实际情况和被委派后的工作情况，即从委派形式、工资发放、工作内容等方面进行综合判断；并在明确劳动关系的基础上，综合判断用人单位或劳动者是否有解除劳动关系的意思表示。

编写人：北京市第二中级人民法院　管元梓

018 再就业的停产企业劳动者与原企业之间劳动关系的认定

——某实业公司诉魏某劳动争议案

【案件基本信息】

1. 裁判书字号

四川省绵竹市人民法院（2019）川 0683 民初 149 号民事判决书

2. 案由：劳动争议纠纷

3. 当事人

原告：某实业公司

被告：魏某

【基本案情】

魏某系某实业公司职工，担任公司检验员。用工期间，双方签订了从2008年1月1日起的书面无固定期限劳动合同，另外，某实业公司为魏某办理了参保登记，但未缴纳社会保险费用。从2015年2月10日起，该公司因经营原因开始停产，未再支付魏某任何费用，也未通知魏某解除劳动合同。从2016年10月起，魏某到某生化公司务工。

2018年8月13日，魏某以某实业公司为被申请人，提出包含解除劳动关系、支付工资及经济补偿金等在内的仲裁请求。仲裁委在审理后作出仲裁裁决：解除双方劳动关系；由某实业公司向魏某支付2015年2月至2018年7月工资及生活费43031元、解除劳动合同经济补偿45500元。

某实业公司认为，魏某于2016年10月起到另一家用人单位上班，至此其与某实业公司之间的劳动合同已经解除，之后本公司无义务再支付魏某停产期间生活费；经济补偿金的工资标准则应按照双方解除劳动关系前12个月即2015年10月至2016年9月期间的平均工资计算；从双方劳动合同解除之时起，至魏某申请仲裁之时止，已超过一年仲裁时效期间，魏某的各项请求依法不应当支持，遂诉至法院。

【案件焦点】

劳动者在企业停产后到其他单位务工，其与停产企业之间的劳动合同如何认定。

【法院裁判要旨】

四川省绵竹市人民法院经审理认为：某实业公司从2015年2月10日起停产，停产期间未通知魏某解除劳动合同，虽然魏某从2016年10月起已在其他单位务工，但此时其与某实业公司签订的书面劳动合同并未到期，现行法律法规未对企业经营性停产放长假人员在其他单位处务工可能存在的双重劳动关系情形予以否认或禁止，后一段劳动关系的建立并不必然导致前一段劳动关系的解除。

对于停产期间生活费，该费用系用人单位对因企业停产导致长期待岗的劳动者生活需要所支付的费用，对已在其他单位处务工的劳动者，原企业无再支付此项费用之必要，故本案生活费计算期间为2015年2月至2016年9月。

关于经济补偿金，魏某以《中华人民共和国劳动合同法》第三十八条第一款第三项“未依法为劳动者缴纳社会保险费的”之规定单方行使劳动合同解除权，符合法律规定，劳动合同于仲裁委向某实业公司送达仲裁通知书等副本时解除，劳动合同解除后，企业应当依法支付劳动者经济补偿金。停产期间因双方当事人均未履行劳动合同所确定的权利义务，该期间不计入经济补偿金计算期间，经济补偿金的工资标准则应按照职工正常工作状态下的月平均工资进行计算。

关于仲裁时效，魏某于2018年8月13日申请仲裁，届时其与某实业公司的劳动合同尚未解除，其申请未超过仲裁时效。

四川省绵竹市人民法院依照《中华人民共和国劳动合同法》第三十八条第一款第三项、第四十六条第一项、第四十七条第一款，《中华人民共和国民事诉讼法》（2017年修正）第六十四条第一款，参照《工资支付暂行规定》第十二条之规定，判决如下：

一、某实业公司应于本判决生效之日起15日内给付魏某工资、生活费 20328 元；

二、某实业公司应于本判决生效之日起 15 日内给付魏某解除劳动合同经济补偿金 19500 元；

三、驳回某实业公司的其他诉讼请求。

判决后，双方当事人均未上诉，本判决现已生效。

【法官后语】

根据《最高人民法院关于审理劳动争议案件适用法律问题的解释（一）》第三十二条第二款的规定，企业经营性停产放长假人员，因与新的用人单位发生用工争议而提起诉讼的，人民法院应当按劳动关系处理。在新劳动关系建立的情形下，劳动者与停产企业的原劳动关系如何认定，法律却无明文规定，司法实践对于原劳动关系存续与否争议较大。劳动关系的存续关乎劳动者的切身利益，是劳动权益各项费用计算的依据，也是仲裁时效期间确定的前提。

本案审理的重点是劳动者在企业停产后到其他单位务工，其与停产企业之间劳动合同的认定。笔者认为，企业停产后，其与劳动者未再实际履行劳动合同的权利义务，此时劳动合同处于中止履行状态，此后劳动者与其他单位建立新劳动关系，但新劳动关系的建立并不导致原劳动合同解除。理由如下：《最高人民法院关于审理劳动争议案件适用法律问题的解释（一）》第三十二条第二款肯定了劳动者在企业停产后到其他单位务工的情形，从经济和资源调配的角度出发，我们也应当积极鼓励赋闲在家的劳动力再就业，对于再就业劳动者，已无保障其停产期间生活费之意义，故停产期间生活费计算至其再就业为止，这也减轻了停产企业的经济压力。既然法律法规未禁止停产企业的劳动者再就业，如果以再就业为由即认定劳动者与停产企业的原劳动合同解除，既使得合同解除显得过于随意，又与劳动合同订立时各项法律法规的强制性要求不相符。同时，也影响了劳动者基于原劳动合同所享有的劳动权益，特别是依照《中华人民共和国劳动争议调解仲裁法》第二十七条第四款“劳动关系终止的，应当自劳动关系终止之日起一年内提出”之规定，仲裁时效从劳动合同解除时起算，对于缺乏法律常识的劳动者，可能会因未及时主张权益而导致权益无法得到保护。因此，原劳动合同不以新劳动关系的建立而解除，其依然存续且处于中止履行状态，仅在合同期限届满时，依照《中华人民共和国劳动合同法》第四十四条第一项之规定依法终止。

本案涉及主体为订立书面劳动合同的劳动者，对于建立事实劳动关系的劳动者，其在企业停产后到新单位务工，原劳动关系又应如何认定？一种意见认为，企业停产致事实劳动关系建立之基础不存在，事实劳动关系在企业停产时已经解除，无需考虑劳动者后续务工问题。另一种意见认为，企业停产致事实劳动关系中止履行，该事实劳动关系在劳动者到新单位务工时即解除。

笔者同意第二种意见。《中华人民共和国劳动合同法》第十条第一款规定：“建立劳动关系，应当订立书面劳动合同。”书面劳动合同的签订一般以用人单位意志为转移，导致双方未能签订书面合同而建立事实劳动关系的大多非劳动者原因，企业停产导致劳动者无法继续提供劳动也非劳动者原因。对于企业与劳动者之间的事实劳动关系，企业原本最迟至停产时应当作出妥善处理和安置，未依法安置和处理的，企业对“应当订立书面劳动合同”的违背不应成为其拒绝承担劳动法义务的理由。从反向角度分析，采纳第一种意见对于待岗等待复工的劳动者而言，无法保障停产期间基本生活所需，且劳动关系解除所享有的权益可能会因超出仲裁时效而无法得到支持。因此，企业停产并不必然导致事实劳动关系自然解除，而是处于中止履行状态。当然，与订立书面劳动合同建立的劳动关系不同的是，事实劳动关系本身具有不稳定性和无序性的特点，并不被社会价值所肯定和鼓励。在此前提下，事实劳动关系的劳动者在企业停产后选择到新单位务工，实际对此后不再为原企业提供劳动具备主观认知，如原企业在停产期间未向劳动者发放任何费用，比如停产期间的生活费，则可以认定双方以实际行动表明不再履行原事实劳动关系，该事实劳动关系在劳动者到新单位务工时即解除。即便原企业在停产期间向劳动者发放生活费，依照《中华人民共和国劳动合同法》第三十八条第一款第一项“未按照劳动合同约定提供劳动保护或者劳动条件的”的规定，劳动者到新单位务工也可以认定其以自己行为单方行使劳动关系解除权。原劳动关系解除后，劳动者应当在仲裁时效期间内及时主张权益。

劳动关系的准确认定是劳动权利义务享有和承担的基础，企业停产所导致的劳动争议案件目前正在增多，案情也较为复杂，建议企业在用工过程中一定要规范流程，依法依规建立或解除劳动关系。如企业停产则应及时做好劳动关系清理工作，避免出现悬而未决的劳动状态；对于劳动者而言，应当及时主张相应权益，如已再就业则应根据自身情况及时办理原劳动关系解除或终止手续。

编写人：四川省绵竹市人民法院　尚梦雪

019 被派至境外的劳动者劳动关系认定标准

——董某诉海外工程公司劳动争议案

【案件基本信息】

1. 裁判书字号

北京市第一中级人民法院（2018）京01民终2264号民事判决书

2. 案由：劳动争议纠纷

3. 当事人

原告（被上诉人）：董某

被告（上诉人）：海外工程公司

【基本案情】

2013年1月，董某通过他人介绍，于2013年4月18日入职海外工程公司。其于2013年4月17日从北京出境，于4月18日到某国。其在某公路工程项目工作，担任工程技术人员。其直接领导是刘某，工资标准为每月1650美元，工资由海外工程公司某子公司（以下简称海外子公司）直接汇入其在中国银行的账户，工资支付至2014年5月31日。2014年5月17日，其在工作中被打伤。另外，海外子公司未给其缴纳社会保险。

董某为证明其主张，提供团体意外险保险单。该保险单显示海外工程公司给董某投保了2013年8月10日至2015年8月3日期间的团体意外险。海外工程公司认可该证据的真实性，但表示费用是由海外子公司负担的。董某提供其与王某（海外工程公司办公室人员）、刘某（海外工程公司某公路工程项目部项目经理）、吴某（海外工程公司副总经理）等人的谈话。该谈话显示双方在协商工伤的处理事宜。海外工程公司认可该证据的真实性，但表示王某是海外子公司在国内办事处的人员，刘某是海外子公司的项目经理，吴某时任海外子公司的负责人，后于2015年5月28日任其公司主要负责人。

海外工程公司主张，某公路工程项目是其公司承包的工程。因其公司将部分工程分包给了海外子公司，董某是海外子公司的员工，与其公司没有劳动关系。其公司将部分员工派往海外子公司工作，故其公司为这部分员工缴纳社会保险。董某的工资由海外子公司支付。海外工程公司为证明其主张，提供董某的劳动合同。该劳动合同显示甲方为“海外子公司”，合同期限为2013年4月18日至2016年4月，共36个月。同时，该合同甲方处加盖有“海外子公司”字样的公章。董某认可其签名的真实性，但对于合同内容的真实性、合法性均不认可。

董某以要求确认其与海外工程公司存在劳动关系为由向北京市海淀区劳动人事争议仲裁委员会（以下简称海淀仲裁委）提出申请，海淀仲裁委裁决：驳回董某的仲裁请求。董某不服上述裁决，在法定期限内向法院提起了诉讼。

【案件焦点】

1. 董某是否由海外工程公司招用并由其外派至境外的工程工作；2. 董某在境外的工作项目是否由海外工程公司承包；3. 在董某与海外子公司签订劳动合同后，董某与海外工程公司之间是否还存在劳动关系。

【法院裁判要旨】

北京市海淀区人民法院经审理认为：从本案查明情况来看，董某在某公路工程项目中工作，该工程项目是海外工程公司承包的工程项目。海外工程公司虽主张其公司将部分工程分包给海外子公司，但针对该主张海外工程公司未提供相应的证据证明，故法院对于海外工程公司的该主张不予采信。海外工程公司主张董某系海外子公司的员工，针对该主张海外工程公司提供了劳工许可证、劳动合同及工资明细。但海外子公司为外国企业，没有直接从我国招募员工的资格，也不能直接与我国公民建立劳动关系。海外工程公司针对海外子公司的员工在其公司承包的工程项目中进行施工的原因，未提供相应的证据证明。加之海外子公司是海外工程公司的全资子公司，故海外工程公司提供的上述证据不足以证明董某与海外子公司存在劳动关系。综上所述，从保护劳动者合法权益的角度出发，法院确认董某与海外工程公司存在劳动关系。鉴于此，海外工程公司作为劳动关系中负有管理责任的用人单位一方，理应就董某的入职时间承担举证责任，现海外工程公司对此未提出明确的意见，且其提供的劳动合同显示的合同起始时间与董某所主张的入职时间一致，故法院采信董某的主张，即其入职时间为2013年4月18日。

北京市海淀区人民法院依照《中华人民共和国劳动法》第七十九条，判决如下：

确认董某与海外工程公司自2013年4月18日起存在劳动关系。

海外工程公司不服，提起上诉。北京市第一中级人民法院经审理认为：根据《对外承包工程管理条例》的相关规定，对外承包工程的单位应当依法与其招用的外派人员订立劳动合同，按照合同约定向外派人员提供工作条件和支付报酬，履行用人单位义务。根据上述行政法规规定，海外工程公司与董某之间是否存在劳动关系，关键在于以下三点：1. 某公路工程是否由海外工程公司承包；2. 董某是否由海外工程公司招用并由其外派至某公路工程工作；3. 在董某与海外子公司签订劳动合同以及董某的人身意外保险由海外子公司出资投保后，董某与海外工程公司之间是否还存在劳动关系。

第一，根据《对外承包工程管理条例》之规定，对外承包工程的单位不得将工程项目分包给不具备国家规定的相应资质的单位。海外工程公司在海淀仲裁委及法院审理本案期间，数次陈述某公路工程是由海外子公司承包或分包，但其所作的陈述前后均不一致，且其亦未提举其公司将部分工程转包或分包给海外子公司的证据，故法院对于海外工程公司所陈述的海外子公司承包或分包某公路工程的说法不予采信。在法院审理本案期间，海外工程公司认可其承建某公路工程，法院对此予以采信。故海外工程公司作为对外承包工程的单位应当依法与其招用的外派人员订立劳动合同。

第二，根据《对外劳务合作管理条例》第二条第二款之规定，国外企业、机构和个人不得在中国境内招收劳务人员赴国外工作。海外子公司为外国企业，外国企业不具备直接招用中国雇员的资格，也不能直接与中国劳动者建立劳动关系、订立劳动合同，故董某如果不是通过海外工程公司的招用，并由海外工程公司将其外派出国提供劳务，其不可能到海外工程公司承包的境外建设工程项目工作，故法院采信董某的主张，认定董某系由海外工程公司招用并由海外工程公司外派出国，给海外工程公司承包的工程提供劳动。

第三，根据《对外承包工程管理条例》第十二条的规定，属于规定主体应当或必须做出一定积极行为的义务性规则。海外工程公司作为中国国内的企业，承包境外建设工程项目，亦应当按照上述规定执行，与其外派人员签订劳动合同，履行用人单位的主体义务，且其不能通过协议的方式转嫁其用人单位的义务。因此，虽然董某与海外子公司签订了劳动合同，但对外承包工程的主体与外派人员之间的用工关系已由行政法规规定按照劳动关系进行调整，故海外工程公司仍旧应当承担用人单位的主体责任。而根据《对外承包工程管理条例》的规定，对外承包工程的单位应当为外派人员购买境外人身意外伤害保险。海外工程公司承包某公路工程，作为外派单位必须为其外派的劳动者购买境外人身意外伤害保险，故海外工程公司所陈述的系代海外子公司给董某投保之说法难以成立。

综上所述，海外工程公司上诉称其与董某之间不存在劳动关系，海外子公司与董某之间存在劳动关系的主张难以成立，法院对其上诉请求不予支持。一审判决认定事实清楚，适用法律正确，应予维持。

北京市第一中级人民法院依据《中华人民共和国民事诉讼法》第一百七十条第一款第一项之规定，判决如下：

驳回上诉，维持原判。

【法官后语】

许多中国企业在境外注册成立子公司，从国内招收员工并将其派至国外子公司长期工作。因忽视这种涉外用工的特殊性，一些企业招用员工行为不规范、不合法，本案即由此引发的新型涉外劳动争议案件。本案争议的核心问题为在境外子公司与外派劳动者签有劳动合同的情况下，中国企业与外派劳动者之间是否成立劳动关系。

由此需要考虑以下几个问题：

1. 外派人员由谁招用

(1) 境外企业不合法招工方式

中国企业在境外注册设立的子公司，在法律上属于境外企业。根据《对外劳务合作管理条例》第二条第二款规定，国外的企业、机构或者个人不得在中国境内招收劳务人员赴国外工作。为了规避境外企业直接在境内招工，实践中，中国企业的境外子公司往往通过以下两种方式从境内招工：一是以境内母公司的名义招工，但要求劳动者与境外子公司签订劳动合同并将其派往境外工作；二是境外子公司在国内设立代表处，通过代表处从国内招工并派往境外工作。针对上述两种方式，首先，境外企业若想在我国境内招用人员，必须通过具备对外劳务合作经营资格的境内企业进行，不能直接以境内母公司名义招工的同时自行签订劳动合同。其次，根据《关于管理外国企业常驻代表机构的暂行规定》，外国企业的常驻代表机构是不能与中国公民直接签订劳动协议的，须通过外服公司签订劳务派遣合同。因此，上述两种方式均为不合法的招工方式，外派劳动者不能通过上述方式直接与境外企业建立劳动关系。

(2) 应认定由中国企业招工

既然劳动者不能由境外企业直接招用至境外工作，也不能由其国内的代表机构进行招用，而招工主体又是确定劳动关系的重要因素，因此如何认定显得至关重要。此时应当考察招工信息的发布主体、海外工程承包主体以及公司之间的关联关系等因素，不能简单凭借劳动合同的签订主体来认定。通常招工主体为境外企业的境内母公司即中国企业，因为招工信息通常由其发布，海外工程也由其承包，中国企业既是实际的招工主体也是实际的用工主体。本案中劳动者就是由海外工程公司招用，并与海外工程公司的境外子公司签订了劳动合同，不能简单地通过劳动合同签订主体来认定招工主体。

2. 外派人员的工作项目由谁承包

对外承包工程，是指中国的企业或者其他单位承包境外建设工程项目的活动。承包的工程也是外派人员的工作内容，判断是否存在劳动关系的一项重要因素即劳动者所从事的劳动是否是用人单位的业务组成部分。因此，确定对外承包工程的承包主体对于明确用人单位至关重要。

对外承包工程的企业应当具备国家规定的相应资质，作为对外承包工程的企业同时应当承担其相应的义务。根据《对外承包工程管理条例》的相关规定，对外承包工程的单位应当依法与其招用的外派人员订立劳动合同，按照合同约定向外派人员提供工作条件和支付报酬，履行用人单位义务。实践中，确定工程承包主体并不难，但可能会出现工程分包的情况，对此也有相关规定，即对外承包工程的企业不得将工程项目分包给不具备国家规定的相应资质的单位，同时若承包主体主张将工程分包给其他公司亦应举证证明。本案中，海外工程公司认可某公路工程由其承包，虽然海外工程公司主张将工程分包给了海外子公司，但其对分包情况未能举证说明而且陈述前后不一。不过无论是否分包给海外子公司，海外工程公司都应当承担对外承包工程企业的义务，即应与其招用的外派人员订立劳动合同，而不是将该义务转嫁给境外子公司。

3. 已签订的劳动合同能否对抗法律规定

通过上述分析基本可以明确招工主体与承包主体均为境外企业的境内母公司即中国企业。根据《对外承包工程管理条例》第十二条规定，中国企业应当与外派人员订立劳动合同，如果双方未订立，则应当认定双方存在劳动关系。但如果外派人员已经与境外企业签订了劳动合同，那么此劳动合同是否有效、是否可以阻却外派人员与中国企业之间建立劳动关系呢？

首先，劳动合同与劳动关系尽管有牵连，但二者也是可以割裂的，有劳动合同，并不一定存在劳动关系。外国企业不具备直接从我国招用员工的资格，也不能直接与我国公民建立劳动关系，故海外子公司与董某之间的劳动关系应认定无效。无论海外子公司是否与董某签订劳动合同，其与董某之间都不存在劳动关系。其次，外派人员与承包主体之间的用工关系已为行政法规所确定按照劳动关系调整，且该条规定属于规定主体应当或必须做出一定积极行为的义务性规则，所以不受已经签订的劳动合同影响。本案中，海外工程公司作为中国企业，承包境外建设工程项目，应当按照上述规定执行，与其外派人员签订劳动合同，履行用人单位的义务，且不能通过协议的方式转嫁其用人单位的义务。因此，虽然董某与海外子公司签订了劳动合同，但双方之间并不存在劳动关系，董某与海外工程公司存在劳动关系，海外工程公司依然应当承担用人单位的主体责任。

编写人：北京市第一中级人民法院　范楷强

020 高校应届毕业生与用人单位签订的三方协议是否具备劳动合同的效力取决于其具体约定和内容

——蔡某诉咨询公司劳动争议案

【案件基本信息】

1. 裁判书字号

广东省广州市中级人民法院（2018）粤01民终15382号民事判决书

2. 案由：劳动争议纠纷

3. 当事人

原告（上诉人）：蔡某

被告（上诉人）：咨询公司

【基本案情】

2017年5月8日，蔡某作为甲方与咨询公司作为乙方签订《普通高等学校毕业生、毕业研究生就业协议书》，约定“甲方与乙方双方通过供需见面、双向选择达成如下协议：一、甲方已如实向乙方介绍本单位情况以及乙方工作岗位情况，并通过对乙方的了解、考核，同意录用乙方，乙方已如实向甲方介绍自己情况，并通过对甲方的了解，愿意到甲方就业并在规定或约定期限内报到；二、乙方到甲方报到后，双方应按有关法律法规的规定，订立劳动合同，并办理有关招工手续，劳动合同订立后，本协议自动终止；三、经甲乙双方协商达成如下条款：1. 甲方聘用乙方为文职翻译，服务期贰年，试用期从2017年7月1日算起，工作地点为广州；2. 甲方为乙方提供的工作条件和劳动保护应符合国家有关规定；3. 乙方被录用后试用期收入为人民币贰仟元/月，试用期满后由双方共同约定的收入为人民币贰仟元/月，录用为公务员的按国家规定办理；4. 甲方为乙方提供的福利包括社会统筹养老保险、医疗保险、工伤保险、生育保险、失业保险和住房公积金；5. 如有违约，违约方支付违约金叁仟元……奖金按照公司经营状况及个人绩效另行处理”。中国南方人才市场在地方毕业生就业主管部门签章处盖章，蔡某所在学校在学校就业管理部门处盖章。2017年6月26日，蔡某毕业。2017年7月1日，蔡某与咨询公司开始建立劳动关系，除上述协议外，双方没有签订书面劳动合同。蔡某在咨询公司处工作至2017年11月11日。

蔡某主张，上述协议书不能代替劳动合同，不完全具备劳动合同必须具备的条款和效力，且咨询公司应支付未签订劳动合同的双倍工资差额20000元。

咨询公司认为，上述协议书已经基本具备劳动合同的条款，咨询公司从未拖欠工资和社保缴纳，不应局限于法律文本规定和有无劳动合同要式规定，否则不仅存在明显的不公正情况，还可能由此引发潜在道德风险，故不同意支付未签订劳动合同的双倍工资差额。

【案件焦点】

1. 双方签订的《普通高等学校毕业生、毕业研究生就业协议书》是否具备劳动合同的效力；2. 咨询公司是否需要向蔡某支付未签订劳动合同的双倍工资差额。

【法院裁判要旨】

广东省广州市越秀区人民法院经审理认为：虽然蔡某与咨询公司签订了《普通高等学校毕业生、毕业研究生就业协议书》，但该就业协议书不能代替劳动合同。首先，从签订主体而言，该就业协议书的签订主体是用人单位、高校毕业生、学校就业管理部门，而劳动合同的签订主体是用人单位与劳动者；其次，从签订目的而言，该就业协议书用于用人单位与高校毕业生明确建立劳动关系意愿、学校就业管理部门以及教育行政部门进行就业管理，而劳动合同的签订目的是明确用人单位与劳动者的权利义务关系和平衡保障双方的合法权益；再次，从签订后果而言，该就业协议书约定的是违约金，类似于合同法上的违约责任，而劳动合同中一般情形下不能约定劳动者的违约责任，且实践中高校毕业生正式毕业报到后仍需与用人单位签订书面劳动合同；最后，从签订内容而言，虽然该就业协议书对于工作岗位、工作地点、工资等有基本约定，但并未完全具备劳动合同的基本必备要素，约定甚为简单。综上，咨询公司主张以该就业协议书代替劳动合同缺乏法律依据，咨询公司应以蔡某月均工资标准 2000 元向蔡某支付未签订劳动合同的双倍工资差额 6735.63 元。

广东省广州市越秀区人民法院依照《中华人民共和国劳动合同法》第十条、第十七条、第四十七条、第八十二条之规定，判决如下：

一、咨询公司于判决发生法律效力之日起五日内，一次性向蔡某支付 2017 年 8 月 1 日至 11 月 11 日期间未签订劳动合同的双倍工资差额 6735.63 元；

二、咨询公司于判决发生法律效力之日起五日内，一次性向蔡某支付2017年10月1日至2017年11月11日工资2735.63元；

三、咨询公司于判决发生法律效力之日起五日内，一次性向蔡某支付2017年10月的提成160元；

四、驳回蔡某的其他诉讼请求。

宣判后，咨询公司、蔡某均不服上述民事判决，提起上诉。广东省广州市中级人民法院经审理认为：虽然双方未签订书面的劳动合同，但从双方签订的《普通高等学校毕业生、毕业研究生就业协议书》的内容来看，协议包括蔡某的工资、岗位、劳动期限、福利等，该协议具备劳动合同本质特征，应当认定双方已经订立了书面的劳动合同。咨询公司上诉请求无需支付未签订书面劳动合同的二倍工资，法院予以支持。

广东省广州市中级人民法院依照《中华人民共和国民事诉讼法》第一百七十条第一款第一项、第二项之规定，判决如下：

一、维持广东省广州市越秀区人民法院（2018）粤0104民初3201号民事判决第三项、第四项；

二、变更广东省广州市越秀区人民法院（2018）粤0104民初3201号民事判决第二项为：咨询公司自本判决书送达之日起五日内向蔡某支付2017年10月1日至11月11日的工资6839元；

三、撤销广东省广州市越秀区人民法院（2018）粤0104民初3201号民事判决第一项。

【法官后语】

为了加强高校应届毕业生的管理工作，及时掌握、了解高校应届毕业生的就业动向，在高校应届毕业生找到第一份工作时，高校应届毕业生一般需要与高校管理部门、用人单位签订三方协议。原则上，学生毕业后到用人单位处报到后需要以劳动者身份与用人单位签订劳动合同，明确双方的权利和义务关系，但实践中有的用人单位因各种原因未及时与毕业生签订劳动合同，以为三方协议即具备劳动合同的效力。目前劳动和教育法律法规对这一问题并未作出统一规定，而三方协议是否具备劳动合同的效力则是由各地法院依据各自对劳动合同法第十七条关于劳动合同应当具备条款的规定确定处理意见，实践中存在诸多争议。

对于本案例涉及的高校应届毕业生与用人单位签订的三方协议是否具备劳动合同的效力主要有三种观点：第一种观点是三方协议具备劳动合同的效力，即不管三方协议有何具体约定和内容，只要双方签订了三方协议，该三方协议就可以代替劳动合同，具备劳动合同的效力；第二种观点是三方协议不具备劳动合同的效力，即不管三方协议有何具体约定和内容，一概不能代替劳动合同，不具备劳动合同的效力（实际上前面两种观点都是从形式特征上考虑三方协议与劳动合同之间的关系）；第三种观点是三方协议是否具备劳动合同效力取决于三方协议的具体约定和内容，即劳动者与用人单位虽未签订名为劳动合同的书面协议，但双方签订的包含工资、岗位、工作时间、劳动期限等内容的三方协议，具备劳动合同本质特征和必备条款的，应当认定双方已经订立书面劳动合同。

笔者同意第三种观点，本案例的二审判决实际上也是采取的第三种观点。虽然双方未签订书面的劳动合同，但从双方签订的《普通高等学校毕业生、毕业研究生就业协议书》的内容来看，协议包括工资、岗位、劳动期限、福利等，该协议具备劳动合同本质特征和必备条款，应当认定双方已经订立了书面的劳动合同。从三方协议的具体约定和内容出发，结合劳动合同法第十七条关于劳动合同应当具备条款的规定，认定相关约定和内容具备劳动合同的效力。虽然用人单位未及时与高校应届毕业生签订劳动合同欠妥，但鉴于三方协议相关约定和内容具备劳动合同的效力，并未损害劳动者的合法权益，为了平衡用人单位和劳动者的权利义务关系以及双方的利益，故不再支持劳动者主张的未签订劳动合同支付双倍工资差额的主张。不过用人单位在用工实践中，为了符合法律规定及避免争议和矛盾，即使在招聘时与高校应届毕业生签订了三方协议，在高校应届毕业生报到后还是需要及时与之签订劳动合同。

编写人：广东省广州市越秀区人民法院　陈本聪

021 不具备用工主体资格的自然人所雇用的人员与发包人不存在劳动关系

——文化传媒公司诉刘某劳动争议案

【案件基本信息】

1. 裁判书字号

北京市第三中级人民法院（2018）京03民终9184号民事判决书

2. 案由：劳动争议纠纷

3. 当事人

原告（上诉人）：文化传媒公司

被告（被上诉人）：刘某

【基本案情】

刘某为案外人聂某雇用的结构施工人员，其劳动报酬系由聂某支付。刘某于2015年12月12日进行展台拆卸工作时受伤，受伤后由聂某送至医疗机构救治并支付了医疗费。该展台的搭建及撤展工作系由文化传媒公司发包给聂某。刘某受伤后，向成都市劳动人事争议仲裁委员会申请仲裁，要求确认与文化传媒公司存在劳动关系。劳动仲裁期间，刘某称“聂某带领我进去做工”“工作是聂某带我们去的”。仲裁员问：“除了给被申请人做展台，是否前后一直在跟聂某做工?”刘某答：“谁找聂某，我们就跟聂某去做。”

文化传媒公司提交了与聂某、刘某签订的“关于2015年12月12日某会展中心1号馆外施工人员被伤事件”的协议、就搭建其他展台与聂某签订的承包协议等证据，证明文化传媒公司与刘某不存在劳动关系。文化传媒公司、刘某及聂某的三方协议签订时间为2015年12月13日，其中写明林某为本次所施工结构的发包方，聂某为承包方，刘某为聂某雇用的结构施工人员。

成都市劳动仲裁委裁决确认文化传媒公司与刘某存在劳动关系。文化传媒公司不服裁决诉至法院，要求判决文化传媒公司与刘某不存在劳动关系。

【案件焦点】

不具备用工主体资格的自然人所雇用的个人与发包人是否构成劳动关系。

【法院裁判要旨】

北京市朝阳区人民法院经审理认为：文化传媒公司将搭建、拆除展台的工作发包给案外人聂某，刘某虽系聂某雇用，但系在施工中受伤，因此应当确认文化传媒公司与刘某存在劳动关系。刘某经传票传唤未到庭，法院依法缺席判决。

北京市朝阳区人民法院依照《中华人民共和国劳动合同法》第七条、《中华人民共和国民事诉讼法》第一百四十四条规定，判决如下：

确认文化传媒公司与刘某存在劳动关系。

文化传媒公司不服一审判决，提起上诉。北京市第三中级人民法院经审理认为：刘某自认系聂某带领做工，三方协议中亦明确了刘某为聂某雇用的结构施工人员，加之刘某的劳动报酬系由聂某支付，故可以认定刘某与聂某存在雇用关系。依据《最高人民法院关于审理工伤保险行政案件若干问题的规定》第三条规定，用工单位仅为承担工伤保险责任单位，不能仅根据受伤事实即当然认定刘某与文化传媒公司存在劳动关系，而文化传媒公司是否应对刘某所受伤害承担工伤保险责任则不属于本案审理范围。综上，刘某主张与文化传媒公司存在劳动关系，缺乏充分的事实和法律依据，一审法院对此认定有误，法院予以更正。刘某因伤所受损失，可另行合法主张其权利。

北京市第三中级人民法院依照《中华人民共和国劳动合同法》第七条、《中华人民共和国民事诉讼法》第一百七十条第一款第二项规定，判决如下：

一、撤销北京市朝阳区人民法院（2017）京 0105 民初 19973 号民事判决；

二、文化传媒公司与刘某不存在劳动关系。

【法官后语】

本案涉及的是企业将业务（或者工程）发包、转包给不具备用工主体资格的自然人，对该自然人招用的个人，如何认定其与发包企业的关系。

有的观点认为，此时应确认不具备用工主体资格的自然人所雇用的个人与发包企业之间存在劳动关系。主要理由是《劳动和社会保障部关于确立劳动关系有关事项的通知》第四条规定，建筑施工、矿山企业等用人单位将工程（业务）或经营权发包给不具备用工主体资格的组织或自然人，对该组织或自然人招用的劳动者，由具备用工主体资格的发包方承担用工主体责任。劳动合同法第九十四条规定：个人承包经营违反本法规定招用劳动者，给劳动者造成损害的，发包的组织与个人承包经营者承担连带赔偿责任。

笔者认为，该观点是不正确的。承包人雇用的个人与承包人构成雇用关系，与发包方不存在劳动关系。主要理由如下：

第一，劳动合同法第九十四条规定属于有关民事责任性质的规定，不是认定劳动者与发包人之间具有劳动关系的法律依据。劳动关系是指用人单位雇用劳动者为其成员，劳动者在用人单位的管理下，提供由用人单位支付报酬的劳动而产生的权利义务关系。劳动者与用人单位是否构成劳动关系，要从实质上判断双方是否符合劳动关系的特征，包括：用人单位和劳动者具有法律规定的主体资格、用人单位指定的规章制度是否适用于劳动者、劳动者是否接受用人单位的管理、劳动者提供的劳动是否是用人单位业务的组成部分、劳动者是否从事用人单位安排的有报酬的劳动等。

第二，《劳动和社会保障部关于确立劳动关系有关事项的通知》第四条规定的用工主体责任实际上指的是承担工伤保险责任。《人力资源社会保障部关于执行〈工伤保险条例〉若干问题的意见》第七条规定，具备用工主体资格的承包单位违反法律、法规规定，将承包业务转包、分包给不具备用工主体资格的组织或者自然人，该组织或者自然人招用的劳动者从事承包业务时因工伤亡的，由该具备用工主体资格的承包单位承担用人单位依法应承担的工伤保险责任。《最高人民法院关于审理工伤保险行政案件若干问题的规定》第三条第一款第四项规定，用工单位违反法律、法规规定将承包业务转包给不具备用工主体资格的组织或者自然人，该组织或者自然人聘用的职工从事承包业务时因工伤亡的，社会保险行政部门认定用工单位为承担工伤保险责任单位的，人民法院应予支持。同时，该条第二款还规定，承担工伤保险责任的单位承担赔偿责任或者社会保险经办机构从工伤保险基金支付工伤保险待遇后，有权向相关组织、单位和个人追偿。综上，可以看出用工主体责任不同于劳动关系。

第三，《劳动和社会保障部关于确立劳动关系有关事项的通知》第四条规定适用于特定主体，即建筑施工、矿山企业，不能任意扩大适用。本案中，文化传媒公司并非上述类型企业，不能适用该通知规定，且刘某自认“聂某带领做工”“谁找聂某，就跟聂某去做”，三方协议中亦明确了刘某为聂某雇用的结构施工人员，加之刘某的劳动报酬系由聂某支付，故可以认定刘某与聂某存在雇用关系。

编写人：北京市第三中级人民法院　王世洋　金妍熙

022 个人保险代理人与保险公司之间劳动关系的认定标准

——徐某诉保险江阴支公司确认劳动关系案

【案件基本信息】

1. 裁判书字号

江苏省无锡市中级人民法院（2018）苏02民终62号民事判决书

2. 案由：确认劳动关系纠纷

3. 当事人

原告（上诉人）：徐某

被告（被上诉人）：保险江阴支公司

【基本案情】

2014年11月11日，徐某在保险江阴支公司签订了个人代理合同，被代理方为保险无锡分公司（甲方），个人代理人为徐某（乙方），合同约定：乙方的身份为寿险营销业务人员，乙方与甲方自签订本合同起即建立代理关系；本合同非劳动合同。合同期限自2014年11月11日起至2017年11月10日止。乙方同意甲方依照保险总公司制定的《管理规定》以及保险总公司和甲方有关职能部门所规定的保险代理佣金支付标准和方式，向乙方支付佣金。

徐某签订个人代理合同后即在保险江阴支公司先后兼职、专职从事寿险营销，根据业务量获得提成，其间一直自行缴纳社保。

自2016年下半年开始，徐某至保险江阴支公司云亭营销服务部参加每日的早会和培训。

个人代理合同还约定：甲方有权对乙方在代理期限内的行为进行管理、培训；甲方有权要求乙方参加必要的培训、教育等活动；甲方有权按照本合同及其附件的约定和规定，就乙方未参加或未按照约定参加前述活动，视情节对乙方采取包括扣减佣金作为违约金、解除本合同在内的处理措施。保险江阴支公司云亭营销服务部张贴的无锡分公司寿险营销业务人员出勤管理办法，规定了专职人员及兼职人员的出勤天数以及办理请假手续的相关要求。按照该规定，徐某作为专职人员每周一至周五应按时参加公司早会，每月出勤天数≥20天视为满勤，无故缺勤及事假需乐捐相应的管理费，每月最多乐捐200元；每天的早会及险种培训结束后，由徐某自行安排工作内容。徐某主张其接受保险江阴支公司的考勤管理，与公司存在极强的人身依附性，故双方之间为劳动关系。

2016年10月18日8时9分，徐某在前往云亭营销服务部途中遭遇交通事故，致其左上肢受伤无恢复可能。江阴市公安交警大队于2016年11月11日出具道路交通事故认定书，认定徐某不负事故责任。后徐某申请工伤认定，因保险江阴支公司否认与其存在劳动关系，工伤认定中止。2017年4月7日，徐某就要求确认其与保险江阴支公司存在劳动关系向江阴市劳动仲裁委申请仲裁，但未获支持，故诉至法院。

【案件焦点】

徐某与保险江阴支公司在2016年10月18日是否存在劳动关系。

【法院裁判要旨】

江苏省江阴市人民法院经审理认为：保险代理人是根据保险人的委托，向保险人收取佣金，并在保险人授权的范围内代为办理保险业务的机构或者个人。本案中，徐某与保险无锡分公司签订个人代理合同，该合同明确约定双方系保险代理关系，双方意思表示真实，徐某的权利义务及工作内容也均未超出该合同约定，故徐某与保险无锡分公司系保险代理关系。第一，从发放给徐某的报酬数额和支付形式上看，发放数额不等且有相差较大的报酬，与其保险业绩、团队人数提成计算有关，并通过佣金账户支付，该报酬与劳动关系中的工资有本质区别。第二，徐某主张其与保险江阴支公司之间存在极强的人身依附性，但保险行业系特殊行业，根据合同约定及《中华人民共和国保险法》第一百一十二条的规定，保险公司有权按照国家法律或其规章制度对其业务员进行相应的管理培训，保险江阴支公司作为保险无锡分公司的下级机构，对在江阴范围内从事代理保险无锡分公司保险业务的个人代理人徐某有内部管理的权利与义务，且是为了确保保险代理业务健康有序地开展，并不影响徐某与保险无锡分公司平等自愿建立的代理关系，也并不能因此而确认双方之间存在劳动关系，更不能据此确认代为管理的下级机构与个人代理人之间存在劳动关系。徐某主张与保险江阴支公司存在劳动关系，于法无据，故无法确认徐某和保险江阴支公司于 2016 年 10 月 18 日存在劳动关系。

据此，江苏省江阴市人民法院依照《中华人民共和国保险法》第一百一十二条、第一百一十七条，《最高人民法院关于民事诉讼证据的若干规定》（2002 年）第二条之规定，判决如下：

驳回徐某的诉讼请求。

二审法院同意一审法院裁判意见。

【法官后语】

保险公司大量采用代理人制度，主要是基于节约劳动法上用工成本的考量。但近年来，保险公司对个人保险代理人的管理方式引发了大量诸如本案的争议。我国保险从业人员数量庞大，准确认定个人保险代理人与保险公司之间的关系意义重大，亦是本案的重点。

1. 个人保险代理关系与劳动关系的区别

在本案审理过程中存在两种不同观点：一种观点认为个人保险代理人与保险公司之间系劳动关系；另一种观点认为双方之间系保险代理关系。笔者倾向于第二种观点，认为保险代理关系是平等民事主体之间的民事委托法律关系，一方基于授权或委托关系，以另一方名义完成保险代理活动，并收取保险代理费用（佣金）；被代理方对代理方的代理行为承担民事责任，双方的权利义务遵循合同约定履行，受合同法调整。就本案而言，徐某与保险无锡分公司签订的个人代理合同系双方真实意思表示，且不违反法律、行政法规的强制性规定，对双方均具有约束力，故徐某与保险无锡分公司之间满足保险代理关系成立的要件。

个人保险代理关系与劳动关系的区别主要体现在以下几方面。

（1）表现形式不同：保险代理关系是个人代理人经与保险公司签订保险代理合同确定的；而劳动关系的确立则须由用人单位与劳动者签订书面劳动合同。个人代理人开展业务的行为属于个人代理行为，劳动者的劳动行为系职务行为。

（2）报酬方面不同：在保险代理关系中，保险代理人所获报酬为佣金，主要由保险代理人完成的保险销售业务量决定佣金的多少，同时还会结合团队人数、提成计算方法等因素计算，通常都没有底薪，每月的佣金收入不稳定；而劳动关系中的报酬则有最低工资保障，且不以劳动成果交付为要件。

(3) 从属性不同：保险代理关系建立在平等民事主体之间，而劳动者与用人单位之间是管理与被管理的关系，具有较强从属性。从法律性质上看，平等民事主体之间无管理权，但《中华人民共和国保险法》第一百一十二条规定，保险公司应当建立保险代理人登记管理制度，加强对保险代理人的培训和管理，不得唆使、诱导保险代理人进行违背诚信义务的活动。该规定赋予保险公司对保险代理人一定的管理权。保险公司行使该管理权时应当以为完成法定的保险代理培训义务为限度，且该种管理权与劳动关系中的用人单位对劳动者享有的管理权有本质上的区别，也是区分二者的关键。个人保险代理人往往主张其与保险公司之间存在劳动关系的根据在于：保险公司在实际经营中，个人保险代理人与保险公司的员工在提供劳动、获得报酬方面表现出高度相似性。

2. 存在劳动关系的认定标准

我国劳动法对于劳动者与用人单位之间双重劳动关系的存在并未给予正面的回应，缺乏对双重劳动关系的总括性规定，导致双重劳动关系的合法性受到质疑。而个人保险代理关系属于普通民事法律关系，不属于劳动法所调整的劳动法律关系范畴，因而不受劳动法关于双重劳动关系规定的制约，即为个人保险代理人与保险公司之间在个人保险代理关系之外可能存在劳动关系预留了空间。

因此，保险代理关系与劳动关系虽然是存在显著区别的两种关系，但并非只能择一而存在。就本案而言，徐某与保险无锡分公司之间建立保险代理关系并不妨碍双方之间可能存在劳动关系，故不能必然断定徐某与作为下属机构的保险江阴支公司之间不存在劳动关系。是否构成劳动关系，应当以是否符合劳动关系的实质要件作为判断依据。

劳动关系的本质特征在于劳动者与用人单位之间的从属性，劳动者被纳入用人单位的组织体系之中，在用人单位的指挥、命令、管理下提供劳动，用人单位对劳动者拥有广泛的指示权，二者之间存在较强的人身依附性，具有隶属关系。就本案而言，保险江阴支公司作为下属机构，仅在保险销售专业知识方面对徐某等个人保险代理人进行管理培训，其目的是提升保险代理人的专业程度、保护投保人及被保险人的利益、防止保险代理人违背诚信义务销售保险；徐某完成的保险销售业绩也并非在保险公司的指挥、控制下完成，销售保险的时间、地点、客户人群都由徐某自主选择决定，不存在劳动法意义上相对固定的工作时间、工作地点及工作内容。可见，双方之间并不满足劳动关系上的人身依附性，故本案徐某关于其与保险江阴支公司存在劳动关系的诉讼主张不应受到支持。

编写人：江苏省江阴市人民法院　张峥莉　沈琪晔

023　公司的法定代表人可以与其他公司存在劳动关系

——刘某诉生物科技公司劳动争议案

【案件基本信息】

1. 裁判书字号

北京市第一中级人民法院（2018）京01民终9630号民事判决书

2. 案由：劳动争议纠纷

3. 当事人

原告（被上诉人）：刘某

被告（上诉人）：生物科技公司

【基本案情】

2017年6月23日，生物科技公司出具聘书，内容为：兹聘任刘某为××养生馆总经理，全面负责××养生馆的运营工作。2017年7月2日，刘某向祁某发送短信，内容含“工资12000元/月，××养生馆负责解决以上三人的食宿、五险一金能否落实？”2017年7月14日，刘某向祁某提出需要签书面协议，祁某让刘某草拟。刘某于2017年7月21日拟好协议草稿，显示“甲方每月×日按时支付乙方（空白）元工资（税前？税后）”和其他福利待遇（奖金、五险一金等）。2017年8月8日，生物科技公司出具授权书，内容为：兹授权刘某为北京××养生馆总经理，全面负责××养生馆的运营工作。同日，生物科技公司在《合作协议》上盖章，内容与刘某草拟的协议不同，有“利益分配：1. 甲方于××酒窖按规定每月结算后，剩余流水的50%，除去甲方产品的成本外，公司参加流水10%的分配，剩余90%的流水由乙方刘某分配。2. ××养生馆在经营中通过努力无利益可取，公司将酌情给予工资补贴”。刘某陈述因该协议无工资数额、签约日期不应是8月8日等，故未在协议上签字。2017年8月11日，祁某给刘某发送短信，内容含“咱俩已经交流几次了，如果你按应聘上班领工资来做事就大大低估了你的能力……你非得要工资保底就按你的想法提出申请”。2017年10月11日，刘某提交辞职书，内容为：由于公司一直拖欠我工资，我今日（2017 年 10 月 11 日）提出辞去××养生馆总经理一职，希望公司将拖欠我的工资结清于我。当日，祁某在出货单上签字，证明：除部分商品做市场用外，其余财物无缺少。庭审中，刘某陈述祁某为生物科技公司的总经理。生物科技公司不予认可，陈述祁某为本公司法定代表人的指导老师。

另查，2017 年 8 月 8 日，餐饮公司（甲方）与生物科技公司（乙方）签订《××养生馆运营合作协议》，约定：甲乙双方决定开设养生项目，甲方提供场地，乙方负责运营；甲乙双方先试行合作六个月，合作自 2017 年 8 月 15 日起至 2018 年 2 月 14 日止。六个月满后，双方无异议顺延至 2018 年 8 月 14 日；乙方负责养生馆运营并提供两名固定工作人员进行工作，薪酬保险等所有人力资源费用由乙方负责。祁某为生物科技公司的签字人。

再查，刘某为贸易公司的法定代表人。2017 年 9 月 6 日，刘某代表贸易公司（乙方）与生物科技公司（甲方）签订《合作协议》，大致内容为：甲方负责提供产品、产品资料、糖尿病健康讲座等事宜。乙方负责开拓市场，全权代理甲方产品，乙方开拓市场发展的客户和产生的业绩，永久归乙方所有。祁某仍为生物科技公司的签字人。庭审中，刘某陈述其工作内容为策划和运营××养生馆，用微波治疗仪进行治疗并收费，会馆内摆放养生产品作为样品。生物科技公司陈述微波治疗仪是免费使用，吸引客户，然后推销养生产品，即 2017 年 9 月 6 日的合作协议中的合作事项。

刘某于 2017 年 10 月 16 日向北京市昌平区劳动人事争议仲裁委员会提出仲裁申请，请求：1. 支付 2017 年 6 月 23 日至 7 月 22 日的工资12000元及拖欠工资的经济补偿金6000元；2. 支付2017年7月23日至10月11日未签订劳动合同的双倍工资61600元；3. 支付2017年8月15日至10月9日延时加班费6600元（每天加班2小时，共加班44天）。该委于2017年12月18日作出京昌劳人仲字〔2017〕第3849号裁决书，裁决：驳回刘某的仲裁请求。刘某对该裁决书不服，持所诉请求诉至法院。生物科技公司对裁决书无异议。

【案件焦点】

个人作为某公司的法定代表人，为被告公司提供劳动，双方之间究竟是合作关系还是劳动关系。

【法院裁判要旨】

北京市昌平区人民法院经审理认为：当事人对自己提出的诉讼请求所依据的事实或者反驳对方所依据的事实有责任提供证据加以证明。没有证据或者证据不足以证明当事人的事实主张的，由负有举证责任的当事人承担不利后果。依据刘某提交的聘任书、授权委托书、生物科技公司和餐饮公司之间的合作协议，可以认定刘某作为生物科技公司××养生馆总经理进行工作。但通过刘某与祁某的微信聊天记录可以看出，双方对于劳动关系还是合作关系也有过讨论和协商。在双方各自提出协议草稿未达成一致的情况下，刘某代表贸易公司与生物科技公司签订《合作协议》，视为双方对双方之间的关系达成新的一致意见。故法院认定刘某与生物科技公司2017年6月23日至2017年9月5日存在劳动合同关系。2017年9月6日至2017年10月11日，生物科技公司和贸易公司为合作关系。

刘某要求支付 2017 年 6 月 23 日至 2017 年 7 月 22 日拖欠的工资 12000 元，生物科技公司未举证证明刘某的工资情况，且在微信聊天时未对刘某提出的月工资 12000 元提出异议，对刘某的该项请求，法院予以支持。刘某要求支付拖欠工资的经济补偿金，依据不足，法院不予支持。刘某要求支付 2017 年 7 月 23 日至 2017 年 10 月 11 日未签订劳动合同的双倍工资，依据上述陈述，法院予以支持 2017 年 7 月 23 日至 9 月 5 日的双倍工资差额，具体数额为（12000 元+12000 元÷21. 75 天×10 天）×2＝35034. 48 元。刘某要求支付延时加班费，其提交的考勤表无生物科技公司相关人员签字，故不足以认定其存在加班事实，对该项请求不予支持。

北京市昌平区人民法院依照《中华人民共和国劳动法》第五十条、第八十二条，《中华人民共和国民事诉讼法》第六十四条之规定，作出如下判决：

一、被告生物科技公司自本判决书生效之日起十日内支付原告刘某 2017 年 6 月 23 日至 2017 年 7 月 22 日工资 12000 元；

二、被告生物科技公司自本判决书生效之日起十日内支付原告刘某 2017 年 7 月 23 日至 2017 年 9 月 5 日未签订书面劳动合同的双倍工资 35034. 48 元；

三、驳回原告刘某的其他诉讼请求。

二审法院同意一审法院裁判意见。

【法官后语】

《中华人民共和国劳动法》《中华人民共和国劳动合同法》对劳动关系中劳动者和用人单位双方的权利义务进行专门规定，众多的法规、规章、办法等对劳动关系所涉及的主体、范围、劳动者的工资、保险等情形也作了详细规定。《中华人民共和国劳动法》第二条第一款规定，在中华人民共和国境内的企业、个体经济组织和与之形成劳动关系的劳动者，适用本法；第十六条第二款规定，建立劳动关系应当订立劳动合同。但现实生活中，由于用工方式的形式多样化和某些用人单位为逃避劳动关系中的种种义务，不与劳动者签订书面劳动合同或与劳动者签订其他性质的书面合同的情形越来越多，如劳务合同、合作协议、承包合同等内容。这给双方是否存在劳动关系的认定增加了审理难度。《劳动和社会保障部关于确立劳动关系有关事项的通知》第一条规定，用人单位与劳动者未订立书面劳动合同，但同时具备下列情形的，劳动关系成立。(一) 用人单位和劳动者符合法律、法规规定的主体资格；(二) 用人单位依法制定的各项劳动规章制度适用于劳动者，劳动者受用人单位的劳动管理，从事用人单位安排的有报酬的劳动；(三) 劳动者提供的劳动是用人单位业务的组成部分。

本案中，笔者作如下分析：第一，刘某虽为贸易公司的法定代表人，但不能排除其可以作为普通劳动者的身份。劳动者是指在法定就业年龄范围内，具有劳动权利能力和行为能力，在用人单位管理下独立提供劳动并获取劳动报酬的自然人。刘某作为自然人，未满法定退休年龄，可以自由支配自己的劳动能力。生物科技公司作为依法设立的企业，亦具有用人单位的主体资格。第二，刘某的工作地点在××养生馆内，××养生馆系生物科技公司与第三方公司签订《合作协议》后由第三方公司提供的场所，故工作地点由生物科技公司指定；刘某与祁某的微信记录显示，祁某对刘某工资和保险问题有过沟通和确认。生物科技公司虽不认可祁某的总经理职位，但生物科技公司与第三方公司签订的协议、与贸易公司签订的协议均由祁某代表生物科技公司进行签字，足以证明祁某系生物科技公司具有一定管理职责的职员；生物科技公司与第三方公司签订的《合作协议》亦明确显示，由生物科技公司提供工作人员，并负责工作人员的薪酬等工作；生物科技公司向刘某出具聘书、授权书，明确聘任刘某为××养生馆的总经理。第三，生物科技公司与第三方公司签订的《合作协议》中约定由生物科技公司进行××养生馆的运营，而刘某的工作内容是经营××养生馆，刘某提供的劳动系生物科技公司的业务组成部分。故应认定在双方签订《合作协议》之前，双方虽就合作的内容和方式进行一定程度的洽谈，但双方的实际工作方式和内容符合劳动关系的各项条件，故双方在签订正式《合作协议》之前的关系为劳动关系。

编写人：北京市昌平区人民法院　王开艳

024　公司股东请求确认劳动关系的认定标准

——文化发展公司诉唐某劳动争议案

【案件基本信息】

1. 裁判书字号

北京市第二中级人民法院（2018）京 02 民终 9053 号民事判决书

2. 案由：劳动争议纠纷

3. 当事人

原告（被上诉人）：文化发展公司

被告（上诉人）：唐某

【基本案情】

2004 年 7 月 9 日，原告公司注册成立，注册资金为 100000 元，登记股东为柯乙（占股 52%）、唐某（占股 48%）。原告法定代表人柯乙表示公司是其兄柯甲向其借款出资设立，实际控制人就是柯甲。唐某认可柯甲曾系公司实际控制人。唐某与柯甲于 2007 年 2 月登记结婚，2010 年年底协议离婚，唐某称离婚后双方仍共同生活，其从未领取工资，生活费由柯甲承担。对于出资成立文化发展公司的原因，唐某称“希望与我之前的客户继续合作，所以柯甲与我合资成立一个公司，我全权负责公司的业务，柯乙没有什么业务，负责现场的施工、安装售后服务，柯甲负责成本核算、采购等”。唐某称自己是原告业务经理，曾向柯乙要过工资但未果，其未从文化发展公司领取过分红，但柯甲、柯乙领取过分红。文化发展公司为唐某缴纳了 2004 年 8 月至 2011 年的社会保险。

唐某提交其代表文化发展公司做业务使用的授权委托书、介绍信、业务款发票等复印件，证明其做过业务工作。文化发展公司认可部分文件的真实性，主张唐某做业务是为了获得提成，双方没有关于支付工资的约定。唐某曾提交四份劳动合同，经鉴定有烟熏做旧痕迹，且公章与从银行调取的原告公司公章不一致。

【案件焦点】

2004 年 8 月 1 日至 2016 年 1 月 17 日，股东唐某为文化发展公司做业务工作，双方是否形成劳动关系。

【法院裁判要旨】

北京市西城区人民法院经审理认为：首先，唐某要求确认与文化发展公司存在劳动关系，应就劳动关系的建立、履行及相关权利义务关系的事实承担举证责任。但其提交的用工合同上加盖的公章经鉴定与文化发展公司公章不符，且有人为做旧痕迹，法院不予采信。其次，如存在劳动关系，作为劳动者的唐某在长达十余年中从未领取过劳动报酬且未提起任何仲裁或诉讼，有悖常理，唐某亦未作出合理解释，法院不予认定。最后，唐某是文化发展公司工商登记信息中的在册股东，虽有可能参与公司的业务经营，但应与劳动关系下管理与被管理的人身依附属性加以区分，如唐某认为股东权益受损，可另案解决。据此，法院认定双方不存在劳动关系。

北京市西城区人民法院依照《最高人民法院关于民事诉讼证据的若干规定》第二条规定，判决如下：

文化发展公司不支付唐某 2004 年 8 月 1 日至 2016 年 1 月 17 日工资 343000 元。

唐某不服，提起上诉。北京市第二中级人民法院经审理认为：《劳动和社会保障部关于确立劳动关系有关事项的通知》第一条规定确立了认定劳动关系的三个特征。本案中，唐某是文化发展公司股东，其提交的证据能够证明其为文化发展公司做业务工作，本案的争议焦点是双方之间的关系是否属于劳动关系。法院认为，股东在提供劳动过程中遵守用人单位的劳动规章制度，接受用人单位的劳动管理，与用人单位建立起以提供劳动和支付报酬为内容的稳定性对价关系，应依法确认双方存在劳动关系。但如果股东所提供劳动的主要目的是获得股东权益，义务来源系完成具体事项的临时性委托等，提供劳动的持续性、稳定性以及受用人单位劳动规章制度约束性较弱，报酬金额并非依据适用于用人单位职工的薪酬待遇制度确定，报酬的发放时间也不具有周期性特征，则一般不能认定其与用人单位存在劳动关系。

首先，根据唐某陈述，成立文化发展公司的目的是利用其原有客户资源，与柯甲、柯乙分工合作，获取经营收益，故唐某利用其客户资源为文化发展公司获取业务，实质上是一种投资经营行为，而非作为受雇者的劳动行为。其次，唐某未提交证据证明文化发展公司对其进行劳动管理，相反，其陈述的为文化发展公司做业务的行为具有明显的主动性和独立性，故法院难以认定其工作行为具有从属性。最后，从报酬上看，唐某未提交证据证明双方曾约定文化发展公司向其支付工资，亦未提交证据证明其 2016 年 1 月 17 日前曾向该公司索要过工资，唐某对其长达十余年中从未领取过劳动报酬不能作出合理解释，故法院无法认定双方曾就文化发展公司向唐某支付劳动报酬做出过约定。考虑到唐某与文化发展公司实际控制人柯甲之间的关系，文化发展公司为唐某缴纳社会保险的事实，不能证明双方建立了劳动关系。综上所述，双方关系不符合劳动关系的特点，唐某基于劳动关系要求文化发展公司支付其 2004 年 8 月 1 日至 2016 年 1 月 17 日工资 343000 元，没有事实依据。

北京市第二中级人民法院依照《中华人民共和国民事诉讼法》第一百七十条第一款第一项规定，判决如下：

驳回上诉，维持原判。

【法官后语】

股东请求确认与公司存在劳动关系的案件，在司法实践中存在争议。股东为获取公司经营收益，自主参与、帮助公司经营的行为，不符合劳动关系的从属性特征，不能确认为股东与公司之间建立了劳动关系。

首先，在劳动关系的判断标准上，我国劳动法并未对劳动关系作出定义。通常认为，劳动关系是指劳动者加入用人单位成为其成员，在用人单位的管理下从事用人单位安排的、有报酬的劳动，由此形成一个受劳动法律法规调整、旨在实现劳动过程的社会关系。劳动关系区别于一般民事法律关系的基本特征是劳动者对用人单位的从属性，包含人身从属性、经济从属性和组织从属性。《劳动和社会保障部关于确立劳动关系有关事项的通知》也是从双方主体资格和从属性方面确立的判断劳动关系的标准。

其次，现行劳动法并未禁止股东与其投资的公司建立劳动关系，但应注意区分股东的投资经营行为和劳动行为。股东为公司工作呈现多种样态，如经股东会选举为董事直接参与公司经营、受公司委托处理一些公司事务、利用自身资源为公司经营提供帮助、以高管或普通员工身份为公司提供劳动等。当股东请求确认与公司存在劳动关系时，应抓住劳动关系的从属性特征这个主要矛盾，做到具体问题具体分析。股东在为公司工作过程中遵守公司的劳动规章制度，接受公司的劳动管理，双方建立起以提供劳动和支付报酬为内容的长期、稳定关系的，应依法确认双方存在劳动关系。股东为公司工作的主要目的是获得经营收益，基于完成具体事项的临时性委托等原因替公司处理事务，提供劳动的持续性、稳定性不强，受公司规章制度约束程度较弱，报酬数额及发放时间也不具有周期性特征的，一般不能认定其与用人单位存在劳动关系。上述特征有时表现得不够清晰，应结合公司的具体情况进行综合判断。

编写人：北京市第二中级人民法院　张玉贤

025 特殊情形下达到或超过退休年龄者与用人单位的劳动关系认定

——郭某诉水产公司确认劳动关系案

【案件基本信息】

1. 裁判书字号

江苏省南通市中级人民法院（2018）苏 06 民终 2093 号民事判决书

2. 案由：确认劳动关系纠纷

3. 当事人

原告（上诉人）：郭某

被告（被上诉人）：水产公司

【基本案情】

水产公司经营范围为水产加工品生产，紫菜育苗、养殖、收购，鳗鱼养殖，销售自产产品。郭甲自 2016 年起至水产公司工作，其已年满 60 周岁，但未享受基本养老保险待遇。2017 年 2 月 2 日 18 时 50 分左右，郭甲驾驶电动自行车骑行时发生交通事故，于同月 5 日死亡。

2018 年 1 月 3 日，郭某（郭甲之女）向海安县劳动人事争议仲裁委员会申请，要求水产公司给付劳动报酬，2018 年 1 月 15 日，双方在海安县劳动人事争议仲裁委员会主持下进行调解，后郭某以进一步补充证据为由申请撤回调解。

2018 年 1 月 31 日，郭某向海安县劳动人事争议仲裁委员会提交仲裁申请书，请求确认郭甲与水产公司在 2016 年 7 月 1 日至 2017 年 2 月 2 日存在劳动关系。海安县劳动人事争议仲裁委员会认为郭甲已于 2009 年 8 月 2 日达到法定退休年龄，郭甲与水产公司不存在劳动关系，不属于其受理范围，故决定不予受理，向郭某出具不予受理通知书。郭某对不予受理通知书不服，向法院起诉，请求法院确认郭甲与水产公司于 2016 年 7 月 1 日至 2017 年 2 月 2 日存在劳动关系。

郭某认为，其父虽达到退休年龄，但其仍在水产公司正常提供劳动，双方之间构成劳动关系。水产公司认为，郭甲系年满 60 周岁才开始至水产公司工作，双方之间形成的应是雇佣关系，而非劳动关系。

【案件焦点】

达到或超过退休年龄人员在原用人单位或新单位继续就业，双方之间是否构成劳动关系。

【法院裁判要旨】

江苏省海安县人民法院经审理认为：依据我国劳动法律、法规的规定，劳动者正常退休年龄为男满 60 周岁。本案中，郭甲到水产公司工作时已经达到法定的退休年龄，其在水产公司工作时已不再具备劳动法意义上的劳动者主体资格，用人单位水产公司直接招用已达法定退休年龄的劳动者，双方之间不能成立劳动关系。因此，对于郭某要求确认郭甲生前与水产公司之间存在劳动关系的诉讼请求无法律依据，法院不予支持。

江苏省海安县人民法院依据《中华人民共和国劳动合同法》第二条，《最高人民法院关于适用〈中华人民共和国民事诉讼法〉的解释》第九十条之规定，判决如下：

驳回郭某的诉讼请求。

判决后，郭某不服，提起上诉。江苏省南通市中级人民法院经审理认为：用人单位与其招用的已达到或超过退休年龄但未享受基本养老保险待遇或领取退休金的员工发生用工争议，双方之间用工情形符合劳动关系特征的，应当按照劳动关系的特殊情形处理。本案中，郭甲自2016年起至水产公司工作，并未享受退休待遇，其在水产公司从事紫菜接港工作，接受水产公司的管理与指挥，水产公司向其支付劳动报酬，郭甲提供的劳动属于水产公司的业务组成部分，双方之间符合劳动关系的法律特征，应当按照劳动关系的特殊情形处理。劳动者请求享受《中华人民共和国劳动法》《中华人民共和国劳动合同法》规定的劳动报酬、劳动保护、劳动条件、工作时间、休息休假、职业危害防护、福利待遇的，应予支持。但劳动者请求签订无固定期限劳动合同、支付二倍工资、经济补偿、赔偿金的，不予支持。双方另有约定的除外。达到或超过退休年龄的劳动者，依据《江苏省实施〈工伤保险条例〉办法》第二十八条第一款规定，不能享受一次性伤残就业补助金和一次性工伤医疗补助金。综上，郭某的上诉请求成立，法院依法予以支持。一审法院对双方当事人之间的法律关系认定有误，二审法院依法予以纠正。

江苏省南通市中级人民法院依照《中华人民共和国民事诉讼法》第一百七十条第一款第二项规定，作出如下判决：

撤销江苏省海安县人民法院（2018）苏0621民初1094号民事判决，改判为：郭甲与水产公司2016年7月1日至2017年2月2日的法律关系按照劳动关系的特殊情形处理。

【法官后语】

随着老龄化社会的到来，越来越多达到退休年龄的劳动者选择退而不休，被原单位返聘或另行到新的用人单位就业，继续为社会发挥余热。达到或超过退休年龄的劳动者在工作中积累并掌握了一定的知识技术或劳动技能，其继续就业有利于促进技术传承、成本节约及劳动效率的提高，我国法律并未禁止达到退休年龄的劳动者在原用人单位或新单位继续就业。由于这一群体在现实社会中不断发展壮大，对其相关劳动权利的保护就显得十分迫切，其与就业单位之间的法律关系也成为近几年学界讨论的热点问题。

对于达到或超过退休年龄的人员与用人单位之间是否构成劳动关系，本案一审与二审的裁判结果截然不同，分别代表了审判实务中两种对立的观点。我国目前达到或超过退休年龄的人员分为两种情形：一种是纳入养老保险范畴、业已享受养老保险待遇的劳动者；另一种是并未纳入养老保险范畴、未曾享受退休待遇的劳动者。对于前者，《最高人民法院关于审理劳动争议案件适用法律问题的解释（一）》第三十二条第一款已经明确界定，用人单位与其招用的已经依法享受养老保险待遇或领取退休金的人员发生用工争议，向人民法院提起诉讼的，人民法院应当按劳务关系处理。考虑到享受养老保险待遇的相关人员已经具有相应退休保障，所以对其与用人单位之间的法律关系不宜认定为劳动关系，而应按劳务关系认定。但对于未享受养老保险待遇的达到或超过退休年龄的人员，法律及相关司法解释并未明确界定，若不对其权利给予适当保护，必然会大大挫伤其继续就业的积极性，不利于形成人尽其才的稳定社会风气。

将此类人员完全按照正常的劳动关系认定，因其毕竟已经达到或超过退休年龄，对于一些专属于未达到退休年龄劳动群体的权利保障措施如一次性伤残就业补助金等待遇，若不加区分地让其一概享有，又将损害年轻劳动群体的整体利益。

笔者认为，对于用人单位与其招用的已达到或超过退休年龄但未享受基本养老保险待遇或领取退休金的员工发生用工争议，双方之间用工情形符合劳动关系特征的，应当按照劳动关系的特殊情形处理。在此情形下，劳动者请求享受《中华人民共和国劳动法》《中华人民共和国劳动合同法》规定的劳动报酬、劳动保护、劳动条件、工作时间、休息休假、职业危害防护、福利待遇的，应予支持。但劳动者请求签订无固定期限劳动合同、支付二倍工资、经济补偿、赔偿金的，不予支持。双方另有约定的除外。达到或超过退休年龄的劳动者，用人单位能够依法为其缴纳工伤保险的，在发生工伤事故后其可以获得一次性伤残补助金等工伤保险待遇，但不能享受一次性伤残就业补助金和一次性工伤医疗补助金。这样保护了年轻劳动群体的整体保障体系不受影响，既给予达到或超过退休年龄的劳动者适当的劳动权利保障，也维护了用人单位的合法权益，体现了平等保护的公平原则。将劳动关系区分为普通劳动关系与特殊情形的劳动关系两种不同情形，对相应劳动者的劳动权利予以区分保护，可以有效促成多类型劳动者共存的良性就业局面实现，更加精准地保护不同类型劳动者的合法权益。

经过几十年的不断发展，我国保险业已经形成多险种并存、全方位服务的格局。对于达到或超过退休年龄的劳动者，保险部门专门设置了特殊年龄就业人员意外伤害险等险种供用人单位投保，用人单位应及时为其招用的达到或超过退休年龄的劳动者投保相应险种。本案中，郭某之父郭甲生前在水产公司从事紫菜接港工作，并未享受退休待遇，郭甲提供的劳动属于水产公司的业务组成部分，双方之间符合劳动关系的法律特征，但考虑到郭甲已经达到退休年龄，故双方之间形成特殊情形的劳动关系。达到或超过退休年龄的劳动者因工作原因遭受事故伤害，有获得医疗救治和经济补偿的权利。依法为劳动者缴纳工伤保险是用人单位应尽的法定义务，水产公司在与郭甲建立特殊情形劳动关系后，应及时依法为其缴纳相应工伤保险。《中华人民共和国社会保险法》第四十一条第一款规定，职工所在用人单位未依法缴纳工伤保险费，发生工伤事故的，由用人单位支付工伤保险待遇。水产公司作为用人单位，未依法为郭甲缴纳工伤保险，应依照前述论证及《工伤保险条例》之规定，支付郭甲特殊劳动关系下的赔偿待遇。在确认双方当事人之间存在特殊情形劳动关系以后，郭某可以进一步主张相应赔偿待遇。

本案认定郭甲与水产公司之间构成特殊情形劳动关系，为其进一步合法维权奠定了法律基础，突破了对达到或超过退休年龄劳动者正当劳动权利不敢维护的认识禁锢，有利于促进这一特殊群体在我国社会主义建设事业中更好地贡献才智。

编写人：江苏省南通市中级人民法院　郭相领

026 劳动者能否以接受监事管理为由主张确认劳动关系

——刘某诉环境工程公司劳动争议案

【案件基本信息】

1. 裁判书字号

北京市第二中级人民法院（2018）京02民终1377号民事判决书

2. 案由：劳动争议纠纷

3. 当事人

原告（被上诉人）：刘某

被告（上诉人）：环境工程公司

【基本案情】

刘某诉称，其于2016年10月9日入职环境工程公司，担任水暖工，由公司提供工作证及工服，由公司监事彭某作为代表负责工地工作。2016年11月10日上午，因公司未提供安全措施，刘某在工作中从高处坠落受伤。刘某受伤后，彭某代表公司缴纳医疗费及之后分4次转账5400元。刘某要求确认双方自2016年10月9日至2017年6月27日存在劳动关系，并支付2016年11月11日至2017年6月27日的工资。

环境工程公司辩称，刘某与其公司之间不存在劳动关系。2017年9月20日，北京市丰台区劳动争议仲裁委员会作出京丰劳人仲字〔2017〕第1202号裁决书：驳回刘某的各项仲裁请求。环境工程公司实行工程劳务作业分包制度，刘某应当与案外劳务公司之间存在关系。且其公司彭某系职工监事，其本职工作为工程部采购员，并非公司高级管理人员，无资格代表公司。彭某于2016年10月17日从公司离职，但监事身份保留，待股东大会决议后予以解聘。刘某受伤时彭某并非公司员工，其是否探望刘某并支付医疗费及后续转账钱款，环境工程公司均不知情，故请求驳回刘某的诉讼请求。

对于上述主张，刘某出具工服、住院病案、与彭某通话录音、彭某四次转账记录等证据材料，其中工服及住院病案均载有彭某联系电话，转账记录均载有彭某姓名。环境工程公司对于上述证据的真实性、证明目的及关联性均不认可，其主张与刘某之间不存在劳动关系，据此提交案外公司劳务分包合同、银行对账单等证据材料，用以证明公司员工中没有刘某，从未向其支付过工资，刘某应与案外公司存在劳务关系。

【案件焦点】

劳动者能否以接受监事管理为由主张确认劳动关系。

【法院裁判要旨】

北京市丰台区人民法院经审理认为：环境工程公司主张彭某已经于2016年10月17日离职，但仍为其发放2016年10月、11月、12月工资，且彭某担任环境工程公司监事的时间为2011年2月15日至2017年8月16日；彭某为刘某支付了住院期间费用，后彭某陆续向刘某妻子账户转账四次。对于以上事实，环境工程公司作出的答辩意见均不符合常理。结合刘某向法院提交的相关证据材料，考虑双方举证能力以及劳动争议案件举证规则，对于刘某主张双方在2016年10月9日至11月10日存在劳动关系、日工资为260元的主张，法院予以采纳。对于受伤之后的劳动权益，刘某可待确认工伤之后另行主张。

北京市丰台区人民法院依照《中华人民共和国劳动合同法》第七条、《中华人民共和国民事诉讼法》第六十四条之规定，判决如下：

一、刘某与环境工程公司在2016年10月9日至2016年11月10日存在劳动关系；

二、驳回刘某其他诉讼请求。

环境工程公司持原审答辩意见提起上诉。北京市第二中级人民法院经审理认为：环境工程公司主张彭某已经于2016年10月17日离职，但仍为其发放2016年10月、11月、12月工资，且彭某担任环境工程公司监事的时间为2011年2月15日至2017年8月16日。再加上北京市顺义区人民法院（2017）京0113民初12082号民事判决书查明的事实，均与环境工程公司主张彭某离职时间不符，且该公司亦未能够作出合理的解释，因此法院对环境工程公司主张的彭某离职时间不予采信。通过上述事实，法院认为彭某自2016年6月至2017年6月一直在环境工程公司工作，在刘某受伤后，彭某为刘某支付了住院期间费用，之后陆续向刘某妻子账户转账四次，在环境工程公司对此未能作出合理解释的情况下，法院对其上诉意见均不予采纳。法院认为彭某系环境工程公司的监事，对刘某进行了管理，刘某从事的工作也系环境工程公司业务的组成部分，原审法院综合分析刘某提供的证据材料，考虑双方举证能力，认定刘某与环境工程公司于2016年10月9日至2016年11月10日存在劳动关系，日工资260元以及受伤后的劳动权益，可待确认工伤后另行主张。

北京市第二中级人民法院依照《中华人民共和国民事诉讼法》第一百七十条第一款第一项规定，判决如下：

驳回上诉，维持原判。

【法官后语】

本案的处理重点主要在于劳动者接受用人单位监事的劳动管理，是否能以此确认劳动者与用人单位之间的劳动关系。本案中刘某诉请的依据是《劳动和社会保障部关于确立劳动关系有关事项的通知》第一条。

1. 我国法律中对于确认劳动关系的规定

审判实务中，对劳动关系的认定遵循了一个从书面到行为的渐进过程。劳动法第十六条第二款规定，“建立劳动关系应当订立劳动合同”。劳动合同法出台后，拓宽了劳动法关于劳动关系认定的规定。劳动合同法第七条规定，用人单位自用工之日起即与劳动者建立劳动关系。劳动合同法比劳动法进一步从用工角度确认劳动关系。而关于用工角度的判断则要基于《劳动和社会保障部关于确立劳动关系有关事项的通知》，其中第一条规定了确认劳动关系的主体资格、劳动管理、业务组成部分这三个要素。该通知第二条亦规定了用人单位未与劳动者签订劳动合同时，认定双方存在劳动关系的凭证，包括工资支付凭证或记录、“工作证”、“服务证”等能够证明身份的证件、劳动者填写的“登记表”“报名表”等招用记录、考勤记录、其他劳动者证人证言。本案中刘某出具其“工作证”和“工服”，其上均显示有监事彭某的联系电话，此电话与彭某在住院病历中留有的联系电话一致。银行打款记录中打款人亦显示为彭某。

这些均为证据锁链的重要环节。

2. 探望并支付医疗费及后续转账钱款的行为是否系劳动管理

劳动管理来源于劳动关系中劳动者对用人单位的人身依附性。体现的是一种管理与被管理、控制与被控制、支配与被支配、命令与服从关系。劳动法和劳动合同法的第四条均规定了用人单位履行管理的义务：用人单位应当依法建立和完善劳动规章制度，保障劳动者享有劳动权利、履行劳动义务。其中劳动合同法第四条进一步规定了用人单位在制定、修改或者决定有关劳动安全卫生、保险福利、职工培训、劳动纪律以及劳动定额管理等重大事项的确定问题。本案的探望并支付医疗费及后续转账钱款的行为可以视为用人单位劳动管理行为的一种体现，但并非等同于劳动管理。单纯的垫付医疗费用仅能说明受伤经过及垫付医疗费情况，不足以证明双方之间系劳动关系。但是这种行为表象也属于劳动管理的体现形式之一。如果要证明存在劳动关系，还需要其他证据予以佐证。本案中，刘某还向法院出具了工服、与彭某通话的录音等证据材料。刘某住院病历及其工服均载有彭某联系电话，转账记录中记载有彭某的姓名。这些证据足以形成完整的证据锁链，其证明目的均指向彭某对刘某实行劳动管理。

3. 监事身份是否可用于判断员工与用人单位之间存在劳动关系

依据《中华人民共和国公司法》第五十一条规定，监事通常由股东代表和职工代表组成，且不得兼任董事或经理。判断双方之间是否存在劳动关系，不能以监事身份来判断。如果监事由股东代表担任则属于外部监事，则不存在劳动关系；如果监事由职工代表担任则属于内部监事，则存在劳动关系。本案中，环境工程公司主张彭某系职工监事。职工监事系由公司职工通过职工代表大会、职工大会或者其他形式民主选举产生。故职工监事前提须是公司职工。故本案彭某属于公司内部监事。环境工程公司的答辩意见中关于彭某事发时并非其公司员工的主张与常理不符。其公司无法合理解释彭某于2016年10月17日离职后，环境工程公司依旧向彭某发放工资。环境工程公司亦无法合理解释彭某离职后的监事工资与其职工工资为何在数额上一致。故彭某与环境工程公司之间存在劳动关系。

编写人：北京市丰台区人民法院　刘钟泽

027　双重劳动关系的认定标准

——李某诉服务产业公司劳动争议案

【案件基本信息】

1. 裁判书字号

北京市第二中级人民法院（2018）京02民终9146号民事判决书

2. 案由：劳动争议纠纷

3. 当事人

原告（上诉人）：李某

被告（被上诉人）：服务产业公司

【基本案情】

2013年3月29日，李某入职服务产业公司，双方签订期限为2013年3月29日至2015年8月1日的《劳务协议书》。李某签收《员工手册》，该手册第五章第5.3款载有“当月连续旷工两天或当月累计旷工达三天且拒不改正者，该员工将按违纪而被公司解除劳动合同”。

李某主张因服务产业公司不缴纳社会保险且待遇低，故其于2015年8月入职置业公司，置业公司为其缴纳社会保险。入职该公司后，李某继续在服务产业公司工作，两家公司的工作时间完全错开。

2015年8月1日、2016年8月1日、2017年8月1日，服务产业公司与李某分别签订了三份一年期的《劳务协议书》，约定李某担任维修工等职务。2017年1月11日，服务产业公司向李某送达《工作时间确认信》，与李某确认其所在岗位的班次，李某在员工签名处签字。2018年1月3日，服务产业公司向李某发出《员工违纪通知单》，载明违纪情形，并扣除当月绩效工资200元。2018年1月25日，服务产业公司项目工程部向李某发出通告，告知李某工作时间调整情况，要求其按调整后的班次上岗。对此，李某主张服务产业公司在未与其协商的情况下调整其工作时间，导致其无法从事置业公司的工作，故其没有按照公司的要求出勤。

2018年1月30日，服务产业公司向李某发出《员工违纪通知单》及《违纪解聘通知书》，告知因其违反《员工手册》第五章第5.3款而解除劳动合同。李某认可收到上述通知。

2018年2月1日，李某向劳动人事争议仲裁委员会提出劳动仲裁申请，要求确认与服务产业公司2013年3月29日至2018年1月31日存在劳动关系，并要求服务产业公司支付其违法解除劳动关系赔偿金等诉求。仲裁委裁决：确认双方2013年3月29日至2015年8月9日存在劳动关系，驳回李某的其他仲裁请求。李某不服，持原申请意见起诉至法院。

【案件焦点】

在李某与置业公司建立劳动关系后，其与服务产业公司是否具有劳动关系。

【法院裁判要旨】

北京市东城区人民法院经审理认为：李某自述其2015年8月10日入职置业公司并与之建立劳动关系，置业公司亦自当月起为李某缴纳社会保险，且李某与服务产业公司之间签订的系《劳务协议书》，故李某要求确认与服务产业公司之间2015年8月10日至2018年1月31日存在劳动关系的诉讼请求，不予支持。因李某与服务产业公司之间的事实劳动关系自2015年8月10日基于李某与置业公司建立劳动关系而终止，故李某要求服务产业公司支付违法解除劳动关系赔偿金等诉讼请求，法院不予支持。

北京市东城区人民法院依据《中华人民共和国劳动合同法》第七条、第十条，《最高人民法院关于审理劳动争议案件适用法律若干问题的解释（三）》第九条，《中华人民共和国民事诉讼法》第六十四条第一款，判决如下：

一、确认李某与服务产业公司2013年3月29日至2015年8月9日存在劳动关系；

二、驳回李某的其他诉讼请求。

李某不服，提起上诉。北京市第二中级人民法院经审理认为：鉴于双方当事人在2015年8月10日至2018年1月31日存在实际用工的情况，故双方之争议焦点实际为该用工的性质问题。服务产业公司认可李某于上述期间在其公司工作，李某的工资由其公司发放，李某受其公司管理，2015年8月10日入职置业公司后李某继续在服务产业公司工作，其工作内容与之前没有变化。综合考虑李某 2013 年 3 月 29 日至 2018 年 1 月 31 日在服务产业公司的履职情况，可以认定李某与服务产业公司 2015 年 8 月 10 日至 2018 年 1 月 31 日亦存在劳动关系。

北京市第二中级人民法院依照《中华人民共和国劳动合同法》第七条、第三十条、第三十九条，《职工带薪年休假条例》第三条、第五条、第十条、第十一条，《中华人民共和国民事诉讼法》第一百七十条第一款第二项规定，判决如下：

一、撤销北京市东城区人民法院（2018）京 0101 民初 11399 号民事判决第二项；

二、变更北京市东城区人民法院（2018）京 0101 民初 11399 号民事判决第一项为：确认李某与服务产业公司自 2013 年 3 月 29 日至 2018 年 1 月 31 日存在劳动关系；

三、服务产业公司于本判决生效后七日内支付李某 2013 年 3 月 29 日至 2018 年 1 月 31 日未休年假工资 1520.92 元；

四、服务产业公司于本判决生效后七日内支付李某 2017 年 12 月工资 200 元；

五、驳回李某的其他诉讼请求。

【法官后语】

本案处理重点主要在于对双重劳动关系的理解和认定问题。具体到本案中，一审、二审法院审理思路出现分歧，其主要原因在于对劳动者是否可以建立双重劳动关系的不同理解。

一审法院认为李某与服务产业公司之间的事实劳动关系于 2015 年 8 月 10 日因李某与置业公司建立劳动关系而终止。但二审法院认为劳动关系不会因劳动者与另一家用人单位建立劳动关系而自行终止，即并不能因劳动者与另一家用人单位建立劳动关系而直接否认双重劳动关系的存在，双重劳动关系的认定仍然应以符合劳动关系的认定标准来进行判断。本案中，李某一直在服务产业公司提供劳动，服务产业公司为其发放劳动报酬并对其进行实际管理，因工作时间完全错开，服务产业公司称其公司在本案诉讼前并不知晓李某在置业公司工作，在入职置业公司后，李某在服务产业公司的工作没有任何变化，直到服务产业公司以旷工违纪为由将李某解聘。故根据上述实际用工情况，双方符合劳动关系的要素，可以认定双方存在劳动关系，二审法院遂对一审判决予以改判。

值得注意的是，第一，实践中存在双重劳动关系的现象，我国法律亦并不禁止双重劳动关系的建立，故对于符合劳动关系认定标准的案件应当依法认定。根据《中华人民共和国劳动合同法》第三十九条和《最高人民法院关于审理劳动争议案件适用法律问题的解释（一）》第三十二条的具体规定可以看出，我国法律并未禁止对双重劳动关系的认定，且上述司法解释的规定并不应该理解为认定双重劳动关系的案件限于内退、下岗待岗及放长假人员。故对于认定双重劳动关系的案件，可从以下三个方面来考察是否构成劳动关系：1. 用人单位和劳动者符合法律、法规规定的主体资格；2. 用人单位依法制定的各项劳动规章制度适用于劳动者，劳动者受用人单位的劳动管理，从事用人单位安排的有报酬的劳动；3. 劳动者提供的劳动是用人单位业务的组成部分。如果均符合，则可依法认定。

第二，劳动关系的终止应依照劳动法、劳动合同法相关规定进行，无自行终止一说，双重劳动关系的建立无导致劳动关系解除或终止的法律效果。根据《中华人民共和国劳动合同法》第四章的相关规定，劳动关系的解除一般可分为用人单位单方解除、劳动者单方解除及双方协商一致解除三种形式，除此之外，《中华人民共和国劳动合同法》第四十四条还规定了劳动合同终止的具体情形，而双重劳动关系的建立不属于上述规定中解除或终止劳动关系的任一情形，所以建立双重劳动关系并不能产生解除或终止另一劳动关系的法律效果。

第三，我国法律并不鼓励双重劳动关系的建立，劳动者在同一时期与两家用人单位建立劳动关系，出现法定情形，用人单位可行使单方解除权。根据《中华人民共和国劳动合同法》第三十九条第四项的规定，我国法律虽然不禁止劳动者同时与两家用人单位建立劳动关系，但是两个劳动关系不应相互影响，出现对完成本用人单位的工作任务造成严重影响，或者经用人单位提出而拒不改正的，用人单位可以单方解除劳动合同，而无需支付补偿金或赔偿金。

编写人：北京市第二中级人民法院　管元梓

028　在校大学生与用人单位能否建立劳动关系

——韩某诉北京××学院劳动争议案

【案件基本信息】

1. 裁判书字号

北京市昌平区人民法院（2018）京 0114 民初 7018 号民事判决书

2. 案由：劳动争议纠纷

3. 当事人

原告：韩某

被告：北京××学院

【基本案情】

韩某于2017年7月1日进入北京××学院从事传媒工作室干事工作，双方约定韩某每月基本工资3200元，并签订了《劳动合同书》，劳动合同期限为2017年7月1日至2020年6月30日，其中试用期为2017年7月1日至2017年12月31日。北京××学院为韩某缴纳了社会保险和住房公积金。2017年9月起，韩某同时在北京××学院另一部门兼任英语教师。2017年11月1日，因客观原因，传媒工作室的所有工作停止，韩某在传媒工作室也没有具体的工作内容，但韩某主张其每周三都在北京××学院为学生授课。北京××学院支付韩某2017年11月工资1149.8元，2017年12月工资504.8元，其中韩某2017年11月、12月每月社会保险等个人缴费部分为732.2元，2017年11月课时费为300元，2018年12月课时费为244元，2017年11月缺勤扣款为1618元，2017年12月缺勤扣款为2207元。韩某要求北京××学院支付2017年11月1日至2017年12月31日未发放的基本工资6400元。

经查，韩某原系中国××学院学生。2017年7月，韩某在中国××学院本科毕业并考入中国××学院国际文化交流系硕士研究生，9月开学后继续学习。北京××学院主张韩某入职时并未告知其马上就读全日制研究生的事实，韩某向学院提供了本科毕业证书和学位证书，双方的本意是建立劳动关系，正常情况下应该坐班。韩某亦认为双方系劳动关系，当时已经告知北京××学院即将就读研究生的情况，并约定无需坐班。北京××学院提交了考勤表、课时记录表，考勤表显示韩某在2017年11月15日之前均为全勤，自2017年11月16日起，除了2017年12月6日到岗之外均显示“没来”。课时记录表显示韩某在2017年11月8日和11月15日有课时记录，2017年12月6日有课时记录。北京××学院主张2017年11月15日之前均为全勤，因为在拍宣传片。

韩某曾于2018年1月25日向北京市昌平区劳动人事争议仲裁委员会提出仲裁申请，要求北京××学院：一、支付韩某2017年11月1日至2017年12月31日应发的基本工资6400元；二、支付韩某无故解除劳动合同赔偿金19200元。该委于2018年3月19日作出京昌劳人仲字〔2018〕第1099号裁决书，裁决：一、驳回韩某要求支付2017年11月1日至2017年12月31日应发的基本工资6400元的仲裁申请；二、驳回韩某要求支付无故解除劳动合同赔偿金19200元的仲裁申请。韩某对该裁决不服，持所诉请求诉至法院。

【案件焦点】

在校大学生与用人单位能否建立劳动关系。

【法院裁判要旨】

北京市昌平区人民法院经审理认为：北京××学院以招聘应届毕业生的名义录取韩某，双方签订了劳动合同，韩某受北京××学院的管理，并从事北京××学院安排的有报酬的劳动，北京××学院亦为韩某缴纳了社会保险和住房公积金。并且，从北京××学院提供的考勤表来看，韩某在2017年11月15日之前均为全勤，并未体现韩某系兼职性质。故韩某与北京××学院之间符合劳动关系的基本特征，双方系劳动关系。韩某于 2017 年 7 月 1 日入职，正常工作至 2017 年 12 月 31 日，故法院认定韩某与北京××学院 2017 年 7 月 1 日至 2017 年 12 月 31 日存在劳动关系。

关于韩某主张工资一节，首先，传媒工作室在 2017 年 11 月初没有具体工作内容，北京××学院提交的课时记录表显示韩某在 2017 年 11 月 8 日和 11 月 15 日有课时，2017 年 12 月 6 日有课时，考勤表却显示韩某 2017 年 11 月 1 日至 11 月 15 日全勤，之后均显示“没来”，2017 年 12 月 6 日显示全勤，2017 年 12 月其他时间均显示“没来”，故法院对北京××学院提交的考勤表的真实性不予认可；其次，北京××学院提交的考勤表亦显示韩某在 2017 年 11 月 15 日之前均为全勤，结合韩某就读研究生的实际情况，法院对韩某主张的无需坐班予以采信；最后，2017 年 11 月之后系北京××学院的原因导致传媒工作室没有具体的工作内容，且韩某同时在北京××学院为学生授课，相关课时费也显示在北京××学院提交的工资表中，2017 年 11 月课时费为 300 元，2018 年 12 月课时费为 244 元，相比其他月并未明显减少，故韩某在 2017 年 11 月、2018 年 12 月仍然为北京××学院提供劳动。综上，北京××学院提交的证据并未显示韩某需要坐班，且韩某在 2017 年 11 月、12 月仍在北京××学院授课，在此期间传媒工作室没有相应的工作内容并非韩某本人原因造成，故北京××学院在 2017 年 11 月、12 月工资中对韩某的缺勤扣款没有依据，北京××学院应当支付韩某 2017 年 11 月 1 日至 2017 年 12 月 31 日工资差额 3825 元。

关于解除劳动合同支付经济补偿金一节，北京××学院未提交双方解除劳动关系的相关证据，结合传媒工作室没有具体工作内容和工作人员的情况，法院对韩某主张的北京××学院称无法提供工作解除劳动合同予以采信。法院认定由北京××学院提出，双方协商一致解除劳动合同，北京××学院应支付韩某解除劳动合同经济补偿金3200元。

北京市昌平区人民法院根据《中华人民共和国劳动合同法》第三十条、第四十六条、第四十七条，《中华人民共和国民事诉讼法》第六十四条之规定，判决如下：

一、被告北京××学院于本判决生效后十日内支付原告韩某2017年11月1日至2017年12月31日工资差额3825元；

二、被告北京××学院于本判决生效后十日内支付原告韩某解除劳动合同经济补偿金3200元；

三、驳回原告韩某的其他诉讼请求。

判决后，双方当事人均未上诉，本判决现已生效。

【法官后语】

近年来，由于社会需求、个人发展、就业压力等多方面因素影响，学生在校期间，特别是在最后一学年离校之前入职企业就业的情况在实践中屡见不鲜。在校未毕业学生的劳动权益如何保护，其与用人单位之间是否存在劳动关系，用人单位、学校、个人相互之间的权利义务如何界定，还有待理论进一步探讨、立法进一步明确。

主张用人单位与在校生可以建立劳动关系的意见认为，第一，法律平等保护每一个劳动者的合法权益。对于年满16周岁的在校学生，如果参加了社会劳动，就应该包括在劳动法律规定的“劳动者”之列，其劳动权利受到法律保护。在校学生，未毕业与已毕业，只是是否取得文凭的区分。实践中，不管是中学生、大学生还是拥有更高文凭或学历的毕业生，即使是没有文凭的人，只要年龄符合法律规定、有劳动能力、有就业需求，就应该依法获得就业权利，并得到法律保护。第二，劳动法等法律法规规章并没有将在校生排斥在保护范围外。《就业服务与就业管理规定》第六条规定：“劳动者依法享有自主择业的权利。劳动者年满16周岁，有劳动能力且有就业愿望的，可凭本人身份证件，通过公共就业服务机构、职业中介机构介绍或直接联系用人单位等渠道求职。”法无禁止即可为。既然并没有明文规定在校学生不具有劳动关系主体资格、不可以被用人单位录用并订立劳动合同，那么劳动者建立劳动关系的合法权益应该得到保护。第三，从主体资格来说，《劳动和社会保障部关于确立劳动关系有关事项的通知》第一条第一项规定，“用人单位和劳动者符合法律、法规规定的主体资格”。实践中，作为用人单位，如主体不适格，多指未进行合法登记、未经合法程序成立的单位或组织。作为劳动者，如主体不适格，多指未满16周岁、身体残疾失去劳动能力的自然人等，并没有说在校生不符合建立劳动关系的主体资格。

而主张用人单位与在校生不能建立劳动关系的意见认为，在校学生在外打工并不是劳动法意义上的劳动者。其主要依据就是《劳动部关于贯彻执行〈中华人民共和国劳动法〉若干问题的意见》第十二条，在校生利用业余时间勤工助学，不视为就业，未建立劳动关系，可以不签订劳动合同。因此，在校学生肯定也就不受劳动法调整和保护。对此问题，笔者认为，该意见第十二条规定针对的是学生仍以在校学习为主，不以就业为目的，利用业余时间在单位进行社会实践，打工补贴学费、生活费的情形。勤工助学和实习时，学生与单位未建立劳动关系，可以不签订劳动合同，不需要明确岗位、报酬、福利待遇等。

笔者认为，对于在校生与用人单位是否存在劳动关系不能一概而论，应依据劳动关系的基本要素综合评定。实习是以学习为目的，到相关单位参加社会实践，没有工资或补助性质，不存在由实习生与用人单位签订劳动合同，明确岗位、报酬、福利待遇等情形。如用人单位以招聘应届毕业生等名义录取劳动者，双方自愿签订劳动合同，用人单位对劳动者的情况完全知情，双方在此基础上就应聘、录用达成一致意见，签订了劳动合同，而且明确了岗位、报酬，则该情形不应视为实习。在校生受用人单位的管理，并从事用人单位安排的有报酬的劳动，用人单位甚至有为在校生缴纳社会保险和住房公积金等情形，应认定在校生与用人单位存在劳动关系。

在校生受雇于用人单位提供劳动，有些劳动权利是必须保护的，如提供必要的安全防护措施、不得超时加班。但有些方面与非在校生则存在明显的差别，如社会保险问题。如何划分在校生与非在校生劳动者保护的界限，还有赖于理论的进一步深入与立法的进一步明确。

编写人：北京市昌平区人民法院　高琳琳

029　使用“工资”字样是否一定为劳动关系

——刘某诉文化传播公司劳动争议案

【案件基本信息】

1. 裁判书字号

北京市第二中级人民法院（2017）京02民终6657号民事判决书

2. 案由：劳动争议纠纷

3. 当事人

原告（上诉人）：刘某

被告（被上诉人）：文化传播公司

【基本案情】

刘某主张其2015年4月1日至2015年11月15日期间任职文化传播公司，该公司尚未支付其2015年7月至2015年11月15日期间工资，就此提交了“赵总”及“文化传播管理群”微信聊天记录、《短期场地租赁协议》及录音资料为证。“文化传播管理群”记载“赵总”发布信息“刘某：马连道某商场，某品牌专柜”；《短期场地租赁协议》系2015年5月25日刘某代表文化传播公司作为承租方与出租方所签；录音资料内容系刘某与文化传播公司的“赵总”就未付工资、提成事宜进行的沟通。文化传播公司对上述微信聊天记录及《短期场地租赁协议》的真实性不持异议，对录音资料的真实性不予认可，表示由于其需要对刘某招聘的督导员进行管理，所以让刘某加入其管理群，并不意味着双方建立劳动关系，因刘某未注册公司，故以其公司名义签订场地租赁合同。

文化传播公司主张刘某与其系合作关系，刘某于合作期间还借用其公司名义与其他公司签订合同，就此提交期限为2015年4月27日至2015年5月20日的《设计制作（委托）合同》、展会日期为2015年7月23日至2015年7月26日的《协议书》为证。刘某对上述证据的真实性不持异议，提出上述合同均为劳动关系之外的业务，与劳动关系无关。文化传播公司表示双方仅约定按项目利润的30%提成，并全部支付了提成，其中2015年6月1日支付的为4月、5月参与所有项目的提成12000元，就此提交北京银行电子回单及转账记录查询为证，转账并非按月按时进行。刘某提出2015年6月1日支付的为4月、5月的工资。

刘某表示文化传播公司通过微信、电话安排其进行工作，公司没有办公地点，也不需要签到。文化传播公司表示其有固定的办公场所，正式员工需要坐班，因刘某非其员工，故有工作时才联系刘某去洽谈场地。

【案件焦点】

在单位与个人未签署书面劳动合同且对法律关系各执一词的情况下，如何认定双方之间建立的是否为劳动关系。

【法院裁判要旨】

北京市丰台区人民法院经审理认为：虽然刘某于2015年4月至2015年11月期间接受文化传播公司的安排，从事了有报酬的工作，文化传播公司与刘某往来时使用了工资、提成这样的词汇，但文化传播公司仅在有工作时通过微信、电话联系刘某，刘某无需接受文化传播公司的考勤管理，刘某于上述期间借用文化传播公司名义从事了展台业务并赚取收益，双方缺乏用人单位与劳动者之间稳定的隶属管理关系，其报酬支付方式亦非按月按时支付，故对刘某关于双方系劳动关系的主张，法院难以采信。刘某基于双方存在劳动关系要求文化传播公司支付工资及未签订劳动合同二倍工资差额的诉讼请求，缺乏依据，法院不予支持。刘某关于文化传播公司未足额支付报酬的事宜，可另行提起诉讼。

北京市丰台区人民法院依照《中华人民共和国民事诉讼法》第

六十四条的规定，作出如下判决：

驳回刘某的诉讼请求。

刘某不服一审判决，提起上诉。北京市第二中级人民法院经审理认为：劳动关系的成立，需同时具备下列情形：用人单位和劳动者符合法律、法规规定的主体资格；用人单位依法制定的各项劳动规章制度适用于劳动者，劳动者受用人单位的劳动管理，从事用人单位安排的有报酬的劳动；劳动者提供的劳动是用人单位业务的组成部分。虽文化传播公司与刘某往来时使用了工资、提成这样的词汇，但报酬支付方式并非按月按时支付，不符合工资支付特征；文化传播公司仅在有需要时通过微信、电话联系刘某，刘某无需进行考勤，亦无证据证明其接受文化传播公司的劳动管理；虽刘某于2015年4月至2015年11月期间接受了文化传播公司安排，从事了有报酬的工作，但刘某系借用文化传播公司名义从事了展台业务并赚取收益，不符合劳动关系的特征。故对刘某关于双方系劳动关系的主张，一审法院未予采信并无不当。

北京市第二中级人民法院依照《中华人民共和国民事诉讼法》第一百七十条第一款第一项之规定，作出如下判决：

驳回上诉，维持原判。

【法官后语】

关于事实劳动关系的认定，目前实践中均系按照2005年5月25日发布的《劳动和社会保障部关于确立劳动关系有关事项的通知》第一条中所规定的三种情形进行判定，即“用人单位招用劳动者未订立书面劳动合同，但同时具备下列情形的，劳动关系成立。（一）用人单位和劳动者符合法律、法规规定的主体资格；（二）用人单位依法制定的各项劳动规章制度适用于劳动者，劳动者受用人单位的劳动管理，从事用人单位安排的有报酬的劳动；（三）劳动者提供的劳动是用人单位业务的组成部分”。上述条文涵盖了事实劳动关系的构成要件，即劳动关系的特定主体、劳动关系的特定客体以及权利义务内容。

结合本案分析，首先，刘某与文化传播公司均符合劳动关系的主体要件，即刘某系处于劳动年龄且具备劳动权利能力和劳动行为能力的自然人，而文化传播公司则是依法设立的企业；其次，刘某从事了属于文化传播公司业务范围内的场地租赁相关事务，符合劳动关系的客体构成要件；最后，结合刘某与文化传播公司往来时使用了工资、提成这样的词汇，极容易得出双方建立的系劳动关系的结论。但是，关于事实劳动关系的认定，虽然上述规定中的主体资格以及业务组成部分是必备条件，但却非充分条件，而第二条所规定劳动关系具有的从属性特征则是劳动关系成立的核心要件。结合本案分析，文化传播公司仅在有需要时通过微信、电话联系刘某，刘某无需进行考勤，亦无证据证明其接受文化传播公司的劳动管理，双方之间缺乏管理与被管理的从属性关系；从刘某在其所主张的劳动关系期间借用文化传播公司名义从事了展台业务并赚取收益的事实来看，首先其能够自由安排时间，其次其与文化传播公司处于平等地位，这也能够佐证其与文化传播公司之间不存在从属性特征这一判定；此外，双方关于报酬的结算也非按月按时支付，不符合工资支付特征，只有建立了稳定的劳动关系，其报酬支付才具有稳定的规律性。据此得出，双方法律关系不符合劳动关系的特征。

现实生活中，个人与单位或者个人之间还能够建立劳务关系，劳务关系与劳动关系的区别从不同分类角度来看有数十条之多，但最主要的区别就在于劳务关系的主体之间的平等性、劳务关系内容的临时性，也就是说提供劳务者并不接受对方的劳动管理，其提供的劳务是临时产生的，其劳务报酬的结算标准以及结算期限均具有不固定性。日常交往中，劳务关系双方也可能使用工资、提成这样的词汇。刘某与文化传播公司之间所建立的法律关系特征即符合劳务关系的特征。因此，刘某基于双方存在劳动关系要求文化传播公司支付工资及未签订劳动合同二倍工资差额的诉讼请求，未得到法院支持。

编写人：北京市丰台区人民法院　曹静

030　承包关系与劳动关系的根本区别是双方是否具有从属性

——陆某强诉珠海市某社区居民委员会确认劳动关系案

【案件基本信息】

1. 裁判书字号

广东省珠海市中级人民法院（2017）粤 04 民终 2051 号民事判决书

2. 案由：确认劳动关系纠纷

3. 当事人

原告（上诉人）：陆某强

被告（被上诉人）：珠海市某社区居民委员会（以下简称某社区居委会）

【基本案情】

2014年5月7日，原告作为乙方与被告作为甲方签订《卫生保洁承包合同书》，约定乙方承包甲方北水片区19、20、22小组的卫生保洁工作，期限为一年，每月保洁费为2600元，环卫等工具由乙方自行负责。2016年3月，原告作为乙方与被告作为甲方又签订《卫生保洁承揽协议书》，内容如下：一、乙方承包甲方北水东、南、北的卫生保洁工作，承包期从2016年1月1日至2016年12月31日；二、每月保洁费为人民币3400元，环卫等工具由乙方自行负责，甲方按月发放承包保洁费3200元……七、双方不存在劳动关系、雇佣关系等关系，双方仅是承包协议关系，在履行协议过程中，乙方不得以劳动关系、雇佣关系等向甲方主张任何权利，乙方要注意安全，防止各种事故，承担协议期内的一切安全责任事故，不得向甲方主张除承包费外的任何权利……九、乙方必须服从甲方管理、监督、检查。甲方不定期进行检查，检查两次以上达不到社区要求或受到上级批评的，整改不到位的，甲方有权随时解除本承包协议，年内每次检查达标，全年保洁工作没有受上级批评的，按每月200元计算，全年奖励2400元于年终结算支付。如受到上级批评的将不给予本奖励。协议还对其他事项作了约定。被告每月以工资或补贴的名义向原告转账3200元。2013年7月1日，被告向原告发放平沙镇连湾社区环境卫生监督员工作证，显示其管辖范围为北水片区。原告因2016年11月21日在保洁时被第三人用刀刺伤向劳动仲裁委员会申请仲裁，仲裁委以原告主体不适格为由不予受理。原告不服，依法向法院提起本案诉讼。

【案件焦点】

1. 个人与居委会之间是否存在劳动关系；2. 如何区分双方建立的是劳动关系还是承揽关系。

【法院裁判要旨】

广东省珠海市金湾区人民法院经审理认为：劳动关系是用人单位与劳动者之间依法签订劳动合同，劳动者接受用人单位的管理，从事用人单位安排的工作，成为用人单位的成员，从劳动中获得报酬的权利义务关系。本案中，原、被告签订的是《卫生保洁承揽协议书》，双方就社区卫生保洁事项的承包达成一致，原告自行准备环卫工具按约定完成保洁工作，定期获得报酬，并不受被告人事管理与考勤管理，不具有劳动关系的从属性。虽然原告提交了卫生监督员的工作证，但这是被告为了方便原告进出社区进行保洁工作而发放的，协议约定原告服从被告的监督、管理、检查，针对的是保洁工作最终的劳动成果，指向的是卫生检查达标，从本质上看双方是一种承包关系。综上，广东省珠海市金湾区人民法院认为原、被告之间不存在劳动关系。

广东省珠海市金湾区人民法院依照《中华人民共和国民事诉讼法》第六十四条第一款，《最高人民法院关于民事诉讼证据的若干规定》第二条的规定，判决如下：

驳回原告陆某强的诉讼请求。

陆某强不服一审判决，提起上诉。广东省珠海市中级人民法院经审理认为：陆某强与某社区居委会之间是否构成劳动关系，前提条件之一是双方具有从属关系，亦即陆某强是在某社区居委会的管理、指示下从事保洁工作。陆某强提交的环境卫生监督员工作证、某社区居委会每月以工资或补贴名义向陆某强转账记录等证据，虽然可以作为认定劳动关系存否的参照凭证，但并不足以确定双方之间的关系具有从属性。认定双方之间是否具有从属性，应结合《卫生保洁承揽协议书》及双方之间的实际履行情况确定。保持社区公共卫生虽然属于社区居民委员会的职责范围，但并不意味着社区居民委员会必须自己聘用人员履行这一职责。社会居民委员会将之承包给他人并不违法。从本案事实看，首先，无证据显示某社区居委会有制定具体的劳动规章制度，并将其适用于陆某强。陆某强无充分证据显示某社区居委会有规定陆某强的上班时间和对其进行考勤管理，亦无证据显示陆某强在完成《卫生保洁承揽协议书》约定的保洁任务外，只能从属于某社区居委会的管理，而不能从事其他工作。其次，从《卫生保洁承揽协议书》第五条看，陆某强的义务为"每天进行一次以上，全面清扫或保洁，时刻保持保洁范围内的无生活垃圾，常年保持清洁"，属于对给付结果的约定。该条既没有明确以何种操作规范和方式进行保洁，也没有明确何时进行全面清扫或保洁，陆某强就此享有自由选择的独立性。最后，陆某强声称其受某社区居委会的管理、监督、检查。从陆某强陈述的某社区居委会对其的"管理"来看，主要是请假需要某社区居委会批准。就此，因陆某强本身负有保持其所负责区域清洁的义务，故所谓的请假需要批准本身并不足以证实属于劳动者向用人单位的请假。从陆某强提交的微信聊天记录看，即便属实，其所称的"管理"体现为管理人员以拍照形式指出尚未清理的垃圾的情况，与"保持无生活垃圾""保持清洁"的要求是一致的，管理监督检查的对象同样为给付的结果。

综上，陆某强所称的某社区居委会对其进行的所谓"管理"，并不属于劳动法上的具有从属性质的用人单位对劳动者的管理，而属于承包关系中发包人对给付结果的要求。除此之外，陆某强并未主张关于“管理”的其他事实，某社区居委会对陆某强未主张的事实无需承担举证责任。据此，陆某强与某社区居委会之间并不存在从属关系，亦不存在劳动关系。

广东省珠海市中级人民法院依照《中华人民共和国民事诉讼法》第一百七十条第一款第一项之规定，作出如下判决：

驳回上诉，维持原判。

【法官后语】

个人与居委会之间形成的是劳动关系还是承包、承揽关系，一直是劳动关系纠纷案件中的审理难点。随着近年来用工形式的多变、复杂化，确认劳动关系的要素、方法等再次引起劳动者、用人单位、劳动部门以及裁判者的关注。

劳动关系是用人单位与劳动者之间依法签订劳动合同，劳动者接受用人单位的管理，从事用人单位安排的工作，成为用人单位的成员，从劳动中获得报酬的权利义务关系。如果双方签订协议而未签订劳动合同，且一方不受另一方人事管理与考勤管理，双方不具有劳动关系的从属性的，应认定双方建立的是承包关系，而非劳动关系。《关于确立劳动关系有关事项的通知》第一条规定：“用人单位招用劳动者未订立书面劳动合同，但同时具备下列情形的，劳动关系成立。（一）用人单位和劳动者符合法律、法规规定的主体资格；（二）用人单位依法制定的各项劳动规章制度适用于劳动者，劳动者受用人单位的劳动管理，从事用人单位安排的有报酬的劳动；（三）劳动者提供的劳动是用人单位业务的组成部分。”上述规定是法院认定个人与雇主之间是否成立劳动关系的主要依据，第一点是关于主体资格的要求，第二点、第三点实质是对个人与用人单位是否具有从属性的考量。关于居委会是否具有用工主体资格，因此前没有法律法规明确将居委会纳入“企业、个体经济组织、民办非企业单位、国家机关、事业单位、社会团体等组织”范畴，因此，居委会的用工主体资格一直备受争议。直到《中华人民共和国民法总则》颁布实施，居委会才正式被定性为“特别法人”，可以从事为履行职能所需要的民事活动，其用工主体资格第一次有了明确的法律依据。关于是否具有从属性，往往是认定个人与单位之间建立的是劳动关系还是承包、承揽关系的关键。虽然案件总是千奇百怪，各有差异，但在考察“从属性方面”均具有以下共性：个人是否需要遵守用人单位的规章制度，是否需要考勤，是否要听从用人单位的管理安排，是否由用人单位发放工资等。法官需要综合考察各方面的因素，再认定个人与用人单位是否具有从属性，进而认定个人与用人单位是成立承包关系还是劳动关系。回到本案，一、二审法官均是从“从属性”着手，综合双方签订的《卫生保洁承揽协议书》及履行协议的情况来分析认定双方之间形成的是承包关系而非劳动关系。

现实生活中，成立承包关系的个人与单位之间往往没有签订任何协议，以致到了法庭后事实处于真伪不明的状态，因此，当单位与个人之间仅成立承包或承揽关系时，应当签订承包合同或承揽合同，合同上必须明确双方是承包关系还是承揽关系。另外，建议单位不要发放工作证、工牌等会产生误解的证件，不要以“工资”的形式发放报酬。相反，如果双方形成的是劳动关系，而用人单位为了规避用工责任而欲以承包合同或承揽合同替代劳动合同的，劳动者要坚决反对，否则，劳动者的利益会得不到保障。

编写人：广东省珠海市金湾区人民法院　吴明星　谢潇潇

031 关联企业混同用工情况下用人单位的认定标准

——李某云诉乙纺织公司劳动合同案

【案件基本信息】

1. 裁判书字号

江苏省常州市中级人民法院（2018）苏04民终90号民事判决书

2. 案由：劳动合同纠纷

3. 当事人

原告（被上诉人）：李某云

被告（上诉人）：乙纺织公司

【基本案情】

李某云与甲纺织公司签订了自2013年8月1日至2017年7月31日的劳动合同1份，工种为销售员，甲纺织公司于2014年9月1日为李某云参加了社会保险，2017年6月1日办理了社会保险减少手续。李某云分别于2016年5月3日、10月24日以乙纺织公司的名义与案外常州某纺织品有限公司、常州某针织厂签订了购销合同。李某云提交的银行交易明细清单载明：乙纺织公司支付李某云2016年12月工资2052元、2017年1月工资2703元。2017年3月22日，李某云向乙纺织公司请休婚假，乙纺织公司未予批准。2017年3月31日，乙纺织公司以李某云严重违反劳动纪律为由解除了双方劳动关系。2017年4月18日，李某云前往医院，经彩超诊断：已怀孕约17周5天。2017年6月15日，李某云向仲裁委申请仲裁，要求乙纺织公司支付2017年2月、3月工资6000元及赔偿金39691.36元。仲裁委于2017年8月8日作出裁决：对李某云的仲裁请求，不予支持。李某云不服该裁决，诉至法院。

另，甲纺织公司持有乙纺织公司75%的股权，两个公司的法定代表人是同一人。

【案件焦点】

关联企业混合用工情况下，劳动者签署劳动合同的用人单位与实际接受提供劳动的用人单位不完全一致的，劳动合同签订、社会保险缴纳并不足以认定双方存在实际的劳动关系，可根据劳动者的主张，结合工作地点、工作内容、工资支付主体及劳动管理主体等具体因素来认定。

【法院裁判要旨】

江苏省常州市金坛区人民法院经审理认为：本案的争议焦点是与李某云存在劳动关系的用人单位主体究竟是哪一家公司。甲纺织公司持有乙纺织公司75%的股权，两个公司的法定代表人是同一人，具备关联公司的特征即资本的关联性和人的关联性。对此，劳动者与关联公司间只存在一层劳动关系，只有实际的用人单位才与劳动者之间存在劳动法意义上的劳动关系。李某云虽与甲纺织公司签订了劳动合同，但李某云以乙纺织公司的名义履行签订购销合同的职务行为，工资由乙纺织公司支付，且提出与李某云解除劳动关系的主体是乙纺织公司，故乙纺织公司应向李某云支付2017年2月、

3月工资4755元。关于赔偿金：根据相关规定，用人单位违法解除或者终止劳动合同的，应按经济补偿金标准的二倍向劳动者支付赔偿金；用人单位规章制度的生效条件即制定主体及程序合法、内容合法、规章制度必须公示；用人单位以劳动者严重违反劳动纪律为由单方解除劳动关系，但未按照《中华人民共和国劳动合同法》第四十三条事先通知工会，劳动者以用人单位违法解除劳动合同为由请求用人单位支付赔偿金的，人民法院应予支持。因此，乙纺织公司未提供证据予以证明规章制度制定过程合法、经过民主、公示程序及解除李某云劳动关系前通知工会，应承担举证不能的法律后果。因此，乙纺织公司未提供证据证明其单方解除劳动关系的合理性及合法性，构成违法解除情形。李某云主张支付赔偿金19020元的诉请符合法律规定。

江苏省常州市金坛区人民法院依照《中华人民共和国劳动合同法》第三十条第一款，《中华人民共和国劳动合同法》第四十七条、第八十七条，《中华人民共和国民事诉讼法》第一百四十二条之规定，判决如下：

乙纺织公司支付李某云工资4755元、赔偿金19020元，合计23775元。

乙纺织公司不服一审判决，提起上诉。江苏省常州市中级人民法院经审理认为：李某云以乙纺织公司的名义对外签订购销合同、乙纺织公司向李某云按月发放工资、李某云向乙纺织公司请假、乙纺织公司对于李某云的请假予以回复等事实，可以认定李某云接受乙纺织公司的管理，从事乙纺织公司安排的劳动，并从乙纺织公司领取报酬，李某云的劳动是乙纺织公司的业务组成部分。因此，李某云与乙纺织公司之间构成劳动关系。

江苏省常州市中级人民法院依照《中华人民共和国民事诉讼法》第一百七十条第一款第一项之规定，作出如下判决：

驳回上诉，维持原判。

【法官后语】

第一，明确什么是关联企业、混同用工。

根据《中华人民共和国公司法》第二百一十六条第四项的规定，关联关系是指公司控股股东、实际控制人、董事、监事、高级管理人员与其直接或间接控制的企业之间的关系。从上述规定可以看出，认定关联关系需遵循两个标准，即资本的关联性或人的关联性。混同用工在当前情形下主要有三类：一是用人单位主体混同（一套人马，两块牌子）；二是用人单位主体、用工均混同（总公司与分公司、子公司）；三是关联企业用工混同（资本关联或人的关联）。关联企业用工混同的最大问题是用人单位难以确认。容易出现由某公司出面签署劳动合同，而实质并非该公司用工的情形。该种隐蔽用工情形易造成劳动者维权的困境。对于关联企业而言，通过安排劳动者在不同的关联企业工作，可以降低用工成本，规避与劳动者签订无固定期限劳动合同，逃避连续工龄计算。因此，为维护劳动者合法权益，用人单位的识别与规制是当前劳动争议案件的审理难点之一，迫切需要解决认定劳动法律关系意义上的“用人单位”的主体问题。

第二，何谓劳动法律关系意义上的“用人单位”？

根据劳动合同法规定，用人单位自用工之日起即与劳动者建立劳动关系。建立劳动关系应当订立劳动合同。

用人单位是与劳动者建立劳动关系、订立劳动合同的一方主体，因此，建立劳动关系和订立劳动合同为认定用人单位的两个标准。两个标准之间具有三种情形：第一种情形，如果用人单位与劳动者签订了劳动合同，劳动者在该用人单位工作，那么用人单位容易认定。第二种情形，用人单位招用了劳动者，但未与劳动者签订劳动合同，如何来确定用人单位？对此，可根据原劳动和社会保障部发布的《关于确立劳动关系有关事项的通知》规定认定用人单位。第三种情形，用人单位与劳动者签订了劳动合同，但劳动者被安排在该单位的关联企业工作。从该种情形的表面上看，劳动者可能存在双重劳动关系。但是，我国法律对于双重劳动关系的认定主要体现在《最高人民法院关于审理劳动争议案件适用法律若干问题的解释（一）》第三十二条第二款中的四类特殊人员的规定。因此，我国现行劳动法律对于劳动关系的认定是以单一劳动关系为基础，以双重劳动关系为例外的确认理念，也就是劳动者一般在同一时间只能从属于一个用人单位。

第三，关联企业混同用工情况下用人单位的认定。

针对关联企业混同用工，在不突破单一劳动关系确认的基础上，如何认定用人单位呢？一方面，在劳动者签署劳动合同的用人单位与实际接受提供劳动的用人单位不完全一致的情况下，可以结合工资支付主体、劳动管理主体及工作地点、工作内容等与劳动关系最有紧密联系的特征来认定。另一方面，在有关联关系的用人单位交叉轮换使用劳动者、工作内容交叉重叠的情况下，劳动者难以对关联企业之间的关系作出准确判断，除非有证据显示劳动者明确知悉或应当知悉与其建立劳动关系的系其他企业，只要劳动者主观上有理由认为与其建立劳动关系的用人单位系关联企业中某一企业，即可根据劳动者的主张确认此企业为劳动者的用人单位。由此可见，关联企业混同用工情况用人单位的认定，较为合理的标准应当为“双要件审查标准”，即用人单位的用工行为混同是必备要件，而用人单位之间的关联关系或用人单位法人人格外观要素混同是择一要件。这一标准，对于劳动者而言，是可能实现的举证目标，不会因劳动者的举证能力限制产生障碍，是具有实践可操作性的认定标准。

编写人：江苏省常州市金坛区人民法院　王保民

032 事业单位编制外人员的人事关系认定
——朱某佟诉某医院人事争议案

【案件基本信息】

1. 裁判书字号

北京市第二中级人民法院（2017）京02民终11024号民事判决书

2. 案由：人事争议纠纷

3. 当事人

原告（上诉人）：朱某佟

被告（被上诉人）：某医院

【基本案情】

原告自2012年5月起在被告单位财务部收费处实习工作，至2013年8月双方签订第一次人事聘用合同，此后陆续在2014年8月、2015年8月再次签订第二次和第三次聘用合同，2016年9月原告因病休假，10月在本院住院治疗，11月被告单方发出《关于朱某佟同志终止聘用合同及医疗期等有关事宜的送达告知书》，单方告知原告聘用合同顺延至医疗期满，单位决定将不再续订聘用合同，双方的聘用关系到期终止。2016 年 12 月被告再次单方发出《关于朱某佟办理离职和档案转移的送达告知书》，告知原告聘用合同顺延至 2016 年 12 月 3 日（医疗期满）立即终止聘用合同，并要求原告 2016 年 12 月 16 日前办理离职手续。

原告对被告发出的终止人事聘用合同通知不服，认为原告与被告之间法律关系应适用《中华人民共和国劳动合同法》，依据《中华人民共和国劳动合同法》第四十条的规定，原告医疗期满后，单位需证明原告不能从事原工作，也不能从事单位另行安排的工作时，可提前 30 日通知终止聘用合同，因此被告的终止行为违法，另外原告与被告已经连续签订二次以上聘用合同，根据《中华人民共和国劳动合同法》第十四条的规定，连续签订二次固定期限劳动合同后，应该签订无固定期限劳动合同，现在单位未提出续订劳动合同即终止聘用合同也属于违法，因此单位应支付原告违法终止劳动合同的赔偿金，另外被告于 2016 年 12 月 3 日单方终止了聘用合同关系，就有义务向原告结清在职期间享有的全部工资福利包括十三薪和年终奖、医疗二次报销和住院补助费用，原告自 2012 年 5 月入职被告单位财务部在收费处开始实习工作，提供了正常劳动，被告应按不低于北京市当年度最低工资标准的金额支付原告 2012 年 5 月至 2013 年 2 月实习期间工资。基于上述理由向法院提出如下请求：1. 被告支付原告自 2016 年 10 月 1 日至 12 月 3 日因病休假期间拖欠原告的应发工资差额 27125 元；2. 被告支付原告单方终止聘用合同的经济赔偿金 138790 元（13879

元×5个月×2倍）；3. 被告支付原告2016年年底十三薪1817元和年终奖10000元；4. 被告支付原告已申报的二次报销（补充医疗保险报销）的医疗费5000元；5. 被告支付原告工会职工住院补助费3500元；6. 被告支付原告延时加班费1100元；7. 被告支付原告2012年5月至2013年2月实习工作期间拖欠的应发（实习）工资差额7620元。

朱某佟以人事争议向北京市劳动人事争议仲裁委员会申请仲裁，要求某医院支付工资差额、经济赔偿金、年终奖、延时加班费等，该委以双方签订的人事聘用合同为依据于2017年2月21日裁决：一、某医院支付朱某佟2016年11月病假工资差额1138.6元；二、某医院支付朱某佟2016年7月12日和8月10日每天延时加班两小时工资478.6元；三、驳回朱某佟其他仲裁请求和申请。朱某佟不服裁决结果，向本院提起诉讼，诉如所请。

【案件焦点】

事业单位编制外人员与事业单位签订人事聘用合同时，双方之间建立的是人事关系还是劳动关系。

【法院裁判要旨】

北京市东城区人民法院经审理认为：本案争议焦点之一就是双方基础法律关系如何认定，具体就是指双方是存在人事关系还是劳动关系。关于本案，从形式上看，原告由单位公开招聘，入职后统一签订事业单位聘用合同，聘用合同对双方的权利义务进行了明确约定，某医院也属于事业单位，可以与职工签订人事聘用合同，双方签订的事业单位聘用合同真实有效；从实际管理方式看，原告入职后，单位也是按照事业单位人员统一对其进行管理，享受与他人同等的各项福利待遇，包括年终奖、十三薪、医疗保险待遇、加班补助均是按照全院统一标准发放；从编制管理方式看，某医院属于北京医改试点单位，对于试点单位，人事编制和财政补助均发生了改变，人事管理更加灵活，赋予了用人单位一定的自主权，原告属于某医院编制改革后编制控制数额内人员，虽然“编制”的含义与原有概念不同，但也属于广义上的编制内人员，某医院有权与原告签订事业单位聘用合同。综上所述，原告与被告之间形成的是人事关系。

关于原告主张的违法终止赔偿金。根据原、被告签订的聘用合同约定，合同到期届满即行终止，双方签订的最后一份聘用合同于2016 年 11 月 30 日到期，原告医疗期满后，合同顺延至 2016 年 12 月 3 日终止。根据《北京市事业单位聘用合同制试行办法》第四十五条的规定，合同到期终止不属于支付经济补偿金的情形，因此原告要求被告支付违法终止赔偿金的请求，缺乏法律依据，本院不予支持。

关于原告主张的年终奖。被告同意按全勤奖 75%的标准发放，本院不持异议。关于原告主张的年底十三薪，被告同意按 75%的标准发放，本院不持异议。关于原告主张的病休期间工资，被告发放的 2016 年 11 月病假工资 373.4 元和 2016 年 12 月 3 天病假工资 260.7 元，明显低于原告的病假工资水平，被告应比照 2016 年 10 月病假工资予以补足差额 6999 元。

关于原告主张的延时加班工资，被告同意按仲裁裁决结果支付，该数额不低于法定标准，本院予以确认。关于原告主张的二次补充报销款和工会补助费，没有法律依据，本院不予处理。

关于原告主张实习期工资，根据实习协议，实习期间并没有工资而是实习补贴，单位也支付了原告实习补贴，因此原告的主张缺乏依据，本院不予支持。

北京市东城区人民法院依照《中华人民共和国劳动合同法》第九十六条，《北京市事业单位聘用合同制试行办法》第四十五条之规定，判决如下：

一、自本判决生效之日起七日内，某医院支付朱某佟 2016 年 10 月 1 日至 2016 年 12 月 3 日期间工资差额 6999 元；

二、自本判决生效之日起七日内，某医院支付朱某佟 2016 年年底十三薪和年终奖共计 11363 元；

三、自本判决生效之日起七日内，某医院支付朱某佟延时加班工资 478.6 元；

四、驳回朱某佟的其他诉讼请求。

原告对一审判决不服，持原审意见提起上诉。北京市第二中级人民法院经审理认为：某医院为北京医改试点的事业单位，事业编制控制数额 3916 名，朱某佟属于编制控制数额内人员；朱某佟与某医院签订了事业单位聘用合同，聘用合同明确约定了双方的权利义务；某医院按照事业单位人员统一对朱某佟进行管理，享受与他人同等的各项福利待遇，故综合上述情况考虑，一审法院认定朱某佟与某医院之间建立的是人事关系，并无不当，双方之间的争议亦应适用人事法律法规解决。

关于单方终止聘用合同的经济赔偿金。《北京市事业单位聘用合同制试行办法》第四十五条规定的聘用单位应根据受聘人员在本单位工作的年限发给一定的经济补偿金的情形中没有规定合同到期终止应支付经济补偿金，故朱某佟上诉要求某医院支付违法终止赔偿金，缺乏法律依据，本院不予支持。

北京市第二中级人民法院依照《中华人民共和国民事诉讼法》第一百七十条第一款第一项之规定，作出如下判决：

驳回上诉，维持原判。

【法官后语】

本案涉及双方基础法律关系如何认定，具体就是指双方是存在人事关系还是劳动关系。

1. 认定人事关系的标准之争

审判实务中，对于签订有聘用合同是否就能认定为人事关系，存在编制说与合同说两种不同的观点。一种观点认为，事业单位与工作人员只要订立了聘用合同，就应认定双方存在人事关系。因此，本案朱某佟虽然是编制外人员，但是单位与其签订的是人事聘用合同，应该按人事争议处理，适用人事方面的相关法律。另一种观点认为，聘用合同仅系认定人事关系的参考依据，具体还应该看劳动者人事档案中是否存在人社局审批材料，也就是所谓的编制说。那么本案中，朱某佟系编制外人员，单位认可档案中没有审批材料，因此双方虽然签订的是聘用合同，但是因缺乏人社局审批备案，不能认定为人事关系，双方应该属于劳动关系。

2. 编制外人员认定为劳动关系之弊

对于签订聘用合同的编制外人员，如果严格按照编制说，以档案中没有编制审批表，否定了双方的人事关系，按劳动关系处理，会存在以下两方面问题：一是从宏观上看，编制说与人事制度的改革精神不符。事业单位人事制度改革的总体思路是从身份人到社会人的转变，也就是在逐渐淡化编制带来的身份特权，打破铁饭碗，按需设岗，按岗设人。尤其是医院、学校等单位，更是赋予用人单位自主权，实行人员自主双向流动管理，对于人事关系的认定已经超出了原有的概念，编制在逐渐淡化，如果因编制而认定编制外人员存在劳动关系，那么可能会与实际现状存在一定程度的不符，也不利于医院进行人事制度改革。二是如果对于编制外人员的聘用合同均认定为劳动合同，职工会依据劳动法主张相应的权利，如未签订劳动合同二倍工资差额、加班工资、违法解除赔偿金等，将严重冲击现有人事管理秩序，不利于社会稳定。

3. 编制外人员认定为人事关系之不足

如果按照聘用合同将编制外人员认定为人事关系，在适用法律上存在以下问题：一是改革过渡期编制外人员的权利得不到平等保护。编制外人员虽然享受到了事业单位的福利待遇，但是与编制内人员相比，仍然在职位晋升、社保等方面有一定差别。另外在解除或终止方面，也没有体制内的安全保障，如果对于编制外人员严格适用聘用合同，在解除或终止方面不给予补偿，又无法纳入劳动法的保护，将使这部分人员受到双层歧视：既未享受到全部的事业人员待遇，也未享受到劳动者应有的权利保障。二是现有人事政策不完善，提供给编制外人员的法律保护措施有限。现有人事方面的立法层次较低，没有法律层面的规定，仅有部门规章和政策，而且政策规定分散，政策精神存在区域化、行业化的现象，法律适用不统一，对于编制外人员的人事争议处理，原有规定已经跟不上改革的步伐，但是新的改革精神又未上升到立法层面，所以造成了编制外人员人事纠纷适用法律的困境，也就是适用《中华人民共和国劳动合同法》或原有的人事政策均有失公允，无法保障编制外人员的权利。

4. 聘用合同加人事管理标准之提出

事业单位第一阶段聘用合同制改革已经全面完成，但是事业单位分类、分岗改革正在全面推进，人员管理存在人事和劳动交叉变更的过渡期，那么对于改革过程中面临的问题不能搞“一刀切”，还应该结合事业单位的具体类型和行业特点，对事业单位人员的法律关系进行分类认定，具体而言，应注意把握单位性质、人员岗位、人员结构等因素。对于公益性财政补贴单位，也就是教育、医疗行业，为了解决上学难、就医难问题，学校和医院的工作人员在逐年增加，原有人员编制数额保持不变，对于增量人员均签订聘用合同，人员管理行政化色彩变淡，赋予了事业单位更多的人事自主权，对于这类行业，应根据“老人老政策、新人新政策”的过渡期方案，分类认定双方之间的法律关系，对于原有编制内人员，即使双方未签订人事聘用合同，也应该以人事关系论；对于新聘用人员，签订有人事聘用合同，并且在福利待遇和日常管理均是参照事业单位人员管理，那么即使未进行编制备案，也应采用聘用合同加人事管理标准认定为人事关系。

编写人：北京市东城区人民法院　李彦宏

033　确认事实劳动关系案件中的证据认定问题

——刘某诉国际贸易公司劳动争议案

【案件基本信息】

1. 裁判书字号

天津市第二中级人民法院（2016）津02民终1142号民事判决书

2. 案由：劳动争议纠纷

3. 当事人

原告（上诉人）：刘某

被告（被上诉人）：国际贸易公司

【基本案情】

被告国际贸易公司于2002年1月31日设立，营业期限至2022年1月30日，法定代表人为王某。经营范围包括煤炭批发经营等业务。

原告刘某自述自2011年10月8日到被告国际贸易公司处工作，2014年5月13日离职。双方未签订劳动合同。原告提供的报销凭单显示，王某在2012年3月7日、2014年7月17日的2份报销凭单及1份报销日期不明的费用报销单上签字确认。王某对签字认可，但表示这是基于原告与其个人之间的业务合作同意给予报销的差旅费用，因原告提供的报销票据不符合报销要求所以没有给予报销，不能证明原告与被告国际贸易公司之间存在劳动关系。

2013年9月至2014年1月期间，案外人钢铁公司通过银行转账方式向原告发放工资，金额分别为3500元、3500元、3600元、3600元、3600元。

另查，原告刘某就劳动报酬等争议事项，于2014年9月25日向天津市滨海新区劳动人事争议仲裁委员会申请仲裁，请求裁决被告支付出差期间发生的各项费用及2014年在职期间拖欠的工资。国际贸易公司经仲裁委员会通知未到庭参加仲裁活动。该仲裁委员会于2015年2月9日作出津滨保劳人仲裁字〔2014〕50692号仲裁裁决书，裁决：1. 国际贸易公司支付刘某应报销费用 2031.4 元；2. 国际贸易公司支付刘某 2014 年 1 月至 4 月工资 10560 元；3. 驳回刘某的其他仲裁请求。原告刘某于 2015 年 3 月 18 日收到该裁决书，于 4 月 1 日向法院提起诉讼。

再查，2015 年 4 月 9 日，原告刘某再就确认劳动关系、劳动报酬、福利等争议事项，向天津市滨海新区劳动人事争议仲裁委员会申请仲裁，请求裁决国际贸易公司：1. 确认 2011 年 10 月 8 日至 2014 年 5 月 13 日期间双方存在劳动关系；2. 支付原告 2011 年 10 月至 2014 年 5 月期间未签订书面劳动合同双倍工资差额 78000 元；3. 支付原告 2011 年 10 月至 2014 年 5 月期间未休带薪年休假工资 2666.67 元；4. 支付原告 2011 年 10 月至 2014 年 5 月期间防暑降温费 1399.2 元、冬季取暖补贴 2080 元。国际贸易公司出庭参加了仲裁活动。该仲裁委员会经审查后，认定刘某提供的证据不能充分证明其与国际贸易公司之间存在劳动关系，于 2015 年 6 月 9 日裁决：驳回刘某的全部仲裁请求。原告刘某不服该仲裁裁决，向本院提起诉讼。

【案件焦点】

刘某与国际贸易公司是否存在合法有效的劳动关系。

【法院裁判要旨】

天津市滨海新区人民法院经审理认为：关于原告要求确认与被告之间存在劳动关系的诉讼请求，原告应就双方存在劳动关系提交证据予以证明。根据《劳动和社会保障部关于确立劳动关系有关事项的通知》规定，判断双方是否形成劳动关系，应当从用人单位与劳动者是否符合法律、法规规定的主体资格，用人单位依法制定的各项劳动规章制度是否适用劳动者，劳动者是否受用人单位的劳动管理，从事用人单位安排的有报酬的劳动，以及劳动者提供的劳动是否属于用人单位的业务组成部分等方面综合考量。劳动者应当提供用人单位对其进行劳动管理、发放工资、缴纳社会保险费用等能够证明双方存在劳动关系的直接证据。本案原告提交的津滨保劳人仲裁字〔2014〕50692 号仲裁裁决书，因原告向法院提起诉讼，该仲裁裁决不发生法律效力；原告提交的中国农业银行对账单不能证明被告向原告支付劳动报酬，故法院不予采纳；原告提交的报销凭单，尽管有被告法定代表人的签字，但报销凭单本身并不能充分证明双方之间存在劳动关系，且从报销凭单制作的时间上看，原告自述自 2014 年 5 月 13 日离职，但其提供的报销凭单有一份记载时间为 2014 年 7 月 17 日，这与原告以报销凭单证明双方存在劳动关系的主张相互矛盾，故法院不予采纳；原告提交的名片，并不能证明系被告印制，且被告对名片真实性不予认可，故法院对该证据不予采纳；关于原告提交的检验报告、房屋租赁合同及房屋登记备案证明、案外公司相关营业资料等均无法证明原告为被告提供了劳动，故法院不予采纳；原告提交的购销合同显示原告为被告公司的委托代理人，也不能直接证明原告与被告之间存在劳动关系，故法院对该证据不予采纳；原告提交的电子邮件记录截图，被告当庭称未收到该邮件，且原告未提交被告法定代表人回复的邮件信息，故该证据不能证明原告与被告的法定代表人之间就业务进行过沟通，即不能证明原告为被告提供了劳动；原告提交的短信记录、证人证言及安装合同，均无法直接证明原告接受被告管理提供劳动。综上，原告提供的各项证据既不能充分证明其为被告提供劳动、被告为其发放工资与缴纳社会保险、其享受被告公司的相关福利待遇，也不能证明其接受被告公司规章制度的管理和监督，故原告主张双方之间具有事实劳动关系的诉讼请求不能成立。基于此，原告所主张的因劳动关系产生的未签劳动合同双倍工资差额、未休带薪年假工资、防暑降温费、冬季采暖补贴，没有法律依据，本院均不予支持。

天津市滨海新区人民法院依据《中华人民共和国劳动合同法》，《中华人民共和国劳动争议调解仲裁法》第六条，《最高人民法院关于审理劳动争议案件适用法律若干问题的解释》第十七条以及《最高人民法院关于民事诉讼证据的若干规定》第二条之规定，作出如下判决：

驳回刘某的全部诉讼请求。

二审法院同意一审法院裁判意见。

【法官后语】

本案审理过程中，对案件的处理有两种不同的意见：

第一种意见认为，刘某已经书面说明了其在国际贸易公司的主要工作内容，该公司法定代表人签字确认了报销凭证，视为对费用同意予以支付。此时，应当由公司提供否定劳动关系存在的证据，如果公司不能举出反证，即认定劳动关系存在。

第二种意见认为，刘某提供的证据均非直接证据，而作为间接证据亦未能形成证据链条，不能充分证明其与国际贸易公司之间存在劳动关系。

本案生效裁判采纳了第二种意见。理由主要体现在以下两个方面：

首先，判断事实劳动关系的存在，要从劳动者是否按照用人单位的要求完成一定的工作，创造的劳动成果归用人单位所有；劳动者是否获得用人单位的劳动报酬，享受用人单位的相关福利待遇；用人单位的劳动纪律和规章制度是否适用于劳动者，劳动者是否接受用人单位规章制度的管理和监督等因素考量。即，在司法实践中应注意把握以下几点：第一，以是否存在从属关系作为判断劳动关系的基本标准，即只要用人单位对劳动者的管理、控制、支配达到一定程度，即可认定双方形成劳动关系；第二，如果身份上的从属关系较难判断，应以劳动者的工作内容是否属于用人单位的业务组成部分作为判断依据；第三，劳动者与用人单位之间是否具有建立劳动关系的合意，也是判断是否属于劳动关系的关键。本案中，刘某提交的证据均不足以作为认定劳动关系存在的可参考凭证，所有证据也无法形成完整的证据链条，不能充分证明其为该公司提供劳动、公司为其发放工资与缴纳社会保险，其享受公司的相关福利待遇，也不能证明其接受公司规章制度的管理和监督。

其次，根据“谁主张，谁举证”的证据规则，主张劳动合同关系成立并生效的一方当事人对劳动合同订立和生效的事实承担举证责任，因此劳动者主张劳动关系存在，原则上应由劳动者承担举证责任，所提交证据不足以证明其事实主张的，应承担举证不能的法律后果。刘某提交的证据并没有达到高度盖然性标准，因此举证责任并未发生转移，仍应承担举证不能的不利后果。

在没有劳动合同存在的情况下，劳动者请求法院确认劳动关系成立时，如何分配举证责任，在审判实务中存在争议。原劳动和社会保障部曾于2005年作出《劳动和社会保障部关于确立劳动关系有关事项的通知》，第二条规定：“用人单位未与劳动者签订劳动合同，认定双方存在劳动关系时可参照下列凭证：（一）工资支付凭证或记录（职工工资发放花名册）、缴纳各项社会保险费的记录；（二）用人单位向劳动者发放的‘工作证’、‘服务证’等能够证明身份的证件；（三）劳动者填写的用人单位招工招聘‘登记表’、‘报名表’等招用记录；（四）考勤记录；（五）其他劳动者的证言等。其中，（一）、（三）、（四）项的有关凭证由用人单位负举证责任。”明确用人单位未与劳动者签订劳动合同时，可参照相关凭证认定劳动关系。该规定从证据法意义上确定了事实劳动关系的判断标准，对法院的审判实践具有重要的参考价值，但也并不是唯一标准。审判实践中，应当结合当事人举证、质证和庭审中查明的事实情况以及社会常识进行综合分析，既要保护真正劳动者的合法权益，也要正确区分劳动关系与劳务关系、雇佣关系，不能将所有以劳动力为标的的关系，都囊括于劳动法律关系。

编写人：天津市滨海新区人民法院　卓丹红

034　域外劳务用工关系中我国劳动法的选择适用

——王某诉集团总公司劳动争议案

【案件基本信息】

1. 裁判书字号

北京市第二中级人民法院（2016）京02民终9283号民事判决书

2. 案由：劳动争议纠纷

3. 当事人

原告（上诉人）：王某

被告（被上诉人）：集团总公司

第三人（被上诉人）：集团糖业公司

【基本案情】

2006年11月29日，集团总公司、进出口公司和实业公司合资在开曼群岛设立集团糖业公司。2010年8月19日，集团总公司向中华人民共和国外交部领事司出具《出国/赴港澳任务批件》，批准王某前往马达加斯加执行任务，职务为集团糖业公司财务经理。2010年9月25日，王某与集团糖业公司签订《聘用合同》。

王某主张集团糖业公司系境外公司，不具有自行聘用中国员工的主体资格，《聘用合同》不具有效力。境外的工作地点、工作内容、工资发放均由集团总公司安排，故应与集团总公司建立劳动关系，起诉要求集团总公司支付劳动关系项下各项权益，集团糖业公司承担连带责任。

集团总公司主张王某系由集团糖业公司自行招聘并签订聘用合同的外派劳务人员，与其不存在劳动关系。集团糖业公司具有独立的法人资格，集团总公司仅作为其国内上级投资公司负责为其招聘的劳务人员代为办理相关证件。不同意王某的全部诉讼请求。

集团糖业公司认可与王某签订聘用合同并外派工作，主张系境外企业，不符合我国劳动合同法中规定的关于中国境内企业建立劳动关系的用人单位主体资格，不属于中国法律规定的劳动关系。不同意王某的全部诉讼请求。

【案件焦点】

1. 王某与集团糖业公司之间的聘用合同是否受中国劳动法保护；2. 王某是否与集团总公司建立劳动关系。

【法院裁判要旨】

北京市东城区人民法院经审理认为：根据我国《对外劳务合作管理条例》的规定，集团糖业公司系境外企业，不符合法律规定的对外劳务合作经营资格。王某通过集团总公司派出工作，未与集团总公司签订书面服务合同，也违反了前述法律规定，无法确认双方之间系服务合同关系。集团总公司系商务部批准的、具备向境外派遣各类技术劳务人员资格的企业，王某的出国手续系由集团总公司办理，工资及补贴亦由集团总公司账户发放，符合劳动关系的构成要件。故确认王某与集团总公司之间存在劳动关系。

集团糖业公司虽不符合《中华人民共和国劳动合同法》规定的用人单位，但其与王某签订的合同明确约定了合同期限、工作地点、工作内容、待遇、双方权利义务等项，系王某本人所签，且双方按照合同内容实际履行，故该聘用合同真实有效。因已具备了劳动合同应当具备的必要条款，明确了双方权利、义务，实现了书面劳动合同的功能，可视为双方已订立书面劳动合同；因集团总公司系集团糖业公司的境内投资主体，该聘用合同的约束力及于集团总公司，故集团糖业公司与集团总公司应共同承担该聘用合同项下的法律义务。

北京市东城区人民法院依照《对外劳务合作管理条例》第二条、第二十三条，《中华人民共和国劳动合同法》第三十条、第四十四条、第四十六条、第四十七条之规定，判决如下：

一、自本判决生效之日起七日内，集团总公司、集团糖业公司支付王某2012年1月14日至3月13日带薪休假期间工资33685元；

二、自本判决生效之日起七日内，集团总公司、集团糖业公司支付王某2012年3月14日至2013年9月24日期间工资24445.28元；

三、自本判决生效之日起七日内，集团总公司支付王某终止劳动合同经济补偿金49056元；

四、驳回王某的其他诉讼请求。

二审法院同意一审法院裁判意见。

【法官后语】

本案处理难点在于域外用工的中国劳动法保护，其中最根本的就是劳动关系认定。

根据法律规定，涉外合同的当事人可以选择处理合同争议所适用的法律，法律另有规定的除外。涉外民事关系的定性，适用法院地法律。另外，根据《最高人民法院关于适用〈中华人民共和国涉外民事关系法律适用法〉若干问题的解释（一）》第八条第一项的规定，可以认为，只要是涉及劳动者权益保护的，涉及我国社会公共利益的，可以强制适用主权管辖原则，直接适用我国劳动法。涉外劳动关系的定性，亦可以通过我国法律来判断。这就意味着与境外企业订立的劳动合同，可以依据我国劳动合同法来定性，从而给予劳动者以我国劳动法上的保护。

王某与集团糖业公司之间签订的聘用合同明确约定了工作内容、工作地点、工作时间、休息休假、合同期限、劳动报酬及支付方式、社会保险费缴纳、劳动条件、劳动保护等条款，还约定了发生劳动争议时选择国内劳动仲裁部门解决或在国内法院起诉的争议解决条款，显然具有我国劳动合同法上规定的劳动合同性质。该聘用合同在普通民事法律的框架内，亦没有违反法律的强制性规定，是合法有效的，且可以看出双方具有明确的建立长期、稳定的劳动关系的合意，符合关于涉外合同约定法律适用的基本原则。

但劳动法和劳动合同法又明确规定了用人单位的属地管辖原则，也即一个国家的劳动法仅仅适用于本国领土管辖范围内所建立的劳动关系。实践中，域外用工中的一部分通过《对外劳务合作管理条例》得以规制，也即以取得国家资格的对外劳务合作企业作为中介，劳动者的权益可以通过与对外劳务合作企业之间签订劳动合同或服务合同得到保护。本案中，王某与集团糖业公司之间虽有建立劳动关系的合意，但因集团糖业公司不具备我国劳动法上用人单位的法律特征而存在瑕疵、无法产生直接建立劳动关系的法律效果；也并不存在中介公司。此时，我们可以寻求通过劳动关系相对方的转化实现王某劳动权益的保护。

基于双方当事人建立劳动关系的本意和对双方劳动关系项下权利义务保护的法律适用选择可以推知，王某享有对该聘用合同中约定的权利义务得到中国劳动法保护的预期利益。集团糖业公司系由经过相关部门批准的境内企业投资设立，且其投资主体集团总公司具有对外劳务合作经营资质。从赴外劳务审批、工作岗位、工作内容、劳动报酬发放形式等主要特征来看，均符合构成劳动关系的要件，可以确认王某与集团总公司之间建立了劳动关系，而王某与集团糖业公司之间签订的聘用合同的效力亦及于集团总公司。

本案的处理方式，一方面是对当事人双方订立合同本意的尊重，符合双方的期待利益；另一方面也弥补了在建立合意时未能遵循我国强行法的瑕疵，通过法律的选择适用最大限度地保护了双方的合法权益，同时也为域外劳务用工关系中劳动者的劳动权益保护提供了可行性参考。

编写人：北京市东城区人民法院　王玫

035 违法分包或转包情况下的事实劳动关系认定
——道路工程公司诉杨某、黄某劳动争议案

【案件基本信息】

1. 裁判书字号

北京市第二中级人民法院（2015）二中民终字第 02989 号民事判决书

2. 案由：劳动争议纠纷

3. 当事人

原告（上诉人）：道路工程公司

被告（上诉人）：杨某、黄某

【基本案情】

原告为某高速公路改扩建工程的承包方，2012 年 10 月原告与案外人史某签订工程劳务承包合同，原告将部分工程转包给案外人史某，史某为不具备施工资质的个人。被告二人系夫妻关系，2013 年 5 月 11 日 11 时许，被告之子小杨在施工路段从事摇旗警示工作时，因发生交通事故死亡。该事故经内蒙古自治区公安厅交通警察总队高速公路支队包头大队认定，小杨与肇事者贺某负事故同等责任。后被告杨某与贺某达成赔偿协议，由贺某一次性赔偿经济损失 370666 元。

2014 年 6 月被告以侵权责任纠纷为由对原告提起诉讼，2014 年 10 月北京市东城区人民法院作出判决：原告赔偿被告死亡赔偿金 231500 元、丧葬费 13872 元、被扶养人生活费 15955 元、精神损害抚慰金 25000 元。

被告向北京市东城区劳动人事争议仲裁委员会申请仲裁，2014 年 10 月北京市东城区劳动人事争议仲裁委员会裁决，确认小杨与原告于 2013 年 3 月 25 日至 2013 年 5 月 11 日存在劳动关系。原告不服裁决，起诉至法院要求确认 2013 年 3 月 25 日至 2013 年 5 月 11 日小杨与原告不存在劳动关系。原告主张与小杨不存在劳动关系。被告主张小杨与原告存在劳动关系，小杨受史某雇用，由史某组织人员干活，小杨与史某约定了工资标准。

【案件焦点】

具备用工主体资格的承包单位（以下简称承包人）将承包业务违法分包或非法转包给不具备用工主体资格的组织或自然人（以下简称组织或自然人）时，承包人与组织或自然人招用的劳动者之间是否存在劳动关系。

【法院裁判要旨】

北京市东城区人民法院经审理认为：当事人对于自己的诉讼请求所依据的事实或者反驳对方诉讼请求所依据的事实有责任提供证据加以证明。小杨不是原告招录的，小杨的工资标准也不是与原告商定，小杨也不从原告处领取工资，小杨不受原告的劳动管理，因此原告与小杨不存在劳动关系。原告主张 2013 年 3 月 25 日至 5 月 11 日与小杨不存在劳动关系，本院予以支持。原告虽与小杨不存在劳动关系，但原告违法转包，其应对小杨因工死亡承担用工主体责任和工伤保险责任。

北京市东城区人民法院依照《最高人民法院关于民事诉讼证据的若干规定》第二条之规定，作出如下判决：

确认小杨与道路工程公司 2013 年 3 月 25 日至 5 月 11 日不存在劳动关系。

原、被告持原审意见均提起上诉。北京市第二中级人民法院经审理认为：该院审理过程中，道路工程公司申请撤回上诉，系其公司真实意思表示，符合相关法律规定，应予准许。劳动合同虽然要受到较多国家强制性规范的约束，如最低工资、最高工时等劳动基准以及法定的解除制度等，但其本质仍属于合同，仍应贯彻意思自治原则，即劳动合同的成立及劳动关系的建立应形成合意，用人单位与劳动者应就提供劳动、支付报酬这一基本要素达成一致意见。在未签订劳动合同的情形下认定双方是否存在事实劳动关系，亦应考察双方是否存在建立劳动关系的合意，考虑到劳动关系具有继续性以及关系性的特点，具体应结合协商建立劳动关系的主体、具体协商情况以及工资支付情况等予以分析。本案中，杨某、黄某自认小杨由史某雇用并协商确定工资标准，道路工程公司未向小杨发放工资，可见，小杨系与史某就提供劳务和支付报酬达成合意，小杨与道路工程公司并不存在建立劳动关系的合意。杨某、黄某虽辩称史某系道路工程公司员工，且道路工程公司对小杨进行管理，但道路工程公司对此不予认可，杨某、黄某就此未进行充分举证，无法证明道路工程公司曾对小杨进行持续性管理，亦未举证证明小杨有其他合理理由相信其系由道路工程公司招用。据此，本院难以认定小杨与道路工程公司存在劳动关系。故杨某、黄某的上诉请求，依据不足，本院不予支持。

北京市第二中级人民法院依照《中华人民共和国民事诉讼法》第一百七十条第一款第一项之规定，作出如下判决：

驳回上诉，维持原判。

【法官后语】

目前理论界和实务界对于承包人、组织或自然人与劳动者之间的关系主要界定为两种：一种观点认为承包人与劳动者之间是劳动关系；另一种观点认为组织或自然人与其招用的劳动者之间是雇佣关系，承包人与劳动者之间不存在劳动关系。笔者同意后一种观点。

是否能够认定劳动关系，应以劳动关系的特征为标准并根据用工的具体情况来确定。用工符合劳动关系特征的，应认定为劳动关系。根据原劳动和社会保障部发布的《关于确立劳动关系有关事项的通知》第一条、第二条的规定，事实劳动关系的认定应根据劳动者是否实际接受用人单位的管理、指挥或监督，劳动者提供的劳动是否是用人单位业务的组成部分，用人单位是否向劳动者提供基本劳动条件，以及向劳动者支付报酬等因素综合确定。

首先，承包人与劳动者之间并没有任何建立劳动关系的意思表示，更没有建立劳动关系的合意。建立劳动关系应遵循自愿原则，但现实生活中，劳动者往往不知道组织或自然人的前一手具有用工主体资格的承包人是谁，其通常接受组织或自然人的实际管理，由组织或自然人直接支付劳务费用；承包人同样也不清楚劳动者是谁，是否实际为其承包业务提供了劳务。在这种完全缺乏双方合意的情形下，直接认定二者之间存在劳动关系，不符合实事求是原则。当然，如果是具备用工主体资格的承包人将工程发包给同样具备用工主体资格的组织时，该组织与其招用的劳动者之间形成劳动关系，承包人与该劳动者之间不存在劳动关系。

其次，如果认定承包人与劳动者之间存在劳动关系，那么将由承包人对劳动者承担劳动法上的权利义务，而实际雇用劳动者并承担管理职能的组织或自然人反而不需要再承担任何法律责任。这种做法显然不符合公平原则，会促使组织或自然人逃避相应法律责任，导致产生一系列无法解决的现实难题：劳动者会要求与承包人签订书面劳动合同、为其办理社会保险等。

最后，需特别指出，根据2005年原劳动和社会保障部发布的《关于确立劳动关系有关事项的通知》第四条的规定，在建筑施工、矿山企业等用人单位将工程（业务）或经营权业务发包给不具备用工主体资格的组织或自然人时，对该组织或自然人招用的劳动者，由具备用工主体资格的发包方承担用工主体责任。该“用工主体责任”并非确认双方存在劳动关系，而是对劳动者特殊保护的一种替代责任。结合2013年《人力资源和社会保障部关于执行〈工伤保险条例〉若干问题的意见》第七条和2014年《最高人民法院关于审理工伤保险行政案件若干问题的规定》第三条的规定，可以印证“用工主体责任”的语义内涵即为“工伤保险责任”。这是国家为了保护不具备用工主体资格的组织或自然人招用的劳动者在因工受伤时能享受到和劳动关系下的劳动者同等工伤保险待遇而特别规定的一种替代责任。因此，不能因果倒置，因为承包人对劳动者承担工伤保险责任而倒推出承包人与劳动者之间存在事实劳动关系这一错误结论。

编写人：北京市东城区人民法院　程新桐

036 劳动者冒用他人身份入职的行为构成欺诈应属无效，其因此与用人单位之间不成立劳动关系

——王某、崔某诉保安公司劳动争议案

【案件基本信息】

1. 裁判书字号

山东省淄博市中级人民法院（2015）淄民三终字第189号民事判决书

2. 案由：劳动争议纠纷

3. 当事人

原告（被上诉人）：王某、崔某

被告（上诉人）：保安公司

【基本案情】

某甲驾驶轿车与王某、崔某的亲属某乙驾驶的电动自行车相撞，两车损坏，某乙受伤。某乙被送医院经抢救无效死亡。交警部门认定某甲、某乙各负此事故的同等责任。后王某、崔某向劳动仲裁部门申请仲裁，请求裁决：确认某乙与保安公司存在劳动关系；保安公司支付拖欠某乙2013年3月至7月的工资差额1256元；保安公司退还某乙的工装费280元。仲裁裁决：保安公司向王某、崔某支付拖欠的某乙劳动报酬1256元；驳回王某、崔某的其他仲裁请求。王某、崔某不服诉至法院，请求判令确认某乙与被告存在劳动关系。保安公司辩称某乙与保安公司不存在劳动关系，其未向某乙收取工装费，但某乙的弟弟某丙曾经在其处工作。

一审庭审中，证人某丙明确表示保安公司提供的交接班记录中“某丙”的签字非其本人所写。

【案件焦点】

劳动者冒用他人身份入职的，其与用人单位之间是否成立劳动关系。

【法院裁判要旨】

山东省淄博市张店区人民法院经审理认为：王某、崔某提供的证据能够形成完整的证据链，并相互印证某乙（以某丙的身份）入职保安公司并向其提供劳动的事实；保安公司主张与某丙存在劳动关系，证据不足。故认定某乙（以某丙的身份）自 2013 年 3 月 7 日起与保安公司之间存在劳动关系。仲裁裁决保安公司向王某、崔某支付拖欠某乙的劳动报酬 1256 元，双方对此均未起诉，依法直接确认。

山东省淄博市张店区人民法院依照《中华人民共和国劳动合同法》第二条、第七条，《中华人民共和国民事诉讼法》第六十四条第一款之规定，判决如下：

一、确认某乙与保安公司存在劳动关系；

二、保安公司向原告王某、崔某支付拖欠某乙的劳动报酬 1256 元；

三、驳回王某、崔某的其他诉讼请求。

保安公司持原审答辩意见提起上诉。山东省淄博市中级人民法院经审理认为：事实劳动关系虽欠缺书面劳动合同要件，但其核心要素仍需用人单位与劳动者真实意思表示，双方合意一致，不能仅凭劳动者曾向用人单位提供过劳动这一客观状态简单认定双方之间存在事实劳动关系。某乙生前系冒用案外人某丙的身份信息到保安公司入职、提供劳动，且未签订书面劳动合同。因身份信息系用人单位与劳动者建立劳动关系的核心要素之一，某乙冒用他人身份信息入职的行为已影响用人单位的真实意思表示，对是否录用劳动者已产生混淆，该行为应属欺诈。故即使某乙生前曾为保安公司提供过劳动，双方之间的事实劳动关系仍应为自始当然无效。《中华人民共和国劳动合同法》第二十八条规定，劳动合同被确认无效，劳动者已付出劳动的，用人单位应当向劳动者支付劳动报酬。故保安公司应向某乙支付劳动报酬。双方对保安公司应支付王某、崔某劳动报酬差额1256元均未提出异议，依法予以确认。

山东省淄博市中级人民法院依照《中华人民共和国劳动合同法》第三条、第十条、第二十六条、第二十八条，《中华人民共和国民事诉讼法》第一百六十九条、第一百七十条第一款第二项、第一百七十五条之规定，判决如下：

一、维持一审判决第二项；

二、撤销一审判决第一项、第三项；

三、确认某乙与保安公司之间不存在劳动关系；

四、驳回王某、崔某的其他诉讼请求。

【法官后语】

本案涉及的核心问题在于，劳动者冒用他人身份入职的，劳动者与用人单位之间是否构成劳动关系。

本案中所出现的劳动者冒用他人身份入职的情形在司法实践中并不鲜见，原因亦各种各样，如身份证丢失、年龄歧视、犯罪前科等。对于劳动者冒用他人身份入职，劳动者与用人单位之间是否形成劳动关系，实践中存有争议。本案即较为典型。本案中死者某乙的亲属王某、崔某在劳动仲裁和一、二审中均主张并要求确认某乙与保安公司之间存在劳动关系，而本案一审虽然确认某乙与保安公司之间存在劳动关系，但二审经审理后认为某乙冒用他人身份信息入职的行为属于欺诈，即使某乙生前曾为保安公司提供过劳动，双方之间的事实劳动关系仍应为自始当然无效，故最终改判确认某乙与保安公司之间并不存在劳动关系。笔者认为二审对这一问题的认定是合理的，具体可以从以下几方面进行理解和把握：

1. 冒用他人身份入职的行为构成欺诈应属无效

劳动者到用人单位入职，其实就是双方订立劳动合同进而建立劳动关系的行为。对此法律规定劳动者和用人单位订立劳动合同应遵循合法、公平、平等自愿、协商一致、诚实信用的原则，并且劳动合同法第二十六条第一款第一项明确规定，以欺诈、胁迫的手段或乘人之危，使对方在违背真实意思的情况下订立或者变更劳动合同的，劳动合同无效或者部分无效。因此，劳动者到用人单位入职依法应当是双方合意一致且意思表达真实，这也是入职行为合法有效成立的核心要素。而用人单位在招录员工时通常会依据不同的岗位需求设定相应的招录条件，劳动者采取冒用他人身份信息入职会使用人单位因此对是否招录劳动者产生混淆和发生认识上的错误，进而影响用人单位对用人的真实意思表示。故在此情况下，劳动者冒用他人身份信息入职实际系以欺诈手段使用人单位在违背真实意思的情况下进行了招录及用工行为。根据劳动合同法第二十六条第一款第一项的规定，这种构成欺诈的入职行为应认定为无效行为，且依法应属自始无效。

2. 欺诈内容的影响力是认定劳动关系是否成立的关键

劳动者以欺诈手段入职的行为依法系无效行为，不过劳动合同法第二十八条也规定，“劳动合同被确认无效，劳动者已付出劳动的，用人单位应当向劳动者支付劳动报酬”。而其实冒用他人身份入职这种欺诈入职的行为虽系无效，但对于这种欺诈入职行为被确认无效后劳动关系是否成立的问题，现行法律法规并未涉及，司法实践中亦存有争议。有观点认为基于劳动关系的特殊属性，劳动力一旦付出，已经发生的人身从属关系便无法按照一般民事关系的处理方式恢复到之前的状态，因而从保护劳动者权益的角度出发，应当认定劳动者与用人单位之间存在事实劳动关系。笔者认为，司法实践中对此问题不能简单地采取这种“既成事实说”，而是应当如本案二审那样在认定时着重考量欺诈内容的影响力，即要考察欺诈是否实质性影响到了入职行为即双方订立劳动合同行为合法有效成立的核心要素。

如前所述，劳动者到用人单位的入职行为合法有效成立的核心要素依法应当是双方合意一致且意思表达真实，而不论双方订立的劳动合同是否为书面。在欺诈内容足以影响到双方达成合意，即影响到用人单位与劳动者在入职时的意思表示真实的情况下，受欺诈方对于双方订立劳动合同进而建立劳动关系的意愿即为不真实的。换句话说，如果受欺诈方在当时就能知晓事实真相，也就不会和对方达成订立劳动合同的合意，更不会愿意和对方形成劳动关系。例如，本案中的劳动者冒用他人身份入职的行为即是如此。这种情形下用人单位在招录时就对用工对象产生混淆并产生错误认识，进而产生对其而言意思表示不真实的用工行为，故依法应当认定双方不成立劳动关系。当然，劳动者已付出的劳动在事实上无法返还，因此只能以劳动报酬的形式予以“折价补偿”，如此处理也符合民法公平和等价有偿的基本原则。但这并不意味着双方存在劳动关系，更不能因此认定单位应承担劳动者劳动报酬之外的其他劳动法律责任。

3. 实际用工并非确认劳动关系的唯一标准

值得注意的是，劳动合同法第七条规定，用人单位自用工之日起即与劳动者建立劳动关系，不过该规定并不意味着用人单位对劳动者是否存在实际用工就是双方是否存在劳动关系的唯一标准。从立法初衷来看，该规定系针对实践中出现的书面劳动合同订立日期与实际用工日期多不同步、存有偏差等情况而作出，有利于法院在劳动合同订立日期与实际用工日期不一致情形下准确认定用人单位与劳动者建立劳动关系的起始日期。但该规定并不意味着建立劳动关系就不需要劳动者与用人单位双方达成合意且意思表示真实这一核心要素。故不能仅凭劳动者曾向用人单位提供过劳动这一客观状态而简单地认定双方之间存在事实劳动关系。

编写人：山东省淄博市中级人民法院　荣明潇

037 劳务关系与劳动关系的区分认定

——钱某诉建筑公司等劳务合同案

【案件基本信息】

1. 裁判书字号

天津市第二中级人民法院（2015）二中速民终字第 0662 号民事判决书

2. 案由：劳务合同纠纷

3. 当事人

原告（上诉人）：钱某

被告（被上诉人）：建筑公司、某航务局、道路工程公司

【基本案情】

2007年4月1日，A国政府与道路工程公司签署了《工程实施合同》，约定由道路工程公司承建某港口扩改建项目工程。2009年1月19日，道路工程公司与某航务局签订《A国某港口扩改建工程项目施工合作协议》，约定道路工程公司将该项目部分工程发包给某航务局。2010年6月15日，某航务局与建筑公司签订《建设工程施工劳务分包合同》，约定某航务局将部分工程的劳务分包给建筑公司。其后，钱某与建筑公司签订了《建筑公司境外员工劳务协议书》，协议期限约定为无固定期限，从2012年5月15日开始，至工程完工止。劳动岗位约定为甲方安排乙方从事工作，乙方应完成甲方合理分配的生产任务。劳动报酬约定为四种标准：工作时间满三个月，工资按每天50元计，且公司不负责出工往返机票和护照办理的费用；工作时间满六个月，工资按每天70元计，且公司不负责出工往返机票和护照办理的费用；工作时间满一年，工资按每天100元计，出国往返费用和护照办理费用由公司负责；工作时间满整个工程工期，工资按每天150元计，出国往返费用和护照办理费用由公司负责，且按出勤天数每天另加10元至50元奖金；另有社会保险、福利待遇、劳动纪律、劳动保护等条款。协议的解除、变更、终止约定为以完成一定的工作为期限的劳动协议，工作完成劳动协议终止。

2012年5月15日，钱某前往A国某港口施工工地工作。2013年

5月17日，钱某从该工地回国。钱某在该港口工作期间，依照建筑公司考勤表的记录，出勤天数为326天，建筑公司共给付其工资劳动报酬人民币91500元，其中以向其国内银行卡转账方式给付人民币79900元，以在某港口工地预支劳动报酬方式给付人民币11600元。2013年12月16日，钱某等18人以建筑公司、某航务局、道路工程公司为被申请人向宁河区劳动人事争议仲裁委员会提起劳动仲裁申请，请求解除劳动关系并由对方支付加班费、待岗期间的生活费、经济补偿金等，并由对方补缴社会保险。2014年9月28日，该仲裁委裁决：驳回申请人的全部仲裁请求。钱某不服该仲裁裁决书，以建筑公司、某航务局及道路工程公司为被告提起诉讼。

被告建筑公司认为，其具备相关劳务分包资质，某航务局与建筑公司签订的《建设工程施工劳务分包合同》合法有效。被告某航务局与被告道路工程公司均认为，原告与建筑公司签订的劳务协议合法有效，原告应向被告建筑公司主张权利，二被告均具备相应资质，要求其承担责任无事实与法律依据。

【案件焦点】

原告钱某与被告建筑公司之间形成劳务关系还是劳动关系。

【法院裁判要旨】

天津市宁河区人民法院经审理认为：原告钱某与被告建筑公司签订了《建筑公司境外员工劳务协议书》。第一，协议名称为劳务协议，双方在签订协议时对协议性质知晓且无异议；第二，该协议为无固定期限，系为完成特定工程而签订，工程完工后协议自然解除，而非建筑公司将钱某招录为员工，双方签订无固定期限劳动合同，合同解除需依法定程序；第三，协议约定由建筑公司按照原告出工天数计算劳动报酬，采取在施工工地预付和不定期向原告国内银行卡汇款两种方式，不存在劳动关系中通常按工时计薪并按月支付的情形；第四，劳务协议内容体现出建筑公司对于钱某等境外工作者在工作时间上管理的松散性和在法律关系上的平等性，双方之间并无隶属关系，只是由劳动者提供劳务，用人单位支付劳务报酬；第五，某航务局与建筑公司签订的是劳务分包合同，而建筑公司与钱某等人签订的也是劳务协议，可以认定该工程具有向境外输出劳务的性质。因此，原告钱某与被告建筑公司之间形成的法律关系应认定为劳务关系，而非劳动关系。2013 年 5 月 16 日，建筑公司安排钱某回国，并于其后结算了劳动报酬，钱某与建筑公司之间的劳务合同关系应视为自行终止。

天津市宁河区人民法院依据《最高人民法院关于审理劳动争议案件适用法律若干问题的解释（二）》第十一条，《中华人民共和国合同法》第六十条第一款，《最高人民法院关于民事诉讼证据的若干规定》第二条的规定，作出如下判决：

一、确认钱某与建筑公司之间的劳务合同关系已于 2013 年 5 月 17 日终止。

二、驳回钱某的诉讼请求。

钱某持原审起诉意见提起上诉。天津市第二中级人民法院经审理认为：本案双方当事人争议的关键问题为上诉人与被上诉人建筑公司基于《建筑公司境外员工劳务协议书》所建立的关系应如何认定。双方当事人签订的协议书名称为“劳务协议书”，签订时双方并无异议，且签订后该协议亦已实际履行，故上诉人主张与被上诉人建筑公司之间系劳动关系而非劳务关系，还需进一步举证证明双方之间实际关系符合劳动关系成立的要件。现根据双方提供的证据及本案协议书履行情况来看，虽被上诉人建筑公司与上诉人之间存在一定的管理关系，但更偏重对上诉人提供劳务的安排和督促，双方当事人系平等的民事主体，并不具有身份上的隶属和依附性。从协议内容来看，双方约定协议期限为无固定期限自签订合同至工程完工止，是以完成一定的工作内容为目的的协议。且劳动报酬计付是以劳动者在施工处工作期间为标准按日计算劳动报酬及相关费用，即劳动者有权在工程完工前终止协议履行，故上诉人提供的劳务具有临时性，并不符合劳动关系中双方都具有的保持长期、持续、稳定工作关系的情形。从双方劳动报酬支付情况看，工资支付方式为施工工地预付和不定期向上诉人国内银行卡汇款，与劳动关系中按月支付、按工时计薪方式亦不相符。综上，原审法院认定上诉人与被上诉人建筑公司之间形成劳务关系并无不妥。由此，上诉人主张的解除双方劳动关系、支付待岗期间生活费、经济补偿金、补缴社会保险等诉讼请求，缺乏依据，原审法院所作处理并无不当。

天津市第二中级人民法院依照《中华人民共和国民事诉讼法》第一百七十条第一款第一项之规定，作出如下判决：

驳回上诉，维持原判。

【法官后语】

本案审理的重点在于劳动关系与劳务关系的区分认定。法官在审理时必须综合案件事实重点考量以下因素进行判断：

第一，合同名称。虽然合同名称仅为表征，但是在一定程度上可彰显合同性质及内容，因此，不能忽略合同名称的重要作用。

第二，合同双方主体地位。劳动关系中双方处于不平等地位，存在明显的隶属关系，具有身份上的隶属和依附性；而劳务关系中双方地位平等，并无明显的隶属关系。对此应结合主体性质、工作时间、工作内容、工作纪律等进行考量。

第三，合同约定的工作内容。劳动关系中工作内容通常较为详细，包括岗位、职责、任务、标准等；而劳务关系中工作内容较为简单，通常为提供单纯的劳动力。

第四，合同期限。劳动关系的期限分为固定期限、无固定期限和以完成一定工作任务为期限，但在实践中多为固定期限；而劳务关系的期限则完全由双方当事人约定。

第五，劳动报酬的计算标准与支付方式。劳动关系中劳动报酬多为按工时计算并按月支付，还必须符合最低工资标准；而劳务关系中劳动报酬的计算标准与支付方式完全取决于双方当事人的约定。

第六，合同解除、终止的条件与法律后果。劳动关系中劳动合同解除与终止的条件除当事人协商一致外，均有法律的明文规定，用人单位在特定情形下还必须向劳动者支付经济补偿金与赔偿金；而劳务关系中合同解除、终止的条件与法律后果完全由双方当事人约定，并无法律的强制性约束。

本案中，合同名称为劳务协议书，已在一定程度上彰显其劳务合同的性质；合同双方主体系平等的民事主体，并不具有身份上的隶属和依附性；合同约定的工作内容较为简单，为在境外港口施工工地工作，在境外为建筑公司提供劳务；合同期限为无固定期限，自签订合同至工程完工止，是以完成一定的工作内容为目的；劳动报酬以实际工作时间计算，并实行预付与不定期汇款相结合的支付方式。原审法院与二审法院均结合以上因素进行判断，确认双方之间存在劳务关系而非劳动关系。

编写人：天津市第三中级人民法院　马伟杰

天津市高级人民法院　张涛

038　如何区分承揽关系与劳动关系

——实业公司诉魏某确认劳动关系案

【案件基本信息】

1. 裁判书字号

新疆维吾尔自治区昌吉回族自治州（2015）昌中民一终字第356号民事判决书

2. 案由：确认劳动关系纠纷

3. 当事人

原告（上诉人）：实业公司

被告（被上诉人）：魏某

【基本案情】

被告魏某之夫梁某在原告实业公司管理的某小区从事绿化工作，原告为其指定工作区域和工作时间，并按月发放工资2100元。2014年4月30日15时25分许，梁某在昌吉市中山路与南公园西路交叉路口发生交通事故死亡。2014年5月4日，原告出具证明一份，载明“兹有梁某于2013年6月8日至2013年11月10日入职我公司从事季节性绿化工作，2014年4月17日入职继续从事季节性绿化工。本公司在此期间按月发放劳动报酬，每月2100元整”。后被告魏某向昌吉回族自治州劳动人事争议仲裁委员会申请仲裁，请求确认梁某与实业公司之间存在劳动关系。2014年12月15日，该仲裁委员会裁决梁某与实业公司之间存在劳动关系。实业公司不服该仲裁裁决，认为梁某与原告之间未签订过任何劳动合同，双方是按月承包、按月付酬的绿化工程承包关系，证明系出于同情为便于被告获得交通事故赔偿款而出具，不能证实双方是劳动关系，遂诉至法院。

【案件焦点】

本案被告魏某的丈夫梁某与原告实业公司是承揽关系还是劳动关系。

【法院裁判要旨】

新疆维吾尔自治区昌吉市人民法院经审理后认为：用人单位自用工之日起即与劳动者建立劳动关系，双方应当签订书面劳动合同，明确双方的权利和义务，但是否签订了书面劳动合同并不是判断劳动关系存在与否的唯一依据。本案原告对梁某在实业公司从事绿化浇水工作的事实并无异议，但以双方系按月承包、按月付酬的承包关系为由主张双方不存在劳动关系。本案原告实业公司具备用工主体资格，梁某符合劳动者主体资格，从事原告安排的劳动，原告按月支付劳动报酬，且梁某提供的绿化浇水劳动属于原告实业公司的业务组成部分，双方虽未签订书面劳动合同，但符合劳动关系成立的构成要件，双方已形成事实上的劳动关系，对此，原告也于2014年5月4日以出具证明的形式予以追认。现原告主张双方系承包关系，但未提供充分的证据予以证实，其主张不能成立。故，对原告要求确认其与梁某之间不存在劳动关系的请求，本院不予支持。

新疆维吾尔自治区昌吉市人民法院依据《中华人民共和国民事诉讼法》第六十四条第一款、《中华人民共和国劳动合同法》第七条之规定，作出如下判决：

原告实业公司与梁某之间存在劳动关系。

实业公司不服，持原审起诉意见提起上诉。新疆维吾尔自治区昌吉回族自治州中级人民法院经审理认为：按照《中华人民共和国劳动合同法》的规定，用人单位自用工之日起即与劳动者建立劳动关系。本案被上诉人魏某的丈夫梁某从事的绿化浇水工作属于上诉人的业务组成部分，上诉人按月向梁某支付劳动报酬，双方虽未签订书面劳动合同，但已形成事实上的劳动关系。故上诉人实业公司的上诉请求没有法律依据，本院不予支持。

新疆维吾尔自治区昌吉回族自治州中级人民法院依照《中华人民共和国民事诉讼法》第一百七十条第一款第一项之规定，作出如下判决：

驳回上诉，维持原判。

【法官后语】

劳动关系是指用人单位招用劳动者为其成员，劳动者在用人单位的管理下提供有报酬的劳动而产生的权利义务关系。根据劳动合同法第七条的规定，用人单位自用工之日起即与劳动者建立劳动关系，这说明建立劳动关系的本质特征在于劳动者与用人单位之间存在管理与被管理的人身隶属关系，劳动者提供劳动的实质性标准是劳动者实际提供劳动的具体内容、方式、劳动时间等劳动过程均服从和接受用人单位的监督管理，而书面的劳动合同并不是判断双方是否建立劳动关系的实质性标准。原告实业公司所指承包关系，实质上是承揽合同关系，即在承揽关系中，承揽人虽然也是根据定作人的指示要求完成一定的工作任务，但承揽人在完成承揽工作时具有独立性，其完成工作的具体方式方法由承揽人自主决定，不受定作人的监督管理，其只需按约定向定作人交付工作成果，定作人给付报酬的经济关系。两者的共同之处在于都基于当事人的合意，在内容上都属于一方向另一方提供劳务，由另一方给付报酬的合同关系，亦均为双务有偿、继续性和诺成性的协议。尽管两种关系具有相近性，但两者有实质性的区别，可从以下方面进行辨别：

1. 标的不同

劳动关系中，标的是“劳动力”，表现为体力劳动或者脑力劳动，劳动力的直接载体是劳动者，强调的是劳动过程且与劳动者不可分割，劳动者不能将其工作任务交给他人完成。而承揽关系中，标的是“工作成果”，表现为以一定“物”的形式存在和感知的具体成果，可与劳动者相对分离，承揽人可以将其承揽的主要工作交由第三人完成。

2. 主体地位不同

劳动关系中的劳动者与用人单位之间具有人格和经济上的从属性，劳动者必须接受用人单位的劳动管理和制度约束，具有服从指挥、听从安排的义务，其提供劳务的方式、时间等往往不能自己决定，独立性较弱；而承揽关系中的承揽人与定作人是两个独立的民事主体，彼此之间不存在任何隶属关系，承揽人可以自行支配工作时间，并以自己的设备负担危险责任，纯粹属于两个民事主体之间的经济交换关系，在承揽关系中，承揽人向定作人交付的是劳动成果，而非承揽人自身的劳动。

3. 主体资格不同。劳动关系具有严格的用工主体要求，即劳动关系的一方是国家机关、事业单位、社会团体、企业法人以及其他社会组织等用人单位，而另一方则是劳动者个人；而承揽关系的双方当事人一般为自然人，如装卸工、修理工等，也包含法人及其他组织。主体的特定性为实践中正确区分劳动关系与承揽关系提供了明确的标准。

4. 合同目的不同

劳动合同以直接提供劳务为目的；而承揽合同则是以完成工作成果为目的，提供劳务仅仅是完成工作成果的手段。

5. 劳动报酬支付方式不同

劳动关系中，用人单位按月向劳动者支付劳动报酬，其依据来源于法定，即《中华人民共和国劳动法》第五十条“工资应当以货币形式按月支付给劳动者本人”之规定。而承揽关系中，定作人向承揽人支付报酬，其依据来源于双方约定一般以计件为主，即在承揽方交付工作成果后，定作方及时支付工作报酬，双方体现的是一种即时结清的债的关系。

6. 国家干预的程度不同

劳动关系虽然建立在用人单位与劳动者合意基础上，但当事人之间合意的内容不得违反劳动法的强制性规定，否则约定的内容无效，而且劳动关系中的一些权利义务不允许当事人进行自由协商，即国家公权力干预的程度比较大；而承揽关系的当事人完全体现合同自由原则，权利义务完全由当事人意思自治来决定，当事人之间具有充分的自由约定空间，除非当事人约定的内容违反法律的强制性规定，国家一般不加干预。

7. 工作瑕疵责任承担不同

承揽人以自己的设备、技术和专业知识独立完成劳务，其风险均由自己负担，在承揽活动中造成人身损害的，除非定作人在选任、监督和指示上具有过失，否则均由承揽人自身承担赔偿责任；而劳动关系中，劳动者在劳动过程中遭受损害的，应当按照工伤保险法律的规定，由社会保险经办机构和用人单位承担劳动者的工伤保险责任。

8. 法律调整机制不同

劳动关系适用劳动法律规范加以调整，劳动关系运行中产生的争议需要依照先裁后审的纠纷解决机制予以处理；而承揽关系属于一般的民事法律关系，适用民事法律规范加以调整，因履行承揽合同产生的争议可以直接向人民法院起诉。

从以上方面分析，本案双方的关系应认定为劳动关系。另外，实业公司作为物业公司，对小区进行绿化管理是其主要业务内容，单纯就此业务来说，公司注重的是绿化后的工作成果，因此，物业公司可进行劳动外包。但从平衡各方权益的角度来看，应将承包对象限定在具备用工主体资格的单位范围之内。因为如果允许物业公司将自己的主要业务如绿化、保洁、安保等工作分别对外承包给自然人，由接受承包的自然人完成物业公司对小区居民应承担的义务，无疑会助长物业公司规避用人单位责任，不利于劳动者权益的保护。

编写人：新疆维吾尔自治区昌吉市人民法院　闫丽霞

039 关于厂商、销售员与超市、商场三者之间劳动关系的认定

——章某诉某超市加盟店、李乙确认劳动关系案

【案件基本信息】

1. 裁判书字号

江苏省淮安市中级人民法院（2013）淮中民终字第1340号民事判决书

2. 案由：确认劳动关系纠纷

3. 当事人

原告（上诉人）：章某

被告（被上诉人）：某超市加盟店（业主李甲）、李乙

【基本案情】

2011年12月7日，淮安工商行政管理局淮安分局经核准向经营者李甲颁发字号名称为“某超市加盟店”个体工商户营业执照，执照有效期限自2011年10月10日至2015年10月10日。

2011年8月24日，淮安工商行政管理局清河分局经核准向经营者李乙颁发字号名称为“某化妆品经营部”个体工商户营业执照，执照有效期限自2011年8月24日至2015年8月23日。2012年12月20日，淮安工商行政管理局清河分局经李乙申请，向李乙颁发《个体工商户准许注销登记通知书》。

2011年8月9日，甲方某超市加盟店与乙方某化妆品经营部签订协议一份，双方约定：乙方买断甲方洗化促销导购权，全年销

售33万元，乙方付促销导购买断费10万元。合同期限自2011年9月至2012年9月（具体时间以开业日期为准）。促销人员的工资直接由乙方负责，服从甲方的规章制度，若促销人员水平有限，不能给乙方带来经济效益，乙方有权更换促销（人员）。协议约定的期限内，甲方保证不得上其他厂商促销员，只上乙方促销员。如有一方违反协议约定，承担2万元违约金。协议由甲乙双方签字盖章。

2011年9月17日，原告经被告某超市加盟店招聘，于2011年9月27日至该店从事化妆品促销工作，约定月工资900元，双方未签订书面劳动合同。原告章某2011年10月、11月的基本工资分别由某化妆品经营部业主李乙直接支付。被告某超市加盟店提供的2011年10月、11月《员工工资明细表》中分别记载：章某考勤50元、考绩80元、加班30元、实发160元。

2011年12月11日20时15分，原告因交通事故受伤住院治疗。原告于2012年11月9日提起诉讼，主张交通事故赔偿责任，本院于2013年1月21日依法作出（2012）淮法席民初字第0514号民事判决书。

2012年7月，原告向本区劳动人事争议仲裁委员会申请劳动仲裁。2013年4月11日，本区劳动人事争议仲裁委员会作出淮劳仲案字〔2012〕第107号仲裁决定书，终结审理。原告遂诉至法院。

【案件焦点】

原告章某与被告李乙、某超市加盟店是否存在劳动关系。

【法院裁判要旨】

江苏省淮安市淮安区人民法院经审理认为：某化妆品经营部与原告章某之间存在劳动关系。理由如下：两被告签订协议，约定某化妆品经营部买断被告某超市加盟店的洗化促销导购权，促销人员的工资直接由某化妆品经营部负责，服从某超市加盟店的规章制度，若促销人员水平有限，不能给某化妆品经营部带来经济效益，某化妆品经营部有权更换促销人员。某化妆品经营部按月发放原告章某工资，原告章某在被告某超市加盟店为某化妆品经营部进行产品促销工作。被告某超市加盟店对在其卖场从事某化妆品经营部产品促销人员的管理，不属于劳动法意义上的管理。原告章某与被告某超市加盟店及某化妆品经营部间均未签订劳动合同，故原告章某与某化妆品经营部之间形成事实劳动关系，证据充分，应予认定。

劳动者与起有字号的个体工商户产生的劳动争议诉讼，应以营业执照上登记的字号为当事人。某化妆品经营部系个体工商户，由被告李乙注册登记，现已经由业主被告李乙申请注销，故某化妆品经营部应承担的民事责任应由被告李乙承担。

江苏省淮安市淮安区人民法院根据《中华人民共和国劳动法》第十六条，《中华人民共和国劳动合同法》第七条，《最高人民法院关于审理劳动争议案件适用法律若干问题的解释（二）》第九条之规定，判决：

一、确认原告章某与某化妆品经营部存在事实劳动关系；

二、驳回原告章某的其他诉讼请求。

原告不服，提起上诉。江苏省淮安市中级人民法院经审理认为：认定劳动关系必须采取综合认定的方法，即劳动关系应该根据劳动者是否实际接受用人单位的管理、指挥或监督，劳动者提供的劳动是否是用人单位业务的组成部分，用人单位是否向劳动者提供基本劳动条件以及是否向劳动者支付报酬等因素综合认定。

本案中，被告某超市加盟店与原告章某之间存在劳动关系。理由如下：1. 被告某超市加盟店认可2011年9月17日，上诉人章某经其招聘，于2011年9月27日至超市从事化妆品促销工作，口头约定月工资900元。2. 被告某超市加盟店提供的2011年10月、11月《员工工资明细表》中分别记载：章某考勤50元、考绩80元、加班30元、实发160元。证明上诉人章某不仅从被告李乙处领取基本工资，还从被告某超市加盟店领取考绩和加班工资，并接受某超市加盟店管理考核。3. 被告某超市加盟店与李乙之间签订的协议第三条约定，某化妆品经营部的促销人员不准私自促销其他商品，如有这种现象，被告某超市加盟店将扣除其所有工资，进一步证明原告章某还受被告某超市加盟店的监督、管理。虽然某超市加盟店与李乙之间协议约定，章某的工资直接由李乙负责，但该协议仅是某超市加盟店与李乙的约定，并不能以此证明李乙与原告章某之间存在劳动关系。4. 被告李乙买断被告某超市加盟店的化妆品柜台，被告某超市加盟店亦从中受益，原告的工作场所仍然是被告某超市加盟店提供。

江苏省淮安市中级人民法院根据《中华人民共和国民事诉讼法》第一百七十条第一款第二项之规定，判决如下：

一、撤销一审判决第一项；

二、维持一审判决第二项；

三、确认上诉人章某与被上诉人某超市加盟店之间存在劳动关系。

【法官后语】

原、被告之间的劳动关系并非传统意义上的劳动关系，关于厂商、销售员与超市、商场之间的法律关系及法律适用，现行法律没有明确定义。一、二审法院根据各自的理论观点作出了不同的认定。

一般认为，“非标准劳动关系”是在非常规下，劳动者和一个用人单位或多个用工单位自由建立的劳动关系，是相互之间约定的一种工作时间不定、工作地点不定、工作方式不定、工作薪水不定的用工关系。

“非标准劳动关系”的特征可概括为“三分”与“三合”。“三分”是指：劳动关系与工作场所分离，劳动关系与持续性工作分离，劳动关系中雇用与使用分离。“三合”是指：劳动关系与经营关系重合，劳动关系与服务关系重合，劳动关系与劳动关系重合。

虽然“非标准劳动关系”是在市场经济快速发展，就业形势日益严峻的大背景下产生并发展起来的产物，但也是从传统劳动关系演变出来的，所以传统劳动关系特有的“从属性”在“非标准劳动关系”中虽然减弱，但仍然存在。从属性是劳动关系的特有属性，既是考量是否属于实际用工的因素，也是认定劳动关系的标准。从属性包括人格从属性、经济从属性、组织从属性。从属性可以通过某些特定的形式外化。一般来说，在传统劳动关系中，“人格从属性”与“组织从属性”高度重合。用人单位对劳动者在特定生产场所、劳动方式、组织规则方面的控制形成标准的劳动关系，进行面对面管理和监督，劳动者必须接受和服从，而且必须遵守用人单位的各种规章制度。“经济从属性”表现为劳动者从用人单位直接领取劳动报酬，劳动者付出劳动是用人单位业务的组成部分。

本案中，原告章某系由被告某超市加盟店招聘，但劳动成果

（销售产品及业绩）归属于被告李乙（某化妆品经营部）。原告章某的薪酬收入来源于被告某超市加盟店（支付考勤、考绩、加班）和李乙（支付基本工资）。被告某超市加盟店对原告章某的日常工作具有管理指挥权，被告李乙对原告章某具有更换的权利。考量本案原告章某与两被告的关系，原告章某与被告某超市加盟店劳动关系从属性特征更为明显。

编写人：江苏省淮安市淮安区人民法院　陶文花

040　如何甄别关联企业是否混淆劳动关系

——某研究所诉朱某、教育图书公司劳动争议案

【案件基本信息】

1. 裁判书字号

北京市第一中级人民法院（2013）一中民终字第4889号民事判决书

2. 案由：劳动争议纠纷

3. 当事人

原告（上诉人）：某研究所

被告（被上诉人）：朱某、教育图书公司

【基本案情】

朱某称其于2007年8月1日入职某研究所，该所委托教育图书公司与其签订了两份劳动合同，工资通过银行转账方式发放，奖金及其他款项从某研究所财务处领取，其离职前12个月平均工资为4048元，2012年3月29日某研究所无故解除与朱某的劳动

合同，朱某在岗工作至2012年4月9日。故朱某以要求某研究所支付违法解除劳动合同赔偿金、工资、待通知金、加班工资、未休年假工资等为由向北京市海淀区劳动人事争议仲裁委员会提出申诉。仲裁委裁决如下：1. 某研究所向朱某支付解除劳动合同经济补偿金40480元；2. 驳回朱某的其他申请请求。

某研究所不服仲裁裁决，在法定期限内向法院起诉，要求确认本单位与朱某之间不存在劳动关系，某研究所无须向朱某支付解除劳动合同经济补偿金40480元。

朱某为证明与某研究所存在劳动关系，向法院提交了工作证、暂住证、营业室十一期间值班安排表、收入证明、终止劳动合同通知书、两份劳动合同及委托书等证据。工作证中加盖有某研究所的钢印，显示朱某为某研究所的员工；暂住证显示朱某的现服务住所为某研究所。

某研究所对工作证、暂住证的真实性无异议，其称某研究所负责教材的编著，教育图书公司负责教材的发行，两家公司之间存在业务联系，并且在同一楼层办公，为了门禁管理方便，故以某研究所的名义为朱某办理了工作证和暂住证。营业室十一期间值班安排表（有朱某的名字）、收入证明、终止劳动合同通知书均加盖有某研究所的印章。某研究所对于值班安排表、收入证明、终止劳动合同通知书中印章的真实性无异议，但对上述证据的内容不予认可，其称不知道上述文件中的印章是如何加盖的，单位并未为朱某出具过上述文件。委托书是某研究所于2007年8月1日出具，载明某研究所委托教育图书公司与朱某签订劳动合同。某研究所和教育图书公司对于劳动合同的真实性予以认可，两家单位均表示某研究所未委托教育图书公司与朱某签订劳动合同，委托书并非某研究所出具。

教育图书公司认可其与朱某存在劳动关系，为此提交了2012年3月及4月朱某的考勤记录、社保缴费证明、银行发放工资入账清单、工资表、朱某签收工资的收条、解除劳动合同通知、报纸公告及快递单等证据。考勤记录、工资表都是系单位自制打印件，朱某不认可其真实性；社保缴费记录显示教育图书公司为朱某缴纳了2012年1月至4月的社会保险，银行发放工资入账清单记载2012年4月19日、2012年5月18日向朱某发放工资。朱某认可上述两份证据的真实性，其表示2012年4月其已经与某研究所发生劳动纠纷，故不认可两份证据的证明目的。收条显示朱某每月签领奖金、社保福利费、奖励提成、各种补贴、工资及绩效工资，但收条中并无发放款项单位的显示，朱某表示上述款项系其每月到某研究所财务处领取。解除劳动合同落款时间为2012年4月25日，朱某称某研究所在2012年3月29日就已通知其解除劳动关系，2012年4月13日，其已向仲裁委员会申请仲裁，故教育图书公司对其作出的解除劳动合同决定不具有法律效力。

另查，某研究所与教育图书公司的办公地点位于同一楼层，两公司之间存在业务往来，两公司法定代表人之间系姐弟关系。

【案件焦点】

被告朱某到底与哪一家单位存在劳动关系。

【法院裁判要旨】

北京市海淀区人民法院经审理认为：教育图书公司提交的考勤记录、社保缴费证明、银行发放工资入账清单、工资表、收条等证据，不能证明教育图书公司对朱某进行考勤管理和工资发放。虽然社保缴费记录显示教育图书公司为朱某缴纳了4个月的社会保险，但仅根据4个月的社会保险缴费情况，法院不能认定朱某与教育图书公司存在劳动关系。相反，朱某所提交证据的证明力明显高于教育图书公司所提交的证据，上述证据足以证明朱某为某研究所工作，某研究所对朱某进行劳动管理的事实，故法院依法确认朱某2007年8月1日至2012年4月9日期间与某研究所存在劳动关系。现某研究所未向法院举证证明其于2012年3月29日通知朱某解除劳动关系符合法律规定，故该解除行为属于违法解除劳动关系。

北京市海淀区人民法院依据《中华人民共和国劳动合同法》第四十八条、第八十七条之规定，判决如下：

一、某研究所于判决生效之日起七日内向朱某支付违法解除劳动关系赔偿金40480元；

二、驳回某研究所的全部诉讼请求。

某研究所持原审起诉意见提起上诉。北京市第一中级人民法院经审理认为：朱某主张其与某研究所存在劳动关系，提交了委托书、工作证、收入证明、终止劳动合同通知书、值班安排表等证据加以证明，上述证据显示的用人单位名称均系某研究所，且均加盖有某研究所的印章，而某研究所不能就此作出合理解释。因此，上述证据可以证明朱某与某研究所存在劳动关系。虽然教育图书公司认可其与朱某存在劳动关系，且提交社会保险缴费证明等证据加以证明，但是考勤记录系教育图书公司单方制作文件，收条中未显示发放款项的单位名称，银行发放工资入账清单记载的工资支付时间在朱某就离职问题与单位产生争议之后，而4个月社会保险缴费情况不能单独作为认定劳动关系的依据。加之，某研究所与教育图书公司在同一楼层办公，法定代表人有亲属关系，故教育图书公司关于与朱某存在劳动关系的主张，不予采信。故某研究所关于朱某与教育图书公司存在劳动关系的上诉意见，不予采纳。

北京市第一中级人民法院依据《中华人民共和国民事诉讼法》第一百七十条第一款第一项之规定，判决如下：

驳回上诉，维持原判。

【法官后语】

这是一起典型的关联企业之间混淆劳动关系的劳动争议案件，关联企业之间混淆劳动关系的目的是逃避相关的法律责任。

审理此类案件，我们通常把握以下三个方面：

1. 查实两家用人单位是否存在关联关系

考虑到劳动争议案件当事人地位不平等，这里所说的关联关系比公司法所规定的关联关系范围略大一些，除了公司法所规定的公司控股股东、实际控制人、董事、监事、高级管理人员与其直接或者间接控制的企业之间的关系，以及可能导致公司利益转移的其他关系，还应当考虑法定代表人是否为近亲属关系，办公场所是否在一起，是否存在混同用工的情形等因素。某研究所与教育图书公司的办公地点位于同一楼层，两公司之间存在业务往来，两公司法定代表人之间系姐弟关系。上述两家用人单位毫无疑问具有关联关系。

2. 注重事实调查，一些表面证据例如书面劳动合同、社会保险缴纳证据不能作为认定劳动关系的唯一依据

一些用人单位为了逃避法律责任，往往签订书面劳动合同、发放工资和缴纳社会保险分属不同单位，为认定劳动关系设置障碍，造成劳动者并不知道具体哪家单位与其签订劳动合同、为其缴纳社会保险，最终导致劳动者维权困难。所以，不能仅凭书面劳动合同或社会保险缴纳证据来认定劳动关系，要从劳动关系具有人身依附性的角度出发，更多地审查劳动者为谁提供劳动，谁对其进行劳动管理。朱某提交的大量证据均可以证明朱某为某研究所提供劳动，某研究所对其进行劳动管理（如安排值班）的事实。

3. 从有利于保护劳动者权益的角度出发，优先考虑劳动者向谁主张，减少劳动者的诉讼成本

关联企业混淆劳动关系，通常有两个目的：一是逃避法律责任；二是拖延诉讼。朱某认为某研究所是其用人单位，选择该公司作为被申请人向劳动仲裁部门提起仲裁申请，在此之后，教育图书公司才作出了一系列针对朱某的解除劳动合同的行为。某研究所否认劳动关系，教育图书公司认可劳动关系，有拖延诉讼之嫌。更重要的是，朱某主张某研究所违法解除劳动合同，并持有该研究所2012年3月29日的终止劳动合同书。因此，认定朱某与某研究所存在劳动关系，更有利于保护朱某的合法权益。

编写人：北京市第一中级人民法院　刘芳

041 内退员工能否与其他用人单位建立双重劳动关系

——陆某诉某小学劳动争议案

【案件基本信息】

1. 裁判书字号

北京市第二中级人民法院（2012）二中民终字第14521号民事判决书

2. 案由：劳动争议纠纷

3. 当事人

原告（被上诉人）：陆某

被告（上诉人）：某小学

【基本案情】

陆某系下岗待业人员，其于2011年3月16日入职某小学，双方签订有期限为2011年1月1日至同年12月31日的《协议书》一份，约定用人单位为某小学（甲方），被聘人员为陆某（乙方）；乙方严格遵守学校的各项规章制度，服从学校领导管理和听从指挥；月工资为1160元；双方还约定了其他事项。该协议书到期后，陆某继续在某小学工作。2012年1月31日，因陆某与某小学其他职工发生争执，某小学向陆某提出解除劳动关系，陆某同意后离职。陆某任职某小学期间，其原用人单位仍每月支付其基本生活费，并为其缴纳社会保险费用。

诉讼中，某小学主张其与陆某之间系劳务关系，其单位在雇用陆某时明确向陆某说明因其和原单位尚存劳动关系，故约定工作方式为上班24小时休息24小时，不区分节假日，劳务费按月固定发放。陆某对某小学的陈述不予认可，称其与某小学之间为劳动关系，某小学应支付其节假日加班费及延时加班费。

【案件焦点】

陆某作为下岗待业人员，在其与原单位之间的劳动关系并未终止的情况下，能否与新的用人单位建立劳动关系。

【法院裁判要旨】

北京市通州区人民法院经审理认为：劳动者的合法权益受法律保护；企业下岗待岗人员因与新的用人单位发生用工争议，应当按劳动关系处理。根据本案查明的事实，路某系下岗人员，其为某小学提供劳动，某小学支付报酬，双方已经形成了劳动关系，最终基于双方存在劳动关系，判决：

某小学支付路某未签劳动合同双倍工资差额1160元、解除劳动关系经济补偿1160元及法定节假日加班工资533元。

一审判决后，某小学以双方之间不存在劳动关系为由提起上诉。北京市第二中级人民法院经审理认为：关于某小学与陆某之间是否存在劳动关系一节，某小学主张陆某因系下岗待业人员而与原单位的劳动关系尚未解除，且其单位与陆某签订有劳务协议书，故双方不存在劳动关系。但企业停薪留职人员、未达到法定退休年龄的内退人员、下岗待岗人员以及企业经营性停产放长假人员，因与新的用人单位发生用工争议，依法向人民法院提起诉讼的，人民法院应当按劳动关系处理。故陆某的下岗待业人员身份并不必然妨碍其与某小学之间劳动关系的建立。结合《协议书》中约定的陆某接受某小学管理并遵循各项规章制度以及陆某提供劳动的作息规律等因素，足以判断出某小学与陆某之间具有管理和被管理性质上的人身隶属关系，且陆某在某小学安排下所提供的有报酬的劳动系某小学日常工作能够正常运转的必要组成部分。原审法院确认某小学与陆某之间形成劳动关系，并无不当。最终判决：

驳回上诉，维持原判。

【法官后语】

陆某作为下岗职工与新的工作单位某小学之间是否存在劳动关系，是本案诉争的首要问题。若双方存在劳动关系，则进一步根据有关规定解决未签订书面劳动合同双倍工资差额、解除劳动关系经济补偿金和加班费问题。

陆某与某小学之间是否存在劳动关系，涉及双重劳动关系的认定。

一种观点认为：我国劳动法律法规虽然没有具体的条款规定劳动关系存在唯一性和排他性，但是由于劳动关系的人身属性，在同一时期内劳动者仅能与一个用人单位建立劳动关系；且从劳动关系的形式要件、订立劳动合同的必备条款以及工资、人事档案和社会保险关系而言，劳动者在同一时期仅能与一个用人单位建立劳动关系。该种观点还认为：劳动关系的唯一性是与我国劳动力过剩的现实相适应的，禁止双重劳动关系存在的目的在于保护每一位劳动者的平等就业权和劳动参与权。

但另一种观点认为，虽然从整体劳动力市场上看，劳动者在同一时期与一个用人单位建立劳动关系是劳资关系存在的主要形式，但是特殊情形下劳动者与两个或者两个以上的用人单位建立劳动关系的情形也大量存在，若不加区别地禁止双重劳动关系，则难以将现实存在的双重劳动关系纳入劳动法律法规的调整范围，不能达到规范劳动力市场、促进经济发展和扩大就业的立法宗旨；且劳动者和用人单位在权责不明的情况下，也会抑制劳动力的解放和充分利用。

企业停薪留职人员、未达到法定退休年龄的内退人员、下岗待岗人员以及企业经营性停产放长假人员仍大量存在。为解决此类人员的再就业问题，我国劳动法规对双重劳动关系的建立作出了例外性规定，将上述几类人员与新的用人单位之间因用工而产生争议，纳入劳动关系案件的审理范围，这有利于依法保障劳动力就业市场的有序运转。

劳动者与新的用人单位之间因劳动关系产生的争议应当适用劳动法律、法规。具体而言，第一，新的用人单位有缴纳社会保险的义务。第二，劳动者于新用人单位工作期间发生工伤事故的，应当由新用人单位承担工伤待遇的各项义务。第三，劳动合同解除或终止后新的用人单位有补偿的义务。在劳动者与新用人单位解除或终止劳动合同时，有关解除权的产生、行使以及解除或终止后的法律后果，都应当适用《中华人民共和国劳动法》和《中华人民共和国劳动合同法》的相关规定。

本案中，陆某在职某小学期间，原用人单位虽仍每月固定向陆某支付基本生活费，并为其缴纳社会保险费用，但并不影响其与新用人单位某小学之间劳动关系的建立，即双方均具备劳动关系建立的主体要件。另，从双方签订的《协议书》的形式看，虽然并不具有劳动合同书之名，但是其中约定的各项条款符合劳动合同的实质要件。陆某严格遵守某小学的各项规章制度，服从学校领导管理和指挥，工资按月发放，上述因素足以判断出某小学与陆某之间具有管理和被管理性质上的人身隶属关系，且陆某在某小学安排下所提供的有报酬的劳动系某小学日常工作能够正常运转的必要组成部分。综上，双方存在劳动关系的实质特征，故应在劳动关系存续的框架下处理本案其他争议。

编写人：北京市第二中级人民法院　朱涛

042 未取得教师资格的劳动者不能向学校主张签订教师岗位的劳动合同

——李某诉某中学劳动争议案

【案件基本信息】

1. 裁判书字号

北京市第一中级人民法院（2012）一中民终字第6176号民事判决书

2. 案由：劳动争议纠纷

3. 当事人

原告（上诉人）：李某

被告（被上诉人）：某中学

【基本案情】

李某与某中学签订《兼职教职员工聘用书》，该聘用书约定李某工作岗位为英语教师，劳动合同期限为2008学年至2010学年。聘用合同到期后，双方未再签订书面协议。李某继续工作至2011年

7月13日。2009年，某中学进行了体制改革，转制为公办美术特色高中。2011年7月，某中学因改制及李某未取得教师资格等，停止了李某的工作，但未作出解除劳动关系的书面决定。

另查，李某未取得教师资格。2010年9月至2011年7月，某中学发放李某工资共计36191.6元。

【案件焦点】

李某与某中学的劳动关系是否有效。

【法院裁判要旨】

北京市西城区人民法院经审理认为：依据法律规定，国家实行教师资格制度。由于李某未取得教师资格，其不具备与某中学继续签订劳动合同的条件。故李某要求与某中学签订无固定期限劳动合同的诉讼请求，依据不足，不予支持。

北京市西城区人民法院判决：

驳回原告李某的诉讼请求。

判决后，李某不服，上诉认为：原判以我没有教师资格为由驳回我要求与某中学签订无固定期限劳动合同的请求，没有事实和法律依据，上诉要求撤销原判，改判双方签订无固定期限劳动合同。

北京市第一中级人民法院经审理认为：考虑到李某不具有教师资质，不具备与某中学继续签订劳动合同的条件，其主张订立无固定期限劳动合同，原审法院不予支持并无不当。综上，对某中学及李某的上诉主张，均不予支持。

北京市第一中级人民法院依据原《中华人民共和国民事诉讼法》第一百五十三条第一款第一项之规定，判决如下：

驳回上诉，维持原判。

【法官后语】

1. 教师资格准入制度是一种效力性规范

强制性规范分为效力性强制规范和管理性强制规范，违反管理性强制规范不会引起合同无效的后果，只会引起行政法上面的行政处罚等后果，违反效力性强制规范的才会导致合同无效。教师法第十条第一款规定："国家实行教师资格制度。"《教师资格条例》第二条规定："中国公民在各级各类学校和其他教育机构中专门从事教育教学工作，应当依法取得教师资格。"教师是一种具有高度专业性的职业，实施教师资格准入制度的目的是保证教学质量。因此，教师资格准入制度是一种效力性规范。

同时，我国劳动法和劳动合同法虽没有对劳动者的主体资格进行规定，但劳动是后天形成的，需要具备一定的知识和技能。要成为一名劳动者，首先，需满足从事相应工作的自然条件，如脑力和体力。其次，需不违反法律基于法益保护而作出的规定，如劳动法第十五条规定："禁止用人单位招用未满十六周岁的未成年人。文艺、体育和特种工艺单位招用未满十六周岁的未成年人，必须依照国家有关规定，履行审批手续，并保障其接受义务教育的权利。"最后，应满足从事特定行业设定的资质准入条款。如《劳动和社会保障部关于确立劳动关系有关事项的通知》第一条规定："用人单位招用劳动者未订立书面劳动合同，但同时具备下列情形的，劳动关系成立。（一）用人单位和劳动者符合法律、法规规定的主体资格……"

本案中，李某于2008年开始在某中学从事英语教学工作，某中学2009年转制为公办美术特色高中。民办学校聘任的教师，应当具有国家规定的任教资格。某中学的民办和公办性质并不影响对教师资质的要求。而劳动者未取得教师资格证，则不具备从事教师岗位的资质。劳动法第十八条第一款规定："下列劳动合同无效：（一）违反法律、行政法规的劳动合同；（二）采取欺诈、威胁等手段订立的劳动合同。"劳动合同法第二十六条第一款第三项规定违反法律、行政法规强制性规定的劳动合同无效或者部分无效。因此，未取得教师资格证的劳动者不具备与学校签订教师岗位劳动合同的条件。本案中一、二审法院不支持李某要求签订无固定期限劳动合同的主张是正确的。

2. 劳动合同无效不同于民法上的合同无效

劳动法第十八条第二款规定："无效的劳动合同，从订立的时候起，就没有法律约束力……"但劳动合同法对此没有规定。在买卖、赠与等合同领域，合同的"自始无效"很正常。但是对于劳动合同则不然，劳动合同属于一种继续性合同，劳动者在合同履行过程中是一种脑力和体力的消耗，是一种行为性合同，合同无效后无法进行各自返还。合同无效后对劳动者的利益容易造成损害，尤其是在用人单位也存在过错的情况下，如本案中，学校明知道劳动者不具备教师资格仍与其签订了合同，并在合同履行完毕后继续履行原合同，学校的过错很明显，如果按照传统民法理论，合同无效自始无效，则不利于保护劳动者权益。因此，有学者主张当劳动已开始时，其主张无效者，唯得向将来发生效力。[①] 劳动合同法也采纳了这种观

---

① 参见王泽鉴：《民法总则（增订版）》，中国政法大学出版社2001年版，第482页、第483页。

点，其第二十八条规定："劳动合同被确认无效，劳动者已付出劳动的，用人单位应当向劳动者支付劳动报酬。劳动报酬的数额，参照本单位相同或者相近岗位劳动者的劳动报酬确定。"因此，劳动合同的无效有别于民法上的无效，劳动合同无效的效力可以是自始无效，但处理方式应当是参照有效劳动合同以及劳动报酬就高不就低，即劳动报酬选择双方合同约定和相同、相近岗位劳动报酬标准高的处理。

编写人：北京市第一中级人民法院　许庆涛

043　车辆实际驾驶人员与被挂靠客运企业之间的劳动关系

——郭甲诉运输公司确认劳动关系案

【案件基本信息】

1. 裁判书字号

江苏省盐城市中级人民法院（2011）盐民终字第1219号民事判决书

2. 案由：确认劳动关系纠纷

3. 当事人

原告（被上诉人）：郭甲

被告（上诉人）：运输公司

【基本案情】

郝甲个人购买车辆后，挂运输公司的牌照，运输公司委托甲公司管理该车辆。甲公司的下属单位乙公司与郝甲签订客运承包经营合同，乙公司与郝甲于2003年1月签订安全合同，并同意聘用郝乙、朱某、黄某为该车的驾驶员。2003 年 8 月 31 日，郝甲之子郝乙与原告郭甲之子郭乙签订聘用驾驶员上岗合同。

2003 年 9 月 25 日 21 时 3 分左右，原告之子郭乙驾驶运输公司的大型普通客车，与由西向东行驶的陈甲驾驶的人力三轮车碰撞，在紧急制动和避让过程中冲向对向车道又与对向行驶的陈乙的大货车碰撞，致郭乙当场死亡，陈甲、陈乙及大客车内 22 名乘员不同程度受伤，三车不同程度受损。经如皋市公安局交通巡逻警察大队认定：郭乙负事故的主要责任，陈甲负事故的次要责任，陈乙及大客车 22 名乘员不负责任。

2004 年 2 月 18 日，原告向盐城市盐都区劳动和社会保障局提交工伤认定申请表，同年 4 月 8 日，盐城市盐都区劳动和社会保障局告知原告，要求其补交郭乙与运输公司劳动关系的证明，后因原告未能提供相关证据，该局于同年 4 月 21 日作出工伤认定申请不予受理通知书。原告于同年 4 月 12 日向盐城市劳动和社会保障局申请复议，2004 年 8 月 11 日原告对盐城市盐都区劳动和社会保障局作出的不予受理通知书不服而诉至法院，法院于同年 10 月 28 日作出行政判决，驳回了原告诉讼请求，后原告不服，上诉至盐城市中级人民法院，后于 2005 年 2 月撤回上诉。2005 年 7 月，原告向本院提起行政诉讼，要求撤销盐城市盐都区劳动和社会保障局作出的都工伤字第（2005）第 001 号工伤认定终止决定书，后在本院审理过程中，该局于同年 10 月 9 日依法撤销了其作出的都工伤字第（2005）第 001 号工伤认定终止决定书，后原告撤回了起诉。2008 年 8 月 13 日，原告向盐城市盐都区劳动和社会保障局出具撤回工伤认定申请书，载明：因贵局对本次工伤认定申请尚无定论，为便于尽快处理本案，特向贵局申请撤回工伤认定。嗣后，原告分别于2009年、2010年以雇用关系要求郝乙承担雇主责任，运输公司承担连带赔偿责任。2010年8月8日，原告申请劳动仲裁，要求确认郭乙与运输公司之间存在劳动关系。同年9月8日，盐城市盐都区劳动争议仲裁委员会书面征询申请人是否同意由其受理，申请人不同意。为此，原告再次诉至本院。

【案件焦点】

挂靠车辆登记所有人与实际所有人不符的情况下，车辆实际驾驶人员与被挂靠企业之间是否存在劳动关系。

【法院裁判要旨】

江苏省盐城市盐都区人民法院经审理认为：个人购买的车辆挂靠其他单位且以挂靠单位的名义对外经营的，其聘用司机与挂靠单位之间形成事实劳动关系。本案中，郝甲所购买的车辆挂靠运输公司且以运输公司名义对外经营，其儿子郝乙聘用的驾驶员原告之子郭乙在驾驶该车辆的运输途中发生交通事故致死，故双方形成事实上的劳动关系，原告的主张符合法律规定，依法予以支持。至于被告辩称原告已超过仲裁、诉讼时效，经查，原告一直在主张，故对被告的辩称理由，不予采纳。遂判决：

确认原告郭甲之子郭乙与被告运输公司之间存在事实劳动关系。

二审法院同意一审法院裁判意见。

【法官后语】

由于车辆运输需要一定的资质，“车辆挂靠”的情形在现实生活中十分多见；但在我国目前立法中，对被挂靠单位在挂靠关系中的责任承担并未作出明确规定。所谓“车辆挂靠”，即车主出资购买的车辆，为了取得运输所需的行驶证和道路运输经营许可证，依附于另一具有相关资质的企业，向该企业支付一定的费用，并以该企业的名义对外进行经营活动。本案中，郝甲个人购买的车辆，为达到客运标准，使用了运输公司的牌照，车辆行驶证也登记为运输公司所有。运输公司委托甲公司管理，甲公司的下属单位乙公司与郝甲签订了客运承包经营合同与安全合同，确定了双方存在挂靠关系。

郭乙与郝乙签订了聘用合同，且在驾驶挂靠车辆的过程中发生交通事故致死。该挂靠车辆登记在运输公司名下，并且以运输公司的名义对外经营，郭乙与运输公司已经形成了事实上的劳动关系。主要理由如下：

1. 郭乙与运输公司之间符合事实劳动关系的特征

关于事实劳动关系的认定，可以参考劳动和社会保障部《关于确定劳动关系有关事项的通知》第一条中关于劳动关系认定的三项标准：（1）用人单位和劳动者符合法律、法规规定的主体资格；（2）用人单位依法制定的各项劳动规章制度适用于劳动者，劳动者受用人单位的劳动管理，从事用人单位安排的有报酬劳动；（3）劳动者提供的劳动是用人单位业务的组成部分。郭乙作为车辆的驾驶员、运输公司作为被挂靠单位，双方符合法律法规确定的主体资格；郭乙驾驶挂靠客车的行为，是运输公司业务的组成部分。因此，分析两者之间是否存在事实劳动关系，关键在于确定郭乙与运输公司之间是否存在“从属性”。

第一，郭乙相对于运输公司在人格上具有一定的从属性。郭乙所驾驶的车辆挂靠运输公司且以运输公司的名义对外经营，是运输公司运输经营活动中的组成部分；郭乙作为该车的实际驾驶员，必须遵守运输公司制定的管理及纪律方面的规定，服从公司的统一安排和调度。

第二，郭乙相对于运输公司在组织上具有一定的从属性。虽然郭乙是与郝乙签订的驾驶员上岗合同，但由于挂靠车辆是以运输公司的名义从事客运服务，郭乙工作的场所、时间、路线、对象等都受到运输公司的控制。

第三，郭乙相对于运输公司在经济上具有一定的从属性。郭乙以驾驶劳动来换取工资，至于具体发工资的形式是怎样的，并不影响郭乙得到劳动报酬的事实。

因此，郭乙作为挂靠车辆的实际驾驶员，与运输公司之间符合事实劳动关系的特征，两者之间存在事实劳动关系。

2. 运输公司在获得利益的同时，应当承担相应的社会责任和义务

第一，“挂靠”在《中华人民共和国道路运输条例》中并没有相应的法律规定。根据《中华人民共和国道路运输条例》的规定，我国对于道路运输机动车实行的是准入制度，即只有取得道路运输经营许可证的经营者才有权进行客运或货运服务。而车辆挂靠行为，实际上是让没有道路运输经营资格的车辆变相具备了运营资质。此种情况下，如果减少被挂靠单位所需承担的责任，无异于鼓励具有经营资格的被挂靠单位将国家特许经营的道路运输资质在承担很小风险的情况下，“转卖”给不具有运营资质的车辆，增加了道路运输过程中可能发生的风险和危害。

第二，被挂靠单位从挂靠行为中获取了利益。运输公司作为一家客运企业，被挂靠车辆是其公司业务的组成部分；运输公司通过允许挂靠车辆的加入，解决了车辆来源和数量的问题，可以以较少的投入资金获取较多的车辆。同时，挂靠费用也应算作运输公司从

挂靠车辆中所获得收益的一部分。

第三，被挂靠单位必须履行相应的管理职责。被挂靠单位应当对挂靠车辆进行更加严格的管理，对被挂靠人的选任以及对车辆行驶安全的监督责任都是被挂靠单位应尽的义务。因此，确认郭乙与运输公司之间存在事实劳动关系，强化了被挂靠单位的责任意识，有利于对车辆挂靠行为的管理和规制。

编写人：江苏省盐城市盐都区人民法院　邵静　陈遥

044 保险代理人与保险公司之间形成代理关系还是劳动关系

——夏某诉保险公司劳动争议案

【案件基本信息】

1. 裁判书字号

浙江省慈溪市人民法院（2011）甬慈民初字第989号民事判决书

2. 案由：劳动争议纠纷

3. 当事人

原告：夏某

被告：保险公司

【基本案情】

夏某与房某系夫妻关系。房某于2005年11月17日申请应聘保险公司的保险营销员，成为保险公司人身保险营销营业主任，双方签署了《保险营销员代理合同》，合同约定双方之间系委托代理关系（合同约定升任业务主管之营销员仍为营销员），保险公司根据房某营销的业务量按月向房某支付一定的报酬，并规定营销人员应遵守公司的规章制度和关于保险代理人权利义务的法律规定。保险公司在其驻慈溪市销售服务部为房某等营销员提供一定的办公设施。2010年，房某在与宁波客户洽谈保险业务返回途中遇车祸死亡。

夏某向劳动争议仲裁委员会提出确认劳动关系的申请，该委裁决双方之间不存在劳动关系。后夏某向法院起诉，要求确认房某与保险公司存在劳动关系，其主要理由是：房某作为保险公司的营业主任，获得保险公司颁发的荣誉证书，并被授予标杆员工称号；房某在保险公司处有固定工作场所，仅因工作性质而不需始终守在工作场所处；保险公司对房某进行考勤，要求其上下班打卡；保险公司的各项劳动规章制度对房某不具有约束力；保险公司为房某办理的银行存折中记载，保险公司定期向房某发放薪水。因此，保险公司与房某签订的保险代理合同并未改变二者之间管理与被管理关系的实质，二者之间存在事实劳动关系。保险公司则认为公司通过与房某签订代理合同，二者之间形成了代理关系，且公司向房某支付的系佣金而非劳动报酬，故二者之间不存在劳动关系。

【案件焦点】

房某与保险公司之间形成代理关系还是事实劳动关系。

【法院裁判要旨】

浙江省慈溪市人民法院经审理认为：房某与保险公司订立的是

代理合同，而非劳动合同。夏某提供的银行存折虽记载房某定期有薪水收入，但该记载系银行向汇款客户提供选项，经核实不含“佣金”一项，作为证明保险公司向房某支付薪水的单一证据，在保险公司提出合理异议的情况下，夏某未提供工资单等证据佐证；且根据保险公司提供的营销员佣金奖金单，银行存折中记载的薪水的金额与其按合同约定定期向房某支付的款项金额一致，故保险公司向房某支付的为代理保险营销业务的佣金。夏某虽称保险公司对房某上班未按时打卡的行为有惩处，但无证据证明，且房某的收入计算标准中不含考勤制度，故本院对保险公司所称公司的考勤制度并不适用于保险营销员的辩称事实予以采信。夏某提供的荣誉证书中均表明，房某获得荣誉称号如标杆员工称号系以保险营销员的身份获得。房某与投保人签订保险的行为由房某自行掌控不受保险公司支配，保险营销的展业控制权人为房某。综上，房某与保险公司之间欠缺劳动关系成立的要件，双方之间劳动关系难以成立。

浙江省慈溪市人民法院依照《最高人民法院关于民事诉讼证据的若干规定》第二条，参照《劳动和社会保障部关于确立劳动关系有关事项的通知》第一条之规定，作出如下判决：

驳回原告夏某的诉讼请求。

判决后，双方当事人均未上诉，本判决现已生效。

【法官后语】

《中华人民共和国保险法》第一百一十七条第一款规定保险代理人是根据保险人的委托，向保险人收取佣金，并在保险人授权的范围内代为办理保险业务的机构或者个人。据此，保险代理人是地位脱离于保险公司的另一民事主体，其接受委托代理保险公司展业，与保险公司之间成立民事代理关系，这也符合现代保险业发展的趋势。但在实务中，为控制这些保险代理人的活动，各保险公司通常都会要求其保险代理人参加公司的晨会、服从公司的工作安排、遵守公司的规章制度，否则将受到公司的处罚，这种带有管理性质的行为使得保险代理人不同于其他民事代理人，淡化了保险代理人与保险公司员工之间的界限，理论研究和司法实践中对于二者是否构成事实劳动关系存在不同的看法。本案争议的实质即对保险代理人实施管理的保险公司是否与保险代理人之间形成事实劳动关系。

在实务中，保险代理人与保险公司之间可能存在不同关系类型，当双方签订书面劳动合同时，二者之间形成劳动关系。当双方未签订劳动合同，保险公司也不对保险代理人的展业行为进行约束时，二者之间为平等民事主体之间代理与被代理的关系。当保险公司对保险代理人的行为进行实质性管理、约束时，理论和实务界对于这种管理的性质存在不同认识：一是“纯粹代理关系”说，即认为保险公司与保险代理人是纯粹的代理关系，保险公司对保险代理人的约束视为被代理人在代理合同中事先约定的对代理人的约束。二是“实质劳动关系说”，即认为保险公司与保险代理人形成实质上的管理与被管理关系符合事实劳动关系的特征，二者之间形成事实劳动关系。三是“关系竞合说”，即认为在保险公司对保险代理人实行实质管理时构成代理关系与劳动关系的竞合，当事人可选择适用相应的法律。

我们赞同劳动关系说。劳动关系是在用人单位对劳动力的控制与使用过程中，用人单位与劳动者之间形成的人身型、隶属型的财产关系。一般民事法律关系均系发生在平等民事主体之间的权利、义务关系，双方之间不存在隶属型的关系，这也是关于劳动关系是否属于民事法律关系以及合同的基本理论是否可适用于劳动合同产生争议的原因。而保险代理人的展业行为除受相关法律、法规的约束外，还要受保险公司规章制度的约束，需要接受保险公司的安排、指令，甚至公司对其违反规章制度行为的惩处等，这时二者之间的关系满足了劳动关系产生的基本要件——用人单位对劳动力的控制和使用；在这一过程中，二者之间的关系也具有了隶属性，这不同于平等主体之间产生的民事关系，故应认定二者之间是劳动关系。

在明确对保险代理人实施实质管理的保险公司与保险代理人之间能够构成劳动关系的基础上，问题的关键是如何判断保险公司对保险代理人实施了实质性的管理。根据劳动和社会保障部《关于确立劳动关系有关事项的通知》第一条的规定，劳动关系的成立需同时满足以下条件：一是用人单位和劳动者符合法律、法规规定的主体资格；二是用人单位依法制定的各项劳动规章制度适用于劳动者，劳动者受用人单位的劳动管理，从事用人单位安排的有报酬的劳动；三是劳动者提供的劳动是用人单位业务的组成部分。据此，我们认为判断保险公司对代理人实施实质性管理的标准有三：一是保险公司的各项劳动规章制度是否适用于代理人；二是代理人的展业活动是否受保险公司的控制；三是代理人报酬的取得是否因其从事了用人单位安排的工作。

就本案而言，首先，保险公司的内部规章制度对房某不具有约束力。虽然保险公司与房某签订的保险营销合同约定了营销员需遵守国家的相关法律规定及公司规定，但除夏某称保险公司要求营销员上班打卡外，并无其他证据证明房某实际受到保险公司规章制度的约束，且无证据证明保险公司的上班打卡制度对房某具有约束力。其次，房某的展业活动由房某自行掌控。保险公司虽为房某等营销员在公司驻慈溪办事处提供公用的办公设备如打印机、复印机等，但并未对保险营销员是否在该场所开展展业活动作强制性要求，且被代理人为代理人的代理活动提供一定的物质条件并不影响民事代理关系的成立，故保险公司为保险营销员提供一定的办公场所、办公设备，均不能被认为是对房某从事展业活动的掌控；而且，双方签订的保险营销合同中，并未对房某与投保人的签单行为作出除相关法律、行政法规外的要求，如何开展展业活动由房某自行决定，保险公司对房某的展业活动并不进行掌控。最后，房某获取的报酬的性质仍为佣金。根据房某与保险公司签订的合同中约定的保险营销员业务报酬准则，其报酬的多少由其完成的业务量决定，且银行存折记载的房某月收入数额与根据合同约定的报酬支付标准计算的数额相一致。另外，本案房某虽为营销主任，但根据双方签订的合同升任为营销主任的人员仍为营销员。在营销员业务达到一定的数量时，公司将其任命为营销主任；无证据证明房某从事对其他营销员的管理、培训业务等与管理职位相当的业务。故房某的存折虽记载其收入为工资，但其实质仍为其完成保险数量而获得的佣金，而非劳动报酬。

编写人：浙江省慈溪市人民法院　黄金锦

二、劳动合同履行和变更

045 符合订立无固定期限劳动合同条件的情形下，双方续订固定期限劳动合同的效力认定

——宋某诉供应链公司劳动争议案

【案件基本信息】

1. 裁判书字号

北京市第三中级人民法院（2020）京 03 民终 13285 号民事判决书

2. 案由：劳动争议纠纷

3. 当事人

原告（被上诉人）：宋某

被告（上诉人）：供应链公司

【基本案情】

宋某于 2004 年 10 月入职供应链公司担任操作部总监，离职前月平均工资为 13000 元。2018 年 6 月 5 日，双方劳动关系解除。

双方均确认签署过两次固定期限劳动合同，期限分别是 2011 年 2 月 1 日至 2014 年 1 月 31 日、2014 年 2 月 1 日至 2016 年 1 月 31 日。其中第二份劳动合同约定“如果劳动合同双方在本合同期满前的 30 天内没有提出异议，本合同将自动顺延 1 年，以此类推”。宋某主张该合同不属于无固定期限劳动合同，而属于单独的

固定期限劳动合同，供应链公司应当于2016年2月1日与其签署无固定期限劳动合同，故请求供应链公司支付2014年2月1日至2018年6月5日期间未签订无固定期限劳动合同的双倍工资差额689000元。供应链公司辩称上述约定应当视为已经签署了劳动合同，而宋某也未提出过异议，因此不属于应当支付无固定期限劳动合同的情形。

【案件焦点】

宋某与供应链公司之间无固定期限劳动合同签订情况如何认定、是否属于应当支付未签订劳动合同双倍工资差额的情形。

【法院裁判要旨】

北京市朝阳区人民法院经审理认为：从《中华人民共和国劳动合同法》第十四条第二款规定来看，在符合订立无固定期限劳动合同的条件时，劳动者具有选择权，上述法律条文并非强行规定双方必须续订无固定期限劳动合同。如果用人单位提出续订固定期限劳动合同而劳动者不反对，应当遵循双方的意思表示，对双方续订固定期限劳动合同的行为予以确认。本案中，2014年1月30日签订的劳动合同中约定“如果劳动合同双方在本合同期满前的30天内没有提出异议，本合同将自动顺延1年，以此类推”，此系双方对于劳动关系延续和劳动合同续订方式的约定，该份劳动合同在2016年1月31日到期后，宋某并未提出异议或要求签订无固定期限劳动合同，可以视为双方协商一致，续订一年期固定期限劳动合同，并不违反法律规定。因此，在双方已经续订劳动合同的情形下，宋某要求供应链公司支付未签订无固定期限劳动合同双倍工资差额，于法无据，不予支持。

北京市朝阳区人民法院依照《中华人民共和国劳动争议调解仲裁法》第六条之规定，判决如下：

一、供应链公司于判决生效之日起七日内支付宋某未休年休假工资28689.66元；

二、驳回宋某的其他诉讼请求。

二审法院同意一审法院裁判意见。

【法官后语】

本案中，劳动者宋某在连续订立两次固定期限劳动合同后，主张应当于第二份劳动合同到期后、自2016年2月1日起签订无固定期限劳动合同；用人单位供应链公司则主张双方在固定期限劳动合同中约定"如果劳动合同双方在本合同期满前的30天内没有提出异议，本合同将自动顺延1年，以此类推"。宋某自2016年2月1日起至2018年6月5日劳动关系解除均未提出签订无固定期限劳动合同的要求，故应视为双方已经续订了固定期限劳动合同。本案的争议焦点即在宋某符合订立无固定期限劳动合同的条件下，如何理解"如果劳动合同双方在本合同期满前的30天内没有提出异议，本合同将自动顺延1年，以此类推"的约定含义及效力。

1.《中华人民共和国劳动合同法》关于无固定期限劳动合同的条文理解

《中华人民共和国劳动合同法》第十四条第二款规定："用人单位与劳动者协商一致，可以订立无固定期限劳动合同。有下列情形之一，劳动者提出或者同意续订、订立劳动合同的，除劳动者提出订立固定期限劳动合同外，应当订立无固定期限劳动合同：（一）劳动者在该用人单位连续工作满十年的；（二）用人单位初次实行劳动合同制度或者国有企业改制重新订立劳动合同时，劳动者在该用人单位连续工作满十年且距法定退休年龄不足十年的；（三）连续订立二次固定期限劳动合同，且劳动者没有本法第三十九条和第四十条第一项、第二项规定的情形，续订劳动合同的。”对于劳动者在符合签订无固定期限劳动合同的条件时，双方续订固定期限劳动合同的效力认定，在理论上存在争议。有观点认为，如果劳动者符合法律规定的应当订立无固定期限劳动合同的条件，双方续订劳动合同的，应强制续签无固定期限劳动合同；也有观点认为，强制续签无固定期限劳动合同不符合合同法基本理论及企业生产管理的内生性需求，应当允许双方协商一致，以固定期限的形式续签劳动合同。

无固定期限劳动合同的立法价值在于基于解雇保护制度，法律出于对雇员就业安全权的保护，对雇主解除劳动合同的事由进行限制。雇员在出让自己劳动力的同时可获得基于从属性的人身和经济安全。在司法审判中，对于该条法律规定的理解和解释，不宜过度僵化，宜在保障无固定期限劳动合同存在的情况下，适当放宽对用人单位的严苛义务要求，允许双方协商一致和意思自治。从体系解释方法的角度而言，对“无固定期限劳动合同”法律规定的理解，应根据其在整个法律中的地位，联系相关法条的含义，阐明其规范意旨，保持法条与法条之间的协调。《中华人民共和国劳动合同法》第十三条第二款规定：“用人单位与劳动者协商一致，可以订立固定期限劳动合同。”《中华人民共和国劳动合同法实施条例》第十一条规定：“除劳动者与用人单位协商一致的情形外，劳动者依照劳动合同法第十四条第二款的规定，提出订立无固定期限劳动合同的，用人单位应当与其订立无固定期限劳动合同……”结合来看，劳动合同法第十四条并非强行规定双方必须续订无固定期限劳动合同，在符合订立无固定期限劳动合同的条件时，劳动者具有选择权。如果用人单位提出续订固定期限劳动合同而劳动者不反对的，应当遵循双方的意思表示，对双方续订固定期限劳动合同的行为予以确认。

2. 双方续订固定期限劳动合同的合意认定

从《中华人民共和国劳动合同法》的条文看，法律仅规定“劳动者提出或者同意续订、订立劳动合同的”，在无另行约定的情形下，用人单位应当订立无固定期限劳动合同。但如之前的分析，如果双方协商一致，是可以续订固定期限劳动合同的。

本案中，第二份固定期限劳动合同中约定“如果劳动合同双方在本合同期满前的 30 天内没有提出异议，本合同将自动顺延 1 年，以此类推”。该合同于 2016 年 1 月 31 日到期，之后双方未续订书面合同，但劳动关系存续，工作岗位、工资计发等事项均按照原劳动合同履行。结合劳动者的工作岗位、双方权利义务履行情况和劳动关系存续时间，宋某在知晓上述约定，并在劳动合同多次顺延的情形下均未举证证明其曾经提出续订无固定期限劳动合同，可以认定双方就劳动合同的续订方式和续订期限协商一致。因此，宋某要求变更为无固定期限劳动合同并要求单位支付双倍工资差额是没有法律依据的。

编写人：北京市朝阳区人民法院　汪洋

046 劳动者涉嫌刑事犯罪，劳动合同暂停履行的法律后果

——网络科技公司诉李某劳动争议案

【案件基本信息】

1. 裁判书字号

北京市第三中级人民法院（2020）京 03 民终 9658 号民事裁定书

2. 案由：劳动争议纠纷

3. 当事人

原告（上诉人）：网络科技公司

被告（被上诉人）：李某

【基本案情】

李某于 2014 年 6 月 20 日入职网络科技公司，先后担任 QA（产品质量）经理、商务总监、首席运营官。2015 年 12 月，李某被公司股东会吸纳为股东合伙人，并于 2016 年 8 月完成工商变更。李某在单位正常坐班到 2017 年 5 月 19 日，因涉嫌侵犯著作权，李某于 2017 年 12 月下旬投案自首，于 2018 年 3 月 25 日被茂名市公安局茂南分局决定拘留，因检察院不批捕，于 2018 年 4 月 4 日予以释放，并于当日依法对其采取取保候审措施。广东省茂名市茂南区人民法院于 2018 年 12 月 3 日作出（2018）粤 0902 刑初 421 号刑事判决，显示未对李某提起诉讼。

李某主张，2017 年 5 月下旬，网络科技公司接到合作单位的通知，因涉嫌侵犯著作权，公安局对网络科技公司运营的一款游

戏进行侦查，网络科技公司原法定代表人开会决定，由李某携带与该项目有关的材料“出去避一避”，故2017年5月19日至2017年12月未出勤，工资发放至2017年6月，双方劳动关系于2018年4月30日解除。网络科技公司主张，因李某经办的一个代理项目涉及侵犯第三方公司的知识产权，于是他携带所有代理相关资料潜逃，2017年5月20日公司发现他没去上班，再打电话已经显示关机，之后一直处于失联状态，而因为游戏代理合同是以公司名义签订，所以2017年6月8日，公安机关就对公司的原法定代表人进行了刑事拘留。与李某签订的劳动合同于2017年6月19日到期终止，此时仍联系不到李某，故2017年6月19日双方劳动合同到期终止。从2017年5月19日李某不告而别到2019年2月26日其提起仲裁，双方已经处于“长期两不找”的状态。

李某就本案劳动争议申请劳动仲裁，仲裁委作出裁决：确认双方于2017年7月20日至2018年4月20日期间存在劳动关系；网络科技公司支付李某2017年6月20日至2018年4月30日期间基本生活费26941.37元；驳回李某其他仲裁请求。网络科技公司不服，诉至法院。

【案件焦点】

涉嫌刑事犯罪时，双方劳动合同暂停履行后的法律后果。

【法院裁判要旨】

北京市朝阳区人民法院经审理认为：网络科技公司主张李某于2017年5月19日离开单位，无法联系上李某，2017年6月19日双方劳动合同到期终止，但其并未向李某发出通知，也并未举证联系过李某，故对网络科技公司关于劳动关系于2017年6月19日到期终止之主张不予采信。根据《释放证明书》、（2018）粤0902刑初421号刑事判决书，且双方均认可的网络科技公司原法定代表人杜某与李某确曾因“侵犯著作权案”被刑事拘留且最终无罪释放，对李某主张其自2017年5月20日起不再工作的原因及事由予以采信，确认双方于2017年7月20日至2018年4月20日期间存在劳动关系，双方劳动关系于2018年4月30日解除，网络科技公司应支付李某2017年6月20日至2018年4月30日的基本生活费。

北京市朝阳区人民法院依照《中华人民共和国劳动合同法》第五十条、《中华人民共和国劳动争议调解仲裁法》第六条之规定，判决如下：

一、确认网络科技公司与李某于2017年7月20日至2018年4月20日期间存在劳动关系；

二、网络科技公司于本判决生效之日起三日内给付李某基本生活费26941.37元；

三、驳回网络科技公司的诉讼请求。

网络科技公司不服一审判决，提出上诉，后又撤诉。北京市第三中级人民法院依照《中华人民共和国民事诉讼法》第一百七十三条规定，裁定如下：

准许网络科技公司撤回上诉。

一审判决自本裁定书送达之日起发生法律效力。

【法官后语】

涉嫌刑事犯罪，是指劳动者有刑事犯罪的可能性，而由公安司法机关立案侦查的情形。那么，涉嫌刑事犯罪可能出现被判有罪或无罪两种结果。所以对于涉嫌刑事犯罪的劳动者，用人单位不能解除或终止劳动合同，只能暂时停止劳动合同的履行。

《关于贯彻执行〈中华人民共和国劳动法〉若干问题的意见》第二十八条规定："劳动者涉嫌违法犯罪被有关机关收容审查、拘留或逮捕的，用人单位在劳动者被限制人身自由期间，可与其暂时停止劳动合同的履行。暂时停止履行劳动合同期间，用人单位不承担劳动合同规定的相应义务。劳动者经证明被错误限制人身自由的，暂时停止履行劳动合同期间劳动者的损失，可由其依据《国家赔偿法》要求有关部门赔偿。"第二十九条规定："劳动者被依法追究刑事责任的，用人单位可依据劳动法第二十五条解除劳动合同。'被依法追究刑事责任'是指：被人民检察院免予起诉的、被人民法院判处处罚的、被人民法院依据刑法第三十二条免予刑事处分的。劳动者被人民法院判处拘役、三年以下有期徒刑缓刑的，用人单位可以解除劳动合同。"

由上述规定可见，对于涉嫌犯罪的劳动者，在其被限制人身自由或取保候审期间，都不宜直接解除与劳动者的劳动关系，只是可以暂时停止履行相应的劳动合同。而暂停履行劳动合同，产生的具体后果法律未予明确。

劳动合同暂停履行，主要是指在劳动合同履行的过程中，出现法定或者约定的情况，导致劳动合同不能继续履行，但是劳动关系仍继续保持的状态。劳动者涉嫌犯罪应为法定的情况，不管是拘留还是取保候审都属于强制措施，在该情况下，笔者认为，暂停履行劳动合同系客观原因导致，在可解除劳动合同的情况出现之前，若劳动者无法提供劳动，可参照《北京市工资支付规定》第二十七条规定，由用人单位支付劳动者基本生活费。

本案涉及两个时间段。第一个时间段是被告被拘留前的时间段，其主张依照原告公司的决定才外出躲避，因其所涉嫌犯罪内容确和公司相关联，原告也未就此期间要求过被告返岗提出证据，法院采信其受公司决定外出躲避，故该期间未出勤非出自被告个人原因。而该期间用人单位在未联系被告的情况下，不宜视为双方劳动合同到期终止，故该期间用人单位应当支付被告基本生活费。第二个时间段是被告被拘留和取保候审的期间，该期间均为对其采取强制措施的期间，根据前述结论，此期间双方劳动合同处于暂停履行的阶段，故原告亦应支付该期间基本生活费。

编写人：北京市朝阳区人民法院　孙霜悦

047 试用期违法解除情形下继续履行的判定标准

——能源科技公司诉王某劳动争议案

【案件基本信息】

1. 裁判书字号

北京市第一中级人民法院（2020）京01民终6195号民事判决书

2. 案由：劳动争议纠纷

3. 当事人

原告（被上诉人）：能源科技公司

被告（上诉人）：王某

【基本案情】

王某于2019年7月25日入职能源科技公司，担任财务创新业务部售前顾问，双方签署了三年固定期限劳动合同，约定王某试用期为6个月，试用期月基本工资25200元，转正后28000元。2019年9月3日，能源科技公司向王某发送电子邮件，通知其于2019年9月4日解除劳动合同。

庭审中，能源科技公司主张与王某解除劳动合同原因系其试用期不符合录用条件，具体指向为工作态度不好、不具备沟通能力和团队合作能力、工作业绩无法得到客户认可。能源科技公司提交试用期岗位录用条件确认书，证明录用条件中包括工作态度、工作能力和工作业绩；提交针对同一会议的两份不同会议纪要，证明王某无法胜任整理会议纪要的工作；提交王某直属领导刘某向人力资源部提交的“关于解除与王某劳动合同的申请”电子邮件及王某所在项目部人员发送的电子邮件，证明王某直属领导及项目领导均认为其不适宜在能源科技公司工作；提交载明王某离场原因的《顾问离场确认单》，证明王某所在项目的甲方领导及公司方领导均认为王某不能胜任工作，要求王某离场；提交王某直属领导和项目经理对王某试用期工作表现做出负面评价的情况说明，证明王某无法胜任工作。王某对试用期岗位录用条件确认书及两份会议纪要的真实性认可，对其他证据的真实性均不认可，主张能源科技公司系违法解除。经询问，能源科技公司未就在解除劳动合同之前告知王某不符合录用条件提举证据。

针对双方劳动关系能否继续履行，能源科技公司主张无法与王某继续履行劳动合同，理由如下：一是客观不能，王某在职期间所在部门创新业务部已经被撤销，原岗位不存在，且无其他空缺岗位；二是主观不能，双方不存在信任基础，无法继续履行劳动合同。王某对此不予认可，主张其原系能源科技公司竞争对手的员工，能源科技公司系为排挤竞争对手、恶意招聘竞争对手骨干而招聘自己，其在能源科技公司工作期间，项目管理者和部门管理者管理混乱，缺乏业务知识，为逃避责任颠倒黑白，强拉因果对其进行诋毁。王某要求继续履行劳动合同。

王某以要求与能源科技公司继续履行劳动合同为由提起劳动仲裁，仲裁裁决双方继续履行劳动合同。能源科技公司不服仲裁裁决，于法定期限内诉至法院。

【案件焦点】

1. 能源科技公司单方解除与王某的劳动合同是否合法；2. 能源科技公司与王某能否继续履行劳动合同。

【法院裁判要旨】

北京市海淀区人民法院经审理认为：针对解除行为是否合法，能源科技公司作为在劳动关系中负有管理责任的用人单位一方，应就劳动关系解除事由承担举证责任。能源科技公司主张以王某试用期不符合录用条件为由与其解除劳动合同，但并未就解除时将此事由告知王某提举证据，应承担举证不能的不利后果。退一步讲，即使能源科技公司以王某试用期不符合录用条件为由解除劳动合同，现有证据中关于王某试用期不符合录用条件的证据大部分由能源科技公司单方作出，缺乏客观的考核程序和考核标准，能源科技公司未就曾就王某试用期不符合录用条件事宜与王某沟通确认提举证据，亦应承担举证不能的不利后果。综上，能源科技公司与王某解除劳动合同，缺乏事实依据，系违法解除。针对双方劳动关系是否能继续履行，首先，截至王某被辞退时，其在能源科技公司工作时间刚满一个月，任职时间较短；王某的上级领导及其所在项目的上级领导均对王某作出负面评价，上述主客观原因均导致王某与能源科技公司之间的信任基础较为薄弱。其次，王某对于能源科技公司的管理方式、业务水平亦不认可，能融洽地继续履行劳动合同的可能性不大。最后，劳动关系是兼具人身隶属性与财产依附性的法律关系，在履行劳动合同的期间，双方相互信任、互相体谅，在和谐的劳动关系中尤为重要。综合本案现有情形进行审慎考量及利益衡量，双方劳动合同已经不具备继续履行的基础。

北京市海淀区人民法院依照《中华人民共和国劳动合同法》第四十八条、《中华人民共和国民事诉讼法》第六十四条第一款之规定，判决如下：

能源科技公司无须与王某继续履行劳动合同。

二审法院同意一审法院裁判意见。

【法官后语】

在以继续履行劳动合同为诉请的劳动争议案件审理中，判断用人单位单方解除劳动合同是否合法的标准已经基本达成共识，但在违法解除的事实被认定后，判断能否继续履行的标准在司法实践中尚有争议。

本案中，在认定能源科技公司系违法解除劳动合同的前提下，判断双方是否能够继续履行劳动合同时，法官除考虑是否存在“客观不能履行”情况外，还基于劳动关系中“人身隶属性”这一特殊属性做了有限的“主观考量”：一是双方是否建立了履行劳动关系所需的信任基础；二是双方是否存在继续履行原劳动合同的现实可能性。

首先，能源科技公司做出解除行为时王某入职刚满一个月，尚处于试用期，任职时间较短，双方客观上尚未完全建立履行劳动关系的信任基础；其次，在王某提供劳动期间，与其存在工作交集的上级领导和项目同事均对其作出负面评价，而王某在庭审过程中亦质疑能源科技公司的招聘动机、管理方式、业务水平，双方主观矛盾较大，已无构建、发展和谐稳定劳动关系的可能性；最后，基于劳动合同的人身属性特征，考虑到员工工作效能、职业发展以及其对公司整体运营和发展的影响，双方已不具备继续履行劳动合同的基础。故结合现有情形进行审慎考量及利益衡量，法院认为双方劳动合同已经不具备继续履行的基础。需指出的是，能源科技公司系违法解除劳动合同，王某仍可就违法解除劳动合同赔偿金事宜另行主张权利。

在劳动争议纠纷中，用人单位单方解除劳动合同，劳动者要求继续履行的案例呈逐年递增态势。而对于何种情况属于“劳动合同已经不能继续履行”，法律并未规定明确标准。故判决继续履行在司法实践中占压倒性优势。但从审判实践中对判决“强制继续履行”的效果考察可以发现，不加限制地强制继续履行可能存在以下问题。一是案结事未了成为新矛盾源头：劳动双方很难恢复如初，无法实际履行劳动合同，衍生各种新纠纷；二是用人单位和劳动者利益失衡：用人单位需支付劳动者违法解除劳动合同至判决生效期间的工资，双方利益失衡；三是社会资源严重浪费：该类案件在司法实践中大多会走完“一裁两审”三个程序，耗时较长。其间劳动者既无法在原单位工作，也不能入职新单位，造成社会人力资源浪费。综上，如仅考虑继续履行是否具备客观可能性而不考虑双方主观因素，不利于良好的就业和用工环境的建立。①

因此，为创造和谐稳定的劳动环境，在判断是否存在“劳动合同无法继续履行”这一情形时，除应考虑法律规定的客观条件外，还应在一定程度上对双方继续履行的实际可能性进行有限的“主观考量”，以平衡双方权利义务，避免社会资源的浪费。

编写人：北京市海淀区人民法院　龚莉婷　董洪辰

048 与关联企业先后签订劳动合同，不能视为同一企业连续签订

——朱某诉甲公司劳动合同案

【案件基本信息】

1. 裁判书字号

江苏省无锡市中级人民法院（2020）苏02民终1615号民事判决书

2. 案由：劳动合同纠纷

3. 当事人

原告（上诉人）：朱某

被告（被上诉人）：甲公司

① 蔡吉恒：《用人单位违法解除劳动合同的法律责任亟待完善》，载《专业者》2003年第2期。

【基本案情】

甲公司与乙公司系同一实际控制人控制的彼此独立的有限公司。乙公司没有与朱某在甲公司工作岗位相同的岗位。2011 年起，朱某与乙公司先后两次签订劳动合同。2016 年 6 月 1 日，乙公司作为甲方，朱某作为乙方，甲公司作为丙方签订《劳动关系转移协议》一份，约定：甲方决定将乙方的劳动关系转移至丙方并解除与乙方的原合同，在原合同解除的同时，丙方将与乙方建立直接的劳动合同关系，并与乙方签订新的劳动合同（“新合同”）；在平等协商一致的基础上，乙方同意签署新合同并同意转移劳动关系；原合同应自 2016 年 6 月 1 日起自动解除。针对新合同，丙方特此同意：丙方将在新合同中明确约定，乙方在生效日之前为甲方工作的工作年限应合并计算为新合同项下的工作年限；乙方在原合同项下未使用的年休假可以递延到乙方为丙方工作时使用；乙方进一步同意并确认，原合同的解除和新合同的签署不应视作劳动合同法第十四条第二款第三项中所称的连续订立固定期限劳动合同。当日，朱某与甲公司签订劳动合同，约定了劳动合同期限、工作地点、工作岗位等内容。

2019 年 5 月 16 日，甲公司向朱某发出《合同终止通知书》，载明：甲公司与朱某的劳动合同将于 2019 年 5 月 31 日到期，甲公司决定不再与朱某续签劳动合同，朱某收到了该通知书。后朱某提出与甲公司订立无固定期限劳动合同，甲公司不同意。朱某申请劳动仲裁，仲裁机构出具不予受理通知书，遂成讼。

【案件焦点】

朱某与乙公司、甲公司分别签订劳动合同的次数能否累计计算。

【法院裁判要旨】

江苏省江阴市人民法院经审理认为：第一，从关联企业的主体层面而言，乙公司、甲公司虽然是关联企业，但都是独立法人，两者所属的行业和经营范围存在明显不同。因此，乙公司与甲公司不能视为同一用人单位。

第二，从法律法规的规定层面而言，当劳动者提出而用人单位应当与其订立无固定期限劳动合同的前提是劳动者在同一用人单位内工作年限或订立劳动合同的次数达到了法律规定。法律、行政法规只是规定关联企业与劳动者轮流订立劳动合同的，劳动者在原用人单位的工作年限合并计算为新用人单位的工作年限，但是未规定劳动者在原用人单位的劳动合同订立次数合并计算为新用人单位的劳动合同订立次数。因此，在法无明文规定的情况下，对订立劳动合同不宜做次数连续计算的扩大解释。

第三，从订立合同的主观层面而言，虽然法无明文规定，但是如用人单位恶意规避劳动合同法第十四条的规定，通过设立关联企业，在与劳动者签订劳动合同时交替变换用人单位名称的，应认定为无效行为，劳动者的工作年限和订立固定期限劳动合同的次数应当连续计算。本案中，甲公司与乙公司虽然是关联企业，但是劳动关系转移协议是乙公司、甲公司与朱某经过协商一致达成的，签订劳动关系转移协议的目的是工作需要，乙公司、甲公司并非出于恶意规避订立无固定期限劳动合同。朱某在乙公司、甲公司的工作单位不同、地点不同、职位不同、工作内容不同、报酬也不相同。乙公司并没有朱某在甲公司担任的相同岗位，且朱某在甲公司的工资收入更高，社会保险也由乙公司交纳变更为甲公司交纳。综上，朱某没有证据证明乙公司与甲公司恶意串通与其轮流签订劳动合同以规避法律法规的规定，从而达到损害朱某合法权益的目的。朱某要求劳动合同订立次数应连续计算的主张没有法律依据，不予支持。

江苏省江阴市人民法院依照《中华人民共和国劳动合同法》第十四条之规定，判决如下：

驳回朱某的诉讼请求。

朱某不服，提起上诉。江苏省无锡市中级人民法院经审理认为：朱某与乙公司、甲公司分别签订劳动合同的次数不能累计计算。理由如下：首先，乙公司与甲公司系独立法人，不存在人格混同情形；其次，朱某主张与不同公司订立劳动合同的次数累计计算，无法律依据；最后，朱某的劳动关系由乙公司转移至甲公司时，三方签订劳动关系转移协议，该协议并未违反法律的强制性规定。根据该协议的约定，朱某原劳动合同的解除与新合同的订立也不属于连续订立固定期限劳动合同。

江苏省无锡市中级人民法院依照《中华人民共和国民事诉讼法》第一百七十条第一款第一项的规定，判决如下：

驳回上诉，维持原判。

【法官后语】

劳动者在关联企业先后签订的劳动合同，能否视为在同一单位连续订立二次固定期限合同？劳动者据此要求用人单位签订无固定期限劳动合同的，能否支持？笔者认为，劳动者在关联企业签订的劳动合同次数不能当然累计计算，理由如下：

第一，关联企业并非同一用人单位。根据公司法的规定，关联关系是指公司控股股东、实际控制人、董事、监事、高级管理人员与其直接或间接控制的企业之间的关系，以及可能导致公司利益转移的其他关系。关联企业虽然在某些方面存在一定的联系，但其最大的特点就是具有独立的法人资格。所以关联企业既有关联性，又具有独立性。如果二者不存在人格混同的情形，则不可以适用法人人格否认制度。本案中，乙公司与甲公司虽为同一实际控制人控制的企业，但二者在经营范围、注册地址、工作岗位设置等方面均不同，故本案应更侧重考虑二者的独立性。

第二，要求累计计算没有法律依据。根据《中华人民共和国劳动合同法》第十四条第二款的规定，劳动者与同一用人单位连续订立二次固定期限合同，且没有严重违纪、不胜任工作、医疗期满等法定解除情形的或劳动者在该用人单位连续工作满十年的，当劳动者提出订立无固定期限劳动合同时，用人单位应当与其订立无固定期限劳动合同。故适用该条要求劳动者在同一用人单位内连续订立劳动合同的次数达到二次。而《中华人民共和国劳动合同法实施条例》第十条规定："劳动者非因本人原因从原用人单位被安排到新用人单位工作的，劳动者在原用人单位的工作年限合并计算为新用人单位的工作年限。原用人单位已经向劳动者支付经济补偿的，新用人单位在依法解除、终止劳动合同计算支付经济补偿的工作年限时，不再计算劳动者在原用人单位的工作年限。"该条仅规定劳动者的劳动关系非因本人原因在关联企业之间流转时，工作年限是累计计算的。劳动者从原用人单位到关联企业工作，这一过程存在两个法律行为，其一是劳动者与原用人单位劳动关系的解除，其二是劳动者与关联企业新劳动关系的建立。所以一方面，朱某要求在关联企业之间订立劳动合同的次数累计计算，没有法律依据。另一方面，工作年限的连续计算也否认了两企业的独立人格。即使连续计算朱某的工作年限，朱某也未连续工作满十年，未达到签订无固定期限劳动合同的年限要求。

第三，从当事人意思自治角度分析。劳动合同的签订需要用人单位与劳动者反复磋商，是双方真实的意思表示。劳动者将其劳动关系转移到关联企业，有其自身的考量因素，或是岗位的提升，或是工资的变化，或是看重新单位的平台。在转移的过程中，劳动者、原用人单位、新用人单位三方往往进行了多次协商，劳动者在综合多种因素后，选择入职新单位。在此过程中，劳动者表达了其真实意思，而原用人单位亦不存在规避签订无固定期限劳动合同的故意。

编写人：江苏省无锡市中级人民法院　许晓倩

049　“订立劳动合同时所依据的客观情况发生重大变化”与“原劳动合同无法继续履行”的因果关系认定

——黄某诉对外公司劳动争议案

【案件基本信息】

1. 裁判书字号

北京市第一中级人民法院（2019）京01民终10538号民事判决书

2. 案由：劳动争议纠纷

3. 当事人

原告（被上诉人）：黄某

被告（上诉人）：对外公司

【基本案情】

对外公司原系全民所有制企业，黄某系该公司员工。2017年9月12日，对外公司根据上级要求发布改制方案，其中员工安置方案处载明：现有在岗员工全部进入改制后的新公司。改制方案经上级公司批复同意。批复中再次强调改制不涉及员工分流安置，全体员工由改制后的新公司整体接收。2017年11月24日，对外公司的性质变更为有限责任公司。

2018年3月19日，对外公司公布《机构调整减员增效实施方案》，决定深化公司机构改革，精简部门设置，将现有11个部门整合为4个，本部人员从36人降至18人。除领导班子成员外所有在职人员通过公司内部竞聘上岗。未竞聘上岗的人员公司将通过推荐至其他公司应聘、协商解除劳动关系、待岗等方式安置。包括黄某在内的26名员工不同意该方案，向对外公司提交了2份《员工意见》。后对外公司发布《机构和劳动关系调整实施方案》，载明对公司机构调整中未能竞聘上岗且不同意其他方案的员工，公司将根据劳动合同法第四十条第三项及劳动合同、公司规章制度解除劳动合同。

2018年6月，对外公司向黄某发出《解除劳动合同通知书》，载明：因公司经营困难、连年亏损，已无力支付员工工资及社保费用。为适应市场变化，公司在调整机关构架过程中，您未参与竞聘上岗，也未就劳动关系调整达成一致意见。依据劳动合同法和公司劳动关系调整方案，与您解除劳动关系。

黄某主张对外公司的解除行为系违法解除：第一，公司改制在先完成，解除行为与改制无关；第二，重组改制不影响劳动合同继续履行；第三，公司是否亏损与解除劳动关系无关；第四，公司未尽善意协商义务。

对外公司辩称，公司解除行为系合法解除：公司改制属于客观情况发生重大变化；公司与黄某已就变更劳动合同内容进行充分协商，但黄某拒绝变更；公司从2014年起连续亏损，2016年已不能正常支付员工工资，只能向上级单位借款支付。

黄某申请劳动仲裁，要求对外公司支付违法解除劳动关系赔偿金。北京市海淀区劳动人事争议仲裁委员会出具裁决书，驳回黄某的仲裁请求。黄某不服裁决结果，诉至法院，要求对外公司支付违法解除劳动合同赔偿金差额。

【案件焦点】

1. 如何理解“订立劳动合同时所依据的客观情况发生重大变化，致使原劳动合同无法继续履行”的内涵；2. 对外公司与黄某解除劳动合同的行为是否符合《中华人民共和国劳动合同法》第四十条第三项之规定。

【法院裁判要旨】

北京市海淀区人民法院经审理认为：对外公司主张改制导致客观情况发生重大变化，致使劳动合同无法履行。首先，对外公司的改制方案及上级单位的批复中均载明“在岗员工全部进入新公司”，故改制并非劳动合同无法继续履行之原因；其次，对外公司的《机构调整减员增效实施方案》与改制完成时间相距四个月有余，且内容未涉及改制，并非改制要求；最后，《解除劳动合同通知书》中载明的理由未提及改制原因。上述情况均表明对外公司以减员增效为目的的机构改革系自主行为，并非企业改制所导致，其与黄某解除劳动关系的行为不符合劳动合同法第四十条第三项的规定，系违法解除，应支付黄某违法解除劳动合同赔偿金差额。

北京市海淀区人民法院依据《中华人民共和国劳动合同法》第八十七条之规定，判决如下：

对外公司于本判决生效之日起七日内支付黄某违法解除劳动合同赔偿金差额163260元。

对外公司不服一审判决，提出上诉。北京市第一中级人民法院经审理认为：解除劳动合同通知书载明解除原因为“一、经营困难、连年亏损，无力支付劳动者工资。二、在调整机关架构过程中，劳动者未参与竞聘上岗，也未就劳动关系调整达成一致意见”。就第一项理由，无法律依据，不应予以支持。就第二项理由，公司亦不能仅以调整机关架构为由，加大劳动者的义务，更不能在未就变更劳动关系协商一致的情况下解除劳动关系。就二者关联性来看，对外公司主张调整机关架构即改制，符合客观情况发生重大变化；主张公司多年负债经营，继续履行劳动合同成本过高、显失公平。就此，对外公司的上述抗辩理由并不充分：一是改制方案已明确说明在岗员工全部进入新公司，可见改制并不必然造成解除劳动关系之后果。二是对外公司主张继续履行劳动合同成本过高，亦非改制之后果，并非客观情况发生重大变化造成。对外公司与劳动者解除劳动关系之情形，并不符合劳动合同法第四十条第三项之规定，系违法解除。

北京市第一中级人民法院依照《中华人民共和国民事诉讼法》第一百七十条第一款第一项规定，判决如下：

驳回上诉，维持原判。

【法官后语】

本案争议指向《中华人民共和国劳动合同法》第四十条第三项的理解与适用。

作为“无过失性辞退”条款，该条款体现了情势变更原则在劳动法领域的适用，属于契约严守原则在特定情形下的例外与突破，其实质是诚实信用原则在合同履行过程中的具体运用，目的在于使合同利益在当事人之间均衡分配，消除在情势变更后继续履行合同造成的不公平后果。

用人单位在适用该条款解除劳动合同时，需同时满足以下三个要件：一是出现劳动合同订立时所依据的客观情况发生重大变化，导致原劳动合同无法继续履行之情形；二是用人单位与劳动者协商未能就变更劳动合同达成一致意见；三是用人单位履行通知工会等程序要求。上述要件中，司法审查的重点和难点历来是要件之一，论述集中于是否存在客观情况发生重大变化。在适用过程中，裁审人员往往在认定“客观情况发生重大变化”后直接得出“原劳动合同无法继续履行”的结论，而忽略二者之间的因果关系。

因果关系理论在刑事及侵权案件审判过程中被广泛运用，查明因果关系往往是定罪量刑及确定责任分担比例的重要一环。而在劳动合同法领域，因果关系往往由于其显而易见性而被忽略，不仅在法律文书中很难看到关于因果关系的论证，甚至在法官“自由心证”的过程中也常常被忽略。

本案中，法院与仲裁委对于用人单位解除行为合法性的认定截然不同，根源在于对因果关系的考量与否。法律、法规、政策变化导致用人单位迁移、资产转移或者停产、转产、转（改）制等，对于企业来说确系“客观情况发生重大变化”，但上述情况并不必然导致经营架构调整、部门裁撤，进而造成原劳动合同无法继续履行或继续履行成本过高等情况。故在认定“劳动合同订立时所依据的客观情况发生重大变化致使原劳动合同无法履行”的过程中，应着重甄别上述“经营架构调整”“部门裁撤”产生的“原因”是否为“客观情况发生重大变化”，从而将其与“商业风险”“企业经营自主权”区别开来。例如，受政策影响企业转产可能会导致相关专业技术工人的劳动合同无法继续履行，但并不应影响原财务、人力等岗位人员合同的履行；国企改制导致部门合并并不必然导致岗位削减。

综上所述，在审理涉及《中华人民共和国劳动合同法》第四十条第三项“客观情况发生重大变化”所引发的“解除合法性”争议时，应基于情势变更原则，审慎查明“客观情况发生重大变化”与“原劳动合同无法继续履行”之因果关系，以落实保护劳动者合法权益之目的，防止用人单位以“客观情况发生重大变化”之名行“自主裁员”之实。

编写人：北京市海淀区人民法院　董洪辰

050 劳动合同变更中“协商一致”的认定标准

——田某诉雕塑公司劳动争议案

【案件基本信息】

1. 裁判书字号

北京市第一中级人民法院（2019）京01民终8355号民事判决书

2. 案由：劳动争议纠纷

3. 当事人

原告（上诉人）：田某

被告（被上诉人）：雕塑公司

【基本案情】

田某于2009年11月3日入职雕塑公司，任人力资源经理一职，双方订立过3份劳动合同，最后一份劳动合同期限自2015年11月4日起至2018年11月3日止。劳动合同第十条载明“合同期内如因岗位调整或其他原因，造成薪资调整，则以书面签署《薪资调整表》为准”。

雕塑公司通过银行转账方式支付田某工资，自2015年9月起，田某的月工资标准为7500元，后自2018年4月1日雕塑公司按照每月3000元标准支付田某工资至2018年11月27日，田某正常工作至当日。双方均确认劳动关系于2018年11月3日到期。

雕塑公司主张其公司自2018年8月20日至2018年11月27日期间多次要求与田某续签劳动合同，但因田某不同意续签，双方劳动关系于2018年11月27日终止。

田某主张其多次要求续订劳动合同，但因续订合同文本约定的薪资每月3000元低于其每月7500元的标准，其多次要求调整，但雕塑公司未能同意，后对方违法终止双方间劳动关系。

田某以要求雕塑公司支付工资、工资差额、违法解除劳动合同赔偿金、办理档案转移为由向北京市海淀区劳动人事争议仲裁委员会提出申请，该委裁决：一、雕塑公司于裁决书生效之日起十日内，为田某办理档案转移；二、驳回田某的其他仲裁请求。田某不服该裁决结果，于法定期限内提起诉讼，请求雕塑公司向其支付

2018年4月1日至2018年9月30日期间工资差额27000元、2018年10月1日至2018年11月27日期间工资19913.79元、违法解除劳动关系赔偿金151918.1元。雕塑公司同意仲裁裁决结果。

【案件焦点】

1. 田某与雕塑公司的劳动合同是否发生变更；2. 雕塑公司是否应当支付田某违法解除劳动关系赔偿金。

【法院裁判要旨】

北京市海淀区人民法院经审理认为：其一，双方均确认自2018年4月1日起，公司按照每月3000元标准实际支付田某工资至2018年11月27日。田某虽主张不知悉公司通过电子邮件告知其岗位职责调整和工资标准的变更，但其未能提出有效证据予以证明。其二，公司有权终止双方的劳动关系，无需支付违法解除劳动合同赔偿金。其三，公司应为田某办理档案转移。

北京市海淀区人民法院依照《中华人民共和国劳动合同法》第三十条第一款、第五十条规定，判决如下：

一、雕塑公司于判决生效之日起七日内，为田某办理档案转移手续；

二、雕塑公司于判决生效后七日内支付田某2018年4月1日至2018年4月7日期间的工资差额827.59元；

三、驳回田某的其他诉讼请求。

田某不服一审判决，提起上诉。北京市第一中级人民法院经审理认为：其一，田某于二审中提交的证据足以证明，公司在向第三方出具的证明中认可田某工作职责超出公司所称的调整后的3项内容以及田某月固定工资为 7500 元。其二，公司以每月 3000 元工资标准要求田某签订无固定期限劳动合同缺乏事实和法律依据，应支付违法终止劳动合同赔偿金。

北京市第一中级人民法院依照《中华人民共和国劳动合同法》第十四条、第三十条、第四十八条、第八十七条，《中华人民共和国民事诉讼法》第一百七十条第一款第二项规定，判决如下：

一、维持一审判决第一项；

二、撤销一审判决第二项、第三项；

三、雕塑公司于判决生效后十日内支付田某 2018 年 4 月 1 日至 2018 年 11 月 27 日的工资差额 35431.03 元；

四、雕塑公司于判决生效后十日内支付田某违法终止劳动合同赔偿金 142500 元；

五、驳回田某的其他诉讼请求。

【法官后语】

本案生效裁判对一审判决进行了部分改判，二审合议庭的主要争议在于：田某与用人单位之间的劳动合同是否发生变更？具体而言：用人单位所称自 2018 年 4 月 1 日起将其工作职责由原来的 11 项调整为 3 项，月工资标准由原来的 7500 元调整为 3000 元是否具有合理性？田某自 2018 年 4 月 1 日起工作内容是否实际发生变更？就上述问题，合议庭认为用人单位主张双方劳动合同发生变更，田某主张劳动合同未发生实际变更，则用人单位应就劳动合同实际发生变更承担举证责任。现用人单位未就其主张提举充分有效的证据，且田某向合议庭提交用人单位出具的证明，显示田某的工作职责未实际发生变更，则用人单位应就其举证不利行为承担法律后果。

1. 用人单位未尽到劳动合同发生变更之举证义务

就劳动合同是否发生变更，用人单位应举证证明双方劳动合同已进行书面或者口头变更。根据劳动合同法第三十五条等规定以及合同法基本原理，劳动合同变更应以双方协商一致为前提。本案中，双方的协商过程未通过《薪资调整表》以书面形式固定，用人单位亦未能证明曾就劳动合同的变更与劳动者达成口头协议，田某也对此矢口否认。用人单位虽主张曾向田某发送邮件通知其岗位和薪资发生变动，但通知邮件的发送不等同于双方协商一致，且田某主张曾就该邮件提出异议。故用人单位未对己方主张尽到证明责任。

2. 田某主张劳动合同未发生实际变更

田某在二审中提交了三份新的证据，用以证明劳动合同未发生实际变更。用人单位在庭审过程中不认可田某三份证据的真实性。合议庭评议后认为：其一，除非有相反的证据予以推翻，盖有公章的文书是其真实意思表示，法人应当对盖有法人公章的证明承担相应的法律责任。其二，田某提交的三份证据均产生于双方劳动争议发生之前，系用人单位出于工作需要向第三人出具的证明，伪造可能性较小，可信性较高。其三，用人单位在庭审中虽然拒绝承认田某所提交的三份证据的真实性，但该公司拒绝对公章申请司法鉴定。即使在合议庭对不申请司法鉴定的法律后果进行释明后，用人单位仍然不申请鉴定。在庭审过程中，用人单位也承认公司公章是由专人保管，且盖章需要经过法定程序。在此情况下，田某提供的三份加盖有公司公章证明应认定为公司真实意思表示，即公司承认田某在2018年4月1日之后实际工作职责、工作内容未发生变更，公司以3000元月工资标准支付田某工资于法无据。

综上，出于“优势证据”原则，本案生效裁判采信了田某提交的三份证据，支持了田某关于双方劳动合同未发生变更的主张，跳出了实体法的适用困境，有利于实现个案公平。

编写人：北京市第一中级人民法院　张建清　李圆欢

051　劳动合同工作地点约定不明单位异地调动是否合理

——甲公司诉姚某劳动合同案

【案件基本信息】

1. 裁判书字号

上海市第一中级人民法院（2019）沪 01 民终 15760 号民事判决书

2. 案由：劳动合同纠纷

3. 当事人

原告（上诉人）：甲公司

被告（被上诉人）：姚某

【基本案情】

2017 年 1 月 13 日，姚某入职乙公司，担任导购（营业员）一职，双方签有期限为 2017 年 1 月 13 日至 2020 年 6 月 30 日的劳动合同。

2018 年 3 月 1 日，甲公司、姚某与乙公司签订劳动合同主体变更协议，约定自 2018 年 4 月 1 日起，用人单位变更为甲公司，其他劳动合同条款保持不变。劳动合同第五条约定：“姚某的工作地点为服从公司安排。”

2019年4月2日，甲公司通过钉钉工作群向姚某送达员工调岗通知书，通知自2019年4月12日起将姚某从长沙专柜导购岗位调往上海专柜导购岗位，调岗后岗位不变，基本工资由1800元调整到2050元，如超期未报到者，视为旷工。姚某当即向甲公司提出不接受该调动，甲公司后通过快递方式将该书面通知送达姚某，姚某于2019年4月7日签收。

2019年4月8日，甲公司从长沙某商城撤柜，姚某实际工作至该日。

2019年4月17日，甲公司通过快递向姚某寄送《因连续旷工超过三天解除劳动合同函》，称因姚某自2019年4月12日起未办理任何手续擅自离岗，已连续旷工超过三天，与姚某解除劳动合同。姚某于2019年4月20日收到该函。

甲公司与丙公司之间签有期限自2019年1月1日至同年8月31日的品牌托管经营合同，约定甲公司委托丙公司负责湖南省长沙市各大商场内甲公司专柜的品牌托管，主要包括店铺人员管理、货品管理等。

2019年4月8日，甲公司从长沙某商城撤柜，姚某将货物交由丙公司托管。

2019年5月9日，甲公司发函至丙公司要求将2019年4月8日撤柜后，所有商品及物料归还甲公司。同年5月15日，丙公司函复甲公司，货品物料在丙公司处，后又出具证明函称货品和物料均由长沙某托管公司暂时保管，与店铺员工无关。

甲公司、姚某双方均确认姚某2019年3月实际应发工资为2997.43元、2019年4月应发工资为900.03元，甲公司已实际向姚某支付2019年3月至4月工资2508.62元。甲公司、姚某均确认计算赔偿金的基数为2897.01元。

2019年4月，姚某向长沙市劳动人事争议仲裁委员会申请仲裁，要求甲公司支付姚某2019年3月1日至同年4月8日期间的工资3990.5元、经济补偿11811元（含代通知金3374.81元）。后甲公司向该会提出仲裁反申请，要求姚某赔偿甲公司库存商品赔款39307元。该会裁决甲公司支付姚某工资差额1896.19元、经济补偿7242.53元，对甲公司、姚某的其他请求不予支持。

甲公司、姚某均不服上述仲裁裁决，提起诉讼。甲公司请求：1. 甲公司无须支付姚某工资差额1896.19元；2. 甲公司无须支付姚某经济赔偿7242.53元；3. 姚某赔偿甲公司库存商品赔偿款39307元。姚某请求：1. 甲公司支付姚某2019年3月1日至同年4月8日期间的工资差额1481元；2. 甲公司支付姚某违法解除劳动合同的赔偿金14485.05元。

【案件焦点】

1. 原告与被告的劳动合同中约定的工作地点是否有效；2. 原告是否可以单方变更工作地点；3. 原告异地变更被告的工作地点是否合理；4. 双方就工作地点变更未达成一致，被告拒绝去新的工作地点上班是否构成旷工。

【法院裁判要旨】

上海市闵行区人民法院经审理认为：关于工资差额，甲公司、姚某双方对应付工资与已付工资金额均无异议，按照法律规定，公司理应向劳动者及时足额支付劳动报酬。

关于商品赔偿款，甲公司与丙公司的托管合同约定了丙公司对货品有保管之责，撤柜后货品由丙公司暂为保管并无不当，甲公司应向丙公司主张返还货物，而非要求姚某承担并未实际发生的损失。

关于违法解除劳动合同赔偿金，甲公司、姚某双方约定的工作地点为服从公司安排，这并非明确的工作地点，甲公司在长沙的专柜撤柜后，将姚某调至上海专柜工作，但姚某仅为普通营业员，工作、生活均在长沙，在未与姚某进行协商的前提下，甲公司要求姚某至远离其经常居住地的上海工作，且未对姚某来沪后的工作生活进行妥善安排，故而甲公司调整姚某工作地点缺乏合理性。甲公司认为姚某未在公司规定的时间至上海专柜报到即为旷工明显不合理，据此解除与姚某之间的劳动合同之行为欠妥，故姚某要求甲公司支付其违法解除劳动合同赔偿金之请求合理，予以支持。

上海市闵行区人民法院依照《中华人民共和国劳动合同法》第二条第一款，第三十条第一款，第四十七条第一款、第三款，第四十八条，第八十七条之规定，判决如下：

一、甲公司于本判决生效之日起十日内支付姚某工资差额1388.84元；

二、甲公司于本判决生效之日起十日内支付姚某违法解除劳动合同赔偿金14485.05元；

三、驳回甲公司的其余诉讼请求。

二审法院同意一审法院裁判意见。

【法官后语】

由于缺乏法律的具体规定，实践中对如工作地点约定为服从公司安排是否有效、用人单位是否可以单方变更工作地点、用人单位异地变更劳动者的工作地点是否合理、双方就工作地点变更未达成一致后劳动者拒绝去新的工作地点上班是否构成旷工等相关问题的判断往往较为困难。现结合本案具体情况作一梳理。

1. 原告与被告的劳动合同中约定的工作地点效力的认定

现实情况下，很多单位为了用工便利，在劳动合同中约定的工作地点为全国或服从公司安排等，此类工作地点的约定过于宽泛，仅便利了用人单位，而忽视了对劳动者权利的保护。此种“约定”显然对劳动者的权利侵害极大，对此应结合实际用工岗位等情况综合判断，本案中应以劳动合同实际履行地为双方约定的工作地点。

2. 原告是否可以单方变更工作地点

如果用人单位变更劳动者的工作地点超出劳动合同约定的范围，属于变更劳动合同，劳动合同法规定用人单位变更劳动合同应当与劳动者协商一致，所以本案原告变更被告的工作地点应当与被告协商一致。

3. 判断原告异地变更被告的工作地点是否合理

关于异地调动是否合理未有法律规定，但笔者认为异地工作地点的调动不仅要符合用人单位生产经营的合理需要，还不能对劳动者的实际利益造成太大影响。本案中的劳动者经常居住地、工作地点、家人子女所在地均为长沙，其工作岗位为普通营业员，基本工资也仅为当地最低工资标准，用人单位在未提供异地住房补贴、交通便利和合理薪酬等条件的情况下，将劳动者从长沙调动至上海，显然会对其实际利益造成巨大损害，该异地调动明显不合理。

4. 双方就工作地点变更未达成一致，被告拒绝去新的工作地点上班，是否构成旷工

本案中，在用人单位异地变更劳动者工作地点明显不合理的情况下，劳动者拒绝去新的工作地点上班，并不存在旷工的主观恶意，用人单位以此为由认定旷工，显然不合理。

综上，劳动法及劳动合同法范畴下对劳动者权利的保护和对用人单位自主经营权的保障，系审判人员应当考量的问题。若一味强调契约自由，势必会损害劳动者的基本权利；反之，一味强调保护弱势，又将影响企业经营，不利于经济发展。审理中，应根据具体案情，审慎裁判。

编写人：上海市闵行区人民法院　顾姝姝　钱明轩

052 劳动合同能否继续履行的认定条件

——吴某诉物流公司劳动争议案

【案件基本信息】

1. 裁判书字号

北京市第二中级人民法院（2019）京02民终703号民事判决书

2. 案由：劳动争议纠纷

3. 当事人

原告（上诉人）：吴某

被告（被上诉人）：物流公司

【基本案情】

吴某于2015年7月23日入职物流公司，任人力行政总监；物流公司于2015年11月6日与吴某签订了起止期限为2015年7月23日至2018年7月22日的劳动合同，双方约定吴某的试用期为2015年7月23日至2015年10月22日，吴某转正后的月工资标准为30000元，试用期月工资为转正后月工资的80%。

物流公司曾在2015年12月4日向吴某送达解除劳动合同通知，通知与吴某解除劳动合同，但吴某拒收。物流公司主张其公司通知吴某解除劳动合同的时间为2015年12月4日；吴某主张物流公司通知其解除劳动合同的时间为2015年12月7日。2015年12月8日，物流公司再次向吴某送达解除劳动合同通知，以吴某"于2015年12月4日，在处理部门内部工作时，未尽到该职务应尽职责，没有正确解决该项工作，而将该项工作进行散布，给公司造成极为恶劣影响，并且干扰了公司的正常工作秩序"为由，通知吴某于2015年12月7日与其解除劳动合同。

吴某曾以物流公司为被申请人向北京经济技术开发区劳动争议仲裁委员会申请劳动仲裁，要求物流公司继续履行劳动合同，支付其2015年10月23日至2015年12月4日期间的工资差额、2015年12月5日至2015年12月31日期间的工资差额、2016年1月1日至2017年9月27日期间的工资、2017年9月27日之后的工资，支付其2015年7月23日至2015年11月6日期间未签劳动合同的双倍工资差额，支付其2016年1月1日至2017年9月27日期间的社会保险费、继续为其缴纳2017年9月之后的社会保险费，支付其2015年12月至2017年9月期间的住房公积金、继续为其缴纳2017年9月之后的住房公积金，支付其未按时支付的工资及工资差额、未按时缴纳社会保险费和住房公积金的75%的赔偿金，以及向其书面赔礼道歉。2018年7月23日，该仲裁委作出裁决书，驳回吴某的全部申请请求。后吴某不服，向法院起诉。

吴某认可其从2016年1月起已在其他单位缴纳社会保险费，在本案庭审时其仍在其他单位缴纳社会保险费。

【案件焦点】

1. 本案仲裁时效是否超过；2. 物流公司解除劳动合同行为是否违法；3. 双方劳动合同能否继续履行。

【法院裁判要旨】

北京市大兴区人民法院经审理认为：即便吴某的仲裁请求未超过劳动争议的仲裁时效，考虑到吴某申请劳动仲裁时距物流公司第二次向其送达解除劳动合同通知已达一年，物流公司与吴某签订的劳动合同已在劳动仲裁过程中到期终止且吴某不存在应由物流公司与其签订无固定期限劳动合同的法定情形，以及吴某已在其他单位缴纳社会保险费等情况，足以认定即便物流公司与吴某解除劳动合同的行为违法，双方之间的劳动合同亦无法继续履行。吴某的各项诉讼请求均无依据，应予驳回。

北京市大兴区人民法院依照《最高人民法院关于适用〈中华人民共和国民事诉讼法〉的解释》第九十条之规定，判决如下：

驳回吴某的全部诉讼请求。

一审判决后，吴某不服，提起上诉。北京市第二中级人民法院经审理认为：（1）关于仲裁时效，物流公司曾于2015年12月4日通知吴某解除劳动合同，但物流公司并未提交证据证明此次通知的解除劳动合同之日为何日，吴某亦不认可双方于2015年12月4日解除了劳动合同。2015年12月8日，物流公司再次通知吴某解除劳动合同，此次通知中载明的解除劳动合同时间为2015年12月7日。故吴某于2016年12月7日申请劳动仲裁，未超过仲裁时效。物流公司提出的时效抗辩不能成立。（2）关于劳动合同的解除，物流公司以吴某于2015年12月4日，在处理部门内部工作时，未尽到该职务应尽职责，没有正确解决该项工作，而将该项工作进行散布，给公司造成极为恶劣的影响，并且干扰了公司的正常工作秩序为由，与吴某解除劳动合同。但物流公司未能提供充分证据证明其解除劳动合同具有合法依据，故应属违法解除劳动合同。（3）关于劳动合同应否继续履行，2016年1月至2018年6月，吴某曾向北京市海淀区人力资源和社会保障局提交科技公司为其办理北京市工作居住证的申请报告、诚信声明、任职证明、劳动合同书、税收完税证明等材料，该局等单位对吴某所提交的材料予以认定并据此为其办理了北京市工作居住证。在吴某已经通过科技公司缴纳社会保险、代扣代缴个人所得税及申办北京市工作居住证的情况下，现又以其与科技公司并非劳动关系为由要求与物流公司继续履行劳动合同，该主张与实际行为相悖且有违诚实信用原则。故对吴某要求与物流公司继续履行劳动合同的上诉请求，不予支持。吴某的其他各项上诉请求，均无事实及法律依据，亦不予支持。

北京市第二中级人民法院依照《中华人民共和国民事诉讼法》第一百七十条第一款第一项规定，判决如下：

驳回上诉，维持原判。

【法官后语】

本案是由劳动合同解除所引发的争议，双方争议的焦点分为程序和实体“两方面”“三步走”。程序方面，劳动者的诉讼请求是否超过仲裁时效。实体方面，用人单位解除劳动合同是否合法；如果用人单位的解除行为违法，那么涉及的主要问题在于劳动合同应否继续履行。因此，争议焦点第一步为仲裁时效问题，即物流公司所主张的曾于2015年12月4日通知吴某解除劳动合同的行为是否存在并发生法律效力。如果生效，则吴某于2016年12月7日申请仲裁，超过了一年的时效期限，本案无需进入实体审理。如果未生效，则本案应当进入实体审理程序，审查物流公司于2016年12月8日解除与吴某劳动合同的行为是否合法，即争议焦点第二步。这就需要审查物流公司主张的解除原因是否有充分的事实证据和法律依据。如果合法，那么本案无需判断劳动合同应否继续履行问题；如果违法，那么进入争议焦点第三步，即在吴某要求继续履行的情况下，判断劳动合同能否继续履行。关于吴某2015年12月8日之后工资及其他诉讼请求，则建立在上述争议焦点问题判断之上，可待上述问题解决之后再一并解决。总之，在前两步判断完成之后，应当着重解决的是双方劳动合同能否继续履行，即劳动合同能否继续履行的认定条件问题。

1. 继续履行的理解

“继续履行”作为一种重要的违约救济措施，是指在契约一方不履行合同义务或者履行义务不符合约定时，经契约另一方当事人的请求，由裁判机关以国家命令的形式强迫违约一方按照合同的约定继续履行原契约义务。

《中华人民共和国劳动合同法》第四十八条规定了在用人单位违

法解除或终止劳动合同后，劳动者享有的权利以及用人单位应承担的法律后果。根据该条规定，“劳动合同继续履行”可以理解为：用人单位违反本法规定解除或者终止劳动合同，劳动者要求继续履行劳动合同，并且该劳动合同能够继续履行的，用人单位应当继续履行。即劳动合同继续履行的前提是存在劳动合同能够继续履行的可能性。

2. 劳动合同不能继续履行的情形

司法实践中，劳动合同不能继续履行主要分为用人单位原因和劳动者原因两个方面。因用人单位原因的不能履行主要包括：(1) 用人单位被依法宣告破产、吊销或注销营业执照、责令关闭、撤销，或者用人单位决定提前解散的。用人单位丧失用工的主体资格，劳动合同不能继续履行。(2) 劳动者原岗位对用人单位的正常业务开展具有较强的不可替代性和唯一性（如总经理、财务负责人等），且劳动者原岗位已被他人替代，双方不能就新岗位达成一致意见的。注意用人单位仅以劳动者原岗位已被他人替代为由进行抗辩的，不宜认定为“劳动合同确实无法继续履行的”情形。

因劳动者原因的不能履行主要包括：(1) 劳动者在仲裁或者诉讼过程中达到法定退休年龄的。此时，劳动者不具备建立劳动关系的主体资格，劳动合同不能继续履行。(2) 劳动者已入职新单位的。劳动合同继续履行的目的在于维护劳动关系的长期稳定发展，而当劳动者已入职新单位后，若继续履行原劳动合同，将导致劳动者与新用人单位、原用人单位之间的关系混乱，不利于劳动关系的和谐与稳定。故劳动者已入职新单位的，可以作为原用人单位不继续履行劳动合同的抗辩事由。例如本案，就需要实质审查吴某的行为是否符合诚实信用原则的要求，在争议期间是否有其他工作单位，可以要求劳动者提供其争议期间的社会保险和个人所得税缴纳情况及相应的转账记录进行核实，以及鼓励用人单位提供劳动者可能已经与其他用人单位建立劳动关系的线索进行调查，尽可能还原案件客观真实情况。（3）仲裁或诉讼过程中，用人单位向劳动者送达复工通知，要求劳动者继续工作，但劳动者拒绝的。

另外，劳动合同在仲裁或者诉讼过程中到期终止且不存在《中华人民共和国劳动合同法》第十四条规定应当订立无固定期限劳动合同情形的，也无需继续履行。其他明显不具备继续履行劳动合同条件的，作为兜底条款，赋予裁判机关一定的自由裁量权，衡平劳资双方利益，作出最符合实际的裁判。

3. 正确选择价值导向

诚实守信是中华民族的传统美德，也是现代法治社会的一项基本法律规则。劳动关系是具有一定隶属性与人身依附性的长期、持续和稳定的关系，劳动者在享有权利的同时，亦应当履行义务，本着诚实信用的原则履行劳动关系。

本案二审阶段，吴某一方面主张其并未真正在科技公司工作，主要是为了其子小学入学，与科技公司仅仅是代缴社保和税收的关系；另一方面又向海淀区人社局提交了一整套申请北京市工作居住证的完备手续，并且该人社局已经为吴某办理了工作居住证。那么在吴某已经通过科技公司缴纳社会保险、代扣代缴个人所得税及申办北京市工作居住证的情况下，吴某系以实际行为认可了上述材料的真实性，现吴某又以其与科技公司并非劳动关系为由要求与物流公司继续履行劳动合同，可谓自相矛盾，亦不符合诚实信用原则的要求，故不应予以支持。

编写人：北京市第二中级人民法院　金铭

053 企业有权在合理范围内对劳动者进行调岗

——陈某诉某行彭水支行劳动合同案

【案件基本信息】

1. 裁判书字号

重庆市第四中级人民法院（2019）渝04民终950号民事判决书

2. 案由：劳动合同纠纷

3. 当事人

原告（上诉人）：陈某

被告（被上诉人）：某行彭水支行

【基本案情】

陈某于1979年12月1日入职某行彭水支行参加工作，双方于2002年9月30日签订了无固定期限的《劳动合同书》，约定陈某从事信贷管理主任岗位工作。2009年4月9日，某行彭水支行聘任陈某为支行中级独立审批人（享受部门正职待遇），在行长转授权范围内开展工作。2009年9月1日，陈某与某行彭水支行签订了无固定期限的《某行重庆市分行劳动合同书》，该合同约定陈某从事专业技术岗位工作，某行彭水支行可以根据工作需要和陈某的工作能力、身体状况等调整陈某的工作内容和工作地点。某行彭水支行现行有效的规章制度以及合同订立后新增、修改的规章制度为本合同附件，作为处理双方劳动争议的依据，双方应遵照执行。2013年4月24日，某行彭水支行根据《某行重庆分行领导干部聘任管理实施细则》规定解聘了陈某的中级独立审批人（部门正职级）职务。某行彭水支行于2015年8月13日聘任陈某为营业机构高级客户经理岗高级专员，于2018年2月9日解聘了陈某的营业机构高级客户经理岗高级专员职务。与此同时，对陈某工资进行了相应的调整并按月发放。

陈某于2019年3月27日向彭水县人事争议仲裁委员会提起劳动仲裁，认为《某行重庆分行领导干部聘任管理实施细则》针对的是领导干部，对陈某所在的工作岗位不具有约束力，某行彭水支行根据该规定调整其岗位违法，请求某行彭水支行支付其因岗位调整造成的工资等损失。某行彭水支行对此予以否认，认为陈某担任的中级独立审批人职务（享受部门正职待遇）系科、股级实职干部，属于上述规定的管理范围，其“调岗”符合法律规定。

【案件焦点】

某行彭水支行是否有权根据自身生产经营的需要对陈某的工作岗位进行调整。

【法院裁判要旨】

重庆市彭水苗族土家族自治县人民法院经审理认为：陈某、某行彭水支行双方基于平等自愿的原则签订了无固定期限劳动合同，合同约定了某行彭水支行有权根据工作需要及陈某的工作能力及身体状况等调整陈某的工作内容和地点。同时双方约定了陈某承诺认真学习并遵守某行彭水支行的各项规章制度。某行彭水支行根据陈某的实际年龄情况，按照合同的约定及相应的规章制度对陈某的岗位进行适当的调整，属于企业的自主经营权范围，具有正当性、合法性。而随着陈某岗位的变化，某行彭水支行理应对陈某的工资收入进行调整，住房公积金亦是随工资调整而调整。陈某诉称岗位及工资调整后，其绩效工资遭受损失，但没有提供充分的证据证明。

重庆市彭水苗族土家族自治县人民法院依照《中华人民共和国劳动争议调解仲裁法》第五条，《中华人民共和国劳动合同法》第三条第二款、第四条、第十一条之规定，作出如下判决：

驳回陈某的诉讼请求。

陈某不服一审判决，提起上诉。重庆市第四中级人民法院经审理认为：某行彭水支行依据双方签订的劳动合同及相关制度，对陈某进行调岗是自身经营所需，具有合法性、合理性。结合陈某在调岗后在新岗位履职数年的事实，可以认定某行彭水支行、陈某双方就劳动合同中的“工作内容”进行了有效变更。岗位变更后，某行彭水支行按照新的工作岗位向陈某支付工资待遇不违反合同约定亦没有对其造成损失。陈某要求某行彭水支行赔偿因调岗给其造成的各类经济待遇损失，于法无据。

重庆市第四中级人民法院根据《中华人民共和国民事诉讼法》第一百七十条第一项规定，判决如下：

驳回上诉，维持原判。

【法官后语】

本案处理的关键在于企业的自主经营权与劳动者权益保障之间的平衡。企业有根据自身经营需要调整劳动者的工作岗位的自主权，而劳动者有要求企业严格履行劳动合同，不得随意调岗调薪的合法权益。处理因企业调岗而产生的劳动争议案件，需要司法机关在个案处理中把握二者之间的平衡，既不能让企业滥用“调岗权”损害劳动者的合法权益，亦不能限制企业自主经营。具体到本案，关于企业“调岗权”与劳动者权益保护之间的平衡，主要考量以下几个方面：

1. 企业与劳动者是否就调岗形成合意

劳动关系的本质仍然属于契约关系，需要遵循意思自治的原则，企业与劳动者就调岗问题如协商一致，则双方都应当按照约定严格履行。本案中，根据某行彭水支行、陈某签订的劳动合同中关于某行彭水支行有权根据工作需要及陈某的工作能力及身体状况等调整陈某的工作内容和地点的约定，以及调岗后陈某在新的岗位上工作时间较长且未及时提出过异议的事实，可以认定某行彭水支行、陈某双方就劳动合同中的“工作岗位及工作内容”的变更达成了一致，某行彭水支行的调岗行为并未超出双方“合意”的范畴。

2. 企业调岗客观上是否损害了劳动者的权益

企业不得基于惩戒、报复、逼迫离职等不良动机滥用“调岗权”，侵害劳动者的合法权益。在本案，陈某的主要诉求是某行彭水支行的调岗行为依据不足且造成其工资待遇减少，要求补足差额。如前所述，某行彭水支行调整陈某的工作岗位是基于双方合同约定和企业的规章制度进行的，而陈某的工资待遇随着岗位的变动在合理的幅度内进行调整不违反合同约定，亦不违反“薪随岗定”的基本原则。某行彭水支行的调岗行为并未损害陈某的权益，其要求某行彭水支行赔偿因调岗给其造成的各类经济待遇损失，于法无据。

3. 企业调岗是否为企业生产经营所必需

企业调岗一般出于经营或业务发展需要，应当符合资源优化配置的市场规律，不得随意滥用。陈某 1979 年便进入某行彭水支行工作，2009年在原劳动合同基础上与某行彭水支行新签订无固定期限劳动合同，其工作稳定性已经得到保障，故从企业追求经济效益最大化的角度应容许某行彭水支行通过调岗的方式整合内部人力资源的配置。另外，某行彭水支行对陈某两次调岗均是因为陈某年龄偏大（陈某在第一次调岗时已年满50周岁），达到了相应岗位的年龄上限。而某行彭水支行设定的相应限制符合企业优化人力资源配置，追求经济效益最大化的经营的特点，该行为符合其经营发展需要。

编写人：重庆市第四中级人民法院　王军峰　秦清华

054 用人单位单方调岗行为的实体合理性与程序合法性的审查要素

——汽车公司诉朱某劳动争议案

【案件基本信息】

1. 裁判书字号

北京市第二中级人民法院（2019）京02民终9629号民事判决书

2. 案由：劳动争议纠纷

3. 当事人

原告（被上诉人）：汽车公司

被告（上诉人）：朱某

【基本案情】

2011年6月17日，朱某入职汽车公司。双方签订的劳动合同中约定：汽车公司有权根据公司业务发展的需要及朱某的能力和表现，调整朱某的工种和工作岗位；对此，汽车公司应听取朱某的意见。员工手册为劳动合同的附件，与劳动合同具有同等法律效力。

2015 年 7 月 1 日，朱某的工作岗位调整为汽车电子事业部系统工程部高级系统经理。2016 年 11 月 1 日，汽车公司向朱某送达转岗通知和工作安排通知，安排朱某担任高级系统分析员。朱某未同意汽车公司的上述转岗和工作安排。2016 年 12 月 16 日，汽车公司向朱某送达恢复原岗位通知。

2016 年 12 月 26 日，汽车公司与朱某就其恢复高级系统经理岗位后的工作安排等问题进行了沟通，告知朱某其上级领导为马某；明确告知其工资待遇不变；同时已经为朱某提供了相应的工作条件。马某在告知朱某工作内容时，一再提出听取朱某对新工作任务安排的意见，并告知朱某，如完成上述工作任务需要，首先，汽车公司可为其配置所需的软硬件工作条件。然而，朱某仅是单纯地拒绝汽车公司的工作安排，而未就相应工作内容发表意见。在上述情况下，汽车公司在近半年的时间内，多次与朱某进行沟通、解释，给予朱某完成相关工作的机会，不断后延完成相关工作任务的时间节点，并向朱某释明不利后果，但朱某仍予以消极对待，拒不完成有关工作。

2017 年 4 月 19 日，汽车公司在征得工会同意后，依据作为双方劳动合同附件且已送达给朱某的员工手册的规定，向朱某送达解除劳动合同通知书。解除劳动合同的理由为：朱某对主管的指示或有期限的工作安排，未经申报正当理由却不如期完成或处理不当，被公司给予书面警告的处分后，仍不如期完成主管的指示或有期限的工作安排，被公司以相同原因给予第二次书面警告。朱某主张汽车公司与其解除劳动合同的行为违法，向北京经济技术开发区劳动争议仲裁委员会（以下简称开发区劳仲委）申请仲裁。开发区劳仲委裁决继续履行合同。朱某同意上述裁决，汽车公司不同意上述裁决，遂诉至法院，请求无需撤销汽车公司作出的劳动合同解除通知书，无需与朱某继续履行原劳动合同。

【案件焦点】

如何审查用人单位单方调岗是否合法合理。

【法院裁判要旨】

北京市大兴区人民法院经审理认为：首先，汽车公司在通知朱某恢复其高级系统经理职位的同时，已告知朱某其上级领导为马某。其次，汽车公司已明确告知朱某其工资待遇不变；同时，结合朱某的工作岗位以及马某为朱某安排的工作内容，可以认定后者与朱某曾从事的工作具有密切联系，且未超出朱某所能胜任的范围。再次，汽车公司已经为朱某提供了相应的工作条件，并告知朱某，如完成上述工作任务需要，汽车公司可为其配置所需的软硬件工作条件。然而，朱某却仅是拒绝汽车公司的工作安排，而未就相应工作内容发表意见。综合上述情况可以认定，朱某以工作条件和工作内容、工作职责未恢复为由拒绝马某为其安排的工作任务的做法显属不当。最后，汽车公司在近半年的时间内，仍多次与朱某进行沟通、解释，给予朱某完成相关工作的机会，不断后延完成相关工作任务的时间节点，并向朱某释明不利后果，但朱某仍予以消极对待，拒不完成有关工作，其行为显属不当。汽车公司基于上述情况，先后给予朱某两次书面警告，并在征得工会同意后与朱某解除劳动合同的行为，符合法律和作为双方劳动合同附件的员工手册的规定。

北京市大兴区人民法院依照《中华人民共和国劳动合同法》第三十九条第二项、第四十三条，《最高人民法院关于适用〈中华人民共和国民事诉讼法〉的解释》第九十条之规定，作出如下判决：

一、汽车公司作出的与朱某解除劳动合同的解除劳动合同通知书无需撤销，汽车公司无需继续与朱某履行劳动合同；

二、汽车公司无需向朱某支付2017年4月20日至2017年5月3日期间的工资21379.31元。

二审法院同意一审法院裁判意见。

【法官后语】

用人单位因劳动者不服从工作岗位调整而单方解除劳动合同的行为的合法性，应主要从用人单位单方调岗行为实体合理性和程序合法性两个方面进行审查。

1. 对用人单位单方调岗行为进行实体合理性审查的要素

（1）调岗的必要性。调岗的必要性，其实是用人单位的用工自主权和劳动者利益之间的衡量问题。对于用人单位而言，用人单位为应对市场发展需求、适应经济环境变化，从自身生产发展需要出发，会适时调整用人单位的组织架构、管理体系，目的是提高生产效率，增强用人单位竞争力。但用人单位决策时必须考虑到劳动者的利益。

（2）新岗位与原岗位的关联性。用人单位安排的新岗位应在劳动者学历、能力、权利范围内，与原职位密切相关，符合社会普遍观念的认知，不严重偏离、阻碍或切断其职业发展。用人单位调岗应尊重员工人格利益，使其在新岗位同样可获得工作的满足与精神的充实。若新岗位完全超出劳动者的能力范围，或者新岗位带有人身侮辱性、惩罚性，则岗位调整不合理，用人单位有借调岗之名非法解除劳动合同之嫌。

(3) 用人单位与劳动者的利益平衡。调岗有时会对劳动者产生一定的不利益，如工作内容不熟悉；工作量增加、工作压力加大等。若调岗会对劳动者产生不利益，除从经济效益、企业发展等方面考量外，用人单位有义务采取必要措施减轻甚至抵消由此产生的不利影响，使双方权利义务处于相对平等的状态。调岗对劳动者产生不利益包括但不限于：工资降低；工作内容不熟悉，工作压力加大；工作量增加；工作时间延长；工作地点变动，给通勤带来不便等。用人单位可通过支付奖金、提供培训、安排通勤班车等方式尽最大可能减少不利益影响，使双方之间的利益不致过度失衡。

2. 对用人单位单方调岗行为进行程序的合法性审查

工作内容和职责范围属于劳动合同的核心内容，调整工作岗位属于劳动合同条款变更，应充分听取员工意见，合理考虑员工诉求，尊重员工必要知情表达权。

本案中，汽车公司根据公司业务发展的需要及朱某的能力和表现，调整朱某的工作岗位，并及时通知朱某；明确告知其工资待遇不变；新岗位与其原岗位密切相关，完全在朱某能胜任的工作范围内；公司也告知朱某为其提供完成工作任务需要的工作条件；而朱某未就工作内容发表意见，在汽车公司多次延后工作任务完成的时间节点，并释明相应不利后果的情况下仍消极对待，拒绝完成有关工作，严重违反了公司劳动规章管理制度，故汽车公司有权在征得工会同意的情况下对其处分，并解除劳动合同。综上，汽车公司在征得工会同意后，以朱某严重违反公司规章制度为由与其解除劳动合同的行为符合法律规定，故汽车公司无需撤销其作出的与朱某解除劳动合同的劳动合同解除通知书、无需与朱某继续履行原劳动合同。

编写人：北京市大兴区人民法院　毛希彤　于菲菲

055　用人单位续订劳动合同的时限及法律后果

——黄某诉钢铁公司劳动争议案

【案件基本信息】

1. 裁判书字号

福建省厦门市海沧区人民法院（2019）闽 0205 民初 246 号民事判决书

2. 案由：劳动争议纠纷

3. 当事人

原告：黄某

被告：钢铁公司

【基本案情】

黄某于 2015 年 8 月 28 日入职钢铁公司，应聘的部门为品管部，应聘职位为 QE 工程师，双方签订了期限至 2018 年 8 月 27 日的书面劳动合同，约定工作岗位（工种）为技术工。2018 年 8 月 28 日劳动合同到期后，黄某再未到钢铁公司处上班，钢铁公司为黄某缴交社会保险费至 2018 年 8 月，工资亦支付至 2018 年 8 月。

双方均确认黄某在2018年8月28日劳动合同终止前十二个月平均工资为4936.33元。

2018年11月9日，黄某向厦门市海沧区劳动人事争议仲裁委员会（以下简称海沧区劳仲委）申请劳动争议仲裁，请求确认双方劳动关系自2018年8月28日起终止、钢铁公司支付经济补偿金14808.99元。2018年12月21日，海沧区劳仲委以双方均同意劳动关系自2018年8月28日起终止为由支持了黄某该请求，但以黄某不愿续签劳动合同为由驳回经济补偿金的仲裁请求。该裁决书于2019年1月4日送达黄某，黄某不服，于2019年1月19日诉至法院。

钢铁公司提交了刻录时间为2018年11月21日的录音录像光盘，其内容显示：钢铁公司人事要求黄某签署一份通知书，将通知书交给黄某自己看，并告知通知内容一为劳动合同8月27日期满需要续签，二为因公司组织架构调整，将黄某从生产中心QE工程师岗位调整至制造中心QE工程师岗位，同时说明不是工作岗位调动，只是因为架构变动，工作内容不变，签收通知书后按照正常上班时间到制造中心报到；黄某认为新岗位工作内容、工作环境、工作职责均发生了改变，拒绝签署通知书；黄某另陈述钢铁公司已给其放了三四个月假，可以继续放假，钢铁公司人事答复现在不会给黄某继续放假，需要黄某回来上班。

庭审时，双方均确认，钢铁公司设有制造中心和生产中心，系先后两道工序。制造中心的品管工作主要是焊接生产及零部件等的品质检测，生产中心的品管工作则是整机的品质检测及品质策划等。

【案件焦点】

1. 劳动合同终止后，用人单位应在多长时间内通知劳动者续订劳动合同；2. 用人单位逾期未通知，劳动者离职的，用人单位是否应支付劳动者经济补偿金。

【法院裁判要旨】

福建省厦门市海沧区人民法院经审理认为：本案系劳动争议，合法劳动关系受法律保护，双方均应履行各自的法定义务和约定义务。根据《中华人民共和国劳动合同法》第十条和《中华人民共和国劳动合同法实施条例》第五条、第六条规定，对于已建立劳动关系但未签订书面劳动合同的，用人单位应当在一个月内通知劳动者订立书面劳动合同，劳动者拒绝续签的，用人单位无需支付经济补偿金。本案双方劳动合同期限于 2018 年 8 月 27 日到期，结合录音录像言及的放假内容，钢铁公司所举证据不足以证明其在第一份劳动合同期满后一个月内有通知黄某续签劳动合同，应承担相应法律后果。结合钢铁公司未向黄某支付 2018 年 9 月起的工资，也未为黄某缴纳 2018 年 9 月起的社会保险费，足以表明钢铁公司以其行为表明不愿与黄某续签劳动合同，且双方最终也没有续签劳动合同。因此，钢铁公司依法应向黄某支付经济补偿金。此外，钢铁公司制造中心的品管工作主要是焊接生产及零部件等的品质检测，而生产中心的品管工作则是整机的品质检测及品质策划等，两者工作内容明显不同，且根据双方提交的组织构架图，钢铁公司制造中心并无品管部门，在此情况下，钢铁公司通知将黄某调整至制造中心，黄某有理由相信新旧岗位工作条件等存在差异并予以拒绝。而钢铁公司未能按法院要求提供相关手册以供核对，在法院要求钢铁公司指派其员工李某出庭接受询问的情况下，李某未能出庭，故无法确认钢铁公司提交证据材料中李某签名的真实性，也无法确定李某所在部门及具体的工作内容和职责，故钢铁公司所举证据不足以证明其向黄某提供了不低于原劳动合同约定条件的续签合同，应承担相应法律后果。综上，钢铁公司应依法支付黄某经济补偿金。黄某于 2015 年 8 月 28 日入职钢铁公司，其劳动合同终止前十二个月平均工资为 4936. 33 元，则经济补偿金为 14808. 99 元。

福建省厦门市海沧区人民法院依据《中华人民共和国劳动合同法》第十条、第四十四条第一项、第四十六条第五项、第四十七条第一款，《中华人民共和国劳动合同法实施条例》第五条、第六条第一款，《中华人民共和国民事诉讼法》第六十四条第一款规定，判决如下：

一、确认黄某与钢铁公司之间劳动关系于 2018 年 8 月 28 日起终止；

二、钢铁公司于本判决生效之日起十日内支付黄某经济补偿金 14808. 99 元。

判决后，双方当事人均未上诉，本判决现已生效。

【法官后语】

《中华人民共和国劳动合同法》第四十六条第五项规定“除用人单位维持或者提高劳动合同约定条件续订劳动合同，劳动者不同意续订的情形外，依照本法第四十四条第一项规定终止固定期限劳动合同的”，用人单位应向劳动者支付经济补偿金。对于劳动合同期满后的续订问题，前述法律仅规定了用人单位支付经济补偿金的实体条件；但对于程序条件，如用人单位通知续订劳动合同的时限则未涉及。由此引发的问题即本案的争议焦点。

1. 劳动合同终止未续订的，除法定情形外，用人单位应支付经济补偿金

根据现行法律规定，用人单位支付经济补偿金的情形，主要分为两类：其一是因用人单位违反劳动合同约定或者违法而致使劳动者解除劳动合同；其二是用人单位没有过错而解除或终止劳动合同。

劳动合同期满而用人单位久未通知劳动者续订劳动合同，劳动者因此离职的，无疑属于非因劳动者自身原因导致的劳动合同终止。此从前述《中华人民共和国劳动合同法》第四十六条第五项的文义亦能推知。该项以排除法的方式规定了在劳动合同期满而终止的情况下，用人单位支付经济补偿金的情形；即“除用人单位维持或者提高劳动合同约定条件续订劳动合同，劳动者不同意续订的情形外”，其他任何原因导致的劳动合同期满而终止的，用人单位均应向劳动者支付经济补偿金。

2. 用人单位通知续订劳动合同的时限

由此引申的另一焦点问题即用人单位通知劳动者续订劳动合同的合理期限。对此，笔者认为该合理期限为一个月。理由如下：

其一，类推适用。一个月是法律规定签订劳动合同的期限。《中华人民共和国劳动合同法》第十条和《中华人民共和国劳动合同法实施条例》第五条规定，对于已建立劳动关系但未签订书面劳动合同的，应当自用工之日起一个月内订立书面劳动合同。劳动合同终止后续订劳动合同的，用人单位与劳动者成立新的劳动关系。基于用工延续性及连续性，新的用工关系始于前一份劳动合同的终止之（次）日。依照前述规定，用人单位须于一个月内续订书面劳动合同。

其二，规制填补。超过一个月未签订劳动合同的，法律另有规制，即用人单位应向劳动者支付一个月起至订立书面劳动合同期间的双倍工资差额；此规制对于续订劳动合同的情形同样适用。故，一个月的续订时限可避免法律的重复规制。

其三，标准统一。一个月是劳动法领域颇为统一的时限标准。典型如劳动者或用人单位单方解除劳动合同的，其预告解除的时限为一个月；再如前述劳动合同应于用工之日起一个月内订立等。因此，续订劳动合同适用一个月时限，合乎同一法律领域内的标准统一。

本案中，案涉劳动合同于 2018 年 8 月 27 日到期，钢铁公司所举证据不足以证明其在合同期满后一个月内通知黄某续签劳动合同，应承担相应法律后果。

3. 用人单位对新岗位工作条件不低于原岗位负举证责任

如前所述，《中华人民共和国劳动合同法》第四十六条第五项以排除法的方式规定在劳动合同期满而终止的情况下，用人单位支付经济补偿金的情形。即劳动合同终止未续订的，以用人单位支付经济补偿金为原则，不支付为例外。因此，在劳动合同终止未续订的情况下，劳动者主张经济补偿金，用人单位以劳动者拒绝接受岗位调整抗辩的，应由用人单位对新岗位工作条件不低于原岗位承担举证责任。

编写人：福建省厦门市海沧区人民法院　陈进杰　张玲玲

056 约定到期可无限次顺延的劳动合同应认定为无固定期限劳动合同

——张某诉工程公司劳动合同案

【案件基本信息】

1. 裁判书字号

重庆市第一中级人民法院（2019）渝01民终70号民事判决书

2. 案由：劳动合同纠纷

3. 当事人

原告（被上诉人）：张某

被告（上诉人）：工程公司

【基本案情】

2014年6月9日，工程公司（甲方）与张某（乙方）签订期限从2014年6月9日至2017年6月8日的劳动合同，约定张某在客服部从事客服主管职位，月基本工资为1800元，具体绩效工资根据绩效、薪酬管理的相关制度另行确定。第十条第十一款第二项（以下简称争议条款）约定，本劳动合同期满经双方协商一致同意续签劳动合同的，可以另行签订书面劳动合同。双方未能另行签订新的书面合同的，或者劳动合同期限届满之后乙方继续为甲方工作而甲方未提出反对意见的，视为双方同意按照原合同约定条件继续履行，原劳动合同期限自动顺延一年或者甲方指定的期限（二者冲突时以甲方指定期限为准）。本条款约定的顺延次数不受限制，直至甲方通知终止时为止。在这种情况下，应理解为原合同的变更，即合同期限的延续，不得解释为双方之间未签订劳动合同，也不得解释为双方之间订立了新合同。

2018年6月21日，工程公司向张某出具《解除劳动合同通知书》，载明："……现由于你在职期间经考核不符合岗位要求、一个内累计迟到、早退达9次（含9次）以上的情形，根据《劳动合同》第十条的约定及公司《员工考勤与休假管理办法》第5.3条款规定，决定自2018年6月22日起，解除与你之间的劳动合同关系。"张某于当日签收了上述通知书。双方对张某于2018年1月被工程公司安排至湖北十堰市任项目经理，具体负责行政工作（包括十堰项目的人员组建、内部行政工作、外部关系的沟通），劳动关系于2018年6月21日解除，均无异议。

2018年6月26日，张某向重庆市北碚区劳动人事争议仲裁委员会申请仲裁，要求被告支付违法解除劳动合同关系经济赔偿金、未签订书面劳动合同双倍工资差额，后因不服仲裁裁决起诉至法院。

【案件焦点】

1.《劳动合同》中的争议条款约定是否有效；2. 工程公司是否应支付未签订书面劳动合同的二倍工资。

【法院裁判要旨】

重庆市北碚区人民法院经审理认为：按照争议条款约定，劳动合同到期后，工程公司无需再与张某签订书面劳动合同，工程公司可以随时解除与张某之间的劳动合同关系。且该约定导致合同无限延续，张某不再享有与工程公司签订书面劳动合同的可能。因此，该约定明显免除了工程公司签订劳动合同的义务，剥夺了张某的权利。故根据《中华人民共和国合同法》第四十条之规定，约定应当无效。工程公司应当支付张某未签订书面劳动合同的二倍工资差额。

重庆市北碚区人民法院依照《中华人民共和国合同法》第四十条，《中华人民共和国劳动合同法》第八十二条第一款等规定，判决：

一、工程公司于本判决生效之日起十日内支付张某 2017 年 7 月 9 日至 2018 年 6 月 8 日未签订书面劳动合同二倍工资差额 88077 元；

二、驳回张某的其他诉讼请求。

工程公司不服一审判决，提起上诉。重庆市第一中级人民法院经审理认为：关于争议条款的效力。劳动合同的期限顺延本身并不违反法律法规的强制性规定，若劳动者和用人单位协商一致，约定应有效。争议条款中，双方将顺延的期限约定为“一年或者甲方指定的期限，二者冲突时以甲方指定期限为准，顺延次数不受限制”。按此约定，期限顺延后劳动合同实质上没有确定的终止时间。依据劳动合同法，劳动合同分为三类：固定期限劳动合同、无固定期限劳动合同和以完成一定工作任务为期限的劳动合同。《中华人民共和国劳动合同法》第十四条第一款规定，无固定期限劳动合同，是指用人单位与劳动者约定无确定终止时间的劳动合同。工程公司与张某之间的劳动合同因没有确定的终止时间，应视为已变更为无固定期限劳动合同。争议条款还约定“（期限顺延）直至甲方通知终止时为止”，该约定授予了工程公司在履行无固定期限劳动合同中，随时终止劳动合同的权利，其实质是免除用人单位因违法解除劳动合同所应承担的法定责任。根据《中华人民共和国劳动合同法》第二十六条第一款第二项之规定，用人单位免除自己的法定责任，排除劳动者权利的，劳动合同无效或者部分无效。因此，争议条款中“（期限顺延）直至甲方通知终止时为止”的约定应为无效，其余部分有效。

关于未签订书面劳动合同的二倍工资。因工程公司和张某之间的劳动合同期限届满后，依约已变更为无固定期限的劳动合同，故在工程公司与张某劳动关系存续期间，不存在未签订书面劳动合同的情形。未签订书面劳动合同应赔偿二倍工资的立法目的，是防止用人单位不与劳动者签订书面劳动合同，使劳动关系双方的权利义务处于不确定状态。本案中，劳动合同期限顺延，是按原劳动合同约定的条件继续履行，不存在用人单位与劳动者双方权利义务处于不确定状态的情况。因此，张某诉请工程公司向其支付未签订书面劳动合同的二倍工资差额，缺乏事实依据和法律依据。一审法院适用法律错误。

重庆市第一中级人民法院依照《中华人民共和国劳动合同法》第三条、第十四条第一款、第二十六条第一款第二项，《中华人民共和国民事诉讼法》第一百七十条第一款第二项之规定，判决如下：

一、撤销一审判决；

二、驳回张某的诉讼请求。

【法官后语】

1. 劳动合同中期限顺延条款的效力分析

关于约定劳动合同期限顺延条款的效力认定。首先，现有法律、行政法规并未禁止劳动双方约定劳动合同到期自动顺延。其次，约定劳动合同到期自动顺延，能够节省再次签订书面劳动合同的成本，且不会给劳动者的权利造成实质损失。因此，劳动合同中关于期限顺延的约定应为合法有效。

本案中，劳动合同不仅约定了期限顺延，且约定可以无限次顺延。此类约定的效力应如何认定？对劳动合同进行类型化分析可知，劳动合同分为固定期限劳动合同、无固定期限劳动合同和以完成一定工作任务为期限的劳动合同。本案劳动合同不属于以完成一定工作任务为期限的劳动合同。该劳动合同虽约定了终止时间，但又约定终止时间届至后，劳动关系继续存续，劳动合同期限顺延且可无限次顺延，此时顺延期限的终止时间不明，不符合固定期限劳动合同的特征。无固定期限劳动合同，顾名思义是指未明确约定终止时间的劳动合同，本案劳动合同期限依约定顺延后，符合无固定期限劳动合同"无确定终止时间"的特征。因此，该劳动合同应当认定为无固定期限劳动合同。这种理解也与无固定期限劳动合同制度的立法目的相符。本案劳动合同认定为无固定期限劳动合同，用人单位若无法定事由单方解除，应承担违法解除劳动合同的赔偿责任，客观上有利于维护劳动者的权利。

法律确立无固定期限劳动合同制度，意在限制用人单位的单方解除权，但本案劳动合同又约定，用人单位可以随时终止劳动合同。该约定意图通过赋予用人单位在无固定期限劳动合同中享有单方解除权的方式，免除其可能承担的违法解除劳动合同的赔偿责任，排除劳动者的权利。依据《中华人民共和国劳动合同法》第二十六条第一款第二项规定，该部分约定应当认定为无效。虽然该部分约定无效，但不影响其他部分的效力，其他部分仍然有效。

2. 未签订书面劳动合同双倍工资罚则的适用逻辑

劳动合同是劳动者与用人单位确立劳动关系的书面证据，是明确双方权利和义务的协议。立法将签订书面劳动合同确定为用人单位的法定义务，并设立了未履行该义务应承担的惩罚性赔偿责任，即未签订书面劳动合同的双倍工资罚则，其意义在于，一方面，将劳动合同明确为劳动关系的法定外化形式，以书面形式固定劳动关系双方的权利义务，保障劳动者的合法权利；另一方面，双倍工资罚则加大了用人单位的违法成本，作为一种惩罚性规范，可以防止用人单位利用事实劳动关系逃避缴纳社会保险等法定义务，侵害劳动者权益。

未签订书面劳动合同在实践中主要表现为：第一，新设劳动关系时未签订书面劳动合同。劳动关系新设立时，劳动合同是用人单位与劳动者就劳动合同期限、工作岗位及地点、工作时间及休息休假、劳动报酬、社会保险等协商一致的书面依据，若未签订书面劳动合同，用人单位与劳动者在劳动关系中的权利义务履行将处于不确定的状态，由于劳动者在劳动关系中通常处于弱势地位，未签订书面劳动合同不利于劳动者的权利保护。因此，若用人单位未按法律规定与劳动者签订书面劳动合同，应对其适用双倍工资罚则。第二，劳动合同期满后继续用工未续签书面劳动合同。该情形又可细分为两种：劳动合同期满终止后，双方自愿继续用工；劳动合同期满后，用人单位依法应当续签无固定期限劳动合同（即《中华人民共和国劳动合同法》第四十条第二款规定的情形）。前者应视为双方形成了新的事实劳动关系，用人单位仍负有与劳动者签订书面劳动合同的义务。后者续签无固定期限劳动合同属于用人单位的法定义务，用人单位未签订无固定期限劳动合同而继续用工，劳动者可主张双倍工资差额。

就本案而言，双方约定劳动合同到期后可以无限次顺延，本身即应理解为双方已实际签订无固定期限劳动合同，不存在双方权利义务处于不确定状态的情况，故劳动者关于未签订书面劳动合同支付双倍工资差额的主张缺乏事实及法律依据。

编写人：重庆市第一中级人民法院　詹勤艳　吴学文

057　公司营业转让时劳动者的知情同意权

——华某诉某通信公司劳动争议案

【案件基本信息】

1. 裁判书字号

北京市第二中级人民法院（2018）京02民终3491号民事判决书

2. 案由：劳动争议纠纷

3. 当事人

原告（反诉被告、被上诉人）：华某

被告（反诉原告、上诉人）：某通信公司

第三人：在线服务公司

【基本案情】

2007年12月28日，华某与某通信公司签订了无固定期限劳动合同，约定华某从事移动通信相关工作。2016年2月1日，某通信公司决定将各省公司客服中心集中运营的业务全部划转至在线服务公司，同时要求业务涉及的全部在册从业人员整建制划转至在线服务公司。2016年8月17日，某通信公司将客服业务部门人员劳动关系主体变更为在线服务公司的情况告知了华某。2016年8月24日至11月14日，华某到某通信公司人力资源部报到，之后其一直在原工作岗位工作至今。

华某曾申诉至北京市劳动人事争议仲裁委员会，要求与某通信公司继续履行原劳动合同。2016年11月，该仲裁委裁决驳回华某的仲裁请求。华某不服，于2016年11月起诉至法院，要求：继续履行2007年12月28日与某通信公司签订的原无固定期限劳动合同。2016年12月，法院作出（2016）京0101民初21542号民事判决书，该判决在"法院认为"部分写道："根据《中华人民共和国劳动合同法》第四十八条之规定，用人单位违反本法规定解除或者终止劳动合同，劳动者要求继续履行劳动合同的，用人单位应当继续履行。本案中，华某原劳动合同合法有效，且某通信公司依然存在，并未发生解除或终止与华某之间的无固定期限劳动合同的行为，双方之间的劳动合同仍在履行过程中，不存在继续履行劳动合同的事实前提，故华某要求继续履行原劳动合同，没有事实和法律依据，法院不予支持。"故判决驳回华某的诉讼请求。双方均未提起上诉，该判决已生效。

2017年，华某再次向北京市劳动人事争议仲裁委员会提出仲裁申请，要求某通信公司支付相关工资待遇。在线服务公司列为第三人。2017年6月，该仲裁委裁决：1. 某通信公司支付华某2016年10月至12月工资差额10573.39元；2. 驳回华某的其他仲裁请求。

华某不认可某通信公司所述的劳动关系主体已变更，主张某通信公司主体仍存续，没有发生分立情况。2016年8月24日至11月

14日，华某到某通信公司人力资源部报到，是为解决主体变更问题，之后一直在原工作岗位工作至今，故仍持原仲裁请求诉至法院。某通信公司亦不服该裁决诉至法院，认为根据劳动合同法的规定，关于主体变更已告知华某，没有侵害华某的利益，因用人单位组织员工调动，说明整建制员工调动不必经过员工同意。

【案件焦点】

某通信公司因某业务划转至在线服务公司而单方变更劳动合同主体的行为是否需要经过华某同意。

【法院裁判要旨】

北京市东城区人民法院经审理认为：用人单位与劳动者协商一致，可以变更劳动合同约定的内容。现某通信公司未经华某同意，单方变更劳动合同主体的行为无效；且生效判决已确认华某与某通信公司原劳动合同合法有效，双方之间的劳动合同仍在履行过程中。因此，某通信公司应对华某继续承担用工主体责任。

2016年华某到某通信公司人力资源部报到，上述期间华某虽未实际提供劳动，但其是为了解决合同主体变更的个人重大问题，且某通信公司单方变更行为无效，故上述期间华某未提供劳动的主要责任在于某通信公司。华某之后一直在原工作岗位工作，故某通信公司应支付华某2016年10月至12月的工资差额10573.39元。

在线服务公司已按绩效考核结果支付华某2017年1月工资，应视为已代替某通信公司履行义务，华某虽不认可绩效考核结果，但未能提供证据反驳，华某要求某通信公司支付2017年1月工资差额

2726.02 元的诉讼请求，缺乏依据，法院不予支持。

关于 2016 年年终奖 49000 元，企业有权根据员工的绩效考核情况核定福利待遇，某通信公司按 18693.18 元加 2150 元的标准支付华某 2016 年年终奖并无不妥，华某主张按其 2015 年年终奖标准及 2016 年同岗人员年终奖标准支付年终奖，没有事实与法律依据，法院对华某的该项诉求不予支持。

华某要求某通信公司支付 2016 年 7 月至 2017 年 1 月交通费 5600 元。华某的工作是对前台 10086 的录音、工单、反映问题的回复进行监督；某通信公司并不能证明其提出的交通费是按照工作需要实报实销；某通信公司以应向在线服务公司主张为由不予报销，理由不能成立，故对华某的该项诉求，法院予以支持。

北京市东城区人民法院依照《中华人民共和国劳动合同法》第三十条、第三十五条，《中华人民共和国民事诉讼法》第六十四条之规定，判决如下：

一、自本判决生效之日起七日内，某通信公司支付华某 2016 年 10 月至 12 月工资差额 10573.39 元；

二、自本判决生效之日起七日内，某通信公司支付华某 2016 年 7 月至 2017 年 1 月交通费 5600 元；

三、驳回华某的其他诉讼请求。

二审法院同意一审法院裁判意见。

【法官后语】

本案的争议焦点在于某通信公司因某业务划转至在线服务公司而单方变更劳动合同主体的行为是否需要经过华某同意。笔者认为，要想回答这个问题，需要厘清营业转让与公司分立之间的区别。

营业转让是指将具有一定营利目的、有组织的机能性财产及事实关系的全部或其重要部分进行转让的商事合同行为。为了更好地调整经营战略、发展公司业务，实践中许多公司会选择将某部门的整体业务划转至新公司，并要求该部门的劳动者与新公司重新签订劳动合同。根据《中华人民共和国劳动合同法》第三十五条“用人单位与劳动者协商一致，可以变更劳动合同约定的内容。变更劳动合同，应当采用书面形式。变更后的劳动合同文本由用人单位和劳动者各执一份”的规定，用人单位因营业转让而变更与劳动者签订的劳动合同主体属于劳动合同的约定内容发生重大变化，应当与劳动者协商一致。因此，用人单位没有单方决定权，用人单位除了履行告知义务，还应当征得劳动者同意。即劳动者享有知情同意权，“知情”和“同意”缺一不可。

而用人单位分立是指用人单位将其一部分分出去成立一个新的用人单位，或者用人单位分割为两个以上的新用人单位。前者是派生分立（存续分立），后者是新设分立。无论是哪种分立，用人单位都应当依法处理其分立前与他人发生的各种关系，以维护正常的社会秩序，保证国家持续稳定发展。根据《中华人民共和国劳动合同法》第三十四条“用人单位发生合并或者分立等情况，原劳动合同继续有效，劳动合同由承继其权利和义务的用人单位继续履行”的规定，用人单位发生分立，用人单位与劳动者在分立前订立的劳动合同，并不因为分立而失效，仍具有法律效力，应当予以履行。在这种情况下，劳动关系双方无需签订新的劳动合同，只是因为原用人单位已经发生变化或不再存在，所以履行劳动合同的用人单位一方，应当是承继原用人单位权利义务的用人单位，即应当由分立后继续享有原用人单位权利并继续承担原用人单位义务的用人单位履行。也正是因为劳动合同仍有效，也没有变更劳动合同约定的内容，所以在分立的情形下无需征求劳动者同意。

通过上面的分析可以看出，营业转让与分立是相互独立、彼此并列的两个法律概念。二者主要有以下不同。

一是目的不同。营业转让作为一种重要的并购重组手段，以营利为目的。而公司分立既能提高企业的经营管理效率，又能有效地进行税收筹划，提高企业的核心竞争力。

二是公司关系不同。营业转让之间的公司均是独立法人，一般没有直接关系。新设分立是原公司法律主体资格取消而新设两个及以上的具有法人资格的公司。派生分立即原公司法律主体仍存在，但将其部分业务划出去另设一个新公司，原公司继续存在但注册资本减少。

三是权利义务不同。发生营业转让的公司之间权利义务的承担主要依据双方签订的营业转让合同，营业转让双方当事人可以在不影响企业经营的情况下，约定将某些财产或债务排除于转让范围之外。而为防止企业借分立转移债务、逃避责任，《中华人民共和国民法典》第六十七条第二款规定："法人分立的，其权利和义务由分立后的法人享有连带债权，承担连带债务，但是债权人和债务人另有约定的除外。"《中华人民共和国公司法》第一百七十六条规定："公司分立前的债务由分立后的公司承担连带责任。但是，公司在分立前与债权人就债务清偿达成的书面协议另有约定的除外。"因此，公司分立后，原有的一切债权债务原则上依法由分立后的公司承担。

上述营业转让与分立的不同属性，在劳动法领域中就体现为《中华人民共和国劳动合同法》第三十四条和第三十五条对是否需要重新签订劳动合同及是否需要征求劳动者同意的不同内在要求。从法理上分析，这种不同要求的深层理由是，营业转让情形下不能保证劳动者享有的原福利待遇不变，而分立情形下原劳动合同继续有效，劳动关系双方的权利义务均不发生改变，能够有效保护劳动者的原有福利待遇。本案中，某通信公司与在线服务公司在股权结构上并非公司分立关系，只是发生营业转让的情形，因此某通信公司未经华某同意，单方变更劳动合同主体的行为应属无效。

编写人：北京市东城区人民法院　程新桐

058　劳动合同能否继续履行需考虑行业特殊性及互信基础

——信托公司诉杨某劳动争议案

【案件基本信息】

1. 裁判书字号

北京市第三中级人民法院（2018）京 03 民终 10173 号民事判决书

2. 案由：劳动争议纠纷

3. 当事人

原告（上诉人）：信托公司

被告（被上诉人）：杨某

【基本案情】

杨某于 2011 年 2 月 21 日入职信托公司，双方签订期限为 2011 年 2 月 21 日至 2014 年 2 月 20 日的劳动合同，后劳动合同续签至 2017 年 2 月 20 日。信托公司主张：杨某在担任“××投资基金集合资金信托计划”的信托执行经理期间发生保管的艺术品丢失事件，杨某存在严重失职行为。杨某辩称：信托公司在未查明物品丢失的时间与原因以及是否与杨某有关联的情况下解除与杨某的劳动合同，属于违法解除。信托公司提交了该项目的公文审批件复印件，以证明杨某在涉案信托项目中承担管理职责，杨某认为信托公司提交的项目计划文件内容不符、页码有误。

经查，涉案信托项目中的艺术品系通过向银行租用保管箱的方式进行保管。信托公司为证明杨某在保管艺术品过程中存在失职行为，提交了两份保管箱租用协议及开箱记录清单，其中一份协议由信托公司以单位名义与某银行签订，后因某银行业务变化，于2015年2月6日转由杨某以个人名义签订，但整个过程杨某都有参与。开箱记录单显示杨某参与了16次开箱，在2015年2月6日后杨某以个人名义单独开箱5次，杨某对此予以认可。经询，每次开箱信托公司都会委派多名员工一起前往，但将物品从保管箱中取出只能由合同约定的开箱人进行。信托公司就艺术品丢失事件向杨某进行了调查问责，杨某在调查谈话中自认存在失职行为，故信托公司依据全员问责制度第4.2.12条“在资产管理中因失职或徇私舞弊导致资产损失、丧失诉讼时效、债权不能落实，形成风险隐患或造成经济损失”的规定，于2017年1月24日以杨某严重失职给公司造成重大损失为由，向杨某发出解除劳动合同通知书。杨某对此不予认可，其认为在调查中未自认存在失职行为，并就本案提起劳动仲裁，仲裁裁决撤销解除劳动合同通知书，双方恢复劳动关系。信托公司不服诉至法院，要求确认信托公司解除与杨某的劳动关系合法，无需撤销解除劳动合同通知书，无需恢复与杨某的劳动关系。

【案件焦点】

1. 用人单位以劳动者存在严重失职为由解除劳动合同的认定标准；2. 在认定用人单位违法解除后，在何种情形下可以判定“劳动合同已经不能继续履行”。

【法院裁判要旨】

北京市朝阳区人民法院经审理认为：信托公司向杨某送达解除劳动合同通知书时，艺术品丢失事件虽已报警，但公安机关尚未查明丢失原因。法院依据现有证据难以认定杨某在涉案信托项目中应承担的具体工作职责以及涉案信托项目艺术品丢失的原因及与杨某工作职责之间的关联性，故法院认为信托公司作出的解除劳动合同通知书缺乏证据支持，应予撤销。双方签订的劳动合同已于 2017 年 2 月 20 日到期，杨某提出的要求签订无固定期限劳动合同符合法律规定，故双方应恢复劳动关系。

北京市朝阳区人民法院依照《中华人民共和国劳动合同法》第十四条、第四十八条之规定，作出如下判决：

一、撤销信托公司作出的解除劳动合同通知书，恢复信托公司与杨某之间的劳动关系；

二、驳回信托公司的诉讼请求。

信托公司不服一审判决，提起上诉。北京市第三中级人民法院经审理认为：对于一审认定的信托公司系违法解除与杨某的劳动关系，二审不持异议。本案二审主要的争议焦点为双方之间的劳动合同是否应当继续履行。法院认为涉案劳动合同已经不具有继续履行的条件，理由如下：

第一，基于信托行业的特殊性，信托即委托人基于对受托人的信任，将其财产权委托给受托人进行管理。信托公司丢失委托人的财产，严重损害了信托公司在信托行业的信誉。第二，信托行业从业人员需要发挥比其他行业更大的主观能动性和勤勉精神。此事件虽然一直未能查明原因，但杨某作为负责该项目的小组成员、信托执行经理、保险箱的开箱人之一，即便艺术品丢失并非杨某所为，杨某对财产的丢失也有难以推卸的责任。第三，双方之间已失去相互信任基础，现双方发生劳动争议已两年有余，信托公司一直明确表示拒绝与杨某恢复劳动关系，且双方在调查、交涉此事过程均提交了诸多谈话录音作为证据，可以看出，因财产丢失事件，杨某与信托公司矛盾颇深，继续履行劳动合同已失去相互信任的基础条件，势必会对信托公司的正常经营产生重大影响，同时杨某也无法顺利开展工作。第四，杨某之前的岗位已经取消，根据信托公司的陈述，杨某的工作能力和学历已不满足信托公司目前招聘工作人员的工作要求，且杨某有两年多未实际工作，客观上亦不具备继续履行劳动合同的条件。

北京市第三中级人民法院依照《中华人民共和国民事诉讼法》第一百七十条第一款第二项之规定，作出如下判决：

一、撤销北京市朝阳区人民法院（2018）京 0105 民初 3293 号民事判决第一项、第二项；

二、撤销信托公司作出的解除劳动合同通知书，信托公司与杨某之间的劳动关系于本判决生效之日起解除；

三、驳回信托公司的其他诉讼请求。

【法官后语】

该案件在用人单位以劳动者存在严重失职为由解除劳动合同的认

定上，以及在认定违法解除后判断劳动合同是否存在继续履行的条件方面均具有一定的特殊性，在继续履行的考量上尤其具有典型意义。

《中华人民共和国劳动合同法》第四十八条虽从最大限度地保护劳动者的角度考虑，规定以继续履行为优先、经济赔偿为例外，但是不能简单理解为只要劳动者主张继续履行劳动合同，法院或仲裁委就必须对其主张无条件地予以支持，应考虑案件中是否存在“劳动合同已经不能继续履行”的情形，而对于该情形的认定也是实践中争议较大的问题及审理难点。笔者认为，对于该情形的认定，应结合具体案情，考虑企业所处的行业背景、岗位对于人才要求及岗位变化情况、劳动者自身履职能力以及双方是否还存在互信基础等因素予以综合评定，其中互信基础往往是劳动合同能否继续履行的关键。

从互信基础是否存在的客观因素分析，本案中，企业所处行业特殊，根据《中华人民共和国信托法》第二十五条规定，受托人应当遵守信托文件的规定，为受益人的最大利益处理信托事务。受托人管理信托财产，必须恪尽职守，履行诚实、信用、谨慎、有效管理的义务。信托公司因有“受人之托，代人理财”的行业特点，其对员工的注意义务要求应该比一般的行业要高，对于其失职的认定也应比一般行业严格。虽经审查认定杨某的行为未能构成劳动合同法第三十九条第三项的情形，但鉴于委托人的信托财产丢失，杨某作为受托人之一并作为一段时间的独立开箱人，在一定程度上未能尽到应有的注意义务。这一行为也导致公司内部及委托人对其任职能力和履职能力失去了一定的信任基础。

从互信基础是否存在的主观因素考量，用人单位单方解除劳动合同，从某种意义上就象征着信任危机的爆发，即便解除是违法的、不成立的。但从实质性解决劳动纠纷的角度考虑，劳动关系的构建基础是劳动关系双方的互信，劳动关系的存续同样需要靠互信来维系。本案中，双方从仲裁到二审持续两年多，用人单位一直态度坚决，而且从双方提交的短信往来可以看出，出现艺术品丢失事件后，经过了多轮的调查沟通，双方已陷入僵持状态，信任关系已经出现重大裂痕，难以修复。

从客观上是否存在继续履行劳动合同的条件及从执行的角度出发，本案也不宜再判决继续履行。首先，本案中，杨某所在的岗位已经取消，部门也发生重大变更和调整，且信托行业业务结构随着监管方向及市场方向不断发生变化，而杨某已有两年多未实际工作，客观上已经欠缺了继续履行劳动合同的条件；其次，从执行及彻底解决双方矛盾的角度考虑，信托公司态度坚决，对杨某又处于完全不信任的状态，在用人单位非自愿的情形下，强行判决劳动合同继续履行，双方可能很难就继续履行劳动合同的相关条件达成一致，抑或引发其他的劳动争议纠纷，从长远看来更不利于对劳动者的保护。在此情形下，法院判决不能继续履行劳动合同比较适宜，劳动者可以另案主张仲裁及诉讼时间段的劳动补偿及解除劳动合同赔偿金等以保护自身的合法权益。

编写人：北京市第三中级人民法院　李森　高赫男

059 劳动合同中工作地点约定不明情形的处理规则

——保险公司诉陈某劳动争议案

【案件基本信息】

1. 裁判书字号

江苏省南通市中级人民法院（2018）苏 06 民终 667 号民事判决书

2. 案由：劳动争议纠纷

3. 当事人

原告（上诉人）：保险公司

被告（被上诉人）：陈某

【基本案情】

2011 年 3 月，陈某到保险公司海安营销部从事内勤工作，实际工作地点为海安。2012 年 1 月起，保险公司开始为陈某缴纳社会保险。2015 年 1 月 1 日，双方签订无固定期限劳动合同，约定陈某的工作地点为江苏，但未明确填写具体的工作地点。合同约定，陈某服从保险公司对其工作岗位和工作地点的调动。2017 年 5 月 15 日，保险公司通知陈某自 2017 年 6 月 1 日起其内勤岗位办公地点由海安营销服务部调整至保险公司在南通的办公地点。2017 年 6 月 4 日，陈某通过快递方式书面通知保险公司不同意其单方面调整工作岗位。2017 年 6 月 20 日，保险公司以陈某旷工达 13 天（6 月 1 日起未到新工作地点报到，不含周末），严重违反公司规章制度为由与陈某解除劳动合同。

陈某在海安居住，保险公司为陈某缴纳了住房公积金。2016年6月至2017年5月，陈某个人承担的住房公积金为184元/月，社会保险费为267.8元/月，个人所得税为2295.08元；保险公司通过银行转账的方式支付陈某工资56306.65元（为实发工资）。审理过程中，双方确认陈某月平均工资为4409.5元。

保险公司认为，其调整陈某的工作地点或岗位，符合劳动合同约定，是合法行使劳动合同解除权，请求判决确认保险公司无需向陈某支付赔偿金。

陈某认为，本案双方合同约定的工作地点为江苏，过于宽泛，有违一般人的理解和认知，属于用人单位滥用自主权的行为，严重损害劳动者的利益，请求判决保险公司支付赔偿金57323.5元。

【案件焦点】

1. 劳动合同中工作地点约定不明的情形应如何处理；2. 举证责任应如何分配。

【法院裁判要旨】

江苏省海安县人民法院经审理认为：我国劳动合同法规定，用人单位对于劳动者的工作地点、工作岗位变动以协商达成一致为原则。虽然此规定并不排斥用人单位在一定幅度内的自主决定权，但在涉及岗位及工作地点调整导致劳动者上下班时间、往返经济成本、付出的日常生活成本大幅度增加的情况下，用人单位不与劳动者协商达成一致意见的，不得任意变更工作岗位及工作地点。否则，用人单位构成权利滥用。本案中，南通与海安之间交通状况良好时驾驶汽车单程尚需1个小时左右，未见保险公司提出对于被告陈某工作地点由海安改为南通后，公司提供交通、住宿、饮食起居等方面有效的替代解决方案，故陈某当然有权拒绝此种不合理的调整。此外，须知陈某作为保险公司的普通员工，不同于薪资不菲的公司高级管理人员，普通员工的薪资主要用于养家糊口，一旦调整至远离家庭的工作地点势必导致实际收入大幅减少。保险公司不能假借所谓现代金融监管企业的要求，而任意损害普通的底层员工的合法正当利益。现代企业管理的高要求，与关爱、关注最底层普通员工，从来是不矛盾、不冲突的。综上，保险公司不经协商即将陈某调整到远离其居住地的南通工作，并以陈某违反规章制度为由将其开除，不符合法律的规定，构成违法解除劳动合同，应当按照 4409.5 元/月的标准支付赔偿金 57323.5 元（计算 6.5 个月并计算 2 倍）。

江苏省海安县人民法院依照《中华人民共和国劳动合同法》第二十九条、第四十七条、第四十八条、第八十七条，《中华人民共和国民事诉讼法》第六十四条之规定，判决如下：

一、保险公司支付陈某赔偿金 57323.5 元，于本判决发生法律效力后十日内履行；

二、驳回保险公司的诉讼请求。

判决后，保险公司不服，向江苏省南通市中级人民法院提起上诉。江苏省南通市中级人民法院经审理认为：订立劳动合同，应当遵循合法、公平、平等自愿、协商一致、诚实信用的原则。本案中，保险公司与陈某订立劳动合同，约定聘用陈某从事内勤岗位工作。结合双方劳动合同中对陈某工作岗位的约定分析，陈某从事内勤工作，不同于销售、维修服务等工作对象分布广泛的岗位，内勤岗位服务对象相对固定，工作地点亦相对固定。虽然双方的劳动合同约定工作地点为江苏，但该约定工作地点范围并不明确，合同履行过程中陈某的实际工作地点为江苏省海安县。保险公司作为劳动合同格式文本的提供方，其理应提供工作地点约定明确的合同文本供双方使用，但保险公司提供的合同文本中工作地点仅显示为“江苏”，并无明确的县市范围。因该约定地点不明致使双方产生理解上的分歧，对相关条款应根据合同解释规则并结合合同履行情况，按照公平的原则进行解释。

陈某自 2011 年 3 月到保险公司海安营销部从事内勤工作，至 2017 年 6 月保险公司解除双方的劳动合同，长达六年时间的工作地点均在江苏省海安县，该长期履行的实际工作地点应为双方合意一致的约定工作地点。陈某已在长期工作地点购房置业，固定居住在海安县，保险公司如欲调整其至相距较远的地点工作，应与陈某协商确定。现保险公司未经协商即将陈某调整至远离其居住地的南通市区工作，且未提供交通、住宿等方面有效的替代解决方案，致使作为普通员工的陈某收入相对减少，陈某予以拒绝具有合法正当的理由。保险公司以违反规章制度为由将陈某开除，属用人单位权利滥用，该行为违反了我国劳动合同法的规定，构成违法解除劳动合同，保险公司依法应向陈某支付赔偿金。

江苏省南通市中级人民法院依照《中华人民共和国民事诉讼法》第一百七十条第一款第一项规定，判决如下：

驳回上诉，维持原判。

【法官后语】

本案是因用人单位单方面调整工作地点引发的劳动纠纷。工作地点是劳动合同的重要内容，也是劳动者考虑是否与用人单位建立劳动关系的重要因素之一，明确具体的工作地点是劳动合同的必备内容。在履行劳动合同过程中，劳动关系双方时常因为工作地点的变更导致纠纷发生，调整工作地点系劳动合同内容的重要变更，应经双方当事人协商一致决定或事先在劳动合同中明确约定。判断用人单位调整工作地点是否具有合法性，应当结合劳动合同的约定内容、合同解释规则、合同履行情况等因素综合分析判断。

用人单位在与劳动者订立劳动合同过程中负有告知义务，应明确告知劳动者工作地点、劳动报酬、福利待遇等基本情况。《中华人民共和国劳动合同法》第八条规定，用人单位招用劳动者时，应当如实告知劳动者工作内容、工作条件、工作地点、职业危害、安全生产状况、劳动报酬，以及劳动者要求了解的其他情况；用人单位有权了解劳动者与劳动合同直接相关的基本情况，劳动者应当如实说明。该条法律规定的立法目的在于，要求劳动关系双方如实告知对方自己的基本情况，让合同双方当事人在充分了解的基础上决定是否建立劳动关系。本案中，保险公司作为用人单位提供了劳动合同的格式文本，但该合同文本中关于劳动地点的约定仅写明为江苏，在其后并未明确填写清楚具体的县市，导致劳动关系双方对工作地点的理解产生分歧。因海安县属于江苏省的管辖范围，且陈某自入保险公司以来长达六年多的时间一直在海安县工作，故其坚持认为工作地点应为保险公司在海安的营业单位。保险公司则认为陈某的工作地点应为江苏省行政管辖区域的全部范围。双方劳动合同中对陈某工作岗位约定为内勤，这一岗位并不同于销售、维修服务等工种，工作服务对象分布广泛，在合同约定的前提下可以在全省范围内任意调动工作地点。通常情况下，从事保险推销、售后服务、保险理赔等工作地点变动随意性较大的劳动者，也会结合自己的工作特点，选择在省会城市或距离服务区域较近的地区购房置业，以适应用人单位对于工作地点的频繁调整。与此同时，用人单位也往往会给予此类人员高于普通人员的薪酬待遇，以弥补劳动者因工作变动及长期出差造成的损失。但本案中陈某从事内勤岗位，其服务对象、工作地点相对固定，薪酬待遇一般。自 2011 年 3 月工作以来，长达六年多的工作地点均在江苏海安，陈某二审中亦提供房产证等证据证明自己已在海安买房定居。永安公司作为劳动合同格式文本的提供方，其提供的合同条款中对工作地点约定不明导致双方产生理解上的分歧，根据合同解释规则应作出对其不利的解释。结合本案合同的实际履行情况，双方当事人长期履行的实际工作地点海安县应为双方合意一致的约定工作地点。保险公司若确因工作需要调整陈某的工作地点，应当提供住房、交通等保障条件或与劳动者协商一致，不让劳动者因工作变动而导致实际收入大幅度减少。

现代企业因商业竞争环境等因素的影响，时常存在降低成本、追逐最大利润的本能冲动，往往采取延长工作时间、调整工作地点等手段压缩用工成本。有些跨国企业甚至仅仅在劳动合同中约定工作地点为“中国”或“中国某省”，这种笼统模糊的约定严重侵害了劳动者在建立劳动关系过程中基本的知情权。本案对劳动合同条款的理解及解除劳动合同违法性的认定，充分考虑了劳动关系双方的基本地位、客观条件、真实意思表示及合同实际履行情况，对现代商业环境下劳动关系双方的权利义务的分配具有一定参考价值。

编写人：江苏省南通市中级人民法院　郭相领

060 用人单位维持或提高劳动合同约定条件续签劳动合同的界定

——生物技术公司诉赵某劳动争议案

【案件基本信息】

1. 裁判书字号

北京市第一中级人民法院（2018）京01民终9926号民事判决书

2. 案由：劳动争议纠纷

3. 当事人

原告（上诉人）：生物技术公司

被告（被上诉人）：赵某

【基本案情】

赵某于2011年9月9日入职生物技术公司，担任储运部主管一职。双方签订过两份劳动合同，最后一份劳动合同期限为2015年1月1日至2017年12月31日。赵某月工资标准为7570元，离职前十二个月平均工资为7585.83元。

生物技术公司于2018年1月2日向赵某送达了《劳动合同到期终止通知书》，载明：赵某同志，你的劳动合同于2017年12月31日终止，在劳动合同到期前，公司已经多次与你沟通劳动合同续签事宜，在公司维持原有薪资福利等不变的情况下，你个人拒绝续签同类型或同岗位的劳动合同，公司与你自2017年12月31日起不再存在任何劳动关系。

赵某主张，其在生物技术公司储运部工作，储运部包括常温库和冷库。此后因有员工离职，人手不够，需要其长期在冷库工作，故其于2017年12月初告知生物技术公司因身体原因不能进入冷库工作，希望公司招聘工作人员。生物技术公司提到三种方案，但未说续签劳动合同的事情，2017年12月29日下午，生物技术公司告知其劳动合同要到期了，让其做商务助理，因商务助理与其此前的工作内容不相同，故其不同意续签劳动合同，这是岗位问题，不是薪水问题。其于2018年1月2日表示同意不低于原工资标准，按原岗位续签劳动合同，可以进冷库工作。但生物技术公司仍出具了《劳动合同到期终止通知书》，属于违法终止劳动合同。

就其主张，赵某提交邮件截图打印件予以证明。生物技术公司人力行政部门工作人员周某发送给赵某的邮件中，显示生物技术公司告知赵某，公司希望其能像以前一样继续在原岗位工作；公司表示也可以不用进入冷库工作，但原有岗位的工作内容必将缩减，故需要调整薪资；继续原岗位工作和削减工作内容调整薪资的方案赵某均不同意，公司可以帮其调整到销售岗或内勤岗，赵某均未同意。

生物技术公司主张，其公司一般的工作流程为商务部下订单，储运部打印订单、发货。商务部助理的工作内容为用电脑下订单。赵某于劳动合同到期前一个月就称因身体原因不能进冷库工作，因劳动合同于2017年12月31日到期，其公司口头告知赵某要续签劳动合同，就续签劳动合同内容其公司提出三种方案：第一，可以不进冷库，调岗至商务部做商务助理，不降薪，赵某不同意；第二，可以不调岗，但因赵某不进冷库，需降薪，赵某也不同意；第三，维持原劳动合同不变，赵某仍不同意。因双方就续签劳动合同事宜未达成一致意见，且赵某在其公司限定的截止日期前一直未给予答复，其公司于2018年1月2日向赵某出具了《劳动合同到期终止通知书》。

生物技术公司提交录音、续签劳动合同通知书予以证明。录音有数段，2017年12月27日，周某与赵某的对话内容大致为周某询问赵某的想法，提出三种方案，赵某均予以否认。续签劳动合同通知书载明：赵某，你的劳动合同即将到期，请你确定是否续签新的劳动合同，于2017年12月29日签署意见，过期不予回复则视为自动放弃与公司续签劳动合同。

赵某以要求确认与生物技术公司存在劳动关系，生物技术公司支付违法终止劳动合同赔偿金、工资为由向北京市海淀区劳动人事争议仲裁委员会提出申诉，仲裁委员会裁决如下：1. 确认生物技术公司与赵某于2011年9月9日至2017年12月31日存在劳动关系；2. 生物技术公司支付赵某2011年9月9日至2017年12月31日未休带薪年休假工资2088.28元；3. 生物技术公司支付赵某违法终止劳动合同赔偿金98615.79元；4. 驳回赵某其他仲裁请求。生物技术公司不服仲裁裁决，于法定期限内提起诉讼。

【案件焦点】

1. 生物技术公司与赵某终止劳动合同是否属于生物技术公司维持或者提高劳动合同约定条件续订劳动合同，赵某不同意续订的情形；2. 生物技术公司与赵某协商未果后，终止劳动合同是否合法。

【法院裁判要旨】

北京市海淀区人民法院经审理认为：赵某与生物技术公司之间

签订的第二份劳动合同至2017年12月31日止。从生物技术公司提交的录音可知，赵某所在的储运部需要其进入冷库工作，生物技术公司于劳动合同到期前告知赵某将续签劳动合同，因赵某提出不宜再进冷库，双方就新的工作岗位及薪资进行协商。多次协商过程中生物技术公司提出了三种方案，赵某均予以否认。生物技术公司于录音及发送的电子邮件中均明确告知赵某因公司提出的三种方案均被其否认，公司将安排其从事商务助理的工作，希望其于2017年12月31日前回复是否同意续签劳动合同，否则劳动合同于当日到期终止。从该协商过程中可见生物技术公司在续签劳动合同一事中，提及了维持原劳动合同约定条件的续签方案，但被赵某予以否认。赵某明知劳动合同将到期并且生物技术公司已经告知其应当就是否同意续签劳动合同于2017年12月31日前回复，赵某仍以身体不舒服为由未在劳动合同到期前予以回复，该后果应当由赵某自行承担。因此，生物技术公司于2018年1月2日向赵某送达《劳动合同到期终止通知书》，终止与赵某的劳动关系并无不当，进而法院对于生物技术公司无需向赵某支付违法终止劳动合同赔偿金的主张予以支持。

北京市海淀区人民法院依据《中华人民共和国劳动合同法》第四十六条第五项之规定，判决如下：

一、确认生物技术公司与赵某于2011年9月9日至2017年12月31日存在劳动关系；

二、生物技术公司于本判决生效后七日内支付赵某2011年9月9日至2017年12月31日未休带薪年休假工资2088.28元；

三、确认生物技术公司无需支付赵某违法终止劳动合同赔偿金98615.79元。

二审法院同意一审法院裁判意见。

【法官后语】

《中华人民共和国劳动合同法》第四十六条规定，有下列情形之一的，用人单位应当向劳动者支付经济补偿……（五）除用人单位维持或者提高劳动合同约定条件续订劳动合同，劳动者不同意续订的情形外，依照本法第四十四条第一项规定终止固定期限劳动合同的……劳动合同到期前，如果用人单位向劳动者提出维持或者提高劳动合同约定条件续订劳动合同，劳动者不同意续订的情况下，用人单位免除支付终止劳动合同经济补偿金的义务，否则用人单位应当向劳动者支付终止劳动合同的经济补偿金。

但就举证义务的分配，笔者认为，劳动关系双方均负有不同的举证义务。劳动者就双方劳动合同到期终止的事实承担举证责任；用人单位不同意支付终止劳动合同经济补偿金的，应举证证明在用人单位维持或者提高劳动合同约定条件续订劳动合同的情况下，劳动者不同意续订劳动合同的事实。

根据劳动合同法第十七条规定，劳动合同应当具备以下条款：（一）用人单位的名称、住所和法定代表人或者主要负责人；（二）劳动者的姓名、住址和居民身份证或者其他有效身份证件号码；（三）劳动合同期限；（四）工作内容和工作地点；（五）工作时间和休息休假；（六）劳动报酬；（七）社会保险；（八）劳动保护、劳动条件和职业危害防护；（九）法律、法规规定应当纳入劳动合同的其他事项。根据劳动合同应当具备的条款，除双方信息和法律法规有明确规定外，其他应该都属于劳动合同约定条件。

在司法实践中，审查是否属于维持或者提高劳动合同约定条件时，应当重点审查续签劳动合同时，劳动者的工资待遇、工作地点、工作岗位、工作内容、工作时间、休息休假等关乎劳动者的切身利益条款是否与原劳动合同约定的条件一致。如果发生变化，上述条件是否降低了原劳动合同条件、对劳动者是否产生不利影响。如果用人单位提出续签劳动合同时并未降低劳动合同约定条件，而劳动者不同意续订，则用人单位有权终止固定期限劳动合同。

本案中，赵某原本的工作岗位需要进入冷库工作，现其向公司提出不宜再进入冷库工作的要求，生物技术公司与赵某就原工作岗位、新工作岗位及薪资进行过多次协商。生物技术公司已经完成了其公司提出维持劳动合同约定条件续订劳动合同的举证义务。在双方沟通过程中赵某对生物技术公司提出的方案均予以否认，并且赵某并未在劳动合同到期前回复是否同意续签劳动合同，因此，生物技术公司终止与赵某的劳动合同并无不当。

编写人：北京市海淀区人民法院　耿余

061　续签劳动合同降低劳动条件的认定

——出租车公司诉穆某亭劳动争议案

【案件基本信息】

1. 裁判书字号

北京市第一中级人民法院（2017）京 01 民终 1337 号民事判决书

2. 案由：劳动争议纠纷

3. 当事人

原告（被上诉人）：出租车公司

被告（上诉人）：穆某亭

【基本案情】

2001年7月10日，穆某亭到出租车公司工作，工作岗位为出租车司机，运营方式为单班工作制，双方签订了劳动合同。2008年6月1日，签订了《劳动合同书》，合同约定：本合同为固定期限劳动合同，自2008年6月1日起至2015年5月31日止；出租车公司安排穆某亭执行不定时工作制度；出租车公司支付穆某亭月工资按照《承包营运合同书》中双方约定的内容执行，但不低于北京市最低工资标准；合同还规定了其他条款。同日，穆某亭与出租车公司签订了《承包营运合同书》，合同约定：出租车公司向穆某亭提供出租车一辆；运营方式为单班；运营期限为2008年6月1日至2015年5月31日；穆某亭的承包定额为5175元，每月30日前足额缴纳；穆某亭的报酬为穆某亭向出租车公司缴纳承包定额后的运营收入减去穆某亭合理运营成本支出的剩余部分及出租车公司支付给穆某亭的岗位补贴之和；穆某亭的岗位补贴为545元；合同还规定了其他条款。合同签订后，穆某亭承包了出租车公司的出租车进行运营。2015年5月30日，穆某亭与出租车公司续订了劳动合同，劳动合同期限延展至2016年5月31日。

2016年4月20日，出租车公司向部分车辆下发了《2016年车辆更新合同到期告知书》，该告知书载明：出租车公司与您签订的劳动合同于2016年5月30日期满；届时出租车公司将根据劳动合同及双向选择，签订、终止（解除）劳动合同；根据《关于调整北京市出租汽车报废年限的通告》，自2015年5月1日起本市更新或新增的汽油出租汽车执行6年强制报废标准的文件精神变更为双班工作制；车辆更新后如执行单班工作制，企业将面临亏损甚至倒闭，单班承包费5175元/月，扣除岗位补贴、社保、折旧、税金、GPS、计价器等直接费用和财务、管理、税金等间接费用，单车净利润171元/月，社保费用又在逐年增加，企业将没有利润产生，最终会导致无法经营，员工失业；因此，企业要保障正常运转，只能执行双班工作制；请您按照下表内容填写……如您选择服从公司安排，请到办公室提交申请；如您选择终止意向，将视作提出终止劳动合同申请，公司将如期办理劳动合同终止手续；请于2016年5月10日前将您的本人意愿反馈给公司。2016年5月10日后，穆某亭没有书面答复出租车公司。2016年5月16日，穆某亭驾驶的出租车因到报废年限而报废。穆某亭不同意续签双班工作制运营承包合同，为此，双方发生争议。穆某亭于2016年6月15日申诉至劳动争议仲裁委，请求：1. 支付不续签劳动合同经济补偿金36472元；2. 支付未休年休假工资16768元。劳动争议仲裁委于2016年9月5日裁决：1. 出租车公司支付穆某亭终止劳动合同经济补偿金34000元；2. 驳回穆某亭的其他申请请求。裁决后，出租车公司不服该裁决，于2016年9月14日诉至法院，穆某亭未就该裁决书提起诉讼。

【案件焦点】

出租汽车公司将出租车运营方式由单班经营变为双班经营是否属于降低劳动合同约定条件。

【法院裁判要旨】

北京市昌平区人民法院经审理认为：当事人对自己的主张有提供证据的义务，如未提供相应证据，应承担举证不能的后果。出租车公司与穆某亭构成劳动合同关系。本案争议的焦点就是出租车公司将出租车运营方式由单班经营变成双班经营是否属于降低劳动合同约定条件。单班变成双班运营，出租车司机享有的岗位工资、油补及车辆保险等原有福利待遇未变，且承包金减少、运营压力减少，并未降低劳动合同约定的条件。根据出租车司机与公司之间的劳动合同和承包运营合同，出租车司机的月劳动报酬为司机向公司缴纳承包定额后的营运收入减去一方合理营运成本的剩余部分及公司支付的岗位补贴之和；出租车司机自行安排营运时间和休息时间。可见，不论双班还是单班运营，出租车司机的收入状况、工作时间和强度均在很大程度上取决于其自身安排。在实践中，不同的出租车司机对收入的预期不同、身体状况不同、生活习惯不同甚至居住地点不同等，都会导致运营和休息的时间和方式的变化，并进而在不同的出租车司机个体之间产生对单班还是双班运营喜好的不同以及收入的差异。此外，出租车行业作为公共交通系统的一个重要补充，具有一定的公益性和服务性，政府对出租车行业实行行政管制，通过双班率调节出租车运力是北京市政府的管制手段之一。从这个角度看，出租车的运营方式是单班还是双班，不完全属于出租车公司和司机约定的范畴。因此，根据出租车公司将涉诉出租车的运营方式由单班调整成双班这一事实，很难认定出租车公司在征求穆某亭是否续签劳动合同的意向时存在降低劳动合同约定条件的情形。关于出租车公司不同意支付穆某亭终止劳动合同经济补偿金 34000 元一节，出租车公司的该项诉讼请求理由正当，法院予以支持。

北京市昌平区人民法院依据《中华人民共和国劳动合同法》第四十四条第一款第一项、第四十六条第一款第五项，《中华人民共和国民事诉讼法》第六十四条之规定，判决如下：

出租车公司无需支付穆某亭终止劳动合同经济补偿金34000元。

宣判后，穆某亭提起上诉。穆某亭认为，一审判决认定穆某亭不同意续签双班工作制劳动合同，属于认定事实错误；一审判决遗漏了“出租车公司是否应当与穆某亭签订无固定期限劳动合同”这一重要的争议焦点，导致一审判决结果的错误；一审法院在遗漏重要争议焦点的情况下，依照《中华人民共和国劳动合同法》第四十四条第一款第一项、第四十六条第一款第五项作出判决，属于适用法律错误。

北京市第一中级人民法院经审理认为：穆某亭上诉主张一审法院遗漏了“出租车公司是否应当与穆某亭签订无固定期限劳动合同”这一争议焦点。从出租车公司2016年4月20日所发《2016年车辆更新合同到期告知书》来看，《2016年车辆更新合同到期告知书》上并未注明续签劳动合同的期限为固定期限，穆某亭亦没有证据证明其曾向出租车公司提出过续签无固定期限劳动合同，故本院对其该项上诉主张不予采信。

关于出租车公司将出租车营运方式由单班营运变成双班营运是否属于降低劳动合同约定条件问题。首先，单班变成双班营运，综合承包定额和各项补贴情况，出租车司机应向出租车公司缴纳的费用减少、运营压力减少。其次，出租公司采取不定时工作制度，出租车司机可以自行安排营运时间和休息时间，不论双班还是单班营运，出租车司机都可以就工作时间和强度进行自主调整。最后，出租车行业作为公共交通系统的一个重要补充，具有一定的公益性和服务性，通过调增双班率进行出租汽车总量动态调控以提高出租车运力水平，也是政府的相应管理措施。综上，根据出租车公司将出租车的营运方式由单班调整成双班这一事实，不足以认定出租车公司在征求穆某亭是否续签劳动合同的意向时存在降低劳动合同约定条件的情形。一审认定出租车公司无需向穆某亭支付终止劳动合同经济补偿金 34000 元是正确的，本院予以确认。

北京市第一中级人民法院依照《中华人民共和国民事诉讼法》第一百七十条第一款第一项之规定，判决：

驳回上诉，维持原判。

【法官后语】

《中华人民共和国劳动合同法》第四十四条第一项规定，劳动合同期满的，劳动合同终止。《中华人民共和国劳动合同法》第四十六条第五项进一步规定，除用人单位维持或提高劳动合同条件续订劳动合同，劳动者不同意续订的情形外，依照本法第四十四条第一项规定终止固定期限劳动合同的，用人单位应当向劳动者支付经济补偿金。根据上述规定，当用人单位与劳动者的劳动合同期限届满时，用人单位提出续订劳动合同的，如果是"维持或提高劳动合同约定条件"，劳动者不接受的，用人单位终止劳动合同，可以不支付经济补偿金；如果是"降低了劳动合同约定条件"，劳动者拒绝的，用人单位终止双方的劳动合同，应当支付经济补偿金。

此处涉及一个非常重要的问题，那就是如何判定劳动合同约定条件的维持、提高或降低？法律条款的原则性较强，缺乏相应的司法解释，且没有客观恒定的判断标准，导致在实践当中出现是维持还是降低的有关争议时，用人单位和劳动者往往各执一词。

审判实践中判断维持或降低劳动合同约定条件，可以遵循以下原则：

一是比较分析原则。可以从以下几个方面来比较分析：第一，劳动者正常履行劳动义务时，劳动报酬的标准是否降低；第二，是否增加了劳动者应履行的义务；第三，是否减少了劳动者的权利或权益；第四，是否对劳动者作出了更加严苛的约束性规定。如果用人单位续订劳动合同时，增加了劳动者的义务或者减少了劳动者的权益，就应当认定为降低了劳动合同约定条件。本案中，单班变成双班运营，出租车司机享有的岗位工资、油补及车辆保险等原有福利待遇未变，且承包金减少、运营压力减少，可见劳动者的权益并未减少，甚至还有所增加，同时出租车公司也没有增加劳动者的义务和约束性规定。

二是全面性原则。劳动合同约定条件有很多，如劳动报酬、工作内容和工作地点、工作时间和休息休假、社会保险、劳动保护、劳动条件和职业危害防护等。如果用人单位只是单纯维持或降低某一个或几个劳动合同条件，判断起来就比较容易；如果续订的劳动合同，有些条件提高了，有些条件降低了，应当如何认定？鉴于劳动合同约定的整体性，因此，从有利于保护劳动者权益出发，当有些条件降低、有些条件提高时，仍然应认定为降低了劳动合同约定条件。本案除劳动报酬相关问题外，劳动者还主张单班改为双班制增加了工作时间和强度，但出租车司机都是自行安排营运时间和休息时间，因此不论是双班还是单班运营，出租车司机的收入状况、工作时间和强度均很大程度上取决于其自身安排，所以也不能认定在工作时间和强度上降低了劳动合同约定条件。

三是合理性原则。劳动合同约定条件是否降低，应考察条件的变更是否具备合理性。本案中，出租车公司将单班制变更为双班制有相应的政策背景和考量。出租车行业作为公共交通系统的一个重要补充，具有一定的公益性和服务性，通过调增双班率进行出租汽车总量动态调控以提高出租车运力水平，也是政府的相应管理措施。

从这个角度看，出租车的运营方式是单班还是双班，不完全属于出租车公司和司机约定的范畴。因此，单双班改制这一劳动条件的变更是具备合理性的，也属于因续订劳动合同时的客观情况发生变化，致使续订的劳动合同内容有所变更的情形。

编写人：北京市第一中级人民法院　范楷强

062 医师违反服务期约定，医院要求其返还在职研究生期间劳动报酬的不应予以支持

——某医院诉李某劳动争议案

【案件基本信息】

1. 裁判书字号

福建省厦门市中级人民法院（2017）闽 02 民终 4730 号民事判决书

2. 案由：劳动争议纠纷

3. 当事人

原告（上诉人）：某医院

被告（上诉人）：李某

【基本案情】

李某于 2012 年 7 月 3 日入职某医院，双方签订有三份劳动合同，合同期限分别为 2012 年 7 月 3 日至 2015 年 6 月 30 日、2015 年 7 月 1 日至 2016 年 6 月 30 日、2016 年 7 月 1 日至 2017 年 6 月 30 日，李某的岗位均为神经外科医师。李某自 2013 年起攻读某医

科大学在职研究生，其间李某与某医院签署《某医院在职教育协议书》（以下简称《协议书》），约定某医科大学接受某医院委托招收李某为2013级攻读神经外科学专业硕士学位研究生，李某攻读研究生期间实行带薪学习，但毕业后必须在某医院工作满8年，否则须返还读研期间某医院支付的培训费用，包括“福利待遇+住房公积金+社保+奖金+报销学费……”李某在某医科大学读完五个月的理论课程后，跟随其导师即某医院神经外科主任姚某在该院临床实习。2016年，李某研究生毕业后，向某医院递交辞职申请。某医院要求李某按照《协议书》返还培训费用，即攻读研究生期间工资、住房公积金、社会保险费、奖金等。李某未返还上述费用，某医院作为申请人，以李某作为被申请人向厦门市劳动人事争议仲裁委员会申请仲裁，要求返还2013年9月至2016年7月期间的培训费用172065元。李某提出反请求，要求某医院支付2013年1月1日至2016年8月31日期间的加班费，返还人事档案，并为李某办理档案转移手续。仲裁裁决某医院为李某办理档案转移手续，并驳回双方其他仲裁请求。双方不服，遂诉至法院。

【案件焦点】

1. 李某是否需要返还某医院2013年9月至2016年7月期间的培训费172065元；2. 某医院是否需要支付李某2013年1月1日至2016年8月31日期间的加班费。

【法院裁判要旨】

福建省厦门市思明区人民法院经审理认为，关于某医院要求李某支付172065元，因某医院与李某本案签订的《协议书》约定的内容明显加重了李某的义务，排除了权利，根据《中华人民共和国劳动合同法》第二十六条之规定，应认定此约定内容无效。另外，学习期间李某与某医院也续签了劳动合同，李某为某医院提供了相应的劳动，故某医院已经支付给李某的工资和福利待遇款，李某不需要返还。关于李某要求某医院支付加班费，劳动者主张加班费的，应当就加班事实的存在承担举证责任，李某要求某医院支付加班费，依据不足，不予支持。关于李某要求某医院办理档案转移手续，双方劳动关系已经于 2016 年 8 月 31 日解除，某医院应为李某办理档案转移手续。

福建省厦门市思明区人民法院依照《中华人民共和国劳动合同法》第二十二条、第五十条，《最高人民法院关于审理劳动争议案件适用法律若干问题的解释（三）》第九条，《中华人民共和国民事诉讼法》第六十四条第一款之规定，判决：

一、某医院应自判决生效之日起七日内为李某办理档案转移手续；

二、驳回某医院的诉讼请求；

三、驳回李某的其他诉讼请求。

某医院、李某不服一审判决，提起上诉。福建省厦门市中级人民法院经审理认为：首先，《中华人民共和国劳动合同法》及《中华人民共和国劳动合同法实施条例》规定的培训费用，包括用人单位为了对劳动者进行专业技术培训而支付的有凭证的培训费用、培训期间的差旅费用以及因培训产生的用于该劳动者的其他直接费用。某医院明确要求返还的是李某在职研究生期间的工资、住房公积金、社会保险费、代办费及奖金，实际上即李某该期间所获得的劳动报酬，而非因培训产生的费用，故某医院要求李某返还该费用于法无据。其次，根据查明事实，双方签订的劳动合同覆盖2013年9月10日至2016年7月1日，某医院有法定义务按约支付李某该期间的劳动报酬。某医院虽上诉主张李某在上述期间内脱产学习，但亦承认李某只在学校学习五个月，之后跟随其导师即某医院神经外科主任姚某在该院临床实习。而且根据某医院提供的考勤统计表，李某接受某医院的考勤管理，与其他在职工作人员并无区别。李某在研究生期间的大部分时间仍在某医院正常上班，为某医院付出劳动，应依法享有该期间正常的劳动报酬。李某主张加班事实的证据不足，此外，医院工作具有特殊性，值夜班期间医院同时提供了睡觉休息场所而并不需要持续工作，李某将值夜班等同于加班并提出加班费的请求，缺乏依据。故李某要求某医院支付177172元加班费的上诉请求，不予支持。

福建省厦门市中级人民法院依照《中华人民共和国民事诉讼法》第一百七十条第一款第一项之规定，判决：

驳回上诉，维持原判。

【法官后语】

许多行业领域的知识变化日新月异，为确保专业技术水平的与时俱进，劳动者接受单位委培或者自己主动继续深造接受在职教育是非常普遍的现象。在这种情况下，用人单位与接受继续教育的劳动者通常会约定服务期条款，如劳动者违反服务期约定的需支付一定的违约金。《中华人民共和国劳动合同法》第二十二条对服务期条款作出了规定："用人单位为劳动者提供专项培训费用，对其进行专业技术培训的，可以与该劳动者订立协议，约定服务期。劳动者违反服务期约定的，应当按照约定向用人单位支付违约金。违约金的数额不得超过用人单位提供的培训费用。用人单位要求劳动者支付的违约金不得超过服务期尚未履行部分所应分摊的培训费用。用人单位与劳动者约定服务期的，不影响按照正常的工资调整机制提高劳动者在服务期期间的劳动报酬。”

服务期条款的立法目的是在一定程度上保护用人单位的权益，因为用人单位在专业技术培训过程中所付出的先期资产和人力资源投入必然寻求一定期限内的利益回报，希望经过培训的劳动者能为本单位提供更多的服务。但是，劳动者在某一领域的专业技术和实际操作能力得到提升后必然会寻求更高的劳动力价格，希望获取更多的劳动报酬或者丰厚的福利待遇。虽然用人单位为培养劳动者付出了相应的代价，但劳动者的择业自主权关乎劳动者的生存权，是基本权利之一，在权利位阶上高于用人单位相对应的权利，因此在司法实践中需明确一个原则：违约金设置的目的不是惩罚劳动者或担保劳动合同的履行，而是补偿因为劳动者辞职给企业造成的损失，一方面要依法保护用人单位按照服务期条款主张违约金的权利，另一方面也要保护劳动者的用工自主权及在用人单位工作期间已依法取得和享有的劳动报酬权利。

《中华人民共和国劳动合同法》第二十二条的具体适用中，有以下几个问题需要注意：首先，违反服务期的违约金不能超过用人单位提供的培训费用，该培训费用的范围不宜进行扩张解释，如本案中用人单位主张培训费用包括劳动者在职研究生期间的工资、住房公积金、社会保险费及奖金等，这大大超出了培训费用概念的范畴。并且用人单位对支付了哪些培训费用负有举证责任，如用人单位无法举证的不应予以支持。其次，违约金不得超过服务期尚未履行的部分所应分摊的培训费用，根据劳动者已工作的年限对违约金进行相应的折抵，在劳动者已履行部分服务期的情况下，应当根据已履行服务期在原约定服务期中所占比例，相应减少违约金数额，该规定兼顾了用人单位与劳动者双方的权利，符合公平对等的原则。最后，追究劳动者违反服务期的违约责任，不能因此损害劳动者在用人单位工作期间已依法取得和享有的劳动报酬权利。劳动者在接受继续教育期间，依然属于用人单位的一员，依法享有获得劳动报酬及劳动福利待遇的法定权利，不能因为劳动者服务未满合同约定的期限，就追回其应当取得的工资及福利待遇。本案李某虽然读了某医科大学的在职研究生，但其导师同时为某医院的科室主任，在攻读研究生三年的时间内，大部分时间是在某医院实习工作，接受某医院的考勤管理，故在此期间内医院支付的工资等福利待遇属于李某依法享有的劳动报酬，医院要求返还于法无据。

此外，在服务期条款的缔约过程中，用人单位仍然处于强势一方，在司法实践中仍然需要审查服务期条款是否违反《中华人民共和国劳动合同法》第二十六条的规定。《中华人民共和国劳动合同法》第二十六条第一款对劳动合同可能无效的情形作出了规定："下列劳动合同无效或者部分无效：（一）以欺诈、胁迫的手段或者乘人之危，使对方在违背真实意思的情况下订立或者变更劳动合同的；（二）用人单位免除自己的法定责任、排除劳动者权利的；（三）违反法律、行政法规强制性规定的。"虽然本案中，某医院抗辩认为与李某签订的约定有服务期条款的协议书不属于劳动合同的组成部分，因此不受上述法律的约束，但服务期条款的缔约双方仍为用人单位与劳动者，虽在签署的文本上可能独立于劳动合同，但其内容仍然是关于劳动合同履行过程中就服务期这一专项问题双方所达成的一致约定，当然应当受到《中华人民共和国劳动合同法》的调整与约束。本案中，用人单位与劳动者的服务期条款中规定如劳动者违反服务期约定就需返还工资，显然免除了用人单位依法支付劳动报酬的法定责任，故属于无效条款。

编写人：福建省厦门市中级人民法院　纪赐进　李仁莹

063　未采用书面形式变更劳动合同的效力认定

——王某永诉通信系统公司劳动争议案

【案件基本信息】

1. 裁判书字号

北京市第三中级人民法院（2017）京 03 民终 10265 号民事判决书

2. 案由：劳动争议纠纷

3. 当事人

原告（反诉被告、被上诉人）：王某永

被告（反诉原告、上诉人）：通信系统公司

【基本案情】

王某永于 2010 年 5 月 1 日与人力资源公司签订劳动合同，当日被派遣至通信系统公司。此后，王某永与通信系统公司直接签订了劳动合同，约定：期限为 2012 年 1 月 1 日至 2012 年 4 月 30 日；工资构成如下：基本工资 8200 元/月、职务补贴（技能补贴）4700 元/月、城市补贴 4000 元/月、特别补贴 7749 元/月，上述合计 24649 元/月。2012 年 4 月 30 日，双方签订《续订劳动合同协议书》，约定：劳动合同续签至2015年4月30日；在上述期限内，原劳动合同的部分内容做如下变更：（1）基本工资8200元/月；（2）工作场所或岗位；（3）原劳动合同的其余条款继续有效……

王某永主张其工资标准为每月24649元，《续订劳动合同协议书》也注明原劳动合同的其余条款继续有效，证明双方工资标准从未改变，但自2012年5月起，通信系统公司擅自降低标准，按照每月18500元发放，每月少发6149元，其曾向总部提出过异议及要求补足差额，但公司仍旧没有补齐工资，并出示了上述劳动合同、《续订劳动合同协议书》、银行明细等予以佐证。通信系统公司主张公司确实从2012年5月开始按照每月18500元降薪后工资标准支付工资，但此已与王某永口头协商过，且王某永表示同意，其未曾就降薪一事要求公司补足差额；另外，王某永在担任企划部部长期间负责总务、人事及财务工作，其公司会与员工签订《工资明细签收单》，明确工资构成及标准，但王某永的签收单不见了，根据当时具有效力的《最高人民法院关于审理劳动争议案件适用法律若干问题的解释（四）》第十一条，该工资已经实际履行超过一个月，且王某永没有提出异议，表示该口头变更实际发生且生效。王某永对此予以否认。

王某永就本案劳动争议向北京市朝阳区劳动人事争议仲裁委员会（以下简称朝阳仲裁委）提出仲裁申请，后双方均不服仲裁裁决，诉至法院。王某永要求通信系统公司支付2012年5月1日至2015年4月30日扣发的工资差额221364元；通信系统公司要求不支付违法解除劳动合同赔偿金和病假工资。

【案件焦点】

用人单位抗辩与劳动者口头约定变更劳动合同并生效时，如何认定其是否生效。

【法院裁判要旨】

北京市朝阳区人民法院经审理认为：关于工资标准，双方签订的劳动合同中明确约定了月工资为 24649 元及相应构成，2012 年 4 月 30 日订立的《续订劳动合同协议书》亦明确基本工资 8200 元/月及原劳动合同的其余条款继续有效，由此可见，双方未就工资标准进行变更。在此情况下，双方再随即以口头协议的形式将月工资标准降为 18500 元明显与常理不符；同时，王某永作为劳动者，属于工资报酬的被动接收方，即使其没有证据证明其曾要求通信系统公司补足工资差额，但也不能反推出双方存在过口头降薪协议及王某永已默认降薪的事实，且相关法律规定劳动报酬的仲裁时效可在劳动关系终止一年内提出。因此，通信系统公司所主张的降薪理由难以成立，法院以劳动合同约定的为准，通信系统公司应向王某永支付 2012 年 5 月至 2015 年 4 月工资差额。

北京市朝阳区人民法院依照《中华人民共和国劳动合同法》第十四条第二款第三项、第八十七条，《中华人民共和国劳动争议调解仲裁法》第六条、第二十七条之规定，判决：

通信系统公司于判决书生效之日起三日内给付王某永 2012 年 5 月 1 日至 2015 年 4 月 30 日工资差额 221364 元。

二审法院同意一审法院裁判意见。

【法官后语】

劳动合同的变更，是指双方当事人依法对已经成立但尚未履行或尚未完全履行的合同的内容和条款进行修改和增减的行为。《中华人民共和国劳动合同法》第三十五条第一款中规定:“变更劳动合同,应当采用书面形式。”可见,为了维护劳动关系的稳定、保护当事人的权益,劳动合同的变更采用书面的形式十分重要和必要,书面形式的变更也是诉讼认定的主要依据。但是在实践中,很多劳动合同内容的变更并未采用书面的形式,从而产生很多纠纷。对于未采用书面形式对劳动合同进行的变更,如何确认该变更的效力是司法实践中一个难点。

《最高人民法院关于审理劳动争议案件适用法律问题的解释(一)》第四十三条规定“用人单位与劳动者协商一致变更劳动合同,虽未采用书面形式,但已经实际履行了口头变更的劳动合同超过一个月,变更后的劳动合同内容不违反法律、行政法规且不违背公序良俗,当事人以未采用书面形式为由主张劳动合同变更无效的,人民法院不予支持”。该条文对劳动合同的变更形式做出了扩展,允许双方口头变更劳动合同的内容。但是在实践中,往往会出现部分当事人以已经口头变更为由提出抗辩,以便对不法行为作出“合法”解释。实践中,还应该充分理解该条文的规定:(1)口头变更劳动合同内容应当具备两个条件。其一,已经实际履行该口头变更的劳动合同超过一个月;其二,变更后的劳动合同内容不违反法律、行政法规、国家政策以及公序良俗。(2)变更的内容应当是局部变更,一般不是对劳动合同主体的变更。(3)上述两个条件只是口头变更劳动合同的必要不充分条件,而非充分必要条件。具体来说,如果某变更情形已经持续超过一个月,同时未违反法律、行政法规、国家政策以及公序良俗,不能反推出此情形是由于已经出现了口头变更的事实后形成的情形。

充分理解该条文后，在处理此类案件的过程中应当梳理以下审查思路：首先，查明变更劳动合同的基础事实是否存在，即双方当事人是否真实存在口头变更劳动合同内容并达成合意的事实，就此，主张存在该口头变更劳动合同内容事实存在的一方应当承担相应的举证责任。其次，审查该变更内容是否实际履行超过一个月，变更后的内容是否违反法律、行政法规、国家政策以及公序良俗。最后，还应当注意审查该变更的具体内容为何，根据具体的变更内容把握具体的审判尺度，如审查过程中对变更是属于用人单位的“内部管理权”还是对劳动者的单方权利滥用，就需要用人单位举证说明其“充分合理性”。

具体到本案，通信系统公司主张与王某永口头协商变更劳动合同的工资条款，但王某永对此不予认可，通信系统公司也未就此口头变更确实存在进行举证，该基础事实未能得到证明，因此通信系统公司应当承担不利后果。

可见，在认定未采用书面形式变更劳动合同效力的审查中，应当避免对《最高人民法院关于审理劳动争议案件适用法律问题的解释（一）》第四十三条规定的误解，避免走入逻辑误区。只有充分以事实为基础处理此类案件，才能维护劳动关系的稳定。

编写人：北京市朝阳区人民法院　孙霜悦

064 未经劳动者同意的公司内部会议纪要不得擅自变更工时制度

——科技公司诉郑某雄劳动争议案

【案件基本信息】

1. 裁判书字号

北京市第一中级人民法院（2017）京01民申215号民事裁定书

2. 案由：劳动争议纠纷

3. 当事人

原告（再审申请人）：科技公司

被告（再审被申请人）：郑某雄

【基本案情】

郑某雄于2007年11月1日入职科技公司，双方签订有劳动合同。2014年郑某雄被科技公司任命为副总裁，2015年继续被任命为副总裁，但对分管的事务进行了调整。2015年11月20日科技公司出具《解除劳动合同通知书》，以郑某雄旷工已经超过五个月，严重违反制度规定为由解除劳动合同。2015年11月25日该解除通知送达给郑某雄。2015年8月14日郑某雄以要求科技公司按原岗位继续履行劳动合同，并向其支付工资为由向北京市海淀区劳动人事争议仲裁委员会提出申诉。2015年11月27日仲裁委员会裁决如下：一、双方按原岗位继续履行劳动合同；二、科技公司向郑某雄支付2015年6月至7月工资44000元。科技公司不服该仲裁裁决，于法定期限内向法院提起诉讼，要求确认双方无需按原岗位继续履行劳动合同，并确认公司无需支付郑某雄2015年6月至7月工资44000元。

【案件焦点】

用人单位对高层管理人员的不定时工作制的适用问题。用人单位在未经与劳动者协商一致的情况下，能否可以变更劳动合同中关于工时制度的约定，以及公司内部关于劳动工时制度的会议决议能否对劳动者发生效力。

【法院裁判要旨】

北京市海淀区人民法院经审理认为：2015年6月前科技公司一直不对郑某雄进行考勤，郑某雄实行不定时工作制。科技公司主张2015年5月28日董事会开会决定对公司高管人员实行考勤管理，但该会议纪要未曾送达给郑某雄，故对郑某雄不具有约束力。此外，科技公司主张自2015年6月1日对郑某雄实行考勤管理，缺乏相应依据。

北京市海淀区人民法院根据《中华人民共和国劳动法》第五十条规定，判决如下：

科技公司应向郑某雄支付2015年6月至7月期间工资39030元。

科技公司不服，申请再审。北京市第一中级人民法院经审理认为：科技公司在原审庭审中始终以郑某雄旷工为由主张不应支付其2015年6月至7月工资，除此之外并未主张郑某雄存在其他违反制度规定的行为，原审将郑某雄是否构成旷工作为审查焦点并无不当。申诉阶段申请人称所谓严重违反制度规定的行为系指郑某雄不服从公司安排，违反公司组织纪律，但申请人未有充分证据证明郑某雄实施了严重违反公司制度规定的行为。从郑某雄在原审中提供的证据来看，其在2015年6月至7月主要通过邮件进行部门工资审核、项目款项支付、法律培训讲座等的工作事务，其作为一名高层管理人员，上述通过邮件沟通进行事务决策的工作方式符合其以往工作岗位的要求。科技公司并未提供对郑某雄应当承担的劳动内容及方式有何特殊要求及明确约定的证据，原审据此认定郑某雄在2015年6月至7月间从事了劳动的认定及应取酬的处理并无不当。

北京市第一中级人民法院依照《中华人民共和国民事诉讼法》第二百条、第二百零四条第一款，《最高人民法院关于适用〈中华人民共和国民事诉讼法〉的解释》第三百九十五条第二款之规定，裁定如下：

驳回科技公司的再审申请。

【法官后语】

本案系一起劳动争议，劳动者系该单位的高层管理人员，因劳动者的特殊岗位性质，争议双方在劳动工时约定、劳动质量判断等方面都存在较大争议。本案应当首先对高层管理人员的身份在劳动法律关系中予以界定，再从工时制度的约定和提供劳动的判断标准入手进行审判。

1. 高层管理人员在劳动法中的主体身份界定

虽然从其他多数国家的劳动法中可以看到存在对高级管理人员的例外规定，但是我国劳动法律法规没有对高级管理人员和普通员工加以区分。因此，当下我国劳动法没有将高级管理人员排除在保护范围之外，经理等高级管理人员也被视为普通劳动者受到劳动法的调整。综观我国劳动法律法规，“高级管理人员”一词使用甚少，与劳动争议相关的法律均未对高级管理人员作出明确的界定。而在公司法领域，《中华人民共和国公司法》第二百一十六条对高级管理人员的范围作了列举性的认定。但《中华人民共和国公司法》的立法宗旨更多在于规制公司管理制度等方面，与劳动法的立法宗旨相去甚远，不宜简单套用《中华人民共和国公司法》中对高层管理人员的主体身份界定。

笔者以为，对高级管理人员范围的界定可以参考但又不拘泥于公司法的相关规定，即高级管理人员系指经理、副经理、财务负责人，上市公司董事会秘书，公司章程规定的高级管理人员以及实际行使上述职权的管理人员。从劳动法律关系来看，高层管理人员通常是指对整个组织的管理负有全面责任的人，其主要职责是制定组织的总目标、总战略。对高层管理人员主体身份的界定有利于对其劳动性质和劳动质量的判断。

从本案来看，郑某雄于2007年11月1日入职科技公司后，于2014年被科技公司任命为副总裁，2015年继续被任命为副总裁，但对分管的事务进行了调整，主要从事对产品质量事务的分管。郑某雄在本案纠纷发生期间在单位的身份系副总裁，属于高级管理人员。

2. 高层管理人员的工时制度的约定及变更

高级管理人员劳动内容、性质的特殊性决定了其工作时间的自主决定性和不确定性。在很多公司，高级管理人员根本没有明显的上下班工作时间标准，表现为上下班不需要在考勤机上打卡，出差和休假时间也往往可自由决定。考虑到高级管理人员工时的特殊性，原劳动部《关于企业实行不定时工作制和综合计算工时工作制的审批办法》明确规定，企业可对高级管理人员实行不定时工作制。不定时工作制，是指因工作性质和工作职责的限制，劳动者的工作时间不能受固定时数限制，而直接确定职工劳动量的工时制度。它可适用于企业中从事高级管理、推销、货运等特殊职位。本案中郑某雄虽于2007年入职科技公司时签订了劳动合同，约定郑某雄采取定时工作制，但自从郑某雄被任命为副总裁后，科技公司不再对其进行考勤，郑某雄亦不再需要坐班，而系通过邮件等方式远程办公。对此，科技公司亦认可2015年6月前科技公司不对郑某雄进行考勤，郑某雄无需每天坐班。根据《中华人民共和国劳动合同法》第三十五条第一款的规定，用人单位与劳动者协商一致，可以变更劳动合同约定的内容，未经劳动者同意，不得变更劳动合同。因此，科技公司与郑某雄之间已通过双方协商实际约定了郑某雄采取不定时工作制。

对此，科技公司主张，公司决定从2015年6月开始对公司所有总经理及以上高层人员严格按照《员工手册》的规定开始考勤，根据考勤情况支付工资，并提交了《关于对公司高层考勤等事宜的会议记录》予以证明，从而主张郑某雄也应当遵守该公司内部规定。但根据《最高人民法院关于审理劳动争议案件适用法律问题的解释（一）》第五十条第二款的规定，用人单位制定的内部规章制度与集体合同或者劳动合同约定的内容不一致，劳动者请求优先适用合同约定的，人民法院应予支持。因此，在郑某雄对此不予认可的情况下，科技公司内部关于劳动工时制度的会议决议不能对郑某雄发生效力。

3. 高层管理人员提供劳动的判断标准

一般情况下，普通劳动者所从事的劳动多是程序固定、内容单一、重复性高、替代性强的工作，因此他们付出的大多为时间性的价值，其工作定额容易量化和监督，劳动成果也可以用时间来衡量计算。然而公司高级管理人员所从事的经营管理活动并非一般的体力劳动，而是一种更为复杂的脑力劳动，因此他们的劳动成果便很难被量化处理。现实生活中，公司在聘任高级管理人员时看重的是他们的商业知识技能与综合管理能力能否给公司带来高利润、好业绩，而不是这些高级管理人员工作的时间长短。因此，对于高级管理人员的劳动成果，只能从宏观方面，如通过利润指标、股票市场、公司业绩等来衡量分析。

本案中科技公司主张，郑某雄在2015年6月至7月期间仅通过邮件处理了极少量的工作，基本未提供其应有的劳动量。但是高管人员通过公司账号邮箱处理日常工作事务是非常普遍的工作方式。郑某雄提供的公司邮箱截屏显示其2015年6月2日至7月5日期间处理了项目款项支付、部门工资审核、法律培训讲座、下属工作报告等分管的工作事务，为科技公司提供了劳动。考虑到郑某雄无需考勤、无需每天坐班的工作模式，科技公司仅以郑某雄未到公司坐班为由即认定郑某雄旷工未提供劳动，缺乏相应依据。

编写人：北京市第一中级人民法院　蒋慧

065　劳动合同无法继续履行之判定标准

——物业公司诉王某劳动争议案

【案件基本信息】

1. 裁判书字号

北京市第一中级人民法院（2016）京01民终字7321号民事判决书

2. 案由：劳动争议纠纷

3. 当事人

原告（被上诉人）：物业公司

被告（上诉人）：王某

【基本案情】

王某于2015年7月1日入职物业公司，职务为法务，双方签订期限自当日起至2017年4月23日止的劳动合同。2016年5月25日，物业公司以王某不服从工作安排，工作态度不端正，推三阻四找理由为由解除双方劳动关系。双方均认可王某在职期间公司只有其一名法务，其工作职责包括代表物业公司出庭参加诉讼。王某主张物业公司系违法解除劳动合同，故要求双方继续履行原劳动合同；物业公司则称该公司只有一名法务，与王某解除劳动关系后，该公司已经另行招聘法务人员，即本案中代表该公司出庭的委托诉讼代理人，双方劳动合同已无继续履行的基础和可能，故不同意继续履行劳动合同。

【案件焦点】

1. 物业公司是否违法解除与王某的劳动合同；2. 如果是，双方劳动合同是否还有继续履行的可能和基础。

【法院裁判要旨】

北京市海淀区人民法院经审理认为：物业公司未充分举证证明该公司解除与王某劳动关系的事实依据，该公司属于违法解除劳动合同行为。本案中，王某自述其在职期间公司只有其一个人作为法务，而物业公司解除双方劳动关系后，已经聘用了本案中该公司一方的委托诉讼代理人崔树某为该公司法务，王某的原工作岗位已被崔树某接任，故王某要求继续回物业公司担任法务岗位工作的事实基础已不存在。另外，双方已有数个劳动争议案件，矛盾较为激烈，劳动合同继续履行的基础较弱。再者，王某担任法务期间除处理日常法律事务外，还需作为委托诉讼代理人处理诉讼案件，故法务作为委托诉讼代理人在法庭上的陈述与物业公司的利益密切相关，要求双方有较高的信任度。鉴于以上情况，法院认为王某与物业公司之间的劳动合同已无继续履行的基础和可能。经法院释明，王某坚持继续履行原劳动合同，恢复法务岗位工作，不接受物业公司支付违法解除劳动关系赔偿金。综上，法院依法确认双方劳动关系于2016年5月25日解除，无需继续履行劳动合同。

北京市海淀区人民法院依照《中华人民共和国劳动合同法》第四十八条之规定，作出如下判决：

一、确认物业公司与王某之间的劳动关系于2016年5月25日解除，双方无需继续履行原劳动合同；

二、确认物业公司无需向王某支付2016年5月25日至2016年5月31日期间工资2206.89元。

王某持原审答辩意见提起上诉。北京市第一中级人民法院经审理认为：双方对一审法院认定的物业公司违法与王某解除劳动合同一节均不持异议，二审法院予以确认。

在法务岗位已经由他人接替、双方矛盾较为激烈、法务岗位工作需要用人单位对此岗位人员高度信任的情况下，一审法院关于王某与物业公司之间的劳动合同已无继续履行之可能，进而确认双方劳动关系于2016年5月25日解除的认定并无不当。

北京市第一中级人民法院依照《中华人民共和国民事诉讼法》

第一百七十条第一款第一项之规定，作出如下判决：

驳回上诉，维持原判。

【法官后语】

本案处理重点主要在于对用人单位违法解除劳动合同后，原劳动合同是否能够继续履行的标准判断。根据我国劳动合同法第四十八条之规定，用人单位违反本法规定解除或者终止劳动合同，劳动者要求继续履行劳动合同的，用人单位应当继续履行；劳动者不要求继续履行劳动合同或者劳动合同已经不能继续履行的，用人单位应当依照本法第八十七条规定支付赔偿金。一般而言，劳动合同系劳动者与用人单位双方合意的结果，劳动合同的履行及变更均应基于双方的意思表示，但是考虑到劳动者在诉讼中的相对弱势地位，减少了用人单位解除与劳动者劳动合同的随意性，劳动合同法针对用人单位违法解除劳动合同这一行为作出上述规定，赋予劳动者主张违法解除赔偿金或继续履行劳动合同的选择权。然而在司法实践中，越来越多的劳动者，尤其是岗位性质较为特殊、月工资标准较高的劳动者，如人事、财务、法务人员或者高管，在用人单位违法解除劳动合同后，倾向于选择继续履行劳动合同，而非要求用人单位支付违法解除赔偿金。通常情况下，用人的抗辩则是双方矛盾激烈、原岗位已被他人替代，双方劳动合同再无继续履行的基础和可能。

笔者认为，法院在类似的案件审理中，不应机械解读上述法律条文规定，而应当对何种情况属于劳动合同法第四十八条所规定的“劳动合同已经不能继续履行”的情形作出判断和认定，除应当审查用人单位是否仍具备用人单位主体资格，劳动者是否仍未达到法定退休年龄等劳动关系主体要件之外，还应重点审查继续履行劳动合同的客观基础和主观基础是否仍存在。其中，客观基础主要包括：相关业务是否仍存在；涉诉岗位是否仍存在而未被用人单位撤销；涉诉岗位是否具备唯一性和不可替代性；劳动者在劳动合同解除后是否已经入职新单位。主观基础主要包括：劳资双方矛盾激烈到何种程度；双方维系劳动关系的信任基础是否已经丧失；继续履行原劳动合同是否导致劳资双方利益严重失衡；用人单位与劳动者矛盾过于激烈，继续履行劳动合同可能危及人身安全；等等。

另外，对于用人单位在试用期以劳动者不符合录用条件为由解除劳动关系，劳动者主张系违法解除劳动进而要求继续履行劳动合同的，对于双方劳动合同是否能够继续履行应当适用更为严格的审查规则。试用期本就是用人单位和劳动者双方的考察期，用人单位在试用期内对劳动者的工作能力、工作表现、岗位匹配程度等多方面因素进行考察，进而决定是否与劳动者建立长期的劳动关系；劳动者也可在试用期内对公司的经营状况、与自身职业规划是否匹配、经营理念及企业文化是否契合等方面进行考察，从而决定是否长期为该公司提供劳动并获得劳动报酬。因此，在试用期即产生争议并丧失信任基础的情况下，原劳动合同的目的难以实现，应当以确认用人单位违法解除、双方无须继续履行劳动合同为宜，劳动者可就此再行向用人单位主张违法解除赔偿金。

编写人：北京市海淀区人民法院　张慧敏

066 劳动者是否完成了工作职责的事实认定

——生物技术公司诉邱某劳动争议案

【案件基本信息】

1. 裁判书字号

北京市第一中级人民法院（2016）京01民终2500号民事判决书

2. 案由：劳动争议纠纷

3. 当事人

原告（上诉人）：生物技术公司

被告（被上诉人）：邱某

【基本案情】

生物技术公司主张邱某在职期间负责研发A化学物质检测卡和B化学物质检测卡两种产品，2014年11月19日，公司以其拒不交付研发成果为由解除劳动合同。邱某认为，其在2014年5月底之前已经将研发成果全部交付生物技术公司，且其离职后，生物技术公司一直在继续生产该产品。

【案件焦点】

邱某是否已经履行工作职责的事实认定。

【法院裁判要旨】

北京市海淀区人民法院经审理认为：邱某于限定期限内向生物技术公司交付了指定项目和标准的研发成果，生物技术公司解除与邱某的劳动合同，没有事实和法律依据，理由如下：首先，2014 年 5 月 16 日生物技术公司李某梅向邱某等人发送的电子邮件明确载明，邱某在 5 月 31 日前需提交的项目成果是灵敏度为 3ppb 的 A 化学物质检测卡和灵敏度为 5ppb 的 B 化学物质检测卡；其次，双方认可邱某于 2014 年 5 月 30 日向生物技术公司提交了 A 化学物质快速检测卡项目 SOP 文件和 B 化学物质快速检测卡项目 SOP 文件，具体内容均已包括胶体金颗粒、抗原和抗体配方和数量，且该两份文件封面均有生物技术公司吴某记载的可实现相应灵敏度的手写确认内容，足以证明邱某提交的研发成果符合生物技术公司的要求；再次，若邱某未根据生物技术公司要求在 2014 年 5 月 31 日前交付研发成果，生物技术公司在时隔近半年后的 2014 年 11 月才进行催交，显然不符合常理；最后，2015 年 1 月 13 日生物技术公司龚某向邱某等人发送的电子邮件明确载明，该公司存有包括前述灵敏度的 A 化学物质快速检测卡和 B 化学物质快速检测卡半成品，亦可佐证生物技术公司已根据相关研发成果进行了产品生产。

北京市海淀区人民法院依照《中华人民共和国劳动法》第五十条，《中华人民共和国劳动合同法》第四十七条、第八十七条，《中华人民共和国民事诉讼法》第六十四条第一款之规定，作出如下判决：

一、生物技术公司于本判决生效之日起七日内向邱某支付 2014 年 10 月 1 日至 2014 年 11 月 19 日期间的工资 18413.97 元；

二、生物技术公司于本判决生效之日起七日内向邱某支付 2014 年 1 月 1 日至 2014 年 11 月 19 日期间的年终奖 16021.68 元；

三、生物技术公司于本判决生效之日起七日内向邱某支付违法解除劳动合同赔偿金 68566.26 元；

四、驳回生物技术公司的其他诉讼请求。

生物技术公司持原审起诉意见提起上诉。北京市第一中级人民法院经审理认为：从生物技术公司提供的证据来看，证人吴某、李某与生物技术公司存在利害关系，证言不足采信；《员工手册》《公司奖惩制度》《培训签到表》未显示有邱某签字；《质检报告》《交回工作成果通知》《辞退通知书》《说明》等也不足以证明邱某未交付研发成果，相反，从邱某提供的证据看，根据A化学物质SOP文件和B化学物质SOP文件上的手写内容，并结合电子邮件，可以确认邱某已交付研发成果，故生物技术公司解除劳动合同的理由不成立。

北京市第一中级人民法院依照《中华人民共和国民事诉讼法》第一百七十条第一款第一项之规定，作出如下判决：

驳回上诉，维持原判。

【法官后语】

本案争议焦点在于劳动者是否完成了工作职责的事实认定。而特殊之处在于，本案劳动者在用人单位中担任研发工作，判断其在职期间是否完成了工作职责，关键如下：其一，提交的研究成果具体包含哪些内容，例如培养液、配方等；其二，提交的研究成果需要满足何种标准，例如参数、灵敏度等。

首先，对于研究成果的内容，一般情况下，除非劳动者与用人单位有特殊约定，否则，所有研究成果均应上交用人单位。

其次，对于研发标准，用人单位会对研发人员提交的研发成果作出基本的评估，并提出基本的要求。但是，由于研发工作并非计划可控行为，因此这种最初的对工作成果的预计和要求往往无法十分具体，进而对于最终的研究成果是否符合用人单位的要求也就会在劳动者和用人单位之间产生争议。作为研发人员的劳动者提交的研究成果，一般会视为职务成果，用人单位享有相应的权利。提交符合用人单位要求的全部的研究成果是劳动者的基本职责。但是，研发工作本身的不可控性使得最终成果也具有不可控性。例如，可能在某个阶段中提交的成果是符合要求的，但是，在之后的某个阶段，或者是此后的生产中发现，其成果已经无法满足市场的要求，提交的研究成果也并非用人单位预设的成果。在这种情况下，作为研发人员的劳动者是否应承担失职之责？用人单位又能否以此为由解除劳动合同？显然，鉴于研发工作的特殊性，只要研发人员完成了用人单位在每一个基本阶段提出的基本要求，即应视为完成了工作职责。至于在之后阶段，研究成果无法满足用人单位的要求，用人单位应自行承担风险。

正如本案中，生物技术公司认为邱某提供的研究成果无法满足生产多个灵敏度系列产品，仅交付了低灵敏度的成果，而未交付高灵敏度的成果。而邱某则主张根据每次的原料、生产工艺，可以生产出三种不同灵敏度（5ppb、3ppb、2ppb）的产品，但有一定的概率性，无法保证每次都能生产出多重灵敏度的产品。本案的焦点就在于，邱某提供的研究成果是否符合生物技术公司的要求。从双方提交的证据可见，生物技术公司对于邱某的研发要求为，提交灵敏度为3ppb的A化学物质检测卡和灵敏度为5ppb的B化学物质检测卡，而邱某亦已经提交了相关成果，并且有相关验收人员的确认。至于之后生物技术公司主张没有收到高灵敏度的成果，显然超出了其最初对于邱某的要求，而以此判断邱某未提交全部工作成果，据此提出解除劳动合同，显然于法无据，系违法解除劳动合同的行为。

编写人：北京市海淀区人民法院　杨炎辉　常丽

067 程序审查原则在绩效考核争议中的运用

——信托公司诉胡某劳动争议案

【案件基本信息】

1. 裁判书字号

北京市第二中级人民法院（2015）二中民终字第 03710 号民事判决书

2. 案由：劳动争议纠纷

3. 当事人

原告（被上诉人）：信托公司

被告（上诉人）：胡某

【基本案情】

胡某于 2011 年 6 月 20 日入职信托公司，担任资讯科技部高级项目经理一职。2014 年 2 月 20 日，信托公司向胡某发出《劳动关系解除通知》。此后，双方就胡某是否应当享有 2013 年度年终奖发生争议。胡某向北京市东城区劳动人事争议仲裁委员会提起劳动仲裁，要求信托公司支付 2013 年年终奖。北京市东城区劳动人事争议仲裁委员会于 2014 年 9 月作出裁决：信托公司支付胡某 2013 年度奖金 15 万元。裁决后，信托公司不服，起诉至北京市东城区人民法院。

庭审中，信托公司主张该公司依据《2013 年度绩效考核实施方案》对胡某进行考核，但胡某 2013 年度绩效考核不合格，所以不应当享有该年度年终奖。信托公司就其上述主张提交了《2013年度绩效考核实施方案》(设定有七项考核程序)、胡某2013年度绩效考核表(显示胡某考核结果为不合格)、《申诉表》、电子邮件等证据予以证实。

胡某主张信托公司每年都会发放年度绩效奖金，其2013年度工作合格，应当享有2013年度年终奖。

经法院要求，信托公司未完整提交对胡某实施七项绩效考核程序的相关证据，亦未提交资讯科技部2013年度其他劳动者的绩效考核情况、领取年终奖情况以及2013年奖金分配方法。

【案件焦点】

用人单位以绩效考核不合格为由不向劳动者支付年终奖，劳动者不服绩效考核结果提起仲裁及诉讼的，法院及劳动仲裁机构应当如何对用人单位实施的绩效考核进行审查。

【法院裁判要旨】

北京市东城区人民法院经审理认为：对于年终奖的发放情况，应当遵循有约定从约定的原则。用人单位有权依据其经营状况以及劳动者的表现，自主决定年度奖金发放与否以及发放的数额。现双方订立的劳动合同并未就年度奖金或年终奖如何发放进行约定，胡某亦未提交双方存在年终奖约定的相关证据。因此，信托公司现要求不支付胡某2013年度奖金的诉讼请求，理由恰当，应予支持。

北京市东城区人民法院依照《中华人民共和国劳动合同法》第十条，《中华人民共和国民事诉讼法》第六十四条第一款之规定，作出如下判决：

信托公司无需支付胡某2013年度奖金人民币15万元。

胡某上诉称：信托公司未支付2013年奖金的原因是考核不合格，但信托公司并未提供进行过实际考核的相关证据，故要求二审法院撤销原判，改判信托公司支付2013年度奖金15万元。北京市第二中级人民法院经审理认为：信托公司提交的证据显示该公司系依据《2013年度绩效考核实施方案》对全体劳动者2013年的工作业绩进行年终考核，该考核结果用于2013年度奖金的计发，被评为不合格的劳动者不享有年终奖金。因此，胡某是否应当享有2013年年终奖的先决条件是其2013年度的年终考核结果是否合格。现信托公司对胡某作出2013年度年终考核结果为“不合格”的认定并据此认为胡某无权享有2013年度年终奖，胡某不服信托公司的上述考核认定结果并诉诸司法程序。在司法程序中，法院和劳动仲裁机构应当对用人单位实施的考核程序进行审查。具体到本案，信托公司在2013年年终绩效考核之前通过《2013年度绩效考核实施方案》及其附件设定有至少七项考核程序。经审查，信托公司提交的证据仅可证明其完成了预设的绩效考核程序的第四、六、七项程序，除此之外的第一、二、三、五项程序均存在不同程度的缺失。由此，基于现有证据判断，信托公司并未严格按照其预设的七项考核程序对胡某实施绩效考核，其在程序存有缺失的情况下得出的绩效考核结果之正当性应当予以否定，即信托公司对胡某作出的2013年度绩效考核“不合格”认定结论应予否定。对胡某关于其应当享有2013年度年终奖金的上诉请求应予支持。

北京市第二中级人民法院依照《中华人民共和国劳动法》第五十条，《中华人民共和国劳动合同法》第三条、第三十条，《中华人民共和国民事诉讼法》第一百七十条第一款第二项之规定，作出如下判决：

一、撤销北京市东城区人民法院（2014）东民初字第12250号民事判决；

二、自本判决生效之日起7日内，信托公司支付胡某2013年度奖金人民币15万元；

三、驳回信托公司的其他诉讼请求。

【法官后语】

用人单位依据《绩效考核实施方案》对劳动者进行年终考核，该考核结果用于年终奖的计发，被评为不合格的劳动者不享有年终奖金。因此，劳动者是否应当享有年终奖的先决条件是其年终考核结果是否合格。如用人单位以劳动者年终考核结果“不合格”为由不支付劳动者年终奖，劳动者不服并诉诸司法程序后，法院及劳动仲裁机构是否应对用人单位作出的绩效考核认定结果进行审查，以及如何进行审查一直是司法实践中难以解决的关键问题。

我们认为，用人单位以绩效考核不合格为由未向劳动者支付年终奖，劳动者不服绩效考核结果提起仲裁及诉讼的，法院及劳动仲裁机构应当对用人单位实施的绩效考核进行审查，具体审查原则为：程序性审查为主，实体性审查为辅。

上述裁判规则的主要考虑理由如下：首先，劳动者的年终奖属于劳动报酬的组成部分，《中华人民共和国劳动争议调解仲裁法》第二条第五项明确规定，因劳动报酬、工伤医疗费、经济补偿或者赔偿金等发生的争议，属于劳动争议案件受理范围。因此，用人单位以绩效考核不合格为由未向劳动者支付年终奖，属于因劳动报酬发生的争议，理应依法纳入劳动争议案件受理范围进行实体审理。实体审理中，法院及劳动仲裁机构只有对用人单位实施的绩效考核进行审查，才能作出是否应当支付年终奖的裁判，据此可以得出法院及劳动仲裁机构应当对用人单位实施的绩效考核进行审查的结论。其次，用人单位对劳动者的年终考核属于其行使用工管理权和用工自主权的范畴，用人单位实际掌握劳动者全年的工作表现及完成工作业绩的情况，因此劳动者的年终考核结果是否合格应当由用人单位根据劳动者全年的工作表现和工作业绩作出客观公允的认定；对工作业绩目标未以数字化形式进行量化的特定工作，劳动者难以提供证据证明其已达到用人单位设定的工作业绩目标，在此情况下，法院及劳动仲裁机构并无可能对劳动者的工作业绩和绩效指标进行对比并得出劳动者绩效考核是否合格的结论，因此法院及劳动仲裁机构对用人单位认定考核结果的实体依据是否进行审查应当慎之又慎。最后，用人单位对劳动者作出的考核结果认定应当建立在考核实施之前即已预设的考核程序之上，用人单位是否严格按照已经设定好的考核程序对劳动者进行实体考核，将直接影响到劳动者考核结果是否客观公允；因此，绩效考核程序对于用人单位公平公正行使用工管理权，以及保障劳动者与考核相关的利益均具有重要意义，鉴于考核程序所具有的重要价值、公开透明且便于第三方评判的属性，因此法院及劳动仲裁机构应当对用人单位实施的考核程序进行审查。

就本案而言，用人单位在年终绩效考核之前通过《2013年度绩效考核实施方案》及其附件对部门劳动者设定了至少七项考核程序，用人单位应当按照上述绩效考核程序对劳动者实施考核并保留实施考核程序的相关证据，以备处理劳动者申诉或完成举证责任所需。鉴于此，法院对用人单位实施绩效考核的审查偏重程序审查即形式审查，如用人单位未完整提交实施上述七项程序的相关证据，其认定的劳动者绩效考核结果之正当性即受到质疑及否定；反之，如用人单位完整提交实施上述七项程序的相关证据，其认定的劳动者绩效考核结果之正当性一般应当受到肯定。基于确立的上述审查原则，二审法院对用人单位是否按照预设的七项考核程序实施考核进行了逐项形式审查。最终发现，用人单位提交的证据显示其考核程序均存在不同程度的缺失。因此，二审法院认为用人单位在程序存有缺失的情况下得出的绩效考核结果之正当性应当予以否定，即劳动者的绩效考核“不合格”认定结论应予否定。

在此基础上，劳动者是否应当获得年终奖金及奖金数额，应当根据用人单位《绩效考核实施方案》，在参照同部门其他劳动者的年度奖金分配情况后，遵循公平原则予以确定。用人单位应当举证证明其奖金分配方法及同一部门其他劳动者的绩效考核情况以及领取年终奖的情况。如用人单位拒不提交，应承担不利后果。法院可直接支持劳动者关于年终奖的诉求。

编写人：北京市第二中级人民法院　窦江涛

068 用人单位作出的降职降薪决定不应违背合法合理性原则

——胡某诉某酒店劳动争议案

【案件基本信息】

1. 裁判书字号

浙江省宁波市中级人民法院（2015）浙甬民一终字第167号民事判决书

2. 案由：劳动争议纠纷

3. 当事人

原告（被上诉人）：胡某

被告（上诉人）：某酒店

【基本案情】

胡某于2007年3月进入被告处工作，先后担任公关营销部经理助理、公关营销部经理等职务，双方共签订了三份劳动合同，工作岗位为公关营销部经理，工时制度为标准工时制，工资形式为计时工资，工资由银行代发，双方另约定了其他事项。2014年3月至8月，某酒店降低胡某工资至2900元。2014年2月25日，某酒店作出决定撤销酒店公关部设置，保留销售部部门机构，免去原公关部胡某经理一职，其工作岗位调整为销售部销售员。2014年8月28日，某酒店收到胡某邮寄的《关于被迫解除劳动合同及要求办理交接工作的通知》。后胡某申请仲裁，要求仲裁委确认某酒店无故调整工作岗位和降低工资的行为属变相解除与胡某的劳动关系，应当支付违法解除的赔偿金、拖欠工资、销售奖励等。慈溪市劳动人事争议仲裁委员会裁决某酒店支付胡某销售奖励1228元，驳回了胡某的其余仲裁请求。胡某对仲裁裁决不服而提起诉讼。某酒店则认为，胡某作为公关部经理在任职期间履职不力，酒店被迫根据企业本身具备的经营管理权进行人事和职务调整，根据2013年9月至2014年2月销售绩效考核的完成情况，胡某的销售业绩一直处于不合格状态，因此某酒店对胡某的职务和薪酬予以调整，该行为合理合法，不存在变相解除与胡某劳动合同的违法行为。

【案件焦点】

某酒店对于胡某职务及薪酬的调整是否合理合法。

【法院裁判要旨】

浙江省慈溪市人民法院经审理认为：用人单位在制定有关劳动报酬、奖惩制度等直接涉及劳动者切身利益的规章制度或者重大事项时，应当经职工代表大会或者全体职工讨论，提出方案和意见，与工会或者职工代表平等协商确定。本案中，某酒店依据其制定的《员工手册》和《关于强化和推动促销的实施办法》的规定对胡某作出了降职降薪的处罚决定，上述规章制度明显涉及劳动者切身利益，应当经过法定的合法程序制定并以一定形式告知劳动者，但某酒店未提供证据证明该制度的制定程序合法并已告知劳动者，也无充分证据证实胡某存在“消极履职、业绩明显落后”的情形，故某酒店据此作出对胡某降职降薪的处罚决定无合法合理依据，并造成胡某以此为由提出辞职，胡某主张某酒店违法解除的赔偿金无法律依据，原审法院不予支持；后经原审法院释明，胡某变更诉讼请求，要求某酒店支付经济补偿金，符合法律规定，予以支持。

浙江省慈溪市人民法院依照《中华人民共和国劳动合同法》第四条、第三十条第一款、第三十八条第一款第二项、第四十六条第一款第一项、第四十七条，《最高人民法院关于民事诉讼证据的若干规定》第二条之规定，判决如下：

某酒店应支付胡某经济补偿金 40575.45 元。

宣判后，某酒店持原审起诉意见提起上诉。浙江省宁波市中级人民法院经审理认为：某酒店所制定的《员工手册》和《关于强化和推动促销的实施办法》等规章制度明显涉及劳动者切身利益，应当经过法定的合法程序制定并以一定形式告知劳动者，但某酒店并未提供证据证明该制度的制定程序合法并已告知劳动者，也没有提供充分有效的证据证实胡某在工作期间存在“消极履职、业绩明显落后”的情形，故某酒店依据上述规章制度对胡某作出降职降薪的处罚决定显然缺乏合法合理依据。鉴于某酒店对胡某的降职降薪行为缺乏依据，并造成胡某以此为由提出辞职，胡某要求某酒店支付经济补偿金的诉请，理由正当，应予支持。综上，原审法院对本案事实认定清楚、适用法律正确、审判程序合法、判决得当。上诉人之诉，缺乏依据，不予支持。

浙江省宁波市中级人民法院依照《中华人民共和国民事诉讼法》第一百七十条第一款第一项之规定，判决如下：

驳回上诉，维持原判。

【法官后语】

本案主要讨论用人单位在何种情形下、采取何种方式对劳动者作出降职降薪的决定方能认定为合理合法。

第一，用人单位变更劳动合同的内容应与劳动者协商一致。

在劳动合同制度中，用人单位与劳动者在履行劳动合同的过程中，双方享有平等的法律地位，当事人一方不得擅自单方变更已经发生法律效力的劳动合同内容。《中华人民共和国劳动合同法》第三十五条规定：“用人单位与劳动者协商一致，可以变更劳动合同约定的内容。变更劳动合同，应当采用书面形式。变更后的劳动合同文本由用人单位和劳动者各执一份。”依据该规定，用人单位如意欲调整员工的岗位、工资，必须与员工协商一致，并且必须采用书面形式。

第二，在协商不能的情形下，用人单位享有有限的用工自主权。

从企业人力资源管理和企业自身发展的角度来看，任何企业都不可能绝对不对员工作出降职、降薪的决定，否则将限制企业的发展。《中华人民共和国劳动合同法》第四十条第一项、第二项规定，劳动者患病或者非因工负伤，在规定的医疗期满后不能从事原工作或劳动者不能胜任工作，用人单位可以调整其工作岗位。以上规定不难看出，用人单位因劳动者不能胜任工作而对其调岗、降薪是符合法律精神的，用人单位可以行使自主管理权。

第三，用人单位调整劳动者岗位和薪酬应遵循合法程序。

用人单位关于考核员工的规章制度应当经过法定程序制定并予以公示。根据《中华人民共和国劳动合同法》第四条第二款、第三款、第四款的规定，用人单位在制定、修改或者决定有关劳动报酬、工作时间、休息休假、劳动安全卫生、保险福利、职工培训、劳动纪律以及劳动定额管理等直接涉及劳动者切身利益的规章制度或者重大事项时，应当经职工代表大会或者全体职工讨论，提出方案和意见，与工会或者职工代表平等协商确定；工会或者职工认为不适当的，有权向用人单位提出，通过协商予以修改完善；用人单位应当将直接涉及劳动者切身利益的规章制度和重大事项决定公示，或者告知劳动者。关于员工的考核标准明确之后，用人单位应当依据该标准对劳动者进行考核，并作出考核结果，以考核结果来判定该员工是否胜任工作。用人单位应将考核结果公示并送达给劳动者，避免暗箱操作，应给予员工知情和申辩的机会。

上述三个阶段是用人单位调整劳动者岗位和薪酬必须遵循的法律程序，在履行上述程序后，用人单位可与员工协商变更劳动合同条款，如员工不同意条款的变更，用人单位可依法定程序解除劳动合同，但应当向劳动者支付解除劳动合同的经济补偿金。

编写人：浙江省慈溪市人民法院　许琴

069 缺少法定必备条款的电子邮件是否属于书面劳动合同

——集团公司诉徐某劳动合同案

【案件基本信息】

1. 裁判书字号

浙江省台州市中级人民法院（2014）浙台民终字第812号民事判决书

2. 案由：劳动合同纠纷

3. 当事人

原告（反诉被告、被上诉人）：集团公司

被告（反诉原告、上诉人）：徐某

【基本案情】

2012年4月24日至25日，原告集团公司与被告徐某通过电子邮件沟通，双方确定了被告税后的工资不低于35000元/月等相关事项。2012年5月14日，被告徐某到原告集团公司工作，并填写了人员登记表的正面。被告在职工作期间，原告支付给被告每个月的工资为35000元并缴纳了社会保险。2012年11月13日，原告向被告发送一份电子邮件，要求解除双方之间的劳动关系。2012年12月9日，被告向原告出具函件一份也要求解除双方之间的劳动关系。2013年1月6日，被告向秦皇岛市劳动人事争议调解仲裁委员会提出仲裁申请，要求与原告解除劳动关系并支付经济补偿金35000元、双倍工资199135元、加班工资43443元。秦皇岛市劳动人事争议调解仲裁委员会于 2013 年 8 月 20 日裁决：一、徐某、集团公司于 2012 年 12 月 9 日解除劳动关系；二、集团公司自收到本裁决书之日起十五日内支付给徐某 2012 年 6 月 15 日至 2012 年 12 月 9 日未签订书面劳动合同二倍工资之另一倍 200545.98 元；三、对徐某其他仲裁请求不予支持。原告集团公司不服该裁决，提起诉讼，主张无需支付给被告双倍工资 200545.98 元。被告徐某亦不服该裁决提起诉讼，主张原告应支付被告经济补偿金 35000 元、双倍工资 200545.98 元、加班工资 43443 元和拖欠的工资 15116 元。

【案件焦点】

原、被告之间形成的不完全具备法定必备条款的电子邮件是否属于书面劳动合同。

【法院裁判要旨】

浙江省温岭市人民法院经审理认为：根据《中华人民共和国合同法》第十一条的规定，书面形式是指合同书、信件和数据电文（包括电子邮件）等可以有形地表现所载内容的形式。被告徐某在入职前与原告集团公司通过电子邮件沟通，确认了入职后的工资及其他待遇；被告入职工作后，原告也基本按电子邮件确认的内容支付被告工资，并为被告办理了相关社会保险，应认为原、被告之间相互确认相关劳动关系内容的电子邮件即为书面劳动合同。故对被告主张因未签订书面劳动合同而应支付双倍工资 200545.98 元的诉讼请求，不予支持。原告于 2012 年 11 月 13 日向被告提出要求解除劳动合同关系，被告于 2012 年 12 月 9 日向原告出具函件一份也要求解除双方之间的劳动关系，故温岭市人民法院曾判决认为双方对解除劳动关系的意思表示一致，双方的劳动关系自 2012 年 12 月 9 日起解除。用人单位向劳动者提出解除劳动合同并与劳动者协商一致解除劳动合同的应向劳动者支付经济补偿。原告辩称被告于 10 月私自返回秦皇岛市违反公司纪律，故被告要求原告支付经济补偿无法律依据，但未能提供相应证据予以佐证，因此，本院对原告的辩称不予采信。劳动者月工资高于用人单位所在直辖市、设区的市级人民政府公布的本地区上年度职工月平均工资三倍的，向其支付经济补偿的标准按职工月平均工资三倍的数额支付。现被告的月工资高于原告所在的台州市 2011 年度职工月平均工资的三倍，故原告应支付给被告经济补偿的月工资标准为 2011 年度台州市职工月平均工资的三倍，即 10549. 75 元/月（42199 元/12 月×3）。现被告徐某在原告处的工作年限为 6 个月 25 天，故原告应向被告支付 1 个月工资的经济补偿，即 10549. 75 元。因此，对被告要求原告支付经济补偿合理部分的诉讼请求，本院予以支持。被告要求原告支付加班工资 43443 元，但未能举证证明存在加班的事实，依法应承担举证不能的不利后果。

浙江省温岭市人民法院依照《中华人民共和国合同法》第十一条，《中华人民共和国劳动合同法》第四十六条第二项、第四十七条、第八十二条第一款，《最高人民法院关于审理劳动争议案件适用法律若干问题的解释》第六条，《最高人民法院关于审理劳动争议案件适用法律若干问题的解释（二）》第十一条和《最高人民法院关于民事诉讼证据的若干规定》第二条之规定，判决：

一、原告集团公司在本判决生效后十日内支付给被告徐某经济补偿 10549. 75 元；

二、驳回被告徐某的其他诉讼请求。

被告徐某持原审答辩意见提起上诉。浙江省台州市中级人民法院经审理认为：本案系劳动合同纠纷，基本事实清楚，现双方当事人争议的主要焦点是能否依据上诉人与被上诉人之间相互往来的电子邮件认定双方已签订书面劳动合同。根据本案现有的证据，上诉人徐某在入职被上诉人集团公司前曾通过电子邮件与被上诉人公司方的代表就其工作相关的工资、待遇以及其他相关事项进行沟通并作了确认。与劳动者签订书面劳动合同系用人单位的法定义务，书面合同的形式应为能客观反映一定内容的有形载体，而非仅限于纸质合同。本案双方当事人之间的往来电子邮件能真实反映当事人之间建立劳动关系的意思表示，且其内容为双方对劳动合同的主要条款所作的约定，原审据此认定双方已签订了书面劳动合同于法有据。上诉人上诉理由不能成立，本院不予支持。

据此，浙江省台州市中级人民法院依照《中华人民共和国民事诉讼法》第一百七十条第一款第一项之规定，判决：

驳回上诉，维持原判。

【法官后语】

随着计算机和网络技术的快速发展和广泛运用，自动化、网络化、无纸化办公已延伸到人员招聘、劳动合同的签订与解除等各个劳动人事管理的领域。电子邮件因其使用上的便捷、迅速、低能耗，已经成为企业在现实社会活动中沟通的重要形式之一。

《中华人民共和国劳动合同法》第十条第一款规定："建立劳动关系，应当订立书面劳动合同。"书面劳动合同是劳动者与用人单位之间明确权利义务的书面协议。《中华人民共和国电子签名法》第四条规定："能够有形地表现所载内容，并可以随时调取查用的数据电文，视为符合法律、法规要求的书面形式。"电子邮件在必要的技术保障下不仅能够起到与传统的纸质合同相同的外在形式作用，包括：阅读、复制、保存等，而且从签订书面合同是为了固定双方之间权利义务的目的来看，电子邮件亦具备这一内在实质作用。因此，能够固定用人单位与劳动者之间权利义务的电子邮件可以作为书面劳动合同。

实践中，由于劳动者和用人单位对如何签订劳动合同缺少必要的知识和经验，可能会随意签订一份劳动合同。劳动合同内容的不规范、不完整会影响劳动关系的和谐、稳定。因此，《中华人民共和国劳动合同法》第十七条第一款对劳动合同的必备条款作了具体的规范。无疑，具备前述所有必备条款的劳动合同是非常规范的，但不完全具备这些条款的劳动合同是否无效，从而导致签订的书面劳动合同不成立呢？

有观点认为：《中华人民共和国劳动合同法》第十七条使用的是"应当"二字，立法上属于强制性规定，缺少必备条款的劳动合同违反了法律的强制性规定，必然无效，从而导致签订书面劳动合同不成立。笔者对上述观点持不同意见。从法律规范内容上看，可以分为授权性规范和义务性规范。一般来说义务性规范也是强制性规范。但随着强制性规范对合同效力的影响，理论界和实务界对传统法学理论中的强制性规范进一步区分为效力性强制性规范和管理性强制性规范。效力性强制性规范着重强调对违法行为的法律行为价值的评价，以否认其法律效力为目的；管理性强制性规范着重强调对违法行为的事实轻微的评价，以禁止其行为为目的。后者的作用在于对违反者加以制裁，以遏制其行为，但不否认其行为私法上的效力。

《中华人民共和国劳动合同法》第十一条规定："用人单位未在用工的同时订立书面劳动合同，与劳动者约定的劳动报酬不明确的，新招用的劳动者的劳动报酬按照集体合同规定的标准执行；没有集体合同或者集体合同未规定的，实行同工同酬"；第八十一条规定："用人单位提供的劳动合同文本未载明本法规定的劳动合同必备条款或者用人单位未将劳动合同文本交付劳动者的，由劳动行政部门责令改正；给劳动者造成损害的，应当承担赔偿责任。"显然，劳动合同在缺少必备条款时，劳动者的权利同样能够获得保障。因此，笔者认为，综合《中华人民共和国劳动合同法》的内在体系，第十七条规定的必备条款应属于管理性强制性规定，而非效力性强制性规定。

在劳动合同法定必备条款的各项内容中，劳动报酬和工作内容属于整个劳动合同的核心内容，对于双方劳动关系的确立具有决定性的作用。可以说完成工作内容是用人单位雇用劳动者最重要的目的，获得劳动报酬是劳动者付出劳动力最基本的诉求。因此，具备工作内容和劳动报酬这两项主要条款的劳动合同应当成立。

因此，本案中徐某与集团公司之间的往来电子邮件能明确双方建立劳动关系的一致意见，并且对双方劳动关系的主要内容作了约定，故认定双方之间订立了书面劳动合同。

编写人：浙江省温岭市人民法院　江学才

070 如何审查用人单位单方调岗降薪的合法性

——张某诉某银行劳动争议案

【案件基本信息】

1. 裁判书字号

北京市第二中级人民法院（2014）二中民终字第 08494 号民事判决书

2. 案由：劳动争议纠纷

3. 当事人

原告（上诉人）：张某

被告（被上诉人）：某银行

【基本案情】

张某与某银行于 2002 年 6 月 30 日订立一份无固定期限劳动合同，约定张某担任业务岗位工作，执行定时工作制，根据张某的工作岗位及贡献大小确定劳动报酬。张某于 2004 年 12 月 9 日负工伤，级别为八级。张某停工留薪 12 个月之后申请延长 12 个月，到期后，张某再次向有关部门提出延长停工留薪期，有关部门未批准。2007 年张某回某银行上班，某银行给其安排监保守库岗位，2009 年 12 月该岗位撤销。某银行安排张某在其单位值夜班，张某以家人有病需要照顾为由不同意，要求做信件交换工作，某银行答复该岗位已经撤销。

2009 年 12 月底，某银行安排张某从事 ATM 机加钞工作。2010 年 1 月，张某从事了 7 天加钞工作后提出因伤残不能从事该项工作，此后张某在某银行处于无岗位状态。2010 年 5 月 12 日，张某向某银行出具说明，称张某自守库岗位撤销后一直待岗，中间该行给找了两次岗位机会，自己终因各种原因没有去，自己找了几个营业网点，终因年龄比较大了，业务多年没有干，并且营业网点上了好多新业务，自己不太熟悉，很难适应营业网点的业务。请求某银行考虑其本身情况，再安排一下岗位。某银行称已口头答复其可回原安排的工作岗位或自己找岗位，2010 年 5 月后，张某待岗期结束，张某未进行任何劳动，某银行一直按本市最低工资标准支付张某工资。

2012 年 5 月 10 日，某银行与张某进行了谈话，谈话记录记载：今天主要协商解决张某上岗工作问题。张某自 2011 年 12 月底就没有上过班，即使没有新的岗位今后也要遵守劳动纪律，按时到单位上班，这时张某想办理病退缺乏政策依据。张某陈述曾想做信件交换工作，某银行告知张某监控中心不失为不错的选择，但今天定不下来，要回家再考虑。5 月 16 日，张某提出上岗申请，但 6 月起张某未上班。2012 年 8 月，某银行提出与张某解除劳动合同关系。

某银行于 2010 年 1 月至 4 月按基础工资 3200 元/月的标准向张某支付工资；1 月支付张某效益工资 1100 元，2 月至 4 月按每月 500 元向张某支付了效益工资，5 月至 12 月按本市最低工资标准支付张某工资（于 2010 年 12 月补足张某不足本市最低工资标准部分）；于 2010 年 9 月至 12 月期间分 4 次（每次税前 2950.82 元）向张某支付了奖金。2011 年、2012 年 1 月至 7 月以不低于本市最低工资标准支付张某工资。

原告张某主张自发生工伤后，被告克扣原告的工资和福利，导致原告基本工资、效益工资及福利的损失。故起诉要求被告补发2010年1月至2012年8月欠发的基本工资、绩效工资，补发2010年和2011年的年中、年终奖及2012年年中奖等诉讼请求。被告认为对于原告的工资不存在欠发的情形，2010年原告未完全脱离岗位期间，被告已向其发放效益工资总计2600元及奖金11803.28元，之后原告无岗位，未参加任何工作，其主张之效益工资与奖金于法无据。

【案件焦点】

如何审查用人单位调岗降薪的合法性问题。

【法院裁判要旨】

北京市东城区人民法院经审理认为：《工伤保险条例》对于职工因工致残被鉴定为七级至十级伤残应享受的待遇中，对于工伤职工工作岗位的安排及次数没有强制性规定。张某工伤停工留薪期满上班后，其原工作岗位撤销后，某银行给其安排值夜班的工作，张某因个人原因不同意；某银行又给张某安排了给ATM机加钞的工作，张某在工作了7天后又表示不能胜任此工作，但张某并不能证明其因身体原因不能胜任该项工作。依法订立的劳动合同具有约束力，用人单位与劳动者应当履行劳动合同约定的义务。双方在劳动合同中约定，根据张某的工作岗位及贡献大小确定劳动报酬。2010年1月后张某没有具体工作岗位，某银行于2010年1月至4月支付了张某基础工资、绩效工资，5月起按本市最低工资标准支付张某工资，并支付了年中奖金，并无不妥，张某继续要求某银行支付基本工资、绩效工资及年中、年终奖，不符合合同约定，不予支持。

北京市东城区人民法院依照《中华人民共和国劳动合同法》第三条，《最高人民法院关于民事诉讼证据的若干规定》第二条之规定，作出如下判决：

一、自判决生效之日起七日内，被告某银行支付尚欠原告张某的防暑降温费300元及劳保费900元；

二、被告某银行给付原告张某超市购物卡四张（总计金额1140元），已履行；

三、自判决生效之日起七日内，被告某银行支付原告2010年至2012年未休年休假工资4050元；

四、驳回原告张某的其他诉讼请求。

二审法院同意一审法院裁判意见。

【法官后语】

本案审判的关键在于如何审查用人单位调岗降薪的合法性问题。

本案中，原告张某坚持主张被告克扣原告的工资和福利，导致原告基本工资、效益工资及福利的损失。某银行则辩称在张某停工留薪期满后，单位一共三次为其安排工作岗位，张某终因岗位被撤销或自身原因而无法继续从事上述岗位，最终出现无岗位的工作状态。之后某银行支付张某工资的情况可分为三个阶段：2010年1月张某工作了7天，当月按照全勤支付了全额基础工资和效益工资；2010年2月至4月过渡期间支付全额基础工资，但效益工资减半；2010年5月至解除劳动关系时止一直按本市最低工资标准支付工资。此外，无岗位之后某银行还支付了张某2010年的年中奖。因此被告对于原告的工资不存在欠发的情形。

笔者认为，用人单位调岗降薪是否合法可以从以下四个方面进行审查：

1. 用人单位是否享有单方调岗的权利

用人单位和劳动者在劳动合同里已对工作岗位进行明确约定，依据劳动合同法的规定，在通常情况下因双方协商一致用人单位可以变更原约定岗位。在双方没有达成协商一致的情况下，用人单位是否享有单方调岗的权利呢？劳动法、劳动合同法并没有直接规定用人单位具有单方调岗的权利，但劳动法第二十六条和劳动合同法第四十条在规定无过失性辞退的条件时均提到“劳动者患病或者非因工负伤，医疗期满后，不能从事原工作，也不能从事由用人单位另行安排的工作的”或“劳动者不能胜任工作，经过培训或者调整工作岗位，仍不能胜任工作的”，用人单位提前三十日以书面形式通知劳动者本人或者额外支付劳动者一个月工资后，可以解除劳动合同。因此可以推知，上述法条赋予了用人单位在法定条件下行使单方调岗的权利。

2. 本案是否符合用人单位单方调岗的法定情形

根据劳动法第二十六条和劳动合同法第四十条的规定，用人单位单方调岗的法定情形有两种：（1）劳动者患病或者非因工负伤，在规定的医疗期满后不能从事原工作；（2）劳动者不能胜任工作。此外，虽然法律没有规定，笔者认为从实务的角度出发，应允许增加一种调岗情形：（3）原工作岗位因客观情况发生变化而被撤销的。本案张某因工负伤，某银行的两次调岗行为属于第二种和第三种情形。张某在停工留薪期满后上班，某银行考虑其身体原因安排监保守库岗位，但该岗位于2009年12月撤销，某银行安排张某值夜班，张某因其个人原因（值夜班无法照顾家人）未同意，某银行又安排张某从事ATM机加钞工作，张某在2010年1月工作了7天后因伤残表示不能胜任未再从事此工作，此后张某一直处于无岗位状态，自2012年6月起未再上班。综上所述，某银行第一次调岗（安排值夜班）是因为原岗位被撤销，第二次调岗（安排ATM机加钞）是因为劳动者不能胜任工作，因此本案某银行的调岗行为符合用人单位单方调岗的法定情形。

实践中，对于劳动者不能胜任工作的举证责任和判断标准存在不统一的裁判意见。就举证责任方面而言，应遵循谁主张谁举证的原则，用人单位主张劳动者不能胜任工作而调岗时，用人单位应举证证明劳动者不能胜任工作；劳动者主张因自己不能胜任原工作而要求用人单位调岗时，劳动者应举证证明自己不能胜任工作。就本案而言，张某主张自己不能胜任工作，应举证证明，但张某并未能证明因身体原因不能胜任工作，因此应承担用人单位无法为其继续调岗而产生的后果。就判断标准方面而言，应允许法官就掌握“不能胜任工作”的判断标准进行自由心证。譬如本案中张某称自己因公负伤时自己的脚踝曾经受伤过，无法胜任ATM机加钞工作，对于该项主张是否为真，实践中如果通过启动鉴定程序予以确定将不具备可操作性也费时费力。这时，法官在庭审过程中会根据双方对ATM机加钞工作的描述结合常理来判断：ATM机可以填入的钞票数量是有限的，因此运送钞票的款箱不会过分沉重，而且从运钞车到ATM机之间搬运款箱的路程不会过远，而张某的伤残等级属于较轻级别，因此法官最终判断张某能够胜任ATM机加钞工作的可能性较大。

3. 用人单位单方调岗的次数有无限制

虽然法律赋予用人单位未经协商一致可单方调岗的权利，但实践中经常发生劳动者不满意用人单位为其安排的新的工作岗位，双方因此产生争议。这就涉及用人单位应至少进行几次调岗的问题。劳动法第二十六条和劳动合同法第四十条并没有规定当发生法定调岗情形时，用人单位应当至少对劳动者进行几次调岗。是只要进行一次调岗后发现劳动者仍不能胜任工作，就可以辞退，还是至少进行过两次调岗，才能予以辞退？调岗的次数问题往往引发双方对于之后的薪酬调整以及用人单位之后可能采取的单方辞退行为的合法性产生争议。本案中，某银行进行了三次岗位安排，直到无岗位可安排的程度，应当说是已经充分考虑到劳动者的身体条件。

笔者认为，审判实务中不宜明确限定调岗的次数，应该从主客观不同方面来具体分析用人单位调岗次数的合理性：从主观角度来说，调岗应当充分考虑劳动者的利益，不得有恶意目的。用人单位调岗权利的行使不得违反法律、法规的规定，不得具有损害劳动者合法权益的主观意图。从客观角度来说，调岗应当穷尽一切手段，帮助劳动者找到条件匹配的岗位，客观上不得明显损害劳动者的合法权益。用人单位调岗应当充分考虑劳动者的年龄、身体情况、学历、工作经验等因素，为其安排可以胜任的工作岗位，直至没有合适的岗位可安排。

4. 调岗能不能降薪

劳动法第二十六条和劳动合同法第四十条依然没有规定调岗后薪酬是否可以发生改变，特别是当岗位级别降低时，薪酬标准是否可以随之下降。

笔者认为，劳动合同虽然要受到较多国家强制性规范的约束，如最低工资、最高工时等劳动基准以及法定的解除制度等，但其本质仍属于合同，仍应贯彻意思自治原则，即用人单位与劳动者应就提供劳动、支付报酬这一基本要素形成合意。劳动合同法第三条规定："订立劳动合同，应当遵循合法、公平、平等自愿、协商一致、诚实信用的原则。依法订立的劳动合同具有约束力，用人单位与劳动者应当履行劳动合同约定的义务。"本案中，张某与某银行签订的劳动合同约定某银行可根据张某的工作岗位及贡献大小确定劳动报酬。因此，某银行根据张某的无岗位工作状态支付工资符合双方之间劳动合同的约定。

但如果双方之间劳动合同没有约定用人单位享有根据劳动者的工作岗位确定劳动报酬的权利，用人单位是否有权利调岗并调整劳动报酬呢？劳动法第四十六条和第四十七条规定工资分配应当遵循按劳分配原则，实行同工同酬；用人单位根据本单位的生产经营特点和经济效益，依法自主确定本单位的工资分配方式和工资水平。我们认为，岗位管理包含了岗位的薪酬管理，岗位异动也往往伴随着岗位报酬标准的变动，法律规定了企业在员工不胜任前提下可调岗，其让渡的应当是完整的岗位管理权，该权利包括履行新的岗位薪酬标准、新的考核办法等。员工因不胜任工作而被调整到新的岗位，其薪酬应当根据新岗位的标准确定，否则有违于"同工同酬"的基本立法思想。另外，为了防止企业调薪权利的滥用，充分保障劳动者的合法权益，企业在调薪操作时应当基于以下前提：(1) 有明确的岗位职系和薪酬对应标准；若无制度规定和合同约定，调岗后的薪酬标准应当协商确定，而不能由用人单位单方确定。(2) 与员工书面确定新的岗位与报酬标准。(3) 如果是降薪，企业应当为劳动者准备2~3个月的过渡期，在过渡期内不降薪。本案中，某银行在2010年2月至4月无岗位期间仍然支付了张某基础工资和部分效益工资，体现出用人单位对劳动者的照顾和保护。

结合上述四个方面进行审查，某银行享有单方调岗权利，对张某的单方调岗行为符合法律关于单方调岗的法定情形，在调岗的次数和降薪后果方面均给予劳动者充分的照拂，其行为无明显不合理之处，无滥用权利侵害劳动者的合法权益。故某银行的单方调岗降薪行为具有合法性。

编写人：北京市东城区人民法院　杨世和　程新桐

071 用人单位在劳动者“被取保候审期间”能否暂停履行劳动合同

——赵某诉经贸公司劳动争议案

【案件基本信息】

1. 裁判书字号

北京市第二中级人民法院（2013）二中民终字第14728号民事判决书

2. 案由：劳动争议纠纷

3. 当事人

原告（上诉人）：赵某

被告（被上诉人）：经贸公司

【基本案情】

赵某与经贸公司于2002年9月26日订立一份劳动合同，约定：本合同为无固定期限劳动合同，于2002年9月26日生效，

2014 年 7 月 8 日终止；赵某担任经贸公司董事，控股公司董事长、总经理、党支部书记；赵某执行标准工时制度；赵某月工资标准不低于 4000 元。

赵某于 2012 年 7 月 13 日以涉嫌职务侵占罪被公安部门拘留，同日因身患疾病被取保候审；赵某于 2012 年 12 月 28 日被执行逮捕，于 2013 年 9 月 6 日被检察院再次取保候审，截至本案（劳动争议案件）审理终结前，前述案件的刑事诉讼程序尚未终结。赵某认可其自 2012 年 3 月起一直处于病休状态，自 2012 年 7 月 13 日起再没有上过班，同年 8 月，经贸公司停发赵某工资，并停缴其社会保险。赵某自 2012 年 7 月 13 日至同年 12 月 27 日一直在住院治疗，共花费医疗费 52632 元。

赵某曾向北京市东城区劳动人事争议仲裁委员会提交仲裁申请，要求经贸公司：1. 支付 2012 年 8 月至 12 月工资共计 100000 元；2. 报销医疗费用 60000 元。经审理，北京市东城区劳动人事争议仲裁委员会裁决：驳回赵某的所有申请请求。赵某不服上述仲裁裁决结果，向法院提起诉讼。

【案件焦点】

本案中，赵某仅是涉嫌犯罪，并未被法院最终认定其存在犯罪事实；赵某被采取的强制措施也仅为取保候审，并未被完全限制人身自由，尚存在实际工作的可能。在此种情形下，经贸公司暂停履行劳动合同是否合法。

【法院裁判要旨】

北京市东城区人民法院经审理认为：本案争议焦点为赵某被公

安机关实施取保候审的刑事强制措施后，用人单位可否暂时停止履行劳动合同约定的义务。依法订立的劳动合同对劳动者及用人单位均具有约束力，双方应当按照合同的约定全面履行自己的义务。在赵某被北京市公安局东城分局实施取保候审的刑事强制措施后，其已经被限制部分人身自由；赵某在被取保候审期间应当履行的义务有：未经公安机关批准不得离开所居住的市、县，在传讯的时候及时到案等；以及有可能被责令规定不得从事特定的活动等；这就极大地限制了赵某以劳动者身份全面履行劳动合同的权利能力。因此，经贸公司在2012年7月13日赵某被取保候审后，同年8月暂时停止履行其发放工资及缴纳保险的义务，并无不妥；故赵某要求经贸公司支付2012年8月至12月工资及支付医疗费用的诉讼请求，法院不予支持。如赵某最终被确认错误限制人身自由的，其暂时停止履行劳动合同期间的损失，可另行主张，本案在此不涉。

据此，北京市东城区人民法院判决：

驳回赵某之全部诉讼请求。

赵某不服，提起上诉。北京市第二中级人民法院经审理认为：本案争议的焦点为经贸公司在赵某被取保候审期间暂时停止履行劳动合同是否妥当。根据劳动部《关于贯彻执行〈中华人民共和国劳动法〉若干问题的意见》第二十八条之规定，劳动者涉嫌违法犯罪被有关机关收容审查、拘留或逮捕的，用人单位在劳动者被限制人身自由期间，可与其暂时停止劳动合同的履行。暂时停止履行劳动合同期间，用人单位不承担劳动合同规定的相应义务。由此可见，用人单位在特殊情况下暂时停止履行劳动合同于法有据。另本院注意到以下事实：1. 赵某所任职务为经贸公司董事及其控股公司董事长、总经理、党支部书记；2. 赵某于2012年7月13日先被公安机关拘留，同日，其因身患疾病被取保候审；3. 赵某涉嫌的犯罪为职务侵占罪；4. 赵某在取保候审期间一直在住院治疗，并未从事工作。

综合考虑以上情况，论述如下：根据《中华人民共和国劳动法》第三条第二款之规定，劳动者应当完成劳动任务，提高职业技能，执行劳动安全卫生规程，遵守劳动纪律和职业道德。本案中，赵某因涉嫌利用职务便利非法占有公司财物被采取刑事强制措施，相应刑事诉讼程序尚未终结，鉴于此，经贸公司有理由怀疑赵某存在违反职业道德的行为。同时，赵某作为经贸公司的董事并实际控制其控股公司，在其犯罪嫌疑被排除前，经贸公司为保护企业合法权益，认为赵某暂不适合继续担任双方在劳动合同中约定的职务并不违反法律规定。同时，赵某被公安机关拘留后，因身患疾病被取保候审，此间一直在进行治疗，并未实际完成劳动任务，以致劳动合同的目的暂时无法实现。综上，经贸公司在赵某被取保候审期间暂时停止履行劳动合同并无不当，原审法院对赵某主张此间工资 100000 元及医疗费 52632 元的诉讼请求目前未予支持并无不妥。需要说明的是，待赵某相应的刑事诉讼程序终结后，对暂时停止履行劳动合同期间的损失，其可另行主张，原审法院对此未予涉及并无不当。

北京市第二中级人民法院依据《中华人民共和国民事诉讼法》第一百七十条第一款第一项、《中华人民共和国劳动法》第三条第二款之规定，判决如下：

驳回上诉，维持原判。

【法官后语】

本案涉及的问题在于，劳动者被有关机关取保候审期间，用人单位作出暂停履行劳动合同的决定是否合法。

首先，从法律依据来看，劳动合同法第三十九条第六项规定了劳动者被依法追究刑事责任的，用人单位可以解除劳动合同，但对于劳动者被采取刑事强制措施的，并没有涉及。1995 年 8 月 4 日发布的劳动部《关于贯彻执行〈中华人民共和国劳动法〉若干问题的意见》（本案以下简称《意见》）第二十八条规定："劳动者涉嫌违法犯罪被有关机关收容审查、拘留或逮捕的，用人单位在劳动者被限制人身自由期间，可与其暂时停止劳动合同的履行。暂时停止履行劳动合同期间，用人单位不承担劳动合同规定的相应义务。劳动者经证明被错误限制人身自由的，暂时停止履行劳动合同期间劳动者的损失，可由其依据《国家赔偿法》要求有关部门赔偿。"因收容审查已被取消，故该条文目前仅是针对劳动者被拘留、逮捕的情形适用。因拘留、逮捕属完全限制人身自由的刑事强制措施，劳动者在此状态下，继续履行劳动合同已属客观不能；同时，由于劳动者尚未被最终认定是否有罪，故用人单位不能依据劳动合同法第三十九条第六项解除劳动合同。因用人单位此时继续履行劳动合同或解除劳动合同均不能实现，故《意见》规定了劳动者在被拘留、逮捕的情况下，用人单位可以暂时停止履行劳动合同。据此，用人单位在特殊情况下暂时停止履行劳动合同是于法有据的。

但《意见》并没有涉及取保候审等刑事强制措施，因取保候审与拘留、逮捕的区别是显而易见的，取保候审并不属于完全限制人身自由的强制措施，其要求仅是未经公安机关批准不得离开所居住的市、县，在传讯的时候及时到案等。在此情况下，劳动者客观上具有继续履行劳动合同的人身自由，故依据《意见》不能直接推知劳动者在被取保候审期间，用人单位可以当然地暂时停止履行劳动合同。

其次，从法理角度来看，根据劳动法第三条第二款之规定，劳动者应当完成劳动任务，遵守劳动纪律和职业道德。根据劳动合同法第三十九条第三项之规定，劳动者严重失职，营私舞弊，给用人单位造成重大损害的，用人单位可以解除劳动合同。据此，在劳动者被取保候审期间，应针对其涉嫌的犯罪进行区别对待。如果其涉嫌的犯罪不涉及违反劳动纪律、职业道德，也不涉及严重失职、营私舞弊，同时劳动者可以完成劳动任务（如涉嫌交通肇事罪被取保候审），那么用人单位应与劳动者继续履行劳动合同，直至劳动者被依法追究刑事责任，用人单位方可依据劳动合同法第三十九条第六项解除劳动合同。

如果劳动者涉嫌职务犯罪，或涉嫌犯罪的同时涉嫌严重违反劳动纪律、职业道德，或涉嫌严重失职、营私舞弊的情况，那么在劳动者被取保候审期间继续履行劳动合同，则很可能给用人单位造成更大的损失，故应允许用人单位采取一定措施保护集体利益。但用人单位此时尚不能解除劳动合同，而需要等待刑事诉讼的最终结果。据此，用人单位在此种情形下采取暂时停止履行劳动合同来维护自己的利益应是不违背法律精神的。

最后，从本案事实的特殊性来看，存在以下特点：（1）劳动者因涉嫌利用职务便利非法占有公司财物被采取刑事强制措施，故用人单位有理由怀疑劳动者存在违反职业道德的行为。（2）劳动者作为用人单位的高管人员并实际控制其控股公司，在其犯罪嫌疑被排除前，用人单位为保护企业合法权益，认为劳动者暂不适合继续担任双方在劳动合同中约定的职务并不违反法律规定。（3）劳动者被公安机关拘留后，因身患疾病被取保候审，此间一直在进行治疗，并未实际完成劳动任务，以致劳动合同的目的暂时无法实现。综合考虑以上客观情况，法院最终认定用人单位在劳动者被取保候审期间暂时停止履行劳动合同并无不当。

编写人：北京市第二中级人民法院　王东

072　高管薪酬约定效力的司法审查

——技术公司诉周某劳动合同案

【案件基本信息】

1. 裁判书字号

上海市第一中级人民法院（2012）沪一中民三（民）终字第560号民事裁定书

2. 案由：劳动合同纠纷

3. 当事人

原告（被上诉人）：技术公司

被告（上诉人）：周某

【基本案情】

被告周某于2003年5月1日进入原告公司工作。2005年8月22日，原、被告签订承诺函，确认被告系受案外某公司委派出任原告高级管理人员，承诺函第四条约定：原告同意作为人才引进，给予被告不低于人民币40万元的年薪报酬。被告在承诺函上签名署期，函上亦加盖有原告的公章。

2007年12月29日，原、被告签订劳动合同，约定合同期限为2008年1月1日至2008年12月31日，被告担任常务副总裁，基本月工资为人民币9000元。2008年12月28日，双方续签劳动合同，期限为2009年1月1日至2009年12月31日，约定被告基本月薪为人民币15000元。之后，双方未签订劳动合同。2005年3月至2006年11月、2006年12月至2007年12月、2008年1月至4月、2008年5月至2009年3月、2009年4月、2009年5月、2009年6月至2010年4月、2010年5月起，原告分别以人民币5500元/月、9000元/月、9100元/月、15000元/月、19000元/月、18500/月、17500元/月、15000/月的标准计算被告工资。2005年9月至2011年1月，原告已支付被告工资人民币425900元，原告未予发放被告2009年1月至2月、2009年7月至2011年1月的工资。

另查明，原告成立于2001年6月1日。2003年，案外某公司（注册于中华人民共和国香港特别行政区）通过股权收购成为原告的唯一投资方，原告亦成为外商独资企业。2004年5月10日，原告作出执行董事决议：设立董事会，董事包括被告在内共五名，原执行董事陈某为董事长；修订公司章程，修订后的《公司章程》第十五条规定：董事会成员由五人组成，其中董事长一人，均由投资方委派。第十六条规定：董事会决定公司一切重大事宜，职权主要有……（七）决定聘任总经理、副总经理、总会计师等高级管理人员……（十）其他需由董事会决定的重大事宜。第十七条规定：本章程第十六条所涉及的重大事宜均需董事会全体成员一致同意，董事长方可履行职责。章程第九章第五十四条规定：总经理、总会计师等高级管理人员的工资待遇，由董事会决定。

审理中，被告周某陈述，2005 年 8 月 22 日的承诺函系由被告、苏某（当时任代理总经理）及陈某（当时任董事长）三人开会协商确定，达成一致后，由陈某代表公司加盖了公章，被告也签了字。承诺函一式两份，原、被告各持一份。原告否认被告说法，称当天三人确实曾商讨相应事宜，并由陈某起草了承诺函书面文件，但因未得到投资方案外某公司的授权确认，所以原告并未盖章。承诺函上的章是被告自行加盖的，未获得原告同意。被告另陈述：其于 2003 年 5 月 1 日入职原告处时，担任总经理特别助理；2004 年年初，担任常务副总；2005 年 3 月起，担任首席运营官（COO）；2006 年 11 月至今，担任常务副总裁。原告对被告的任职名称及时间予以认可，但认为这些只是被告对外工作时采用的身份，上述职位均未经过董事会任命。

【案件焦点】

1. 被告是否为原告的高级管理人员，双方是否构成劳动关系；2. 关于原告同意给予被告不低于人民币 40 万元年薪报酬的约定是否有效。

【法院裁判要旨】

上海市浦东新区人民法院经审理认为：对于争议焦点 1，被告系经由原告唯一股东案外某公司指派进入原告处担任高级管理人员；且原、被告曾先后签订过两份劳动合同书，均具有明确具体的建立劳动关系的意思表示；此外，被告一直以首席运营官或常务副总裁的名义代表原告对外开展业务，原告对此明知，却从未提出异议，并依约向被告支付劳动报酬。因此，被告虽曾担任原告的董事及监事，但双方之间亦同时存在劳动关系，被告为原告的高级管理人员。

对于争议焦点2，依法制定的章程作为公司的自治性规范，对公司、股东、董事、监事及高级管理人员具有约束力。根据原告2004年修订的《公司章程》第十六条、第十七条、第五十四条的规定，被告作为高级管理人员，其工资待遇应当由董事会全体通过，方为有效。被告自2004年5月起即担任原告董事，对公司章程的规定应当知晓并遵守。但据其自己陈述，2005年8月22日承诺函签订时，仅有被告本人、苏某和陈某三人在场协商，由陈某代表公司在函上加盖公章。上述经过即使属实，也显然与公司章程相悖。陈某虽为原告当时的法定代表人，但其在未获董事会一致决议的情况下，也并无权力代表公司作出上述决定。如果认为如此制定的承诺函中关于高管薪酬的条款也能具有法律效力，则无疑将架空公司章程的规制作用，违反公司法关于“有限责任公司董事会的议事方式和表决程序，除本法有规定的外，由公司章程确定”的规定，更有甚者，还可能导致部分董事或高管凭借对公司的实际控制力，为谋取私利而损害公司利益的情形发生。故此，系争的承诺函第四条中关于原告同意给予被告不低于人民币40万元年薪报酬的约定，因违反公司章程而无效。

然而，劳动者有取得劳动报酬的权利，原告有义务足额向被告支付拖欠的月薪，故原告应按照相应期间的工资标准补发被告2009年1月至2月、2009年7月至2011年1月期间的工资差额34万元。原、被告的劳动合同于2009年12月31日到期，原告至迟应在2010年1月31日前与被告续订劳动合同而未订，故应支付被告未签订劳动合同双倍工资差额人民币172500元。原告对仲裁裁决确认的报销款未提出异议，法院依法予以确认。

上海市浦东新区人民法院依照《中华人民共和国劳动法》第三条第一款，《中华人民共和国劳动合同法》第十条第一款、第二款、第八十二条第一款，《中华人民共和国公司法》第四条、第十一条、第四十九条第一款的规定，判决如下：

一、原告技术公司于本判决生效之日起十日内支付被告周某2005年9月1日至2011年1月31日期间的工资差额人民币340000元；

二、原告技术公司于本判决生效之日起十日内支付被告周某2010年2月1日至2010年12月31日期间未签订劳动合同的双倍工资差额人民币172500元；

三、原告技术公司于本判决生效之日起十日内支付被告周某报销款人民币15927.76元。

周某不服一审判决，提起上诉。在二审审理过程中，周某申请撤回上诉。上海市第一中级人民法院经审理认为：周某的撤诉申请符合法律规定，应予准许。故裁定准予周某撤回上诉。

【法官后语】

本案涉及劳动法上的一项重要难题："普通劳动者"与"担任公司高管的劳动者"在权利保护的范围和强度上是否应当加以区别？又应在何种程度上体现区别？案件从薪酬确定的角度对该问题作出了回答。

1. 普通劳动者与高级管理人员的身份区别

劳动法第二条第一款规定："在中华人民共和国境内的企业、个体经济组织（以下统称用人单位）和与之形成劳动关系的劳动者，适用本法。"在其后关于劳动者权利义务的规定中，法律并未区分劳动者的不同情况加以不同对待，而是作了统一处理。但事实上，在统一的“劳动者”概念下，可以细分出“普通劳动者”和“高级管理人员”两类不同情况，其中“高级管理人员”还可以进一步细分为“身兼董事（或法定代表人）职务的高级管理人员”和“不兼任上述职务的高级管理人员”。

所谓普通劳动者，是指处于从属地位，为他人提供劳动给付，并以此获取工资的人。其最大特点在于：在人格和经济上具有显著的从属性。其必须服从用人单位制定的工作规程，服从用人单位的工作指令；有义务接受检查，以确定是否遵守了工作规程和指令；如有过错行为，还应接受用人单位的制裁；其并非为自己从事营业活动，而是为了用人单位的利益而劳动，因此在经济上不存在独立性。

所谓高级管理人员，是指由董事会或总经理聘任的，对内执行日常经营管理业务，对外代表公司的行政首脑或者负责人。高级管理人员通常包括：公司的经理、副经理、财务负责人、上市公司董事会秘书、首席执行官（CEO）、首席财务官（CFO）、首席运营官（COO）等。高级管理人员与普通劳动者的不同点在于：高管对公司的经营、决策和管理通常具有领导和指挥权力，相对于用人单位的从属性明显弱化。

在高级管理人员中，更为常见的情况是，其同时还兼任公司的董事、执行董事甚至法定代表人。这类高管兼具双重身份，与公司存在两层法律关系：（1）在其履行法律及公司章程规定的董事或法定代表人的职责范围内，与公司不存在劳动关系。若要向公司主张董事津贴，应按劳务关系处理。（2）在其行使高管职权，对公司的日常经营进行管理的范围内，与公司存在劳动关系。

2. 普通劳动者与高级管理人员薪酬决定的不同要求

由于普通劳动者与高管的身份差别，法律对二者劳动报酬的确定方式和要求作了不同的规定。对于普通劳动者而言，工资作为提供劳动的对价，可由劳动者与用人单位进行约定。（1）在程序上，法律并未对约定的形式、途径作任何强制性的要求。（2）在实体上，为确保以生存权为基础的工作权的实现，劳动法要求用人单位与劳动者约定的工资不得低于当地的最低工资标准。

但对于高级管理人员尤其是兼任（执行）董事或法定代表人的人员而言，由于其对公司具有管理决策权，有时甚至具有实际控制权，因此，高管薪酬的确定常常会内含高管与公司间的利益冲突。为保护公司及股东的利益免受不当损害，法律对高管薪酬的决定规定了严格的程序条件：（1）需由董事会或薪酬考核委员会决定。董事会的职权包括决定聘任或者解聘公司经理及其报酬事项，并根据经理的提名决定聘任或者解聘公司副经理、财务负责人及其报酬事项。（2）有利害关系的董事不得参与表决。公司法第一百二十四条对上市公司关联董事回避进行了规定，可以作为参照。（3）应定期向股东披露薪酬。公司法第一百一十六条规定："公司应当定期向股东披露董事、监事、高级管理人员从公司获得报酬的情况。"

3. 普通劳动者与高级管理人员薪酬支付的不同要求

对于普通劳动者而言，工资是保证其本人及家庭基本生活的维系，因此劳动法对工资的支付规定了多重保障：（1）不得预扣劳动者的工资作为违约金或赔偿费用，也不得以担保或其他名义向劳动者收取财物。（2）工资应以法定货币形式支付。（3）用人单位应当每月至少支付一次工资，确因生产经营困难需延期一个月支付工资的，需告知全体劳动者，并报主管部门备案。（4）用人单位应足额支付工资，不得对工资的支付附条件，也不得对工资作抵销等。

但对高管人员而言，其薪酬水平不仅较普通劳动者高，而且公司为达到促使高管努力经营的目的，除基本薪资外，还常常会与其约定激励性质的报酬。常见的形式包括年薪制、股权激励等。对于基本薪资的支付，法律给予高管人员的保障与普通劳动者并无不同。但对于基本薪资之外的激励薪酬，由于不涉及劳动者的基本生活需要，可以允许双方对其发放附加条件或期限，待条件成就或期限届至后再行支付。

普通劳动者和高级管理人员在薪酬约定效力认定上的差异，较为典型地折射出二者在权利受保护程度和范围上的区别。本案判决为在其他方面进一步区分不同身份的劳动者，从而正确适用劳动法提供了有益的思路。

编写人：上海市浦东新区人民法院　童蕾

073 劳动合同到期但服务期尚未届满时劳动关系如何处理

——物业公司诉徐某劳动争议案

【案件基本信息】

1. 裁判书字号

北京市第二中级人民法院（2012）二中民终字第08866号民事判决书

2. 案由：劳动争议纠纷

3. 当事人

原告（上诉人）：物业公司

被告（被上诉人）：徐某

【基本案情】

徐某原系物业公司员工，双方签订有期限自2010年1月21日至2011年4月20日的劳动合同。2010年7月27日，物业公司作为甲方与作为乙方的徐某签订培训协议书，该协议书第一条约定：甲方根据工作需要，出资资助乙方接受旨在提高乙方业务技能的培训，乙方同意接受甲方的培训资助。第三条约定：乙方有责任保证按培训协议规定，自培训课程全部结束之日起在甲方服务满24个月（以下简称承诺服务期限）。若本协议规定的服务期限与劳动合同或其他培训协议约定不一致的，以劳动合同服务期限最长的为准。在承诺服务期限内，当甲方要求乙方续签劳动合同时，乙方必须续签，继续为公司服务。第十条约定：本协议作为甲乙双方签订的劳动合同的补充协议，若本协议与原劳动合同不一致的以本协议为准。

2011年3月17日，徐某签收了物业公司向其送达的《劳动合同解除通知书》，该通知书载明双方劳动关系于2011年4月20日终止，物业公司不再与徐某续签劳动合同。同年4月20日，双方办理了离职手续，徐某签署了《员工离职核算单》《补偿金计算明细》等材料。物业公司在2011年4月28日支付徐某终止劳动合同的经济补偿金18166.50元。

物业公司提交证人展某某的出庭证言，展某某称其系物业公司员工，与物业公司签有期限自2008年11月21日至2011年11月20日的劳动合同，并且在2010年12月14日与物业公司签署培训协议书，其在前述劳动合同到期之前，即2011年10月24日，与物业公司续签了劳动合同，同时其表示在签订培训协议书时知晓培训协议书中承诺服务期并未延长劳动合同的期限。在双方当事人询问证人时，展某某表示：其与物业公司续签劳动合同系自愿行为，且只要其没有异议，物业公司会一直与其续签劳动合同。徐某认为展某某的陈述前后矛盾，且认为展某某当庭对询问的回答可以佐证自己的主张。

2011年7月，徐某以物业公司违法解除双方劳动关系为由，向北京市东城区劳动争议仲裁委员会（以下简称东城仲裁委）提出申请，要求物业公司支付赔偿金差额21420.47元。2011年12月，东城仲裁委经审理后裁决：一、物业公司支付徐某违法解除劳动合同的赔偿金差额18166.50元；二、驳回徐某的其他申请请求。物业公司不服，提起本案诉讼。

【案件焦点】

劳动合同到期但约定服务期尚未届满时劳动关系如何处理。

【法院裁判要旨】

北京市东城区人民法院经审理认为：物业公司作为用人单位应对徐某的劳动关系处理情况提供明确的证据予以证明。现物业公司对于徐某主张双方所签劳动合同期限已延长至2012年8月12日、物业公司2011年4月20日以劳动合同到期为由解除双方劳动关系违法并要求支付二倍的赔偿金不予认可，对此物业公司未提交明确证据作出合理解释且亦未提供充分证据证明解除双方劳动关系存在合法性的情况下，物业公司应当承担举证不能的不利后果，法院认定物业公司系违法解除与徐某的劳动关系。

北京市东城区人民法院判决：

物业公司于本判决生效后十日内支付徐某违法解除劳动合同赔偿金的差额 18166. 50 元。

物业公司持原审起诉意见提起上诉。北京市第二中级人民法院经审理认为：本案的争议焦点在于，物业公司在与徐某约定的服务期尚未届满但双方劳动合同期满时，与徐某解除劳动合同是否违法。《中华人民共和国劳动合同法实施条例》第十七条规定，劳动合同期满，但是用人单位与劳动者依照劳动合同法第二十二条的规定约定的服务期尚未到期的，劳动合同应当续延至服务期满；双方另有约定的，从其约定。物业公司与徐某签订有期限自 2010 年 1 月 21 日至 2011 年 4 月 20 日的劳动合同。其间 2010 年 7 月 27 日，双方签订了培训协议书并约定了 24 个月的服务期限。双方在培训协议书第三条中约定：若本协议规定的服务期限与劳动合同或其他培训协议约定不一致的，以劳动合同服务期限最长的为准。该约定并非物业公司主张的"以劳动合同期限为准"。综合双方劳动合同未约定服务期限的事实以及双方培训协议书第十条的约定内容等情况，物业公司无法证明其公司与徐某对服务期尚未届满但劳动合同期满的情况下，双方劳动合同是否续延的问题做出了明确的约定，因此应当按照前述法律规定处理双方劳动合同续延问题，即物业公司与徐某的劳动合同应当续延至服务期满。现物业公司在双方签订的劳动合同到期时，并未将劳动合同续延至双方约定的服务期满时，且与徐某解除劳动合同，违反相关法律规定，依法应当支付徐某违法解除劳动合同的赔偿金。徐某认可物业公司在 2011 年 4 月 20 日已经向其支付经济补偿金 18166. 50 元，故原审法院判令物业公司向徐某支付违法解除劳动合同赔偿金的另一倍差额 18166. 50 元，并无不当。

北京市第二中级人民法院依照《中华人民共和国民事诉讼法》

第一百五十三条第一款第一项之规定，作出如下判决：

驳回上诉，维持原判。

【法官后语】

本案处理重点在于对约定服务期以及服务期与劳动合同期限关系的理解。

《中华人民共和国劳动合同法》第二十二条第一款规定：“用人单位为劳动者提供专项培训费用，对其进行专业技术培训的，可以与该劳动者订立协议，约定服务期。”为用人单位与劳动者约定服务期提供了法律依据，并且该条款对劳动者违反服务期的法律责任以及劳动者在服务期内的劳动权利均作了明确规定。一般认为，约定服务期是在劳动者接受用人单位提供的劳动技能提升机会之后在自由择业权上受到的一定限制，用人单位在遵守劳动合同约定的基础上对劳动者为其提供劳动的期限享有较为稳定的预期。因此，约定服务期先于劳动合同到期或两者同时到期时，一般不会产生难以处理的情况。

当劳动合同到期但服务期尚未届满时，用人单位应当继续履行劳动合同至服务期满抑或有权终止劳动合同？《中华人民共和国劳动合同法实施条例》第十七条对此作了明确的规定：“劳动合同期满，但是用人单位与劳动者依照劳动合同法第二十二条的规定约定的服务期尚未到期的，劳动合同应当续延至服务期满；双方另有约定的，从其约定。”从前述规定中可以看出，除非用人单位与劳动者就劳动合同期满而服务期尚未届满时的处理作出了明确约定，否则用人单位亦应受服务期的约束，将劳动合同续延至服务期满。

具体到本案中，双方培训协议的第三条中约定：若本协议规定的服务期限与劳动合同或其他培训协议约定不一致的，以劳动合同服务期限最长的为准。物业公司据此主张双方已经约定以劳动合同期限为准。但是，需要明确的是，双方劳动合同中包含培训及服务期限条款，但该条款并未明确载明服务期限的长度，且劳动合同期限与服务期限二者内涵并不一致，因此，二审法院没有采纳物业公司的这一意见。在这种情形下，双方并不具有《中华人民共和国劳动合同法实施条例》第十七条规定的“另有约定”情形，所以物业公司在未将与徐某的劳动合同续延至服务期满时，以劳动合同到期终止为由解除与徐某的劳动关系，没有法律依据，应当支付徐某违法解除劳动合同赔偿金的差额。

编写人：北京市第二中级人民法院　曹文祥

074 用人单位调整劳动者工作岗位是否构成对劳动合同中工作内容及工作地点的变更

——杨某诉食品公司劳动争议案

【案件基本信息】

1. 裁判书字号

福建省厦门市中级人民法院（2011）厦民终字第1933号民事判决书

2. 案由：劳动争议纠纷

3. 当事人

原告（上诉人）：杨某

被告（被上诉人）：食品公司

【基本案情】

杨某自1999年6月3日入职食品公司，2010年4月28日双方签订了无固定期限的劳动合同，杨某从事销售岗位。其中劳动合同第一条约定，根据食品公司工作需要，杨某同意在食品公司安排的工作地点指定工作区域从事公司规定业务营销工作岗位（工种）的工作。在合同期间内，食品公司因生产工作需要确需调整杨某工种的，须经双方协商。2010年5月4日食品公司发《人事令》，调杨某为原业务区高级专员，协助饮料业务主管完成各项任务，于2011年1月25日发《人事令》："2. 原福建饮料业务杨某高专，免除原职务，新任命为闽南一区（厦门、漳州、龙岩）味精业务高专……"食品公司在2011年2月16日发出《通知书》，要求杨某于2011年2月17日前回公司报到；杨某于2011年2月17日签收该份《通知书》，但没有回公司报到。食品公司又分别于2011年3月2日、3月8日以邮件特快专递方式向杨某两次送达《通知书》，杨某的爱人收到该《通知书》，但其仍未回公司上班。杨某认为自己的权益受到侵害，遂于2011年2月28日向厦门市同安区劳动仲裁委员会提起劳动仲裁申请，请求裁决：1. 解除杨某与食品公司之间的劳动关系；2. 食品公司支付杨某经济补偿金81060元、周六休息日加班费45000元；3. 食品公司为杨某补缴自2010年7月至2011年2月的社会保险不足部分；共计126060元。2011年4月15日厦门市同安区劳动争议仲裁委员会裁决：一、杨某与食品公司之间的劳动合同关系于本裁定生效之日起解除，食品公司应于本裁定生效之日起七日内向杨某出具解除劳动关系证明，并为其办理档案和社会保险关系转移手续；二、驳回杨某的其他仲裁请求。杨某不服该裁决，于2011年4月29日提起诉讼，请求法院判令：1. 被告向原告支付经济补偿金125994.08元（因被告违法调动原告的工作岗位和工作地点）；2. 被告向原告支付加班费43034元（自2009年2月至2011年1月期间每周周六的加班费）；3. 支付2008年2月1日至2010年4月28日未签订无固定期限劳动合同双倍工资250000元。诉讼中，杨某以“未经劳动仲裁”为由当庭申请撤回“支付2008年2月1日至2010年4月28日未签订无固定期限劳动合同双倍工资250000元”的诉讼请求。

【案件焦点】

被告对原告的工作岗位的调整是否构成对劳动合同中工作内容及工作地点的改变。

【法院裁判要旨】

福建省厦门市同安区人民法院经审理认为：关于食品公司应否支付杨某加班费。杨某应当就其主张的加班事实的存在承担举证责任。杨某举示的2011年2月至3月的业务工作汇报表、工作汇报明细表，从形式上看这些证据是杨某单方制作，从内容上看这些材料记载的是杨某2011年2月至3月的出勤、工作情况，与其主张的自2009年2月至2011年1月期间每周周六加班的事实没有任何关联，且这些证据表明杨某2011年2月除了春节法定节假日休假3天外还有未出勤8天、2011年3月的全部周六周日均未出勤，这些证据不能证明杨某“自2009年2月至2011年1月期间每周周六加班”的主张。因此，杨某诉求食品公司支付自2009年2月至2011年1月期间每周周六加班的加班费 43034 元，不予支持。

关于食品公司应否支付杨某经济补偿金。杨某以食品公司违法调动其工作岗位和工作地点为由诉求支付经济补偿金。根据杨某与食品公司 2010 年 4 月 28 日签订的无固定期限《劳动合同》约定，杨某的工作地点为“公司指定工作区域”，岗位（工种）为“公司规定业务营销工作”。在履行上述《劳动合同》期间，食品公司发《人事令》，将原福建饮料业务高专杨某调任为闽南一区（厦门、漳州、龙岩）味精业务高专。因这一人事任命，杨某从事业务营销的产品从饮料改为味精，营销的范围从福建区域到闽南的厦门、漳州、龙岩，而其工作地点仍在“公司指定工作区域”，仍在福建省范围内，岗位（工种）仍为“公司规定业务营销工作”，工种并没有发生调整，并未违反劳动合同的约定。因此，杨某以食品公司违法调动其工作岗位和工作地点为由诉求支付经济补偿金 125994. 08 元，不予支持。

福建省厦门市同安区人民法院根据《中华人民共和国劳动合同法》第三十七条、第四十四条第六项、第五十条，《中华人民共和国民事诉讼法》第六十四条第一款，《最高人民法院关于审理劳动争议案件适用法律若干问题的解释（三）》第九条之规定，判决如下：

一、原告杨某与被告食品公司之间的劳动合同于 2011 年 5 月 6 日解除；被告食品公司应于本判决生效之日起 15 日内为原告杨某出具解除劳动合同的证明，并办理档案和社会保险关系转移手续；

二、驳回原告杨某的诉讼请求。

二审法院同意一审法院裁判意见。

【法官后语】

劳动法第十九条第一款规定："劳动合同应当以书面形式订立，并具备以下条款：（一）劳动合同期限；（二）工作内容……"劳动合同法第十七条第一款规定："劳动合同应当具备以下条款：（一）用人单位的名称、住所和法定代表人或者主要负责人；（二）劳动者的姓名、住址和居民身份证或者其他有效身份证件号码；（三）劳动合同期限；（四）工作内容和工作地点……"劳动合同法第三十五条第一款规定："用人单位与劳动者协商一致，可以变更劳动合同约定的内容。变更劳动合同，应当采用书面形式。"上述规定表明，工作内容和工作地点是劳动合同应当具备的条款，对工作内容和工作地点的变更视为对劳动合同的本质改变。如果确实需要变更劳动合同中有关工作内容、工作地点的，用人单位应当与劳动者进行协商。如果协商未达成一致意见，则该部分的变更就没有生效，用人单位未经劳动者同意，单方面改变劳动合同内容的，属无效行为，应当承担违约责任。

所谓工作内容，是劳动者在用人单位处具体从事什么种类或者内容的劳动，是劳动法律关系所指向的对象，即劳动者在劳动合同中应当履行的劳动义务。它包括劳动者从事劳动的岗位、工作性质、工作范围以及劳动生产任务所要达到的效果、质量指标等。它是用人单位使用劳动者的目的，也是劳动者通过自己的劳动取得劳动报酬的缘由。劳动合同中的工作内容条款应当规定得明确具体，便于遵照执行。工作地点是劳动合同的履行地，是劳动者从事劳动合同中所规定的工作内容的地点，直接关系到劳动者的工作环境、家庭生活、择业选择、发生劳动争议的管辖等。劳动者有权在与用人单位建立劳动关系时知悉自己的工作地点。

工作内容和工作地点是一份劳动合同中最重要的要素之一，直接影响到用人单位和劳动者相互的选择。劳动法和劳动合同法为了保障劳动关系的稳定性和持续性，要求劳动合同订立时要对这两项内容明确约定，劳资双方如果在劳动合同履行期间要对其进行变更也必须在协商一致的情况下用书面形式加以确认。但是，在企业经营过程中，因为企业的发展，内部人员的调配频繁发生。如何做到既保障劳动者的权益又能不妨碍企业的经营管理自主权，既而发挥企业活力，审判实践中对工作内容和工作地点“变更”的认定是最关键的。

在审判实践中发现，在部分跨度较大、企业内部行业较多的集团化企业中，员工的调配极为频繁，地域流动性也较强。在劳动合同中，劳资双方大部分没有对工作内容和工作地点进行极为具体的规定，一般是按照行业惯例进行相对明确的约定。如将工作岗位分为内勤行政、技术研发、一线生产、营销策划、销售采购等。而不同的工作岗位的工作地点又有其特点，比如本案中杨某的工作岗位为销售营销类，该岗位一般是在一个区域内进行业务活动。一个销售人员经常会负责一个省或者一个地区的业务，其无法做到在一个具体明确的工作地点进行工作。劳动合同法为了追求劳资关系的平衡而倾斜于劳动者，但劳动者的自由择业权与单位的自主用工权和经营管理权都是独立的、合法的权利，都应当受到法律保护。在实践中，应当根据工作性质不同、变更情况不同等情形区别对待，不应采取僵硬的“一刀切”的方式处理。

在本案中，食品公司将杨某的工作内容及工作地点由“福建饮料业务高专”调整为“闽南一区（厦门、漳州、龙岩）味精业务高专”。杨某从事的业务营销产品从饮料改为味精，营销的范围从福建区域到闽南的厦门、漳州、龙岩。因此，杨某的工作内容没有变化，仍然是营销；新工作地点并没有进行跨省、跨地区的调动，仍然在原工作地点范围内，甚至围绕其生活居住地点有所缩小。食品公司虽然对杨某的工作内容和工作地点进行了一定的调整，但是并没有构成对劳动合同的本质变更。因此，杨某主张食品公司因违法调动其工作岗位和工作地点应向其支付经济补偿金的诉求没有相关依据，应当予以驳回。

编写人：福建省厦门市同安区人民法院　陈水平　宋岩

三、劳动合同解除和终止

075 出国休假中出国审批与休假审批之独立审查

——航空科技公司诉高某劳动争议案

【案件基本信息】

1. 裁判书字号

北京市第一中级人民法院（2020）京01民终2886号民事判决书

2. 案由：劳动争议纠纷

3. 当事人

原告（被上诉人）：航空科技公司

被告（上诉人）：高某

【基本案情】

高某于2005年7月7日入职航空科技公司，担任主任工程师，双方于2017年3月20日签订无固定期限劳动合同。

高某于2018年11月26日向公司提交了《因私出国（境）审批表》，显示高某拟出（归）境时间为“2019年1月17日至2019年1月24日”，申请事由处载有“旅游”，下方“所在部门意见”“行政部意见”“办公室意见”“委员会意见”处依次载有曹某、薛某、薛某、赵某的签名。

高某于2019年1月16日在公司OA系统中提交了《请假申请单》，显示：请假时间为2019年1月17日至2019年1月25日，请假类别及时长为“年假52.5（小时）”，请假事由为家庭旅行，部门经理意见处显示“同意。孔某”，主管副总意见处显示“不同意。李某”。高某的部门经理系曹某，因曹某自2019年1月17日起休假，故其将OA系统的请假审批权限交给了部门普通员工孔某。

2019年3月21日，航空科技公司向高某送达《解除劳动关系通知书》，理由为高某在2019年1月17日至2019年1月25日期间旷工，严重违反公司规章制度，遂成讼。

双方就高某在2019年1月17日至2019年1月25日期间未出勤是否构成旷工各执一词。航空科技公司主张员工休带薪年休假需要公司根据全员的工作情况进行统筹安排，高某在请假申请未获得部门经理及主管副总批准的情况下擅自离岗、自行休假，应认定为旷工。高某认为其2019年1月17日至2019年1月25日未出勤系休带薪年休假；2018年11月26日其完成了出国审批手续，出国审批表中列明的拟出国时间是与部门经理曹某沟通过的，当时曹某口头同意其在此期间出国休假；其于2019年1月16日10时在OA系统中填写了《请假申请单》，正常情况下1个小时即可审批完毕，当天下午公司开年会，次日其按照原计划出国休假，并于2019年1月24日回国。

【案件焦点】

1. 高某休带薪年休假应否事先取得航空科技公司的同意；2. 出国审批手续能否替代休假审批手续，高某是否构成旷工；3. 航空科技公司以旷工为由解除劳动合同是否合法。

【法院裁判要旨】

北京市海淀区人民法院经审理认为：双方均认可高某于 2019 年 1 月 17 日至 2019 年 1 月 25 日期间未出勤，但就上述期间是否构成旷工各执一词。就此分析如下：《职工带薪年休假条例》第五条第一款规定，单位根据生产、工作的具体情况，并考虑职工本人意愿，统筹安排职工年休假。据此，高某休带薪年休假应事先取得航空科技公司的审批同意。依据双方均认可真实性的《员工手册》及《考勤管理制度》，高某提前填报《请假申请单》并经部门领导及公司主管领导两级审批同意后方可休假。现高某休假前未获得部门领导、公司主管领导的审批通过，休假后亦未获得部门领导、公司主管领导的全部追认同意，存在不当。高某虽主张其于休假前完成了因私出国（境）审批流程，应视为公司已批准其休假，但依据双方均认可真实性的《请假申请单》与《因私出国（境）审批表》可知，出国审批流程与休假审批流程的审批部门和审批人员不尽相同，二者并非可以相互替代的关系。同时需要指出的是，高某应先取得航空科技公司的休假审批，下一步才涉及休假期间能否出国（境）等问题。综上，对高某之上述主张不予采信。高某另主张其休假前曾取得部门经理的口头批准、休假后曾取得董事长的口头追认，但未就此提供相应证据，故不予采信。综上，认定高某在其休假申请未获审批同意的情况下，擅自于 2019 年 1 月 17 日至 2019 年 1 月 25 日期间出国休假，违反了航空科技公司的规章制度，应认定为旷工，考虑到高某连续旷工达 7 日之久，航空科技公司以此为由解除劳动合同并无不当。

北京市海淀区人民法院依照《中华人民共和国劳动法》第三条第二款、《职工带薪年休假条例》第五条第一款、《中华人民共和国民事诉讼法》第六十四条第一款，作出如下判决：

航空科技公司无需支付高某违法解除劳动合同赔偿金253269.8元。

二审法院同意一审法院裁判意见。

【法官后语】

本案系劳动者因出国休带薪年休假事宜与用人单位发生的争议。在实践中，劳动争议类案件中涉及带薪年休假争议的诉讼请求，绝大多数表现为劳动者要求用人单位支付未休年休假工资。争议焦点和审理重点在于：(1) 劳动者是否享受带薪年休假；(2) 劳动者每年应享受带薪年休假的天数；(3) 劳动者实际休带薪年休假的天数；(4) 用人单位是否支付未休年休假工资。就前两项，《职工带薪年休假条例》第二条、第三条已作出明确规定。就后两项，用人单位作为劳动关系中负有管理责任的一方，应承担相应的举证责任，否则将承担举证不能的不利法律后果。

不同于常见的案例，本案的特别之处在于，劳动者与用人单位就上述内容并无争议，双方争议的焦点在于：劳动者以休带薪年休假为目的申请出国，在已完成出国审批手续且在出国审批表中备注了“旅游”字样及出行时间的情形下，未完成请假审批手续即出国休假，此种情况能否视为用人单位已经同意劳动者休假。即，在出国和休带薪年休假两个目的重叠的情况下，劳动者已经在出国审批表中表明自己出国的目的是休假旅行，用人单位已经审批通过，此时用人单位的某些相关人员已经知晓劳动者是要在该时间段内休假并出国，劳动者是否仍需履行请假流程。

当下，基于出入境管理等需要，很多用人单位在单位的规章制度中规定了劳动者出国或出境时需履行的审批手续，其中因公出国（境）引发争议的可能性较小，争议主要集中在因私出国（境），而劳动者因私出国（境）的大部分目的是到国（境）外休带薪年休假。因此，劳动者既要履行出国（境）审批手续，又要履行休假审批手续，已经成为一种较为常见的情形。在两种审批手续并存的情况下，不能主观判断二者能否相互替代。譬如在本案中，出国审批表中的审批部门和审批人员与请假申请表中的审批部门和审批人员存在重叠，却不尽相同。这可以从二者审批的目的不同来理解：出国审批重在审查劳动者的出国目的、在国外停留时长等，而休假审批重在审查劳动者的休假时间与用人单位的生产、经营活动是否存在冲突。基于目的导向的不同，用人单位设置的审批部门和审批人员不同，相关部门和人员在决定同意与否时所考量的因素也不同。因此，不能因为用人单位负责审批出国手续的部门和人员已经知晓并同意劳动者将在某一段时间内出国休假，就认定劳动者无需单独履行休假审批手续。而且，本案中劳动者在认识上出现了重大偏差：出国（境）休假第一步应是取得用人单位对休假的审批，第二步才涉及休假期间能否出国（境）的问题。因此，本案对于解决劳动者在实践中如何出国休假的问题具有一定的指导意义，可以为劳动者起到借鉴作用。

编写人：北京市海淀区人民法院　王文敬

076 法院借鉴法律解释方法解读用人单位规章制度应符合立法目的

——李某诉健身公司劳动争议案

【案件基本信息】

1. 裁判书字号

北京市第二中级人民法院（2020）京02民终1983号民事判决书

2. 案由：劳动争议纠纷

3. 当事人

原告（反诉被告、上诉人）：李某

被告（反诉原告、上诉人）：健身公司

【基本案情】

李某于2012年3月25日入职健身公司。双方均认可李某2016年12月，2017年1月、2月、12月，2018年1月、2月在滑雪场上班，其他每年的12月、1月、2月均未上班。

2018年3月1日，李某与健身公司签订劳动合同，约定合同于2019年2月28日终止，甲方生产工作任务不足以使乙方待工的，甲方按照北京市最低工资70%支付生活费。同日，李某签署了《员工手册确认书》，《员工手册》规定：劳动合同期内未经本部门领导批准，擅自离岗连续超过三天，作自动离职处理；有下列情形时，公司不能解除劳动合同：女员工在孕期、产期、哺乳期的。

李某于2019年2月25日到健身公司提交因怀孕请假至2019年3月4日的请假单。李某称在2019年2月26日公司经理就以李某怀孕为由将其口头辞退，故李某再未上班，但其未提交证据证明辞退的事实。2019年3月15日，健身公司向李某发送《解除劳动合同通知书》，通知书记载李某自2019年2月26日起至今未来公司上班，严重违反公司规章制度，故与李某解除劳动合同关系。双方就此发生争议，李某要求确认劳动关系并继续履行劳动合同，健身公司支付其延时加班、周六日加班及法定节假日加班工资和未休年休假工资、高温费、工服押金、生活费。

【案件焦点】

健身公司《员工手册》中存在“擅自离岗连续超过三天，作自动离职处理”和“孕期不能解除劳动合同”的矛盾规定。怀孕职工李某旷工超过三天，如何对上述矛盾的制度内容进行解释。

【法院裁判要旨】

北京市大兴区人民法院经审理认为：关于劳动关系确认问题，健身公司提交的证据不足以证明其2017年前每年3月1日签订、11月30日解除，2017年3月1日至2019年2月28日签订连续劳动合同的主张，故不予采信。结合李某从事岗位工作的季节性特点及其在健身公司工作的连续性，对李某要求确认双方自2012年3月25日至2019年2月26日期间存在劳动关系的请求予以支持。

李某主张健身公司于2019年2月26日因其怀孕将其辞退，故之后一直未去上班，但未提交相应证据加以证明，不予采信。健身公司称其请假至2019年3月4日，之后再未上班，故健身公司依据公司规章制度解除与李某的合同。《员工手册》明确规定了女员工在孕期公司不能解除劳动合同，也并未规定公司有权据此解除合同。现李某在孕期，根据健身公司的规章制度，健身公司无权解除与李某的劳动合同。故对李某主张继续履行劳动合同的请求，予以支持。

关于未休年休假工资、高温津贴、待岗生活费、工服押金，对李某主张的合理部分予以支持。关于加班工资，李某未提交证据证明其存在加班事实，不予支持。

北京市大兴区人民法院依照《中华人民共和国劳动合同法》第三十条第一款、第三十九条、第四十二条，《职工带薪年休假条例》第三条、第五条，《最高人民法院关于民事诉讼证据的若干规定》第二条之规定，判决如下：

一、确认健身公司与李某自 2012 年 3 月 25 日至 2019 年 2 月 26 日期间存在劳动关系；

二、健身公司于本判决生效之日起十日内支付李某 2012 年 12 月至 2013 年 2 月、2013 年 12 月至 2014 年 2 月、2014 年 12 月至 2015 年 2 月、2015 年 12 月至 2016 年 2 月、2018 年 12 月、2019 年 2 月 1 日至 2019 年 2 月 26 日期间的生活费 16514 元；

三、健身公司于本判决生效之日起十日内支付李某 2017 年 1 月 1 日至 2017 年 12 月 31 日期间未休年休假工资 1426.01 元；

四、健身公司于本判决生效之日起十日内支付李某 2012 年 3 月 25 日至 2019 年 2 月 26 日每年 6 月、7 月和 8 月的高温津贴 3420 元；

五、健身公司于本判决生效之日起十日内返还李某工服押金 400 元；

六、健身公司继续履行与李某的劳动合同；

七、驳回李某的其他诉讼请求；

八、驳回健身公司的其他诉讼请求。

李某、健身公司均不服一审判决，提出上诉。北京市第二中级人民法院经审理认为：关于劳动关系、生活费、未休年休假工资、高温津贴、加班工资、工服押金部分，二审法院与一审法院认定一致。

关于继续履行劳动合同，健身公司提交《员工手册》及《员工手册确认书》，《员工手册》规定劳动合同期内未经本部门领导批准，擅自离岗连续超过三天者，作自动离职处理。《员工手册确认书》显示李某已完全了解员工手册各条规定的管理意义和法律含义，并承诺严格遵守，故《员工手册》对李某具有约束力。健身公司主张李某因怀孕而请假至 2019 年 3 月 4 日，并提交了请假单予以证明；李某认可请假，亦认可 2019 年 2 月 26 日后未到岗工作。根据《中华人民共和国劳动合同法》第四十二条第四项的规定，女职工在孕期、产期、哺乳期的，用人单位不得依照本法第四十条、第四十一条的规定解除劳动合同。但是，处于孕期的女职工亦应遵守劳动纪律和用人单位的规章制度，如确因怀孕需要休息，亦应履行相应的请假手续。现未有证据显示李某在 2019 年 3 月 4 日后履行了请假手续，亦未有证据证明健身公司于 2019 年 2 月 26 日因李某怀孕而将其辞退，故李某未到岗工作的行为已构成旷工，违反了用人单位的规章制度。健身公司解除李某劳动合同时，李某处于孕期，但是健身公司系因李某违反用人单位规章制度即依据《中华人民共和国劳动合同法》第三十九条的规定而作出解除决定，该解除行为并未违反法律规定，不属于违法解除。同时，虽然《员工手册》明确规定女员工在孕期不能解除劳动合同，但是从《员工手册》的内容看来，其同时规定了“劳动合同期内未经本部门领导批准，擅自离岗连续超过三天”的具体处理和“孕期不能解除劳动合同”，两个规定并行，并不能当然理解为只要女职工处于孕期用人单位就无权解除劳动合同。这与《中华人民共和国劳动合同法》的立法精神亦不相符。综上，一审法院判决健身公司与李某继续履行劳动合同不当，予以纠正。健身公司上诉要求不继续履行与李某的劳动合同，于法有据，予以支持。

北京市第二中级人民法院依照《中华人民共和国民事诉讼法》第一百七十条第一款第二项规定，判决如下：

一、维持一审判决第一项、第二项、第三项、第四项、第五项、第八项；

二、撤销一审判决第六项、第七项；

三、驳回李某的其他诉讼请求。

【法官后语】

本案中，值得研讨的争议焦点源自健身公司《员工手册》中存在“擅自离岗连续超过三天，作自动离职处理”和“孕期不能解除劳动合同”的矛盾规定。怀孕职工李某因为未履行请假手续，旷工超过三天，健身公司遂以李某旷工、严重违反公司规章制度为由与其解除劳动合同；而《员工手册》中又明确规定了孕期不能解除劳动合同，依照该条规定，健身公司解除合同则属于违法解除。因此，如何对上述矛盾的制度内容进行解释，将影响对健身公司解除行为合法性的认定。若将“孕期不能解除劳动合同”的规定解释为健身公司自愿限制其解除劳动合同的权利，则健身公司与怀孕职工解除劳动合同之行为构成违法解除。若认为“孕期不能解除劳动合同”的规定不符合《中华人民共和国劳动合同法》的立法精神，该制度内容并不能当然理解为只要女职工处于孕期用人单位就无权解除劳动合同，则健身公司的解除行为属于合法解除。而上述两种观点，也正是一审法院与二审法院各自所持观点，因此产生了不同的裁判结果。

将本案争议焦点抽象为法律问题，即用人单位制定的规章制度内容出现前后矛盾时，法院应以何标准对矛盾的规章制度进行解释。

对用人单位规章制度的解读，虽不同于对法律法规的解释，但仍可参照法律解释论，借鉴文义解释、体系解释、目的解释等法律解释方法，对用人单位的规章制度进行合理恰当的解释。

回到本案，健身公司《员工手册》中有规定一：劳动合同期内未经本部门领导批准，擅自离岗连续超过三天者，作自动离职处理，公司有权追讨（或扣除）申请提出不足天数的工资及不辞而别对公司造成的损失；规定二：有下列情形之一时，公司不能解除劳动合同：女员工在孕期、产期、哺乳期的。

从文义解释的角度看，规定一及规定二在字面表述上虽不存在歧义，但两条规定存在矛盾，故单以字面解释方式不足以正确理解用人单位规章制度。从体系解释的角度看，规定一及规定二均系对用人单位行使解除权进行的规定，并不存在位阶上的优先顺序，应属同等规定。从目的解释的角度看，规定一系对《中华人民共和国劳动法》第三条第二款“劳动者应当完成劳动任务，提高职业技能，执行劳动安全卫生规程，遵守劳动纪律和职业道德”的呼应，规定二系对《中华人民共和国劳动合同法》第四十二条对三期女职工特殊保护的呼应。而根据《中华人民共和国劳动合同法》第四十二条的立法精神，“三期”并非女职工的“保护伞”，女职工在工作中仍应遵守基本的劳动纪律与职业素养，遵守用人单位的规章制度，否则用人单位可以依据《中华人民共和国劳动合同法》第三十九条的规定，与三期女职工解除劳动合同。

综合文义解释、体系解释、目的解释的方式，健身公司《员工手册》中的规定二并不能当然理解为只要女职工处于孕期用人单位就无权解除劳动合同。依照《中华人民共和国劳动合同法》的立法目的与精神，三期女职工属于劳动力市场中的弱势群体，应当得到倾斜性保护。但三期女职工作为劳动者，也应该遵守用人单位的规章制度，遵守基本的劳动纪律和职业素养，不应将“三期”作为女职工违纪违规的“保护伞”。若将健身公司《员工手册》规定二理解为用人单位对自身权利的限制，将不利于维护劳动力市场的和谐稳定。因此，二审法院综合考虑各种解释方式，认定规定二不能当然理解为只要女职工处于孕期用人单位就无权解除劳动合同的释义结果更符合我国法律规定及立法精神。

此外，“敬业、诚信”是社会主义核心价值观中对公民个人价值准则的倡导。劳动者对用人单位的忠实勤勉义务是“敬业、诚信”在劳动法领域的具体体现。弘扬社会主义核心价值观也是法院在对冲突条款进行解释、确定裁判结果所追求的目的之一。即符合社会主义核心价值观的裁判结果，能够向当事人和社会宣传应当自觉遵守和忠实履行劳动合同及规章制度的重要意义，有利于倡导自觉守法、诚实信用的良好社会风尚。处于孕期的女员工难免在身体状况上有所不适，需要定期产检，用人单位应当保障其请假休假的权利。但是女员工亦应按照用人单位规定的请假流程及手续，及时办理请假，以便用人单位知晓员工动态、妥善安排工作。本案中，李某在未履行请假手续的情况下，长期旷工，违反了健身公司规章制度，未能履行劳动者对用人单位的忠实勤勉义务，不符合“敬业、诚信”

的价值取向，在道德及法律层面均欠妥当。故健身公司以旷工、违反公司规章制度为由与怀孕职工李某解除劳动合同之行为应属合法解除，李某关于继续履行劳动合同的主张不应得到支持。

综上，若用人单位制定的规章制度存在歧义、前后矛盾等情况时，法院可以参照法律解释论，借鉴文义解释、体系解释、历史解释、目的解释等法律解释方法对用人单位矛盾的制度内容进行解释。法院作出的释义应符合我国法律法规规定及立法目的，符合社会主义核心价值观所倡导的价值导向，由此作出的裁判结果，才符合法律规定及立法本意，才能真正实现立法者希望通过该法的实施所欲达成的社会目标或社会效果。

编写人：北京市第二中级人民法院　王琳琳

077 接触职业病危害作业劳动者离岗前未行健康检查情况下解除劳动关系的法律认定

——探矿研究所诉王某劳动争议案

【案件基本信息】

1. 裁判书字号

北京市第一中级人民法院（2020）京 01 民终 7671 号民事判决书

2. 案由：劳动争议纠纷

3. 当事人

原告（上诉人）：探矿研究所

被告（被上诉人）：王某

【基本案情】

2008年1月3日，王某入职探矿研究所工作，岗位为焊工。2018年11月，房山区环保局以车间污染超标为由要求探矿研究所关闭车间并处以罚款。2018年11月30日，探矿研究所以客观情况发生变化、双方劳动关系无法继续履行为由，与王某解除劳动合同。王某离职前12个月的月均应发工资为5127元。已经生效的劳动仲裁裁决书中认定，王某与探矿研究所签订了期限为2008年1月3日至2017年12月31日的劳动合同。经核实，在诉讼过程中，王某向北京市海淀区人力资源和社会保障局申请工伤认定。2020年2月17日，北京市海淀区人力资源和社会保障局出具认定工伤决定书，载明：2019年8月30日，王某经医院诊断为职业性电焊工尘肺，予以认定为工伤。2020年4月22日，北京市海淀区劳动能力鉴定委员会出具劳动能力鉴定、确认结论通知书，确认王某为“职业性电焊工尘肺壹期，肺功能大致正常，上气道阻力增高”“目前已达到职工工伤与职业病致残等级标准柒级”。

王某向仲裁委申请劳动仲裁，要求探矿研究所支付未续订书面劳动合同二倍工资差额、违法解除劳动合同赔偿金、未提前三十日以书面形式通知解除劳动合同一个月工资、周六日加班工资、延时加班工资、法定休假日加班工资等。后仲裁委裁决探矿研究所支付王某2018年3月23日至2018年11月30日期间未续签劳动合同二倍工资差额41309.07元、违法解除劳动关系赔偿金112649.24元，并驳回王某的其他仲裁请求。王某认可仲裁裁决结果，探矿研究所对裁决的金额无异议，但不同意支付，诉至法院。

探矿研究所主张，其以工作场所车间被要求关闭并处罚款为由，曾与王某协商解除劳动合同，并依法与王某协商有关劳动合同解除后的待遇问题。王某对于解除劳动合同并无异议，仅对其本人职业病问题存疑而未到单位办理离职手续。故探矿研究所并非违法解除，不同意支付违法解除劳动合同赔偿金。

【案件焦点】

从事职业病危害作业的劳动者，未进行离岗前职业健康检查的情况下，用人单位能否与劳动者解除劳动关系。

【法院裁判要旨】

北京市海淀区人民法院经审理认为：王某与探矿研究所签订了期限为 2008 年 1 月 3 日至 2017 年 12 月 31 日的劳动合同，此后双方未签订劳动合同，鉴于王某于 2019 年 3 月 22 日申请劳动仲裁，故探矿研究所应当支付王某 2018 年 3 月 23 日至 2018 年 11 月 30 日未续订书面劳动合同二倍工资差额。探矿研究所主张双方仅签订了期限至 2015 年 12 月 31 日的劳动合同，与生效文书认定不一致，且未能提供任何证据，对此不予采信。房山区环保局对车间违法违规生产行为作出的限期整改的处理，不足以证明探矿研究所主张的王某所在车间不可能复工、双方劳动关系不能继续履行。同时，探矿研究所在与王某解除劳动关系时，未对其进行离岗前职业健康检查，故探矿研究所系违法解除劳动关系，应当支付王某违法解除劳动关系赔偿金。

北京市海淀区人民法院依据《中华人民共和国劳动合同法》第八十二条、第八十七条，《中华人民共和国职业病防治法》第三十五条、第五十五条，《中华人民共和国民事诉讼法》第六十四条第一款之规定，判决如下：

一、探矿研究所于本判决生效后七日内支付王某2018年3月23日至2018年11月30日期间未续签劳动合同二倍工资差额41309.07元；

二、探矿研究所于本判决生效后七日内支付王某违法解除劳动关系赔偿金112649.24元；

三、驳回探矿研究所的诉讼请求。

探矿研究所不服，提出上诉。北京市第一中级人民法院经审理认为：探矿研究所虽主张解除前曾与王某就职业病检查等事宜进行协商，但未提供证据证明双方就此形成一致意见，亦未证明已对王某进行离职前健康检查，故探矿研究所在王某未进行职业健康检查的情况下，以客观情况变化而无法继续履行为由解除劳动关系，属违法解除，探矿研究所的上诉主张缺乏事实和法律依据。一审法院判令其支付违法解除劳动关系赔偿金并无不当。

北京市第一中级人民法院依照《中华人民共和国民事诉讼法》第一百七十条第一款第一项规定，判决如下：

驳回上诉，维持原判。

【法官后语】

对从事接触职业病危害作业的劳动者来说，其劳动权益不仅需要作为劳动者最普适性的权益保护，还需要其职业特点所决定的特殊的权益保护。《中华人民共和国职业病防治法》自2002年开始施行以来，历经四次修正，不断加强对从事接触职业病危害作业的劳动者的权益保障，为职业病预防、诊断和医治提供有力的法律保障。

《中华人民共和国职业病防治法》与《中华人民共和国劳动合同法》相互衔接，通过不同的法律规定为该群体提供了多方位的职业保障。

一方面，需考量本案的情形是否属于“客观情况发生重大变化”。“客观情况”指的是发生不可抗力或出现致使劳动合同全部或部分条款无法履行的其他情况，如企业迁移、被兼并、资产转移等，并且排除《中华人民共和国劳动法》第二十七条所列用人单位濒临破产进行法定整顿期间或者生产经营状况发生严重困难确需裁减人员的客观情况。“重大变化”是指当事人订立劳动合同时无法预见，且不可归责于劳动合同当事人任何一方的客观情况导致劳动合同全部或者部分条款无法履行的变化。

探矿研究所以工作场所车间被要求关闭并处以罚款导致不能实际履行劳动合同为由与王某解除劳动合同的解除行为并不属于上述客观情况发生重大变化的情形。房山区环保局对探矿研究所车间违法违规生产行为作出的是限期整改的处理，并非必然导致探矿研究所车间永久性关停，即经过整改仍存在复工可能性，劳动合同仍存在继续履行的可能，并未达至“客观情况”的标准。同时，工作场所车间污染超标作为“限期整改”的原因，亦非不可归责于探矿研究所。遵守国家环境保护的相关规定，符合环保标准，是探矿研究所应履行的法定义务。因此，因污染超标被关停的情况应归责于探矿研究所。综上，探矿研究所以客观情况发生重大变化为由的抗辩缺乏事实基础。退一步讲，即使存在客观情况发生重大变化的情形，那么根据《中华人民共和国劳动合同法》第四十二条第一项规定，从事接触职业病危害作业的劳动者未进行离岗前职业健康检查的，用人单位不得依据劳动合同订立时所依据客观情况发生重大变化致使劳动合同无法履行等情形，解除与劳动者的劳动合同。据此，本案的劳动者从事接触职业病危害作业，用人单位在劳动者未进行离岗前职业健康检查的情况下，与劳动者解除劳动合同仍然系违法解除。

另一方面，在二审中，探矿研究所以双方系协商一致解除劳动关系进行抗辩，表示王某认可与探矿研究所解除劳动合同，仅对其职业病的后续处理未协商一致而未办理离职手续，因此探矿研究所没有违法解除劳动合同。笔者认为，根据《中华人民共和国劳动合同法》第三十六条的规定，用人单位与劳动者协商一致，可以解除劳动合同。关于此条的适用条件在劳动合同法中并无特别的规定。本案中，用人单位提出双方协商一致解除劳动关系的主张，但其未能提供任何证据证明其主张，难以认定协商一致解除劳动关系的情形。退一步讲，即使能够认定双方已经就解除劳动关系达成一致意见，但考虑到本案劳动者系从事接触职业病危害作业的劳动者，应当结合《中华人民共和国职业病防治法》的相关规定考量解除行为的合法性。根据《中华人民共和国职业病防治法》第三十五条第一款和第二款规定，对从事接触职业病危害的作业的劳动者，用人单位应当按照国务院卫生行政部门的规定组织上岗前、在岗期间和离岗时的职业健康检查，并将检查结果书面告知劳动者。职业健康检查费用由用人单位承担……用人单位对未进行离岗前职业健康检查的劳动者不得解除或者终止与其订立的劳动合同。在本案的法律适用中，《中华人民共和国职业病防治法》作为特别法，应当优先适用。笔者认为，在进行职业健康检查前，劳动者对自身的健康状况无法预知，对自己是否患有职业病亦不可知，故即使劳动者与用人单位协商一致解除劳动合同，其意思表示也不完整，双方的劳动合同是否能够解除应当根据劳动者能否被认定为职业病以及如果被认定职业病后续进行劳动能力鉴定的结论而定。鉴定结论显示劳动者因职业病致残等级符合法定条件的，双方协商一致解除劳动关系才具有法律效力。因此，即便探矿研究所与王某确实就解除劳动合同达成一致，对从事接触职业病危害作业的劳动者未进行离岗前职业健康检查的解除行为仍属违法解除行为。

综上，用人单位安排从事接触职业病危害作业的劳动者进行离岗职业健康检查是其法定义务，该项义务并不因劳动者与用人单位协商一致或者客观情况发生重大变化解除劳动合同而当然免除。未进行职业健康检查，用人单位不得与劳动者解除劳动关系，故本案中，探矿研究所系违法与王某解除劳动关系，应当支付其违法解除劳动关系赔偿金。

编写人：北京市海淀区人民法院　龚莉婷　温佳俐

078　基于“违反企业文化零容忍”解除劳动关系是否合法

——王某诉某某驾校劳动争议案

【案件基本信息】

1. 裁判书字号

北京市第二中级人民法院（2020）京 02 民终 10220 号民事判决书

2. 案由：劳动争议纠纷

3. 当事人

原告（被上诉人）：王某

被告（上诉人）：某某驾校

【基本案情】

王某于2017年7月6日入职某某驾校担任教练员，双方签订了期限为2017年7月6日至2019年10月31日期间的固定期限劳动合同。某某驾校《员工手册》“处分条例”第3-25条规定，任何接受在训学员馈赠钱财、物品、食品、宴请、有价凭证的行为为重大过失，发生一次公司即可解除劳动合同。王某在《员工手册》领取确认书上签字，确认其本人已认真阅读《员工手册》，完全理解手册内容，并将遵守手册所述的公司各项规章制度。

2019年9月18日，某某驾校以王某在工作中吃学员给的食品构成重大过失为由，依据《员工手册》“处分条例”第3-25条和《中华人民共和国劳动合同法》第三十九条第二款之规定，与王某解除劳动合同。庭审中，王某否认其存在接受在训学员分享食物的事实，称其吃的是训练前王某分享给学员的食物。某某驾校提供车载视频反映事情经过为：王某先将车上的山楂片递给学员，学员接受；后学员将自己的芒果干递给王某吃，王某表示拒绝，学员坚持并将芒果干递至王某嘴边，王某接受。随后学员将仅剩的一片芒果干递给王某，王某再次表示拒绝，后王某在学员的坚持下接受并再次将自己的山楂片分享给学员。2019年9月25日，王某以某某驾校构成违法解除劳动合同为由申请仲裁，并要求某某驾校支付加班工资、未休年休假工资、无故克扣的工资等各项费用。仲裁委员会认定某某驾校解除行为合法，对王某违法解除劳动关系赔偿金的诉讼请求未予支持，王某不服仲裁裁决，诉至法院。

【案件焦点】

1. 王某在训练中接受学员馈赠食物的行为是否违反《员工手

册》第 3-25 条之规定，是否属于违背职业道德、构成重大过失；2. 某某驾校以此为由与王某解除劳动关系是否构成违法解除。

【法院裁判要旨】

北京市大兴区人民法院经审理认为：认定某某驾校解除行为是否合法，可以从两个角度进行分析：一是对《员工手册》“处分条例”第 3-25 条规定的理解，二是对王某“违纪行为”的性质认定。

对《员工手册》“处分条例”第 3-25 条的理解，可以从文义解释、体系解释和目的解释三个方面进行理解。首先，从文义解释角度来看，《员工手册》“处分条例”第 3-25 条规定的行为是“任何接受在训学员馈赠钱财、物品、食品、宴请、有价凭证的行为”，结合文义及日常生活经验，这里的“馈赠”食品应理解为较为正式地将食品作为礼品赠送给教练；从体系解释和目的解释角度来看，根据《员工手册》编排体例，“处分条例”第 3-25 条规定在《员工手册》中“道德品质”项下，是对公司工作人员的廉政道德纪律的规定，其制定目的是避免其工作人员利用职务之便收受学员财物。对王某“违纪行为”的性质认定可以从王某的主观意图和事情经过综合考虑，考察王某是否存在利用职务之便收受在训学员财物的主观故意，王某接受学员食品的行为是否会影响学员训练体验、损害学员利益，继而造成损害某某驾校声誉的不利后果。

根据某某驾校提交的车载视频，首先，学员给王某“芒果干”是对王某与其分享“山楂片”的回馈，而非基于王某“教练员”的职务；其次，王某对学员做出“馈赠行为”两次表示拒绝，王某主观上并没有利用职务之便收受学员食品的意图，亦不能据此认定王某存在道德品质问题；最后，王某的行为并未产生影响学员体验、损害学员利益的不利后果。综上所述，不能认定王某与学员共享零食构成严重违纪，某某驾校据此与其解除劳动合同，构成违法解除，应支付违法解除劳动合同赔偿金。

北京市大兴区人民法院依照《中华人民共和国劳动法》第四十四条，《中华人民共和国劳动合同法》第九条、第四十八条、第八十七条，《职工带薪年休假条例》第三条、第四条、第五条，《中华人民共和国民事诉讼法》第六十四条之规定，判决如下：

一、某某驾校于判决生效之日起十日内支付王某违法解除劳动关系赔偿金 36757. 4 元；

二、某某驾校于本判决生效之日起十日内支付王某 2019 年 1 月至 2019 年 8 月期间延时加班工资差额 10839. 31 元；

三、某某驾校于判决生效之日起十日内支付王某 2019 年未休年休假工资 822. 79 元；

四、某某驾校于判决生效之日起十日内返还王某工服押金 500 元；

五、驳回王某的其他诉讼请求。

二审法院同意一审法院裁判意见。

【法官后语】

本案是因几块水果干引发的解除劳动关系纠纷案件，是一起典型的用人单位基于对“员工违反企业文化零容忍”解除劳动合同的案例，这类案例体现的是企业经营自主权与劳动者“解雇权保护”之间的冲突。

《最高人民法院关于审理劳动争议案件适用法律问题的解释（一）》第五十条第一款规定，用人单位根据劳动合同法第四条规定，通过民主程序制定的规章制度，不违反国家法律、行政法规及政策规定，并已向劳动者公示的，可以作为确定双方权利义务的依据。需要注意的是，司法解释中规定的是“可以”而非“应当”。故法官在审理具体案件时，不仅需要对规章制度的前述三个条件进行审查，还要结合具体案情对公司规章制度的合理性进行审查。这里的合理性审查既包括对规章制度内容的合理性审查，也包括对用人单位依据规章制度作出具体解除行为的合理性审查。

具体到本案中，用人单位作为驾驶培训学校，以杜绝吃、拿、卡、要作为其企业文化，并将其细化后明确规定在规章制度中，是其公司行使经营自主权的行为，且这一行为也有利于保护受训消费者的合法权益，符合公序良俗原则，值得倡导。但是，合法合理的制度还需要被合理使用，否则“良规”有可能会变成“利刃”，短期内会侵害个别劳动者的合法权益，长此以往则可能会形成矛盾积压，最终损害企业的长远发展。

需要特别指出的是，违纪行为中所涉财务的数量和价值大小并不是评判劳动者“违纪行为”严重程度的唯一标准，而应该结合劳动者的岗位、劳动者的主观意图及行为造成的影响等方面进行综合考量。具体到本案中，两块芒果干价值虽小，但认定用人单位构成违法解除并非仅从芒果干价值大小这一单一维度进行评价，而是对用人单位规章制度的理解、劳动者行为的主观意图、行为的严重程度及造成的损害后果等方面综合考量的结果。首先，学员给教练员食物，是对教练员此前与其分享食物的回赠，这是学员与教练员在训练过程中共享食物和交流情感的过程，通过车载视频亦无法看出教练员存在利用职务之便向学员索要食物的主观意图。其次，教练员是在多次明确拒绝“失败”后，在学员坚持递到嘴边的情况下才吃下食物，且之后再次回赠了学员食物，从车载视频中并未看出学员因为教练员收下其赠与的食物产生不悦，影响其学车体验，事后亦未因此引发投诉，并未冲击用人单位的企业文化或对其声誉造成影响。最后，坚持“企业文化”并不等同于机械适用规章制度，在坚守企业文化的基础上，有温度地管理员工，才能让员工将这种温度传递给客户，为客户提供更为优质的服务。

编写人：北京市大兴区人民法院　李慧茁

079　劳动合同订立时的客观情况发生重大变化的认定标准

——周某诉在线信息公司劳动争议案

【案件基本信息】

1. 裁判书字号

北京市第三中级人民法院（2020）京 03 民终 3801 号民事判决书

2. 案由：劳动争议纠纷

3. 当事人

原告（被上诉人）：周某

被告（上诉人）：在线信息公司

【基本案情】

2019 年 4 月 18 日，在线信息公司向周某下发《解除劳动合同通知书》，内容为：“周某：由于公司部门撤并不再设置内容主编相关岗位，公司于 2019 年 3 月 8 日告知部门撤并事宜，且于 3 月 8 日至 4 月 18 日期间，与您多次协商均未达成一致意见。依据

《中华人民共和国劳动合同法》以及公司其他相关制度规定，公司决定于2019年4月22日与您解除劳动合同。”后周某提起劳动仲裁，要求在线信息公司支付违法解除劳动合同赔偿金等。仲裁委员会经审理后作出裁决书，驳回了周某要求支付赔偿金的请求。周某不认可该裁决，提起本案诉讼。

周某称其在2019年3月30日知道在线信息公司将其所在的审核编辑部外包给第三方科技公司，是在线信息公司主动选择将审核编辑部外包给第三方，并非客观事实发生变化，现在审核编辑部仍有3名员工在与外包公司协调工作，且在线信息公司与科技公司之间存在关联，科技公司成立时就已经开始提供技术服务了，而不是2018年12月才开始提供这一服务，其与在线信息公司签订劳动合同的时间晚于这家公司提供技术服务的时间，因此不属于签订劳动合同时不可预见的原因，在线信息公司的解除行为系违法解除，应支付违法解除赔偿金。在线信息公司则称科技公司与其公司不存在关联关系，其公司所从事的主营业务为公寓、民宿预订，房源审核只是其中一项最基础、最简单的工作，并非主营业务，基于战略目的考虑，其公司为降低成本，将这种基础性的业务外包，是市场发展的必然结果，并非周某声称主观臆断进行的选择。其公司曾多次与周某协商解除劳动合同，但周某不同意，且已支付周某解除劳动关系经济补偿金，并额外支付了一个月基本工资，因此不同意支付违法解除赔偿金。

【案件焦点】

1. 在线信息公司将部门整体外包是否属于劳动合同订立时客观情况发生重大变化的情形；2. 在线信息公司解除劳动关系是否违法。

【法院裁判要旨】

北京市顺义区人民法院经审理认为：一般认为，劳动合同订立时所依据的客观情况发生重大变化，是指劳动合同订立后发生了用人单位和劳动者订立劳动合同时无法预见的变化，致使双方订立的劳动合同全部或者主要条款无法履行，或者若继续履行将出现成本过高等显失公平的状况，致使劳动合同目的难以实现。订立劳动合同时无法预见的重大变化通常指自然灾害形成的不可抗力，受法律、法规、政策变化导致用人单位迁移、资产转移或者停产、转产、转（改）制等重大变化，或者特许经营性质的用人单位经营范围等发生重大变化。而根据庭审中双方的陈述及证据显示，在线信息公司系为了降本提效、全面提升审核效率，基于整个市场发展的形势而选择将周某所在部门整体外包给第三方。此种情形不属于劳动合同订立时所依据的客观情况发生重大变化，在线信息公司以此为由与周某解除劳动合同不符合法律规定，应支付周某违法解除劳动合同赔偿金差额。

北京市顺义区人民法院依照《最高人民法院关于适用〈中华人民共和国民事诉讼法〉的解释》第九十条之规定，判决如下：

一、解除周某与在线信息公司签订的《保密、知识产权与不竞争协议》；

二、在线信息公司于本判决生效之日起七日内支付周某2019年4月23日至2019年8月7日竞业限制补偿金45009.41元；

三、在线信息公司于本判决生效之日起七日内支付周某违法解除劳动合同赔偿金差额287220元；

四、驳回周某的其他诉讼请求。

二审法院同意一审法院裁判意见。

【法官后语】

《中华人民共和国劳动合同法》对用人单位辞退劳动者的情形限制得十分严格，但为了保障用人单位能在劳动合同无法履行时有一定的救济途径，《中华人民共和国劳动合同法》第四十条第三项规定了用人单位无过失辞退劳动者的情形，即以“客观情况发生重大变化”为依据解除劳动合同。在经济新常态之下，用人单位纷纷着手调整生产经营或组织结构，从而更好地适应经济形势，以谋求更大的生存与发展空间。在此背景下，用人单位常以此为由解除劳动合同。然而，该条款的适用容易引起劳动纠纷，因裁判标准的不明确、不统一，司法实践中围绕何为“客观情况发生重大变化”的争议也不断。

实践中，对“客观情况发生重大变化”产生矛盾分歧的原因多集中于对“客观情况”和“重大变化”这两个要素的衡量标准不一致上，即什么情况可以称为客观、变化达到什么程度方能算得上重大。其一，“客观情况发生重大变化”的规定是依据情势变更原则建构的，情势变更是“客观情况发生重大变化”的理论基础，但二者又有所区别。所谓情势变更原则，是指在当事人双方签订合同之后，出现双方无法预见且无法克服的问题，从而导致签订合同的基础发生变化，使得当事人双方之间的权利义务关系出现重大失衡，合同约定难以履行或者失去履行合同的意义，此时应当允许双方变更或者终止合同，这里的“情势”包括作为合同基础的客观事实以及主观观念，即可以涵盖客观事实和主观要素。而“客观情况发生重大变化”，从文义上解释，“客观”表明情况应具备主观意识之外、不依赖精神而存在、不以人的意志为转移等特点。“客观情况发生重大变化”作为法定的用人单位正当解雇理由之一，目的是限制用人单位滥用解雇权。因此，不能仅因用人单位单方面的主观意识发生了改变，比如做出某种决定或经营调整，就直接认为“客观情况发生重大变化”，更重要的是要分析发生情况的原因是否具有客观性、合理性。也就是说，“客观情况”不可能延伸至重大理念调整等主观范畴，而是一种排除所有主观意识的一种纯粹客观层面上的“情势变更”。其二，“客观情况发生重大变化”在程度上必须是实质性的、根本性的或异常的，要达到合同订立的基础已经发生质变或者量变积累到了将要发生质变的地步。而且“变化”导致的最终结果是“劳动合同无法履行”，即产生了履行不能、履行不现实或合同目的落空等直接影响。

就本案而言，在线信息公司为了降本提效、全面提升审核效率，将有关业务外包科技公司。在线信息公司的上述行为实质是为了追求企业利润而主动选择并采取的适应市场变化的经营行为，不属于排除所有主观意识的一种纯粹客观层面上的“客观情况”范畴。因此，在线信息公司以“客观情况发生重大变化”为由与周某解除劳动合同，缺乏事实和法律依据，属于违法解除。

编写人：北京市顺义区人民法院　葛连娟

080　劳动合同“过错性解除”的审查标准与合法性认定

——张某诉网络技术公司劳动争议案

【案件基本信息】

1. 裁判书字号

北京市第三中级人民法院（2020）京03民终12970号民事判决书

2. 案由：劳动争议纠纷

3. 当事人

原告（被上诉人）：张某

被告（上诉人）：网络技术公司

【基本案情】

张某于2016年5月9日入职网络技术公司，岗位是人事主管，每月工资7500元，每月电脑补助200元、交通补助100元、通信补助100元，每天午餐补助15元。上述补助随工资发放，支付至2017年12月20日。

网络技术公司于2018年1月10日向张某发送电子邮件，内容为："Dear 张某：经公司对你工作的评定，对你做出解除劳动关系的决定。请于2018年1月12日前办理离职交接手续，如拒不配合，公司将无法按照正常流程发放补偿，请知悉。有关补偿的问题，在交接完成后进行协商。"2018年1月12日，网络技术公司向张某发送电子邮件，内容为："Dear 张某：今天是之前发送交接邮件约定日期的最后一天，请在今天下班前与我完成所有工作的交接。今天是你最后的实际出勤日期，之前申请的4天年假可以从2018.1.15开始休，离职日期截至2018.1.18或截至今天，年假工资依法发放。如不能按时完成交接会影响到你补偿金的发放。请知悉。另，由于公司月底集体出行，本月社保、公积金需要提前完成申报。请及时交接相关账号、密码及本月员工异动事宜。如因你未及时交接导致公司造成不必要的损失，一切损失由你个人承担。"同日张某回复："关于公司两次给我发的解除劳动合同通知邮件已收到，我不同意解除双方劳动关系，会正常出勤工作。"

2018 年 1 月 23 日，网络技术公司向张某发送电子邮件，内容为："张某：现在郑重通知你，公司已经于 2018 年 1 月 18 日与你解除劳动合同，你自 2018 年 1 月 19 日已不是公司员工，请尽快办理离职手续。"2018 年 1 月 29 日，张某回复："公司现已严重破坏我的工作条件和环境，多次利用不良手段诱骗、威胁、逼迫我离职，严重损害我的个人权益，我将依法提起诉讼。"

关于劳动关系解除一节，张某主张劳动关系于 2018 年 1 月 28 日解除，网络技术公司没有告知解除理由，应当属于违法解除。张某岗位为人事主管，除财务部、销售部和总监外，公司其他员工均通过软件进行考勤，张某每月负责将软件中的原始考勤记录进行汇总并制作工资表，考勤表和工资表制作完成后会发送给上级领导审批，之后再发送给财务进行工资发放。而网络技术公司主张，张某负责公司员工的考勤记录并根据考勤情况计算工资，公司实行严格的考勤管理制度，规定了迟到、旷工的扣款措施，而张某在工作中严重失职，未如实上报员工的考勤情况，导致部分员工工资应扣而未扣，造成重大损失，2018 年 1 月 10 日公司据此通知张某解除劳动合同，双方劳动关系已经于 2018 年 1 月 18 日合法解除。

【案件焦点】

网络技术公司解除劳动关系的行为是否合法。

【法院裁判要旨】

北京市朝阳区人民法院经审理认为：第一，从解除理由上看，网络技术公司主张与张某解除劳动合同的理由系张某严重失职，未按照考勤表如实上报部分员工考勤情况，给公司造成重大损失。双方确认张某的工作职责包括制作员工考勤记录及根据考勤制作工资明细。本案的争议焦点在于张某是否存在严重失职并给公司造成重大损失的行为，以及该行为是否达到解除劳动合同的程度。首先，根据本案证据及当事人陈述，张某认可其制作的部分表格与原始考勤记录不一致，虽主张已经与相关员工进行核对，申报了加班调休，但其提交的聊天记录缺乏原始载体且无法核实对方身份，难以采信，对于张某工作中存在未严格按照实际情况记录考勤的主张予以采信。但是，经双方确认的电子邮件等证据体现出“加班可以申请调休”等内容，与张某的陈述形成了初步印证；同时亦体现出张某将考勤表和工资表提交主管领导审批的内容。有鉴于此，网络技术公司提交证据不足以证明张某需要对最终的审核义务负责，即使张某工作中出现一定失职行为，根据公平原则，将全部责任归咎于张某，单方认定其构成严重失职，有所不妥。其次，《关于贯彻执行〈中华人民共和国劳动法〉若干问题的意见》第八十七条规定：“劳动法第二十五条第（三）项中的‘重大损害’，应由企业内部规章来规定，不便于在全国对其作统一解释。若用人单位以此为由解除劳动合同，与劳动者发生劳动争议，当事人向劳动争议仲裁委员会申请仲裁的，由劳动争议仲裁委员会根据企业类型、规模和损害程度等情况，对企业规章中规定的‘重大损害’进行认定。”网络技术公司主张未扣除部分员工工资造成损失，但该公司提交证据不足以证明损失程度达到内部规章中“重大损害”的标准。综合衡量损失造成原因、损失类型、损失追回可能性等多种因素，认定张某虽有失职行为，但尚未达到严重程度，不足以证明给网络技术公司造成重大损失。

第二，从解除程序上看，2018 年 1 月 10 日网络技术公司发送解除劳动合同通知到达张某时，解除行为即发生法律效力，邮件中表述的解除理由为“经工作评定”，但未明确工作评定的标准及结果，属于未明确告知张某解除理由；退一步讲，即使网络技术公司于2018年1月23日发送电子邮件告知了张某存在严重失职的行为，因为解除劳动合同关系关涉劳动者切身利益，根据现有证据，网络技术公司在未与张某就关于员工失职行为及损害后果进行说明的前提下径行作出解除决定，行为也属不妥。综上，张某的工作表现尚未达到严重失职、给公司造成重大损失的程度，网络技术公司亦未明确告知张某解除事由，因此该公司的行为构成违法解除，张某要求支付违法解除劳动关系赔偿金的诉讼请求，予以支持；张某主张的金额不高于法律规定的标准，予以确认。

北京市朝阳区人民法院依照《中华人民共和国劳动合同法》第三十条、第八十七条，《中华人民共和国劳动争议调解仲裁法》第六条之规定，判决如下：

一、网络技术公司支付张某违法解除劳动关系赔偿金34622.97元；

二、网络技术公司支付张某工资7831.31元；

三、网络技术公司支付张某2017年年终奖7500元；

四、网络技术公司支付张某未休年休假工资2237.51元；

五、驳回张某的其他诉讼请求。

二审法院同意一审法院裁判意见。

【法官后语】

根据《中华人民共和国劳动合同法》第三十九条第二项规定，劳动者严重违反用人单位的规章制度的，用人单位可以解除劳动合同，该条在司法实践中被概括为劳动合同的“过错性解除”。对于“过错性解除”的审查与认定，法律并未详细规定，为贴合劳动法倾斜保护劳动者权益的立法本意，防止用人单位滥用解除权，司法对于“过错性解除”合法性的认定应当从实体和程序两方面进行“全要素”审查。

1. 劳动合同“过错性解除”的特殊性

普通民事合同的主体法律地位平等，如出现法定或约定的解除事由，导致合同解除的，其法律效果包括恢复原状、支付违约金、赔偿损失等。

劳动关系中，用人单位与劳动者之间存在管理与被管理的关系，多数劳动者客观上处于相对弱势地位。法律赋予用人单位基于自主管理的规章制度制定权，同时要求用人单位承担不当用权的损害赔偿义务。因劳动者存在过失，用人单位解除劳动合同属于最为严重的惩罚措施，如构成违法解除，需要向劳动者支付违法解除劳动关系赔偿金，这属于法定赔偿义务的一种，法律规定的目的在于倒逼用人单位审慎、合理使用管理权。

2. 过错性解除的合法性认定标准

在具体案件中如何认定“劳动者违反公司规章制度”以及公司解除行为是否合法，缺乏明确的审查标准。从整体上看，用人单位处于较为强势地位，为保护劳动者权益，司法实践中应当贯彻“全要素审查原则”，从解除依据的合法性及解除程序的合法性两个方面综合判定。

（1）解除依据“实体”合法

第一，规章制度合法有效且向劳动者公示。

《最高人民法院关于审理劳动争议案件适用法律问题的解释

(一)》第五十条第一款规定:“用人单位根据劳动合同法第四条规定,通过民主程序制定的规章制度,不违反国家法律、行政法规及政策规定,并已向劳动者公示的,可以作为确定双方权利义务的依据。”劳动合同法规定用人单位规章制度的制定、修改必须遵循我国法律的相关规定,即满足内容合法、程序合法、向劳动者公示的条件。首先,规章制度的内容不得违反国家法律、行政法规及政策规定,如果用人单位制定的劳动规章内容条款违反法律的强制性规定,如办公作业环境不符合国家安全标准、剥夺劳动者休息休假权利、不依法缴纳社会保险等违法规定,并依此违法条款解除劳动合同的,则属于违法解除。其次,制定需要遵循民主协商程序,根据劳动法的规定,劳动规章中直接关系劳动者切身利益的重大事项的制定、修改,应当经过职工代表大会或者全体职工讨论;建立工会的企业,应与工会协商确定;没有建立工会的企业,要同职工平等协商确定。但鉴于法律没有对民主程序的具体操作进行详细规定,故在此不做重点讨论。最后,用人单位内部的规章制度应向劳动者公示。不履行公示告知程序的规章制度,用人单位不能依此来约束劳动者,用人单位应当对此承担举证责任。

第二,劳动者违反规章制度且行为达到“严重”程度。

讨论严重性的前提,是劳动者的行为已经被认定为符合规章制度所规定的内容,由于具体规定的缺失和法条用语的模糊,类案的审判缺乏明确的标准。在判定“是否达到严重性”时应从多方面来进行考虑:违反基本规则、原则,过错及其程度危害,生产经营秩序,对企业造成的损失和影响,企业性质,劳动者的岗位和职责以及工龄、一贯工作表现、违约后的措施,违约行为的次数,用人单位或第三人的过错等。

本案中，一方面，虽然双方对张某的工作职责进行过确认，但是张某的工作成果（考勤表、工资表等）仍需经过主管领导审批确认，即使张某在工作确有一定失职行为，但是在另有最终的审核义务负责人的情形下，将工作失误导致的不良后果全部归咎于张某，有失公平。另一方面，网络技术公司主张未扣除部分员工工资造成损失，但该公司提交的证据不足以证明损失程度达到内部规章中“重大损害”的标准。法院综合衡量损失造成原因、损失类型、损失追回可能性等多种因素，认定张某虽有失职行为，但尚未达到严重程度，不足以证明给网络技术公司造成重大损失。

（2）解除行为“程序”合法：解除依据明确且告知劳动者

用人单位对劳动者施以“过错性”解除劳动合同的惩罚措施，将对劳动者的权益产生重大影响。因此，用人单位在提出解除劳动关系的意思表示时，必须明确告知劳动者理由，包括劳动者存在符合解除条件的情形及解除的制度依据。为保护劳动者合法权益、防止用人单位滥用权利、减低纠纷成诉率，司法审查应关注用人单位向劳动者告知的解除理由与诉讼中主张的解除事由是否可以形成印证、解除通知中的措辞是否模糊或存在歧义。如果规章制度中赋予劳动者申辩等权利，还应当适度审查单位是否履行了相应程序，综合判定用人单位解除行为的程序合法性。本案中，网络技术公司在解除通知中表述的解除理由为“经工作评定”，但未明确工作评定的标准及结果，属于未明确告知张某解除理由；同时，该公司在未与张某就关于员工失职行为及损害后果进行说明的前提下，径行作出语义模糊的解除决定，行为有所不妥。

编写人：北京市朝阳区人民法院　汪洋

081 劳动者未履行通知义务解除劳动合同的效力认定

——电子安全公司诉殷某劳动争议案

【案件基本信息】

1. 裁判书字号

北京市第二中级人民法院（2020）京02民终2632号民事判决书

2. 案由：劳动争议纠纷

3. 当事人

原告（上诉人）：电子安全公司

被告（被上诉人）：殷某

【基本案情】

2008年8月25日，殷某入职电子安全公司，岗位为巡查工程师，工作地点为北京市大兴区京南营业所，工作内容为外勤巡逻，工作形式为先到京南营业所打卡、后到北京市大兴区黄村镇至亦庄区域巡逻。2018年11月1日，电子安全公司发出《关于撤销京南营业所的相关通知》："京南营业所于2018年12月20日搬家，京南营业所业务科于2018年11月22日与北京东部营业所交接、搬家，京南营业所业务科相关人员于2018年11月26日到新岗位上班，京南营业所营业及总务人员于2018年12月24日到新岗位上班。"电子安全公司通知殷某新的工作地点为北京市朝阳区八里庄，工作内容不变，仍负责京南地区巡逻。因路途较远、没有补贴，殷某不同意公司调整方案，双方就工作调整方案未达成一致意见。2018年11月26日，殷某申请劳动仲裁，要求电子安全公司支付解除劳动关系经济补偿金8000元，电子安全公司于2018年11月29日收到殷某第一次劳动仲裁的仲裁申请书，后殷某撤回此次仲裁申请。殷某自2018年11月26日起未再上班。2018年12月3日，电子安全公司向殷某送达《解雇通知书》，称殷某2018年11月26日至2018年11月29日无故旷工3天以上，违反公司规章制度，对殷某予以解雇。电子安全公司同时向公司工会送达《解除劳动合同通知书》。殷某于2018年12月4日收到《解雇通知书》。殷某又于2019年3月1日申请劳动仲裁，要求电子安全公司支付解除劳动关系经济补偿金95000元，后又撤回。2019年4月3日，殷某第三次申请劳动仲裁，要求电子安全公司支付违法解除劳动合同赔偿金184902元。2019年6月19日，仲裁委裁决：电子安全公司于裁决生效之日起十日内支付殷某违法解除劳动合同赔偿金184902元。电子安全公司不服仲裁裁决，诉至法院。

庭审中，殷某自认其在2018年11月26日申请劳动仲裁后，当日将仲裁通知书发至公司工会微信群里，电子安全公司认可当日在工会微信群中看到殷某申请仲裁要求公司支付经济补偿金的内容。

【案件焦点】

劳动者未提前三十日书面通知用人单位解除劳动合同的，是否产生双方劳动关系消灭的法律效果。

【法院裁判要旨】

北京市大兴区人民法院经审理认为：因公司调整岗位，路途太远，没有补贴，双方就变更工作地点未达成一致，且原工作地点已被撤销，故殷某2018年11月26日申请了仲裁，之后也没有上班。《关于撤销京南营业所的相关通知》也证明了2018年11月26日京南营业所业务科已不复存在。电子安全公司实行上下班打卡制度，殷某原在北京市大兴区黄村镇打卡后到北京市大兴区黄村至亦庄巡逻，现调整至北京市朝阳区八里庄打卡后到北京市大兴区黄村至亦庄巡逻，下班后再到北京市朝阳区八里庄打卡，明显增加了殷某上下班在途时间及交通成本，严重影响其正常生活，而电子安全公司对此未采取任何补贴措施，电子安全公司调整工作岗位不具有合理性及合法性。因此，殷某未再上班系用人单位调岗不合理及原工作地点被撤销所致，而电子安全公司在明知殷某已经提起仲裁的情况下，没有协商解决或催促到岗，直接认定殷某旷工明显不当。电子安全公司以旷工为由与殷某解除劳动合同不具有合法性，属于违法解除，电子安全公司应向殷某支付违法解除劳动合同赔偿金。

北京市大兴区人民法院依照《中华人民共和国劳动合同法》第四十八条、第八十七条之规定，判决如下：

电子安全公司于判决生效之日起7日内向殷某支付违法解除劳动合同赔偿金184902元。

电子安全公司不服，提起上诉。北京市第二中级人民法院经审理认为：殷某与电子安全公司劳动关系存续期间，双方因电子安全公司的经营场所发生变化，殷某不接受新的工作场所而产生劳动争议。关于双方劳动关系的解除时间，殷某首先于2018年11月26日申请劳动仲裁，请求电子安全公司支付解除劳动关系经济补偿金，并在电子安全公司工会微信群里表明其已就解除劳动关系经济补偿金提起仲裁一事，电子安全公司当日即知晓殷某的相关意思表示。殷某提起劳动仲裁后未再实际提供劳动。电子安全公司于 2018 年 12 月 3 日作出与殷某解除劳动关系的《解雇通知书》。综合上述事实可知，殷某先于电子安全公司的《解雇通知书》实施解除行为，发生解除劳动关系的后果。电子安全公司无需向殷某支付违法解除劳动合同赔偿金。

北京市第二中级人民法院依照《中华人民共和国民事诉讼法》第一百七十条第一款第二项规定，判决如下：

一、撤销一审判决；

二、电子安全公司无需支付殷某违法解除劳动合同赔偿金 184902 元。

【法官后语】

本案系因为用人单位调整工作地点而发生争议，进而导致劳动关系解除。通过殷某申请劳动仲裁主张解除劳动关系经济补偿金、工会微信群公开告知及申请仲裁后未再提供劳动这些行为，可以认定殷某已经向电子安全公司作出了解除劳动关系的意思表示。因此，本案中劳动者和用人单位均先后做出了解除劳动关系的意思表示，但劳动者的解除行为在时间上先于用人单位的解雇通知。二审法院认为，劳动者殷某的解除行为虽然未履行通知义务，但也已经发生了消灭劳动关系的法律后果，最终认定电子安全公司的解除行为不发生效力，那么殷某要求支付违法解除劳动关系赔偿金的诉讼请求也就失去了事实依据和法律依据，最终改变了裁判结果。

我国劳动法和劳动合同法均鼓励劳动者自由流动而形成劳动力市场，对劳动者辞职不予过多限制。法律赋予了劳动者单方解除的权利，其中又可划分为通知解除和即时解除。此处仅对劳动者的通知解除权进行探讨。劳动法和劳动合同法均规定劳动者在行使通知解除权时，应提前三十日以书面形式通知用人单位。那么劳动者未履行提前三十日书面通知的义务，该解除行为效力如何认定？是否能产生消灭劳动关系权利义务的法律后果？

首先，从民事法律行为的生效要件看，劳动者的解除行为属于民事法律行为，民事法律行为的生效要件亦适用于劳动者的解除行为。也许有人会提出疑问：《中华人民共和国劳动法》第三十一条规定，劳动者解除劳动合同，应当提前三十日以书面形式通知用人单位。从条文的措辞上看，属于强制性规定，劳动者未提前三十日书面通知用人单位，显然违反该条规定。那该条文是否属于影响民事法律行为效力的强制性规定？显然不是的。《全国法院民商事审判工作会议纪要》对效力性强制性规定进行了认定：强制性规定涉及金融安全、市场秩序、国家宏观政策等公序良俗的；交易标的禁止买卖的；违反特许经营规定的；交易方式严重违法的；交易场所违法的。显然，劳动者未履行通知义务解除的行为不涉及金融安全、市场秩序、国家宏观政策等层面。

其次，"提前三十日以书面形式通知用人单位"虽系劳动者单方解约之条件和程序，但劳动者未履行而径行离职的，并不影响离职行为的效力。劳动是公民的基本权利之一，当劳动者已经没有意愿继续为用人单位提供劳动时，也应当尊重劳动者的离职选择。"提前三十日以书面形式通知用人单位"系对劳动者任意行使解除权的约束和规制，若未履行该通知义务而径行离职给用人单位造成经济损失的，则应当承担责任。此外，从劳动法律法规对于用人单位违反解除劳动合同程序和条件的行为的法律后果的规定看，劳动者可以选择向仲裁机构、人民法院请求违法解除劳动合同赔偿金或是撤销违法解除的行为，继续履行劳动合同，可见用人单位违反解除劳动合同程序或条件的，法律对该行为的效力都没有直接认定无效，而是将选择权赋予了劳动者。那么，对于劳动者违反解除劳动合同程序或条件的行为，亦不宜直接认定无效。

最后，从劳动法和劳动合同法的条文之间的关系看，劳动者未履行通知义务解除劳动合同的行为有效。《中华人民共和国劳动法》第一百零二条规定，劳动者违反本法规定的条件解除劳动合同或者违反劳动合同中约定的保密事项，对用人单位造成经济损失的，应当依法承担赔偿责任。《中华人民共和国劳动合同法》第九十条规定，劳动者违反本法规定解除劳动合同，或者违反劳动合同中约定的保密义务或者竞业限制，给用人单位造成损失的，应当承担赔偿责任。劳动者未履行提前通知义务解除劳动合同的，属于该条中“违反本法规定解除劳动合同”的情形。

民事法律行为的效力判断和价值判断是两个概念，效力判断解决的是民事行为是否生效的问题，价值判断涉及该行为是否合法。劳动者未履行通知义务解除劳动合同的行为是有效的，使劳动法律关系消灭，但该行为的价值判断是否定的，即其违法，给用人单位造成损失的，应当承担赔偿责任。给用人单位造成的损失主要包括：(1) 用人单位招收录用其所支付的费用；(2) 用人单位为其支付的培训费用，双方另有约定的按约定办理（由于用人单位对劳动者进行职业培训系执行法定义务，劳动者通过劳动已经为用人单位创造了一定价值，因此培训费用的赔偿应当以培训费的总额及劳动合同期限和劳动者为用人单位实际服务的时间来合理确定数额)；(3) 对生产、经营和工作造成的直接损失；(4) 劳动合同约定的其他赔偿费用。

值得注意的是，虽然劳动者往往是较为弱势的一方，但个别劳动者在行使通知解除权时完全无视“提前三十日以书面形式通知用人单位”的规定，未做好工作交接，说走就走，给用人单位造成工作混乱甚至经济损失。然而在司法实践中，劳动者违法离职，用人单位要求劳动者赔偿损失的，对于损失的具体数额，用人单位需要进行逐一举证。因为诸多损失难以落实到纸面，举证难度大，用人单位胜诉概率极小，所以对于劳动者未履行通知义务解职行为的法律责任的规定也仅仅是流于形式，实践中确实能判决劳动者赔偿损失的屈指可数。长此以往，相关法律的约束力将有所降低，也不利于劳动关系的稳定。劳动者应当遵循合法、诚信原则，依法行使通知解除权，站好最后一班岗，减少离职给用人单位带来的工作不便甚至经济损失。用人单位可以制定合理合法的内部规章制度，对劳动者擅自离职的行为作出限制性和处罚性的规定，抑或在劳动合同中约定针对擅自离职行为的损失赔偿条款。

编写人：北京市第二中级人民法院　蒋媚

082 离职协议的有效性判断

——医药公司诉林某劳动争议案

【案件基本信息】

1. 裁判书字号

北京市第一中级人民法院（2020）京01民终1886号民事判决书

2. 案由：劳动争议纠纷

3. 当事人

原告（上诉人）：医药公司

被告（被上诉人）：林某

【基本案情】

2003年12月22日，林某入职医药公司。2015年7月20日，医药公司与林某签订《离职协议书》，载明："经甲乙双方协商一致，双方自2015年7月15日起解除劳动关系……经济赔偿金和赔偿金计算：根据《中华人民共和国劳动合同法》相关规定，甲乙双方经协商一致解除劳动合同，乙方于2003年12月入职，至2015年7月15日正式离职，在公司连续工龄共计十二年，经济补偿金共计232668元，作为双方协商一致解除劳动合同的经济补偿金。此款项于2015年7月工资发放后，于2015年8月15日之前支付……双方确认：双方在《劳动合同》履行期间及《劳动合同》终止后，不存在任何劳动争议（包括但不限于工资、提成工资、奖金、社会保险、住房公积金、加班工资、经济补偿金等各项涉及劳动关系方面产生的争议）。本协议所作的支付构成了就乙方可能提出的、因对乙方的聘用期间及劳动关系和劳动关系之解除而产生的任何性质的、对甲方及其关联方、子公司、现任及前任之雇员、管理人员、董事、股东及/或代理人的所有主张的全部和最终解决。乙方不得以任何方式向甲方或相关机构主张任何权利，否则甲方因此产生的全部费用（包括但不限于诉讼/仲裁、调查取证费、律师费、公证费等）均由乙方承担赔偿责任。”上述232668元已支付完毕。后因医药公司为林某缴纳社会保险的缴费基数低于其工资标准，林某对此进行了投诉，2019年3月22日行政部门作出社会保险稽核通知书，医药公司进行了补缴，并支付了相应的滞纳金。现医药公司主张在职期间，林某明知社保缴费基数不足，离职时，双方就补偿问题达成协议，离职解除劳动合同协议书项下金额为232668元，这是社保补偿的对价，不是解除劳动合同经济补偿金。双方已在《离职协议书》中约定对社会保险等各项事宜再无争议，而林某反悔投诉补缴社会保险，违反双方间的约定，故应返还其公司已支付的离职补偿，即便认为《离职协议书》无效，也不能对林某承担的义务按无效处理，而对其享有的利益按有效处理。

【案件焦点】

《离职协议书》中的“无争议”条款的效力如何认定，该条款无效是否导致《离职协议书》整体无效。

【法院裁判要旨】

北京市海淀区人民法院经审理认为：从医药公司与林某签订的

《离职协议书》可见，232668 元系对林某连续工龄的补偿，性质是双方协商一致解除劳动合同的经济补偿金，并不包括医药公司未足额为林某交纳社会保险的赔偿。医药公司未足额为林某缴纳社会保险费，林某享有向行政部门举报投诉的权利，双方于《离职协议书》第八条中关于对社会保险不存在争议、限制林某主张社会保险权利以及若主张则应承担赔偿责任的约定，属于用人单位免除自己的法定责任、排除劳动者权利的情形，应为无效。

北京市海淀区人民法院依照《中华人民共和国社会保险法》第八十二条第一款、第八十六条，《中华人民共和国劳动合同法》第二十五条规定，判决：

驳回医药公司的全部诉讼请求。

医药公司不服，提起上诉。北京市第一中级人民法院经审理认为：首先，医药公司主张双方签订的《离职协议书》约定的 232668 元系未足额缴纳社会保险费的补偿。对此，二审法院同意一审法院的认定，且该金额也与按照法定标准补缴社会保险费的用人单位负担部分金额不同。其次，医药公司主张“无争议”的承诺系该公司支付离职补偿金的前提条件。根据《离职协议书》的行文，支付离职补偿金并不是附条件的法律行为，离职补偿金条款和无争议条款系两个独立的合同条款，林某主张社保权利的行为不导致离职补偿金支付条件的不成就。最后，就“无争议”之约定的效力问题。社会保险费的及时足额缴纳是用人单位和劳动者的法定义务，所谓双方对社会保险不存在争议、限制主张社会保险权利以及劳动者若主张则应承担不利后果的约定，均属于违反法律强制性规定、破坏社会保险征缴秩序、损害公共利益的行为，此类约定应为无效。但该无效系部分无效，不影响离职补偿金约定的效力。

北京市第一中级人民法院依照《中华人民共和国民事诉讼法》第一百七十条第一款第一项规定，判决如下：

驳回上诉，维持原判。

【法官后语】

离职协议书是用人单位与劳动者双方缔结的协议，具有合同性质。关于其中条款的效力可以参照合同效力的理论进行判断。

关于合同的效力，在我国具体分为合同有效、无效、可撤销及效力待定诸种情形。而合同无效，指当事人所缔结的合同因严重欠缺生效要件，在法律上不按当事人合意的内容赋予效力。对于合同无效的原因，法律规定了以下情形：（1）一方以欺诈、胁迫手段订立合同，损害国家利益；（2）虚假的意思表示；（3）恶意串通，损害国家、集体或者第三人利益；（4）以合法形式掩盖非法目的；（5）损害社会公共利益。

回到本案《离职协议书》的效力，该协议书第八条约定，就双方劳动关系存续期间的工资、提成工资、奖金、社会保险、住房公积金的争议，劳动者不得以任何方式向用人单位或相关机构主张任何权利，否则劳动者应赔偿用人单位的相关损失。对于工资、奖金等用人单位作为权利义务相对方的事项而言，双方具有处分权利和自由，劳动者可以放弃请求权；但就社会保险、住房公积金等事项而言，因上述事项的及时足额缴纳是用人单位和劳动者的法定义务，其背后关系社会公共利益，故不允许双方违反法律规定免除己方义务或限制对方权利。本案中《离职协议书》第八条的约定，均属于违反法律强制性规定、破坏社会保险征缴秩序、损害公共利益的约定，应为无效。

上述条款的无效，是否导致《离职协议书》整体无效，需结合协议书的全文内容进行综合判断。理论上关于合同无效可以分为全部无效与部分无效。全部无效，则该合同当然全部不生效力。如果无效的原因仅存在于合同内容的部分，则有效部分不因无效部分而受影响。部分无效以合同可分为前提。部分无效不影响其他部分的合同，主要有以下情形：(1) 合同标的的数量超过法律许可的范围；(2) 合同的标的由数种不同事项拼合而成，其中一项或数项无效；(3) 合同中的某项条款，因违反法律净值型规定或公序良俗被法院认定无效。例如，劳动合同约定“工伤”概不负责，该条款因违反公序良俗被法院认定无效，而劳动合同本身并不无效。回归本案，首先，需要判断《离职协议书》是否具有可分性，核心在于审查双方达成的补偿金条款是否与社会保险缴纳挂钩，也就是说是否通过金钱给付排除了用人单位为劳动者缴纳社会保险的法定义务以及限制劳动者主张社会保险的权利。本案二审法院提供了一种审查思路，分别从协议文本、协议结构、金额计算等方面进行判断，得出了离职补偿金条款与无争议条款系两个独立条款的结论，即《离职协议书》具有可分性。

在确认《离职协议书》中的离职补偿金条款与无争议条款可分的前提下，应独立审查离职补偿金条款的有效性。那么本案中，除第八条无争议条款外，其他条款均系用人单位与劳动者的真实意思表示，亦不存在违反公共利益及公序良俗的情形，符合合同有效的要件，应认定为有效。

编写人：北京市第一中级人民法院　李湉

083　无明示意思表示时劳动关系解除行为的认定

——杨某诉艺术培训中心劳动争议案

【案件基本信息】

1. 裁判书字号

北京市第三中级人民法院（2020）京 03 民终 13313 号民事判决书

2. 案由：劳动争议纠纷

3. 当事人

原告（被上诉人）：杨某

被告（上诉人）：艺术培训中心

【基本案情】

杨某于 2017 年 5 月 15 日入职艺术培训中心，担任该中心西直门分校校长，双方未签订劳动合同。2018 年 6 月 16 日，艺术培训中心的法定代表人袁某在微信群中发布消息："一直以来，西直门校长杨某都表现出色，且工作能力强，也是我们中心的顶梁柱。但国有国法，家有家规，功过不能相抵。所以，袁老师不得不宣布：从 20 号开始，杨某停薪留职一周。这期间望其想明白学校为什么要这么做、其原因是什么，否则继续停薪留职。希望杨某能认真思考这些问题，知错能改照样是我们中心的好同志。接下来，袁老师要坚决走正规化路线，有不服气的可以直接提出，大家一起协商解决。请各位千万别耍性子及小脾气，千万不要随意去挑战袁老师的权威！西直门分校暂时交由张老师代理校长一切事务！特此通知！”当日，杨某回复袁某：“袁老师，我不知道是什么原因导致您发这个信息，但是您停薪留职这个决定我不同意，假期结束后我会准时回去上班。这事具体等假期结束我们见面聊。”袁某回复：“先执行，后面想明白再聊……我们中心我还是可以说了算的吧？”

关于劳动关系解除一节，杨某主张因艺术培训中心对其作出停薪留职的决定，其虽然表示不同意，但袁某任命了新的西直门分校校长顶替其职位，并关闭了工作账号，强行将其除名，杨某被迫停止工作，属于违法解除；艺术培训中心主张其未作出解除劳动关系的意思表示，双方劳动关系仍然存续。

【案件焦点】

1. 杨某与艺术培训中心之间劳动关系之状态如何认定；2. 如果双方劳动关系已经解除，是否属于违法解除。

【法院裁判要旨】

北京市朝阳区人民法院经审理认为：双方已不具有继续维持劳动关系的客观基础与主观合意。一方面，根据艺术培训中心的主张，杨某在2018年6月20日“停薪留职”后应继续在西直门分校担任校长并开展日常工作。但证据显示，艺术培训中心在作出“停薪留职”决定的同时，指派了其他员工接替杨某的工作。在杨某明确表示不同意“停薪留职”的前提下，杨某“停薪留职”期满后，艺术培训中心未对杨某作出进一步处理决定，即任命了新的分校校长。可见，艺术培训中心具有停止杨某工作的意思，其行为亦中断了杨某提供劳动、获取劳动报酬及继续履行劳动合同的客观基础。另一方面，艺术培训中心虽主张 2018 年 8 月至 12 月期间袁某向杨某发送微信可以证明袁某要求杨某返岗上班，但信息内容更倾向于构成对已离职员工再次入职或再次合作的邀约，而非用人单位要求在职员工返岗上班的通知，因此双方对于劳动关系解除在主观上已形成合意。有鉴于此，在已不具备维系劳动关系的客观基础与主观合意的情形下，如果强行认定双方劳动关系尚未解除，将不利于劳动者权益的保障且继续履行成本过高，故认定双方劳动关系已经解除更为适宜。关于劳动关系的解除时间，杨某在诉讼中主张的解除时间与在先陈述存在矛盾，且未能作出合理解释，结合“停薪留职”的期限及其主张的艺术培训中心任命新的西直门分校校长的时间，采信双方劳动关系于 2018 年 6 月 27 日解除的主张。

艺术培训中心构成对杨某劳动关系的违法解除。首先，艺术培训中心对杨某作出“停薪留职”决定的依据不足。停薪留职制度是我国市场经济体制改革中为解决国有企业经营困难等而采取的措施，目的是减轻国有企业负担。艺术培训中心作出的“停薪留职”决定显然不属于上述情形。审理中，法院要求艺术培训中心作出必要解释，该中心主张，法定代表人袁某作出的“停薪留职”决定是指停发杨某的工资，但保留其工作岗位，理由系认为杨某未经领导同意将校长工作号交予他人，实质上属于用人单位对劳动者的处罚决定。艺术培训中心自认该决定的作出并无制度依据，因此该中心对杨某处罚决定的作出具有随意性，有所不妥，对其主张不予采信。其次，本案有关劳动合同解除的相关争议产生于艺术培训中心作出的“停薪留职”决定，虽然艺术培训中心未明示解除劳动关系，但其行为导致双方劳动关系履行基础丧失，可以视为用人单位作出与劳动者解除劳动关系的意思表示。艺术培训中心作出“停薪留职”的决定缺乏法律和制度依据，违反法律规定，故采信杨某关于艺术培训中心违法解除劳动关系的主张，该中心应当依法支付违法解除劳动关系赔偿金。

北京市朝阳区人民法院依照《中华人民共和国劳动合同法》第三十条、第四十七条、第四十八条、第八十二条、第八十七条，《中华人民共和国劳动争议调解仲裁法》第六条之规定，判决如下：

一、艺术培训中心于判决生效之日起七日内支付杨某未签订书面劳动合同双倍工资差额 29367.81 元；

二、艺术培训中心于判决生效之日起七日内支付杨某 2018 年 3 月 1 日至 5 月 31 日期间工资差额 14981.76 元；

三、艺术培训中心于判决生效之日起七日内支付杨某违法解除劳动关系赔偿金 53944 元；

四、艺术培训中心于判决生效之日起七日内支付杨某 2018 年 6 月工资 13331 元；

五、驳回杨某的其他诉讼请求；

六、驳回艺术培训中心的全部诉讼请求。

二审法院同意一审法院裁判意见。

【法官后语】

对于用人单位未明确作出解除劳动关系的意思表示，但劳动合同关系已经实际处于解除状态的案件，探究与认定双方当事人对于劳动关系继续履行抑或解除的真实意思是审理中的焦点问题。

在“无明示意思表示”解除劳动关系的情形下，认定劳动关系存续与否需要借助民法理论中关于默示意思表示的认定进路。《中华人民共和国民法典》明确规定意思表示可以通过明示或默示的方式作出。当事人真实意思的解释是法官必须进行的思维任务。由于缺少明确的表意符号，人民法院对于默示意思表示的解释与认定主要从以下几个方面予以考量。

1. 解释原则

《中华人民共和国民法典》第一百四十二条第一款对意思表示的解释给予了有方向性的指引："有相对人的意思表示的解释，应当按照所使用的词句，结合相关条款、行为的性质和目的、习惯以及诚信原则，确定意思表示的含义。"结合审判实践，人民法院在对当事人意思表示进行解释时，应当遵循探究真意、信赖保护和诚实信用的基本原则。首先，劳动争议作为民事诉讼案由中的一类，在探究当事人真实意思时，应当关注意思自治的实现和自由价值的保护，进行解释时先考察表意人的最初状态。本案中，艺术培训中心对杨某作出"停薪留职"的决定，而停薪留职制度是我国市场经济体制改革中为解决国有企业经营困难等而采取的措施，目的是减轻国有企业负担。艺术培训中心作出的决定显然不属于上述情形。法庭调查过程中，艺术培训中心主张，法定代表人袁某作出的"停薪留职"决定是指停发杨某的工资，但保留其工作岗位，因此法院认定该中心对杨某实行"停薪留职"实质上属于用人单位对劳动者的处罚决定。其次，以探究真意原则为终点反推，从争议的意思表示结果出发，从受领人受领的意思来看其是否形成合理信赖，若其形成合理信赖，则表意人具有可归责性。本案中，杨某依据"停薪留职"决定，停止工作，具有合理性。最后，诚实信用原则作为民法基本原则，贯穿于民事活动各方面，也应在意思表示解释过程中给予充分重视。

2. 解释方法

结合民法理论，人民法院在司法审查中主要结合主观意图和客观效果两个方面，作出最终的司法判断。主观意图探查从意思表示者的意思出发，通常这里所说的“意思”指当事人内心的真意，有时并不等同于规范的意思。客观效果作为辅助考量，从常理或法理判断意思作出与客观效果是否能够建立联系、当事人对实际产生的客观效果持有何种态度，在很大程度上可以辅助考量和验证当事人真实意思表示。本案中，法院依据上述方法，认定双方已不具有维系劳动关系的客观基础与主观合意。一方面，证据显示，艺术培训中心具有停止杨某工作的意思，其行为亦中断了杨某提供劳动、获取劳动报酬及继续履行劳动合同的客观基础。另一方面，艺术培训中心法定代表人在之后与杨某沟通的内容更倾向于构成对已离职员工再次入职或再次合作的邀约，而非用人单位要求在职员工返岗上班的通知，因此双方对于劳动关系解除在主观上已形成合意。有鉴于此，在已不具备继续劳动关系的客观基础与主观合意的情形下，如果强行认定双方劳动关系尚未解除，将不利于劳动者权益的保障且继续履行成本过高，故认定双方劳动关系已经解除更为适宜。

编写人：北京市朝阳区人民法院　汪洋

084 用人单位不得以员工违反薪酬保密制度为由解除劳动合同

——数据公司诉沈某劳动争议案

【案件基本信息】

1. 裁判书字号

北京市第一中级人民法院（2020）京01民终1393号民事判决书

2. 案由：劳动争议纠纷

3. 当事人

原告（上诉人）：数据公司

被告（被上诉人）：沈某

【基本案情】

2017年6月12日，数据公司与沈某签订《劳动合同》，约定劳动合同期限为三年（2017年6月12日至2020年6月11日），岗位为大数据开发经理。该劳动合同第22条约定，数据公司实行保密工资报酬制度，沈某对工资报酬水平须负保密责任，在数据公司工作期间，不得向任何第三方有意透露，也不允许以任何方式询问或攀比他人的工资，否则数据公司将视情节轻重对其进行处罚直至解除合同。数据公司与沈某另签订了《保密及竞业禁止协议》《某公司知识产权与保密信息保护规定》《知识产权归属协议》三份文件。

2019年6月4日，数据公司向沈某发送《解除劳动合同通知书》，该通知书载明："沈先生，依据劳动法和劳动合同法的相关规定，公司依法解除此前与您签订的劳动合同，解除劳动合同原因：您于在职期间主动向第三方泄露个人薪资，严重违反了双方签订的《劳动合同》第22条及《保密及竞业禁止协议》相关约定，情节较为严重，故公司对您作出解除劳动合同的决定，自2019年6月4日起解除与您的劳动合同。"当日，数据公司发布《通知》一份，该通知载明："致公司全体：公司一直致力于信息安全建设，尤其是薪酬信息，一直是公司不可触碰的红线，任何违背的人都将受到严厉惩罚。经调查，平台数据部沈某曾向公司其他员工泄露个人薪资，此行为严重违反了公司的薪酬保密规定，对公司及团队造成了重大负面影响。公司经研究决定对其作出解除劳动关系的处分。近期公司内部出现了关于某高管获得去年年终奖的谣言，公司在此严正声明：去年业绩未达标，未向任何人发放过年终奖。一切关于薪酬的信息以人力资源部口径为准。请全体员工以此为戒，强化责任心，提高保密意识，严于律己，共同营造安全的良好公司信息环境。"

2019年6月21日，沈某以数据公司违法解除劳动合同为由申请劳动仲裁。2019年7月19日，仲裁委作出裁决：数据公司自裁决生效后7日内向沈某支付违法解除劳动合同赔偿金101604元，驳回沈某的其他仲裁申请。数据公司不服该裁决结果，诉至法院。

诉讼中，数据公司为证明沈某在职期间存在向他人泄露薪资、传播不实年终奖发放信息以及泄露代码的行为，提供证人证言等证据佐证。其中证人秦某提供的其与沈某的聊天记录中有如下对话："沈某：秦姐，那天保洁阿姨就问了我一嘴，我也没想到她那么大舌头。如果舆论大了你不好把控了，提前跟我说一声哈……"经询问，沈某认可该聊天记录的真实性。

【案件焦点】

1. 用人单位能否与劳动者签订薪酬保密协议；2. 用人单位能否以劳动者违反薪酬保密制度为由解除劳动关系。

【法院裁判要旨】

北京市石景山区人民法院经审理认为：数据公司解除与沈某的劳动合同系违法解除，应向沈某支付赔偿金。理由如下：第一，数据公司解除与沈某劳动合同的理由系沈某向第三方泄露个人薪资。第二，证人秦某的证人证言及聊天记录可以证实沈某曾向他人提起个人薪资事宜，但考虑该聊天内容的语境，沈某该行为尚不足以被认定为故意泄露个人薪资。第三，即便沈某该行为属于故意泄露个人薪资，如前所述，沈某前述行为亦难以被认定为情节严重，且数据公司在沈某上述行为发生近一年后才对沈某作出解除劳动合同，过罚不当。第四，数据公司提供的其他证人均陈述系从他人处得知沈某泄露个人薪资事宜，该相应证人证言均系传来、间接证据，不足以证实数据公司相应主张。基于以上分析，数据公司以沈某故意向第三方泄露个人薪资为由解除与沈某的劳动合同系违法解除，应向沈某支付赔偿金。沈某陈述认可仲裁裁决结果，对此不持异议。

北京市石景山区人民法院依照《中华人民共和国劳动合同法》第四十七条、第八十七条之规定，判决如下：

数据公司于本判决生效后7日内支付沈某违法解除劳动合同赔偿金101604元。

二审法院同意一审法院裁判意见。

【法官后语】

当前，很多用人单位都建立了薪酬保密制度，禁止员工向其他员工或第三方披露自己的工资金额、构成以及公司的薪酬体系。薪酬保密制度作为一种企业薪酬管理制度，其优点和缺点都很明显，是把利弊并存的“双刃剑”。一方面，薪酬保密制度尊重员工隐私，保护高薪员工，可避免盲目攀比现象；另一方面，它容易滋生暗箱操作、侵犯员工权益等问题，还可能异化为企业侵犯劳动者合法权益的工具。当前，不少公司将“禁止私下交流工资奖金”写入合同，甚至让员工签订收入保密协议，违反者将被开除。这类企业选择性忽视按劳分配、同工同酬等要求，而过度强调“保密”原则，值得警惕。

1. 用人单位能否与劳动者签订薪酬保密协议

用人单位施行薪酬保密制度，主要是出于维护职工隐私、避免互相攀比等方面考虑。目前我国劳动法及其他法律法规中并无明文规定薪酬有必要保密，也没有限制用人单位施行薪酬保密制度。《中华人民共和国劳动合同法》第四条规定：“……用人单位在制定、修改或者决定……直接涉及劳动者切身利益的规章制度或者重大事项时，应当经职工代表大会或者全体职工讨论，提出方案和意见，与工会或者职工代表平等协商确定……工会或者职工认为不适当的，有权向用人单位提出，通过协商予以修改完善。用人单位应当将直接涉及劳动者切身利益的规章制度和重大事项决定公示，或者告知劳动者。”《最高人民法院关于审理劳动争议案件适用法律问题的解释（一）》第五十条规定，用人单位根据劳动合同法第四条规定，通过民主程序制定的规章制度，不违反国家法律、行政法规及政策规定，并已向劳动者公示的，可以作为确定双方权利义务的依据。结合上述两项规定，薪酬保密制度具备内容合法、民主制定、告知公示三项要素才满足实体合法性的前提条件。因此，劳动者与用人单位之间的薪酬保密协议如果是双方协商一致、拟定程序合法有效，且内容不与法律法规相抵触的，应受到法律的尊重与维护。

2. 用人单位能否以劳动者违反薪酬保密制度为由解除劳动关系

在用人单位明文规定员工需遵守薪酬保密制度的情况下，员工一旦泄露薪资等信息，公司是否当然可以解除劳动合同，需要具体问题具体分析。《中华人民共和国劳动合同法》第三十九条第二项在规定用人单位可以解除劳动合同时的用语为“严重违反用人单位的规章制度”。因此，即使用人单位与劳动者签订薪酬保密协议，也并非只要员工有违反薪酬保密义务的行为，用人单位就能理所当然地享有单方解除劳动合同的权利。具体而言，违反薪酬保密制度的处理措施和后果应具有合理性，应与员工的过错程度相匹配。

一方面，要以员工具体行为的“严重性”作为评判标准，应结合泄露的内容、范围以及有无对公司造成社会评价的降低等方面进行具体分析。对劳动者的一些过失行为，尤其是情节显著轻微的行为，用人单位应当通过合理的管理措施加强引导与规范，而不是直接给予辞退处理。

另一方面，薪酬保密制度旨在限制员工之间相互知悉薪酬情况，防止员工之间相互攀比及恶性竞争等。薪酬保密制度一般适用于工作成效难以具体量化考核的岗位、享有特殊待遇或者引进特殊人才的情况，并非每位公司员工都可以无差别地受到薪酬保密制度约束，对工资差异不大且依法应当享有同工同酬权利的基础性岗位员工在适用薪酬保密制度之时应予以排除，否则公司将承担违法解除劳动关系的风险。

编写人：北京市石景山区人民法院　李秦进

085　用人单位辞退乙肝病毒携带者构成就业歧视

——贸易公司诉石某劳动争议案

【案件基本信息】

1. 裁判书字号

北京市东城区人民法院（2020）京0101民初14806号民事判决书

2. 案由：劳动争议纠纷

3. 当事人

原告：贸易公司

被告：石某

【基本案情】

2015年6月10日，石某入职贸易公司，担任销售部内勤，双方签订了期限为2015年6月10日至2018年6月9日的劳动合同。劳动合同到期后，续签了期限为2018年6月10日至2021年6月9日的劳动合同。石某月工资为7300元，通过现金发放，每月月底发放上月26日至本月25日期间工资。双方均认可石某离职前十二个月平均月工资为7150元。原告为石某缴纳社会保险至2020年6月。

2020年5月21日，贸易公司组织员工体检。2020年5月27日，贸易公司拿到了员工验血结果，显示石某为乙肝病毒携带者。5月27日当天下午，贸易公司法定代表人找石某谈话，称石某现在不适合工作，希望石某辞职去看病。后来贸易公司人事和财务又找石某谈话，希望石某主动离职，同意支付经济补偿金；石某提出自己的赔偿方案，贸易公司不同意。2020年5月28日、29日，石某休了两天年假。

2020年5月29日，石某收到了贸易公司的解除通知书："由于近期公司运营问题，现决定与石某解除劳动合同，公司愿意补偿石某半年（6个月）补偿金，计42800元。2020年5月工资全额照发。"贸易公司称由于石某得了乙肝，公司同事怕传染，因此集体要求公司解除劳动合同。

2020年7月14日，贸易公司为石某补缴了社保差额，石某同意从解除劳动合同赔偿金中扣除其个人承担部分共计8121.78元。

2020年7月8日，石某申请劳动仲裁，要求公司支付违法解除劳动合同赔偿金，仲裁委支持了石某的请求。贸易公司不服裁决结果，提起诉讼。

【案件焦点】

贸易公司发现石某是乙肝病毒携带者而单方辞退是否合法。

【法院裁判要旨】

北京市东城区人民法院经审理认为：根据《中华人民共和国就

业促进法》第三条规定，劳动者依法享有平等就业和自主择业的权利。劳动者就业，不因民族、种族、性别、宗教信仰等不同而受歧视。而对于携带有传染病病毒的劳动者，根据《中华人民共和国传染病防治法》第十六条第一款规定，国家和社会应当关心、帮助传染病病人、病原携带者和疑似传染病病人，使其得到及时救治。任何单位和个人不得歧视传染病病人、病原携带者和疑似传染病病人。贸易公司解除劳动合同行为是否合法的问题，涉及三个争议点。

第一，贸易公司是否有权单方组织员工进行乙肝病毒项目检查。根据相关政策，如用人单位对劳动者进行乙肝病毒项目检查，一是对劳动者从事的行业和岗位应有特殊要求，二是体检时如果进行乙肝病毒项目检查要告知劳动者，保障劳动者的知情权，同时对于检查结果不能扩散，要保护劳动者的隐私权。本案中贸易公司在体检时单方通知劳动者进行乙肝病毒项目检查，并未事先征求劳动者的意见，并且原告从事的也并非卫生部门核准的必须进行乙肝病毒检查的职业，因此贸易公司组织员工进行乙肝病毒项目检查的行为即已不符合卫生部门的相关政策要求。

第二，石某从事的岗位是否属于《医疗器械经营质量管理规范》第十五条规定的必须进行健康检查的特殊岗位。贸易公司的业务虽涉及医疗器械行业，但石某是销售内勤，并不直接接触医疗器械，其岗位不属于上述规定中的特殊岗位。石某虽是乙肝病毒携带者，但只是不能从事国家规定的特定行业和岗位，并不是不能从事任何工作和岗位，贸易公司以石某的岗位特殊为由，单方为石某进行乙肝项目检查并且在拿到检查结果后提出石某不能从事现岗位工作，缺乏依据。

第三，贸易公司能否以其他员工多数人的意见剥夺石某工作的权利。首先，贸易公司对检查结果负有保密的义务，贸易公司擅自传播石某的病历资料，属于侵犯公民隐私权的行为，其他员工本不可能也不应该知道石某的检查结果，所谓的集体恐慌也本不该出现；其次，经医学研究证明，乙肝病毒经血液、母婴及性接触三种途径传播，日常工作、学习或生活接触不会导致乙肝病毒传播。石某在日常工作、生活中不会导致乙肝病毒传播，也不会影响到公司的集体公共卫生安全。因此，贸易公司以特殊行业、岗位为由单方提出解除劳动合同，显然是对携带有乙肝病毒劳动者的一种不合理的对待。综上所述，贸易公司解除劳动合同的行为违法，根据《中华人民共和国劳动合同法》第八十七条规定，贸易公司应支付石某违法解除劳动合同赔偿金。

北京市东城区人民法院依据《中华人民共和国劳动法》第三条、第十二条，《中华人民共和国就业促进法》第三条，《中华人民共和国传染病防治法》第十六条，《中华人民共和国劳动合同法》第三十九条、第八十七条之规定，判决如下：

一、贸易公司支付石某违法解除劳动合同赔偿金63378.22元；

二、驳回贸易公司的诉讼请求。

判决后，双方当事人均未上诉，本判决现已生效。

【法官后语】

本案系一起用人单位非法解除携带乙肝病毒劳动者引发的劳动争议案件，用人单位对于乙肝病毒携带者负有保护和给予医疗救助的义务，不得因劳动者携带乙肝病毒而给予就业歧视，更不能以此为由非法解除劳动合同，否则构成对劳动者的就业歧视。

1. 用人单位无权单方组织员工进行乙肝病毒项目检查

根据《人力资源和社会保障部、教育部、卫生部关于切实贯彻就业体检中乙肝项目检测规定的通知》，除卫生部核准并予以公布的特殊职业外，不得要求进行乙肝项目检测；医疗卫生机构要进一步完善乙肝项目检测知情同意制度，有关体检报告应当完全密封，交受检者本人或受检者指定的人员，保护乙肝项目受检者的隐私权。根据原卫生部政务公开办公室《关于已核准的乙肝表面抗原携带者不得从事的职业的说明》，乙肝表面抗原携带者不得从事的职业和可以开展相关检测的行业有公务员，特警职位，民航飞行员，血站从事采血、血液成分制备、供血等业务工作的员工。其他行业的用人单位不能单方对员工进行乙肝病毒项目检查。本案中贸易公司在体检时单方通知劳动者进行乙肝病毒项目检查，并未事先征求劳动者的意见，并且石某从事的也并非卫生部门核准的必须进行乙肝病毒检查的工作，因此贸易公司组织员工进行乙肝病毒项目检查，不符合卫生部门的相关政策要求。

2. 国家行业政策对于乙肝病毒携带者的执业限制有明确的规定

《医疗器械经营质量管理规范附录：专门提供医疗器械运输贮存服务的企业质量管理》第二十四条规定，专门提供医疗器械运输、贮存服务的企业应当建立员工健康档案，质量管理、收货、验收、在库检查、运输、贮存等直接接触医疗器械岗位的人员，应当至少每年进行一次健康检查。身体条件不符合相应岗位特定要求的，不得从事相关工作。医疗器械的质量关系到公共卫生安全和公民生命健康，对于从业人员的身体健康有特殊要求，但是该条并未说明员工必须检测乙肝病毒项目，且从岗位限定来看，是要求从事质量管理、验收、库房管理等直接接触医疗器械岗位的人员进行健康检查，而石某是销售内勤，并不直接接触医疗器械，其岗位不属于上述规定中的特殊岗位。

3. 用人单位不能以大多数员工的意见剥夺劳动者的劳动权利

用人单位对于职工的个人信息包括疾病信息负有保密义务，人事行政部门因工作便利掌握职工个人信息的管理人员，也负有保护员工个人信息的义务。本案中贸易公司以公司是集中办公，其他员工怕传染为由不同意石某在原岗位工作，故提出单方解除劳动合同。首先，贸易公司对检查结果负有保密的义务，贸易公司擅自传播石某的病历资料，属于侵犯公民个人隐私的行为。其次，经医学研究证明，乙肝病毒经血液、母婴及性接触三种途径传播，日常工作、学习或生活接触不会导致乙肝病毒传播。石某在日常工作、生活中不会导致乙肝病毒传播，贸易公司也无需为石某提供特殊的工作、生活设施，石某继续工作并不会增加公司的运营成本，也不会影响到公司的集体公共卫生安全。最后，即使贸易公司因业务涉及医疗器械而对于员工的身体健康标准比其他行业要高，贸易公司也应该给予石某治疗疾病的机会，何况劳动者因病治疗亦可享有法定的医疗期，用人单位在法定医疗期内也不能单方解除劳动合同。因此，贸易公司以特殊行业、岗位为由单方提出解除劳动合同，显然是对携带有乙肝病毒劳动者的一种不合理的对待，属于对劳动者的一种就业歧视。

编写人：北京市东城区人民法院　李彦宏

086 用人单位故意促成劳动合同约定解除条件的，构成违法解除劳动合同

——精细材料公司诉吴某劳动争议案

【案件基本信息】

1. 裁判书字号

江苏省南通市中级人民法院（2019）苏06民终4303号民事判决书

2. 案由：劳动争议纠纷

3. 当事人

原告（上诉人）：精细材料公司

被告（被上诉人）：吴某

【基本案情】

吴某于2017年11月27日进入精细材料公司工作，双方签订了劳动合同。2018年7月2日，吴某在工作时间洗澡，精细材料公司给予其书面警告处分。2018年10月31日，吴某就其调岗而未能调薪事宜前往总经理办公室面谈，其间有公司保安介入，当日精细材料公司对吴某作出警告处分，并决定解除与吴某的劳动合同。精细材料公司将解除劳动合同事宜告知工会，工会表示同意。2018年11月1日，精细材料公司将警告处分及解除劳动合同通知书送达吴某，内容为："吴某先生，由于您在一年内两次受到公司警告处分（2018年7月2日及2018年10月31日），且总经理

与您经过充分沟通，希望您能在公司指定的工作场所认真工作，但您仍予以拒绝。根据《就业规则》第十二章第五十三条的规定，公司解除与您签订的劳动合同。”

精细材料公司与吴某签订的劳动合同约定，因乙方的工资系根据乙方的岗位、职务或职位予以确定，故乙方的岗位、职务或职位根据本合同调整时，乙方的工资也应予以调整。精细材料公司《就业规则》第五十三条规定：“员工有以下行为的，给予书面警告处分：工作时间内未经上司命令许可离开本职工作，或者在其他部门徘徊走动的；对上司命令有异议却不进行妥善说明，或者经过说明仍未被上司采用后，直接采用对抗的方式的；工作时间内洗浴的。员工有以下行为的，公司可不经预告即解除劳动合同，且不支付任何赔偿：一年内受到的处分次数达 2 次，或者在职期间受到的处分达 3 次以上的。”2017 年 11 月 27 日，吴某签收了《就业规则》及《工资规定》。

吴某在职期间正常出勤月份的月平均应发工资为 3928.5 元（2017 年 12 月至 2018 年 10 月）。吴某为索要经济赔偿金等事宜申请劳动仲裁，请求精细材料公司支付违法解除劳动合同的赔偿金 12000 元、6 个月工资标准的医疗补助费 24000 元、年终奖 3378 元、补足调岗减少的工资 4000 元。仲裁委于 2019 年 1 月 4 日作出裁决：1. 精细材料公司为吴某办理完毕档案和社会保险关系的转移手续；2. 精细材料公司向吴某支付违法解除劳动合同的赔偿金 7857 元。精细材料公司不服该裁决，向法院起诉。

【案件焦点】

1. 吴某依据劳动合同约定不明条款反映调岗调薪事宜，是否属于严重违反用人单位规章制度的行为；2. 精细材料公司以此为由解除双方劳动关系，是否构成违法解除劳动合同。

【法院裁判要旨】

江苏省南通经济技术开发区人民法院经审理认为：精细材料公司以吴某一年内受到处分达两次为由，解除与吴某之间的劳动合同。就第一次处分而言，吴某在工作时间洗澡，违反了《就业规则》的相关规定，精细材料公司以此为由进行警告，符合公司的规章制度，并无不当。就第二次处分而言，首先，吴某前往总经理办公室面谈调岗调薪事宜，属于正常反映职工权益的行为，并非与工作无关；其次，从吴某进入总经理办公室到离开，整个过程不满半个小时，其间即使言语中表达了不满情绪，也无口语谩骂或肢体冲突，未超过正常沟通范畴。精细材料公司仅凭该行为认定吴某采取了“对抗的方式”，实难采信。故认定精细材料公司的第二次警告处分依据不足，精细材料公司以吴某一年内受到处分次数达到两次为由解除劳动合同属违法解除。自 2017 年 11 月 27 日吴某进入精细材料公司工作，至 2018 年 11 月 1 日解除劳动合同，精细材料公司应向吴某支付违法解除劳动合同的赔偿金为 7857 元。精细材料公司为证人出庭支出的翻译费用，由其自行负担。

至于吴某提及的调岗工资，因调岗得到双方认可，精细材料公司已足额发放调岗后工资，吴某主张的调岗减少工资，法院不予支持。吴某主张的医疗补助金及年终奖金，其未提供相关证据，法院不予支持。精细材料公司应当在解除劳动合同后，为吴某办理档案和社会保险转移手续。

江苏省南通经济技术开发区人民法院依照《中华人民共和国劳

动合同法》第四十七条第一款、第三款，第五十一条，第八十七条之规定，判决如下：

一、精细材料公司于判决发生法律效力之日起十日内为吴某办理档案和社会保险转移手续；

二、精细材料公司于判决发生法律效力之日起十日内支付吴某违法解除劳动合同的赔偿金 7857 元；

三、驳回精细材料公司的诉讼请求；

四、驳回吴某的其他诉讼请求。

精细材料公司不服，提起上诉。江苏省南通市中级人民法院经审理认为：精细材料公司作为用人单位，对于双方产生歧义的约定不明条款负有释明义务。双方签订劳动合同使用的是格式化文本，精细材料公司系提供合同文本的一方当事人，在双方对劳动合同条款产生争议时，即便是作出不利于劳动者的解释，用人单位也应当予以详细具体的合理说明。精细材料公司与吴某签订的劳动合同约定："因乙方的工资系根据乙方的岗位、职务或职位予以确定，故乙方的岗位、职务或职位根据本合同调整时，乙方的工资也应予以调整。"因双方签订的劳动合同对调岗调薪事宜缺少具体化的详细约定，吴某系根据劳动合同相关条款的约定要求调薪，在此情况下精细材料公司对于争议的约定不明条款负有合理说明义务。案涉劳动合同格式化文本系由用人单位精细材料公司提供，若法律仅将合同约定不明条款的解释权赋予用人单位，而不要求其履行合理说明义务以束缚用人单位调岗调薪的任意性，对劳动者而言显失公平。根据精细材料公司的一审庭审陈述，其认为经过调整的岗位与原来岗位相比，没有调薪必要。即便精细材料公司的主张成立，因双方劳动合同对此问题约定不明，其也应当对员工进行必要的解释说明。

吴某向精细材料公司反映工资问题的时间前后不到30分钟，总经理即动用保安强令其离开办公室，并给予警告处分进而解除双方劳动合同，方式未免过于简单武断，未尽到用人单位应尽的合理说明义务。

在劳动关系中，工资问题是劳动者的核心利益所在，是维系劳动关系的重要因素。因双方劳动合同仅约定了调岗调薪条款，精细材料公司事先并未制定岗位化的调岗调薪细则予以公示，吴某对调岗而未能调薪事宜存疑自在情理之中。双方沟通时间较为短暂，从吴某说明情况到其被强令离开仅短短不到30分钟时间，总经理显然不足以释疑。在此情况下，即使总经理本人不愿亲自进一步解释，也应交由人事部门或工会组织予以详细说明，以消除员工相应疑虑，而非动辄以强制手段解决问题。鉴于吴某要求调薪的行为系基于对劳动合同约定不明条款的不同理解而发生，一审法院认定为正常反映职工权益的行为并无不当。吴某对于精细材料公司书面警告中的内容并不认可，其向总经理口头反映问题之时，其他员工也正在自己的工作岗位。吴某在不到30分钟的时间内即离开总经理办公室，本案并未出现严重违反用人单位规章制度的情形。合同当事人恶意促成约定条件成就的，视为条件不成就。精细材料公司对于员工正常反映问题的行为给予警告处分，忽略了其作为劳动合同格式化文本提供方的合理说明义务，故意促成劳动合同约定的解除条件，滥用了劳动合同解除权，其行为构成违法解除劳动合同。

江苏省南通市中级人民法院依照《中华人民共和国民事诉讼法》第一百七十条第一款第一项的规定，作出如下判决：

驳回上诉，维持原判。

【法官后语】

本案是一起发生在外资企业与其中国员工之间的劳动纠纷。处理涉外劳动争议案件，既应尊重用人单位合理的用工自主权，也应注意维护处于弱势地位的本国劳动者的合法权益，坚持平等保护的基本原则。对于用人单位解除劳动合同是否合法，应当结合劳动者所在单位的规章制度、劳动合同约定内容及劳动法、劳动合同法的相关规定综合分析判断。

精细材料公司作为日本某株式会社全资持股设立的跨国企业，其制定的《就业规则》体系庞杂、条文众多，对员工的管理较为严格。其中关于下级员工应当尊重上司、对上司命令有异议应进行妥善说明、经说明仍未被上司采用不能直接采用对抗方式等规定，反映了日本企业文化中上下级员工之间的等级观念与管理习惯。对于员工正常反映问题的行为，用人单位通常应予理解并在了解情况的基础上给予正面解决或合理解释说明。本案精细材料公司的日方经理听到吴某反映问题，认为员工坐在椅子上与其沟通是对上司的不尊重，没有像日本员工一样毕恭毕敬听从上司安排，其依据本国企业文化中的管理习惯将吴某的行为认定为违反用人单位规章制度的行为，在短暂交流未果后即动用保安将其赶出办公室并给予警告处分。该行为漠视了劳动法中劳动者维护自身正当利益的合法权利，也忽略了用人单位作为劳动合同的格式文本提供方对约定不明条款的合理说明义务，方式过于简单粗暴。

《中华人民共和国劳动法》第四条规定，用人单位应当依法建立和完善规章制度，保障劳动者享有劳动权利和履行劳动义务。规章制度是用人单位制定的组织劳动过程和进行劳动管理一系列规则与制度的总称，合法有效的规章制度对于用人单位与劳动者均具法律约束力，在履行劳动合同的过程中对于规范双方的行为有着不可或缺的作用。规章制度应当经过法定的民主程序制定，内容不得与现行的劳动法律法规相抵触，不能损害劳动者的合法权益，譬如休息休假权、辞职权等。本案精细材料公司依据《就业规则》第五十三条规定，以吴某一年内受到处分达到两次为由，解除与吴某之间的劳动合同。表面上看似符合该单位规章制度中一年内受到两次处分的形式要求，但就其实质内容分析则侵害了劳动者的合法权益。对于精细材料公司的第一次处分行为，系因吴某在工作时间洗澡引起，公司给予其警告处分属于企业内部管理的奖惩激励机制范畴，无可厚非。精细材料公司的第二次处分行为系因公司对吴某调岗而未调薪引起，吴某根据双方签订的劳动合同约定要求调整工资，其本身并无违反用人单位劳动纪律的故意。在此情况下，即便精细材料公司认为吴某的工资不应当进行调整，其作为提供劳动合同格式文本的用人单位，也应对双方产生歧义的约定不明条款予以合理解释说明。精细材料公司再次给予吴某警告处分，致使吴某一年内所受警告处分达到两次，明显属于故意促成单位规章制度中的解除劳动合同条件，滥用了用人单位的劳动合同解除权，构成违法解除劳动合同。

尊重经营所在地国家的法律及公序良俗是跨国企业首先应当完成的必修课。《中华人民共和国劳动合同法》第三十九条第二项规定，劳动者严重违反用人单位规章制度的，用人单位就可以随时解除劳动合同。该条规定的内容针对的是劳动者严重违反单位劳动规章制度的行为，并不意味着只要劳动者存在违纪行为被单位处分，用人单位就可以动辄根据规章制度行使劳动合同解除权。审判实践中对于该条款的适用，还应严格考察用人单位的规章制度本身是否合理、制定程序是否合法、劳动者的违纪程度是否严重。工资及相关福利待遇问题是劳动关系中劳动者的核心利益所在，也是现代社会中劳动争议的焦点，合理分配用人单位与劳动者之间的权利义务是妥善化解纠纷的前提。本案精细材料公司的劳动合同文本中约定了薪随岗动条款，劳动者据此对调岗而未能调薪存在疑虑应属合情合理，不应认定为违反用人单位劳动纪律的行为。精细材料公司因此给予吴某处分，违背了我国劳动合同法第三十九条第二项规定的立法本意。

随着经济全球化进程加速，越来越多的外国企业来我国投资办厂，促进了当地的经济繁荣与社会发展。虽然多数外资企业能够做到守法经营，但也有少数企业照搬本国经营模式，存在侵害员工利益的情形。本案确立的裁判规则，对于合理规范外资企业不当裁员行为，正确处理涉外劳动纠纷具有借鉴意义。

编写人：江苏省南通市中级人民法院　郭相领

087 用人单位应依法出具离职证明

——杨某诉公路建设公司劳动争议案

【案件基本信息】

1. 裁判书字号

北京市第一中级人民法院（2020）京 01 民终 5967 号民事判决书

2. 案由：劳动争议纠纷

3. 当事人

原告（被上诉人）：杨某

被告（上诉人）：公路建设公司

【基本案情】

杨某于2019年9月20日入职公路建设公司，工作岗位为法务（双方均承认实为法务主管，隶属于财务部），入职后双方签订了劳动合同书，约定劳动合同期限为2019年9月20日至2022年9月19日，其中试用期为2019年9月20日至2019年12月19日。杨某最后在岗上班的时间为2019年12月12日，当天下班后双方劳动合同解除。公路建设公司于当日向杨某送达了《解除劳动合同通知书》和《离职证明》。《解除劳动合同通知书》中载明解除劳动合同的原因为“不符合法务主管岗位要求”。杨某收到该通知书后在通知书的下方写明：“只认可公司单方违法解除并收到通知书，对于解除理由、原因不予认可。”《离职证明》中载明：离职原因为“不符合任职要求”。在处罚记录中载明：不符合任职要求，收到不符合任职要求通知单2次/张。在列举的多项不良行为表现中，“有”处勾选了3项。

杨某于2019年12月13日提起劳动仲裁，要求公路建设公司为其重新开具解除劳动合同证明。同日，杨某还就公路建设公司未支付其工资报酬及违法解除劳动合同赔偿金等事项另行申请仲裁。仲裁委于2020年3月3日作出裁决：公路建设公司重新为杨某开具离职证明。杨某不服该仲裁裁决及另外两个仲裁裁决，于法定期限内将公路建设公司诉至法院。诉讼中，公路建设公司表示会按照法律规定重新为杨某开具解除劳动合同证明，包括但不限于《中华人民共和国劳动合同法实施条例》第二十四条那些要素，还会对杨某离职原因以及是否与公路建设公司存在劳动争议的情况进行客观描述。杨某表示，公路建设公司只能按照《中华人民共和国劳动合同法实施条例》第二十四条规定的内容出具离职证明，不得添加任何内容。

【案件焦点】

离职证明中除载明法律规定的事项外，还载明其他对劳动者不利的事项，劳动者可否要求用人单位重新出具离职证明。

【法院裁判要旨】

北京市延庆区人民法院经审理认为：《中华人民共和国劳动合同法》第五十条第一款规定，用人单位应当在解除或者终止劳动合同时出具解除或者终止劳动合同的证明，并在十五日内为劳动者办理档案和社会保险关系转移手续。《中华人民共和国劳动合同法实施条例》第二十四条规定，用人单位出具的解除、终止劳动合同的证明，应当写明劳动合同期限，解除或者终止劳动合同的日期、工作岗位、在本单位的工作年限。从上述条文可知，用人单位出具解除或终止劳动合同证明仅限于写明劳动合同期限、解除或终止劳动关系日期、工作岗位、在本单位的工作年限，并未包括解除劳动关系的原因或涉及劳动者能力、品行等情况的描述。本案中，公路建设公司于2019年12月12日为杨某出具了离职证明，但该证明并未按照上述法律规定的内容进行书写，且带有涉及对劳动者能力、品行等情况的描述，为杨某再就业增加了不利因素，故杨某要求公路建设公司重新为其开具符合相关法律规定的离职证明，于法有据，应予支持。

公路建设公司虽同意为杨某重新出具离职证明，但坚持要在离职证明中对离职原因及是否与公路建设公司存在劳动争议的情况进行客观描述，该内容不利于杨某再次就业，亦不符合相关法律规定，故对公路建设公司的答辩意见不予采纳。

北京市延庆区人民法院依照《中华人民共和国劳动合同法》第五十条第一款、《中华人民共和国劳动合同法实施条例》第二十四条之规定，判决如下：

公路建设公司于本判决生效后七日内重新为杨某出具符合《中华人民共和国劳动合同法实施条例》第二十四条规定内容的解除劳动合同的证明。

二审法院同意一审法院裁判意见。

【法官后语】

用人单位出具的离职证明中包含对劳动者不利的评价，争议焦点在于劳动者可否要求用人单位重新出具离职证明以及离职证明中应当记载哪些事项。兹从以下几点予以说明：

1. 离职证明的重要性

离职证明是用人单位出具的解除、终止劳动关系的证明，其作用主要有二：一是有利于劳动者再就业。根据劳动合同法第九十一条①的规定，新的用人单位为避免招用到尚未与上一家用人单位终止劳动合同的求职者，在签订劳动合同之前往往也需要其提供离职证明。由此，离职证明不仅是劳动者工作经历的证明书，也是其入职新单位的通行证。二是有助于劳动者享受社会保障以及政策红利。

---

① 用人单位招用与其他用人单位尚未解除或者终止劳动合同的劳动者，给其他用人单位造成损失的，应当承担连带赔偿责任。

根据国家有关规定，劳动者领取失业保险金需要用人单位出具离职证明；另外，下岗失业人员再就业或者自主创业时，可享受一定的税收、财政等政策红利，而下岗失业人员要享受这些政策红利就需要原用人单位出具离职证明，证明其符合享受优惠政策的条件。因此，离职证明不仅是劳动关系的重要证明文件，而且对劳动者重新求职、与新用人单位建立劳动关系以及办理失业登记、领取失业保险金、享受税收优惠等密切相关。

2. 离职证明之记载事项

离职证明中应记载的事项，根据劳动合同法实施条例第二十四条规定，离职证明应当写明劳动合同期限、解除或者终止劳动合同的日期、工作岗位、在本单位的工作年限。针对用人单位是否可以就上述之外的事项进行记载，尤其是对劳动者不利的事项，实践中观点并不一致。有观点认为，法律并未禁止用人单位就劳动者在职期间的客观情况进行描述，即使是对劳动者不利的信息，只要记载内容是客观真实的，也不应当被认定为违法，这使得新用人单位能够知悉劳动者在原用人单位的情况，有利于决定是否录用，且亦可促使劳动者在职期间珍惜自己的荣誉，努力工作，避免出现不良行为。亦有观点认为，离职证明记载的内容仅限于劳动合同法实施条例规定的范围，用人单位不得滥用自己的垄断性话语权在未经劳动者同意的情况下记载其他内容，如离职原因、在职期间的工作表现及品行等，这既是为了平衡劳动者与用人单位之间的不平等关系，也是为了保障劳动者的就业权。①

---

① 石文琳：《浅析离职证明有关的法律问题及规范建议》，载《法制与社会》2020年第3期。

从我国规定来看，只对离职证明应当记载的内容作了列举，并未就离职证明的内容进行禁止性规定。实践中不仅有用人单位未及时为劳动者出具离职证明，还有不少用人单位出具的离职证明中载明劳动者工作表现、离职原因、是否存在劳动争议案件甚至个人品行等事项，这严重影响了劳动者的再就业。不少劳动者据此提起诉讼要求用人单位重新出具离职证明，仅记载法律规定的记载事项。

3. 结论性观点

笔者认为，诚如法院所述，我国法律并未规定离职证明中可以记载劳动者“不符合录用条件”及“双方存在劳动争议”等内容。从离职证明的作用来看，其系协助劳动者再就业或享受社会保障以及政策红利，并不承载其他功能，新用人单位为避免用工风险，应当通过档案记录、背景调查等手段去甄选拟录用人员，若离职证明记载对劳动者不利的事项，显然有违其立法初衷。从用人单位出具离职证明的义务性质上看，劳动合同法第五十条规定的劳动者出具离职证明义务是基于诚实信用原则而发生的后劳动合同义务，该义务与劳动合同有较大的关联性，是劳动合同权利义务的延伸。既然用人单位出具离职证明系其义务，并非权利，就应当从有利于劳动者的角度记载相关事项以保障处于相对弱势地位的劳动者，离职证明并非用人单位行使用工评价的管理手段。所以在劳动者未要求的情况下，用人单位出具的离职证明不得记载无关信息，否则劳动者可依法要求用人单位重新出具离职证明并赔偿因此造成的损失。

此外，从民法典第一千零三十二条来看，自然人享有隐私权。任何组织或者个人不得以刺探、侵扰、泄露、公开等方式侵害他人的隐私权。隐私是自然人的私人生活安宁和不愿为他人知晓的私密空间、私密活动、私密信息。私密信息的范围非常广泛，任何私人不愿意公开的信息都可以构成。只要这种隐匿不违反法律和社会公共道德，都构成受法律保护的隐私。[①] 所以劳动者在原单位的工作表现、个人品行以及其与原单位是否存在争议，不管这些信息是积极的还是消极的，只要本人不愿意公开且并非法律所要求必须公开的，个人隐匿这些信息并不违法，也不违反社会公德，原用人单位都不得在离职证明中记载这些事项，使得新用人单位或其他机构获悉这些信息。

编写人：北京市第一中级人民法院　王飞

088　用人单位与不服从合理调岗的劳动者解除劳动合同不构成违法解除

——李某诉化学公司劳动争议案

【案件基本信息】

1. 裁判书字号

北京市大兴区人民法院（2020）京 0115 民初 8309 号民事判决书

2. 案由：劳动争议纠纷

3. 当事人

原告：李某

被告：化学公司

① 最高人民法院民法典贯彻实施工作领导小组主编：《中华人民共和国民法典人格权编理解与适用》，人民法院出版社 2020 年版，第 342 页。

【基本案情】

李某于2011年11月1日入职化学公司，化学公司与李某签订了劳动合同，其中约定：化学公司安排李某从事技术工作；有“单位因生产经营需要”“在特定情况下需要变更工作岗位”等情形之一的，李某同意化学公司变更其工作内容或工作地点；双方一致同意将化学公司依法制定的录用条件、人事规定以及其他专项规则作为本合同的附件，具有与本合同同等的法律效力。2011年11月1日，李某在人事制度确认单上签字，该确认单载明的文件中包括《奖惩管理规则》。

李某入职化学公司后，实际在品质团队下属的售后服务部门工作，其工作职责为：(1) 每日数据录入工作；(2) 品质部门辅助性业务。李某在化学公司实际正常工作到2019年5月31日。从2019年6月1日起，李某正常打卡考勤，但并未实际提供劳动，但化学公司仍按李某的原工资标准向其发放工资。2019年6月6日，化学公司以业务量减少为由，将李某调整至品质团队下属的品质管理部门工作，工作职责仍为每日数据录入工作及品质部门辅助性业务，调岗并未造成其工作地点和工资标准的变化。李某称其有能力胜任调岗后的工作，却拒绝了公司的安排，理由是调岗会导致其加班费降低。此后，化学公司为李某安排品质数据录入及书写工作日志的工作，但在公司反复解释后，李某仍然拒绝。

2019年9月30日、2019年10月8日，化学公司两次以“李某蓄意怠工、不服从上级领导的工作安排、多次口头警告仍不悔改”为由给予李某书面批评教育。李某对化学公司的批评均不认可并拒绝化学公司的工作安排。2019 年 10 月 8 日 17 时，化学公司就李某违纪问题召开惩戒委员会会议，化学公司工会主席参会。最终，参会人员均签字同意给予李某“惩戒解雇”。化学公司依据上述意见于当日向李某送达惩戒通知书，以李某“自 2019 年 6 月起，蓄意怠工、敌视管理者，经屡次批评教育仍不悔改”为由，根据《奖惩管理规则》的规定，决定于 2019 年 10 月 9 日与李某解除劳动合同。

李某曾申请劳动仲裁，要求化学公司向其支付违法解除劳动合同赔偿金，仲裁委并未支持李某。李某遂诉至法院。

【案件焦点】

化学公司与李某解除劳动合同的行为是否构成违法解除。

【法院裁判要旨】

北京市大兴区人民法院经审理认为：关于化学公司与李某解除劳动合同的行为是否合法的问题，应从规章制度、事实和程序三个方面进行分析。

第一，关于规章制度。化学公司有权依据《奖惩管理规则》对李某进行管理，而其明确规定化学公司有权与蓄意怠工、敌视管理者，经批评教育两次仍不悔改的劳动者解除劳动合同，故化学公司与李某解除劳动合同的行为具有规章制度依据。

第二，关于事实。首先，根据双方在劳动合同中的约定，化学公司可以根据生产经营需要或者特定情况需要变更李某的工作内容，故化学公司调整李某的工作内容具有合同依据。其次，根据生产经营需要，合理调整劳动者的工作岗位或工作内容属于用人单位的自主用工行为。对于化学公司调整李某工作内容的合理性问题，李某入职后在品质团队下属的售后服务部门从事数据录入和品质部门辅助性业务工作。化学公司通知将李某调整至品质团队下属的品质管理部门工作。调整后，李某的工作内容中的品质部门辅助性业务不变，数据录入工作的内容发生了变化，李某的工作地点和工资标准不变。可见，化学公司对李某的工作内容的新安排与原工作内容并无实质差别，而李某亦认可其有能力胜任上述工作。化学公司对李某新的工作内容的安排并无不合理之处，李某有义务予以配合。李某关于上述工作内容的调整会导致其工作对接对象范围的变化的主张，不具有正当性；在李某拒绝接受化学公司新的工作内容安排的情况下，其关于加班大量减少而导致其收入水平降低的主张，亦欠缺合理性。最后，虽然李某不服从化学公司的工作安排的做法存在明显不当、不具有合理性，但化学公司在继续向李某支付工资的情况下，仍反复向李某进行解释并要求其开展所安排的工作，而李某却一再拒绝，并以在工作时间蓄意怠工应对化学公司的工作安排。在此情况下，化学公司先后给予李某两次批评教育，并基于此认定李某的行为构成严重违反规章制度，并无不当。

第三，关于程序。根据已查明的事实，化学公司在与李某解除劳动合同前，已经征得了工会的同意，故化学公司与李某解除劳动合同的行为符合法定程序。

综上，化学公司与李某解除劳动合同的行为，具有事实依据，符合法律和化学公司的规章制度的规定；李某关于要求化学公司支付违法解除劳动合同赔偿金的诉讼请求，没有依据，不予支持。

北京市大兴区人民法院依据《中华人民共和国劳动合同法》第三十九条第二项、第四十三条之规定，判决如下：

驳回李某的全部诉讼请求。

判决后，双方当事人均未上诉，本判决现已生效。

【法官后语】

本案的核心问题系化学公司与李某解除劳动合同的行为是否合法，在审判实践中，应从规章制度、事实和程序三个方面进行分析。

1. 关于规章制度的问题

首先，在用人单位与劳动者解除劳动合同的劳动争议案件中，由用人单位来证明其解除劳动关系具有相应的制度依据。用人单位需证明劳动者确认、收悉、知晓相应的规章制度。实践中，通常的做法有：用人单位与劳动者在签订劳动合同的过程中便约定将用人单位的规章制度作为劳动合同的附件，与劳动合同具有同等法律效力；用人单位向劳动者发放或者公示相应的规章制度，劳动者签署确认单表明其已收到并阅读了该规章制度；用人单位就规章制度组织了劳动者培训学习，劳动者在培训签到表上签字。其次，“严重违反用人单位的规章制度”，何为“严重”？看似是一模糊概念，但其实是法律在赋予用人单位权利，这就需要用人单位在规章制度中结合自身经营特点和用工管理方式对“严重”进行明确的界定。倘若用人单位忽视法律赋予的权利，仅仅在制定规章制度的过程中照搬法律的规定而非依据具体情况进行明确界定，便有极大可能滥用“严重违反用人单位规章制度”这一款项从而导致败诉的风险。本案中，化学公司为证明其公司将《惩戒管理规则》送达李某的事实，提交了李某签字的人事制度确认单，双方亦在劳动合同中约定了将《奖惩管理规则》作为劳动合同的附件，充分证明化学公司有依据《奖惩管理规则》对李某进行管理。《奖惩管理规则》中对何为“严重违反规章制度”达到惩戒解除处分的情形也进行了明确的界定。

2. 关于事实的问题

即劳动者是否存在规章制度中达到解除惩戒的行为。本案中，李某确实存在《奖惩管理规则》中的足以达到“惩戒解雇”的“蓄意怠工、敌视管理者，经批评教育两次仍不知悔改”的行为。但需要额外考虑的是，李某蓄意怠工是因其不同意化学公司对其调岗的安排。此处引申出的一个问题是用人单位调岗是否具有合理性。通常来讲，单纯的调岗属于用人单位自主经营权的问题，属于私权，法院作为公权力机构，一般不会介入。但在涉及劳动者不服调岗决定最终导致双方劳动关系解除的诉讼中，法院会依职权审查用人单位调岗的行为是否具有合理性。法院审查用人单位调岗是否具有合理性时，通常考虑如下几个因素：调岗是否具有正当的理由；劳动者的工资有无明显降低；新调整的岗位是否超出劳动者的专业和技能水平（劳动者能否胜任新岗位的工作）；工作地点是否有调整（如调整，还需考虑新调整的工作地点是否会对劳动者造成不利的影响）。

3. 关于程序的问题

根据劳动合同法第四十三条，对组建工会的用人单位，在单方解除劳动合同的情况下，应通知工会并征求工会的意见。此外仍需注意的是《最高人民法院关于审理劳动争议案件适用法律问题的解释（一）》第四十七条规定，即使用人单位在与劳动者解除劳动合同时并未履行上述手续，但在起诉前补正的，也可视作符合法定的解除程序。

编写人：北京市大兴区人民法院　毛希彤

089 劳动合同协商解除时所附“条件”或“期限”的效力认定

——高某诉图书公司劳动争议案

【案件基本信息】

1. 裁判书字号

北京市第三中级人民法院（2019）京 03 民终 9395 号民事判决书

2. 案由：劳动争议纠纷

3. 当事人

原告（上诉人）：高某

被告（被上诉人）：图书公司

【基本案情】

高某于 2014 年 3 月 20 日入职图书公司，担任销售一职，双方签订了期限自 2014 年 3 月 20 日起的无固定期限劳动合同。2016 年 4 月 27 日，双方签订《协商解除协议书》，协商解除双方劳动关系，但高某在协议书的落款处签写了“此协议仅在本人与公司无任何销售佣金和费用报销争议前提下生效，否则无效”。协议签订后，图书公司向高某支付了协议约定款项。后，高某入职新的工作单位。

2017 年 3 月，高某以图书公司为被申请人向北京市海淀区仲裁委（以下简称海淀仲裁委）申请仲裁，认为与图书公司签订《协商解除协议书》时，其一直等待公司支付报销款及佣金，因此在协议书落款处签写了“此协议仅在本人与公司无任何销售佣金和费用报销争议前提下生效，否则无效”。现图书公司存在未结清报销款情形，《协商解除协议书》未生效，故要求撤销《协商解除协议书》，继续履行双方的劳动合同。图书公司认为协议已履行完毕，且高某已找到新的工作，因此不应继续履行双方的劳动合同。

另，2017 年 6 月，高某再次以图书公司为被申请人向海淀仲裁委申请仲裁，要求该公司支付绩效工资，交通费、餐费等报销款。海淀仲裁委驳回其仲裁请求。高某不服，诉至北京市海淀区人民法院（以下简称海淀区法院），海淀区法院经审理后判决：一、图书公司为高某报销交通费、餐费、通信费共计 15315.8 元；二、驳回高某的其他诉讼请求。双方均未上诉，该判决已生效。

【案件焦点】

1. 高某在《协商解除协议书》中签写的附加条件“此协议仅在本人与公司无任何销售佣金和费用报销争议的前提下生效，否则无效”的效力问题；2. 高某与图书公司的劳动合同能否继续履行。

【法院裁判要旨】

北京市朝阳区人民法院经审理认为：高某与图书公司于 2016 年 4 月 27 日签订的《协商解除协议书》载明“协议自双方签署之日起生效”，该协议落款处有被告的签章及原告的签字，现未有证据显示签订该协议时存在欺诈、胁迫或乘人之危的情形，故该协议自双方签订之时生效。现图书公司已依照协议向高某支付了约定的款项，该协议已履行完毕，高某虽在该协议落款签字处写有“此协议仅在本人与公司无任何销售佣金和费用报销争议前提下生效，否则无效”，但现有证据及当事人陈述显示高某系在双方签订《协商解除协议书》并已履行完毕之后，另行就销售及费用报销的争议进行主张，高某以此行为作为之前签订且已履行完毕的《协商解除协议书》的约束条件，并以此为由主张《协商解除协议书》未生效，明显不妥。另，本案中，高某认可签订《协商解除协议书》后已到新的工作单位工作，图书公司亦不同意继续履行双方劳动合同，故对高某要求继续履行双方劳动合同的诉讼请求，不予支持。

北京市朝阳区人民法院依照《中华人民共和国劳动争议调解仲裁法》第六条、《最高人民法院关于民事诉讼证据的若干规定》第二条之规定，判决如下：

驳回高某的诉讼请求。

高某不服原审判决，提起上诉。北京市第三中级人民法院经审理认为：本案二审期间的争议焦点在于双方之间能否继续履行劳动合同。高某主张要求继续履行其与图书公司的劳动合同。图书公司不予认可，其称双方之间已经于 2016 年 4 月 27 日解除劳动关系，且高某已入职其他公司，无法继续履行原合同。一审法院对高某要求继续履行双方劳动合同的诉讼请求不予支持，并无明显不当。高某的上诉请求没有事实及法律依据，一审法院判决尚属合理，应予维持。

北京市第三中级人民法院依照《中华人民共和国民事诉讼法》第一百七十条第一款第一项之规定，判决如下：

驳回上诉，维持原判。

【法官后语】

一般而言，只有在用人单位违法解除劳动合同的情况下，劳动者才享有主张继续履行劳动合同的权利，但本案系双方协商一致解除劳动合同，该情形下劳动者能否主张“继续履行”？在本案所涉的情况中，双方的劳动合同又能否继续履行呢？

就本案而言，劳动者自行在《协商解除协议》中附加“此协议仅在本人与公司无任何销售佣金和费用报销争议的前提下生效”的条件，并未获得用人单位的确认，因此未达到变更协议内容的目的，且劳动者在签订解除协议后不久便入职新的工作单位，约一年后才另行通过诉讼的方式主张用人单位支付其销售佣金及费用报销，此时，距双方签订《协商解除协议》长达两年之久。综合上述情况，双方已不具备继续履行劳动合同的条件，故本案未支持劳动者的主张。但若不存在上述情况，而是双方在协商解除劳动合同时附加了“条件”或者“期限”，如何认定其效力？是否与平等民事主体间订立的附条件或者期限的合同性质一致呢？由此引申出本案的另一个争议焦点，即在劳动合同协商解除时，劳动双方能否约定附加条件或者期限，所附的条件或者期限是否会影响劳动合同解除的效力？

我们知道，在劳动双方订立劳动合同时不可约定“解除的条件”，因此只有在法定情形下，才可以解除劳动关系，但双方协商解除劳动时，附加了条件或者期限，由此产生了泛化的“解除权”，而“解除权”在学理上是一种形成权，原则上不可附条件和期限。这是因为，如果允许权利人设置“条件”或“期限”，会使法律关系处于不确定的状态，但依当事人约定而附条件或期限的形成权的效力如何认定，目前尚未有统一的意见。有一种观点认为，形成权不得附条件或期限，如果附了条件或期限，所附条件或期限均为无效。还有一种观点认为，形成权不得附条件或期限是形成权本质特征的衍生，因此附了条件或期限的形成权因不再具有形成权的属性而不应被认定为形成权。笔者认为，对附了条件或期限的形成权效力的认定，应以全面核查当事人真实意思为前提，充分尊重其意思自治，但所附的条件或期限如果是不可能成就的条件、不确定期限的，所附的条件、期限均为无效。

需注意的是，劳动关系项下的“意思自治”并非毫无限制。劳动关系的主体兼具平等性与隶属性、内容兼具人身性和财产性等特点，正因如此，规范劳动关系的法律规则突破了民法中关于合同平等保护的原则，对劳资双方，尤其是用人单位的意思自治进行了限制，而给予劳动者倾斜性的保护。正如我国劳动法、劳动合同法等规范劳动关系的法律规范，旨在保护劳动者权益的基础上，实现劳资双方力量的相对平衡。因此，如果所附的条件或期限系免除用人单位的责任而排除劳动者的权利的，则所附条件或期限显失公平，应属无效。

综上，对附条件和期限的形成权效力的认定，应全面核查当事人的真实意思并尊重其意思自治，但对意思自治应加以限制，即通过控制“任意”意思自治的产生，对意思自治进行实质性、深层次的保护，以期建立和发展和谐、稳定的劳动关系。

编写人：北京市朝阳区人民法院　李军

090 劳动者能否就解除劳动合同协议中列明的劳动争议事项另行主张相关权利

——丁某诉啤酒公司劳动争议案

【案件基本信息】

1. 裁判书字号

北京市平谷区人民法院（2019）京0117民初5153号民事判决书

2. 案由：劳动争议纠纷

3. 当事人

原告：丁某

被告：啤酒公司

【基本案情】

丁某原为啤酒公司职工，其主张1992年5月入职啤酒公司。2018年12月18日，啤酒公司作为甲方（用人单位）与作为乙方（劳动者）的丁某签订《协商解除劳动合同协议书》。上述协议书的主要内容为：甲乙双方一致同意双方劳动合同于2018年12月18日解除；乙方确认自1994年1月14日起与甲方建立劳动合同关系，在甲方工作年限共计为24年11个月，乙方从甲方提前获得经济补偿金的年限为0年0个月，乙方因本次解除合同可享受的经济补偿年限为26年9个月，乙方经济补偿金补偿基数为4768元/月，甲方因本次劳动合同解除应向乙方支付经济补偿金共计 169264 元；甲方为乙方结算月度工资至 2018 年 12 月 31 日；自本协议约定的劳动合同解除之日前，尚需向乙方支付工资 3473.91 元；甲方为乙方依法缴纳社会保险和住房公积金至 2018 年 12 月；甲方自愿向乙方支付 2018 年度的年终奖共计 3000 元，乙方对此无任何异议；乙方确认甲方已经和乙方签订了劳动合同，并且在本协议签署前完全依法履行了用人单位应当履行的全部支付和缴费义务，包括但不限于工资、加班费、福利费、社会保险费、住房公积金等，乙方和甲方之间无任何其他劳动争议或民事争议事项等。丁某承认啤酒公司已经履行了协议约定的付款义务。

2018 年 12 月 13 日，丁某向平谷区仲裁委申请仲裁，要求支付 2004 年 1 月 1 日至 2016 年 9 月 30 日期间延时加班工资 6028.8 元。2019 年 3 月 13 日，平谷区仲裁委作出裁决书，驳回丁某的全部申请请求。啤酒公司服从仲裁裁决，丁某不服并提起诉讼。

【案件焦点】

丁某与啤酒公司签署解除劳动合同协议书后，能否就协议中列明的劳动争议事项另行主张相关权利。

【法院裁判要旨】

北京市平谷区人民法院经审理认为：当事人对自己提出的诉讼请求所依据的事实或者反驳对方诉讼请求所依据的事实有责任提供证据加以证明，没有证据或者证据不足以证明当事人的事实主张的，由负有举证责任的当事人承担不利后果。本案中，啤酒公司与丁某于 2018 年 12 月 18 日就解除劳动合同、工资、社会保险费、住房公积金、年终奖等达成协议，并在协议中约定“丁某确认啤酒公司已经和丁某依法签订了劳动合同，并且在本协议签署前完全依法履行了用人单位应当履行的全部支付和缴费义务，包括但不限于工资、加班费、福利费、社会保险费、住房公积金等，丁某和啤酒公司之间无任何其他劳动争议或民事争议事项”的兜底性条款。上述兜底性条款亦是协议的组成部分。啤酒公司与丁某签订的协议书不违反法律、行政法规的强制性规定，且不存在欺诈、胁迫或者乘人之危之情形，应当认定有效。丁某与啤酒公司签订协议属于权利自由处分行为，是利弊考量后的结果，若其再就协议中列明的劳动争议事项主张相关权利，有违诚实信用。故丁某要求啤酒公司支付其延时加班费的诉讼请求，不予支持。

北京市平谷区人民法院根据《中华人民共和国劳动合同法》第三十六条、《最高人民法院关于审理劳动争议案件适用法律若干问题的解释（三）》第十条之规定，判决如下：

驳回丁某的诉讼请求。

判决后，双方当事人均未上诉，本判决现已生效。

【法官后语】

劳动合同的解除，是指在劳动合同有效成立以后，当解除的条件具备时，因当事人一方或双方的意思表示，使劳动合同效力消灭的行为。我国法律规定劳动合同的解除有两种方式：法定解除和协议解除。法定解除是指在劳动合同的履行过程中，当出现法律法规规定的解除情形时，无需双方协商一致，享有单方解除权的当事人可以单方意思表示提前解除劳动合同的法律行为。协议解除是指在劳动合同的履行过程中，经当事人双方协商一致后解除劳动合同的法律行为。协议解除劳动合同要遵循意思自治原则、平等自愿原则、公平原则、诚实信用原则。

《最高人民法院关于审理劳动争议案件适用法律问题的解释（一）》第三十五条第一款规定，劳动者与用人单位就解除或者终止劳动合同办理相关手续、支付工资报酬、加班费、经济补偿或者赔偿金等达成的协议，不违反法律、行政法规的强制性规定，且不存在欺诈、胁迫或者乘人之危情形的，应当认定有效。从条文来看，劳动关系解除时，用人单位与劳动者可以就双方之间尚未结算的工资、加班费及各项补偿等进行协商后一并作出处理。如果不存在违反法律规定的情形或者存在欺诈、胁迫或者乘人之危的情形，则协议就是合法、有效的，必须按照协议的约定进行履行。另外，如果协议存在重大误解或者显失公平情形的，则协议有效，但是可以向法院请求撤销。

实践中，协商解除劳动合同是一种最为常见的劳动合同解除方式。一般来讲，双方就劳动合同解除达成了一致，按照协议约定履行义务即可。但是实务中解除劳动合同协议签订后产生了很多纠纷，究其主要原因有两点：第一，双方并没有就各自的权利和义务问题进行平等、友好的协商，劳动者认为协议存在欺诈、胁迫、乘人之危、重大误解、显失公平等情形；第二，用人单位事先拟定好条款，并且通过限定时间节点让劳动者签字，如果劳动者签字就能得到利益，如果超过某个时间可能利益会受损。因为时间紧迫，劳动者往往尚未考虑清楚就在协议上签了字，结果劳动者一方该得的利益没有得到，签字后又反悔。在第一种情况下，双方的解除劳动合同的法律效力存在问题，可能是无效的或者是可变更、可撤销的合同，劳动者可以诉至法院请求确认合同效力；

在第二种情况下，双方的解除劳动合同有效，即使诉至法院也不能得到法院支持。

劳动合同法中未有关于欺诈、胁迫、乘人之危、重大误解、显失公平的法律制度，但是可以借鉴《中华人民共和国民法典》。诚实信用原则是民法的基本原则，也是合同法上的一项基本原则。本案中，没有证据证明丁某是在被胁迫、受欺诈、对方乘人之危的情形下签订协议，协议内容也未反映出对某类问题有重大误解、有显失公平的情形。丁某作为完全民事行为能力人理应知晓并应当承担签署协议可能产生的相应法律后果，丁某与啤酒公司签订的协议已经就加班工资确定啤酒公司在本协议签署前完全依法履行了应当履行的支付义务且无任何其他劳动争议或民事争议事项，属于权利自由处分行为。如果丁某不同意啤酒公司拟定的条款可以不签字，丁某签字后又反悔，就协议中列明的劳动争议事项再主张相关权利，实属有违诚实信用原则。

所以，用人单位或者劳动者在签订解除协议时一定要全面考虑签订协议是否符合自己的真实意愿、是否公平公正，因为一旦签订，协议就会发生法律效力。

编写人：北京市平谷区人民法院　马豫林　谢颖霞

091 劳动者违反基本职业道德时用人单位能否行使解除权

——贸易公司诉孙某劳动争议案

【案件基本信息】

1. 裁判书字号

北京市第一中级人民法院（2019）京01民终5362号民事判决书

2. 案由：劳动争议纠纷

3. 当事人

原告（被上诉人）：贸易公司

被告（上诉人）：孙某

【基本案情】

孙某于2014年1月6日入职贸易公司任配送员，自2015年1月起任十三陵站站长，负责该站管理工作。

2018年9月5日，贸易公司向孙某送达《解除劳动合同通知书》，以“2018年1月至4月违反劳动纪律、行为规范及法律法规，侵占公司财产、私设小金库；私自截留、扣押公司或者客户物品、重要文件、快件、款项、有价证券，违反法律规定及公司制度”为由，与其解除劳动合同。

后孙某提起劳动仲裁，主张违法解除赔偿金、未休年休假工资等款项，劳动仲裁裁决贸易公司向孙某支付违法解除劳动合同赔偿金51252.3元、2016年1月1日至2018年9月5日未休年休假工资6126.72元，驳回孙某的其他请求。孙某同意仲裁裁决结果，贸易公司不同意支付违法解除劳动合同赔偿金，遂诉至法院。

就解除事由，贸易公司主张孙某利用商户账户违规揽收个人快件从中牟利2957.8元并提交录音为证。孙某认可证据真实性，自述“2018年年初公司开始开展快递揽收业务，一直要求我们拓展客户。有营业执照的商户注册成为用户后，在快递费方面可享受折扣。经站点配送员介绍，‘吉×公司’以商户身份注册成为用户。认可曾使用该公司名义揽收个人快件，获取快递费差额——即快递员按全款向个人寄件人收取快递费，快递费汇总到我这里；在系统里统一用‘吉×公司’的商户账户登记快件，按折扣后的优惠价格、由我按月结单金额上交公司。全额快递费与折扣快递费间的差额累计2957.8元，我请大家吃饭了”。

就制度依据，贸易公司提交《劳动合同》《奖惩管理制度》《〈员工手册〉修改提案》及职代会投票材料为证。其中，《劳动合同》载明，劳动者严重失职，营私舞弊，给公司造成重大损害的，公司有权解除劳动合同；《奖惩管理制度》载明，“私自挪用、使用公司资产三次以上或借此获得不当得利、或造成重大影响或重大损失的……私设小金库，私自罚款的”，公司有权辞退。经询，孙某对《奖惩管理制度》的真实性不予认可，主张并未收到该材料，对其余证据的真实性均无异议。

【案件焦点】

贸易公司所作出的解除决定是否合法。

【法院裁判要旨】

北京市海淀区人民法院经审理认为：双方对仲裁裁决的未休年休假工资均无异议，则贸易公司应向孙某支付 2016 年 1 月 1 日至 2018 年 9 月 5 日期间未休年休假工资 6126.72 元。

就双方争议的解除决定合法性。从解除事由而言，其一，孙某确实实施了“以注册商户的账户揽收个人快件”的行为，取得并自行处分了站点上全额快递费与折扣快递费之间的“差额”。其二，虚构商务揽收件的行为并非偶发，而是在一定时期内持续发生的违规行为。孙某的行为违反了最基本的职场诚信。其三，虚构商务揽收件的行为不仅产生了“差额”这一不当利益，而且使得公司以“折扣”为手段所试图达到的商业目的（吸纳商业用户、吸收商业揽收件）无法实现。据此，贸易公司作出的解除决定具有正当事由。

从制度依据而言，其一，双方《劳动合同》中曾约定营私舞弊，给公司造成重大损害的，用人单位可以解除劳动关系。贸易公司已举证证明《奖惩管理制度》的制定经过了民主程序。其二，基本的劳动纪律与职业道德。《中华人民共和国劳动法》第三条第二款规定“劳动者应当……遵守劳动纪律和职业道德”，该条款是法律对于劳动者提出的最基本要求。据此，贸易公司作出的解除决定具有制度依据。

再从解除决定的送达程序而言，孙某确已收到贸易公司发出的书面解除通知，即解除通知送达程序合法。

基于以上几点，贸易公司作出的解除决定合法，故其公司仅需向孙某支付 2016 年 1 月 1 日至 2018 年 9 月 5 日未休年休假工资 6126.72 元，而无需向孙某支付违法解除赔偿金 51252.3 元。

北京市海淀区人民法院依据《中华人民共和国劳动法》第七十

九条、《中华人民共和国劳动合同法》第三十九条之规定，判决：

一、贸易公司于判决生效之日起七日内向孙某支付未休年休假工资 6126.72 元；

二、贸易公司无需向孙某支付违法解除劳动合同赔偿金 51252.3 元。

二审法院同意一审法院裁判意见。

【法官后语】

本案的核心争议为贸易公司解除决定的合法性，依据在案证据，则指向：在规章制度及劳动合同中没有作出具体规定或规定不明的情况下，当劳动者违反基本职业道德时，用人单位能否解除劳动合同？

为保护劳动者的合法权益，维护劳动关系的稳定性，避免用人单位滥用优势地位随意与劳动者解除劳动关系，现行劳动法律法规对于用人单位的单方解除权作出了相对严苛的限制性规定。以劳动者存有过失时用人单位行使单方解除权为例，《中华人民共和国劳动合同法》第三十九条对此作出了明确规定，将“过失”限定在六种情形。实务中，用人单位最常援引，也往往被裁判机关判定为“违法解除”的事由即“严重违反用人单位的规章制度”这一项。究其原因，大多是用人单位虽穷尽能力举证证明劳动者做出了某种行为，但《劳动合同》《规章制度》《员工手册》中没有明确将该特定行为列为可以解除劳动合同的情形之一或《劳动合同》《规章制度》《员工手册》中规定的“违规行为”过于粗略，缺乏操作可能。

以本案为例，贸易公司与孙某在《劳动合同》中约定劳动者严重失职，营私舞弊，给用人单位造成重大损害的，用人单位有权行使解除权；《奖惩管理制度》中则规定劳动者私自挪用、使用公司资产三次以上或借此获得不当得利、或造成重大影响或重大损失，私设小金库，私自罚款时用人单位享有解除权。但上述规章制度中“严重失职”“造成重大损害”“造成重大影响”等均属于主观判断范畴。此时，对于本案的裁判，可能有如下两种截然不同的观点。

观点一：孙某冒用商户账户揽收个人业务从中获利2957.8元，相对而言该获利金额较低。贸易公司的《劳动合同》《奖惩管理制度》中并未对“造成重大损失”的金额标准作出明确规定，因此贸易公司作为劳动关系中的管理者、规章制度的制定者，应就此承担不利责任。贸易公司在未经批评教育的情况下径行做出解除决定，存有不当。故贸易公司作出的解除决定缺乏明确的规章制度依据，构成违法解除。

观点二：孙某冒用商户账户揽收个人业务从中获利2957.8元，该金额虽相对较低，但孙某系网点站长，对快递站点进行日常管理，应带头遵守劳动纪律，为下属员工起表率作用；孙某实施的“以注册商户的账户揽收个人快件”的行为，并非偶然为之，而是在一定时期内持续发生，且孙某有获取“差额”的主观故意；孙某的行为直接导致贸易公司损失了快递费，实质上使得贸易公司以“折扣”为手段所试图达到的商业目的无法实现。因此，孙某的行为违反了基本的职业道德，属于严重失职，贸易公司作出的解除决定符合规章制度及相关法律规定，不构成违法解除。

显然，本案的裁判持后一种观点。理由如下：

其一，根据《中华人民共和国劳动法》第三条第二款的规定，劳动者应当遵守劳动纪律和职业道德。换言之，遵守劳动纪律、恪守职业道德是劳动法律法规对劳动者做出的基本要求，是劳动者在履行劳动合同、提供劳动期间应满足的最起码要求。诚然，用人单位虽可以通过《劳动合同》、规章制度在劳动纪律方面对劳动者提出明确、具体的要求，但生产生活的客观现实决定，用人单位的规章制度无法穷尽所有违纪情形，无法以列举的形式为劳动者的一言一行设定底线标准。因此，在理解与适用《中华人民共和国劳动合同法》第三十九条时，应结合《中华人民共和国劳动法》第三条，对劳动者违纪情形下用人单位享有的解除权作出兜底性规定，在劳动者的行为明显有违基本职业道德时，赋予用人单位单方解除权。

其二，司法裁判连接着法律规定与社会现实，特定案件的裁判具有示范效应，因此民事案件的裁判，应在基本层面上符合一般理性人的价值判断及公序良俗的基本认知。因此，在审理劳动争议案件，尤其是解除决定合法性的裁判方面，既应保护劳动者的合法权益，又应尊重用人单位的基本用工管理权。唯有如此，方能助力于和谐稳定劳动关系的建立与维护，最终实现提升劳动者的职业素养、推动企业健康发展的目标追求。

编写人：北京市海淀区人民法院　蔡笑

092　一定条件下用人单位可在缺少规章制度明确规定时与劳动者解除劳动合同

——第六医院诉高某劳动争议案

【案件基本信息】

1. 裁判书字号

北京市第二中级人民法院（2019）京 02 民终 13465 号民事判决书

2. 案由：劳动争议纠纷

3. 当事人

原告（上诉人）：第六医院

被告（被上诉人）：高某

【基本案情】

高某在第六医院担任电工、制冷岗位工作。2018 年 9 月，第六医院以高某严重违反规章制度为由与高某解除劳动合同。

第六医院称其单位规定中央空调配电室严禁非该部门人员进入，严禁使用小家电等家用电器，而高某违反规定安排其妻子住在该处并使用小家电，严重威胁了医患人员的生命安全，并提交了“中央空调配电室照片”“检讨书”作为证据。“中央空调配电室照片”显示，配电室悬挂了“中央空调室安全防火制度”，该制度第 2 条为“机房及配电室内非工作人员不得入内，未经批准，现场不得使用明火”，第 5 条为“不准私自使用电炉、酒精炉及小家电”。高某所写“检讨书”亦载明：“医院明文规定不得带非工作人员进入配电室，不得私自使用电炉、小家电。但我前几天带媳妇儿、孩子进入配电室，并住在值班室。且配电室和值班室有小家电使用，结果导致违反医院规章制度……”

高某则主张第六医院并未就解除劳动合同的情形进行规定，亦未向其送达相关的规章制度，故第六医院的解除行为属于违法解除，应支付其违法解除劳动合同经济赔偿金。且高某主张其存在未休年假、休息日加班及法定节假日加班情况，但第六医院未支付未休年休假工资及加班工资。故高某请求法院确认双方自 2005 年 9 月 5 日至 2018 年 10 月 8 日存在劳动关系；判决第六医院支付违法解除劳动合同赔偿金、2005 年 9 月 5 日至 2018 年 10 月 8 日未休年假工资、休息日加班工资、法定节假日加班工资；支付 2018 年 9 月 1 日至 2018 年 9 月 30 日生活费。

【案件焦点】

用人单位规章制度未作明确约定时，如劳动者存在严重违反劳动纪律或职业道德的行为，用人单位与劳动者解除劳动合同的行为是否构成违法解除。

【法院裁判要旨】

北京市东城区人民法院经审理认为：双方所签订劳动合同已明确高某于 2005 年 9 月 5 日入职第六医院，故对于高某所称 2005 年 9 月 5 日入职的主张予以采信。关于劳动合同解除时间，高某认可 2018 年 10 月 8 日第六医院口头通知解除劳动合同，第六医院不能证明 2018 年 9 月 18 日通知高某解除劳动合同，故认定双方于 2018 年 10 月 8 日解除劳动合同。

关于违法解除劳动合同赔偿金。第六医院以高某严重违反规章制度解除劳动合同，但第六医院并没有规定高某的行为属于解除劳动合同情形的规章制度。故高某主张第六医院支付违法解除劳动合同赔偿金，应予以支持。

关于未休年休假工资。根据高某的入职时间，2016 年起应按每年 10 天休假的标准休年休假，经核算其 2016 年度、2017 年度均应休年休假 10 天，2018 年 1 月 1 日至 2018 年 10 月 8 日应休年休假 7 天。高某主张 2005 年至 2015 年未休年休假，应承担举证责任，其不能证明上述期间未休年假，对其该项主张不予支持。第六医院未提交证据证明高某在2016年1月1日至2018年10月8日已休年休假，应承担举证不能的不利后果。依据《职工带薪年休假条例》第五条第三款之规定，第六医院应向高某支付2016年1月1日至2018年10月8日未休年假工资15233.1元。

关于加班工资。劳动者主张加班费的，应当就加班事实的存在承担举证责任。高某提交的证据不能证明其主张的加班事实，对其该项主张不予支持。

关于生活费。第六医院出示的“对话录音”中，高某表示第六医院在2018年9月将其停职后仍前往单位，只是没有正常履行工作职责，其他对话内容也不能证明高某在9月未出勤，且第六医院未出具其他证据证明高某2018年9月出勤情况，故对于高某所称2018年9月1日至2018年9月30日正常出勤情况予以采信，故高某主张支付2018年9月1日至2018年9月30日生活费4294.88元，应予支持。

北京市东城区人民法院依照《中华人民共和国劳动合同法》第三十条、第四十六条、第四十七条，《中华人民共和国劳动争议调解仲裁法》第二十七条，《职工带薪年休假条例》第五条第三款之规定，判决如下：

一、确认高某与第六医院2005年9月5日至2018年10月8日存在劳动关系；

二、自本判决生效之日起七日内，第六医院向高某支付违法解除劳动合同赔偿金165659.9元；

三、自本判决生效之日起七日内，第六医院支付高某2016年1月1日至2018年10月8日未休年假工资15233.1元；

四、自本判决生效之日起七日内，第六医院支付高某2018年9

月 1 日至 2018 年 9 月 30 日生活费 4294.88 元；

五、驳回高某的其他诉讼请求。

第六医院不服一审判决，提出上诉。北京市第二中级人民法院经审理认为：关于劳动关系存续时间、未休年休假工资、加班工资、生活费四项，二审法院同意一审法院裁判意见。

关于违法解除劳动合同经济赔偿金，《中华人民共和国劳动合同法》第三十九条第二项规定，严重违反用人单位的规章制度的，用人单位可以解除劳动合同。本案中，第六医院以高某严重违反规章制度为由解除劳动合同，并提供了照片、高某出具的检讨书以及高某与第六医院人事科科长付某的电话录音等予以佐证。照片显示，配电室墙壁上悬挂有中央空调室安全防火制度，制度规定机房及配电室内非工作人员不得入内，不准私自使用电炉、酒精炉及小家电。另有照片显示，配电室桌子上堆放有炒锅、碗碟，墙壁上有油烟污渍。结合高某本人出具的检讨书和电话录音内容，高某存在带妻子、孩子进入配电室，并在配电室使用小家电的情况。配电室是第六医院的特殊场所，其消防安全事关第六医院医患及全体职工的生命财产安全。严格遵守配电室安全防火制度、维护配电室正常运转是高某的基本职责。如果放任其在该场所内漠视消防安全、火灾隐患，将可能对第六医院的全体职工及就医病人等社会公众的生命安全产生巨大威胁，因此第六医院严格要求高某遵守最基本的劳动纪律并无不当。高某在明知上述安全防火制度的情况下，仍将妻子、孩子带入配电室，并在配电室使用小家电，严重违反了用人单位的规章制度，亦违背了该岗位劳动者应当遵守的最基本劳动纪律。《中华人民共和国劳动法》第三条第二款规定：“劳动者应当完成劳动任务，提高职业技能，执行劳动安全卫生规程，遵守劳动纪律和职业道德。”遵守劳动纪律和职业道德是对劳动者最基本的职业要求，即便在规章制度未作出明确规定、劳动合同亦未明确约定的情况下，如劳动者存在严重违反劳动纪律或职业道德的行为，用人单位亦可以依据《中华人民共和国劳动法》的规定与劳动者解除劳动合同，故第六医院与高某解除劳动合同的行为符合《中华人民共和国劳动法》第三条第二款及《中华人民共和国劳动合同法》第三十九条第二项之规定，并不构成违法解除。一审法院对此认定不当，予以纠正。

北京市第二中级人民法院依照《中华人民共和国民事诉讼法》第一百七十条第一款第二项规定，判决如下：

一、维持一审判决第一项、第三项、第四项；

二、撤销一审判决第二项、第五项；

三、第六医院无需支付高某违法解除劳动合同赔偿金165659.9元；

四、驳回高某的其他诉讼请求；

五、驳回第六医院的其他诉讼请求。

【法官后语】

一般而言，用人单位因劳动者严重违反规章制度而解除劳动合同，符合实体条件及法定程序的，才属于合法解除，否则即构成违法解除。实体条件是指劳动者存在违纪事实且该事实属于用人单位规章制度规定的解除劳动合同的情形。法定程序是指用人单位的规章制度需经民主程序并符合法律规定，且需向劳动者送达或公示；在解除劳动合同前应征求工会（如有）意见。

但值得注意的是，《中华人民共和国劳动法》第三条第二款规定：“劳动者应当完成劳动任务，提高职业技能，执行劳动安全卫生规程，遵守劳动纪律和职业道德。”遵守劳动纪律和职业道德是对劳动者最基本的职业要求，即便在规章制度未作出明确规定、劳动合同亦未明确约定的情况下，如劳动者存在严重违反劳动纪律或职业道德的行为，用人单位亦可以依据《中华人民共和国劳动法》的规定与劳动者解除劳动合同，不构成违法解除。

本案中，一审及二审法院在认定用人单位是否构成违法解除的焦点问题上，产生了不同的判断，由此产生了不同的判决结果。一审法院从用人单位与劳动者解除劳动关系的实体及程序条件出发，基于第六医院没有证据证明高某的行为属于解除劳动合同情形的规章制度的事实，作出了第六医院构成违法解除的认定。上述裁判思路忽视了对劳动者行为的考量，即劳动者违规行为的严重程度及潜在危害、是否属于违背职业要求的原则性错误等。正如二审法院裁判理由部分所论述的，高某所处的电工岗位，负责全院配电用电工作。其在配电室使用小家电的行为，原则性地违背了其岗位赋予他的“维护用电设备，保障医患安全”的劳动纪律与职业道德。因此，二审法院改判认定第六医院不构成违法解除。

其实，如何有效平衡用人单位与劳动者之间的权利义务关系，一直是劳动法的核心问题。一直以来，用人单位都被认为处于两者关系中的强势一方，因此立法者在制定法律条文的过程中，为劳动者提供了倾斜性的保护措施，如未签订劳动合同的双倍工资、违法解除劳动合同经济赔偿金等。在实务中，用人单位与劳动者就是否构成违法解除经常产生争议。如前所述，用人单位与劳动者解除劳动合同，应遵循实体与程序要求，否则即构成违法解除并应支付违法解除劳动合同经济赔偿金。法律为用人单位设置较为严格的解除条件，主要是避免用人单位随意辞退劳动者，增加劳动关系的不稳定性，并为劳动者争取寻找新用人单位的周转时间。但是，劳动法并不是劳动者的“金钟罩、铁布衫”。各个主体利益的实现，应具有一定限度。我国劳动立法对劳动者提供了倾斜性保护，但亦兼顾了用人单位正常经营之需要。只有遵守法律规定、敬业诚信、忠实勤勉的劳动者，才能受到劳动法的保护。其中，劳动者应遵守的最基本的原则就是遵守劳动纪律、恪守职业道德。只有当用人单位和劳动者都遵守劳动法律法规的规定，才能够实现劳动关系的和谐稳定。

编写人：北京市第二中级人民法院　王琳琳

093　以手机定位方式统计考勤时对劳动者旷工的认定

——电商公司诉杨某劳动争议案

【案件基本信息】

1. 裁判书字号

北京市海淀区人民法院（2019）京 0108 民初 3532 号民事判决书

2. 案由：劳动争议纠纷

3. 当事人

原告：电商公司

被告：杨某

【基本案情】

杨某系电商公司推广经理，工作内容为在南京市藁城区推广公司研发的便利店订货软件。2018 年 8 月 28 日，电商公司向杨某发送《解除通知》电子邮件，以杨某上报考勤不合规视为旷工等为由与其解除劳动关系。

后杨某提起劳动仲裁主张违法解除赔偿金等款项，仲裁机构裁决电商公司向杨某支付包含违法解除赔偿金在内的多项款项。电商公司因不服仲裁裁决，诉至法院。

为证明解除决定合法，电商公司提交如下材料为证：（1）《纪律管理条例》及《SFA 使用管理规定》。分别载明：连续旷工 3 日属违反考勤制度，公司有权解除劳动合同。推广经理须下载 SFA 管理软件并开通定位，每天需拜访不少于 10 家客户门店，每次拜访都需拍摄并上传照片打卡，时间点需涵盖 8 小时工作时间，如仅在每日特定时间集中拜访则按旷工处理。（2）杨某 2018 年 1 月至 8 月期间 SFA 打卡记录，其中 7 月至 8 月其每日上传的拜访客户照片数量如下：

	周一	周二	周三	周四	周五
7 月 2 日至 7 月 6 日	0	0	13	13	13
7 月 9 日至 7 月 13 日	13	13	13	13	0
7 月 16 日至 7 月 20 日	0	0	0	0	0
7 月 23 日至 7 月 27 日	1	1	1	0	1
7 月 30 日至 8 月 3 日	0	0	0	0	0
8 月 6 日至 8 月 10 日	1	0	0	0	1
8 月 13 日至 8 月 17 日	1	0	1	14	13
8 月 20 日至 8 月 24 日	14	13	12	13	13
8 月 27 日至 8 月 31 日	14	14	13	14	13

杨某对以上证据均予以认可，但提交如下材料作为反证：（1）2018 年 7 月至 8 月 SFA 记录详单用以证明曾“拜访门店—征

询意向—拍照上传 SFA 打卡—去往下一家门店”。显示：7 月 4 日至 6 日、9 日至 12 日，每日 8 时左右拜访 13 家门店，每日总用时最长为 20 分钟；7 月 23 日至 25 日、7 月 27 日以及 8 月 6 日、10 日、13 日、15 日，每日仅拜访 1 家门店，被访门店的联系人电话相同。(2) 微信截图及电子邮件打印件显示杨某曾在 2018 年 5 月 7 日、6 月 28 日反映 SFA 系统无法正常上传信息。电商公司对证据真实性无异议，但对证明目的不予认可。再经询问，杨某表示无其他证据提交且未能就部分期间每日上传一次信息的情况作出解释说明。

【案件焦点】

能否据杨某上传的 SFA 数据认定其存有旷工情形并以此为由与其解除劳动关系。

【法院裁判要旨】

北京市海淀区人民法院经审理认为：电商公司作为用人单位，依法享有用工管理权；杨某作为劳动者，应遵守相应的规章制度，如实提供相应劳动。本案中，杨某作为推广经理，需自行开发客户，其实际工作地点位于南京，从工作内容及工作地点而言，位于北京的电商公司确实难以在远程情况下直接监督劳动者的劳动情况。故电商公司以 SFA 打卡的形式监督异地销售岗位员工的出勤及工作情况，具有合理性。

据电商公司所提交的 SFA 打卡记录：较于杨某本人此前的打卡情况，7 月 1 日至 8 月 15 日期间的日打卡次数明显有异，部分工作日无记录、部分工作日仅打卡一次。再据杨某本人提交的 SFA 打卡详单：其一，2018 年 7 月虽部分工作日在打卡次数上满足每日 10 次以上的要求，但杨某每日完成 13 家门店拜访工作的总用时最长不超过 20 分钟，大部分用时仅 4 分钟至 5 分钟且集中于 8 时左右，除此时间段外，再无工作打卡记录。加之，杨某自述工作情况为“拜访门店—征询意向—拍照上传 SFA 打卡—去往下一家门店”。鉴此，该部分工作日杨某虽有 10 次以上的打卡记录，但其是否按公司的要求实质上开展了销售工作、提供了劳动存疑。其二，2018 年 7 月及 8 月的部分日期，杨某每日仅完成 1 次打卡且被拜访对象手机号相同。当庭，杨某未能就此作出合理的解释。其三，杨某虽举证主张系统故障无法正常上传信息，但其在 2018 年 5 月 7 日、6 月 28 日反映 SFA 系统无法正常上传与双方争议的 2018 年 7 月、8 月的 SFA 打卡异常间显然缺乏时间上的关联性。在杨某未能给出合理解释并举证的情况下，以上几点即指向：杨某明知相关规章制度，而确实在相当长的一段时期内未能按照公司要求上传 SFA 打卡记录，未能自证工作事实。鉴此，电商公司依照公司规章制度认定杨某旷工并以此为由作出解除决定，具有正当性、合法性，故电商公司无需向杨某支付违法解除赔偿金。①

北京市海淀区人民法院依照《中华人民共和国劳动法》第七十九条、《中华人民共和国劳动合同法》第三十条之规定，判决如下：

一、电商公司于本判决生效之日起七日内向杨某支付 2017 年年终奖差额 3939 元；

二、电商公司于本判决生效之日起七日内向杨某支付 2018 年 8 月 1 日至 2018 年 8 月 22 日工资 3379.31 元；

① 篇幅原因，其余争点不再赘述。

三、电商公司于本判决生效之日起七日内向杨某支付2017年11月至2018年4月以及2018年6月至2018年7月工资差额共计24013.5元；

四、电商公司于本判决生效之日起七日内向杨某支付2017年9月18日至2017年9月30日以及2018年6月高温费335.63元；电商公司无需向杨某支付2018年7月1日至8月28日期间高温费632.18元；

五、电商公司无需向杨某支付违法解除劳动合同赔偿金30000元。

判决后，双方当事人均未上诉，本判决现已生效。

【法官后语】

考勤是企业对劳动者进行管理的一项基本内容，是企业敦促劳动者遵守工作时间及相关劳动纪律的重要制度手段。随着信息技术的不断发展，考勤手段及统计方式也逐渐从人工走向智能，指纹打卡、人脸识别打卡已日渐普及。再随着移动通信技术的发展，基于移动通信网络和互联网技术、依托于手机定位功能的“移动考勤”手段因其突破了固定考勤地点的束缚而被广泛应用于销售等外勤岗位。

本案中，电商公司对劳动者适用SFA软件打卡考勤即属于上述情形。以本案为例，笔者认为，在适用移动考勤（用人单位以手机定位方式统计考勤）的情形下，判定劳动者是否旷工应从如下几方面加以考量：

其一，用人单位对劳动者适用手机定位方式统计考勤有无进行公示，有无必要性、合理性。

以手机定位方式统计考勤，优点是用人单位可以有效掌握劳动者的位置所在及行动轨迹并据此判定劳动者是否在岗，但缺点是可能会涉及对公民隐私权的侵害。因此，在审理此类案件时，应考量用人单位有无就此问题对劳动者进行公示、有无“移动考勤”的必要性及合理性。本案中，电商公司以规章制度的形式将该种考勤方式对外勤进行了公示，且该种考勤方式的适用是为克服异地管理的弊端，有必要性及合理性。

其二，在对劳动者是否旷工进行认定时，应结合双方证据的证明力大小认定案件事实。

考虑到用人单位判定劳动者旷工时会对劳动者作出扣发工资（减少劳动报酬）、解除劳动关系等不同处理，故应由用人单位对此承担举证责任，但在事实认定方面应依据《最高人民法院关于适用〈中华人民共和国民事诉讼法〉的解释》第一百零八条之规定，对本证及反证适用不同的证明标准。结合本案，分析如下：

从本证的角度，即电商公司所提举的证据能否使法官确信杨某存在旷工情形，此时涉及对电子考勤证据的采信与否。曾有观点认为，考勤数据为用人单位所掌控、电子数据易篡改，故对用人单位提交的、未经劳动者书面签字确认的电子考勤数据一概不予认可。对此，笔者认为不妥。于无纸化办公日渐普及的大趋势下，电子数据证据势必在劳动争议案件中大量涌现，对于电子数据证据，不应以其“电子”形式而排除其证明力，而应从该数据的生成、存储、传输、提取是否可靠的角度对其真实性加以判定。具体判定方式可详见2019年修订的《最高人民法院关于民事诉讼证据的若干规定》第九十三条之规定。

从反证的角度，即杨某所提举的证据能否动摇法官所形成的关于其“旷工”的内心确认。通常，劳动者可能提举的反证有如下三类：(1) 既往考勤记录中的缺勤情况及工资正常发放情况，用以证明用人单位并未严格适用考勤制度或用人单位并未对其作出考勤要求；(2) 提报考勤软件故障的电子邮件等证据，用以证明未能打卡归责于软件故障；(3) 沟通记录等证据，用以证明其在“旷工日”实际提供了劳动或已履行请假手续。对于上述反证，需要法官综观全案证据，从证据本身的关联性等方面结合日常经验法则进行判定。

综上，在审理涉“移动考勤”类劳动争议纠纷案件时，应依法对电子数据类证据进行审查并结合双方证据情况对案件事实予以认定。

编写人：北京市海淀区人民法院　蔡笑

094　用人单位拒绝与符合条件劳动者签订无固定期限劳动合同不等同于违法解除

——孟某诉投资公司劳动争议案

【案件基本信息】

1. 裁判书字号

北京市第二中级人民法院（2019）京02民终10574号民事判决书

2. 案由：劳动争议纠纷

3. 当事人

原告（反诉被告、上诉人）：孟某

被告（反诉原告、被上诉人）：投资公司

【基本案情】

孟某于2008年7月24日入职投资公司，担任空调工，双方签订多份劳动合同书，最后一份劳动合同的终止日期为2018年9月30日。双方因续签问题发生纠纷。

投资公司主张2018年8月20日向孟某发出《劳动合同到期前续约意向函》；10月31日向孟某的手机发送短信，内容大致为投资公司同意与其签订无固定期限劳动合同，要求其两日内办理续签手续，逾期视为放弃；11月7日向孟某发出《告知函》，载明拒绝孟某提出的提高薪资待遇、限定岗位工作内容的要求，关于续签劳动合同一事，公司人力资源部于10月31日以短信形式通知其两日内办理续签手续，因逾期视为孟某自动放弃续签，双方劳动合同于9月30日终止，并告知孟某于三个工作日内办理离职手续、完成工作交接并领取剩余工资。孟某认可收到《劳动合同到期前续约意向函》《告知函》，但表示没有收到短信，其主张已向投资公司提出签订无固定期限劳动合同，但是投资公司表示只能续签固定期限劳动合同，且10月19日后不再为其安排工作，不再对其开放考勤，并拒绝让其进入办公区。投资公司表示孟某10月19日后未再出勤，公司不再安排排班并无过错。投资公司支付孟某的工资至9月25日。孟某2018年尚余未休年休假9天。

孟某提交银行交易明细，拟通过之前发放年终奖的记录证明投资公司尚未支付2018年年终奖，投资公司则认为双方并无任何关于年终奖的书面约定，用人单位有权自主决定是否发放年终奖。

2018年11月19日，孟某以投资公司为被申请人向北京市丰台区劳动争议仲裁委员会（以下简称仲裁委员会）提起仲裁，要求投资公司支付违法解除劳动关系赔偿金、工资、未休年休假工资及2018年年终奖、未缴纳养老保险补偿。2019年2月15日，仲裁委员会裁决部分支持了有关孟某养老保险补偿、未休年休假工资、2018年年终奖、解除劳动合同经济补偿金及工资的仲裁请求，驳回孟某的其他仲裁请求。投资公司与孟某均不服上述裁决，起诉至法院。

【案件焦点】

1. 用人单位是否存在违法解除劳动合同行为；2. 用人单位是否需要支付年终奖。

【法院裁判要旨】

北京市丰台区人民法院经审理认为：当事人对自己的主张，有责任提供证据，没有证据或者证据不足以证明当事人的事实主张的，由负有举证责任的当事人承担不利后果。孟某主张系投资公司于2018年10月19日提出解除劳动关系；投资公司提交的2018年11月7日的《告知函》载明因孟某逾期未办理续签视为劳动合同于2018年9月30日终止，在庭审中又表示双方劳动关系因2018年11月孟某入职新公司解除。鉴于双方均认可劳动关系已经解除，但就解除原因各执一词，且均未提交充分证据予以证明，故视为由投资公司提出并与孟某协商一致解除劳动关系。现经释明，孟某坚持要求投资公司支付违法解除劳动关系赔偿金，不予支持。孟某主张其月工资标准为4350元。投资公司虽不予认可，但其提交的工资表显示孟某2018年6月以后剔除加班工资后的工资数额亦为4350元。孟某于2018年9月26日至2018年10月19日正常提供劳动，投资公司同意支付该期间的工资4077.2元，经核算该金额不低于孟某此期间应得的工资数额，本院对此不持异议。双方均认可孟某仍余9天年休假未休，故投资公司应支付孟某2018年1月1日至2018年10月19日期间未休年休假工资3757.87元。孟某未举证证明双方存在关于年终奖的约定，故对其要求投资公司支付其2018年年终奖的诉讼请求，不予支持。孟某于庭审中表示，不再要求投资公司支付其2008年7月至2011年6月养老保险补偿3025.67元，本院对此不持异议。

北京市丰台区人民法院依照《中华人民共和国劳动法》第五十条、《中华人民共和国劳动合同法》第四十六条、《中华人民共和国民事诉讼法》第六十四条规定，作出如下判决：

一、投资公司于本判决生效后七日内支付孟某2018年9月26日至2018年10月19日工资4077.2元；

二、投资公司于本判决生效后七日内支付孟某2018年1月1日至2018年10月19日未休年休假工资3757.87元；

三、投资公司无需支付孟某2008年7月至2011年6月养老保险补偿3025.67元；

四、投资公司无需支付孟某2018年年终奖3625元；

五、投资公司无需支付孟某解除劳动合同经济补偿金37776.48元；

六、驳回孟某的其他诉讼请求；

七、驳回投资公司的其他诉讼请求。

孟某不服一审判决，提起上诉。北京市第二中级人民法院经审理认为：现未有证据显示孟某与投资公司已就年终奖的发放条件和具体标准达成约定，一审法院综合考虑在案证据情况判决投资公司无需支付孟某2018年年终奖并无不当。一审法院根据本案实际情况比照双方协商一致解除劳动关系进行处理并无不当。鉴于一审审理期间孟某明确表示坚持违法解除劳动合同赔偿金的诉求，一审法院判决驳回其该项诉求正确。

北京市第二中级人民法院依照《中华人民共和国民事诉讼法》第一百七十条第一款第一项规定，作出如下判决：

驳回上诉，维持原判。

【法官后语】

本案系因劳动合同到期续签问题引发劳动者与用人单位矛盾，最终导致劳动关系解除的典型案例。双方最大的争议焦点为用人单位是否存在违法解除劳动合同行为。劳动者一方主张用人单位拒绝签订无固定期限劳动合同的行为与违法解除劳动合同直接相关。

《中华人民共和国劳动合同法》第十四条第二款第三项明确规定，连续订立二次固定期限劳动合同，且劳动者没有法律规定的例外情形，续订劳动合同的，用人单位负有与劳动者签订无固定期限劳动合同的义务。这是法律为维护劳动关系长期与稳定，对用人单位科加的强制缔约义务。用人单位违反该强制缔约义务，只同意与劳动者签订固定期限劳动合同的，劳动者可向劳动行政部门投诉，请求相关部门责令用人单位改正。但该拒绝行为不宜等同于用人单位违法解除劳动合同的行为。用人单位在两次劳动合同到期后，主张签订固定期限劳动合同，其对双方劳动关系的存续持积极态度，若执意将该行为解读为解除劳动合同，未免是对用人单位意思的误读。即使双方再次订立固定期限劳动合同，如正常履行劳动合同，于双方权益均无影响；如履行过程中，用人单位发生了违法解除行为，亦不会影响违法解除劳动赔偿金的计算；劳动合同再次到期后，基于法律的该条规定，劳动者依然享有再次要求订立无固定期限劳动合同的权利。因此，既无必要也不应当将用人单位只同意与符合签订无固定期限劳动合同的劳动者签订固定期限劳动合同的行为解释为违法解除劳动合同的行为。

是否构成违法解除，要依据解除的提出方、提出时间、提出理由等具体情形作出判断。本案中，劳动者与用人单位均认可劳动关系已然解除，但就解除的提出方及原因各执一词，且均未提交充分证据。在解除情形已无法查明的情况下，可视为由用人单位提出且经双方协商一致解除劳动合同。

实践中，用人单位与劳动者就签订固定与无固定劳动关系频发争议，往往是因为双方均对无固定期限劳动合同缺乏正确的认识。部分劳动者将之视为“铁饭碗”，一旦用人单位拒绝签订，便认为单位有意将自己炒掉，愤然拒绝出勤；而部分用人单位将之视为枷锁，认为对己方毫无用处。前者忽略了在符合法律规定的情况下，用人单位依然享有解除无固定期限劳动合同的权利；后者则忽略了签订无固定期限劳动合同带给劳动者的归属感所能对单位长远发展的益处，以及拒绝签订后可能带来的消极后果。因而，加强双方对无固定期限劳动合同的认识，有利于双方均采取更加理性的态度化解在无固定劳动合同续签过程中的纠纷。

编写人：北京市丰台区人民法院　王吟元

095 用人单位是否可以职场性骚扰为由解除劳动合同

——王某诉速递公司劳动争议案

【案件基本信息】

1. 裁判书字号

北京市朝阳区人民法院（2019）京0105民初12673号民事判决书

2. 案由：劳动争议纠纷

3. 当事人

原告：王某

被告：速递公司

【基本案情】

王某于2007年10月10日入职速递公司，担任速递员组长，月工资8000元，实行不定时工作制。2018年6月20日，速递公司以王某骚扰女同事为由与其解除劳动合同。王某认为速递公司属于违法解除劳动合同，诉至法院要求：1. 支付2009年1月1日至2018年6月1日期间延时加班费15367.7元；2. 支付2016年1月1日至2018年6月1日期间未休年休假工资14712元；3. 支付违法解除劳动合同赔偿金160000元。速递公司主张因该公司一名员工陈某向速递公司投诉王某对其有性骚扰的行为，速递公司调查后，王某也承认有这样的行为，速递公司遂根据规章制度与王某解除劳动合同，属于合法解除与王某之间的劳动合同。

【案件焦点】

速递公司解除劳动合同的行为是否合法。

【法院裁判要旨】

北京市朝阳区人民法院经审理认为：在劳动争议纠纷案件中，因用人单位作出开除、除名、辞退、解除劳动合同、减少劳动报酬、计算劳动者工作年限等决定而发生劳动争议的，由用人单位负举证责任。关于劳动关系解除，2018 年 6 月 19 日，速递公司向王某送达了书面的《解除劳动合同通知》，以王某对女同事有骚扰的行为，以及引起女同事强烈不满的不适当的肢体接触为由解除与王某的劳动合同。就解除劳动合同的依据，速递公司提交的由王某书写的《发生事情》显示：王某确实对速递公司案外女员工陈某有亲脸等亲密行为并造成陈某的不满。陈某向速递公司投诉了王某的上述行为，速递公司根据陈某的投诉对王某作出了解除劳动关系的决定。根据速递公司提交的《员工手册》规定，有性骚扰行为的可以立即解除劳动合同并不做任何补偿。王某签收并学习了该份《员工手册》。王某在知晓速递公司规章制度的情况下，于工作时间、工作地点，因非工作事宜向女员工作出非必要的身体接触，从而引发女员工的不满。王某的行为已经严重违反了劳动纪律及职业道德，速递公司基于王某的此行为与其解除劳动关系并无不妥，对王某关于要求速递公司支付违法解除劳动关系赔偿金的诉讼请求不予支持。

北京市朝阳区人民法院依照《中华人民共和国民事诉讼法》第六十四条第一款之规定，作出如下判决：

一、被告速递公司于本判决生效后七日内支付原告王某 2016 年未休年休假工资 7356. 32 元；

二、驳回原告王某的其他诉讼请求。

判决后，双方当事人均未上诉，本判决现已生效。

【法官后语】

1. 如何界定“职场性骚扰”

随着现代社会的发展，涉“职场性骚扰”事件常引起广泛关注。但《中华人民共和国劳动合同法》及《中华人民共和国劳动法》等劳动法规却均未对“职场性骚扰”进行相关规定，使得法官在审理涉“职场性骚扰”案件时面临界限模糊的问题，对相关事件是否构成“性骚扰”行为难以认定。那么，什么是“性骚扰”呢？

性骚扰是指违背对方意愿，以含有淫秽色情内容或者性要求的语言、文字、图像、电子信息、肢体行为等骚扰对方的行为。根据上述对“性骚扰”的定义及《女职工劳动保护特别规定》第十一条的相关规定，笔者总结“职场性骚扰”的构成要件应为：（1）此行为发生在劳动场所，可导致承受人在工作场所中产生一种胁迫、敌视、羞辱性的工作环境；（2）此行为带有性色彩，包括语言、文字、图像、电子信息、肢体行为等；（3）此行为是不受承受方欢迎的，违背承受人意愿的。

2. 职场性骚扰法律责任承担

鉴于现行法律并未明确规定职场性骚扰的构成要件以及企业或施害员工针对职场性骚扰行为应承担的法律责任，企业关于职场性骚扰的防范及界定属于“灰色地带”，因此企业在应对职场性骚扰时应该更加谨慎。

（1）涉职场性骚扰案件的调查举证

涉职场性骚扰事件发生之后通常面临举证困难，证据大多是间接证据而少有直接证据。企业通常在接到相关职场性骚扰举报后，需要组织双方当事人谈话，核实相关情况并查询相关人员的个人微信聊天记录、办公场所的监控视频、个人的通话记录、行车记录等，如果被调查人员不配合，就有可能面临取证困难。企业调查取证时应谨防侵犯员工隐私权、名誉权。被侵害人应该在相关事件发生时采取必要的证据保全措施，通过录音、录像等方法保存证据。

(2) 企业可否依法解除涉职场性骚扰员工

《中华人民共和国劳动合同法》第三十九条规定，用人单位以劳动者严重违反用人单位规章制度为由解除劳动合同无需支付经济补偿金。实践中，用人单位规章制度通常并不完善，很少会有企业在《员工手册》中对职场性骚扰行为进行特别规定，即使企业在《员工手册》中对职场性骚扰行为进行了规定，但《员工手册》向员工送达及签字学习的过程也不甚理想。审判实践中，应不拘泥于《员工手册》的规定。遵守劳动纪律和职业道德是对劳动者的基本要求，即便在规章制度未作出明确规定、劳动合同亦未明确约定的情况下，如劳动者存在严重违反劳动纪律或职业道德的行为，用人单位可以依据劳动法第三条第二款的规定与劳动者解除劳动合同。本案中，速递公司的《员工手册》对“性骚扰可以解除劳动合同”进行了明确的约定，劳动者亦认可该份《员工手册》的真实性，形成了完整的证据链。

(3) 谨防员工利用职场性骚扰事件报复、陷害其他员工

审判实践中，施害者的答辩意见通常为受害者是自愿的，或者主张与受害者处于正常的恋爱关系中。本案中，王某提交了大量的与受害者陈某的微信聊天记录，以证明其与陈某之间日常就存在暧昧的谈话及举动。速递公司的做法值得借鉴，第一时间找到王某并

做了书面的谈话笔录由王某签字确认了整个事件的经过，使得事件查明容易得多。法官在审理类似案件中，用人单位通常提交了举报人的举报信、微信聊天记录，而施害人通常亦提交大量的微信聊天记录以证明其与受害人之间系正常的恋爱关系，使得整个事件暧昧不清，施害者甚至还会举证证明，举报人系出于对其的报复心理，截取相关对其不利的信息而实现报复的目的。法官在审理此类案件过程中，要全面细致地审查整个事件的经过，以查明事实，保护受害者的利益，亦要避免不必要的伤害及报复行为发生。

综上，在审理此类涉“职场性骚扰”劳动争议案件过程中，在双方证据效力等同时或者无法判断证据优势的情况下，明确将利益归于“受害者言”，能更好地体现立法的宗旨，最大限度地实现劳动争议处理中的公正与统一。

编写人：北京市朝阳区人民法院　杨晓娥

096 对于用人单位以孕期女职工严重违反规章制度为由行使单方解除权案件应进行严格审查

——袁某诉营养品公司劳动争议案

【案件基本信息】

1. 裁判书字号

北京市第三中级人民法院（2018）京 03 民终 8725 号民事判决书

2. 案由：劳动争议纠纷

3. 当事人

原告（被上诉人）：袁某

被告（上诉人）：营养品公司

【基本案情】

袁某于2015年3月23日入职营养品公司，双方签订了期限为2015年3月23日至2018年3月31日的固定期限劳动合同，营养品公司最后向袁某支付工资至2016年8月31日。袁某于2016年8月1日至2016年8月14日因先兆早产休病假两周，营养品公司已批准上述期间休假申请，病假到期后其未到岗工作，因其于2016年8月5日前往美国待产，医生开具的《证明》显示建议其应在家休病假，袁某向营养品公司申请继续休病假，营养品公司不认可医生开具《证明》的真实性，该申请未获得营养品公司批准，故要求袁某继续到岗工作。2016年9月21日，营养品公司以袁某旷工为由单方解除劳动合同。

袁某起诉请求：一、撤销营养品公司于2016年9月21日对袁某作出的违法解除决定并要求继续履行双方的劳动合同；二、判令营养品公司支付2016年9月1日至2017年12月12日违法解除劳动合同造成的工资损失334176.96元。

营养品公司辩称：不同意袁某的诉讼请求。袁某在赴美前已明知2016年8月14日后的假期申请因无支持材料并未获公司批准，同时营养品公司已告知继续申请病假所需提交的材料以及可能被认定为旷工的法律后果，其未到岗行为存在明显的主观过错，应属旷工行为。

【案件焦点】

对于用人单位以孕期女职工严重违反规章制度为由行使单方解除权的，法院应如何进行事实审查。

【法院裁判要旨】

北京市朝阳区人民法院经审理认为：袁某已提前四个月向公司告知其到美国生产，双方就请病假事宜曾多次沟通，袁某亦申请公司协助出具签证所需材料并按照公司要求提供了相应的资料，在病假期间前往美国待产。营养品公司在未能证明医生开具的《证明》是虚假伪造或存在其他违反相关法律规定情形下，以袁某连续旷工为由作出《解除劳动合同通知书》，应属违法解除行为。

北京市朝阳区人民法院依照《中华人民共和国劳动合同法》第三十条、第四十八条，《违反〈劳动法〉有关劳动合同规定的赔偿办法》第二条、第三条，《最高人民法院关于民事诉讼证据的若干规定》第二条之规定，判决如下：

一、撤销营养品公司于 2016 年 9 月 21 日作出的《解除劳动合同通知书》，继续履行与袁某签订的期限为 2015 年 3 月 23 日至 2018 年 3 月 31 日的劳动合同，并于 2018 年 3 月 31 日双方劳动合同到期终止；

二、营养品公司于判决生效后七日内支付袁某 2016 年 9 月 1 日至 2017 年 12 月 12 日工资损失 257273.04 元；

三、驳回袁某其他诉讼请求。

营养品公司不服一审判决，提起上诉。北京市第三中级人民法院经审理认为：其一，营养品公司并未提供任何证据证明公司存在关于不接受境外医疗机构出具的病假建议的规章制度并对劳动者依法履行了告知程序。其二，袁某在因身体状况不能正常上班期间已经向营养品公司申请了病假并提供了诊断证明。营养品公司并不能证明该证明内容系虚假或伪造。而且，营养品公司知晓袁某曾两次流产并于此次怀孕期间存在先兆早产的症状，其未能证明袁某提供的诊断证明系虚假、伪造或存在其他违反相关法律规定，亦未依据《员工手册》的规定，等待袁某康复上班时向公司提交请假申请及医院出具的有效“病假建议书”和“病历”，以袁某连续旷工为由解除劳动合同，不符合用人单位依法行使单方解除权的法定情形，属于违法解除。

北京市第三中级人民法院依照《中华人民共和国民事诉讼法》第一百七十条第一款第一项之规定，作出如下判决：

驳回上诉，维持原判。

【法官后语】

孕期女职工处于特殊的生理期，劳动能力受到影响。根据《中华人民共和国劳动合同法》第三十九条规定，劳动者严重违反用人单位的规章制度的，用人单位可以行使劳动合同的单方解除权。一些用人单位即依照上述规定以孕期女职工严重违反公司规章制度为由解除劳动关系。故此类案件应当对用人单位是否违法解除劳动关系进行严格审查，以防用人单位以行使单方解除权为名行就业歧视之实。

1. 案件主要特点：多与请假不符合规定有关

用人单位以孕期女职工严重违反规章制度为由解除劳动关系的情形主要有：一是因劳动者未请假，以连续旷工或累计旷工达到一定天数，违反公司规章制度为由解除劳动关系。这一解除理由占比较大，本案即为这样的情况；二是劳动者多次提供虚假病假条，违反公司规章制度；三是以劳动者不能胜任原工作，进行调岗降薪后，不服从管理进而违反规章制度。

2. 秉持理念：倾斜保护孕期女职工的合法权益

如果说普通劳动者相对于用人单位来说在“强资本、弱劳动”的人力资源市场中是弱者，那么孕期女职工则属于弱者中的弱者，更易在工作中受到歧视性的待遇。我国劳动法、劳动合同法、妇女权益保障法等法律对于孕期女职工作出了特别保护的规定，但是用人单位在实际经营过程中仍存在给予歧视性待遇的可能性。故对于用人单位以孕期女职工严重违反用人单位的规章制度为由行使单方解除权的案件，应以保护孕期女职工的合法权益、实现实质公平为出发点，从严审查解除行为的合法性。

3. 审查范围：严格审查解除行为的依据

对于用人单位以孕期女职工严重违反公司规章制度为由行使单方解除权的情形，法院在审判实践中应主要从以下几个方面进行严格审查。

(1) 规章制度的制定程序与内容是否合法

关于规章制度，作出解除劳动合同的用人单位应当证明以下几点：其一，企业有通过合法程序制定并向劳动者公示的规章制度；其二，劳动者所犯违纪行为在规章制度中有明确规定。实践中用人单位是否向劳动者履行了告知义务多是双方争议的焦点之一。用人单位若能提供员工在规章制度文本如《员工手册》上的签名，可视为其完成了此部分的举证责任。如果劳动者不认可签名，必须提供相反的证据予以证明，否则法院对其主张不予采信。如果劳动者主张规章制度违反了法律规定、公序良俗或并不合理，应由劳动者就此进行举证。

(2) 劳动者的行为是否违反了公司的规章制度

在劳动争议纠纷案件中，因用人单位作出开除、除名、辞退、解除劳动合同、减少劳动报酬、计算劳动者工作年限等决定而发生劳动争议的，由用人单位负举证责任。故用人单位应当就劳动者实施了其所主张的违反规章制度的行为进行举证。

女性劳动者是社会人力资源的“半边天”。审判实践中，对于用人单位以违反规章制度为由对孕期女职工行使单方解除权的行为应进行严格审查。唯有秉持保护孕期女性劳动者合法权益之理念，方可达到用司法之盾保护弱者权益、维护公平正义之目的。

编写人：北京市第三中级人民法院　高贵　郭琳

097 劳动者辞去职务不等于解除劳动关系

——张某诉航空公司劳动争议案

【案件基本信息】

1. 裁判书字号

北京市第三中级人民法院（2018）京 03 民终 5851 号民事判决书

2. 案由：劳动争议纠纷

3. 当事人

原告（上诉人）：张某

被告（上诉人）：航空公司

【基本案情】

张某于2014年1月1日入职航空公司。双方于2014年1月2日签订了期限为2014年1月1日至2018年12月31日的固定期限劳动合同，岗位为飞行员。2014年1月7日，航空公司经董事会同意决定聘任张某为运行副总裁。2016年5月5日，张某向航空公司提交辞呈，辞去其运行副总裁职务。2016年5月29日，航空公司回复同意张某辞去运行副总裁职务，但不同意将张某调到其他岗位。2016年6月7日，航空公司支付了张某2016年5月工资后开始停发张某工资。2017年4月10日，航空公司向张某发《告知函》，要求张某于2017年4月30日前，前去公司协商解决劳动合同解除等相关问题。航空公司为张某缴纳社会保险至2017年5月。2017年9月26日，张某申请劳动仲裁，在仲裁过程中，航空公司提出反申请，请求裁定解除双方劳动合同关系。后航空公司又撤回了该请求。2017年12月18日，密云仲裁委作出裁决，张某不服，诉至法院。

庭审中，航空公司辩称张某于2016年5月5日递交辞呈，辞去运行副总裁职务时，双方的劳动关系已经解除，其公司之所以为张某缴纳社会保险费至2017年5月是因为张某与其公司协商时请求其公司代缴保险，保险费公司和个人部分均由张某自己承担。故公司不同意支付张某2016年6月以后的工资及张某垫付的保险费等费用。

【案件焦点】

张某提出辞去职务后双方的劳动关系是否解除。

【法院裁判要旨】

北京市密云区人民法院经审理认为：一、从原告 2016 年 5 月 5 日提出辞呈的内容及被告 2016 年 5 月 29 日的回复内容可以看出，原告辞去的只是运行副总裁职务，并无解除劳动合同的意思表示，被告的回复也无解除劳动关系的意思表示；二、在原告提交辞呈后到 2017 年 5 月，被告仍在为原告缴纳社会保险；三、2017 年 4 月 10 日，被告向原告出具《告知函》，又称此《告知函》表达意思错误，但法院认为该《告知函》上加盖了被告公司公章，代表公司的意思；四、仲裁阶段，被告反请求书中请求裁定解除双方劳动合同关系，可以看出，被告是认可双方仍然存在劳动关系的；综上所述，法院认定原被告的劳动关系并未解除。

北京市密云区人民法院依据《职工带薪年休假条例》第三条、第五条，《北京市工资支付规定》第二十七条，《最高人民法院关于民事诉讼证据的若干规定》第二条之规定，判决如下：

一、航空公司于本判决生效后十日内支付张某 2016 年 6 月至 2017 年 9 月基本生活费 20888 元；

二、航空公司于本判决生效后十日内支付张某出差补贴 35566 元；

三、航空公司于本判决生效后十日内支付张某 2015 年度、2016 年度未休带薪年休假工资 191718.09 元；

四、航空公司于本判决生效后十日内返还张某垫付的社会保险费 6025.6 元；

五、驳回张某的其他诉讼请求。

张某和航空公司不服原审判决，提起上诉。北京市第三中级人民法院经审理认为：法律规定，劳动者和用人单位可以协商一致解除劳动合同，也可以依法行使单方解除权。因本案纠纷发生在劳动关系存续期间，故双方之间是否就解除劳动关系达成一致意思表示是审查的核心。从张某提交的《辞呈》，航空公司提交的《关于张某同志辞职申请的回复》《告知函》等证据可以看出，张某辞去的是运行副总裁的职务，航空公司同意张某辞去该职务，但不同意张某调离其他岗位的请求，由此可以认定，张某本人并未作出解除劳动合同关系的意思表示，双方此时并不存在解除劳动合同的基础。另，航空公司在 2017 年 4 月 10 日又向张某发出《告知函》，明确告知张某于 2017 年 4 月 30 日前，前往航空公司协商解决劳动合同关系解除等相关问题，航空公司认为是其法务人员操作失误所致，但是在张某提出辞呈后到 2017 年 5 月，航空公司仍在为张某继续缴纳社会保险，各种证据显示，双方之间的劳动关系并未解除。一审法院对此论理充分、认定正确，法院予以维持。航空公司主张其与张某于 2016 年 5 月 29 日协商解除劳动关系，缺乏事实依据，法院对其相关上诉请求不予支持。

北京市第三中级人民法院依照《职工带薪年休假条例》第三条、第五条，《北京市工资支付规定》第二十七条，《中华人民共和国民事诉讼法》第一百七十条第一款第二项规定，判决如下：

一、维持北京市密云区人民法院（2018）京 0118 民初 295 号民事判决第一项、第二项、第四项；

二、撤销北京市密云区人民法院（2018）京 0118 民初 295 号民事判决第三项、第五项；

三、航空公司于本判决生效后十日内支付张某 2015 年度、2016 年度未休带薪年休假工资 287577 元；

四、驳回张某的其他诉讼请求。

【法官后语】

本案的争议焦点之一为2016年5月5日张某提出辞去运行副总裁职务，2016年5月29日，航空公司同意张某辞去职务的申请，但明确表示不同意将张某调离到其他岗位，此时双方的劳动关系是否解除。类似问题多发生在公司的高级管理人员身上，这类人员具有双重身份，既有普通劳动者身份，又兼任管理职务。当此类人员提出辞去管理职务时，如果未明确表示辞职，双方的劳动关系并不解除。辞去职务并不等于辞职，如果公司因此与劳动者解除劳动关系，将承担违法解除的法律后果。本案中，航空公司认为张某辞去运行副总裁职务且公司不同意将张某调到其他岗位，双方的劳动关系就解除了，这是对辞职的错误理解。

解除劳动合同应该以明示为原则，特殊情况下才可以采取默示的方式。明示的方式有很多种，如书面通知、口头通知等，甚至直接申请仲裁或者诉讼都是明示的方式。一方在明确表示解除劳动关系时应该说明理由及解除时间。《中华人民共和国劳动合同法》第三十七条和第四十条规定了提前三十日书面通知解除劳动合同，这是关于明示的法律规定。默示解除劳动关系是特殊情况下采取的方式，审判中对默示解除劳动关系的认定要谨慎从严。例如，劳动者未提出解除劳动关系就不到公司上班，亦未向公司说明不上班的理由，一段时间后，劳动者到其他公司工作并签订劳动合同。这种情况下，可以认为劳动者以默示的方式解除了劳动关系，因为我们可以从劳动者到其他公司上班并签订劳动合同的行为来推知。

本案中，张某提出辞去运行副总裁职务的申请，是明确表示其不担任该职务的意思，但他并没有明示解除劳动关系，且从航空公司“不同意你本人要求调离其他岗位”的回复来看，张某不但没有提出解除劳动关系，还作出了申请调换岗位继续履行劳动合同的意思表示，在这种情况下，航空公司提出在张某提出辞去运行副总裁职务其公司同意后双方的劳动关系就已解除的意见明显与事实不符。此外，结合2017年4月10日航空公司给张某发的《告知函》，要求张某到公司协商解决劳动合同关系解除等相关问题，航空公司为张某缴纳社会保险至2017年5月，航空公司在仲裁阶段提出反仲裁申请要求裁定解除双方劳动合同关系等证据，可以推断航空公司在同意张某辞去运行副总裁职务并拒绝为他调换岗位时，没有解除双方劳动关系的意图。故认定2016年5月29日双方的劳动关系并未解除。

编写人：北京市密云区人民法院　马静茹

098 劳动合同法第三十七条中劳动者行使单方解除权的理解与适用

——程某诉畜牧公司劳动争议案

【案件基本信息】

1. 裁判书字号

北京市第二中级人民法院（2018）京02民终10944号民事判决书

2. 案由：劳动争议纠纷

3. 当事人

原告（上诉人）：程某

被告（被上诉人）：畜牧公司

【基本案情】

1996年12月1日，程某与某集团农牧企业中国区签订劳动合同。2010年9月7日，程某与某集团下属的畜牧公司签订无固定期限劳动合同。2016年3月8日，程某提交了《离职申请书》，内容为“……由于家庭及身体原因，特申请与集团协商解除劳动合同，请予以批准为盼”。3月25日，程某提交了《关于撤回“离职申请书”的申请》，主张没有人在程某的离职申请书上签署同意的意见，等程某身体彻底康复后再议。2016年4月7日，程某未再到岗上班。

2016年7月15日，程某提交《要求安排合同约定的工作职务及支付2016年3月1日至今薪资通知函》，内容为“我于2016年3月8日申请与某集团下属的畜牧公司协商离职，但至今单位未有相关人员和我协商此事，且到2016年4月8日后未给我安排任何工作岗位，且未发放我3月至今的薪资，鉴于我目前待岗的实际情况，请求公司及相关领导于2016年7月31日前给我安排相应的工作岗位，并支付拖欠我的相应期限的薪资，敬请回复”。2016年7月25日，畜牧公司回函给程某，告知“你于2016年3月8日提交《离职申请书》，自2016年4月8日起未到公司上班……你与畜牧公司签订的劳动合同已于2016年4月8日解除”。

另查，仲裁委作出裁决：1. 畜牧公司支付程某2016年3月1日至4月7日工资19831.9元；2. 畜牧公司支付程某2015年及2016年未休年休假工资26689.66元；3. 驳回程某的其他仲裁请求。程某不同意仲裁裁决第3项，诉至法院。

【案件焦点】

离职申请是否需经用人单位批准，程某于2016年3月8日申请离职后，又于2016年3月25日作出“撤回离职申请的申请”是否发生法律效力。

【法院裁判要旨】

北京市东城区人民法院经审理认为：劳动者提前三十日以书面形式通知用人单位，可以解除劳动合同。程某于2016年3月8日向公司提交了离职申请书，其已作出单方解除劳动合同的意思表示，且公司已收到其离职申请书。程某提交撤回离职申请的申请是在公司收到其离职申请书之后，故其离职申请不能撤回。法院认定双方劳动合同因程某辞职于2016年4月8日解除。故程某要求畜牧公司支付违法解除劳动合同赔偿金的诉讼请求，无事实依据，法院不予支持。双方劳动合同解除后，畜牧公司无需支付程某工资。故程某要求畜牧公司支付2016年4月8日至2016年7月25日工资的诉讼请求，无事实依据，法院不予支持。劳动者主张加班费的，应当就加班事实的存在承担举证责任。现程某提供的证据不足以证明其存在休息日加班。故程某要求畜牧公司支付2015年3月至2016年3月休息日加班工资的诉讼请求，证据不足，法院不予支持。

北京市东城区人民法院依据《中华人民共和国劳动合同法》第三十条、《中华人民共和国民事诉讼法》第六十四条第一款、《职工带薪年休假条例》第五条之规定，判决如下：

一、自判决生效之日起七日内，畜牧公司支付程某2016年3月1日至4月7日工资19831.9元；

二、自判决生效之日起七日内，畜牧公司支付程某2015年及

2016年未休年休假工资26689.66元；

三、驳回程某的其他诉讼请求。

程某不服，提起上诉。北京市第二中级人民法院经审理认为：程某于2016年3月8日向公司提出离职申请，此属于劳动者行使单方解除权的行为，不以用人单位的同意为构成要件，亦不能在用人单位收到后撤回。一审法院认定双方劳动关系因程某辞职于2016年4月8日解除，符合法律规定。因此，程某要求畜牧公司支付违法解除劳动合同赔偿金，事实及法律依据均不足，一审法院驳回程某该诉请，并无不当。关于2016年4月8日至2016年7月25日工资，如前所述，因双方劳动关系于2016年4月8日解除，一审驳回程某要求畜牧公司支付其上述期间工资的请求，并无不当。关于加班工资，劳动者主张加班费的，应当就加班事实的存在承担举证责任。程某提供的证据不足以证明其主张的加班事实，一审法院驳回程某关于加班工资的诉请，并无不当。程某上诉坚持其请求，因事实依据不足，法院不予支持。

北京市第二中级人民法院依照《中华人民共和国民事诉讼法》第一百七十条第一款第一项规定，判决如下：

驳回上诉，维持原判。

【法官后语】

本案涉及的是劳动者的单方解除权的性质问题。劳动者的单方解除权属于民法中的形成权，形成权是指民事权利中，权利人凭借其单方意思表示就能导致法律关系的发生、变更或消灭的权利。形成权的行使，无需相对人意思或行为的回应，相对人认可或否定都不影响该形成权的实现，只要形成权人变动法律关系的意思表示表达出来，为相对人所知悉，即产生法律规定或约定的相应法律后果。《中华人民共和国劳动合同法》第三十七条（本案以下简称第三十七条）规定，劳动者提前三十日以书面形式通知用人单位，可以解除劳动合同。劳动者在试用期内提前三日通知用人单位，可以解除劳动合同。该条款赋予了劳动者单方解除劳动合同的权利，是一种典型的形成权。结合本案的争议焦点需要探讨两个问题：一是“提前三十日”或“提前三日”这一要求的性质如何界定；二是劳动者根据第三十七条行使单方解除权后，能否撤回或撤销解除劳动合同的意思表示。

首先，如何界定“提前三十日”或“提前三日”的性质。一种观点认为该要求是预告解除权的体现，是附加在该形成权之上的条件，预告期满时解除劳动合同的行为才发生法律效力；另一种观点认为单方解除劳动合同的意思表示送达权利相对人即生效，“提前三十日”或“提前三日”是单方解除权行使之后继续履行职务的附随义务，意在平衡形成权之下相对人的利益。

从劳动合同法的立法本意来看，第三十七条劳动者的单方解除权是基于弱者利益倾斜保护的特殊理念，赋予劳动者的一项特殊权利。除了第三十七条之外，《中华人民共和国劳动合同法》第三十八条、第三十九条分别规定了劳动者的单方解除权和用人单位的单方解除权。与第三十七条不同的是，该两条都须以权利相对人存在列举的不符合法律规定或约定的相关情形为前提，可以说是有条件的形成权。而第三十七条基于劳动者相对于用人单位的弱势地位，为了保障劳动者择业的自由，使劳动者仅需满足“提前三十日”或“提前三日”时即可行使单方解除权。矫枉不能过正，倾斜保护原则需要一定尺度的防线，劳动者是构成用人单位正常运行的必要环节，只有环环相扣才能保证用人单位正常的生产经营，若劳动者享有无条件的解除权，势必扰乱生产经营秩序。因此，有必要给予用人单位一定期限与劳动者完成交接工作以及安排合适的人员替代该劳动者。所以，“提前三十日”或“提前三日”是基于保障用人单位正常生产经营的需求，赋予用人单位的权利，是劳动者形成权实现后的附随义务，“提前三十日”或“提前三日”的要求并不影响劳动者解除劳动合同的意思表示一经送达用人单位即生效的形成权特质。

其次，劳动者根据第三十七条行使单方解除权后，能否撤回或撤销解除劳动合同的意思表示。根据一般法理，撤回针对未生效的法律行为，撤销针对已生效的法律行为。民法理论认为行使形成权的单方法律行为可以撤回但不可以撤销，即变动法律关系的意思表示到达相对人之前可以撤回该意思表示，停止形成权的行使；当该意思表示已经到达相对人，为相对人所知悉后，该单方法律行为即已生效，形成权已经实现，不可再请求撤销。

权利人行使单方解除权时，权利相对人只能被动接收相关意思表示，无须认可亦无权干预。权力相对人对行使单方解除权的结果预期是肯定的、不加期待的。为了平衡双方利益，应该保障行使单方解除权的结果停留在一个安分的、不生变故的状态。因此，单方解除权人不可在相关意思表示到达权利相对人后，撤销该意思表示。除非，权力相对人同意接受撤销该意思表示的请求。

综上，劳动者根据第三十七条行使单方解除权具有解除劳动合同的意思表示一经送达用人单位即生效的形成权特质，不可反悔，不可撤销，即解除劳动合同的法律效果已经产生。劳动者根据三十七条行使单方解除权需要承担“三十日”或“三日”继续履职的附随义务。另外，虽然劳动合同由于劳动者行使单方解除权而解除，但由于继续履职期间，双方劳动关系事实上还在存续，在司法实践中认定劳动者与用人单位劳动关系存续期间及用人单位支付工资的期间，应该截至附随义务完成之时，即“三十日”或“三日”期满之时，或者该期限未满，但用人单位认可附随义务已经履行完毕之时。类比劳动关系的建立自用工之日起算而非劳动合同签订之日，劳动关系的结束也非取决于劳动合同解除之时，而是终止提供劳动之日，这种理解可以实现劳动者享有单方解除劳动关系的形成权与承担继续提供劳动至附随义务期限届满之间的逻辑自洽，也便于劳动关系终止后相关权利义务的履行及法律衔接。

具体到本案，畜牧公司于2016年3月8日收到程某提出的离职申请后，无需批准，即发生单方解除劳动合同的效力，程某于三十日之内提出“撤销离职申请”并不影响行使单方解除权的法律后果。因程某有提前三十日通知的义务，程某4月7日后未再到岗上班，实际已工作至三十日届满，故双方劳动关系存续期间应该截至2016年4月7日。另，虽程某主张公司收到离职申请后未批准该申请并对其进行了挽留，但程某并未答应，不符合公司同意其撤销单方解除劳动合同意思表示的情形。

在实践中，对于劳动者单方提出解除后劳动关系解除的时间点确实存在争议，即对于法律规定的“提前三十日或三日告知的义务”的性质存在争议，例如在（2021）京02民再127号①再审案件中，北京市人民检察院抗诉认为：“对用人单位而言三十日预告期为用人

---

① 载中国裁判文书网，https：//wenshu. court. gov. cn/website/wenshu/181107ANFZ0-BXSK4/index. html？ docId = ctuPvqzO3k6infQoWhSj4nYCLXJQqkAEjDO4KrwwxY8soFKdK6U-EapO3qNaLMqsJEjxqvsRAZ9JE3z3XhifmxiN05NRB6QgWvb77MR4zDn7m7vfjEE98O + elv3rm41-Cb，最后访问时间：2022年11月22日。

单位可以选择行使的期间，若用人单位在收到劳动者的书面解除通知后，未向劳动者作出同意其辞职的意思表示，则劳动者辞职的意思表示送达用人单位三十日后双方的劳动关系解除；若用人单位在三十日期满前向劳动者作出同意其辞职的意思表示，则双方的劳动关系立即解除。”对此，再审法院持与本案裁判相同观点，否定了抗诉意见：“《中华人民共和国劳动合同法》规定的提前三十日或提前三日通知用人单位是劳动者行使单方解除权后继续履行职务的附随义务，亦即劳动合同经劳动者单方解除后，劳动者应当承担三十日或三日继续履职的附随义务，以满足用人单位正常生产经营需要，这一规定并不影响劳动者单方解除劳动合同的意思表示一经送达用人单位即产生法律效力，用人单位支付工资应到终止劳动之日止。”

编写人：北京市第二中级人民法院　周珍

099　劳动者言论表达的边界认定

——教育科技公司诉马某劳动争议案

【案件基本信息】

1. 裁判书字号

北京市第二中级人民法院（2018）京02民终970号民事判决书

2. 案由：劳动争议纠纷

3. 当事人

原告（上诉人）：教育科技公司

被告（被上诉人）：马某

【基本案情】

马某于2010年3月1日入职教育科技公司，岗位为商务经理，月薪9000元。2017年5月17日，教育科技公司向马某发出了解除（终止）劳动合同通知书，内容是：因您于2017年5月16日严重违反我公司规章制度泄露公司资料，根据《中华人民共和国劳动法》第三十九条及相关规定，经公司管理层批准，依法与您终止劳动关系。现特此通知，原劳动合同于2017年5月17日正式解除，请您于2017年5月19日之前到人力资源部办理相关离职工作交接。请您立即删除在您微信朋友圈中发布的公司信息，对于您泄露公司资料可能给公司造成的损失，公司保留进一步追诉的权利。马某收到了解除通知，对解除理由不认可。

关于解除理由，教育科技公司称2017年5月16日马某在朋友圈中发布公司领导给员工的内部邮件截图及员工激励计划讲话内容截图，教育科技公司认为上述内容泄露了公司的财务信息和商业秘密。公司称5月17日中午就马某的微信朋友圈进行了公证并提供了公证书。马某认可发布朋友圈的事实，但称5月17日下午就已经删除。关于解除依据，教育科技公司提供了《员工手册》及《保密协议》："第一条　保密信息……6. 财务文件、计算机程序……有关公司之业务状况、人员、运营和资产等方面的信息。第二条　保密义务……3. 员工不得使任何第三人获得、使用或计划使用公司保密信息……4. 员工不得利用保密信息从事不利于公司的行为……第三条　违纪处分，若员工违反本协议的保密责任和义务，公司有权制止，并视给公司造成的损失大小情况，依据公司规定给予调岗、解除劳动合同的处分……"教育科技公司称公司的员工激励计划属于内部信息、保密信息，马某不应泄露。马某发布公司生产经营困难的信息，并且让公司客户知道，严重影响了公司的声誉，降低了外部对公司的评价。马某认可《员工手册》和《保密协议》，但主张其微信朋友圈发布的公司激励计划是截图，附件并不能打开，况且激励计划的讲话内容是公司在年会上发布的，并不属于秘密信息。教育科技公司并未就马某的行为给公司造成损失提供证据证明。马某提供了邮件、工资打卡明细、公司年会视频及公司在内网发布的员工激励计划，证明公司存在拖欠工资、提成、绩效奖金等事实，自己只是通过吐槽反映公司拖欠的事实。教育科技公司认可真实性，不认可证明目的。

2017 年 5 月 23 日，马某向北京市东城区劳动人事争议仲裁委员会申请仲裁，要求教育科技公司支付违法解除劳动关系赔偿金、项目提成、激励奖、电话费、未休年假工资、绩效奖金。2017 年 9 月 13 日，该委裁决：一、教育科技公司自裁决生效之日起十日内，一次性支付马某违法解除劳动关系赔偿金 135000 元；二、教育科技公司自裁决生效之日起十日内，一次性支付马某 2016 年未休年假工资 413.79 元；三、驳回马某的其他申请请求。教育科技公司不服该裁决，提起诉讼。

【案件焦点】

马某在微信朋友圈转发的截图是否损害了公司的利益，超越了劳动者享有的表达自由范围，是否属于不当的言论表达，公司据此解除劳动合同是否合法。

【法院裁判要旨】

北京市东城区人民法院经审理认为：劳动者作为公民享有言论表达的自由，但是劳动者的言论自由应该受到劳动关系一般原则的限制，也就是不得侵犯公民、法人的名誉权、荣誉权、商业秘密等权利。尤其是劳动者在发表涉及公司事务的言论时，应该负有更高的注意义务。

本案中，马某在公司发出薪资减发通知后，先是发表了“寒心、我的心路历程”的评论，此后又在朋友圈发布了公司激励计划讲话截图、公司内部薪资减发通知截图，马某称上述朋友圈的内容仅是一种私人情绪的感性记录，朋友圈人数有限，并未产生公开影响。但是马某将涉及公司内部事务的信息发布至朋友圈后，引起了他人的评论，确实造成了公司内部经营信息和商业信息的传播和泄露。不论发布的信息是否属于商业秘密，马某作为一名员工均不应该将公司内部信息随意发布至社交媒体。这么做显然有违员工忠实义务，属于对欠薪行为的一种过激表达。

那么对于员工的过错行为给予什么样的处罚，需要遵循比例原则，也就是劳动者的过错行为与用人单位的处罚手段之间程度上要相当。本案中，无论是根据单位的《员工手册》还是双方签订的《保密协议》，均要求根据员工给公司造成的损失大小来给予员工警告、调岗再到解除劳动合同的处分。马某发布的信息虽然给公司造成了一定的影响，但是公司并未证明马某一事给公司造成的损失及后果。况且马某事后已经认识到自己行为有一定的不妥，也及时删除了上述信息，消除了影响。即使根据公司的规章制度，公司也应先给予警告处分或调岗，而不是直接解除劳动合同。因此，教育科技公司解除劳动合同的行为欠妥，应依法支付马某违法解除劳动合同赔偿金。对于赔偿金的具体数额，双方认可马某离职前月平均工资，结合马某的工作年限核算，裁决数额不高于法定标准，予以确认。关于仲裁裁决的2016年未休年休假工资413.79元，双方认可裁决结果，予以确认。

北京市东城区人民法院依照《中华人民共和国劳动合同法》第三条、第四条、第三十九条、第八十七条之规定，判决如下：

一、于本判决生效之日起七日内，教育科技公司支付马某违法解除劳动合同赔偿金135000元；

二、于本判决生效之日起七日内，教育科技公司支付马某2016年未休年休假工资413.79元。

教育科技公司对一审判决结果不服，持原审意见提起上诉。北京市第二中级人民法院经审理认为：本案中，教育科技公司上诉主张马某在微信朋友圈发布有关其公司的信息系泄露其公司商业秘密，违反其公司规章制度及劳动纪律，使其公司遭受重大损失，故解除与马某的劳动合同行为合法有据。马某则称其在朋友圈发布的有关教育科技公司的信息仅是针对教育科技公司的欠薪行为而实施的个人不满情绪的表达。虽然马某的上述行为确有不妥，可能会对教育科技公司造成一定的不良影响，但其事后认识到自己的行为不当并及时删除朋友圈的信息，且教育科技公司并未提供证据证明马某的行为给其公司造成重大损失，故一审法院认定教育科技公司据此解除马某的劳动合同违法，应该向马某支付违法解除劳动合同赔偿金，并无不当，二审法院予以维持。

北京市第二中级人民法院依照《中华人民共和国民事诉讼法》第一百七十条第一款第一项之规定，作出如下判决：

驳回上诉，维持原判。

【法官后语】

随着移动媒体的发展，以微博、微信为代表的社交媒体的兴起，拓展了劳动者表达意见的渠道，劳动者可以通过微信记录自己的生活状态、表达情绪，同时由于劳动者社交媒体中生活与工作的混同以及受众的不确定性，难免在表达自己的情绪时将对工作的意见夹杂在微信朋友圈中一并记录。这就涉及劳动者在表达自己的情绪时，对用人单位管理行为的批评与用人单位的商业秘密和管理秩序的冲突与平衡，也因此会引发劳动纠纷。那么劳动者对用人单位的管理权表达意见时，如何把握劳动者言论表达的范围和边界成为自媒体时代面对的一个突出问题。

1. 劳动者在社交媒体发表言论的范围

劳动者作为公民享有言论表达的自由，这种表达自由不因表达手段的不同而改变，言论自由在劳动关系中也应该得到保障。但是劳动者的言论自由应该受到劳动关系一般原则的限制，也就是不得侵犯公民、法人的名誉权、荣誉权、商业秘密等权利。以微信为代表的社交媒体的兴起，拓展了劳动者表达意见的渠道，劳动者可以通过微信记录自己的生活状态、表达情绪，但是社交媒体并不是法外之地，劳动者在自媒体发表言论时也要遵循社会规范。劳动者对于私人生活或事务的表达，不能违背社会公序良俗，不能侵犯社会公共利益。劳动者对用人单位的管理行为有参与权，也有批评建议的权利，但是劳动者在表达自己意见的时候，也要注意表达方式和表达范围。尤其是选择自媒体进行表达时，不能带有诽谤、污辱性的语言，内容上不能泄露公司的商业秘密，不能妨害公司的管理秩序。

2. 劳动者对工作问题发表意见的法律界限

劳动关系具有一定的人身从属性，是在劳动关系双方相互信任的基础上建立起来的一种组织管理关系。在这个过程中，劳动者除负有提供劳动的主要义务外，还负有维护劳动秩序的从义务，也就是所谓的忠实义务，劳动者有义务在可期待的范围内维护用人单位的商业利益，对于劳动者的诉求表达应最先谋求在用人单位内部请求解决。即使选择在社交媒体发表自己的情绪和不满，也不能将涉及公司内部事务的信息和商业信息随意发布至朋友圈，因为朋友圈不同于微信聊天群，朋友圈具有一定的开放性，朋友圈的内容也可能会被他人转发，发朋友圈的人并不能控制信息的传播。因此，朋友圈并不是一个私密空间而是公共空间，在发布朋友圈和评论时，应该对自己所发表的内容负有更高的注意义务，要对发表内容引发的后果承担法律责任。

3. 用人单位的处罚要与不当言论后果具有相当性

对于员工的过错行为给予什么样的处罚，需要遵循比例原则。对劳动者的不当言论进行处罚时，需要考虑不当言论发表后传播的范围，是否给用人单位造成实际损失，劳动者事后是否采取了积极补救措施防止影响的进一步扩大等因素。本案中，虽然马某未先与公司协商工资发放事宜就直接发表相关内容的行为欠妥，但是事后马某已经及时删除了朋友圈的信息，也未给公司造成严重后果，况且事件的起因在于公司一方，即使马某发表了上述内容，公司也应该先行通过内部批评教育，给予马某改正的机会，而不是直接解除双方劳动合同，因此教育科技公司解除劳动合同的行为不具有相当性，违反了比例原则。

编写人：北京市东城区人民法院　李彦宏

100 “医疗期满不能从事用人单位另行安排工作”的司法认定

——秦某诉陶瓷公司劳动争议案

【案件基本信息】

1. 裁判书字号

北京市第一中级人民法院（2018）京01民终7140号民事判决书

2. 案由：劳动争议纠纷

3. 当事人

原告（上诉人）：秦某

被告（上诉人）：陶瓷公司

【基本案情】

1994年5月18日，秦某入职陶瓷公司工作。2004年6月1日，双方订立了无固定期限劳动合同书，约定秦某在生产部门工作。2014年3月8日开始，秦某休病假，依法享受医疗期24个月。2016年3月7日，秦某的医疗期满。此后，秦某继续向陶瓷公司提供全休假条并申请休病假，最后一份休假申请表的休假时间为2017年8月3日至2017年8月16日，陶瓷公司均准予秦某休病假，并继续为秦某支付病假工资。陶瓷公司在征求其工会意见之后，于2017年8月8日作出并送达秦某《劳动合同解除告知书》，载明因秦某的医疗期于2016年3月7日期满，由于身体原因（颈椎病）持续休病假至今，不能从事原工作，也不能从事由公司另行安排的工作，因此根据劳动合同法第四十条的规定，于2017年8月16日解除劳动关系，终止尚未履行完的劳动合同，并进行经济补偿。经核实，秦某离职前12个月的月均工资为1669元，该数额低于秦某离职时的北京市最低工资标准1890元。

秦某向北京市海淀区劳动人事争议仲裁委员会（以下简称海淀区仲裁委）提起劳动仲裁，要求陶瓷公司支付其违法解除劳动合同赔偿金28.2万元。海淀区仲裁委裁决驳回秦某的仲裁请求。秦某不服该裁决，诉至法院。

【案件焦点】

1. 秦某在医疗期满后继续提交全休假条，陶瓷公司以此认定其无法从事原岗位工作并推定其无法从事用人单位另行安排的工作是否恰当；2. 陶瓷公司以秦某在医疗期满后继续提交全休假条为由解除劳动合同是否合法。

【法院裁判要旨】

北京市海淀区人民法院经审理认为：劳动者的合法权益受法律保护；当事人应当对自己的主张提供证据予以证明。用人单位与劳动者解除劳动关系，应当同时具备事实依据与制度依据。请长病假的职工在医疗期满后，能从事原工作的，可以继续履行劳动合同；不能从事原工作的，用人单位应当为其另行安排工作。如果劳动者亦无法从事用人单位另行安排工作的，用人单位可以解除劳动合同，并与劳动者协商确定离职待遇。双方对医疗补助费等待遇无法协商一致，用人单位应当在办理离职手续之前，为劳动者申请劳动能力鉴定，根据鉴定结论给予相应的离职待遇。秦某在2016年3月7日医疗期满之后，继续向陶瓷公司申请病假，陶瓷公司亦准予其休病假至2017年8月16日。陶瓷公司未能举证证明在2017年8月8日作出解除劳动合同决定时，已为秦某另行安排过工作或按照相关规定安排秦某进行了劳动能力鉴定以确定其待遇，陶瓷公司仅根据秦某提交病假申请即确认秦某不具备劳动能力、无法从事公司安排的任何工作，在秦某尚处在公司批准的病假期间的情况下，直接作出解除劳动关系的决定，缺乏事实与法律依据，系违法解除，陶瓷公司应当支付秦某违法解除劳动关系赔偿金，对秦某主张的违法解除劳动关系赔偿金的合理部分，法院予以支持，对于其过高的诉请，依据不足，不予支持。

北京市海淀区人民法院依据《中华人民共和国劳动合同法》第四十七条、第八十七条，《中华人民共和国民事诉讼法》第六十四条第一款之规定，判决如下：

一、陶瓷公司于本判决生效之日起七日内支付秦某违法解除劳动关系赔偿金88830元；

二、驳回秦某的其他诉讼请求。

二审法院同意一审法院裁判意见。

【法官后语】

医疗期是指职工因患病或非因工负伤停止工作治病休息不得解除劳动合同的时限。《关于贯彻执行〈中华人民共和国劳动法〉若干问题的意见》第三十五条规定，请长病假的职工在医疗期满后，能从事原工作的，可以继续履行劳动合同；医疗期满后仍不能从事原工作也不能从事由单位另行安排的工作的，由劳动鉴定委员会参照工伤与职业病致残程度鉴定标准进行劳动能力鉴定。被鉴定为一至四级的，应当退出劳动岗位，解除劳动关系，办理因病或非因工负伤退休退职手续，享受相应的退休退职待遇；被鉴定为五至十级的，用人单位可以解除劳动合同，并按规定支付经济补偿金和医疗补助费。根据《中华人民共和国劳动合同法》第四十条、第四十六条规定，劳动者患病或者非因工负伤，在规定的医疗期满后不能从事原工作，也不能从事用人单位另行安排工作的，用人单位提前三十日以书面形式通知劳动者本人或者额外支付劳动者一个月工资后，可以解除劳动合同，应向劳动者支付经济补偿金。

劳动者因患病或非因工负伤，医疗期满后不能从事原工作时，用人单位的正确处理方式应当是先根据劳动者的身体状况给劳动者另行安排工作岗位；如劳动者仍无法从事用人单位另行安排的工作时，劳动者应当配合用人单位进行劳动能力鉴定。

近年来，司法实践中用人单位以“劳动者患病或者非因工负伤，在规定的医疗期满后不能从事原工作，也不能从事用人单位另行安排工作”为由解除劳动合同引发纠纷的案件时有发生。相关案件争议焦点集中在“不能从事用人单位另行安排工作”的认定标准上。劳动者主张用人单位不存在“另行安排工作”这一行为即解除劳动关系，系违法解除。用人单位的抗辩意见为：劳动者医疗期满后继续提交全休假条的行为等于不能出勤，根本无法提供劳动，更遑论另行安排工作。通过对大量案件的审理过程统计分析发现，劳动者在医疗期满后继续提交假条的主观动因往往是身体状况尚无法从事原岗位工作，医院是否为劳动者继续出具假条往往也将劳动者的工作内容及工作强度作为重要考量因素，如同是肌肉损伤，医生会给体力劳动者出具假条而不一定会给脑力劳动者出具假条；在颈腰椎疾病非急性发作期间，医生往往会偏向于为工作需久低头、久坐的患者出具假条。因此，不能因劳动者存在医疗期满后继续提交假条的行为直接推定劳动者必然不能从事用人单位另行安排的工作，用人单位在不另行安排工作的情况下径行解除劳动合同一般应认定为违法解除。当然，相关案件审理过程中还应具体问题具体分析，如果劳动者在医疗期满后还处于住院阶段，根本无法出勤，此时以用人单位未为劳动者另行安排工作为由认定违法解除劳动合同，则属矫枉过正，用人单位应及时联系劳动者做劳动能力鉴定，根据鉴定结果做出相应处理。

编写人：北京市海淀区人民法院　龚莉婷　董洪辰

101　以旷工为由解除劳动合同的合法性应全面考虑
——黄某诉某超市劳动争议案

【案件基本信息】

1. 裁判书字号

北京市第二中级人民法院（2018）京02民终2882号民事判决书

2. 案由：劳动争议纠纷

3. 当事人

原告（上诉人）：黄某

被告（被上诉人）：某超市

【基本案情】

黄某原系某超市美食总监，双方签订了期限为2017年4月10日至2022年4月9日的劳动合同，试用期为2017年4月10日至2017年10月9日。2017年8月15日，某超市通知黄某解除劳动合同。

关于劳动合同的解除，黄某主张因某超市不满其工作业绩，于2017年8月15日将其辞退，提交劳动合同、试用期员工辞退通知书等。劳动合同载明："甲方：某超市……乙方：黄某……乙方有下列情形之一的，甲方可以提前解除本合同，不需支付乙方任何补偿金……违反《考勤管理办法》达到辞退条件的……"试用期员工辞退通知书载明，"黄先生：试用期间发现你不能胜任本职工作，未能完成入职时签订的KPI考核指标且差距较大。根据劳动合同法第三十九条第一项规定，在试用期间被证明不符合录用条件的，用人单位可以予以辞退。且根据你在2017年7月的出勤情况，有多次无故旷工行为。按照公司相关规定及劳动合同法规定，单位有权无条件解除劳动合同……某超市，2017年8月15日"。

某超市主张黄某的离职原因为2017年7月存在旷工以及不能胜任本职工作情况，据此与黄某解除劳动合同，并提交2017年4月12日至7月31日考勤记录、薪酬与绩效考核确认书、《考勤管理办法》、2017年7月工资表等予以证明。考勤记录未显示黄某2017年7月3日、4日、18日考勤情况，7月5日、7日、10日、12日至14日、17日、21日、24日至28日未显示黄某下班考勤记录。考勤管理办法部分内容载明：公司员工上下班实行指纹打卡，

未打卡者按旷工处理……年内累计迟到及早退达 3 次者或旷工 1 次者，公司予以辞退并解除劳动关系。7 月工资表显示黄某试用期工资 40040 元，缺勤扣款 30735.66 元，实发金额 4440.22 元。黄某主张未见过《考勤管理办法》，2017 年 7 月部分未显示出勤情况或出勤半天的原因为单位安排其出外勤办理业务；对 2017 年 7 月工资表中缺勤扣款其不予认可，实发金额其已收到。公司主张未安排黄某 7 月出外勤办理业务。

后黄某提起仲裁，要求公司支付解除劳动合同经济补偿等未获支持，其不服并就此起诉至法院。

【案件焦点】

以旷工为由解除劳动合同的合法性问题。具体而言，即在判断用人单位以旷工为由解除劳动合同是否合法时应当考虑哪些因素。

【法院裁判要旨】

北京市丰台区人民法院经审理认为：黄某就其 2017 年 7 月单位多次安排其出外勤办理业务、未见过单位《考勤管理办法》的主张，未提交相关证据加以证明，难以采信。依据劳动合同载明内容，对某超市提交的《考勤管理办法》的真实性予以采信。依据《考勤管理办法》载明内容，结合黄某 2017 年 7 月考勤记录，某超市依据《考勤管理办法》与黄某解除劳动合同，并无不妥。黄某主张某超市支付其解除劳动合同的经济补偿的诉讼请求，缺乏事实依据，不予支持。

北京市丰台区人民法院依照《中华人民共和国劳动合同法》第七条、第三十九条，《职工带薪年休假条例》第三条，《企业职工带

薪年休假实施办法》第十条,《中华人民共和国民事诉讼法》第六十四条之规定,判决如下:

一、某超市于判决生效之日起七日内支付黄某未休年休假工资11045.51元;

二、驳回黄某其他诉讼请求。

黄某不服,提起上诉,请求改判支持其一审诉讼请求。北京市第二中级人民法院经审理认为:双方对黄某在职期间的出勤记录以及2017年5月、6月的考勤异常审批均无异议,应予采信。依据黄某5月、6月的出勤记录与考勤异常审批,其在5月、6月中每月均存在超过10天的考勤异常情形,某超市也以审批方式在月末予以认可,说明因开展业务需要每月10次以上的异常考勤情形属于黄某的正常工作状态。在黄某2017年7月的考勤记录与此之前的出勤情况并无明显差异的情况下,某超市以黄某多次无故旷工为由解除劳动合同,属违法解除,应支付违法解除劳动合同赔偿金。二审法院对此予以改判。

北京市第二中级人民法院依照《中华人民共和国劳动法》第五十条,《中华人民共和国劳动合同法》第四十七条、第四十八条、第八十七条,《中华人民共和国民事诉讼法》第一百七十条第一款第二项规定,判决如下:

一、维持北京市丰台区人民法院(2017)京0106民初29711号民事判决第一项;

二、撤销北京市丰台区人民法院(2017)京0106民初29711号民事判决第二项;

三、某超市于本判决生效之日起七日内支付黄某违法解除劳动合同赔偿金40040元;

四、某超市于本判决生效之日起七日内支付黄某2017年7月1日至2017年7月31日的工资差额30000元；

五、驳回黄某其他诉讼请求。

【法官后语】

本案中，一审、二审法院均注意到某超市与黄某对2017年7月考勤记录的真实性不持异议，但得出了相反的结论。一审法院从表面上的“旷工”入手，依据黄某认可真实性的劳动合同内容而采信了《考勤管理办法》，从而将2017年7月十余天未显示考勤情况的举证责任分配给了黄某，而黄某作为劳动者难以就缺勤这一否定性事实充分举证，导致一审法院认为黄某符合《考勤管理办法》所规定的旷工情形，进而认定某超市以旷工为由解除与黄某的劳动合同合法。二审法院则从“未显示考勤情况”这一事实入手，对比2017年7月之前的5月、6月考勤情况，力求还原真相。通过分析该三个月的考勤情况，发现黄某每月均存在十余天的考勤异常情形，5月、6月均是在月末提交当月的异常考勤申请，且某超市均予以批准。在考勤记录显示的2017年7月出勤情况与此之前的出勤情况并无明显差异的情况下，某超市仅以其未同意当月的异常考勤申请即主张黄某构成多次无故旷工，难以令人信服。

劳动合同的解除是用人单位和劳动者在劳动合同履行中的重大事项，用人单位单方解除与劳动者之间的劳动合同，应当具备充分理由，且符合法律规定。本案中，某超市主张黄某在2017年7月存在多次无故旷工行为，并据此解除了双方之间的劳动关系，某超市应当提供充分证据予以证明，否则其应当承担不利后果。通过上述分析，某超市主张黄某存在旷工行为，未能提交充分证据予以证明，未能就其公司以旷工为由解除与黄某的劳动合同的合法性作出合理解释，故二审法院认定该解除行为违法，并判令某超市支付黄某违法解除劳动合同赔偿金。

通过对本案的分析，应当对以旷工为由解除劳动合同的合法性判断问题予以重视，对于旷工的认定应当全面考虑。即使考勤记录存在多处异常，也不必然认定为旷工，应结合劳动者出勤规律及用人单位审批规律综合认定；反之，即便劳动规章制度未规定旷工多日的法律后果，劳动者亦应遵守该项社会公众认可并接受的劳动纪律，不能仅以制定或送达程序存在瑕疵为抗辩理由。总之，在判断用人单位以旷工为由与劳动者解除劳动合同是否合法时，对于旷工的认定应当全面考虑，可结合以下几方面因素综合判断：一是劳动者的岗位特点及出勤规律。1. 劳动者的岗位是否能够做到每天按时出勤，如医药、保险等行业的销售人员，家具、家电安装工人，售后维修人员，需经常出差的人员等，不具备每天按时到单位出勤的条件；2. 发生劳动争议之前，劳动者每月的出勤情况是否基本一致，是每月都有大致相当的天数缺勤，还是劳动关系的最后一段时间出勤情况突然变差，对于旷工的认定可能得出不同的结论。二是劳动规章制度的制定或送达程序应当完备，但是对于较为严重的旷工行为，即便用人单位的劳动规章制度未明确规定旷工多日的法律后果，或者该规章制度的制定和送达程序有一定瑕疵，按照用人单位的工作时间要求到岗工作作为社会公众所认可的基本劳动纪律，也应当被劳动者所遵守，劳动者严重违反的，用人单位据此作出解除劳动合同的决定并无不妥，不宜认定为违法解除。

编写人：北京市第二中级人民法院　金铭

102 用人单位能否以通过违反法律禁止性规定方法取得的证据主张解除与劳动者的劳动合同

——快递服务公司诉郑某劳动争议案

【案件基本信息】

1. 裁判书字号

山东省济南市中级人民法院（2018）鲁01民终1360号民事判决书

2. 案由：劳动争议纠纷

3. 当事人

原告（上诉人）：快递服务公司

被告（被上诉人）：郑某

【基本案情】

郑某自2004年起经劳务派遣在快递服务公司工作，2015年12月26日，双方订立书面劳动合同，期限自2015年12月26日起至2021年12月25日止。劳动合同中约定“乙方（郑某）确认收到甲方（快递服务公司）依法制定的企业规章制度（包含但不限于《员工手册》《员工奖励与违规违纪处理实施细则》《企业员工退出管理办法（试行）》），并已详细阅读，充分理解了其中各项条款的内容，同时保证自觉遵守企业规章制度的所有规定，自愿按照条款执行，并对因个人违反企业规章制度所造成的不良后果承担责任”。《员工奖励与违规违纪处理实施细则》第十三条第四项规定，员工不执行验视规定或验视不认真而收寄具有爆炸性、易燃性、腐蚀性、放射性等禁止寄递和不明性质物品的，属于严重违反企业的规章制度，企业可以与其解除劳动合同。

2016年6月，快递服务公司与管理咨询公司订立《快递服务公司营业网点神秘访客服务检测项目委托合同》，合同约定：快递服务公司委托管理咨询公司在2016年6月1日至2016年6月30日，对营业网点进行神秘访客服务检测活动。2016年6月20日，管理咨询公司的工作人员对快递服务公司某网点进行神秘访客服务检测活动，郑某作为前台营业员当班营业。2016年7月26日，快递服务公司向郑某出具终止（解除）劳动合同证明书，写明因郑某2016年6月28日违反企业规章制度而解除合同。郑某于2016年9月1日与案外某公司订立劳动合同，并由该单位为其缴纳社会保险。郑某表示可以随时与案外某公司解除劳动合同，该劳动合同不影响郑某与快递服务公司建立劳动合同关系。快递服务公司对该劳动合同的真实性无异议。郑某于2017年5月30日向济南市劳动人事争议仲裁委员会提起仲裁申请，该委于同年8月4日作出仲裁裁决，“裁定被申请人与申请人解除劳动合同违反法律规定，被申请人应当在本裁决生效之日起立即恢复与申请人的劳动关系”。快递服务公司不服该裁决，在法定期限内诉至法院。

【案件焦点】

用人单位能否以通过违反法律禁止性规定方法取得的证据主张解除与劳动者的劳动合同。

【法院裁判要旨】

山东省济南市市中区人民法院经审理认为：《最高人民法院关于审理劳动争议案件适用法律若干问题的解释》第十三条规定，因用人单位作出的开除、除名、辞退、解除劳动合同、减少劳动报酬、计算劳动者工作年限等决定而发生的劳动争议，用人单位负举证责任。本案中，快递服务公司以郑某违反企业规章制度为由解除双方之间的劳动合同，但其提供的《员工奖励与违规违纪处理实施细则》第十三条第四项规定，员工不执行验视规定或验视不认真而收寄具有爆炸性、易燃性、腐蚀性、放射性等禁止寄递和不明性质物品的，属于严重违反企业的规章制度，企业可以与其解除劳动合同。该规章制度未对在“神秘访客服务检测活动”之类暗访中，员工出现上述行为是否也属于严重违反企业的规章制度，企业是否可以与其解除劳动合同作出明确规定。且法院认为暗访的目的是督促、提醒员工严格执行企业的规章制度，而不是与员工解除劳动合同。因此，在没有明确规定的情况下，《员工奖励与违规违纪处理实施细则》第十三条不适用于本案所出现的暗访情况。同时，快递服务公司所提供的证据也不足以认定郑某存在违反《员工奖励与违规违纪处理实施细则》第十三条的行为。综上，快递服务公司以郑某违反企业规章制度为由解除双方之间的劳动合同，缺乏事实和法律依据，法院不予支持。

山东省济南市市中区人民法院依据《最高人民法院关于审理劳动争议案件适用法律若干问题的解释》第十三条之规定，作出如下判决：

撤销快递服务公司于 2016 年 6 月 28 日作出的与郑某解除劳动合同的决定，从判决生效之日起恢复快递服务公司与郑某的劳动关系。

快递服务公司不服一审判决，提起上诉。山东省济南市中级人民法院经审理认为：本案中，快递服务公司主张郑某在工作中不执行验视规定，违反快递服务公司的规章制度，其与郑某解除劳动合同符合法律规定。为此，提交管理咨询公司出具的《有关快递服务公司某网点服务检查情况的说明》、郑某书写的《关于邮件验视说明》复印件等证据并申请证人出庭作证证实。管理咨询公司出具的《有关快递服务公司某网点服务检查情况的说明》载明，调查员在检查中，邮寄了禁寄物品打火机。《中华人民共和国邮政法》第二十四条规定，邮政企业收寄邮件和用户交寄邮件，应当遵守法律、行政法规以及国务院和国务院有关部门关于禁止寄递或者限制寄递物品的规定。《最高人民法院关于适用〈中华人民共和国民事诉讼法〉的解释》（本案以下简称《民诉法解释》）第一百零六条规定，对以严重侵害他人合法权益、违反法律禁止性规定或者严重违背公序良俗的方法形成或者获取的证据，不得作为认定案件事实的根据。据此，《有关快递服务公司某网点服务检查情况的说明》系通过违反禁止性规定方法取得的证据，不具有合法性，法院不予采信。快递服务公司提交的其他证据不足以证实郑某存在违反单位规章制度的情形，故快递服务公司解除双方之间的劳动合同不符合法律规定。郑某要求撤销快递服务公司作出的解除劳动合同决定，法院予以支持。鉴于快递服务公司的解除决定已被撤销，且郑某表示与案外某公司订立的劳动合同可以解除，故对郑某要求恢复与快递服务公司劳动合同关系的主张，法院予以支持。综上所述，快递服务公司的上诉请求不能成立，一审判决认定事实清楚，适用法律正确，应予维持。

山东省济南市中级人民法院依照《中华人民共和国民事诉讼法》

第一百七十条第一款第一项规定，作出如下判决：

驳回上诉，维持原判。

【法官后语】

用人单位行使劳动合同解除权，系用人单位用工管理权和用工自主权的重要体现，但是用人单位行使劳动合同解除权，其应当证明解除劳动合同符合法律规定，否则不能取得解除劳动合同的法律效果。

首先，用人单位应当承担证明其解除劳动合同符合法律规定的举证证明责任。《最高人民法院关于审理劳动争议案件适用法律问题的解释（一）》第四十四条规定："因用人单位作出的开除、除名、辞退、解除劳动合同、减少劳动报酬、计算劳动者工作年限等决定而发生的劳动争议，用人单位负举证责任。"既然快递服务公司以郑某违反规章制度为由作出解除劳动合同的决定，那么快递服务公司应当证明该决定符合法律规定。

其次，用人单位证明解除劳动合同决定符合法律规定的重要内容之一，系需要证明解除劳动合同所依据的事实真实存在，即本案需要证明郑某具有违反规章制度的行为，该待证事实需要有充分有效的证据作支撑。《民诉法解释》第一百零八条第一款规定："对负有举证证明责任的当事人提供的证据，人民法院经审查并结合相关事实，确信待证事实的存在具有高度可能性的，应当认定该事实存在。"故快递服务公司应当提供证据证明郑某存在违反规章制度行为这一待证事实具有高度可能性，达到足以认定该事实真实存在的程度。

最后，用人单位证明解除劳动合同所依据的事实真实存在的证据应当具有合法性。《民诉法解释》第一百零六条规定："对以严重侵害他人合法权益、违反法律禁止性规定或者严重违背公序良俗的方法形成或者获取的证据，不得作为认定案件事实的根据。”本案中，《中华人民共和国邮政法》第二十四条规定：“邮政企业收寄邮件和用户交寄邮件，应当遵守法律、行政法规以及国务院和国务院有关部门关于禁止寄递或者限制寄递物品的规定。”快递服务公司主张郑某违反公司规章制度的行为并非正常情况下邮政企业工作人员收寄邮件和用户交寄邮件的业务，而是快递服务公司委托相关机构对营业网点进行的神秘访客服务检测活动，该非正常业务本身即违反了《中华人民共和国邮政法》第二十四条的禁止性规定，不具有合法性，因此该通过违反法律禁止性规定的方法取得的证据不能作为认定郑某违反公司规章制度的根据。

由此可见，快递服务公司未完成证明其解除劳动合同符合法律规定的举证证明责任，郑某请求法院撤销快递服务公司作出的解除劳动合同决定，符合法律规定，应当予以支持。

编写人：山东省济南市中级人民法院　唐鸣亮

103　用人单位调职违反诚信原则造成劳动者辞职的视为“推定解雇”

——汽车公司诉陆某劳动争议案

【案件基本信息】

1. 裁判书字号

江苏省苏州市中级人民法院（2018）苏 05 民终 2084 号民事判决书

2. 案由：劳动争议纠纷

3. 当事人

原告（上诉人）：汽车公司

被告（被上诉人）：陆某

【基本案情】

2010年4月，陆某入职汽车公司从事销售工作，2015年4月1日开始担任销售副经理。2016年11月17日，双方签订《全日制劳动合同书》，约定期限为2016年12月1日至2019年11月30日，甲方根据工作需要，按合理诚信原则可依法变动乙方工作岗位，劳动合同履行地为集团及其下属公司。附页第二条约定：鉴于甲方系集团型企业，根据甲方或母公司发展情况，需要将乙方调到关联企业任职的，乙方同意甲方的安排，并与新的单位签订劳动合同，同时本劳动合同解除，乙方被调到甲方母公司或其他关联公司任职时，乙方在甲方的工龄可延续计算至新的单位。第三条约定：乙方奖金中已包含了国家规定的加班加点工资部分。2016年12月16日，汽车公司经理刘某与陆某进行谈话，要求陆某至无锡上班（原在苏州上班），岗位、劳动期限、薪酬待遇、是否签订劳动合同等待定。陆某不同意调职，汽车公司封锁陆某邮箱等系统权限，陆某无法开展工作。2016年12月21日，陆某书面要求汽车公司恢复劳动条件，汽车公司不予理睬。2017年1月19日，陆某为此向汽车公司邮寄解除劳动合同通知书，要求单位支付经济补偿金、经济赔偿金及拖欠的加班工资等。

对于陆某的工资情况，汽车公司表示未保存工资发放、绩效考核相关原始材料，陆某的工资及奖金均已足额支付。陆某向法院提供其从公司OA系统中打印的销售经理薪资审核表、经其签字同意的2016年销售副经理考核方案复印件及2015年度、2016年度工资发放银行明细。销售经理薪资审核表反映月绩效计算基数为4050元，2016年10月应发绩效为3907.18元，基本工资为9000元；2016年销售副经理考核方案反映月基本工资为9000元，绩效奖金共计162000元，包括十二个月绩效合计48600元（每月绩效4050元）、四个季度绩效合计89100元（每季度绩效22275元）、年度绩效24300元。银行工资流水反映陆某2015年度收入为178012.84元（含张乙支付的2015年年终奖金57536.45元）、2016年度收入为164752.18元（含张甲支付的第二、第三季度奖金42080.84元）。张甲与张乙系母女关系，该二人系汽车公司的关联公司高管。汽车公司认为，陆某主动离职，无需赔偿。另外，陆某提供的工资材料均为复印件，不予认可。案外人张甲、张乙支付陆某的款项与本案无关。

【案件焦点】

1. 汽车公司对劳动者陆某调职是否合理；2. 汽车公司是否应支付陆某加班工资；3. 如何确定陆某工资构成，以便确定计算经济补偿金基数。

【法院裁判要旨】

江苏省苏州市吴中区人民法院经审理认为：汽车公司与劳动者签订的《全日制劳动合同书》约定，单位根据工作需要，按照合理诚信原则可依法变动劳动者工作岗位。用人单位根据特约行使调职权时应受到权利不得滥用的严格限制，应遵循合理诚信原则。刘某与陆某的谈话录音反映，对陆某进行调职时并未就调职决定具有经营上之必要性进行说明，且未就调职后岗位工作期限、薪酬待遇、劳动合同签订等基本事项进行协商，亦未就调职后对劳动者家庭和社会生活带来不利影响有所考虑，径直要求陆某在限定的短时间内完成工作交接，明显有违诚信、合理。在此情形下造成陆某辞职，应当视为“推定解雇”，陆某主张汽车公司支付经济补偿金应予以支持。

关于是否应支付陆某加班工资。《全日制劳动合同书》附页第三条明确约定劳动者奖金中已包含了国家规定的加班加点工资部分。即汽车公司支付陆某奖金部分已包含了加班工资。另外，陆某系销售经理，基于销售业绩计发奖金，该奖金包含加班费亦属合理，故陆某主张汽车公司另行支付加班工资 167347.25 元，不予支持。

关于应支付的经济补偿金金额。对于 2016 年度绩效奖及第一、第四季度绩效奖问题。用人单位应当书面记录支付劳动者工资的应发项目及数额、实发数额、支付日期、支付周期、依法扣除项目及数额、领取者姓名等内容，用人单位应当将工资支付给劳动者本人，并同时提供本人的工资清单。陆某与汽车公司签订的劳动合同明确约定劳动者的工资实行基本工资和绩效工资相结合的内部工资分配办法，其中基本工资为 1820 元，以后根据内部工资分配办法予以调整，其中绩效工资根据劳动者的工作业绩、劳动成果、实际贡献按照内部分配办法考核确定。对此陆某提供了销售经理薪资审核表、2016 年销售副经理考核方案证据及张乙于 2016 年 2 月 6 日支付其 2015 年度奖金 57536.45 元、张甲于 2016 年 12 月 19 日支付其 2016 年第二、第三季度奖金 42080.84 元的银行转账材料予以佐证。汽车公司表示没有保存工资发放明细的记录及绩效考核原始材料。在处于举证优势地位的单位未能提供证据且未能作出合理说明，劳动者提供了初步证据，该初步证据未存在疑点且反映的部分信息能够相互印证的情形下，汽车公司应当承担举证不能的不利后果。另外，考虑张甲、张乙系汽车公司关联公司高管，且陆某表示其与张甲、张乙平时并无经济往来，法院对陆某陈述张甲于2016年12月19日支付其2016年第二、第三季度奖金42080.84元予以采信。据此陆某主张补发2016年度第一、第四季度绩效奖合计42080.84元具有合理性，法院予以支持。综上，根据陆某2016年度实发工资、第二、第三季度奖金42080.84元及第一、第四季度奖金42080.84元进行核算，汽车公司与陆某解除劳动关系前十二个月的月平均工资为17236.09元。经济补偿金按劳动者在本单位工作的年限，每满一年支付一个月工资，六个月以上不满一年的，按一年计算。陆某工作期间为2010年4月至2017年1月，汽车公司应支付陆某7个月工资的经济补偿金120652.60元。

江苏省苏州市吴中区人民法院依照《中华人民共和国劳动合同法》第三十条第一款、第三十八条、第四十六条、第四十七条第一款规定，判决如下：

一、汽车公司于本判决生效之日起十日内支付陆某经济补偿金120652.60元；

二、汽车公司于本判决生效之日起十日内支付陆某2016年第一、第四季度绩效奖金合计42080.84元；

三、驳回陆某的其他诉讼请求。

二审法院同意一审法院裁判意见。

【法官后语】

用人单位可根据自身主营业务调整、经营决策变化而合理地调整员工任职岗位、工作内容及地点等，这本质上属于用人单位自主管理及用工权利范畴，应当遵循合法性和合理性原则。

首先，关于合法性原则。劳动合同法第三十五条规定，用人单位与劳动者协商一致，可以变更劳动合同约定的内容。因此用人单位与劳动者就概括性调岗授权在劳动合同有约定或规章制度有规定的情况下，用人单位依法享有对劳动者进行调岗的权限。但此种权限同样受劳动基准法的限制，用人单位不得违反法律基准性规定，安排劳动者从事法律禁止从事的工作。

关于合理性原则。具体可以结合以下几点综合审查：(1) 须具有经营上之必要性，即目的具有正当性，用人单位调岗应以优化经营、良好发展为目的，不能以调岗为名，行解约、降薪规避法定义务之实。(2) 不应使劳动者技能或尊严受损，或明显超出劳动者的工作能力。用人单位对劳动者有保护照顾义务，调岗应建立在准确考察劳动者工作表现、工作经验和能力的基础上，确保岗位调整后能够更有利于充分发挥员工个人的专业能力和水平。(3) 未对劳动者劳动条件、工作待遇、家庭生活利益等产生显著不利影响，且事先应于劳动者充分协商，如变动岗位对上述方面带来了实质不利，也不予补偿，则有不合理之嫌。而本案中，汽车公司对陆某调岗时一概不考虑上述影响，直接通知陆某调岗，显属不合理。

其次，用人单位调职违反合法性和合理性原则，属于滥用用工自主权，因此造成劳动者辞职的，应当视为“推定解雇”，劳动者有权主张用人单位支付经济补偿金。如用人单位以劳动者不到新的岗位上班构成旷工为由解除劳动合同，属违法解除，应按劳动合同法第八十七条规定支付赔偿金。

最后，关于举证责任分配。应充分兼顾保护劳动者生存权及维护用人单位的用工自主权的平衡。具体到本案，涉及劳动者工资构成及调岗合理性认定两方面举证责任。通常而言，用人单位对劳动关系的发生、变更、解除及劳动合同的履行等法律要件事实的证明始终处于举证优势地位，因此法官在审理此类争议时，可以适当加重用人单位的举证责任，如用人单位拒不提供证据证明，而劳动者提供了初步证据，结合日常经验法则判断，可以作出对劳动者适当有利的倾斜认定，甚至在个别案件中，应强化法院职权探知力度，主动调取相关材料，以便最大限度地贴合客观事实，有力保障劳动者的合法权益。

编写人：江苏省苏州市吴中区人民法院　杜荣尚

104　“负面曝光”的劳动失职行为的性质认定

——国某诉北京某某客运公司劳动争议案

【案件基本信息】

1. 裁判书字号

北京市延庆区人民法院（2017）京 0119 民初 3905 号民事判决书

2. 案由：劳动争议纠纷

3. 当事人

原告：国某

被告：北京某某客运公司

【基本案情】

原告国某自2004年9月入职被告北京某某客运公司，岗位是司机，双方签订了劳动合同，合同期限至2016年9月14日。2013年10月1日，国某在告知书上签字确认，告知书概括内容为：被告知人对《北京某某客运公司劳动合同管理办法》《北京某某客运公司员工岗位规范考核管理规定实施细则》等文件及具体内容已知晓，并予以认可。

2016年8月5日，被告北京某某客运公司找原告谈话，告知原告因其在德胜门场站主动向旅客介绍旅游性质的黑车，并主动向黑车司机索要烟，被北京电视台某栏目曝光，要求其停止上班。2016年8月30日，被告作出解除劳动合同证明书和参保通知单，2016年9月8日，被告作出解除劳动合同通知书，并于2016年9月11日邮寄送达原告，原告认可已收到上述三份文件。

2017年2月20日，国某申请仲裁至北京市延庆区劳动人事争议仲裁委员会（以下简称延庆仲裁委），要求被告恢复其工作，与其签订无固定期限劳动合同。2017年4月7日，延庆仲裁委裁决驳回国某的仲裁请求。国某不服该裁决，于法定期限内诉至法院，要求被告恢复其工作，与其签订无固定期限劳动合同。

【案件焦点】

被“负面曝光”的劳动失职行为的性质程度如何认定。

【法院裁判要旨】

北京市延庆区人民法院经审理认为：原告主张被告基于2016年8月2日北京电视台的不实报道与其解除劳动关系，但其未提交充分证据予以证明上述报道为不实报道。公交车作为公共交通工具，属于公共服务领域，乘客对于公交车司机具有一定的信赖性。原告作为公交车司机，其带领暗访的记者乘坐不具备营运资质的车辆（俗称黑车），并向司机索要烟，后在记者表示因为价格太贵不准备乘坐黑车去八达岭时，原告建议其拼车去，其上述行为明显不当。此过程被北京电视台某栏目曝光。北京电视台作为传播媒体，其具有一定的社会影响力，特别是在北京地区，其具有较大的社会影响力，考虑到媒体传播信息的快速性与发散性等特点，原告的上述行为经曝光，势必会给公司造成恶劣影响。

另，原告已签字确认对《北京某某客运公司劳动合同管理办法》等文件及具体内容已知晓，该管理办法第四章第二十八条规定，员工有下列情形之一的，依照劳动合同法规定的条件、程序，用人单位可以与劳动者解除固定期限劳动合同、无固定期限劳动合同或者以完成一定工作任务为期限的劳动合同，其中具体规定，员工严重失职、营私舞弊给用人单位造成直接经济达一万元以上或者造成恶劣影响的责任者。同为工作人员，其他人员面对暗访的记者，均未做出与自己身份不符的不当行为，原告则向黑车司机索要烟，谋取私人利益，其行为符合《北京某某客运公司劳动合同管理办法》规定的公司可以解除与劳动者劳动合同的情形。故本院对原告请求法院判决被告恢复其工作，与其签订无固定期限劳动合同的诉讼请求不予支持。

北京市延庆区人民法院依照《中华人民共和国劳动合同法》第三十九条第二项之规定，作出如下判决：

驳回原告国某的全部诉讼请求。

判决后，双方当事人均未上诉，本判决现已生效。

【法官后语】

如今媒介日益渗透社会生活，劳动者履职情况不再单纯被用人单位考核，更被推到了大众视野下接受检验。传统单方辞退案件中出现了舆论与传播的因素，给劳动者失职行为定性带来了新问题。本文特此解说“负面曝光”对劳动者失职行为定性的影响。

1. “负面曝光”与失职行为的关联性

“负面曝光”对证明劳动者违纪行为、用人单位损失等主要案件事实没有任何实质推进作用时，应认为其与本案无关，不予采纳。

第一，“负面”应明确涉及劳动者与用人单位，否则不应被采纳用于评价劳动者失职行为。不点名式新闻报道中的“负面曝光”，旨在反映社会中存在的问题，未明确指向涉事对象，即便用人单位能从“隐晦”的“负面曝光”猜到自身涉及其中，普通社会公众也无法推知“负面曝光”涉及的对象。不点名式“负面曝光”也就无法引起社会公众对用人单位的负面评价。

第二，一般认为，只有被曝光的失职行为直接、主要导致社会公众对用人单位产生与曝光行为相关事项的负面评价，才可以认定“负面曝光”与劳动者失职行为存在法律上的因果关系。

第三，用于评价劳动者是否失职、营私舞弊和违反用人单位规章制度的劳动纪律主要包括从事特定工作所必须遵从的职业技能、操作规范和职业道德。其中职业技能、操作规范属于明确的规定，职业道德属于相对抽象的观念。

2. “负面曝光”的举证责任

用人单位对其提出的公开投诉、曝光、新闻报道等“负面曝光”的客观真实性负证明责任。考虑到信源受限，新闻真实不等于客观真实，只要新闻报道的主要内容接近客观事实即属于新闻真实。新闻报道内容与用人单位调查核实的劳动者严重失职行为或违反用人单位劳动规章制度的行为能相互印证，用人单位就完成了新闻报道客观真实的初步证明责任。劳动者在此基础上提出新闻报道失实抗辩，须对此承担证明责任。

3. “负面曝光”对失职行为的放大作用

介入劳动争议的传播媒介自身的影响力、公信力，对于衡量投诉、曝光或新闻报道的真实性以及对用人单位产生的负面影响有显著意义。

由于普通公众的微博、博客、朋友圈、人气不足的本地论坛等公信力和影响力都不高，上述渠道的“负面曝光”对劳动者失职行为的放大作用有限；报刊、电视台、电台等主流传播媒体的公信力和影响力相对较高，其“负面曝光”对劳动者失职行为的放大作用相对显著。

对于传播媒介的传播效果，可从各类传播主体的粉丝数、点击量、阅读量、留言评论数、转载量、是否在一定范围内形成舆论（是否形成热议话题）等维度综合考虑。

总之，劳动者基础行为本身明显严重违反职业技能、操作规范或职业道德时，无论劳动者是否出现负面曝光信息，都不影响用人单位合法单方辞退劳动者；劳动者基础行为违反职业道德或职业伦理未达到严重时，“负面曝光”可能会放大对用人单位的损害后果，从而达到被辞退的条件；劳动者基础行为明显只是轻微违反职业技能、操作规范或职业道德，即使出现超出期待可能性的“负面曝光”也不会导致劳动者被用人单位单方辞退。

编写人：北京知识产权法院　赵书博

北京市延庆区人民法院　鲁文娟

105 劳动关系解除后的后合同义务的范围
——童某雷诉科技公司劳动争议案

【案件基本信息】

1. 裁判书字号

北京市第一中级人民法院（2017）京 01 民终 7819 号民事判决书

2. 案由：劳动争议纠纷

3. 当事人

原告（被上诉人）：童某雷

被告（上诉人）：科技公司

【基本案情】

2015 年 9 月 6 日，童某雷入职科技公司工作，双方订立了期限为 2015 年 9 月 6 日至 2018 年 9 月 30 日的《劳动合同书》，约定岗位为研发总监。自 2016 年 9 月开始，科技公司未发放童某雷工资。2016 年 12 月 2 日，童某雷签署《个人声明》，载明其组织三人伪造××信用促进委员会工程验收材料中的专家签名。当日，童某雷与科技公司签订《工作交接协议》，约定“童某雷承诺在离职前将完成：1. 依照××信用促进委员会要求完成项目验收事宜，要求获得三名高级职称专家签字，且该三名专家具有行业影响力；2. 完成物联网项目验收工作交接，由公司确定的交接人出具书面验收报告；3. 在完成上述工作后，公司会在一天之内结清其工资。如果相关工作无法顺利完成，会接受公司相关处理”。2016 年

12 月 5 日，科技公司作出开除童某雷的决定。

后科技公司向北京市海淀区劳动人事争议仲裁委员会（以下简称仲裁委）申请劳动仲裁，要求童某雷办理工作交接、支付给公司造成的直接经济损失 187555.88 元。仲裁委裁决童某雷按照《工作交接协议》办理工作交接，并驳回科技公司的其他仲裁请求。科技公司认可该裁决结果，童某雷对此不服，诉至法院。

另查，童某雷曾申请劳动仲裁要求科技公司支付其工资、绩效工资及25%的经济补偿金等，仲裁委支持了童某雷的部分仲裁请求。科技公司对该裁决书不服，向法院提起诉讼，该案正在审理中。

庭审中，童某雷主张其离职时无接替人员、科技公司未提供工作交接条件故无法交接；且上述协议中载明的“××信用促进委员会项目验收”应由项目甲方（即××信用促进委员会）进行，验收工作不属于童某雷的岗位职责。科技公司认可××信用促进委员会项目验收应由甲方进行，但主张科技公司作为乙方有配合验收的义务，同时认可在童某雷离职时，无人接替其未完成的工作。

【案件焦点】

如何认定解除劳动合同后的劳动者需要履行的“工作交接”的后合同义务的内涵。

【法院裁判要旨】

北京市海淀区人民法院经审理认为：劳动者的合法权益受法律保护。本案根据查明的事实，童某雷与科技公司签订了《工作交接协议》，但该协议中载明的两项交接内容（第一项为“按照××信用促进委员会要求完成项目验收”，第二项为“完成物联网项目验收工作交接，由公司确定的交接人出具书面验收报告”）并非就其工作状况及进展情况与公司确定的交接人进行说明，亦非将其未完成的工作内容和已完成的工作成果等转移给他人，不是实际意义上的工作交接。另外，考虑到科技公司已经与童某雷解除了劳动合同，童某雷现已离职超过半年，其亦明确表示无法继续完成上述工作，故上述工作内容已经不具备履行的条件。因此，对童某雷要求无需履行双方签订的《工作交接协议》，本院予以支持。

北京市海淀区人民法院依据《中华人民共和国劳动法》第七十九条之规定，作出如下判决：

确认原告童某雷无需履行与被告科技公司在 2016 年 12 月 2 日签订的《工作交接协议》。

二审法院同意一审法院裁判意见。

【法官后语】

后合同义务，是指在合同终止后，当事人根据诚实信用原则而应当履行的旨在维护给付效果或者妥善处理合同终止事宜的通知、协助、保密等义务。违反后合同义务给对方当事人造成损失的，应当承担赔偿责任。

《中华人民共和国劳动合同法》第五十条对劳动合同解除或者终止后双方的义务作出了规定。其中用人单位的法定的后合同义务是为离职员工出具解除或者终止劳动合同的证明，并在 15 日内为劳动者办理档案和社会保险关系转移手续。上述用人单位应当承担的后合同义务，系基于劳动关系的强制性的附随义务，法律为用人单位添设的这一强制性后合同义务，不是建立在互负给付义务的双务合同之上，而是基于对劳动弱势群体的保护，该义务在劳动关系中具有一定的独立性，不受其他因素的制约，不因员工的过错而免除。

对于劳动者的法定的后合同义务是“按照双方约定，办理工作交接”。对于工作交接的内容，法律并无明确规定。大多数情况下，对于工作交接的内容，可以根据双方的约定，按照约定内容进行交接，但是实践中，用人单位基于其强势性地位，在劳动者离职时，对于工作交接的内容作出了较多的约定，有些事项甚至无法继续履行，因此对于办理工作交接的实质意思，需要予以明确。在判断是否履行相关工作交接协议时，不仅要根据当事人意思自治原则确认协议的效力，还应当实质审查交接协议的内容是否符合离职后办理工作交接的应有之义。

本案涉及劳动合同法规定的解除劳动合同后，劳动者应当办理工作交接手续的后合同义务。作者认为，工作交接指的是劳动者就其工作状况及进展情况与公司确定的交接人进行说明，将其未完成的工作内容和已经完成的工作成果转移给他人。本案中，童某雷与科技公司签订的《工作交接协议》中载明的第一项、第二项交接内容，系双方约定的童某雷在离职前需要继续完成的未完成的工作任务，而非就其工作状况及进展情况与公司确定的交接人进行说明，亦非将其未完成的工作内容和已完成的工作成果等转移给他人，不属于童某雷在劳动合同解除后应当履行的后合同义务。因此，法院支持了童某雷的诉讼请求。

编写人：北京市海淀区人民法院　龚莉婷

106 未经合法程序制定的规章制度不能作为解除劳动合同的依据

——陈某平诉水泥公司劳动争议案

【案件基本信息】

1. 裁判书字号

湖北省武汉市中级人民法院（2016）鄂01民终6399号民事判决书

2. 案由：劳动争议纠纷

3. 当事人

原告（被上诉人）：陈某平

被告（上诉人）：水泥公司

【基本案情】

陈某平于2004年5月8日入职水泥公司从事搅拌车驾驶员工作，双方签订了书面的劳动合同，劳动合同期限于2016年3月1日届满。2015年8月14日，陈某平在工作中利用职务之便私自放行了同事李某一车C20强度的TM3混凝土（损失已被追回）。同年8月24日，陈某平针对此事做了检讨。次日，水泥公司以其严重失职为由将其从公司除名（解除劳动合同），并罚款500元。2016年4月18日，陈某平向武汉市江夏区劳动人事争议仲裁委员会申请仲裁，要求水泥公司支付解除劳动关系经济赔偿金100008元。该委于2016年5月18日裁决驳回了原告陈某平的仲裁请求。

陈某平不服，诉至法院，要求水泥公司支付违法解除劳动合同赔偿金100008元。

【案件焦点】

用人单位以劳动者违反公司规章制度为由解除劳动合同的行为是否合法。

【法院裁判要旨】

湖北省武汉市江夏区人民法院经审理认为：本案争议焦点在于水泥公司解除劳动合同的行为是否违法。陈某平利用职务之便，私自放行同事李某一车C20强度的TM3混凝土，此行为确属违纪，但其事后主动书写检讨并保证今后在工作中做好本职工作，此种违纪行为并非经常性行为，且经济损失已被追回。陈某平能够认识错误，在公司连续工作十年以上，本人也年近五十岁，能有一份稳定的工作实属不易，水泥公司作为用人单位对待一名老员工的一时之错，若能人性化管理，给以理性对待，给犯错者一个改过自新的机会，则能让犯错的人在自责之余感激与反省，故水泥公司本可采取不涉及劳动合同解除的其他方式对陈某平进行处罚，直接解除劳动合同欠妥。此外，本案中的陈某平对水泥公司辞退的依据《规章制度汇编》不予认可，公司也未提供任何证据证实《规章制度汇编》经过了民主程序的制定，并已将内容进行了公示或告知劳动者。综上，水泥公司解除双方之间劳动合同的行为系违法解除。

湖北省武汉市江夏区人民法院依照《中华人民共和国劳动合同法》第八十七条、第四十七条第一款，《最高人民法院关于适用〈中华人民共和国民事诉讼法〉的解释》第九十条的规定，作出如下判决：

一、水泥公司于本判决生效之日起十日内向陈某平支付违法解除劳动合同的赔偿金 95841 元；

二、驳回陈某平的其他诉讼请求。

水泥公司不服一审判决，提起上诉。湖北省武汉市中级人民法院经审理认为：企业、单位在制定规章制度后，该规章制度在本单位范围内对全体职工都具有法律约束力，但并不等于若职工违反规章制度，均要产生解除与用人单位劳动合同的法律后果，而对能导致解除与职工劳动关系这一最严重惩罚后果的事实，用人单位应当承担举证责任。否则，应由举证不能的一方承担不利后果。而且，为保证规章制度的内容合法合理，用人单位制定规章制度时应当遵循一定的程序，若用人单位制定的规章制度没有遵循法定的程序，则对劳动者没有约束力。本案中，首先，水泥公司是以陈某平严重违反公司规章制度为由解除劳动合同，在二审审理中，水泥公司明确表示，陈某平违反的条款为《规章制度汇编》中“惩罚制度”的第 4 项第 7 条，该条所指向的行为为：营私舞弊、谋取私利，私吃回扣，索贿、受贿。对于陈某平是否存有上述行为，水泥公司应承担举证责任，但水泥公司在本案审理过程中，并未提供证据证明陈某平是为谋取私利而与水泥公司的另一员工合谋，侵吞水泥公司的财物以及存在私吃回扣，索贿、受贿的行为，对此水泥公司应承担举证不能的不利后果。同时，水泥公司另一员工在事后已将所涉混凝土的款项交给水泥公司，水泥公司未产生实际损失。其次，水泥公司未提供《规章制度汇编》在制定过程中经过了民主程序并已将内容进行了公示或告知了陈某平的证据，对此，水泥公司亦承担举证不能的不利后果。故，水泥公司解除与陈某平之间的劳动合同的行为系违法解除。

湖北省武汉市中级人民法院依照《中华人民共和国民事诉讼法》第一百七十条第一款第一项的规定，作出如下判决：

驳回上诉，维持原判。

【法官后语】

用人单位享有一定的用工管理自主权，可根据单位实际情况制定相应的规章制度，保证劳动者履行劳动义务，从而使单位得到良性运转。同时，用人单位也应履行依法建立和完善规章制度的义务，保障劳动者享有劳动权利。那么，用人单位的规章制度如何才能合法有效，如何才能成为人民法院审理劳动争议案件的依据？程序合法是不可或缺的要件，程序是正义的保障，劳动规章制度程序合法包含两个方面，即制定程序合法、公示程序合法。

1. 制定程序合法

制定程序合法指公司规章制度在制定过程中应经民主程序。通过民主程序可以保障劳动者的参与权，有利于规章制度的顺利执行；同时，也可以限制用人单位随意制定规章制度，损害劳动者利益。

用人单位对涉及劳动者切身利益的规章制度应当经职工代表大会或者全体职工讨论，提出方案和意见，与工会或者职工代表平等协商确定。职工人数在一百人以上的企业应当召开职工代表大会讨论，代表人数一般占职工总数的5%～20%；职工人数不足一百人的企业一般应当召开全体职工大会讨论。用人单位应保留相应的书面证据（如会议签到表、参加者签字的会议记录、讨论稿征求意见表等），以证明规章制度的制定经过了民主程序，法院通过对上述证据的审查来确定规章制度的制定程序是否合法。未经民主程序制定的规章制度无效。

2. 公示程序合法

公示程序合法指公司规章制度制定后，应通过一定的方式让劳动者知悉。通过公示可以保障劳动者的知情权，有利于规范劳动者的行为，使其明确知晓哪些行为是提倡的、哪些行为是禁止的，以及行为的后果；同时，经过公示的规章制度即对劳动者产生约束力，劳动者应按照规章制度行事，如有违反，用人单位可据此进行相应处罚。

用人单位应当将直接涉及劳动者切身利益的规章制度公示。公示方式有多种，如通过单位内部电子邮件系统公示、通过公告栏公示、通过员工手册公示、通过培训公示、通过劳动合同附件公示等。上述公示方法各有利弊，综合来看，用人单位可在劳动合同附件中载明规章制度，向劳动者送达，并让劳动者签字确认，再组织劳动者进行规章制度的学习培训，做好培训记录签字，这样有利于保留证据，法院可通过这些证据来审查规章制度是否予以公示。未经公示的规章制度对相应的劳动者不产生约束力。

综上所述，根据《最高人民法院关于审理劳动争议案件适用法律若干问题的解释（一）》第五十条第一款“用人单位根据劳动合同法第四条规定，通过民主程序制定的规章制度，不违反国家法律、行政法规及政策规定，并已向劳动者公示的，可以作为确定双方权利义务的依据”的规定，用人单位的规章制度只有经民主程序制定并向劳动者公示才能作为确定双方权利义务的依据，否则，用人单位以劳动者严重违反规章制度为由解除劳动合同就属于违法解除，应支付经济赔偿金。

编写人：湖北省武汉市江夏区人民法院　王倩

107 劳动者严重违反规章制度的认定标准

——丁某梅诉建材公司劳动合同案

【案件基本信息】

1. 裁判书字号

江苏省盐城市中级人民法院（2017）苏09民终736号民事判决书

2. 案由：劳动合同纠纷

3. 当事人

原告（被上诉人）：丁某梅

被告（上诉人）：建材公司

【基本案情】

2014年12月19日，丁某梅与建材公司签订劳动合同一份，合同约定了劳动合同的期限、丁某梅的岗位、工时制度、工资标准、奖惩办法等。当日，丁某梅即在建材公司上班，从事客服专员岗位工作。

2015年10月20日，丁某梅在承接客户订单时，在款项未完全支付的情况下，安排订单生产并出库。2015年12月3日，建材公司作出关于对客服中心员工丁某梅违反订单操作流程的处理决定，认为丁某梅未按照客服中心订单处理的规范进行操作，之后未及时反馈情况，导致事态严重，错失最佳处理时期，不仅增加了各种成本，还给应收账款的回收带来了极大的风险，损害了公司利益。根据《员工手册》相关规定，公司对其做出如下处理：给予丁某梅口头警告及扣除当月岗位工资20%的经济处罚。当月，建材公司扣发原告岗位工资900元。后建材公司减半发放丁某梅2015年年终奖（第十三个月的工资）及2016年元旦过节费共计2500元。

2015年11月17日，丁某梅联系公司新客户某艺术中心。因产品第一次送检出现失误，被告单位需提供第二批产品进行送检。而第二批送检产品没有及时到位，导致第二次送检再次失败，最终某艺术中心要求与建材公司解除该项目合同。建材公司认为，由于丁某梅工作疏忽，没有及时跟进送样产品进展，其间出现样品无法送检的情况，丁某梅也没有及时上报上级领导解决此事，导致第二批送检产品没有及时到位，送检再次失败。某艺术中心要求与建材公司解除该项目合同，造成直接损失约83000元，严重影响建材公司2016年在北京地区业务的拓展。2016年1月15日，建材公司将与丁某梅解除劳动合同的通知工会函送达上海新型建材岩棉有限公司工会委员会。2016年1月29日，建材公司作出关于与客服中心人员丁某梅解除劳动合同的处理决定，决定与丁某梅解除劳动合同。2016年1月30日，建材公司将此决定邮寄给丁某梅。丁某梅在被告单位实际工作到2016年1月29日。

【案件焦点】

建材公司与丁某梅解除劳动合同关系是否违法。

【法院裁判要旨】

江苏省东台市人民法院经审理认为：建材公司的《员工手册》第九章第二条中规定，以下违纪行为根据情节严重程度给予撤职、解除劳动合同处理，并不给予经济补偿金：违反岗位职责、岗位操作规程或安全操作，造成严重损失的（经济损失 2 万元及以上的）；一个自然年度受到一次口头警告和一次书面警告（两次书面警告）的。根据建材公司陈述，丁某梅第一次违反操作规定，造成损失 7000 元，给予口头警告；丁某梅第二次违规的事实系负责的新客户某艺术中心两批样品送检失败，造成该项目合同解除，公司损失约 83000 元。首先，解除合同造成的损失约 83000 元无充分证据证实；其次，送检样品需多部门配合，建材公司提供的证据不足以证明丁某梅负全部责任或主要责任。即使是丁某梅的责任，单位首先应出具书面警告，而不是直接解除劳动合同。另外，《中华人民共和国劳动合同法》第三十九条第二种情形规定的是严重违反用人单位的规章制度，用人单位可以解除劳动合同。丁某梅第一次违反操作规定主观上是为了单位的效益，建材公司与新客户之间项目解除的全部责任归并于丁某梅，失之偏颇。而以上述两次事实认定丁某梅严重违反规章制度过于严厉、苛刻，故被告以此解除劳动合同系违法解除。

江苏省东台市人民法院依照《中华人民共和国劳动法》第三十九条，《中华人民共和国劳动合同法》第三十九条、第四十七条、第八十七条，《江苏省工资支付条例》第六十二条，《最高人民法院关于适用〈中华人民共和国民事诉讼法〉的解释》第九十条之规定，作出如下判决：

一、被告建材公司于本判决生效之日起十五日内支付原告丁某梅赔偿金 13500 元、返还扣发的年终奖及过节费 2500 元，合计 16000 元；

二、驳回原告丁某梅的其他诉讼请求。

二审法院同意一审法院裁判意见。

【法官后语】

《中华人民共和国劳动法》第四条规定，用人单位应当依法建立和完善劳动规章制度，保障劳动者享有劳动权利和履行劳动义务。该规定一方面体现了用人单位的经营权和用工自主权，另一方面要求用人单位不得滥用管理权。本案中，建材公司以丁某梅多次违反公司规章制度且在业务过程中给公司造成严重经济损失为由解除与丁某梅之间的劳动关系，建材公司是否系合法合理行使管理权解除双方的劳动关系，需要从以下几个方面进行审查：

第一，用人单位的规章制度应合法有效。合法有效是指规章制度的制定内容、制定程序、内容公示都要合法。规章制度的内容不能与法律法规相抵触，不能有损害劳动者权利的内容。规章制度要经过必要的民主程序，并且要向劳动者公示。本案建材公司的员工手册规定了建材公司单方解除劳动合同的情形，员工手册经过职工代表的讨论并已告知员工，从内容上看，员工手册符合国家法律、行政法规及政策规定。

第二，劳动者要有违反规章制度的事实。劳动者存在违反规章制度的事实，是用人单位解除劳动合同的事实依据。对此，用人单位要有证据证实。本案中，丁某梅在承接客户订单过程中出现违反订单操作流程的行为，并给用人单位建材公司造成一定的损失，存在建材公司所称的丁某梅违反公司规章制度的事实。

第三，劳动者违反用人单位规章制度的情形应达到严重程度。《中华人民共和国劳动合同法》第三十九条第二项规定，劳动者严重违反用人单位的规章制度的，用人单位可以即时解除劳动合同。因此，用人单位行使合同解除权必须以劳动者有违反规章制度的行为发生为前提，并且该行为必须达到严重程度。对于什么是“严重违反”，目前没有明确的法律界定，一般可以从违反规章制度的动机、次数、后果、影响、损失等几个方面考量，如造成的后果或者影响是否严重、是否多次违反、是否造成重大损失、是否影响生产工作秩序等。如果偶尔发生或者损失不大、影响很小的，一般不宜认定为“严重”。本案中，丁某梅第一次违反操作规定主观上是为了单位的效益。后丁某梅跟踪新项目时，因送检产品没有及时到位，最终建材公司与新客户之间解除项目合同，建材公司将全部责任归咎于丁某梅，有失公平。而以上述两次事实认定丁某梅严重违反规章制度，对于劳动者丁某梅明显过于严厉、苛刻，与“严重违反用人单位的规章制度”的立法本意不相符，故被告以此解除劳动缺乏合法性和合理性。

编写人：江苏省东台市人民法院　姜小健

108　“末位淘汰”合法还是违法

——彭某诉实业公司劳动合同案

【案件基本信息】

1. 裁判书字号

重庆市第五中级人民法院（2016）渝05民终6862号民事裁定书

2. 案由：劳动合同纠纷

3. 当事人

原告（被上诉人）：彭某

被告（上诉人）：实业公司

【基本案情】

2014 年 3 月 10 日，彭某进入实业公司工作，任招商专员，双方签订了书面劳动合同，约定合同期限至 2016 年 5 月 14 日止，彭某月工资 3500 元，提成按公司提成方案执行。实业公司为彭某办理了社会保险。

2016 年 2 月 17 日，实业公司以“按 2015 年度招商人员激励制度实行末位淘汰制，该员工予以淘汰”为由，解除了与彭某的劳动关系，双方办理了工作交接，之后彭某未再到实业公司工作，实业公司向彭某支付了补偿款 7000 元。双方劳动关系解除前 12 个月彭某月平均工资为 9924 元。

2016 年 3 月 9 日，彭某向重庆市渝中区劳动人事争议仲裁委员会申请仲裁，请求裁决：实业公司支付其违法解除劳动合同赔偿金 50009.48 元。该委于同月 16 日出具编号为 2016-358 号《证明》，证明该案无《最高人民法院关于审理劳动争议案件适用法律若干问题的解释（三）》第十二条第一款所规定的情形，彭某遂起诉至法院。

【案件焦点】

实业公司解除与彭某的劳动合同系合法解除还是违法解除。

【法院裁判要旨】

重庆市渝中区人民法院经审理认为：彭某与实业公司之间存在劳动关系，应受劳动法及相关法律的调整。其双方之间劳动关系存续期间为 2014 年 3 月 10 日至 2016 年 2 月 17 日。

关于彭某要求实业公司支付违法解除劳动合同赔偿金的问题。《中华人民共和国劳动合同法》第四十七条规定：“经济补偿按劳动者在本单位工作的年限，每满一年支付一个月工资的标准向劳动者支付。六个月以上不满一年的，按一年计算；不满六个月的，向劳动者支付半个月工资的经济补偿。……本条所称月工资是指劳动者在劳动合同解除或者终止前十二个月的平均工资。”第四十八条规定：“用人单位违反本法规定解除或者终止劳动合同，……劳动者不要求继续履行劳动合同或者劳动合同已经不能继续履行的，用人单位应当依照本法第八十七条规定支付赔偿金。”第八十七条规定：“用人单位违反本法规定解除或者终止劳动合同的，应当依照本法第四十七条规定的经济补偿标准的二倍向劳动者支付赔偿金。”本案中，实业公司以“末位淘汰”为由解除与彭某的劳动关系，属上述法律规定的违法解除劳动合同，且双方劳动关系存续期间已满一年六个月不满两年，故实业公司应向彭某支付两个月工资的违法解除劳动合同的赔偿金39696元（9924元/月×2个月×2倍），扣除实业公司已支付的7000元，实业公司还应支付32696元。现彭某请求超过该金额的部分，与本案查明的事实不符，法院依法不予支持。

重庆市渝中区人民法院依照《中华人民共和国劳动合同法》第四十七条之规定，判决：

一、实业公司在本判决生效后立即向彭某支付违法解除劳动合同的赔偿金32696元；

二、驳回彭某的其他诉讼请求。

实业公司不服，提起上诉，后申请撤回上诉。重庆市第五中级人民法院依照《中华人民共和国民事诉讼法》第一百七十三条规定，裁定如下：

准许实业公司撤回上诉。一审判决自本裁定书送达之日起发生法律效力。

【法官后语】

这是一起典型的用人单位以“末位淘汰”为由与劳动者单方解除劳动合同的案例，这类案件体现的是企业管理权与劳动者劳动权之间的冲突。

对于用人单位以“末位淘汰”解除劳动合同是否合法，有以下两种观点：第一种观点认为，末位淘汰是用人单位为了增强企业竞争力而采用的一种优胜劣汰的激励方式，是先进的管理手段和制度创新，既有利于用人单位加强管理和提高效益，也有利于激发劳动者的工作热情和潜在能力，在竞争性较强的销售类企业广泛应用，应当属于合法。第二种观点认为，只要有排名，就有人处于末位，所以用人单位直接以末位淘汰的形式与劳动者解除劳动合同，缺乏科学性，有损人格尊严，侵害了劳动者的劳动权益，不符合《中华人民共和国劳动合同法》的规定，属于违法解除。

1. 末位淘汰与违法解除

末位淘汰作为一种绩效考核管理制度，是指用人单位根据内部设定的评价标准对劳动者进行分类或排序的考核，并以下岗或辞退等形式淘汰排名末位的劳动者。但从法律角度来理解，末位员工被“淘汰”并没有法律依据。从《中华人民共和国劳动合同法》第三十九条的规定来看，我国法律没有允许用人单位与劳动者在劳动合同中约定以“末位淘汰”为由解除劳动合同，即使用人单位在内部规章制度中规定了末位淘汰，该规定也会因缺乏法律依据而无效。并且，“末位”也不等同于《中华人民共和国劳动合同法》第四十条第二项规定的“不能胜任”，不能胜任是指劳动者不具备完成岗位任务的基本工作能力，但是即使所有人都能胜任工作，也会有人排名末位，即使所有人都不能胜任工作，也会有人排名第一，所以两者并不能直接画等号。

由此可见，末位淘汰并不属于《中华人民共和国劳动合同法》规定的用人单位可以单方解除劳动合同的事由和情形，若用人单位直接以劳动者在考核排名中居于末位等次而解除劳动合同，则不但解除劳动合同的行为无效，而且用人单位还要承担相应的法律责任。

2016年11月30日，最高人民法院公布的《第八次全国法院民事商事审判工作会议（民事部分）纪要》中亦明确，用人单位在劳动合同期限内通过“末位淘汰”或“竞争上岗”等形式单方解除劳动合同，劳动者可以用人单位违法解除劳动合同为由，请求用人单位继续履行劳动合同或者支付赔偿金。本案中，实业公司以实行末位淘汰制为由解除与彭某的劳动合同，符合上述规定的违法解除的情形，故实业公司理应支付违法解除劳动合同的赔偿金。

2. 末位淘汰与合法解除

其实“末位淘汰”制度本身并不违法，也不是用人单位对考核排名末位的劳动者就无法解除劳动合同。根据《中华人民共和国劳动合同法》规定，劳动合同解除的方式包括双方协商一致解除、劳动者单方解除、用人单位单方解除三种形式，其中，涉及劳动者工作能力的用人单位单方解除的情形规定在该法的第三十九条第一项“在试用期间被证明不符合录用条件的”和第四十条第二项“劳动者不能胜任工作，经过培训或者调整工作岗位，仍不能胜任工作的”。在现行法律框架下，讨论末位淘汰的合法性就是分析末位淘汰是否符合上述两项规定的解除情形。

首先，在试用期内，如果劳动者经考核不符合用人单位设定的录用条件，并且用人单位在招聘时已告知劳动者以末位淘汰形式判断是否符合录用条件，劳动者也明确知晓淘汰的考核标准，那么用人单位在试用期内以不符合录用条件为由辞退考核排名末位的劳动者即不违反法律规定。其次，试用期满后，用人单位如果以劳动者的工作能力不足为由解除劳动合同必须同时满足三个条件，即举证证明劳动者不胜任本职工作、曾对劳动者进行培训或调岗、重新培训或经调岗后仍不能胜任，需要注意的是仅仅考核排名末位并不能直接被认定为不能胜任工作，用人单位还需要举证证明考核指标的合理依据以及劳动者不能胜任工作的具体事实，另外，用人单位以此为由解除劳动合同在程序上还需要提前三十日以书面形式通知劳动者本人或者额外支付一个月工资。

综上，末位并不意味着淘汰，末位淘汰与解除劳动合同并不等同，解除劳动合同必须符合法定的条件并遵循法定的程序。在劳动关系的建立、履行和解除的过程中，用人单位须规范用工行为，构建和谐稳定的劳动关系。

编写人：重庆市渝中区人民法院　罗静

109　经济性裁员合法性的认定标准

——聂某诉电气公司劳动争议案

【案件基本信息】

1. 裁判书字号

北京市第三中级人民法院（2016）京03民终7582号民事判决书

2. 案由：劳动争议纠纷

3. 当事人

原告（上诉人）：聂某

被告（被上诉人）：电气公司

【基本案情】

聂某原系电气公司员工，在质量与客户关爱部门（QCS 部门）担任技术支持工程师，双方签有无固定期限的劳动合同。

庭审中，聂某称电气公司进行了大批量裁员，但依据的法律条文不明确，实施经济性裁员的原因也不明确，也没有向员工或者工会进行公示并获得有效意见，而电气公司时任工会主席黄某表示其并未认可或签署关于公司批量裁员的行为，其中国区总裁朱某在全体员工大会上明确说明中国市场经营状况良好，不存在经济问题，裁员就是想对公司“瘦身”，但是电气公司完全可以将拟裁员工进行调岗来分解裁员压力，所以电气公司中国区北京 QCS 部门的裁员不仅不符合法律规定，也无事实依据，完全是单方违法解除劳动合同。聂某就其主张提交《解除劳动合同通知书》、宣布裁员的视频、中国区总裁朱某在季度沟通会上的讲话视频及上述视频的文字整理资料等予以佐证。

电气公司对上述证据的真实性予以认可，并称其就裁员事宜与员工已进行了沟通，从沟通的内容可见公司提供的补偿标准高于法定标准，也给员工很长时间去寻找工作，其裁员行为符合法律规定，而中国区总裁朱某的讲话视频是针对其所管辖的大中国区范围，并非聂某所在的用人单位主体或所在部门，公司进行经济性裁员所依据的条款并不以严重亏损为前提，其在讲话中也明确提到了公司目前情况“不健康”“有危机”“须调整”，均说明公司存在进行经济性裁员的事实基础。

电气公司为证明其实行裁员符合法定程序而提交了《关于本公司部门迁移与员工安置事项的有关意见》、北京市朝阳区人力资源和社会保障局（以下简称朝阳区人社局）出具的接受公司经济性裁员回函、裁减人员报告、《营业执照》、《批准证书》、《实施方案即经济补偿金方案》、《董事会决议》、《拟裁减人员花名册》、《告知函》等材料。其中，朝阳区人社局劳动关系科出具的回函内容为："我科于2015年4月9日收到电气公司交来的《裁减人员报告》《营业执照》《批准证书》《企业基本情况》《情况说明》《实施方案即经济补偿金方案》《董事会决议》《关于本公司部门迁移与员工安置事项的有关意见》《拟裁减人员花名册》《拟裁减人员工资台账》材料。"该回函加盖有朝阳区人社局劳动关系科印章，时间为2015年4月9日。

聂某对《关于本公司部门迁移与员工安置事项的有关意见》中印章的真实性不持异议，称电气公司于2011年名称已发生变更，但该工会印章却仍使用原名称，即印章与电气公司工会的名称不一致，另对其内容和证明目的不予认可，并称公司没有召开职工代表大会。聂某对朝阳区人社局所出具回函的真实性不持异议，对其证明目的不予认可，认为《营业执照》、《批准证书》、裁减人员报告、《实施方案即经济补偿金方案》、《董事会决议》、《拟裁减人员花名册》没有原件，对其真实性和证明目的均不予认可。

另电气公司称：其于2014年12月5日即向相关员工发出会议邀请，召开了QCS北京业务及办公室迁移沟通会，介绍裁员原因、背景、时间表、工作机会及补偿方案等，为员工提供了额外的补偿和充裕的时间；2014年12月26日、2015年3月20日其又多次发送会议邀请进行答疑；其人事部门于2015年5月18日向部分尚未签署离职协议员工发送《员工告知信》，通报裁员进展，并再次提示拟裁减员工及时签署协商解除协议，以获得额外补偿。聂某确认其于2014年12月5日参加了会议，但其认为不是沟通会，因有员工在拍摄视频，会议开到一半就解散了。电气公司称其履行了工会告知程序，并依法向聂某送达了《解除劳动合同通知书》。聂某主张工会只是在材料上盖章，电气公司并非听取工会意见，另确认其收到《解除劳动合同通知书》。

另查，聂某就双方争议向北京仲裁委申请劳动仲裁，请求：1. 判定电气公司向聂某出具的《解除劳动合同通知书》与事实不符，并判定电气公司为非法单方解除劳动合同；2. 电气公司支付违法解除劳动合同赔偿金253175.86元。后北京仲裁委裁决驳回聂某的仲裁请求。聂某不服，向法院起诉。

【案件焦点】

电气公司进行经济性裁员是否具备合法性。

【法院裁判要旨】

北京市朝阳区人民法院经审理认为：用人单位根据经济发展变化的需要进行组织架构调整是其经营的自主权。电气公司于2014年12月5日召开了相关员工沟通会，介绍了裁员的原因、背景、时间表、工作机会、补偿方案等，明确了公司将QCS北京的业务及办公室撤销，并于2015年6月30日前迁至武汉，之后又通过召开答疑沟通会等方式，已履行了与劳动者协商过程；电气公司在听取工会意见后，就其裁减人员方案向朝阳区人社局提交了报告，2015年3月16日朝阳区人社局劳动关系科回函收到电气公司裁减人员的相关材料，故电气公司在裁员程序上符合法律规定。另，双方在签订无固定期限劳动合同之前，已签有两份固定期限劳动合同，电气公司依法与聂某订立无固定期限劳动合同的行为并无不妥，且电气公司于 2015 年 3 月向朝阳区人社局提交了裁员报告，说明裁员的原因并未在 2014 年 12 月 5 日消失，故双方签订无固定期限劳动合同的行为，与电气公司解除劳动合同的行为并不矛盾，而电气公司与聂某解除劳动合同前将解除理由通知了工会，且向聂某送达《解除劳动合同通知书》并支付了经济补偿金，故聂某要求确认电气公司系违法与其解除劳动合同并要求支付赔偿金的请求，缺乏事实及法律依据，法院不予支持。

北京市朝阳区人民法院依照《中华人民共和国劳动合同法》第四十一条、《中华人民共和国劳动争议调解仲裁法》第六条之规定，判决如下：

驳回聂某的诉讼请求。

聂某持原审起诉意见提起上诉。北京市第三中级人民法院经审理认为：根据《中华人民共和国劳动合同法》第四十一条的规定，用人单位在符合法定条件及法定程序的情况下，可以根据经济情况发展变化的需要进行经济性裁员。

关于电气公司经济性裁员是否符合法定条件。用人单位具有根据经济发展变化的需要进行组织架构调整的经营自主权，根据电气公司向朝阳区人社局提交的材料可以认定，其进行经济性裁员的原因为配合公司全球性发展战略，提高组织架构运营效率及调整业务布局，将 QCS 北京业务及办公室撤销并于 2015 年 6 月 30 日前迁至武汉，其裁员人数为 20 人以上，符合经济性裁员的法定条件。聂某上诉主张其与电气公司签订无固定期限劳动合同后无新的客观经济情况发生变化，但电气公司经济性裁员所依据的客观情况直至其向朝阳区人社局提交裁员报告等材料时仍持续存在。因聂某符合签订无固定期限劳动合同的条件，且电气公司裁员程序未履行完毕，电气公司于 2014 年 12 月 15 日与聂某签订无固定期限劳动合同，双方签订无固定期劳动合同的行为与电气公司裁员的行为并不矛盾，故法院对聂某的该项上诉理由不予采信。聂某上诉主张其岗位及工作性质具有独立性，不需要团队协作亦可独立开展工作，但对此未提交充分证据证明，故法院不予采纳。

关于电气公司经济性裁员是否符合法定程序。聂某上诉主张电气公司工会公章无效、工会未履行法定职责，电气公司关于工会公章名称问题作出的解释合理，而电气公司的《告知函》与《工会意见》在同一页面中不足以否定《工会意见》的效力，故法院对聂某的该项上诉理由亦不予采信。一审法院认为电气公司在裁员程序上符合法律规定，具有依据。一审法院未支持聂某要求确认电气公司违法解除劳动合同并支付赔偿金的请求，并无不当，法院予以维持。另经审查，一审判决适用法律并无不当，法院予以确认。

北京市第三中级人民法院依照《中华人民共和国民事诉讼法》的规定，作出如下判决：

驳回上诉，维持原判。

【法官后语】

本案的争议焦点是电气公司对聂某进行经济性裁员的行为是否具备合法性，因此，本案主要涉及的是经济性裁员的合法性认定问题。

1. 经济性裁员的法定许可条件

劳动合同法第四十一条第一款规定：“有下列情形之一，需要裁减人员二十人以上或者裁减不足二十人但占企业职工总数百分之十以上的，用人单位提前三十日向工会或者全体职工说明情况，听取工会或者职工的意见后，裁减人员方案经向劳动行政部门报告，可以裁减人员：（一）依照企业破产法规定进行重整的；（二）生产经营发生严重困难的；（三）企业转产、重大技术革新或者经营方式调整，经变更劳动合同后，仍需裁减人员的；（四）其他因劳动合同订立时所依据的客观经济情况发生重大变化，致使劳动合同无法履行的。”根据该条规定，经济性裁员应符合法定许可条件，其许可条件又包括形式要件与实质要件，其中形式要件主要针对裁减人员数量，即需裁减人员应在二十人以上，或者虽然不足二十人但占比达到用人单位职工总数的百分之十以上；实质要件包括：依照破产法规进行重整，生产经营严重困难，企业转产、重大技术革新或者经营方式调整等客观经济情况发生重大变化，致使劳动合同无法履行的情形。可见，经济性裁员不得随意适用，应符合法定的许可条件。

2. 经济性裁员的禁止性条件

因经济性裁员系由用人单位基于自身经营状况所适用，进行裁员时统一对某一部门或某一类别的人员进行裁减，然而经济性裁员涉及裁减人员众多，对某些特定情形的人员适用经济性裁员，将导致被裁减人员陷入生活困难的境地。因此，我国经济性裁员制度不仅设立了法定许可条件，同时亦设立了禁止性条件。

劳动合同法第四十二条规定：“劳动者有下列情形之一的，用人单位不得依照本法第四十条、第四十一条的规定解除劳动合同：（一）从事接触职业病危害作业的劳动者未进行离岗前职业健康检查，或者疑似职业病病人在诊断或者医学观察期间的；（二）在本单位患职业病或者因工负伤并被确认丧失或者部分丧失劳动能力的；（三）患病或者非因工负伤，在规定的医疗期内的；（四）女职工在孕期、产期、哺乳期的；（五）在本单位连续工作满十五年，且距法定退休年龄不足五年的；（六）法律、行政法规规定的其他情形。”根据该条规定，符合禁止性条件的劳动者，用人单位不得以经济性裁员的方式进行人员裁减。该条款的设立，对于保护处于弱势地位的特殊劳动者具有重要意义。

3. 经济性裁员的程序性条件

经济性裁员一般会对某一地区、某一行业劳动力市场的供需平衡产生影响，亦会对其他用人单位起到标杆性作用，为保护劳动者的合法权益，劳动法律对用人单位适用经济性裁员的要求较为严格，不仅规定了法定许可条件及禁止性条件等，同时设立了程序性条件。如劳动合同法第四十一条及《企业经济性裁减人员规定》第四条，均对经济性裁员的程序性条件进行了规定，依据相关规定，用人单位进行经济性裁员应提前三十日向工会或者全体职工说明情况，并提出裁减人员方案，将裁减人员方案征求工会或者全体职工的意见，向当地劳动行政部门报告裁减人员方案及工会或全体职工的意见，在正式公布裁减人员方案后，与被裁减人员办理解除劳动合同手续，并依法向被裁减人员支付经济补偿。

4. 经济性裁员纠纷中的举证责任分配

劳动争议调解仲裁法第六条规定：“发生劳动争议，当事人对自己提出的主张，有责任提供证据。与争议事项有关的证据属于用人单位掌握管理的，用人单位应当提供；用人单位不提供的，应当承担不利后果。”依据该条规定，就举证责任而言，用人单位作为适用经济性裁员制度的主体，掌握管理经济性裁员程序中每一流程的文件资料，因此在诉讼中，应由用人单位举证证明其适用经济性裁员同时符合法定许可条件及程序性条件，而劳动者若主张自己不应被裁员的应对其符合禁止性条件所列举的特定情形承担举证责任。

本案中，用人单位主张其经济性裁员具有合法性，并举证证明其符合法定许可条件及程序性条件，因劳动者并不符合禁止性条件所规定的特定情形，故法院认定用人单位适用经济性裁员符合法律规定。

编写人：北京市朝阳区人民法院　白星晖

110　综合工时加班费计算及终止劳动合同协议效力的认定

——戴某诉物业公司劳动争议案

【案件基本信息】

1. 裁判书字号

北京市第二中级人民法院（2016）京02民终9553号民事判决书

2. 案由：劳动争议纠纷

3. 当事人

原告（上诉人）：戴某

被告（被上诉人）：物业公司

【基本案情】

戴某于2013年7月6日入职物业公司，从事高压和空调运行值班工作，双方签订了起止期限为2013年7月6日至2015年9月

30日的劳动合同。戴某工作岗位执行以年为周期的综合计算工时制。工资计算周期为上个月26日至当月25日。戴某每月的工作时间为208小时，入职时的月工资为2880元（含固定工资1840元，绩效奖金460元，加班工资580元）；2014年12月26日，戴某的月工资调整为3836元（含固定工资2400元，绩效奖金480元，补助津贴200元，加班工资756元）。2013年7月6日至2015年9月30日期间，物业公司安排戴某共计休了10天年休假。2015年8月26日，物业公司通知并与戴某签订终止劳动合同协议书，确认双方的劳动合同于2015年9月30日到期终止。2015年11月10日，物业公司向戴某支付了终止劳动合同经济补偿金。

本案诉讼前，戴某向北京经济技术开发区劳动争议仲裁委员会申请仲裁，具体请求同戴某本案一审诉请，即1. 物业公司向戴某支付2013年7月5日至2015年9月30日期间的延时加班工资31037.52元；2. 物业公司向戴某支付2013年7月5日至2015年9月30日期间10天的未休年休假工资5524.72元；3. 物业公司向戴某支付违法终止劳动合同赔偿金19180元。2016年6月24日，该仲裁委员会裁决驳回戴某的全部仲裁请求。戴某不服，遂提起诉讼。

【案件焦点】

戴某综合工时加班费计算及双方终止劳动合同协议效力的认定。

【法院裁判要旨】

北京市大兴区人民法院经审理认为：戴某每月延时加班34小时。经核算，物业公司向戴某支付的2013年7月6日至2015年9月

30日期间的延时加班工资的数额不低于法院核定的数额，故物业公司无须再向戴某支付上述期间的延时加班工资。2015年8月26日，物业公司通知并与戴某签订终止劳动合同协议书，后物业公司向戴某支付了终止劳动合同经济补偿金。物业公司与戴某终止劳动合同符合法律规定，戴某要求物业公司支付违法终止劳动合同赔偿金，没有事实和法律依据，对其相应诉讼请求不予支持。根据已查明的事实，戴某于2013年7月6日入职物业公司，故其要求物业公司从2013年7月5日起计算其年休假，没有依据，不予支持。戴某在2013年7月前已连续工作12个月以上，其累计工作年限为3年11个月。由此可以认定，戴某每年的年休假天数为5天。物业公司安排戴某在2013年7月6日至2015年9月30日期间共计休了10天年休假，上述天数符合法律规定。综上，对戴某关于要求物业公司支付未休年休假工资的诉讼请求，不予支持。

北京市大兴区人民法院依照《职工带薪年休假条例》第二条、第三条之规定，判决如下：

驳回原告戴某的全部诉讼请求。

戴某持原审起诉意见提起上诉。北京市第二中级人民法院经审理认为：本案争议焦点有三：一是延时加班工资；二是带薪年休假天数；三是劳动合同终止的合法性。

关于焦点一，根据《劳动和社会保障部关于职工全年月平均工作时间和工资折算问题的通知》第一条之规定，职工月工作日为20.83天。结合查明的事实，戴某每月工作时间为208小时，比法定标准166.64（20.83×8）小时高了41.36小时，即戴某每月延时加班时间应为41.36小时。一审认定戴某每月延时加班34小时，与事实不符，法院应依法予以纠正。关于焦点二，戴某提交的北京市社会保险个人权益记录单显示戴某累计工作9年零5个月，一审认定与事实不符，本院依法予以纠正。关于焦点三，根据查明的事实，2015年8月26日物业公司与戴某签订终止劳动合同协议书，就解除劳动合同事宜达成一致意见，戴某于该协议上签字。上述协议系双方当事人真实意思表示，且不违反法律强制性规定，双方当事人均应依照协议履行各自义务。戴某虽主张该协议无效，但并未提供充分证据证明协议存在无效之法定情形，原审法院对其该诉请不予支持，并无不当。戴某上诉坚持主张的违法终止劳动合同赔偿金，事实依据不足，法院不予支持。

北京市第二中级人民法院依照《中华人民共和国民事诉讼法》第一百七十条第一款第二项规定，作出如下判决：

一、撤销北京市大兴区人民法院（2016）京0115民初12020号民事判决；

二、物业公司于本判决生效后七日内，支付戴某2013年7月6日至2015年9月30日期间的延时加班工资7247元、未休年休假工资1839元；

三、驳回戴某其他诉讼请求。

【法官后语】

本案处理重点有二：一是实行综合工时制的劳动者加班费的计算；二是双方终止劳动合同协议效力的认定。

综合工时制劳动者加班费的计算应分两步：一是确定综合计算周期；二是确定综合计算周期内的法定工时。综合计算周期分为周、月、季、年四种，对于以周为计算周期的，法定工作时长为40小时，该周期内，超出40小时的工作时间即为加班时间。对于以月、季、年为周期的,《劳动和社会保障部关于职工全年月平均工作时间和工资折算问题的通知》第一条确定年工作日为250天,季工作日为62.5天/季,月工作日为20.83天/月,工作小时数的计算系以月、季、年的工作日乘以每日的8小时。因此以月、季、年为综合计算周期的法定工作时长相对应即为:166.64小时/月,499.92小时/季,2000小时/年。

本案中,戴某系以年为综合计算周期,一年内的法定工作时长系2000小时,实际中戴某每月工作208小时,年工作时长为2496小时,即加班时长为496小时。一审法官错误地按照174小时/月(2088小时/年)的标准为法定工作时间,继而错误地认定公司已足额支付了戴某加班费。

对于双方签订的解除或终止劳动合同协议书的效力,审判实践中,双方签订解除或终止劳动合同协议后,往往出现以下两种纠纷:一是劳动者主张解除劳动合同补偿金应为双倍的赔偿金(如本案);二是劳动者主张协议约定项目之外的赔偿情形。《最高人民法院关于审理劳动争议案件适用法律问题的解释(一)》第三十五条规定,劳动者与用人单位就解除或者终止劳动合同办理相关手续、支付工资报酬、加班费、经济补偿或者赔偿金等达成的协议,不违反法律、行政法规的强制性规定,且不存在欺诈、胁迫或者乘人之危情形的,应当认定有效。前款协议存在重大误解或者显失公平情形,当事人请求撤销的,人民法院应予支持。因此,对于第一种纠纷,法官审查重点应为协议是否违反法律、行政法规的强制性规定,是否存在欺诈、胁迫或者乘人之危情形。若劳动者无法举证证明存在上述情形,亦不存在重大误解或者显失公平情形的,则应认定该协议合法有效。对于第二种纠纷,法官应审查协议中是否有“双方再无劳动纠纷”类似兜底性条款，若协议中存在此类条款，则按照第一种纠纷的审查重点予以审查。若协议中并无此类条款，则劳动者有权就协议约定之外的合法项目予以索赔。

编写人：北京市第二中级人民法院　王磊

四、追索劳动报酬、经济补偿金

111 用人单位不合理调岗降薪导致劳动者辞职应向劳动者支付经济补偿金

——陆某诉酒店公司经济补偿金案

【案件基本信息】

1. 裁判书字号

江苏省无锡市中级人民法院（2020）苏02民终2935号民事判决书

2. 案由：经济补偿金纠纷

3. 当事人

原告（被上诉人）：陆某

被告（上诉人）：酒店公司

【基本案情】

2009年2月21日，陆某入职广场公司，担任PA经理，后升职为管家部总监。双方签订了劳动合同，公司为陆某缴纳了社会保险。最后一期劳动合同为自2019年4月1日起的无固定期限劳动合同。2019年5月30日，广场公司将名称变更为酒店公司。2019年6月30日，酒店公司作出人事任命通知，任命陆某为房务部副总监，试用期3个月。2019年7月，酒店公司部门经理、人力资源总监、财务总监、总经理在人事变动表上签字，决定自2019年7月10日起将陆某由房务部副总监降职为PA经理，工资由8100元/月调整为5000元/月。备注栏载明“该员工多次安排工作无法达到质量要求，部门人员安排不合理也未及时调整或反馈。对负责部门业务不熟悉，无法胜任当前职位，故申请调整”。2019年7月17日，陆某向酒店公司邮寄告知函，载明不接受酒店公司作出的降职降薪调岗决定，要求解除劳动合同并支付经济补偿金。酒店公司在当日签收该告知函，后于7月29日作出告示函，载明同意陆某提出的解除劳动合同请求，从即日起执行，要求陆某3日内移交物品、终止工作、搬离酒店。后酒店公司为陆某办理了退工手续。2019年7月18日，陆某申请劳动仲裁，要求解除与酒店公司的劳动合同，并支付经济补偿金。2019年9月20日，仲裁委决定终结仲裁活动。陆某遂诉至法院。

关于岗位调整，酒店公司认为，2019年7月6日、7日，酒店有大型接待任务，但陆某因休假未在场，导致前台接待出现重大疏漏，客人投诉。作为部门负责人，陆某不应该在酒店有大型接待任务时休假。且在陆某升任房务部副总监后，酒店公司安排其重新制定VIP接待流程、制定房务部清扫流程标准2项任务，陆某仅提交酒店原有流程文件，未重新制定流程，故属于未完成工作任务。因此，酒店公司7月8日开始走审批流程，决定对陆某降职及调整工资。陆某对酒店公司所述的降职理由不予认可。陆某提交请假单，证明其在7月5日履行了请假手续，酒店公司批准同意其7月6日、7日休假，且该2天本就是陆某的公休假期。对于酒店公司安排的2项任务，陆某也按时完成，因此其认为酒店公司的降职不合理。

【案件焦点】

1. 酒店公司的调岗是否具有合理性；2. 因调岗违反合理性导致劳动者辞职的责任如何认定。

【法院裁判要旨】

江苏省无锡市惠山区人民法院经审理认为：经劳动合同当事人协商一致，劳动合同可以变更。企业有权根据自身生产经营需要调整员工的工作岗位和薪酬标准，但不得滥用权利损害劳动者利益。本案中，陆某主张酒店公司对其降职降薪缺乏合理性，经查，酒店公司调整陆某工作岗位的理由之一为其酒店于 2019 年 7 月 6 日、7 日有大型接待任务，因陆某休假未在场，导致前台接待出现重大疏漏。对此，陆某提供证据证明其事前履行了请假手续。前台出现接待疏漏及客人投诉现象的原因是多方面的，并不能完全归结于陆某未能安排好工作。酒店公司调整陆某工作岗位的理由之二为陆某升任房务部副总监后，酒店公司对其安排了 2 项任务，陆某未完成工作任务。对此，陆某并非没有完成工作，酒店公司一方面对工作的质量考核应有明确标准，另一方面又未举证陆某完成的工作存在明显的缺陷与不足，故上述理由尚不能证明陆某存在不能胜任工作的情形，酒店公司对陆某的降职调薪决定缺乏合理性。陆某因酒店公司的降职调薪决定而辞职，应视为“推定解雇”，酒店公司应当支付经济补偿金。

江苏省无锡市惠山区人民法院依照《中华人民共和国劳动合同法》第四十条、第四十六条、第四十七条，《江苏省劳动合同条例》第二十七条，《中华人民共和国民事诉讼法》第六十四条第一款之规定，判决如下：

酒店公司向陆某支付经济补偿金 90090 元。

二审法院同意一审法院裁判意见。

【法官后语】

用人单位调整劳动者工作岗位需要有相应依据，调岗权利来源于法律规定或双方约定，即法定调职权与约定调职权。

法定调职权，即法律直接赋予用人单位调整劳动者工作岗位的权利，如《中华人民共和国劳动合同法》第三十五条、第四十条的规定。

约定调职权，即用人单位与劳动者对用人单位享有调职权进行了约定，约定的形式有劳动合同约定、规章制度规定等。用人单位与劳动者之间为劳动关系，亦是合同关系。用人单位在行使自主经营权时，应受双方合同约定之约束。在约定了调职权的情况下，用人单位行使调职权也需受到限制，即用人单位调职需在合理范围内。

工作岗位调整的合理性可以从以下几个方面进行判断：第一，调岗决定须具备经营上的必要性。第二，用人单位所做调岗决定不应使劳动者尊严或技能受损。用人单位对劳动者有保护、照顾义务，如果因为调动使劳动者的技能、常识被否定，在行业中尊严受损，则该调岗违反雇主保护照顾义务。第三，调岗决定不应影响劳动者家庭生活和社会生活利益。如需降低报酬或减少福利待遇，应当具备合理理由。用人单位调整岗位应适度考虑劳动者的家庭状况，是否有老年人或家庭成员需要照看，上班路途变远是否导致休息时间减少、交通成本增加等。如果对劳动者个人或家庭状况的因素不予考虑，或者对因变更对劳动者带来的不利益不予以补偿，则有不合理之嫌。

对于合理调岗，劳动者应当予以配合。如劳动者对调岗有异议，应当采用协商的方式解决，而不应以消极怠工的方式进行对抗。若劳动者拒不到新的工作岗位报到，按照用人单位的规章制度确属严重违纪的，用人单位可以与劳动者解除劳动合同。若单位调岗违反合理性，因此导致劳动者辞职的，可视为“推定解雇”，用人单位应按照《最高人民法院关于审理劳动争议案件适用法律问题的解释（一）》第四十五条的规定支付经济补偿金；若用人单位以劳动者不到新岗位上班构成旷工为由解除劳动合同的，属于违法解除，应依据劳动合同法第八十七条的规定支付赔偿金。

本案中，虽然双方在劳动合同中约定了酒店公司根据工作需要可以调整劳动者工作岗位，但酒店公司以不能胜任工作为由对陆某降职降薪，对于“不能胜任工作”的事实依据不足，又缺乏评定标准，故最终法院认定酒店公司对陆某的降职调薪决定缺乏合理性。因酒店公司的不合理调岗致陆某辞职，视为“推定解雇”，最终判令酒店公司向陆某支付经济补偿金。

以上案例为因不合理调岗导致劳动者辞职的处理情形。关于因不合理调岗，用人单位解除劳动合同的情形，以本院审理的另一案例作简要说明。在原告宋某诉被告投资公司劳动合同案①中，宋某原在投资公司担任计划管理副总监，工作地点在无锡市锡山区鹅湖镇。2020年3月30日投资公司作出调岗通知书，决定将宋某调至浙江金

① 江苏省无锡市惠山区人民法院（2020）苏0206民初4200号民事判决书，载中国裁判文书网，https：//wenshu. court. gov. cn/website/wenshu/181107ANFZ0BXSK4/index. html?docId=h7gy3em4cb+hLq1a1qEXQ1L1nvKCdbT4mjKkSLg5peo3Xy+XczCskJO3qNaLMqsJEjxqvsRAZ9JE3z3XhifmxiN05NRB6QgWvb77MR4zDn5K8chW8fXqI//NfKURDWYj，最后访问时间：2022年11月22日。

华担任计划管理副总监岗位。后宋某书面回复不同意调岗。2020年4月7日，投资公司以宋某未按要求按时到俞源项目报到，决定解除与宋某的劳动合同。宋某诉至法院要求投资公司支付违法解除劳动关系赔偿金。法院经审理认为，双方签订的劳动合同中虽然约定了用人单位有调整劳动者工作岗位的权利，但用人单位不得滥用该权利，调整工作岗位必须具备合理性。投资公司的调岗两地相距上百公里，对宋某的生活造成较大影响，投资公司未对该不利因素征求宋某意见、未对不利因素进行补偿，缺乏合理性，调岗行为无效，投资公司以宋某未至新岗位上班解除双方劳动关系，属于违法解除，法院最终判决投资公司支付宋某违法解除劳动关系赔偿金。

编写人：江苏省无锡市惠山区人民法院　王艳华

112　兜底条款不能完全免除用人单位责任

——冯某诉汽车销售公司劳动争议案

【案件基本信息】

1. 裁判书字号

北京市丰台区人民法院（2020）京0106民初5977号民事判决书

2. 案由：劳动争议纠纷

3. 当事人

原告：冯某

被告：汽车销售公司

【基本案情】

冯某于2016年10月18日第一次入职汽车销售公司，后于2018年11月29日离职；于2018年12月13日第二次入职汽车销售公司，后于2019年7月17日离职。两次工作岗位均为DCC销售顾问，双方签订了期限分别为2016年10月18日至2019年10月17日、2018年12月13日至2021年12月12日的劳动合同。汽车销售公司均为其缴纳了社会保险。冯某主张，其在汽车销售公司工作期间，汽车销售公司拖欠其2019年6月提成3500元、7月提成12500元及2018年8月至2019年7月厂家积分40701.6元，厂家积分系其卖车后汽车厂家给予的奖励，需要汽车销售公司垫付；汽车销售公司安排其加班，既未安排调休，亦未支付加班工资，并出具银行流水明细、提成明细、考勤表复印件、积分发放流程加以佐证。汽车销售公司主张冯某在其公司工作期间，公司已足额支付其2019年6月、7月提成；冯某主张的厂家积分并非其公司与冯某约定，系汽车厂家向冯某给付的奖励，与其公司无关；冯某在工作中不存在加班事实，并出具绩效手册及2019年7月绩效明细、厂家积分政策、终止劳动关系的确认手续单、员工手册、劳动合同书及薪酬管理制度加以佐证。上述终止劳动关系的确认手续单上载有“员工确认与本公司没有任何与劳动合同或聘用相关的纠纷或未解决事项（包括但不限于工资、加班工资、社保、住房公积金、补偿金、赔偿金的支付和缴纳等）。员工特此确认”，落款处有冯某签字、捺印及汽车销售公司印章。冯某对终止劳动关系的确认手续单、员工手册中其本人签字及捺印均认可。

冯某签署终止劳动关系的确认手续单的时间为2019年7月23日，

2019 年 6 月工资发放时间为 2019 年 7 月 20 日，2019 年 7 月工资发放时间为 2019 年 8 月 20 日。

2019 年 9 月 19 日，冯某提起劳动仲裁，后仲裁委驳回了冯某的各项仲裁请求。遂成讼。

【案件焦点】

兜底条款是否可以免除单位责任。

【法院裁判要旨】

北京市丰台区人民法院经审理认为：当事人对自己提出的诉讼请求所依据的事实或者反驳对方诉讼请求所依据的事实有责任提供证据加以证明。没有证据或者证据不足以证明当事人的事实主张的，由负有举证责任的当事人承担不利后果。终止劳动关系的确认手续单载明双方没有任何与劳动合同有关的纠纷，冯某再行主张 2019 年 6 月提成、延时加班工资、休息日加班工资、厂家积分等，难以支持。关于 2019 年 7 月提成，发放时间在终止劳动关系的确认及手续签署时间之后，冯某在签署终止劳动关系的确认及手续时并不知晓 2019 年 7 月提成发放数额，因此并不能视为双方对此没有争议，结合冯某提交的相关证据材料，汽车销售公司应支付冯某 2019 年 7 月提成 5000 元。

北京市丰台区人民法院依照《中华人民共和国民事诉讼法》第六十四条之规定，作出如下判决：

一、汽车销售公司于本判决生效之日起七日内支付冯某 2019 年 7 月提成 5000 元；

二、驳回冯某的其他诉讼请求。

判决后，双方当事人均未上诉，本判决现已生效。

【法官后语】

劳动者离职时，用人单位大多会与劳动者签订解除或者终止劳动合同协议书，而协议书中往往会出现“再无其他任何纠纷”的兜底条款。作为支付工资的一方，用人单位约定该兜底条款，对其非常有利，能使该协议更周延，有效避免劳动者离职后“找后账”的情况发生。但该兜底条款不能完全免除用人单位的责任。用人单位不能一味地以兜底条款规避法律风险，要正确理解与适用该条款。

《最高人民法院关于审理劳动争议案件适用法律问题的解释（一）》第三十五条规定：“劳动者与用人单位就解除或者终止劳动合同办理相关手续、支付工资报酬、加班费、经济补偿或者赔偿金等达成的协议，不违反法律、行政法规的强制性规定，且不存在欺诈、胁迫或者乘人之危情形的，应当认定有效。前款协议存在重大误解或者显失公平情形，当事人请求撤销的，人民法院应予支持。”

此条规定明确了推翻该兜底条款的法律情形有三：违反法律、行政法规的强制性规定的无效；存在欺诈、胁迫或者乘人之危情形的无效；存在重大误解或者显失公平情形的可撤销。前两种情形为无效的情形，此情形下该解除或者终止劳动合同协议书自始无效。第三种情形为可撤销情形，需根据当事人请求，人民法院予以撤销，该协议被撤销前，已发生法律效力，明显不同于绝对无效的情形。

本案中，劳动者与用人单位解除劳动关系时，签订终止劳动关系的确认手续单。其中约定“员工确认与本公司没有任何与劳动合同或聘用相关的纠纷或未解决事项（包括但不限于工资、加班工资、社保、住房公积金、补偿金、赔偿金的支付和缴纳等）”，不违反法律行政法规的强制性规定，不存在欺诈、胁迫或者乘人之危的情形，因此不存在无效的情形。2019 年 6 月提成、延时加班工资、休息日加班工资、厂家积分等并未存在重大误解、显失公平等情形，劳动者再行主张，法院未予支持。

关于工资一节，该协议约定劳动者与用人单位没有任何与劳动合同相关的未解决事项包括但不限于工资等。本案争议焦点在于 2019 年 7 月工资是否属于未决事宜。首先，根据法律规定，该协议不存在无效情形，此时如果撤销该协议中有关工资的相关规定，需要劳动者举证证明当事人在签订协议时存在重大误解或者显失公平的情形。笔者认为，劳动合同法归属于社会法，行政管理的色彩较为浓重。因此，在判断是否存在重大误解、显失公平情形时，应考虑劳动者的弱势地位，遵循倾斜保护与平衡保护的原则。本案中，根据用人单位发放工资的习惯，每月 20 日发放上一月的工资。劳动者与用人单位签订终止劳动关系的确认及手续时，还未到发放 2019 年 7 月工资的时间。基于此，法院认定 2019 年 7 月工资属于未决事宜，未采纳公司兜底条款的抗辩意见，判决用人单位支付劳动者 2019 年 7 月工资。

劳动者离职时，签订解除或者终止劳动合同协议书的目的是一次性解决双方争议，应该尽量明确未决事宜，避免日后产生诉累。

编写人：北京市丰台区人民法院　刘畅

113 公司内部文件在劳动争议中的效力认定

——王某诉金融服务公司劳动争议案

【案件基本信息】

1. 裁判书字号

北京市第一中级人民法院（2020）京01民终3689号民事判决书

2. 案由：劳动争议纠纷

3. 当事人

原告（上诉人）：王某

被告（被上诉人）：金融服务公司

【基本案情】

王某于2016年7月5日入职金融服务公司任高级经理，负责某项目筹建工作，于2017年10月31日与金融服务公司解除劳动关系，当日，双方签署《劳动关系终止确认书》，约定双方已就劳动关系存续期间的所有问题达成一致，不再有任何争议和纠纷。后王某以要求金融服务公司支付奖金等为由提起劳动仲裁，仲裁委驳回了王某的仲裁请求。王某不服，于法定期限内提起诉讼。

王某主张，在办理离职手续时，金融服务公司与王某就在职期间拖欠奖金一事达成一致意见，并将《关于明确奖金额度的请示》（以下简称《请示》）交予王某，现王某起诉请求金融服务公司应当遵守承诺支付王某在职期间奖金275354元。《请示》载明："某项目（筹）高管薪酬为工资和奖金两部分，其中工资按月发放，奖金待某项目正式成立后发放。由于王某提出离职，现需要明确王某截至2017年10月底的奖金额度……王某应付奖金额度275354元……妥否，请批示。”落款处载有“某项目（筹）”字样，并加盖有金融服务公司公章，落款时间为2017年10月31日。

金融服务公司主张该《请示》系某项目筹备组出具的，因为该筹备组没有公章，所以加盖金融服务公司的公章，并非金融服务公司确认奖金数额。《请示》中提到的某项目并未成立，所谓的“发放条件”并未成就。故不同意王某的诉讼请求。

经查，双方劳动合同中未见有明确工资标准之约定，王某工资发放表载明，应发工资构成为：基本工资、绩效工资、交通费、考勤补、扣款、防暑降温补贴。

【案件焦点】

《请示》能否作为王某向金融服务公司主张案涉奖金的依据。

【法院裁判要旨】

北京市海淀区人民法院经审理认为：《请示》属于向上级报批的文件，并非协议；正文行文末尾注有“妥否，请批示”，可见该文件并不能表明王某与金融服务公司就奖金数额达成一致。《请示》落款处载有“某项目（筹）”字样，依据一般行文惯例，“某项目（筹）”应为请示人身份，金融服务公司在请示人处加盖该公司公章，不足以证明是其对《请示》中奖金数额之确认。此外，双方签署的《劳动关系终止确认书》确认双方已就劳动关系存续期间的所有问题达成一致，再无纠纷，王某的诉讼请求与常理不符。

北京市海淀区人民法院依据《中华人民共和国劳动法》第七十九条之规定，判决如下：

驳回王某的诉讼请求。

王某不服，提起上诉。北京市第一中级人民法院经审理认为：《请示》上加盖金融服务公司公章，金融服务公司主张《请示》并非其真实意思表示，缺乏法律依据。就《请示》的内容是否构成金融服务公司向王某支付所涉奖金的承诺，从《请示》文义来看，并无明确的金融服务公司向王某承诺付款的表述。通过王某与金融服务公司相关人员的沟通情况来看，该文件仅涉及奖金数额问题，且删除了“暂由金融服务公司支付”的内容。《请示》中的“拟定月薪4万元”与王某所称月薪4万元的主张存在差异，而月薪4万元在双方《劳动合同书》和工资表中均未体现。故，金融服务公司主张《请示》中所涉奖金系“某项目（筹）”相关人员对某项目成立后奖金数额的约定，具有合理性。现有证据不足以证明《请示》是金融服务公司所做支付欠付奖金的承诺，亦不足以证明金融服务公司在与王某劳动关系存续期间欠付王某的工资、奖金。现有证据也不足以证明“某项目”即现已成立的另一家金融公司。王某向金融服务公司主张案涉款项，亦缺乏合同依据。

北京市第一中级人民法院依照《中华人民共和国民事诉讼法》第一百七十条第一款第一项、《最高人民法院关于适用〈中华人民共和国民事诉讼法〉的解释》第三百三十四条规定，判决如下：

驳回上诉，维持原判。

【法官后语】

1. 在劳动争议中，公司内部文件难以直接得到具有合同约束力的效力认定

在司法实践中，劳动争议案件与一般民商事案件的审理存在诸多差异：劳动争议案件需经劳动仲裁程序解决，具有保护劳动者的适法精神，而一般民商事案件，特别是适用合同法解决的纠纷，崇尚当事人平等自愿的意思自治，鼓励交易。在审理方式方面，较之审理民商事案件侧重于对合同、补充协议等当事人意思表示方面的审查，审理劳动纠纷时，更关注劳动关系建立、解除时点下相对要式的证据（如劳动合同、解除劳动合同通知书）和相对客观的事实（如工资标准、是否加班）等问题。

对于劳动者和公司之间的“对话”形式的公司内部文件，难以给予合同约束力层面的效力认定。究其原因，其一，劳动者对用人单位的人身从属性是劳动关系的本质特征。一旦双方建立了劳动关系，劳动者便接受用人单位的管理。在劳动关系中，劳动者与用人单位作为管理与被管理的双方，其沟通并非平等主体间的协商，难以作为要约、承诺看待。其二，劳动者在劳动关系中的持续表现和其获取的劳动收益相对稳定，某些内部文件中一次性的内容不足以改变劳动关系的基本内容。其三，劳动者作为用人单位一员，有更多机会获取公司内部文件，以公司内部文件来认定双方权利义务易引发争议。

2. 不违背劳动法律规范精神的合同法基本原则也适用于劳动争议

劳动者与用人单位缔结的劳动合同、解除劳动关系协议的本质仍属当事人合意，在不违背劳动法律规范基本精神时，也应受到合

同法调整。必要性体现在，其一，劳动关系建立或解除的当下，劳动者与用人单位尚未建立管理关系或即将终结管理关系，双方之间就各类事项的协商与平等主体间的交易合意无本质区别。如果双方发生争议，仅单方面保护劳动者，或不以民商事一般规范评价用人单位行为的法律效力，不予适用合同法基本原则精神，将导致劳动法与合同法争议竞合情形下对民事主体的行为存在双重评价标准。其二，具体来说，某些劳动者创造的价值可能无法在劳动合同中完全体现，劳动者与公司存在就特殊事项进行特别协商的需要。

3. 在劳动争议中，在对企业内部文件作出符合民商事法律规范的一般原则的认定时，也应注意到劳动关系的特殊性

首先，应更为全面地查明事实。在劳动者一方持有企业效力性文件的情况下，不能简单地将效力性文件作为公司一方承诺，而应全面查清出具文件的背景事实，劳动者获取文件的原因、渠道。其次，应充分运用合同解释的规则，采取文义解释方法确定内部文件文本内容含义，对企业内部文件的具体表述作出恰当的解释。最后，进行适当的价值判断，综合在案证据考量劳动者所创造的价值与企业效力性文件的相应内容是否匹配、是否出现明显利益失衡的情况，避免裁判结果有失公平。

编写人：北京市第一中级人民法院　刘婷

114 股权激励符合劳动报酬本质特征的，应纳入劳动争议处理范畴

——姜某诉快递服务公司劳动争议案

【案件基本信息】

1. 裁判书字号

北京市第三中级人民法院（2020）京 03 民终 13230 号民事判决书

2. 案由：劳动争议纠纷

3. 当事人

原告（反诉被告、被上诉人）：姜某

被告（反诉原告、上诉人）：快递服务公司

【基本案情】

姜某于 2005 年 7 月 1 日入职快递服务公司，2013 年 10 月 28 日双方签署劳动合同变更协议书，将劳动合同期限变更为无固定期限合同。2018 年 12 月，快递服务公司向姜某发送劳动合同变更通知书，以公司决定将北京业务外包给第三方运营为由，要求姜某接受其单方提出的劳动合同变更内容。2019 年 1 月 28 日，姜某收到快递服务公司邮寄的《劳动关系解除通知书》和《离职证明》。姜某认为，《员工手册》第 20 页薪酬部分明确：公司采用整体薪酬制度，其中包含基本工资、奖金、其他现金和以限制性股票形式发放的股权激励，限制性股票是公司员工薪酬的重要部分等。

姜某2017年工作报酬中有13股股票未付，2018年工作报酬中有2股股票未付。公司规定了支付员工限制性股票的条件是该员工被持续雇用。而法律规定，当事人为自己的利益不正当地阻止条件成就的，视为条件已成就。公司为规避向姜某支付股票的法律责任，违法解除与姜某的劳动合同，应当视为向姜某支付股票条件成就，公司应当向姜某支付上述股票或等值货币。故姜某诉至法院，要求快递服务公司向其支付违法解除劳动合同赔偿金、15股股票或等额人民币166123.89元等。

【案件焦点】

限制性股票争议是否应纳入劳动争议的审理范畴、是否应计入劳动报酬。

【法院裁判要旨】

北京市朝阳区人民法院经审理认为：就限制性股票是否应计入劳动报酬，用人单位授予劳动者限制性股票的基础是双方存在劳动合同关系，应充分考虑劳动者对用人单位的业绩、贡献、地位和作用，其目的是激发劳动者工作的积极性。用人单位有权要求激励对象按其任岗职位的要求为公司工作，故从用人单位授予劳动者限制性股票的目的考察，体现了劳动者接受用人单位管理、平衡劳动者报酬与用人单位效益的典型特征。劳动者能够获得股权激励相应收益的前提是劳动者在用人单位支付了相应的对价，即付出了劳动并实现了股权激励协议中相应的义务。股权激励计划往往涉及企业高管、核心员工、业务骨干等职员，这些劳动者具有的共同点是能为用人单位提供具有高价值的劳动，能为用人单位的发展发挥重要作用。用人单位给予劳动者股权激励，往往是基于对其原有的知识水平、劳动技能、绩效水平的认可，同时也是对其未来的劳动成效的正面预期。正是在这样的背景下，用人单位对这部分劳动者实施股权激励，将可能产生的股权收益与劳动者的劳动绩效予以捆绑。因此，从本质上来看，股权激励所产生的收益是劳动报酬的一种形式。具体到本案中，快递服务公司向姜某出示并要求姜某遵守的《员工手册》中规定："薪酬：公司采用整体薪酬制度，其中包含基本工资、奖金、其他现金和以限制性股票的形式发放的股权激励。"该规定应视为快递服务公司向姜某做出的单方承诺，且不违反法律规定，予以确认。快递服务公司在履行与姜某的劳动合同时应受该条款制约，现快递服务公司主张姜某所获限制性股票不属于劳动报酬，不予采信。

北京市朝阳区人民法院依照《中华人民共和国劳动合同法》第四十条、第四十七条、第八十七条，《中华人民共和国劳动合同法实施条例》第二十七条，《中华人民共和国民事诉讼法》第六十四条第一款之规定，判决如下：

一、快递服务公司支付姜某违法解除劳动合同赔偿金599091元；

二、快递服务公司赔偿姜某剩余股票价值损失166123.89元；

三、快递服务公司无需向姜某支付话费报销款200元；

四、驳回姜某的其他诉讼请求；

五、驳回快递服务公司的其他诉讼请求。

二审法院同意一审法院裁判意见。

【法官后语】

因劳动关系产生的股权激励纠纷是否应在劳动争议案由下进行审理？股权激励实际上是一种创新型的激励机制，股权激励争议多发生在劳动者离职时，发生纠纷后，劳动者往往将股权激励对应的权利在劳动争议案件中一并向用人单位主张。现行法律未对股权激励的争议解决路径作出明确规定。目前，围绕股权激励争议的性质主要存在“民事争议说”① “劳动争议说”② 以及“新型纠纷说”③等主要理论分歧。

在企业管理实践中，股权激励中的“股权”概念存在多种应用性解释，被激励者依据约定或规定进入股权激励计划并不意味着其成为股东，如在以股权激励为名义的现金奖励、以股权收益为计算依据的虚拟股权激励等情况中，都不是给予被激励者股东身份，也没有给予其真正意义上的股权。还有一类比较复杂的是涉及上市公司公开发行的股票相关的争议，主要是以限制性股票、股票期权作为基本形式。随着社会不断进步发展，该类股权激励争议也逐渐增

---

① 一是股权激励合同是基于股东与公司之间的关系订立的，应视为平等主体间的民事合同关系；二是股票期权激励不属于劳动法意义上的工资。参见王蓓、刘珂：《论股权激励计划中劳动者的身份转换与权益保障——以富安娜股权收益纠纷案为切入点》，载《四川大学学报（哲学社会科学版）》2015 年第 3 期。

② 一是股权激励法律关系是劳动关系的重要组成部分，其以劳动合同关系为基础；二是股权激励的行权条件以劳动关系的存续为基础；三是股权激励计划一般均作为薪酬计划的一部分。参见常传领：《股票期权法律关系之分析》，载《社会科学辑刊》2009 年第 1 期；周龙杰：《“金手铐”股权激励合同的法律性质》，载《人民法院报》2014 年 1 月 22 日，第 7 版。

③ 股权激励争议法律关系兼具劳动法律关系的从属性特征与合同法律关系的平等性特征，具有复合性，属于一种新型纠纷，在案件处理上不宜单独适用民事法律规范或劳动法律规范调整，应对股权激励争议事项进行类型化处理，将股权激励争议类案件纳入民商事争议处理范畴，而与劳动法律相关的争议事项应经劳动争议处理程序解决。参见范围：《公司股票期权激励争议处理研究》，载《当代法学》2016 年第 2 期。

多。激励对象获得股权激励建立在劳动关系的基础上，实现股权激励的利益也与劳动关系密切相关，但两种法律关系的产生、消灭到激励对象因不同法律关系而具有的权利义务均存在差异，具有独立性。

在审理股权激励纠纷案件时，受到股权激励并不意味着获得公司法意义上的股权，股权激励的金融产品属性也不是决定其纠纷性质的本质因素。应当区分股权激励的性质，如约定给予员工的是股票增值权、分红权等虚拟股权，该虚拟股权所对应的现金价值应是公司给予劳动者的一种特殊劳动报酬，应属于劳动争议的范畴。此外，还应考虑劳动合同的履行情况，如果劳动合同的解除是基于员工过错，那么公司根据约定回购员工股权就有正当理由；而如果劳动合同系违法解除，那么员工要求公司授予股权或股权所对应的现金价值就有相应依据。因此，原则上来说，股权激励争议可能需要通过两个诉讼来解决，即劳动争议和民商事争议，如股权激励中的权利义务需以劳动合同的履行情况为判断前提，则应该先中止民商事争议，等待劳动争议的处理结果。

编写人：北京市朝阳区人民法院　张晨璐

115 劳动者与用人单位可以约定股权激励作为劳动合同解除补偿金

——马某诉医疗集团公司劳动争议案

【案件基本信息】

1. 裁判书字号

北京市第二中级人民法院（2020）京02民终11320号民事判决书

2. 案由：劳动争议纠纷

3. 当事人

原告（被上诉人）：马某

被告（上诉人）：医疗集团公司

【基本案情】

马某于2013年4月1日入职医疗集团公司，担任副总裁兼财务总监，负责财务工作，月薪税后10万元。2019年4月1日起，双方签订了无固定期限劳动合同。2020年3月13日，医疗集团公司单方解除了劳动合同，支付了马某单方解除劳动合同赔偿金444864元。

2016年10月28日，医疗集团公司（甲方）与马某（乙方）签订了股权激励及补偿协议，第一条“关于激励”约定：“甲方承诺，如甲方未来推出员工股权激励计划，乙方将作为股权激励对象，享受激励股权份额为：【公司现有总股权的0.5%】，乙方有权按本合同约定的行权价格全部或部分购买激励股权份额。”第三条“股权激励期限及补偿标准”约定：“若乙方在尚未实施员工股权激励计划前非主动离职的，则甲方应向乙方一次性支付现金补偿，现金补偿标准为人民币300万元。”医疗集团公司认可协议真实性，但称公司未实施股权激励计划。

医疗集团公司的《增资协议》附件中约定：“除如下披露信息外，目标公司及其附属公司不存在为目标公司及其附属公司的任何雇员或前雇员而制定的股票期权或其他类似的基于业绩的激励安排（包括股票增值权计划），也不存在影响上述任何人员的该等安排……b. 目标公司副总裁马某：享有目标公司总股权0.5%的长期激励承诺。上述b项尚未经目标公司董事会讨论和审议；目标公司现董事会成员认可就目标公司长期激励已经达成一致意向的事宜，并将在交易交割后的新董事会和股东会中维持相同态度。”马某认可真实性，但不认可关联性。

2020年7月7日，马某就股权激励份额追索事宜申请劳动仲裁，仲裁委于2020年7月14日出具不予受理通知书。马某不服，依法提起诉讼。

【案件焦点】

1. 马某主张的补偿金是否属于劳动争议受案范围；2. 马某主张的补偿金支付条件是否成就。

【法院裁判要旨】

北京市东城区人民法院经审理认为：关于第一个争议焦点。首先，马某主张300万元补偿金的依据是《股权激励及补偿协议》，虽然补偿金约定在股权激励及补偿协议中，但医疗集团公司支付马某补偿金的前提，一是马某离职前公司尚未实施员工股权激励计划；二是马某非主动离职，也就是由用人单位单方解除劳动合同，而不是劳动者主动辞职，满足了上述条件才给予补偿金。从上述约定看，该补偿金依附于解除劳动合同的原因，并且是对离职劳动者的补偿，属于劳动争议的范畴。其次，本案中公司并未实施股权激励计划，因此不是基于股权激励计划的行权纠纷，医疗集团公司主张本案建立在公司法基础上，不属于劳动法调整范围的抗辩，不予采信。最后，双方均认可未实施股权激励计划，也认可马某离职系由医疗集团公司单方解除，因此根据协议的约定，马某主张医疗集团公司支付 300 万元补偿金的条件已经成就。《中华人民共和国劳动合同法》对于用人单位给予劳动者的离职补偿金虽然有明确规定，但是并未限制用人单位与劳动者在法定的补偿标准之上约定额外的离职补偿金，因此即使医疗集团公司已经依法支付离职补偿金，也不影响医疗集团公司依约定另行给予马某额外的离职补偿。

关于第二个争议焦点。从《股权激励及补偿协议》签订主体看，马某是与医疗集团公司签订的协议，虽有李某签字，但李某是公司的董事长，同时任法定代表人，其签订协议的行为是一种代表行为。因此，李某是代表公司签订协议，该协议的法律后果应由医疗集团公司承担。在双方约定的补偿金支付条件成就的情况下，医疗集团公司应依约定支付马某离职补偿金 300 万元。马某主张的利息损失缺乏依据，不予支持。

北京市东城区人民法院依据《中华人民共和国民法总则》第六十一条、《中华人民共和国劳动合同法》第三条之规定，判决如下：

一、医疗集团公司支付马某补偿金 300 万元；

二、驳回马某的其他诉讼请求。

医疗集团公司不服，提起上诉。北京市第二中级人民法院经审理认为：根据本案查明的事实，股权激励是对马某离职的一种补偿，并且离职补偿金所附条件已经成就，属于劳动争议的范畴。医疗集团公司应依约定支付马某离职补偿金300万元，原审判决正确，予以维持。

北京市第二中级人民法院依照《中华人民共和国民事诉讼法》第一百七十条第一款第一项规定，判决如下：

驳回上诉，维持原判。

【法官后语】

股权激励纠纷产生的法律基础，既有股东与公司之间的法律关系，也有用人单位与员工之间的劳动法律关系，又因法律关系不同涉及不同的案由，适用不同的实体法律，对双方当事人产生不同的法律效果，因此正确理解股票期权协议的性质，根据不同的纠纷类型适用不同的法律规范分类裁判，才能保障法律适用统一，平等保护当事人权益。在涉及股权激励的劳动争议案件中，确定法律适用程序时应当考量以下几个因素：

1. 尊重当事人约定

股票期权激励协议的签订主体一般为公司与高级管理人员或专业技术人才。不同于普通的劳动者，这些人员在公司处于管理层或核心地位，具有较高的影响力，因此在与公司签订股票期权激励协议时具有较高的议价能力。在处理此类协议时，应该充分尊重当事人意思自治的能力，优先适用合同约定条款。比如，有些协议明确约定将股票期权作为对劳动者工作业绩的一种奖励，并且按年分批次给予与股份等值的现金奖励，那显然属于因工资、奖金发生的纠纷，不应按股权合同纠纷来处理，直接在劳动争议中一并处理即可。有的用人单位将股票期权作为劳动者非因主动原因离职时给予的离职补偿，其实质上是离职经济补偿金，则双方系因离职补偿产生纠纷，应按劳动争议处理而不能仅因涉及股票期权就按合同纠纷处理。

2. 股票期权的行权价格是否确定

用人单位授予员工股票期权，并且约定了明确的行权价格或者股票金额，不涉及股票的转让、回购，那么如果行权条件与劳动争议相关联时，可以在劳动争议案件中直接处理股票期权的行权问题，无需另行起诉。有的案件当事人在协议中已经明确了股票期权的授予对象、授予金额和支付主体，只是行权条件与员工的劳动关系有关，在双方就劳动关系解除或终止发生争议时，可以一并就当事人主张的股票期权行权问题进行处理。

3. 股票期权激励协议中有关服务期、违约金的约定仍应受劳动法的调整

《中华人民共和国劳动合同法》第二十二条第一款规定："用人单位为劳动者提供专项培训费用，对其进行专业技术培训的，可以与该劳动者订立协议，约定服务期。"因此，只有在对员工进行专业技术培训的前提下，用人单位才能与员工约定服务期及违约金，而股票期权合同和计划中关于服务期、违约金的约定有可能违反该条规定。根据《中华人民共和国民法典》第一百五十三条第一款的规定，该约定因违反法律、行政法规的强制性规定而无效。但是，服务期、违约金等约定无效，并不意味着员工无需承担责任。股票期权激励合同作为附条件的赠与合同，所附条件无效的，赠与合同无效，员工因此获得的收益成为不当得利，应该予以返还。当然，在

实务中应考虑劳动者实际工作的年限，按比例对返还的股权或者收益进行折算。

4. 股票期权与劳动关系存在依附性，但是股票期权的实现程序不明确时，应分案审理

实践中，双方可能在股票期权协议中约定股票授予主体为用人单位之外的案外人，包括上级公司、控股公司等，并且对于股票行权价格也未明确约定，还存在股票利益分红，甚至还有股权的管理权等。这类股票期权激励纠纷就不宜在劳动争议中一并处理。即使股票行权与劳动法相关，涉及服务期、违约金和劳动合同解除或终止导致员工丧失行权资格约定的有效性争议，也应该将股权协议与劳动争议相分离，分别起诉和审理。如果当事人就股票激励争议以合同纠纷为案由向法院提起诉讼后，当事人双方就其中服务期、违约金、解除等劳动争议部分有争议，法官应该行使释明权，告知当事人就劳动争议部分另行提起诉讼。如果股票期权纠纷需要待劳动争议部分判决结果才能作出处理，法官应该裁定中止股票期权激励争议的审理，等待劳动争议案件作出裁决后再行判决。

编写人：北京市东城区人民法院　李彦宏

116 用人单位的规章制度规定出差期间不计加班的效力认定

——能源集团公司诉柯某劳动争议案

【案件基本信息】

1. 裁判书字号

北京市第三中级人民法院（2020）京03民终4154号民事判决书

2. 案由：劳动争议纠纷

3. 当事人

原告（被上诉人）：能源集团公司

被告（上诉人）：柯某

【基本案情】

柯某于2017年7月3日入职能源集团公司，提供实际劳动至2019年9月10日。能源集团公司《员工手册》第80页内容显示："员工在外出差期间为弹性工作制，不计考勤，不计加班，但每天至少需要登录手机应用软件在出差地点打卡一次。员工在出差期间应及时将出差相关状况向直属上级汇报……"第86页为《员工手册》签阅单，显示柯某于2018年2月7日在《员工手册》签阅单上签名，确认"本人已收到能源集团公司发送的《员工手册》，已阅读、理解并愿意遵守《员工手册》所规定的制度"。柯某认可《员工手册》签阅单系其本人签字，但主张弹性工作制的规定不符合劳动合同法强制性规定，能源集团公司没有举证证明其办理了劳动行政部门的相关手续，属于无效条款，不能以此约束员工。

柯某主张其在职期间共计存在 32 天双休日加班、4 天法定节假日加班，均是发生在其出差期间，其中双休日加班已经在 2018 年 10 月 22 日至 2018 年 11 月 2 日调休了 10 天，要求能源集团公司支付剩余未调休的双休日加班以及法定节假日加班的加班工资。能源集团公司不同意支付，柯某遂提起劳动仲裁。仲裁委员会裁决能源集团公司支付柯某 2017 年 7 月 3 日至 2018 年 11 月 8 日的双休日加班工资 10298.85 元、法定节假日加班工资 3089.66 元。能源集团公司不服仲裁裁决，向法院提起诉讼。

【案件焦点】

能源集团公司是否应向柯某支付加班工资。

【法院裁判要旨】

北京市顺义区人民法院经审理认为：柯某认可 2018 年 2 月 7 日《员工手册》签阅单上的签名系其本人所签，该签约单显示员工确认本人已阅读、理解并愿意遵守能源集团公司发送的《员工手册》，柯某应对其本人签字承担相应法律责任。《员工手册》规定了员工出差期间为弹性工作制，不计考勤、加班，按照生活及工作实践，员工在出差期间对于工作时间的安排相对灵活，因此不记录考勤及加班具备一定的合理性。在柯某并未就上述规定向能源集团公司提出异议的情况下，对柯某要求能源集团公司支付 2018 年 2 月 7 日之后的出差期间加班工资的请求不予支持。因能源集团公司未提交证据证明 2018 年 2 月 7 日之前员工出差是否记录考勤及加班，应承担举证不能的不利后果，而上述期间柯某确实存在出差加班的事实，故能源集团公司应当支付柯某 2018 年 2 月 7 日之前的双休日加班工资以及法定节假日加班工资，依法核算该项数额为 2574.5 元。

北京市顺义区人民法院依照《中华人民共和国民事诉讼法》第六十五条之规定，作出如下判决：

一、能源集团公司于判决生效之日起 7 日内支付柯某 2017 年 7 月 3 日至 2018 年 2 月 6 日双休日加班工资 2574.5 元；

二、驳回能源集团公司的其他诉讼请求。

柯某不服一审判决，提出上诉。北京市第三中级人民法院经审理认为：首先，柯某在签约单上签字即代表其已收到并应当遵守《员工手册》。其次，《员工手册》规定了员工出差期间为弹性工作制，不计考勤，不计加班，按照生活及工作实践，员工在出差期间对于工作时间的安排相对灵活，因此前述弹性工作制具备一定的合理性。《员工手册》的上述规定，是对劳动者在特殊时期（出差期间）的工作时间的规定，并非对劳动者工时工作制的规定，上述规定无需劳动行政部门的审批，故对柯某关于《员工手册》的上述规定违反劳动法律法规的强制性规定、未经劳动行政部门审批而应属无效的主张不予采信。最后，加班是指用人单位在正常工作时间以外安排劳动者进行工作。柯某主张其存在休息日和法定节假日加班，但其并未提交充分有效的证据证明其在休息日和法定节假日从事了能源集团公司安排的额外工作，故对柯某的该项主张不予采信。

北京市第三中级人民法院依照《中华人民共和国民事诉讼法》第一百七十条第一款第一项规定，作出如下判决：

驳回上诉，维持原判。

【法官后语】

1.《员工手册》规定员工出差期间为弹性工作制，不计考勤与加班的效力问题

工作时间是劳动者根据法律的规定，在用人单位用于完成本职工作的时间，是劳动的自然尺度，是衡量每个职工的劳动贡献和付给报酬的计算单位。我国目前有三种工时制度，分别为标准工时制、综合计算工时制和不定时工作制。而案涉《员工手册》规定的员工出差期间为弹性工作制，不计考勤与加班是对劳动者在出差期间这一特殊时期的工作时间的规定，并非对劳动者工时工作制的规定，并不需要劳动行政部门的审批。案涉《员工手册》规定的“员工在外出差期间为弹性工作制，不计考勤，不计加班”并不违反法律法规的强制性规定，不违背社会公序良俗，通常情况下亦不存在严重侵害劳动者合法权益的情形，应属合法有效。

2. 出差期间休息日和法定节假日加班的认定条件

加班是指用人单位在正常工作时间以外安排劳动者进行工作，是用人单位根据生产经营需要对劳动者的工作时间进行额外安排而产生。休息日和法定节假日加班的认定应同时满足两个条件：一是时间要件，休息日或法定节假日；二是事实要件，从事单位安排的工作或为工作做准备。加班是一种持续的工作状态，而劳动者在出差时，用人单位无法全面考核劳动者的出勤情况，即使出差期间涵盖休息日或法定节假日，也不能当然说明劳动者在休息日或法定节假日从事工作。实践中，存在大量休息日或法定节假日并未工作而是在休息的情形，此种情形仅能视为休息地点在外地而不是在通常居住地，休息地点的不同不能成为要求支付加班工资的理由。从另一角度分析，如果出差时间无论是否从事工作都认定为工作时间，

则用人单位应对劳动者出差时间按每日24小时支付加班工资，显然违背客观事实，有失公平。因此，对于劳动者出差时间适逢或包括休息日或法定节假日，用人单位是否要向劳动者支付加班工资的问题要依前述时间条件和事实要件来衡量。如劳动者在休息日或法定节假日并未从事单位安排的工作或为工作做准备，不能要求支付加班工资。劳动者在出差时，其工作及休息间时间可自行安排，故劳动者主张出差期间加班费的，应当对其在出差期间提供劳动的时间超过法定标准进行举证。

3. 如劳动者出差期间确实存在加班，用人单位应依法支付加班费

用人单位的规章制度系由用人单位主导制定，考虑到劳动者的弱势地位，即便规章制度经过民主程序制定，其中严重侵害劳动者合法权益的条款亦属无效。审判实践中，应根据劳动者提交的证据考量劳动者出差期间提供劳动的情况，结合出差期间劳动者可灵活安排时间的实际情况综合判断劳动者是否存在加班。若劳动者出差期间确实存在加班，为保障劳动者的休息权，即便规章制度规定出差期间采用弹性工作制，不计考勤、加班，该项规定亦因免除了用人单位支付加班工资的义务、侵害了劳动者的合法权益而在该情形下不能适用。

编写人：北京市第三中级人民法院　龚勇超　郭妍子

117 绩效考核与年终绩效奖金的审查依据

——曾某诉网络科技公司劳动争议案

【案件基本信息】

1. 裁判书字号

北京市第一中级人民法院（2020）京 01 民终 4210 号民事判决书

2. 案由：劳动争议纠纷

3. 当事人

原告（上诉人）：曾某

被告（被上诉人）：网络科技公司

【基本案情】

曾某于 2018 年 10 月 8 日入职网络科技公司，双方约定曾某的工龄自 2017 年 1 月 13 日起计算，工作岗位为研发，曾某的月工资标准为 23000 元。曾某正常工作至 2019 年 1 月 28 日。网络科技公司向曾某出具的录用通知书中载明：目标年终奖金为税前人民币 69000 元。员工获得绩效奖金的前提和条件是在奖金所对应考核期的最后一天在职（季度考核的要求在当季的最后一天在职；年度考核的要求 12 月 31 日在职），根据组织/个人绩效确定奖金系数（绩效 D、E 奖金系数可以为 0）。如为项目奖金，则员工在该项目完结时的最后一个工作日需在职。

曾某主张，网络科技公司告知其不能胜任工作，与其解除劳动合同，但双方就解除劳动合同经济补偿金金额未达成一致意见。双方的劳动关系是在2019年1月28日由网络科技公司提出，双方协商一致后解除的。就其主张，曾某提交录音予以证明，录音中对话人为曾某与网络科技公司人事王某，内容为网络科技公司向曾某提出解除劳动合同的方案，曾某对相关内容提出异议，并未签订解除协议。网络科技公司认可该录音的真实性。

网络科技公司主张，其公司发现曾某不能胜任工作，与曾某协商解除劳动合同或在其公司内部对曾某转岗，曾某要求解除劳动合同，所以双方就解除补偿金的金额进行协商但是并未达成一致。其公司并未明确提出与曾某解除劳动合同，仍为其保留转岗的机会。此后曾某自行提出解除劳动合同。就其主张，网络科技公司提交电子邮件予以证明。电子邮件为2019年1月24日曾某向王某发送的离职声明，内容为："之前公司让我签订的补偿协议不合理，主要有以下几个方面：1. 入职时签订的三方协议中有条款说明，计算法定福利和公司福利，要求承认我的工作年限，但是在赔偿协议里面没有对我应得的股票给予赔偿。2. 不承认公司给我（已经被迫申请休）的年假，并强制休加班假来抵销法律要求的'加一'（一个月工资）中剩余部分补偿。3. 没有之前公司规定中的年底三薪福利。所以我已经向北京市劳动争议仲裁委员会提出合理赔偿并解除劳动合同的申请。要求在我休完已经申请的年假（2019年1月28日）之后，解除劳动合同，赔偿金相关事宜参照仲裁结果。特此声明。"网络科技公司于2019年1月28日回复曾某，内容为："曾某，您好！您于2019年1月24日通过邮件书面向公司提交了主动离职声明。公司同意您的离职申请，确定您的结薪日为2019年1月28日。基于您提交的离职声明，公司将尽快配合您完成离职交接，并开具离职证明。”曾某认可电子邮件的真实性，不认可其证明目的。

就年底三薪一节，曾某主张其享有年底三薪，网络科技公司应当予以支付。网络科技公司对此不予认可，称曾某的绩效考核结果为D，不享有目标年终奖金（即年底三薪）。对此网络科技公司提交绩效考核截屏，其中员工自我评估中显示：因入职较晚，甘愿被离职。曾某认可该证据的真实性，但不认可证明目的。

曾某以要求网络科技公司解除劳动合同、支付解除劳动合同经济补偿金、年底三薪为由提出劳动仲裁，仲裁委员会裁决：驳回曾某的全部仲裁请求。曾某不服仲裁裁决，于法定期限内向法院提起诉讼。

【案件焦点】

1. 劳动关系最终由何方提出解除；2. 网络科技公司是否应当支付曾某年底三薪（绩效考核奖金）。

【法院裁判要旨】

北京市海淀区人民法院经审理认为：结合双方的陈述，网络科技公司曾向曾某提出解除劳动合同，双方就解除劳动合同的具体内容并未达成一致意见，网络科技公司亦未向曾某送达解除劳动合同通知书。在此情况下，曾某径行向网络科技公司发送电子邮件，告知网络科技公司解除劳动合同，故双方之间的劳动合同最终由曾某提出而解除。依据曾某解除劳动合同的理由，曾某要求网络科技公司支付解除劳动合同经济补偿金的诉讼请求，缺乏法律依据，不予支持。

网络科技公司提交的绩效考核截屏显示曾某的绩效考核结果为

D，录用通知书中对应的奖金系数为 0。现曾某并未就其 2018 年考核结果符合应当获得绩效奖金的条件予以证明，应当承担举证不能的法律后果，故曾某要求网络科技公司支付年底三薪的诉讼请求，缺乏事实依据，不予支持。

北京市海淀区人民法院依照《中华人民共和国劳动法》第七十九条之规定，判决如下：

驳回曾某的全部诉讼请求。

曾某不服，提起上诉。北京市第一中级人民法院经审理认为：曾某上诉主张双方之间的劳动合同系由网络科技公司提出，双方协商一致解除，但曾某提供的证据仅能证明双方曾就劳动合同的解除进行协商，不能证明在其申请仲裁前双方已就劳动合同解除的时间等具体内容达成一致。在网络科技公司并未向曾某送达解除劳动合同通知书的情况下，曾某提出解除劳动合同的仲裁请求并向网络科技公司发送离职声明，应认定双方之间的劳动合同最终由曾某提出解除。因曾某解除劳动合同的理由不符合劳动合同法第三十八条规定的法定情形，对曾某要求网络科技公司支付解除劳动合同经济补偿金的上诉请求不予支持。

曾某上诉主张年终奖是其固定收入，但对此其未提交有效证据予以证明，且网络科技公司向曾某出具的录用通知书显示，根据个人绩效确定奖金系数，故年终奖并非曾某的固定收入，对其该项上诉理由不予采信。曾某上诉主张网络科技公司给其 D 的年终评价不符合其真实表现，年终奖的评定依据掌握在网络科技公司手中，网络科技公司应就其不予支付年终奖的依据进行举证。但网络科技公司提交的绩效考核管理截屏显示其考核体系较为完备，网络科技公司结合其细化的考核标准对曾某作出的考核评价，属于其行使用工管理权的范畴。故在考核结果D对应的奖金系数为0的情况下，对曾某要求网络科技公司支付年底三薪的上诉请求不予支持。综上所述，一审判决认定事实清楚，适用法律正确，应予维持。

北京市第一中级人民法院依据《中华人民共和国民事诉讼法》第一百七十条第一款第一项之规定，判决如下：

驳回上诉，维持原判。

【法官后语】

1. 本案诉争的“年底三薪”的性质

年终奖系用人单位根据当年度自身盈利情况，考虑自身未来发展并结合员工当年个人业绩及表现，向员工发放的带有激励性质的奖金。本案中曾某上诉请求的“年底三薪”所依据的是网络科技公司在其入职时向其出具的录用通知书中载明的“目标年终奖”，该年终奖是否系曾某的固定收入，应当结合年终奖的性质区分不同类型加以分析，实践中一般分为以下两种情形：

一种情形是用人单位通过录用通知、薪酬确认书等形式，约定年薪总额中的一部分平均后按月作为工资支付，剩余部分约定为年终奖，于次年发放，但未约定考核内容、考核形式以及不发或少发的条件，该年终奖的实质是约定工资总额的一部分，本质上就是工资，只是该部分延后发放。

另一种情形是单独约定考核内容与方式，依照用人单位奖金制度进行考核后分配。该年终奖需尊重企业的自主经营权，将考核及确定金额的权利交给企业，企业在制度框架下对员工进行考核并确定金额，决定是否发放及发放金额并说明理由。

由本案中的关键证据之录用通知书载明内容可见，双方对员工获得绩效奖金的前提和条件作了较为明确的约定，应当属于上述第二种情形，即员工的年终奖与可量化的业绩挂钩，虽在形式上被称为“年底三薪”或“年终奖”，但在实质上，其应当属于“绩效工资”的范畴，是根据绩效考核薪酬制度的规定将工资中的绩效部分在年终结合企业效益发放，是有制度保证的、有比例的，故应称之为“年终绩效奖金”。

2. 年终绩效考核制度的制定必须遵循两项基本原则

我国现行的劳动法律法规对年终绩效奖金的发放并无明确的规定，是否发放、发放条件、范围和标准等制度运行方面主要由用人单位的内部规章制度以及劳动合同来明确。由于企业规章制度的不同以及员工的个体差异，审判实践中就需要把握以下两项原则考量并审查用人单位的年终绩效考核制度是否规范合理。

首先，制定年终考核制度要遵循事先明示原则。出现有关年终绩效奖金的争议大多是因为用人单位年终考核制度不够清晰，在制定和落实过程中缺乏透明度。用人单位应当提前制定好年终绩效奖金的考评指标、评价方法、发放规则等，采取“事先约定”的方式，使员工对各项奖惩指标做到心中有数，明确年终奖的来源。

其次，进行绩效管理要遵循合法公平原则。虽然现行法律法规没有直接对企业的绩效管理作出规定，但由于绩效考核的结果会影响到薪酬调整、奖金发放等关乎员工切身利益的事项，实际仍要受到劳动法和劳动合同法的限制。同时，绩效考核指标应当量化或可行为化，以增强考核指标的可衡量性，避免无法量化的主观评定指标。

本案中，曾某与网络科技公司之间的劳动合同、录用通知以及员工手册等多份材料中均涉及年终绩效考核制度，曾某知晓相关制度规定及考评体系，而制度本身既合法又公平，双方均需遵守制度规定及有效约定。

3. 审查绩效考核结果有效性的三个维度

除审查用人单位是否建立了较为完整的绩效考核制度外，还应当核实绩效考核标准，查明绩效考核流程。主要包括以下三个方面：

一是考核内容是否恰当。绩效考核需要对员工的工作行为、工作效果以及对企业的贡献进行综合的评价，并以明确的数据信息传递出来。但如果考核内容模糊、随意性较大，或仅凭部门主管或负责人一面之词，并无事实依据，则无法取得考核的预期效果。

二是考核评估过程是否完备。绩效考评应严格按照考评程序进行，根据明确规定的考评标准，客观评价，并且考核过程应以看得到的方式向员工明示。虽然有的用人单位制定了考评规则，但却没有履行考核评估过程，则视为其放弃了对员工的考核管理权。

三是考核结果是否透明。用人单位应当将考核标准、考核结果向员工明示，并且赋予员工一定的异议权，允许其在一定期限内就考核结果提出异议并说明理由。如考核结果缺乏透明性，得不到员工的认可，则无法对员工发生效力。

本案中，网络科技公司分别从业务成绩、业务情况、技术目标、组织目标、提升执行力五个方面对曾某进行了考核，考评的内容是具体的工作内容，考核指标为多个相互独立的指标，且各指标单项均设置了员工自我评估及单项等级栏、上级主管评估及上级主管评定等级栏，评价标准一栏中有各评定等级对应的具体标准，指标科学量化，流程完备严格，故可以认定网络科技公司以完善的绩效考核方式作出了较为透明、具体化的考核结果，该考核结果可以作为是否发放年终绩效奖金以及确定发放数额的依据。

编写人：北京市第一中级人民法院　郗映映

118 劳动者严重违反单位规章制度的判断标准

——李某诉纺纱公司经济补偿金案

【案件基本信息】

1. 裁判书字号

江苏省无锡市中级人民法院（2020）苏02民终2603号民事判决书

2. 案由：经济补偿金纠纷

3. 当事人

原告（被上诉人）：李某

被告（上诉人）：纺纱公司

【基本案情】

李某与纺纱公司于2005年8月2日建立劳动关系，双方签订了劳动合同并缴纳了社保，2009年8月2日纺纱公司与李某签订了无固定期限劳动合同。

2019年10月28日，纺纱公司向李某出具《解雇通知书》，主要内容如下："2019年10月17日下午，公司向你发放处罚意见，你拒绝接受，还叫朋友任某到公司门口闹事，辱骂公司管理人员，扰乱生产、经营秩序和社会秩序，给公司造成非常恶劣的影响。根据《中华人民共和国劳动法》及公司《就业规则》，公司决定于2019年10月28日解雇你。请你离开公司。"当日李某收到该《解雇通知书》。

纺纱公司《就业规则》于2014年1月13日由全体职工代表大会审议表决通过，其第31条第4点规定，职工发生以下严重违反公司规章制度情形（包含类似情形）之一的，公司将予以解雇处罚；发生此类行为，是旁人故意劝诱、协助的，也视为处罚对象：无理由引起纠纷、斗殴，明显扰乱生产、经营秩序、社会秩序的；对他人实施暴力、威吓或者妨碍他人业务及有所倾向的。

【案件焦点】

纺纱公司单方解除与李某的劳动合同是否属于违法解除。

【法院裁判要旨】

江苏省江阴市人民法院经审理认为：劳动者严重违反用人单位规章制度的，用人单位可以解除劳动合同。但用人单位解除或终止劳动合同，应当符合法定的条件和程序。本案中，纺纱公司的《就业规则》通过民主程序制定，内容不违反国家法律、行政法规及政策规定，李某在签收表上签名，可以认定已告知李某，对李某具有法律约束力。但李某的行为未达到严重违反公司规章制度的情况，首先，事情缘由是李某带公司之外的人员任某到宿舍并与齐某发生冲突，后齐某离职。关于李某在该事件中的责任，王某在与李某的谈话中也认可主要责任在任某。后公司对李某进行了警告并取消住宿资格，依据是《住宿规定》第5项第4点，但《住宿规定》第5项第4点规定的处罚为罚款20元，并非取消住宿资格。《住宿规定》也列明了取消住宿资格的情形，但并不包括本案上述情况。住宿问题关乎员工的切身利益，公司作出取消住宿资格的处罚时更需慎重。因此，纺纱公司并未按照《住宿规定》进行处罚，处罚明显失当。

其次，2019 年 10 月 17 日下午，纺纱公司王某将取消李某住宿资格的处罚决定告知李某时，李某虽使用了过激语言，但明显出自其刚得知处罚结果的不服情绪以及没有地方住的焦急心态。视频显示，李某与任某于 17 时许一前一后到总公司门口，李某有多次拉住、阻止任某的动作。时值下班时间，仅有少数人员围观，并未影响他人下班，未扰乱生产、经营秩序、妨碍他人业务。至于纺纱公司提供的 2019 年 10 月 8 日李某拦公司总经理车的视频，因该时间发生在对李某进行警告处罚之前，解雇书上也未将此作为解雇理由，且拦车的时间仅为半分钟左右，故对纺纱公司将此作为解雇理由之一的抗辩不予采信。综上，李某的上述行为虽存在不当之处，但也事出有因，主要是对纺纱公司取消其住宿资格不服而与纺纱公司有关人员进行交涉，主观过错较轻，也未给单位造成重大损害，达不到严重违反规章制度的程度。因此，纺纱公司解除与李某的劳动关系属违法解除，应当按照经济补偿标准的二倍向李某支付赔偿金。对于纺纱公司认为不构成违法解除的辩解，不予采信。

江苏省江阴市人民法院依照《中华人民共和国劳动合同法》第四十八条、第八十七条及《中华人民共和国劳动争议调解仲裁法》第六条规定，作出如下判决：

一、纺纱公司于本判决发生法律效力之日起十日内支付李某赔偿金 95294 元；

二、驳回李某的其他诉讼请求。

二审法院同意一审法院裁判意见。

【法官后语】

制定单位规章制度是用人单位实现依法规范管理之必需。法律明确规定了用人单位有权制定内部规章制度和规章制度涵盖的范围。《中华人民共和国劳动法》《中华人民共和国劳动合同法》均规定用人单位可以制定有关劳动报酬、工作时间、休息休假、劳动安全卫生、保险福利、职工培训、劳动纪律以及劳动定额管理方面的规章制度。

1. 因劳动者严重违反规章制度解除劳动合同的现行规定

劳动者违反用人单位的规章制度势必给用人单位的正常生产经营活动产生消极影响。根据《中华人民共和国劳动合同法》第三十九条第二项规定，只有“严重违反用人单位的规章制度的”，用人单位才能即时解除劳动合同。尚未达到严重程度的一般或者轻微的过失，用人单位不得随意解除劳动合同。但《中华人民共和国劳动合同法》及其实施条例并未对条文中的“严重”作出界定和解释，“严重”作为一个不确定的法律概念，在实践中如何把握，一直是困扰法官的难题。如本案的难点就在于李某的行为是否严重违反用人单位的规章制度。

2. 严重违反规章制度的判断标准

在司法实务中，一般应当以劳动者在劳动合同存续期间内未经处罚的和法定可重复处罚的违章违纪事实为根据，以劳动法律、法规所规定的限度和用人单位内部规章制度关于严重违纪行为的具体规定作为衡量标准。① 比较普遍的做法是根据用人单位规章制度的规定来判断劳动者的行为是否属于“严重”，并结合用人单位的行业特点和劳动者的具体工作岗位进行合理性判断。②

法院在审查用人单位以劳动者严重违反规章制度为由解除劳动合同的合法性时，通常应综合考虑以下因素：

---

① 关怀、林嘉主编：《劳动与社会保障法》，法律出版社 2017 年版，第 85 页。
② 王霞：《劳动与社会保障法原理与案例》，法律出版社 2020 年版，第 95 页。

(1) 用人单位是否有通过合法程序制定并且向劳动者公示的规章制度。规章制度的内容、程序均要合法。规章制度的内容不能与法律法规相抵触，不能有损劳动者权利。规章制度要经过必要的民主程序，并且向劳动者公示。通过合法程序制定的规章制度可以作为劳动争议案件处理的依据。

(2) 劳动者所犯违纪行为在规章制度中是否有明确规定。劳动者存在违反规章制度的事实，是用人单位解除劳动合同的事实依据。对此，用人单位需要承担举证责任。

(3) 规章制度对于劳动者违纪行为的处罚是否合情合理，是否明显失当。

(4) 劳动者的违规行为是否严重。在这一问题的判断标准上，存在不同的观点，主要有两种：一种是完全根据用人单位规章制度的规定进行判断，另一种是以实质标准判断劳动者的行为是否严重违规。笔者认为第二种观点更合理，也更符合劳动法律法规的立法精神。

就本案而言，两审法院均采用实质标准判断劳动者违规行为的严重程度，在对本案证据进行逐一审核、查清双方矛盾的缘由和经过的基础上，对“严重”的判断标准进行细化，从主观过错、造成损害的程度等方面进行综合考虑。李某携带公司之外的人员到宿舍并与公司员工发生冲突，按照纺纱公司的《住宿规定》处罚为罚款20元，并非取消住宿资格，纺纱公司并未按照《住宿规定》进行处罚，而是直接取消了李某的住宿资格，处罚明显失当。李某知晓该处罚后不服而与纺纱公司有关人员进行交涉，行为和言语虽然有些过激，但也事出有因，主观过错较轻，未达到扰乱生产、经营秩序、妨碍他人业务的程度，未给公司造成重大损害，尚未达到严重违反规章制度应予解除劳动关系的程度。结合本案的审理思路可以看出，以实质标准判断劳动者的行为是否严重违规，要综合考虑多方面的因素，如劳动者实施违规行为的主观过错程度、是否违背公序良俗、实施违规行为的重复频率、是否给用人单位或他人造成重大损害等。如果仅是偶尔发生或者损失不大、情节较轻，未给正常生产经营秩序和管理秩序带来损害的，一般不宜认定为“严重”。

综上，采取实质标准判断劳动者行为是否严重违规，可以在尊重用人单位正常经营管理秩序的同时，平衡用人单位和劳动者的权利义务配置，切实保障双方合法权益。

编写人：江苏省江阴市人民法院　徐芝若　张峥莉　沈琪晔

119 用人单位不应以代扣代缴个税为由降低劳动者工资
——陈某诉某学校劳动争议案

【案件基本信息】

1. 裁判书字号

北京市第三中级人民法院（2020）京03民终12992号民事判决书

2. 案由：劳动争议纠纷

3. 当事人

原告（被上诉人）：陈某

被告（上诉人）：某学校

【基本案情】

陈某于2016年8月1日与某学校建立劳动关系，工作岗位为教师，双方订立了期限为2016年8月1日至2018年7月31日的劳动合同，后双方续订劳动合同至2019年7月31日。双方在劳动合同中对薪酬福利进行了如下约定："薪酬：您的净年薪为人民币408429元，分12个月发放，每月发放人民币34036元，于每月最后一个工作日，存入您的银行账户。此薪金是在薪资总额人民币511560元的基础上，扣除所得税后发放的薪金。在提交所需文件后，我校将代表您从税务局取得月薪的官方纳税证明。这在每月薪金发放后的一个月内完成；住房津贴：您将获得每月人民币7000元的额外住房津贴，连同薪金一起存入您的银行账户……"

陈某称某学校2018年10月至2019年7月期间未按劳动合同约定的金额足额向原告发放工资，共欠付工资24500元。陈某提交了其2018年9月至11月的工资单，以证明某学校从2018年10月开始减少工资发放。2018年9月的工资单显示该月合同工资和应发工资均为34036元、税前工资为42630元，个人所得税8594元，实发工资33411元；2018年10月的合同工资和应发工资为34036元，税前工资为40180元，个人所得税6144元，实发工资33411元；2018年11月的各项工资构成及数额与2018年10月的均相同。某学校则称根据双方聘用合同的约定，双方约定的是工资净额，所以个税一直由某学校承担，薪资总额511560元是根据合同签订时2018年1月的个税计算公式计算的，并非合同薪资。为此，某学校提交了2018年8月至2019年7月的工资表。陈某认可工资表的真实性，但认为某学校未按照聘用合同约定支付其工资。

【案件焦点】

1. 某学校是否应当支付原告终止劳动合同经济补偿金；2. 某学校未出具离职证明是否给陈某造成损失。

【法院裁判要旨】

北京市顺义区人民法院经审理认为：用人单位应当按照劳动合同约定和国家规定，向劳动者及时足额支付劳动报酬。劳动合同中对年薪的约定建立在薪资总额 511560 元的基础上，在扣除所得税后发放薪金。某学校的解释不符合日常一般理解，且即使该条款存在争议，也应当作出对不利于提供劳动合同文本一方的解释。某学校作为个人所得税的扣缴义务人，应当按照国家规定办理全员全额扣缴申报并向纳税人提供其个人所得和已扣缴税款等信息，所以陈某作为纳税人，其个人所得税是在其工资所得的基础之上予以核算并扣缴，在国家对个人所得税制度进行改革的情况下，某学校作为扣缴义务人，不应成为减少个人所得税的受益人。综上，对陈某的主张予以采信，某学校应当支付 2018 年 10 月至 2019 年 7 月工资差额 24500 元。某学校在征求陈某关于下一学年的想法时，明确表示回复并不意味着承诺，陈某的回复亦不能代表其是否同意终止劳动合同，某学校在未与陈某明确是否续签劳动合同的情况下即做出不再续签劳动合同的通知已经构成单方终止劳动合同，陈某有权要求某学校支付单倍的终止劳动合同补偿金。

北京市顺义区人民法院依照《中华人民共和国劳动合同法》第三十条、第五十条，《最高人民法院关于适用〈中华人民共和国民事诉讼法〉的解释》第九十条之规定，判决如下：

一、某学校给付陈某终止劳动合同经济补偿金 105435 元；

二、某学校给付陈某 2018 年 10 月至 2019 年 7 月工资差额 24500 元；

三、某学校为陈某出具终止劳动合同证明；

四、驳回陈某的其他诉讼请求。

二审法院同意一审法院裁判意见。

【法官后语】

首先，关于合同争议条款的解释，《中华人民共和国民法典》第一百四十二条第一款规定，有相对人的意思表示的解释，应当按照所使用的词句，结合相关条款、行为的性质和目的、习惯以及诚信原则，确定意思表示的含义。本案中，因原劳动合同文本为英文，当事人提供的为中文译本，从文义或者体系角度解释，均不能解决争议。所谓习惯解释，是指对意思表示发生争议后，应当根据当事人所知悉或实践的生活和交易习惯来对意思表示进行解释。运用交易习惯填补意思表示漏洞，对各种交易习惯的存在以及内容应当由当事人双方举证证明。在当事人未举证证明交易习惯的情况下，法官或者仲裁员也可以根据自己对交易习惯的理解选择某种习惯来填补意思表示的漏洞。从我国企业惯常薪资制度来看，对工资的约定一般为税前工资，即应支付给劳动者的工资在扣除包括个税在内的扣除项后支付给劳动者的为其实发工资数额，即对该条款的解释从逻辑上来看应当为"正向"解释，即应发工资数额-扣除项=实发工资数额，而不应为"反向"解释，即实发工资数额+扣除项=应发工资数额。

其次，参照《中华人民共和国民法典》关于格式条款的解释规则，在该条款存在争议的情况下，应当作出对不利于提供劳动合同文本一方的解释。劳动争议案件中，劳动合同文本一般由处于强势地位的用人单位提供，用人单位不仅具有缔约地位上的优势，更具有强于劳动者的谈判能力和专业知识。普通劳动者在签订劳动合同时，往往没有对合同条款进行协商的机会和能力，很难在短时间内正确理解合同条款。在此情况下，对于劳动合同中双方争议条款作对劳动者有利的解释，更加符合公平原则。本案中，劳动合同文本是由用人单位提供的，因此应当作出对用人单位不利而对劳动者有利的解释。

最后，从个人所得税制度改革来看，应全社会对收入分配制度改革的期待，国家对个税进行改革，主要目的是进一步便民、惠民、利民。其中一项重要内容就是提高个人所得税的免征额，这项改革措施提高了大部分群体，尤其是低收入群体的实际收入水平。本案中，个税改革后，劳动者的实际缴纳的个人所得税降低，该部分并不属于用人单位工资总额部分，而是劳动者的实际工资收入。因此，劳动者作为纳税人，其个人所得税是在其工资所得的基础之上予以核算并扣缴，在国家对个人所得税制度进行改革的情况下，用人单位作为扣缴义务人，不应成为减少个人所得税的受益人。

综上，在双方对劳动合同中包括个人所得税在内的工资条款解释不一致的情况下，通过对合同条款的一般理解以及参照对格式条款的处理原则，并结合我国个人所得税制度对劳动者的工资标准作出认定：劳动者的工资中包括用人单位代扣代缴的个人所得税部分，用人单位不能以劳动者缴纳的个人所得税减少为由降低劳动者的工资标准。

编写人：北京市顺义区人民法院　何庆玲

120 实物化福利待遇纠纷的货币化认定

——黄某诉实业公司劳动合同案

【案件基本信息】

1. 裁判书字号

广东省深圳市中级人民法院（2020）粤03民终12923号民事判决书

2. 案由：劳动合同纠纷

3. 当事人

原告（反诉被告、上诉人）：黄某

被告（反诉原告、上诉人）：实业公司

【基本案情】

黄某于1998年5月1日入职实业公司，双方劳动关系存续至今。2002年2月21日，双方续签《劳动合同》时约定："乙方（黄某）在甲方（实业公司）聘任的中高级职务岗位工作已经期满三年……甲方决定续聘乙方在甲方担任中高级职务，续聘期限为五年。连续聘任时间不少于八年，签订劳动合同。有关工资福利待遇：①甲方在公司经济效益增长的情况下按年同步增加乙方的收入。②甲方为乙方在本公司位于东角头或前海的合作地块上提供成本价商品房一套，购房价格和分配面积按照最近一次职工福利房分配标准执行，由乙方向甲方出资购买，差额部分由甲方作福利费补贴处理。房屋具体面积和房价由甲方按房屋实际情况在合同约定的范围内由甲方决定。”

2001 年 6 月 16 日以及 2002 年 3 月 28 日，实业公司分别与他人合作建房，目前持有乙小区 D 栋 1-402 房，该房建筑面积 73.57 平方米，于 2008 年 3 月 13 日登记至实业公司名下，至今产权归属于实业公司。2017 年 3 月 6 日，黄某向实业公司递交《购房申请》，但未分配到住房。2017 年 4 月 17 日，黄某申请劳动仲裁，要求裁令实业公司在其开发的甲小区或乙小区中为黄某分配成本价商品房一套（成本价为 2000 元/平方米，面积 100.18 平方米以上）。后仲裁委员会裁决：1. 实业公司向黄某支付福利性购房差价 891505.82 元；2. 驳回黄某其他仲裁请求。双方均对该仲裁裁决书不服，先后诉至广东省深圳市南山区人民法院。黄某请求：在甲小区或乙小区中为原告分配成本价商品房一套（成本价 2000 元/平方米，面积 100.18 平方米以上）。实业公司请求：无须按照仲裁裁决书裁决结果向黄某支付福利性购房差价 891505.82 元。

后广东省深圳市南山区人民法院判决：一、实业公司应于本判决生效之日起三十日内将乙小区 D 栋 1-402 房产转移登记至黄某名下，同时黄某向实业公司一次性支付购房款 267975.05 元；二、驳回黄某的其他诉讼请求；三、驳回实业公司的全部诉讼请求。黄某提起上诉，广东省深圳市中级人民法院以原审判决对黄某是否具有购房资格的基本事实没有查明，即直接判令实业公司将涉案房产过户给黄某，属于事实认定不清，裁定发回重审。

重审期间，黄某将诉讼请求变更为按劳动合同约定给付福利性购房差价 7886069 元。重审期间另查明，2010 年 9 月 30 日，深圳市开始实行限定居民家庭购房套数政策，对于本市户籍居民家庭（含部分家庭成员为本市户籍居民家庭）限购两套住房。根据不动产信息查询单，黄某及其配偶名下各有一套房产。人民法院委托鉴定机构对乙小区 D 栋 1-402 房进行价值评估，估价时点和估价结果分别为 2005 年 8 月 26 日评估总值为 448777 元、2010 年 9 月 30 日评估总值为 1213905 元、2017 年 7 月 18 日评估总值为 5223470 元、2019 年 8 月 19 日评估总值为 6143095 元。

【案件焦点】

1. 因限购导致黄某不能取得劳动合同中约定的福利房，该责任是否应当由实业公司承担；2. 如果由实业公司承担，其承担责任的具体内容为何。

【法院裁判要旨】

广东省深圳市南山区人民法院经审理认为：黄某与实业公司在劳动合同中关于房产约定的核心意思为黄某有权在实业公司合作建成房屋时向实业公司以成本价购买房屋，实业公司为其提供房屋成本价与市场价之间的差额作为福利补贴。劳动合同约定分配面积按照最近一次职工福利房分配标准执行，实业公司应为黄某提供住宅的面积为 100. 18 平方米。黄某于 2017 年 3 月 6 日书面向被告提出申请，2017 年 4 月 17 日提出劳动仲裁，2017 年 7 月 18 日提起本案诉讼，酌定以 2017 年 7 月 18 日作为估价时点。乙小区 D 栋 1-402 房 2017 年 7 月 18 日评估总值为 5223470 元，即均价为 71000 元/平方米，故可核实该部分面积（73. 57 平方米）差价为 4955494. 95 元［（71000-3642. 45）×73. 57］。实业公司应向黄某支付该部分面积差价总额4955494.95元。关于100.18平方米与73.57平方米之间面积差额26.61平方米的差价损失，因2010年9月30日起深圳市实施限购政策，黄某不再具有购房资格，故对该部分面积26.61平方米，应以2010年9月30日作为估价时点。乙小区D栋1-402房2010年9月30日评估总值为1213905元，即均价为16500元/平方米，故可核实该部分面积（26.61平方米）差价为342139.41元［（16500-3642.45）×26.61］。实业公司应向黄某支付该部分面积差价总额为5297634.36元。

广东省深圳市南山区人民法院依照《中华人民共和国劳动合同法》第三条、第二十九条、第三十五条，《中华人民共和国民法通则》第一百零七条、第一百一十四条，《中华人民共和国民事诉讼法》第六十四条之规定，判决如下：

一、实业公司应于本判决生效之日起十日内支付黄某购房福利补贴5297634.36元；

二、驳回黄某的其他诉讼请求；

三、驳回实业公司的全部诉讼请求。

双方均提起上诉。广东省深圳市中级人民法院经审理认为：相关福利房的分配约定于双方之间的劳动合同，因此本案中争议的福利房为实业公司向黄某所支付的福利待遇，该福利待遇虽然附有一定条件，但是在条件成就后实业公司作为发放福利的主体和享受黄某劳动成果的主体，其应当主动就福利房分配事宜进行沟通。实业公司没有证据证明在黄某符合分配福利房的条件后与黄某就福利房事宜进行协商，据此法院认定在劳动合同履行过程中实业公司没有尽到及时发放福利待遇的义务。之后因相关房产政策的变化导致实业公司无法向黄某交付房产，其应当以现金补偿的方式向黄某履行分配福利房的义务。一审判决根据分配标准认定福利房面积为100.18平方米，符合双方签订劳动合同的历史渊源，也符合当时的劳动合同约定。实业公司向黄某履行的系支付福利的义务，而该福利原为房产，因政策性变化导致福利无法实现，由此双方不得已变更履行标的，但是支付福利房的目的不能改变，也就是说支付的价款要足以满足黄某购房的资金需求。黄某在2017年3月6日向实业公司提出分配福利房的要求，因此实业公司以2010年的标准进行补偿已经不能满足2017年的购房要求。基于劳动合同纠纷的特性，本案中的现金补偿不是弥补黄某房价上涨的损失，而是基于劳动合同关系完成福利支付义务。因此，黄某要求以2019年房价计算补偿金额，法院不予支持。一审判决按照2017年房价标准计算补偿金额认定事实清楚，适用法律正确。

广东省深圳市中级人民法院根据《中华人民共和国民事诉讼法》第一百七十条第一款第一项之规定，判决如下：

驳回上诉，维持原判。

【法官后语】

用人单位与高级管理人员之间的劳动合同纠纷案件除与普通劳动者一样存在工资纠纷外，往往还涉及用人单位所承诺的福利待遇。随着社会经济的发展，财富形式呈现多元化，福利待遇的形式也随之日趋多样，本案中双方在劳动合同中约定了劳动者达到服务年限后按约定条件分配福利房属于实物化福利待遇。当服务年限满足之后，劳动者因客观原因无法获得房产时，用人单位是否应当承担责任以及相应的法律后果是本案的争议焦点。

首先，需要明确的是从本案中劳动合同约定房产的可选择范围、价格组成以及对购买者服务年限要求等可以看出，涉案的房屋属于实业公司给黄某的福利待遇，而非实业公司向黄某出售房产。考量实业公司是否应当承担责任，实际是考量其所承诺的福利无法兑现的责任，而非房产无法交付的责任。其次，对于用人单位履行劳动合同义务，劳动合同法第六十二条进行了列举，该条第一款第三项规定“支付加班费、绩效奖金，提供与工作岗位相关的福利待遇”。显然，按照法律的规定或者劳动合同的约定，用人单位支付福利待遇是一种义务，该义务没有任何法定免除事由。因此，由于限购政策导致实物化福利待遇在客观上无法兑现时，应由实业公司以货币方式进行补偿。最后，在福利待遇由实物向货币转化的过程中，应将补偿标准纳入劳动合同履行的范畴进行考量，而不能以商品房买卖合同为视角。商事合同中的违约赔偿包括实际损失、预期利益损失乃至惩罚性的赔偿，而福利待遇的货币化，是将用人单位承诺的非货币化实物进行货币化，转化过程中履行义务的内容不增加、不减少，也不具有惩罚性。因此，考虑福利待遇的货币化补偿时要围绕劳动合同的特性进行。

基于福利待遇不得减损的原则，在进行货币化补偿时，应当先确定福利待遇的具体内容。根据本案劳动合同的约定，黄某应得房产面积为100.18平方米。如果正常履行，黄某应得的房产最有可能为实业公司现在持有的乙小区73.57平方米房产。实业公司除填补73.57平方米的差价外，还应当就不足面积部分支付差价。在明确了福利待遇内容后，需要进一步考虑其内容的可量化性。由于福利待遇往往以非货币化形式出现，能够量化是由非货币向货币转化的基础，案中的房产有成熟的估价方式，且量化后具体履行仅为按照估价支付货币，即使在双方没有解除劳动关系的情况下也能够执行，因此进行货币化不存在障碍。最后，在核定单价时应当考量双方的具体责任。由于实业公司未及时发放福利待遇以及限购政策的影响，黄某无法获得房产，因此在确定房产单价时应当考虑上述两个要素。基于实业公司应当支付而未及时支付的责任，实业公司实际持有的73.57平方米房产应当以黄某实际主张支付时为准，即按照2017年评估价计算。同时还应当考虑到，限购政策出台后，对于政策性影响最为了解的是黄某本人，而黄某在限购政策出台伊始没有向实业公司进行提示，因此面积不足的部分应当按照限购政策出台时评估价计算。

编写人：广东省深圳市中级人民法院　张泽

121　违法分包、转包、挂靠的工资支付主体责任

——杨某诉张某、甲建筑公司劳务合同案

【案件基本信息】

1. 裁判书字号

北京市第三中级人民法院（2020）京03民终8116号民事判决书

2. 案由：劳务合同纠纷

3. 当事人

原告（被上诉人）：杨某

被告（上诉人）：张某、甲建筑公司

【基本案情】

2015 年 6 月至 2016 年 1 月，杨某随张某在某温泉度假酒店项目工程（以下简称涉案工程）务工，主要从事砌墙抹灰等工作。后因劳务费被拖欠，张某向杨某出具了欠条。因张某是甲建筑公司的代理人，故杨某要求甲建筑公司与其一并承担支付劳务费的责任。

甲建筑公司认为，张某是以乙建筑公司（系甲建筑公司前身）的名义与新材料公司签订的施工合同，应追加新材料公司为被告。甲建筑公司与杨某并不存在任何劳务合同关系，杨某索要的劳务费应由张某承担。甲建筑公司提交了张某于 2015 年 6 月 15 日出具的《承诺书》，内容为："本人张某因自己无建筑资质，由朋友介绍借用乙建筑公司资质及走账。由张某本人负责承担工程的生产经营、债权、债务及经济分配、经济纠纷，工程质量、工程保修、质量终身负责等一切事务。如发生上述纠纷、经济及法律责任，本人自愿承担刑事责任、民事责任、行政责任，并积极处理有关法律、经济纠纷、工程事故、工伤事故等一切事宜。"甲建筑公司认为，根据张某与乙建筑公司的约定，涉案工程的劳务费给付问题由张某负责；乙建筑公司已将其所得工程价款全部支付给张某，不存在法律规定的应付工程款的情形，而新材料公司存在尚欠工程款的情形，其应当就杨某的诉求在未付工程款范围内予以支付。

【案件焦点】

1. 承包人就违法分包是否应当承担连带责任；2. 承包人就违法挂靠是否对挂靠人债务承担连带责任。

【法院裁判要旨】

北京市通州区人民法院经审理认为：根据查明的事实，张某出具欠条，确认欠付杨某劳务费后，应当及时、足额支付劳务费，现拖欠不付实属不妥。同时，甲建筑公司作为涉案工程承包方，无论其与张某之间是转包关系还是挂靠关系，均违反了法律法规的相关规定，应当承担连带责任。故对杨某要求甲建筑公司、张某连带支付劳务费的诉求予以支持。

北京市通州区人民法院依照《中华人民共和国合同法》第一百零九条，《中华人民共和国民事诉讼法》第六十四条、第一百四十四条之规定，判决如下：

张某支付杨某劳务费115200元，甲建筑公司对此承担连带给付责任。

甲建筑公司不服，提出上诉。北京市第三中级人民法院经审理认为：根据张某出具的《工资清单》以及欠条，诉争劳务费现仍处于拖欠未付状态。甲建筑公司作为涉案工程承包方，违反了法律法规的相关规定，应当承担连带责任。一审法院根据本案实际情况判令甲建筑公司承担连带给付劳务费的责任并无不当，予以维持。甲建筑公司主张劳务费用只涉及涉案工程，但并未提交相应证据，不予采信。新材料公司并非必须参加本案诉讼的当事人，一审法院未予追加并无不当，故对甲建筑公司就此提出的上诉意见不予采信。

北京市第三中级人民法院依照《中华人民共和国民事诉讼法》第一百七十条第一款第一项规定，判决如下：

驳回上诉，维持原判。

【法官后语】

要解决拖欠农民工工资问题，首要前提是明确责任主体。建设工程项目中常见的几个主体包括建设单位、施工总承包单位、分包单位，存在违法分包、转包、挂靠等情形时，也可能出现违法分包的个人等。那么原则上，农民工的工资应该由谁支付呢？

一般情况下，大多数人都认为谁雇用、谁支付。许多农民工直到工程结束，可能都不了解项目前一手单位。《保障农民工工资支付条例》第三十条规定："分包单位对所招用农民工的实名制管理和工资支付负直接责任。施工总承包单位对分包单位劳动用工和工资发放等情况进行监督。分包单位拖欠农民工工资的，由施工总承包单位先行清偿，再依法进行追偿。工程建设项目转包，拖欠农民工工资的，由施工总承包单位先行清偿，再依法进行追偿。"由该条可以看出，农民工工资支付主体为分包单位，在分包单位拖欠工资的情形下，由施工总承包单位先行清偿，再另行向分包单位追偿。当然实践中也存在由施工总承包单位直接支付工资的情形。《保障农民工工资支付条例》第三十一条第一款即规定："工程建设领域推行分包单位农民工工资委托施工总承包单位代发制度。"

当存在违法分包、转包及挂靠等行为时，上述几个主体是否应当就拖欠农民工工资一事承担责任？

1. 建设单位是否应承担责任

建设单位支付农民工工资的情形一般有以下三种：一是建设单位未按照合同约定及时拨付工程款导致拖欠农民工工资，此种情形下，建设单位应当以未结清的工程款为限先行垫付被拖欠的农民工工资；二是建设单位将建设工程发包给个人或者不具备合法经营资格的单位，导致拖欠农民工工资的，建设单位应承担清偿责任；三是工程建设项目违反国土空间规划、工程建设等法律法规，导致拖欠农民工工资的，建设单位应清偿农民工工资。

但是，如果是总承包单位违法分包、转包等，建设单位是否应支付农民工工资？笔者认为，建设单位无须支付工资，因工程已经进行发包，农民工即便签订了劳务合同，根据合同相对性原理，拖欠的农民工工资亦与建设单位无涉。从建设单位支付农民工工资的三种情形来看，建设单位实际上只在自身存在过错的情形下，才承担支付农民工工资的责任。

2. 总承包单位是否应承担责任

一般情况下，农民工系分包单位招聘，可能并不知道工程的总承包单位，而总承包单位亦不了解分包单位用工情况。农民工与总承包单位无形成劳动关系或劳务关系的合意。但是如总承包单位将工程违法分包、转包等，总承包单位应就其违法行为承担责任。《国务院办公厅关于全面治理拖欠农民工工资问题的意见》明确："建设单位或施工总承包企业将工程违法发包、转包或违法分包致使拖欠农民工工资的，由建设单位或施工总承包企业依法承担清偿责任。"《建设领域农民工工资支付管理暂行办法》第十二条规定，工程总承包企业不得将工程违反规定发包、分包给不具备用工主体资格的组织或个人，否则应承担清偿拖欠工资连带责任。

总承包单位违法分包、转包时，对拖欠农民工工资承担连带责任，一是考虑到总承包单位自身存在过错，二是考虑到施工总承包单位没有履行对分包单位的监督管理义务。由总承包单位承担连带责任有助于督促总承包单位积极履职，有利于从源头上解决拖欠农民工工资的问题，从而规范市场运行。

3. 分包单位是否应承担责任

通常情况下，分包单位是农民工工资支付的直接责任主体。在工程存在违法分包、挂靠等情形下，更应当就其违法行为承担责任。

在工程建设领域，建设单位、工程总承包单位、分包单位等各方主体应规范操作，如此才能维护良好的用工环境。本案中，张某无疑是支付拖欠工资的直接责任主体，但甲建筑公司明知张某无相关资质，仍然将涉案工程分包给张某、允许张某挂靠，其自身存在重大过错。虽然庭审中甲建筑公司声称工程款已经全部支付张某，但在张某无能力支付拖欠工资的情形下，甲建筑公司应当承担支付拖欠工资的连带责任。

编写人：北京市通州区人民法院　于逸冰

122　待岗生活费不应计入平均工资计算经济补偿金

——工业公司诉潘某劳动争议案

【案件基本信息】

1. 裁判书字号

江苏省连云港市中级人民法院（2019）苏07民终2295号民事判决书

2. 案由：劳动争议纠纷

3. 当事人

原告（上诉人）：工业公司

被告（被上诉人）：潘某

【基本案情】

2009 年 1 月 1 日，潘某至工业公司工作。2017 年 12 月，因工业公司进行环保整治，潘某开始待岗。2018 年 8 月 17 日，工业公司以国家环保整治及宏观政策影响，企业生产经营出现严重困难无法继续生产经营为由，决定从 2018 年 7 月 27 日起解除与潘某的劳动关系，并要求潘某在一周内到公司领取经济补偿金 13341 元。潘某向灌云县劳动人事争议仲裁委员会申请仲裁，要求工业公司支付：解除劳动合同的经济补偿金 45540.5 元；待岗生活费 13680 元；未提前一个月通知解除劳动关系经济补偿金 4554.5 元；办理失业保险手续或支付 18 个月的失业金。2018 年 11 月 24 日，该委作出裁决书，裁决工业公司向潘某支付经济补偿金 45540.5 元，对潘某其他仲裁请求不予支持。后工业公司诉至一审法院，请求不支付潘某经济补偿金，认为工业公司在双方解除劳动关系前的 12 个月内并未正常生产经营，潘某于 2017 年 12 月起就没有到公司工作，应当根据其工资实际发放情况及当地最低工资的 80%（即待岗生活费）计算经济补偿金数额为 20834.17 元。

【案件焦点】

待岗生活费是否应计入平均工资计算经济补偿金。

【法院裁判要旨】

江苏省灌云县人民法院经审理认为：工业公司与潘某解除劳动关系的原因系生产经营发生严重困难，符合《中华人民共和国劳动合同法》第四十六条第四项用人单位依照本法第四十一条规定解除劳动合同，应当向劳动者支付经济补偿的规定。故工业公司应向潘某支付经济补偿金。潘某于2009年1月入职，2018年8月工业公司与其解除劳动关系，按照每满一年支付一个月工资的标准，工业公司应向潘某支付10个月工资的经济补偿金。因劳动者在用人单位的安排下待岗，劳动合同进入非常规履行状态，待岗生活费不能客观反映劳动者的收入水平，故不能将待岗生活费作为计算月平均工资的依据。工业公司主张根据潘某的工资实际发放情况及当地最低工资的80%（待岗生活费）计算经济补偿金数额，不予采纳。鉴于双方解除劳动关系前工业公司正常生产情况下潘某12个月的工资数额双方均未能举证，根据《江苏省工资支付条例》第五十一条①规定，法院参照本单位同岗位的平均工资或者当地在岗职工平均工资，按照有利于劳动者的原则，以当地2017年度职工月平均工资4826元作为潘某月平均工资，工业公司应支付潘某经济补偿金48260元。因潘某对仲裁裁决的经济补偿金数额45540.5元不持异议，是对自身权利的处分，予以确认。

江苏省灌云县人民法院依照《中华人民共和国劳动合同法》第四十一条第一款、第四十六条、第四十七条，《江苏省工资支付条例》第五十一条②第二款之规定，作出如下判决：

一、工业公司于判决生效后十日内向潘某支付经济补偿金45540.5元；

二、驳回工业公司诉讼请求。

工业公司不服一审判决，提起上诉。江苏省连云港市中级人民法院经审理认为：劳动者的合法权益受法律保护。因工业公司生产经营发生严重困难，提出与潘某解除劳动合同，符合用人单位支付

---

① 对应2021年《江苏省工资支付条例》第五十条。

② 同上注。

经济补偿金的规定。因双方均不能对工资数额进行举证，且待岗生活费并非劳动者享有的正常工资收入，一审法院确定的经济补偿金数额并无不当，工业公司要求按照最低工资的80%计算经济补偿金没有法律依据。

江苏省连云港市中级人民法院依据《中华人民共和国民事诉讼法》第一百七十条第一款第一项之规定，判决如下：

驳回上诉，维持原判。

【法官后语】

劳动者在企业停产期间待岗，可能会领取远低于工资数额的待岗生活费。企业在劳动者待岗数月后与劳动者解除劳动关系，此时经济补偿金应如何计算？待岗生活费是否应计入平均工资计算经济补偿金是本案的焦点问题。

工业公司与潘某解除劳动合同时，潘某已待岗9个月。根据《江苏省工资支付条例》规定，用人单位非因劳动者原因停工、停产、歇业，超过一个工资支付周期，用人单位没有安排劳动者工作的，应当按照不低于当地最低工资标准的百分之八十支付劳动者生活费。潘某2017年12月至2018年7月待岗生活费数额为每月1520×0.8=1216元，2018年8月待岗生活费为1620×0.8=1296元。

待岗生活费是否应计入平均工资计算经济补偿金？用人单位认为，待岗生活费应计入平均工资计算经济补偿金。按照潘某3个月实发工资及9个月待岗生活费综合计算得出其经济补偿金数额为20834.17元。而潘某则主张待岗生活费不应计入平均工资计算经济补偿金，认为月工资应按实际上班期间发放工资及待岗期间灌云县在岗职工平均工资综合计算为45545元。两种计算方式得出的经济补偿金数额相差一倍多。

其实，早在1995年1月1日起施行的劳动部《违反和解除劳动合同的经济补偿办法》（以下简称《经济补偿办法》）第十一条第一款已作出相关规定："本办法中经济补偿金的工资计算标准是指企业正常生产情况下劳动者解除合同前十二个月的月平均工资。"按此规定，待岗期间，企业处于非正常生产情况，待岗生活费不计入计算经济补偿金的平均工资。但《经济补偿办法》现已被废止。而《中华人民共和国劳动合同法》第四十七条第三款规定"本条所称月工资是指劳动者在劳动合同解除或者终止前十二个月的平均工资"，并未明确"企业正常生产情况下"。由此观之，用人单位的主张，似乎更合乎现行法律规定。

值得注意的是，2017年下半年，灌云县加大对环保问题的整治力度，因政府政策原因，化工企业全部停产整顿，进入非正常生产状态。与此同时，与化工企业相关的劳动争议案件批量进入法院，笔者所在法院2018年、2019年审结的300余件劳动争议案件中80余件涉及化工企业，占四分之一以上。可以说，解除劳动合同经济补偿金问题，不仅关系到劳动者的切身利益，也在一定程度上影响企业的后续作为。如果允许将待岗生活费计入平均工资计算经济补偿金，那么对于原本就不打算复产复工的企业来说，对工作年限长的劳动者则更可能采取"拖"字诀，因为既然已确定要与劳动者解除劳动关系，"拖"得越久，支付给劳动者的经济补偿金数额越少。但这无疑不利于劳动者合法权益的保护，且与社会经济发展无益。故不应将待岗生活费计入平均工资计算经济补偿金。

编写人：江苏省灌云县人民法院　董国经

123　对于解除劳动合同经济补偿金可约定支付条件

——机械公司诉郭某劳动争议案

【案件基本信息】

1. 裁判书字号

北京市第二中级人民法院（2019）京 02 民终 15280 号民事判决书

2. 案由：劳动争议纠纷

3. 当事人

原告（上诉人）：机械公司

被告（被上诉人）：郭某

【基本案情】

郭某于 2004 年 4 月 5 日入职机械公司，担任副总裁。2017 年 8 月 24 日，双方签订《解除劳动合同协议书》，约定："甲方：机械公司　乙方：郭某……甲乙双方本着平等、自愿的原则，就解除劳动关系事宜，经协商一致，达成如下协议：1. 双方确认于 2017 年 8 月 31 日起解除劳动关系……3. 经双方协商一致，甲方支付乙方补偿金税前人民币叁拾万零伍佰叁拾肆元整（小写：300534 元）。该补偿金包含但不限于解除劳动合同的代通知金、经济补偿金、赔偿金及可能的加班费、年假、社会保险费……4. 该补偿金支付条件为：乙方在职期间负责的下述两个项目全额收回应收账款或有明确的还款计划或协议（经公证）：（1）《智慧社区信息化集成工程项目(一期)（采购、工程、服务）合同》；

（2）《实验室信息化集成及厂区安防监控项目施工合同》；其中：前一个项目需有原协议各方的项目结算报告或验收报告，致使本协议甲方不承担后续工程量及任何违约成本，后一个项目需按还款计划收到首期应收款。甲方承诺上述条件达成后的一个月内支付离职补偿金，如因乙方提供的材料或信息不完整导致败诉，甲方有权拒绝支付离职补偿金。”

2019 年 4 月 24 日，郭某以机械公司为被申请人向北京市丰台区劳动争议仲裁委员会（以下简称丰台仲裁委员会）申请仲裁，请求：机械公司支付解除劳动合同经济补偿金 300534 元。2019 年 6 月 14 日，丰台仲裁委员会作出裁决：机械公司支付郭某解除劳动合同经济补偿金 300534 元。机械公司不服，起诉至法院，要求判决机械公司不支付郭某经济补偿金 300534 元。

庭审中，机械公司主张其公司与郭某签订的解除劳动关系协议书中约定的支付条件尚未成就。郭某主张双方签订的解除劳动关系协议书中约定的支付条件，非郭某所能控制，违反法律规定，应属无效条款；即便认定该条款有效，支付条件亦已成就。

【案件焦点】

郭某与机械公司签订的《解除劳动合同协议书》第 4 条即关于为经济补偿金设定支付条件的内容是否有效。

【法院裁判要旨】

北京市丰台区人民法院经审理认为：机械公司与郭某签订解除劳动关系协议书，双方协商一致解除劳动关系，并就经济补偿及支付条件进行了约定，其中经济补偿包含但不限于解除劳动合同的代通知金、经济补偿金、赔偿金及可能的加班费、年假、社会保险费等。根据法律规定，支付经济补偿、加班费、未休年休假工资，以及为劳动者缴纳社会保险等均是用人单位的法定义务。机械公司与郭某协商一致解除劳动关系，符合用人单位应支付劳动者经济补偿的情形，根据《中华人民共和国劳动合同法》第五十条规定，综合上述分析，机械公司与郭某约定的补偿金不得附条件支付。根据《中华人民共和国合同法》第五十二条规定，机械公司与郭某签订的解除劳动关系协议书中第 4 条违反法律强制性规定，加重了劳动者的义务，该补偿金支付条件应属无效。又因合同部分无效，不影响其他部分效力的，其他部分仍然有效，故机械公司仍应依据该解除劳动关系协议书约定支付郭某补偿金 300534 元。

北京市丰台区人民法院根据《中华人民共和国劳动合同法》第四十六条、第五十条，《中华人民共和国合同法》第五十二条、第五十六条，《最高人民法院关于审理劳动争议案件适用法律若干问题的解释（三）》第十条规定，判决如下：

一、机械公司于判决生效后 7 日内向郭某支付补偿金 300534 元；

二、驳回机械公司的诉讼请求。

机械公司不服，提起上诉。北京市第二中级人民法院经审理认为：劳动者与用人单位就解除或者终止劳动合同办理相关手续、支付工资报酬、加班费、经济补偿或者赔偿金等达成的协议，不违反法律、行政法规的强制性规定，且不存在欺诈、胁迫或者乘人之危情形的，应当认定有效。郭某主张《解除劳动合同协议书》第 4 条违反了《中华人民共和国劳动合同法》第四十六条第二项、第五十条第二款的规定，应属无效。但是上述规定并非法律的效力性强制性规定，郭某与机械公司自愿达成《解除劳动合同协议书》，双方对经济补偿金的支付条件进行了明确约定，该约定并未违反法律法规的强制性规定，故《解除劳动合同协议书》第4条应属有效，双方均应遵照执行。同时，根据在案证据情况，可以认定《解除劳动合同协议书》第4条约定的支付条件已经成就。一审法院判决驳回机械公司关于不予支付解除劳动合同经济补偿金的诉求结果正确。

北京市第二中级人民法院依照《中华人民共和国民事诉讼法》第一百七十条第一款第一项规定，判决如下：

驳回上诉，维持原判。

【法官后语】

本案系一起用人单位与劳动者约定解除劳动合同经济补偿金支付条件的典型案例。郭某与机械公司解除劳动合同时签订了协议书，明确约定经济补偿金的具体数额并附加支付条件。本案的争议焦点实质上是《解除劳动合同协议书》第4条的效力问题，一审法院认为经济补偿金的支付不得附条件，故该条约定无效，二审法院则认为约定有效，鉴于在诉讼过程中双方约定的条件已成就，故对本案的判决结果予以维持。

诚然，用人单位和劳动者协商解除劳动合同并达成协议的案件甚为常见。解除协议往往包含工资、奖金、加班费、经济补偿金的支付等具体问题。根据《中华人民共和国劳动合同法》第四十六条和第五十条的相关规定，用人单位向劳动者提出解除劳动合同并与劳动者协商一致解除劳动合同的应当向劳动者支付经济补偿，用人单位依照该法有关规定应当向劳动者支付经济补偿的，在办结工作交接时支付。那么，本案中《解除劳动合同协议书》第4条为经济补偿金设定支付条件是否因违反法律法规的强制性规定而无效呢？

笔者认为，因涉及劳动法律关系的法律法规具有较为鲜明的公法和私法混合的性质，故在判断强制性规定的理解方面易产生混淆。首先，强制性规定应指效力性强制性规定，即违反效力性强制性规定的，人民法院应当认定合同无效；违反管理性强制性规定的，人民法院应当根据具体情形认定其效力。其次，在劳动争议案件中，效力性强制性规定的识别重点在于是否存在损害国家利益、公共利益，或是否扰乱市场管理秩序、违背公序良俗等情况；如果没有上述情形，则不应认定为效力性强制性规定。对经济补偿金附加支付条件，从本质上讲，系劳动者对自身权利的一种处理，这种处理并未损害他人或国家利益，亦不涉及扰乱市场管理秩序等情况，故该约定不应认定无效。最后，鉴于劳动法律法规公法、私法杂糅的特性，涉及效力性强制性规定的识别应更为谨慎。在劳动法律关系中，有关社会保险的强制性规定是较为典型的效力性强制性规定，例如《中华人民共和国社会保险法》第六十条第一款规定："用人单位应当自行申报、按时足额缴纳社会保险费，非因不可抗力等法定事由不得缓缴、减免……"故如果用人单位与劳动者达成无需缴纳社会保险的协议，就会因违反效力性强制性规定而无效。

编写人：北京市第二中级人民法院　管元梓

124 人事经理未签劳动合同能否享有二倍工资补偿的认定

——郑某诉商务公司劳动合同案

【案件基本信息】

1. 裁判书字号

广东省汕头市中级人民法院（2018）粤 05 民终 1068 号民事裁定书

2. 案由：劳动合同纠纷

3. 当事人

原告（上诉人）：郑某

被告（被上诉人）：商务公司

【基本案情】

郑某于 2018 年 3 月入职商务公司处任人事行政经理，每月工资为 8300 元。郑某入职后，履行作为单位人事经理的职责，先后招聘了两名员工。2018 年 6 月 4 日，郑某以工作不适合为由向商务公司提出辞职申请，并于 2018 年 6 月 27 日离职。后来，郑某向汕头市濠江区劳动争议仲裁委员会（以下简称濠江劳动仲裁委）申请劳动仲裁，要求商务公司向其支付清明节加班工资 3112.5 元、劳动节加班工资 3112.5 元、端午节加班工资 3112.5 元、未签订劳动合同的二倍工资差额 24900 元，以及补缴社保费 4800 元。濠江劳动仲裁委驳回了郑某的所有仲裁请求。郑某不服该仲裁裁决，向法院起诉，请求商务公司支付节假日加班费 25567.5 元、未签订劳动合同的二倍工资 20750 元、社保费 4800 元、经济补偿金 4150 元等。

【案件焦点】

作为商务公司人事经理的郑某，在公司未与其签订劳动合同的情况下，能否索要未签订劳动合同的二倍工资差额。

【法院裁判要旨】

广东省汕头市濠江区人民法院经审理认为：郑某于 2018 年 3 月入职商务公司处担任人事部门负责人，其在职期间也代表单位招聘其他员工并签订了劳动合同。上述事实证明郑某的工作职责范围包括订立劳动合同等职责，也表明其有提供劳动合同规范文本的便利。郑某作为商务公司人力资源管理部门负责人，对商务公司负有谨慎、忠实、勤勉的义务，其相对于普通劳动者更具有职权优势，对相关法律法规的规定也较为熟悉，应当知悉与员工签订劳动合同是其工作职责，也应当清楚用人单位不与员工签订劳动合同的法律后果。因此，郑某在商务公司任职期间未与商务公司签订劳动合同，该责任应系郑某未履行工作职责所致，应由郑某承担相应的法律后果。郑某虽主张商务公司多次拒绝与其签订劳动合同，但未能就此提交相应的证据予以印证，一审法院不予采信。郑某要求商务公司支付未签订劳动合同的二倍工资差额，理据不足。

广东省汕头市濠江区人民法院依据《中华人民共和国民事诉讼法》第六十四条第一款及《最高人民法院关于适用〈中华人民共和国民事诉讼法〉的解释》第九十条之规定，判决如下：

驳回郑某的全部诉讼请求。

郑某不服，提起上诉。后郑某申请撤回上诉。广东省汕头市中级人民法院经审理认为：郑某在本案审理期间提出撤回上诉的请求，不违反法律规定，予以准许。

广东省汕头市中级人民法院依照《中华人民共和国民事诉讼法》第一百七十三条规定，裁定如下：

准许郑某撤回上诉，一审判决书自本裁定书送达之日起发生法律效力。

【法官后语】

司法实践中，常发现劳动者出于自身原因故意或者重大过失不与用人单位签订书面劳动合同，而事后又据此向用人单位主张二倍工资差额补偿的乱象。人民法院在处理该类案件时，对于劳动者职业道德操守也应作为认定未签订劳动合同原因的考量因素，防止让“过错行为者获益”，避免裁判不当而引发道德风险。人事经理的主要职责就是代表用人单位行使劳动人事管理，帮助用人单位合法履行劳动法律规定，避免因违法行为而导致用人单位的利益受到损害。郑某作为商务公司人事行政经理，理应知道用人单位与劳动者不订立书面劳动合同将承担向劳动者支付二倍工资的法律责任，理应履行用人单位赋予的与员工签订书面劳动合同的岗位职责，在其未能提交证据证明其曾向商务公司提出签订劳动合同的情况下，对其未签订劳动合同的二倍工资差额请求理应不予支持。理由如下：

1. 二倍工资的适用应遵循诚实信用原则

《中华人民共和国劳动合同法》以二倍工资的形式督促用人单位订立书面劳动合同，是为了有效遏制用人单位借助其强势地位不与劳动者订立书面劳动合同以逃避法律责任的乱象，借助书面形式较强的证据效力来弥补市场信用的缺失，使劳动者与用人单位都能诚信履行各自的权利义务。《中华人民共和国劳动合同法》第三条规定，订立劳动合同应遵循诚实信用原则。因劳动合同法蕴含私法属性，劳资双方均应遵循诚实信用原则，故二倍工资适用当然也应遵循诚实信用原则。这也决定了二倍工资的适用应有所区分，否则将成为部分恶意劳动者的套利工具，损害社会经济效率和社会公平正义。郑某是商务公司聘请的单位管理者，从其被聘任为人事部经理之时，就足以让商务公司相信其具备全面负责人事行政工作的知识和经验，否则郑某便有违背诚实信用原则之嫌。郑某作为商务公司聘用的高管人员，其在一定程度上也懂得保护自己的劳动权益，对相关法律法规也应该有一定的了解，其相对于普通的劳动者处于强势地位，故郑某只有在具有善意的情形之下才能适用二倍工资差额赔偿。因为“任何人都不得从自己的错误行为中获利”，不论是一般劳动者还是像郑某这样的单位高管人员，均不能利用自身过错而得益，否则将有悖基本的诚信要求。

2. 人事经理等高管人员对公司负有谨慎、忠实、勤勉的义务

《中华人民共和国劳动法》第三条第二款规定，劳动者应遵守劳动纪律和职业道德。遵守劳动纪律和职业道德主要包括对单位忠实，努力完成工作任务，勤勉工作，自觉维护单位的合法权益等。高管人员的劳动薪资报酬远高于普通的劳动者，自然应负有更高的谨慎、忠实、勤勉的义务。《中华人民共和国公司法》第一百四十七条第一款规定：“董事、监事、高级管理人员应当遵守法律、行政法规和公司章程，对公司负有忠实义务和勤勉义务。”高管人员的忠实义务系要求高管人员在管理公司、经营业务、履行职责时，必须代表公司最大利益而努力工作；勤勉义务是要求行为人履行其职责时必须表

现出一般审慎者处于相似位置时在类似情况下所表现出来的勤勉、注意和技能，同时，在从事公司经营管理活动时应当恪尽职守，尽到其所应具有的经营管理水平。具体到公司人事高管人员，明知道不签订劳动合同可能带来的后果而不主动与公司提出签订劳动合同，已违背其对公司所应承担的谨慎、忠实、勤勉的义务。若人事经理能证明其已督促了公司与其签订劳动合同而公司不肯签订，则让公司承担二倍工资赔偿责任才符合公平原则。郑某任职期间为商务公司招聘了两名员工并代表公司与该两名员工签订了劳动合同，故可以推定郑某对其拥有包括订立劳动合同的职责是清楚的。在商务公司未对人事经理劳动合同的签订问题另作说明的情况下，郑某本人劳动合同的签订事宜应由其自己负责。现在其没有签订劳动合同，说明他本人对本职工作履行存在失职，已违反其对商务公司负有的谨慎、忠实、勤勉的义务，故未订立书面劳动合同的责任应由其自己承担。

3. 人事经理等高管人员具有较强的职权优势

虽然公司高管也具备雇员的身份，但其对在公司日常运营过程中，掌握着大量的公司资料，其与普通劳动者相比拥有更大的自主权和更为强势的地位。因此，在审理涉及公司高管人员的劳动争议案件时，应综合考虑其职权、岗位职责以及接受管理的程度等工作因素，并适当考虑增加高管人员的举证责任。高管人员若不能举证证明其向公司提出过签订劳动合同的请求，而公司拒绝或者公司存在其他过错的情形，高管本人对未签订劳动合同并无过错，则公司的高管人员无权请求二倍工资差额赔偿。

综上，郑某负责商务公司的人事工作，可以推定其知晓人事工作包括签订劳动合同等内容，也应该知晓不签订劳动合同的法律后果，基于其作为商务公司的高管人员，对商务公司负有谨慎、忠实、勤勉的义务，在其不能举证证明其曾敦促商务公司与其本人签订劳动合同的情况下，人民法院应认定郑某对商务公司的不规范行为负有相应责任，故对其未签订劳动合同的二倍工资差额请求不应支持。

编写人：广东省汕头市濠江区人民法院　陈浩炳

125　海外用工加班费的支付

——某集团公司诉王某劳动争议案

【案件基本信息】

1. 裁判书字号

北京市第二中级人民法院（2019）京 02 民终 5784 号民事判决书

2. 案由：劳动争议纠纷

3. 当事人

原告（被上诉人）：某集团公司

被告（上诉人）：王某

【基本案情】

王某于 2014 年 7 月 7 日入职某集团公司，岗位是综合职能管理。2014 年 12 月 11 日，王某被派到海外马来西亚熟料线项目工作，岗位为项目会计，同时负责项目工作人员的工资核算。此期间王某工资分为国内薪酬与海外薪酬两部分，国内薪酬部分的月均工资为7000元。2016年7月13日，王某提出辞职，2016年8月13日回国。2016年8月31日，双方劳动关系解除。2016年12月23日，王某到开发区仲裁委申请劳动仲裁，请求：（1）某集团公司支付2014年12月31日至2016年7月31日期间周六、日加班费98482.75元人民币，2791.72美元（汇率为2014年12月至2016年7月期间的平均数值）；（2）某集团公司支付2015年1月1日、2月18日至20日、4月5日、5月1日、6月20日、9月27日、10月1日至3日，2016年1月1日、2月7日至9日、4月4日、5月1日期间法定节假日加班工资16413.79元人民币，2977.29美元（汇率为2014年12月至2016年7月期间的平均数值）；（3）某集团公司支付2015年11月20日至12月20日期间的工资差额2234.49美元，2016年5月10日至5月29日期间工资差额1489.66美元；（4）某集团公司支付2014年7月1日至2014年12月31日期间住房补贴12000元。2017年12月29日，开发区仲裁委裁决：（1）某集团公司支付王某2014年12月31日至2016年7月31日周六、日（休息日）加班费93333.33元；（2）某集团公司支付王某2015年1月1日、2月18日至20日、4月5日、5月1日、6月20日、9月27日、10月1日至3日，2016年1月1日、2月7日至9日、4月4日、5月1日期间法定节假日加班工资16413.79元；（3）驳回王某的其他请求。某集团公司不服，遂诉至法院。

【案件焦点】

某集团公司是否应当支付王某周六、日加班工资及法定节假日加班工资。

【法院裁判要旨】

北京市大兴区人民法院经审理认为：派驻境外工程项目工作，在工作内容尤其是在人员管理上具有一定的特殊性，与国内管理模式存在不同，一般实行集中统一管理，工作和生活难以截然分开。当事人双方均提交了马来西亚熟料线项目考勤记录表，但该考勤记录表以自然天数为基础，考虑到海外工程项目人员管理的特殊性，单纯的考勤记录不足以反映实际提供劳动的客观情况，不足以单独作为认定是否存在加班的依据。王某对某集团公司提交的2014年12月至2016年7月期间海外月底工资、月度绩效工资发放情况统计表的真实性认可，法院对此予以采信。根据上述证据，结合某集团公司提交的经过公证的2013年水泥项目人力管理办法、2015年水泥项目人力管理办法，法院认定某集团公司海外薪酬按出勤的自然天数核算，是一种特殊薪酬计算方式，实际属于包干薪酬的性质，无需另行支付加班工资。王某在马来西亚熟料线项目工作期间，不再履行国内的工作和职责，以国内工资为依据核算加班工资缺乏事实依据。王某亦认可在马来西亚熟料线项目工作期间负责项目工作人员的工资核算，其在核算工资时并未核算周六、日加班工资及法定节假日加班工资，且亦未举证证明工作期间就工资向某集团公司提出过异议。据此，对王某主张某集团公司需支付其在马来西亚熟料线项目工作期间周六、日及法定节假日加班工资，法院不予采信。对某集团公司要求无需向王某支付2014年12月31日至2016年7月31日周六、日加班费93333.33元及2015年1月1日、2月18日至20日、4月5日、5月1日、6月20日、9月27日、10月1日至3日，2016年1月1日、2月7日至9日、4月4日、5月1日期间法定节假日加班工资16413.79元的诉讼请求，法院予以支持。

北京市大兴区人民法院依照《最高人民法院关于民事诉讼证据的若干规定》第二条之规定，判决如下：

一、某集团公司无需支付王某2014年12月31日至2016年7月31日周六、日加班费（休息日）93333.33元；

二、某集团公司无需支付王某2015年1月1日、2月18日至20日、4月5日、5月1日、6月20日、9月27日、10月1日至3日，2016年1月1日、2月7日至9日、4月4日、5月1日期间法定节假日加班工资16413.79元。

王某不服，提起上诉。北京市第二中级人民法院经审理认为：王某与某集团公司就王某驻外期间的考勤记录所反映的客观情况各执一词。某集团公司称上述考勤记录显示王某驻外期间系日历日全部出勤，初衷系给参加海外工程的工作人员增加补助，故将王某的“驻外天数”记录为“出勤天数”，实际上王某并不存在加班事实。鉴于某集团公司依据该考勤记录所显示的自然天数，向王某支付了驻外期间的海外工资，现某集团公司未能提供其他充分证据证实王某的实际出勤情况，故对某集团公司关于王某并不存在加班事实的主张，法院不予采信。王某称上述考勤记录上显示的“出勤天数”即代表了其所主张的周六、日加班以及法定节假日加班情况，故某集团公司应依法向其支付相应的加班工资。考虑到用人单位海外工程项目人员工作和生活难以完全分开的特殊性，以及劳动者不可能长期几乎处于全年无休状态的生活常理，现王某亦未提供其他充分证据证实其实际出勤情况，对王某要求依据上述考勤记录确认其加班事实的主张，法院亦不予采信。综上所述，双方提交的考勤记录不能反映王某的实际出勤情况，导致法院无法依据上述考勤记录判断某集团公司是否向王某足额支付了劳动报酬，法院亦无法排除王某在海外工作期间存在加班事实的可能性。该情况系某集团公司未规范执行其管理制度所致，故某集团公司就王某实际出勤情况需承担举证不能的责任，法院考虑到本案的特殊性，对王某诉请的加班费予以酌情判处。

北京市第二中级人民法院依照《中华人民共和国劳动合同法》第三十一条、《中华人民共和国民事诉讼法》第一百七十条第一款第二项规定，判决如下：

一、撤销一审判决；

二、某集团公司于本判决生效之日起 7 日内支付王某 2014 年 12 月 31 日至 2016 年 7 月 31 日期间加班工资 20000 元；

三、驳回王某的其他诉讼请求。

【法官后语】

考勤，顾名思义，就是考查出勤，是为维护企业的正常工作秩序，提高办事效率，严肃企业纪律，使员工自觉遵守工作时间和劳动纪律，更重要的是企业会依据员工的出勤情况对员工的薪资及奖金给予一定的发放或扣除，体现了一个企业的管理能力及是否能够按照法律规定及时足额地向员工支付劳动报酬。

本案中，某集团公司在进行海外员工管理的过程中，考勤制度及考勤管理存在一定的漏洞，在制定驻外员工的考勤制度时虽然参照了外交部驻外工作人员的相关规定，但该公司并未依据劳动法、劳动合同法等法律规定并结合公司的实际情况来制定和完善驻外员工的考勤制度。公司称以自然天数统计出勤系为了便于驻外员工的管理和增加驻外员工的收入，但此种考勤管理结果可能不符合驻外员工的客观出勤情况，也正是此种管理和记录考勤的模式导致考勤表不能反映出王某的真实出勤情况。

举证责任又称证明责任，是指当事人对自己提出的主张应当提供证据进行证明的责任。具体而言，证明责任是指在诉讼过程中，当事人为避免对自己不利的裁判，负有义务向法院提交证据对其主张加以证明；当主张的事实真伪不明时，必须承担因法院不认可该事实所产生的不利诉讼后果。劳动争议兼具公法性质与私法性质，如果劳动争议案件中仅仅适用“谁主张，谁举证”的一般举证责任分配规则，必然会导致诉讼的不公平，不利于当事人利益的正当维护。因此劳动争议案件中有特别的举证责任分配规则即举证责任倒置。《最高人民法院关于审理劳动争议案件适用法律问题的解释（一）》第四十二条规定，劳动者主张加班费的，应当就加班事实的存在承担举证责任。但劳动者有证据证明用人单位掌握加班事实存在的证据，用人单位不提供的，由用人单位承担不利后果。

本案中，王某虽然提交了考勤表，但该考勤表显示王某几乎全年无休，而根据用人单位海外工程项目人员工作和生活难以完全分开的特殊性，以及劳动者不可能长期几乎处于全年无休状态的生活常理，王某亦未提交其他证据佐证其提出的存在加班时间的事实。同样地，某集团公司也未能提交有效证据证明王某不存在加班的事实。双方的举证情况导致法院无法根据上述的考勤记录判断某集团公司是否已经向王某支付了足额的劳动报酬（尤其是加班费），也不能排除王某存在加班事实的可能。此种状况，是由于某集团公司未能规范执行其管理制度或者可以说是未能制定和执行完善的考勤管理制度所造成的，故某集团公司应当承担一定的举证不能的责任，即不利后果。

编写人：北京市第二中级人民法院　王晓云

126 加班费的微信电子记录证据认定

——宋某诉药业公司劳动争议案

【案件基本信息】

1. 裁判书字号

北京市第二中级人民法院（2019）京 02 民终 13247 号民事判决书

2. 案由：劳动争议纠纷

3. 当事人

原告（被上诉人）：宋某

被告（上诉人）：药业公司

【基本案情】

宋某于 2018 年 8 月 1 日入职药业公司，双方于该日签订了期限为 2018 年 8 月 1 日至 2021 年 8 月 1 日的劳动合同。药业公司与宋某在双方签订的劳动合同中约定：宋某的试用期为 2018 年 8 月 1 日至 2019 年 1 月 31 日；宋某的工作岗位为战略中心战略顾问（绩效），执行不定时工作制；宋某在试用期的月工资为 21667 元，加班加点工资的计算基数按照月基本工资 17334 元计算。药业公司就宋某的工作岗位执行不定时工作制未经有关行政机关审批。宋某在药业公司有固定的工位。2018 年 11 月 15 日，宋某向药业公司提交离职申请，以“个人原因”为由，向药业公司提出辞职。2018 年 11 月 27 日，宋某填写了员工离职审批表，其中载明的离职原因亦为“个人原因”，双方之间的劳动合同于该日解除。2019年1月14日，宋某到劳动仲裁委员会申请劳动仲裁，要求：1. 确认劳动合同中关于执行不定时工作制的条款无效；2. 药业公司向宋某支付2018年8月1日至2018年11月27日期间的延时加班费58743.7元；3. 药业公司向宋某支付上述期间的休息日加班费35862.6元；4. 药业公司向宋某支付上述期间的法定节假日加班费8965.6元；5. 药业公司向宋某支付上述期间的年终绩效奖金21666.7元；6. 药业公司向宋某支付解除劳动合同经济补偿金10833元；7. 药业公司向宋某支付未及时支付解除劳动合同经济补偿金的额外补偿5416.5元。2019年7月5日，劳动仲裁委员会作出裁决，宋某不服该裁决，向法院提起诉讼。

【案件焦点】

宋某在2018年8月1日至2018年11月27日期间是否存在延时加班、休息日加班和法定节假日加班等加班事实。

【法院裁判要旨】

北京市大兴区人民法院经审理认为：宋某为证明其存在相应的加班事实，提交了自行制作的加班统计表打印件、于某发送的考勤打卡记录、微信聊天记录及附件、打车单等证据。微信聊天中大多或为简单的工作汇报、请示、回复或发送文档及照片，或无宋某的任何信息，上述几种内容不能显示宋某存在明确、充分且实际开展的工作内容，据此不足以认定宋某所主张的延时加班和法定节假日加班的事实，只能够证明其存在5天休息日加班。

北京市大兴区人民法院依照《中华人民共和国劳动合同法》第

二十六条、第三十条第一款，《最高人民法院关于适用〈中华人民共和国民事诉讼法〉的解释》第九十条，《最高人民法院关于审理劳动争议案件适用法律若干问题的解释（三）》第九条之规定，判决如下：

一、劳动合同中的关于宋某的工作岗位执行不定时工作制的条款无效；

二、药业公司向宋某支付上述期间的休息日加班费 9961.8 元；

三、药业公司向宋某支付上述期间的年终绩效奖金 20981.77 元；

四、驳回宋某的其他诉讼请求。

药业公司不服，提起上诉。北京市第二中级人民法院经审理认为：宋某不存在延时加班和法定节假日加班的事实，药业公司无需支付加班费。理由如下：（1）关于延时加班费和法定节假日加班费，宋某虽提交自行制作的加班统计表打印件、微信记录、打卡记录、打车记录等证据，但上述证据并不能直接证明其具体的加班工作内容。（2）关于休息日加班费，宋某提交的部分证据涉及其休息日实际开展工作的情况，一审法院综合考虑本案实际情况确定之加班天数及加班费计算基数并无不当，依法判决药业公司支付宋某 2018 年 8 月 1 日至 2018 年 11 月 27 日期间的休息日加班费 9961.8 元亦无不妥。

北京市第二中级人民法院依照《中华人民共和国民事诉讼法》第一百七十条第一款第一项规定，判决如下：

驳回上诉，维持原判。

【法官后语】

随着科技的不断发展，各种即时通信软件层出不穷。不少用人单位习惯于通过微信等即时通信软件给劳动者安排工作和进行企业管理。近年来，部分劳动者在主张加班费的案件中，提交以微信为代表的电子证据予以证明加班事实的存在，对于微信电子证据的真实性审查、是否与加班的事实存在关联关系、是否有其他证据予以佐证以及如何通过微信记录认定加班的具体时间等成为法院在审理此类案件中的难点。劳动争议案件的举证规则比较特殊，用人单位承担大部分举证责任，但关于加班工资的举证责任之规定，劳动者主张加班费的，应当就加班事实的存在承担举证责任，本案中，宋某为证明其存在加班，提交了大量微信聊天记录（含与个人、微信群、发送考勤打卡记录）电子证据，法院在对微信证据在加班争议中的适用应当注意以下几个方面：

1. 对微信记录的真实性进行审查

首先，电子证据存在易于更改的特性，在没有进行公证等有效证据保存的情况下，仅凭当事人自己制作的截屏，不能使法院充分相信截屏聊天的时间为原始记载时间；其次，加班是一种持续的工作状态，而聊天记录仅显示时间点，不能反映出工作所花费的时间。

（1）对微信记录的原始载体进行核实。《最高人民法院关于民事诉讼证据的若干规定》第十五条第二款规定，当事人以电子数据作为证据的，应当提供原件。电子数据的制作者制作的与原件一致的副本，或者直接来源于电子数据的打印件或其他可以显示、识别的输出介质，视为电子数据的原件。微信属于电子数据，在提交微信记录打印件后，法院还应核实其原始载体、信息形成的时间、信息发出人的身份是否真实。无法确定信息发出人身份的，难以认定加班事实的存在；必要时需对微信记录加以鉴定，根据案情需要，法院可能需前往负责运营手机软件的通信公司调取证据。

（2）对微信记录内容进行分析认定。在确定微信记录真实的情况下，还需对微信记录内容进行分析认定，微信记录的内容必须清楚显示劳动者实际开展了工作。若用人单位于下班后非常态化地与劳动者就工作问题沟通、交流等，难以直接认定为安排加班；若劳动者仅仅是简单进行工作汇报、请示、回复或发送文档及照片，亦难以认定加班事实的存在；在双方劳动合同约定加班需进行书面申请并经书面批准的情况下，若劳动者未提交加班申请及批准的书面材料，微信中无明确有力的加班内容及其他证据予以佐证，劳动者所主张的加班情况便缺乏依据，法院将不予支持。

2. 是否存在其他证据对微信电子证据予以佐证

本案中，宋某提供其与公司人员的微信聊天记录，结合该人员确系该公司员工、打车记录、微信支付记录、工作内容等事实，可以相互印证形成完整证据链证明其存在休息日加班情况。因此，当电子证据难以证明其加班的事实，劳动者可提交其他证据来对微信电子证据予以佐证，比如加班时完成的工作量或者工作成果、监控视频等，与其他证据形成证据链，从而提升关于加班费主张的证明力，最终获得法院的采信。

3. 通过微信记录认定加班具体时长

在初步证明存在加班事实的前提下，如何通过微信记录计算加班时长，系审判实务中的争议焦点。用人单位通过微信群或向其个人微信明确通知加班起止时间，根据其内容，用人单位的确存在要求员工抓紧进度、提高效率、进行延时工作的事实，故此，可按通知内容直接计入加班时间；若通过微信记录或其他证据，无法确定加班时长的，需结合劳动者工作特征、常识性判断，酌情认定加班时间，支持劳动者关于加班费的合理部分。

编写人：北京市大兴区人民法院　毛希彤　唐玥

127　《劳动合同书》中劳动者笔迹鉴定不能的法律后果
——保洁公司诉曹某劳动争议案

【案件基本信息】

1. 裁判书字号

北京市第二中级人民法院（2019）京02民终9787号民事判决书

2. 案由：劳动争议纠纷

3. 当事人

原告（被上诉人）：保洁公司

被告（上诉人）：曹某

【基本案情】

曹某系于2017年10月16日入职保洁公司，从事保洁岗位工作。曹某主张保洁公司于2018年7月1日以个人不适合工作岗位为由提出与其解除劳动关系。保洁公司对曹某的上述主张持有异议，主张曹某系于2018年6月26日因个人原因提出离职，并就其上述主张向法院出具辞职书加以佐证。辞职书落款处有“曹某”字样的签名，并载有“本人因个人原因，不能继续在保洁公司上班，于2018年6月26日离职”的表述。曹某对辞职书的真实性持有异议，主张辞职书落款处签名非其本人书写。曹某主张其在职期间保洁公司未与其签订劳动合同。保洁公司对曹某的上述主张持有异议，主张曹某入职时双方已签订书面劳动合同，并就其上述主张出具劳动合同书加以佐证。劳动合同书落款处有“曹某”字样的签名，并载明劳动合同期限为自 2017 年 10 月 16 日起至 2018 年 10 月 15 日止。曹某对劳动合同书的真实性持有异议，主张劳动合同书落款处签名非其本人书写并申请对该签名进行笔迹鉴定。曹某主张其 2017 年 10 月 16 日至 2017 年 12 月 31 日期间月工资标准为固定工资 2600 元，自 2018 年 1 月 1 日起其月工资标准变更为固定工资 3400 元，并就其上述主张出具银行交易明细加以佐证。曹某主张其 2018 年 6 月 1 日至 2018 年 6 月 29 日期间正常向保洁公司提供劳动，保洁公司未支付其上述期间的工资。保洁公司对曹某上述主张持有异议，主张曹某最后提供劳动的时间为 2018 年 6 月 26 日，其单位仅认可未支付曹某 2018 年 6 月 1 日至 2018 年 6 月 26 日工资的事实。

2018 年 9 月 10 日，丰台仲裁委员会作出裁决：1. 曹某 2017 年 10 月 16 日至 2018 年 6 月 29 日与保洁公司存在劳动关系；2. 保洁公司于本裁决生效之日起 5 日内，支付曹某 2018 年 6 月 1 日至 2018 年 6 月 29 日期间的工资 2657.47 元；3. 保洁公司于本裁决生效之日起 5 日内，支付曹某自 2017 年 11 月 16 日至 2018 年 6 月 29 日期间未签订劳动合同二倍工资差额 24314.94 元；4. 驳回曹某的其他仲裁请求。

经法院释明，曹某对劳动合同书上的签名申请笔迹鉴定，法院摇号确定由中国人民大学物证鉴定中心进行鉴定，该中心 2019 年 3 月 12 日出具不予受理通知书，理由是缺乏案前自然样本，比对条件不充分，后法院又摇号确定北京华夏物证鉴定中心申请笔迹鉴定，该中心 2019 年 4 月 4 日出具补充样本函，要求补充与检材标称时间“2017 年 10 月 16 日”前后时间相隔不超过 1 年，且不同时期由曹某书写签名字迹的自然样本材料原件至少 5 份，后法院于 2019 年 5 月 14 日与双方当事人谈话确认了上述样本材料，并邮寄到华夏物证鉴定中心，2019 年 6 月 6 日该中心出具终止鉴定告知书，理由为现有样本材料均为案后样本，不能充分反映被鉴定人书写习惯，样本比对条件不充分。

【案件焦点】

1.《劳动合同书》中“曹某”的笔迹是否为劳动者本人笔迹；2. 笔迹鉴定不能，应当由谁承担举证不利的法律后果。

【法院裁判要旨】

北京市丰台区人民法院经审理认为：当事人应当依法主张权利，且就其主张的事实有责任出具证据加以证明。劳动者的合法权益受法律保护。双方当事人对于仲裁主文确认的第一项、第二项均无异议。曹某申请对保洁公司提供的劳动合同书上的签字进行笔迹鉴定，但因样本比对条件不充分，两次被终止鉴定，曹某应承担不利后果，且考虑未签订劳动合同二倍工资差额的惩罚性赔偿性质等因素，保洁公司无需支付曹某 2017 年 11 月 16 日至 2018 年 6 月 29 日期间未签订劳动合同二倍工资差额 24314. 94 元。

北京市丰台区人民法院依照《中华人民共和国劳动法》第五十条、《中华人民共和国民事诉讼法》第六十四条之规定，判决如下：

一、曹某自 2017 年 10 月 16 日至 2018 年 6 月 29 日与保洁公司存在劳动关系；

二、保洁公司于本判决生效之日起七日内支付曹某 2018 年 6 月 1 日至 2018 年 6 月 29 日期间的工资 2657.47 元；

三、保洁公司无需支付曹某自 2017 年 11 月 16 日至 2018 年 6 月 29 日期间未签订劳动合同二倍工资差额 24314.94 元。

曹某不服，提起上诉。北京市第二中级人民法院经审理认为：曹某主张从未与保洁公司签订劳动合同，现保洁公司提交书面劳动合同书予以反驳，曹某对劳动合同书上“曹某”签名的真实性不予认可，并申请进行笔迹鉴定，但因样本比对条件不充分，两次被终止鉴定。一审法院考虑以上情况及未签订劳动合同二倍工资差额的惩罚性赔偿性质等因素，判决保洁公司无需支付曹某 2017 年 11 月 16 日至 2018 年 6 月 29 日期间未签订劳动合同二倍工资差额，并无不当，对此予以维持。曹某主张保洁公司支付上述期间未签订劳动合同二倍工资差额的上诉请求，依据不足，不予支持。

北京市第二中级人民法院依照《中华人民共和国民事诉讼法》第一百七十条第一款第一项规定，判决如下：

驳回上诉，维持原判。

【法官后语】

《中华人民共和国劳动合同法》第八十二条第一款规定，用人单位自用工之日起超过一个月不满一年未与劳动者订立书面劳动合同的，应当向劳动者每月支付二倍的工资。此条立法原意系督促用人单位与劳动者签订书面劳动合同，以解决劳动合同签订率低的问题，保护劳动者的权益，此条具有惩罚性意味，增加一倍的工资属于惩罚性赔偿的部分，不属于劳动报酬。实践中，劳动者主张用人单位未与其签订劳动合同二倍工资，用人单位应承担举证责任，证明自用工之日起一个月内与劳动者订立书面劳动合同。

本案争议焦点有两点：一是《劳动合同书》中“曹某”的笔迹是否为劳动者本人笔迹；二是笔迹鉴定不能，应当由谁承担举证不利的法律后果。

其一，《劳动合同书》的签名是否为劳动者本人笔迹？用人单位提供《劳动合同书》以此证明双方在法定时间内已签订书面劳动合同，无需支付二倍工资。劳动者对此真实性不认可，认为签名非本人笔迹。人民法院根据劳动者的申请依法启动笔迹鉴定程序。一审法院两次摇号确定鉴定机构，两家鉴定机构均未能出具鉴定意见书，理由均为缺乏案前自然样本，样本比对条件不充分。通过笔迹鉴定不能确定签名是否为劳动者本人笔迹。此时法院应充分考虑双方提供的证据以及举证责任进行裁判。

其二，笔迹鉴定不能，应当由谁承担举证不利的法律后果？劳动者主张未签订二倍工资，用人单位应承担举证责任，其依法提交《劳动合同书》予以证明，劳动者不认可该份证据真实性，该份证据证明力被削弱，但并不当然被排除。根据“谁主张，谁举证”原则，劳动者申请对该份证据进行笔迹司法鉴定。笔迹鉴定需要提供双方均认可的比对样本，本案中，用人单位提供的样本，劳动者均不认可。根据“谁主张，谁举证”原则，劳动者应承担提供充分样本的举证责任。现因样本不充分，导致鉴定不能，劳动者应承担举证不利后果，故法院认可《劳动合同书》的真实性。

综上，法院在审查劳动者主张的未签订劳动合同二倍工资时，应当从未签订劳动合同二倍工资的立法原意出发，确定用人单位与劳动者的举证责任。用人单位自用工之日起一个月之内应当与劳动者签订《劳动合同书》，属于用人单位的法定义务。对于未签订劳动合同的法律后果，实践中，有两种不同的处理意见。一种是对未签订书面劳动合同采“结果论”，只要事实上未签订劳动合同而双方继续保持劳动关系的，用人单位均需支付二倍工资，除非终止劳动关系。另一种是“行为论”，以“过错”进行判断，即如果能举证证明未签订书面劳动合同并非用人单位的过错，而是因劳动者一方的原因引起的，则用人单位无需支付二倍工资。司法实践更倾向于第二种意见，即“行为论”。当劳动者主张未与其签订书面劳动合同时，用人单位应举证证明双方已经依法签订书面劳动合同或者存在确因不可归责于用人单位的原因导致未能签订书面劳动合同的情形。劳动者不认可劳动合同书中签名的真实性，应申请笔迹鉴定，如因比对样本不充分导致鉴定不能，劳动者应承担举证不利后果。

编写人：北京市丰台区人民法院　刘畅

128　劳动者主张年终奖应尽到初步的举证责任

——张某诉美术公司劳动争议案

【案件基本信息】

1. 裁判书字号

北京市第三中级人民法院（2019）京03民终3365号民事判决书

2. 案由：劳动争议纠纷

3. 当事人

原告（被上诉人）：张某

被告（上诉人）：美术公司

【基本案情】

张某于2015年1月16日入职美术公司，担任平面设计师职务，双方签订了期限自2015年1月16日起至2018年1月16日止的劳动合同，张某最后工作至2016年11月21日。生效判决认定张某月工资标准为10000元，双方的劳动关系于2016年11月21日解除。

关于年终奖，张某提交了银行流水，记载2016年2月24日账户收入10088元，交易类型为奖金，张某主张公司发放年终奖一般金额为一个月工资，在过年之前发放，上述款项中有6000元为2015年的年终奖，听同事说2016年也有年终奖，主张美术公司应按照其在岗时间比例支付2016年的年终奖。美术公司对银行流水的真实性认可，称与本案无关，并主张2015年年终奖的情况不清楚，2016年没有年终奖。

【案件焦点】

离职劳动者要求用人单位支付年终奖须符合的条件及双方的举证责任。

【法院裁判要旨】

北京市朝阳区人民法院经审理认为：当事人对自己提出的诉讼请求所依据的事实有责任提供证据加以证明，没有证据或者证据不足以证明当事人的事实主张的，由负有举证责任的当事人承担不利后果。

关于年终奖，张某主张2015年的年终奖为6000元，美术公司称不清楚，但对银行流水的真实性认可，故采信张某主张的数额。

张某主张2016年的年终奖为10000元，但未举证，美术公司亦对此不予认可，故对于张某主张的数额难以采信，根据2015年年终奖的数额并结合张某2016年的在岗时间予以确认2016年年终奖的数额。

北京市朝阳区人民法院依照《中华人民共和国劳动合同法》第三十条、《中华人民共和国劳动争议调解仲裁法》第六条、《最高人民法院关于民事诉讼证据的若干规定》第二条、《北京市工资支付规定》第十四条之规定，判决如下：

一、美术公司于本判决生效后七日内支付张某2015年5月至2016年11月期间的加班费10833.1元；

二、美术公司于本判决生效后七日内支付张某2016年度年终奖5344.85元；

三、驳回张某的其他诉讼请求。

美术公司不服，提起上诉。北京市第三中级人民法院经审理认为：关于年终奖的问题，美术公司虽表示该公司并无年终奖一项，但根据美术公司的陈述，张某的工资流水中未有其他显示奖金的内容，对于张某提供的2016年2月24日奖金入账，亦未能给出合理解释。美术公司存在根据公司业绩情况及员工表现等发放绩效或奖金的情况，且美术公司认可张某在职期间仅在2016年年初发放过一笔此种形式的奖金。张某在庭审中亦表示不再主张其他形式的奖金。综合以上事实情况，一审判决采信张某的主张，并结合2015年年终奖数额及张某2016年在岗时间，判令美术公司支付年终奖，该认定并无不当。综上所述，美术公司的上诉理由不能成立，应予驳回；一审法院判决认定事实清楚，适用法律正确，应予维持。

北京市第三中级人民法院依照《中华人民共和国民事诉讼法》第一百七十条第一款第一项之规定，判决如下：

驳回上诉，维持原判。

【法官后语】

本案的审理焦点在于离职劳动者要求用人单位支付年终奖须符合的条件及双方的举证责任。

离职劳动者要求用人单位支付年终奖须符合的条件有：(1) 用人单位存在发放年终奖的事实；(2) 劳动者有资格获得年终奖；(3) 能够明确劳动者应得年终奖的具体数额。劳动者需要对用人单位存在发放年终奖的事实承担举证责任；用人单位需要对劳动者有资格获得年终奖、劳动者应得年终奖的数额这两项承担举证责任。用人单位拒不提交有关年终奖发放的资料，应推定劳动者年终奖存在的主张成立。

关于是否应当支付离职劳动者年终奖，司法实践中对此问题存在三种观点。

第一种观点认为不应该支付。理由在于：首先，年终奖是公司的福利，是对在职工作满一定期限（一年）的员工一种奖励。如果员工选择提前离职，离职时员工应该能够预计到年终奖的损失，劳动者在明知或应该明知的情况下仍然选择提前离职是对自身权利的一种放弃，不应得到法院支持。其次，年终奖是否发放、发放人员范围以及发放的具体金额是公司管理层根据其经营状况和员工表现自主决定的，属于公司自主经营权的范畴，法院不宜过多干涉。最后，员工提前离职时还没有到发年终奖的时间，也不知道该年度的年终奖如何发放，即使诉至法院，具体金额等亦无法核实和计算。

第二种观点认为应该支付。理由在于：首先，年终奖是工资的一种，国家统计局《关于工资总额组成的规定》将年终奖列为工资的一种，既然是工资，用人单位就应支付，提前离职也应按工作时间折合后按比例支付。其次，无论劳动者的离职原因如何，用人单位都应该支付工资（年终奖）。

第三种观点认为应该先区分年终奖的性质，再决定是否发放。(1) 薪金类年终奖就是工资的一种，无论劳动者何时离职或者因为什么原因离职，都应该根据已工作时间折算发放。(2) 考核类年终奖属于绩效类的工资，也应该发放。如果劳动合同或者规章制度规定提前离职员工不能发放年终奖属于排除劳动者的合法权益应属无效，但是否发放和发放的金额等应该根据规章制度或者劳动合同的约定根据劳动者的工作考核表现等发放。(3) 福利类年终奖是用人单位自主决定的，尊重用人单位的自主决定权。(4) 奖励类年终奖一般伴随着评比，若员工提前离职但是已经获得了某项奖励或者称号，年底发的奖金也应该获得。(5) 提成类的年终奖是员工完成某项工作后理应获得的奖金。在具备提成的发放条件时就应该支付，不能因为提前离职而剥夺获得报酬的权利。

结合司法实践，应该对年终奖的性质及劳动者的离职原因进行区分处理。年终奖应充分尊重用人单位与劳动者之间的约定，劳动者主张年终奖，则应尽到初步举证责任。

编写人：北京市朝阳区人民法院　李静

129 离职员工的年终奖发放标准认定

——王某诉地铁一公司劳动争议案

【案件基本信息】

1. 裁判书字号

北京市第二中级人民法院（2019）京 02 民终 10639 号民事判决书

2. 案由：劳动争议纠纷

3. 当事人

原告（被上诉人）：王某

被告（上诉人）：地铁一公司

【基本案情】

王某于 2012 年 7 月 23 日入职地铁一公司，岗位为列车司机。王某于 2018 年 12 月 3 日提出辞职申请，双方劳动关系于该日解除。地铁一公司与王某于 2018 年 7 月 23 日签订的《劳动合同书》约定，该合同为无固定期限劳动合同，地铁一公司每月 2 日前以货币形式支付王某工资，月工资为 2200 元或按《地铁一公司工资管理制度》执行；本合同的附件包括《地铁一公司工资管理制度》等文件。《地铁一公司工资管理制度》中的年度奖项目下，对年度奖来源、年度奖计发公式、特殊贡献奖励等作出了明确规定。2018 年 12 月 27 日，地铁一公司下发《关于发放 2018 年度员工奖励的通知》，通知中有如下内容：发放范围为 2018 年 12 月 27 日在岗在册人员（含本年度退休及调入集团人员）；考核统计周期是2017年12月至2018年11月；此次发放的奖励属于工资范畴，依据工资管理制度和绩效考核实施细则中最低工资保障的相关规定，2018年公司和各单位应扣未扣的考核，将在此次分配时一并进行扣减。上述通知于2018年12月27日通过地铁一公司二届二次职工代表大会第二次代表团长联席（扩大）会审议通过。

王某提交了银行流水，证明其在职期间的年终奖均作为工资发放。地铁一公司认可王某在职期间每年均向其发放年终奖，但认为该款项摘要标记为“工资”是财务标记，不能以此认定年终奖属于工资范畴。地铁一公司核算按照《关于发放2018年度员工奖励的通知》，如王某2018年12月27日仍在职，其应得年终奖数额为25031元。王某对上述年终奖数额表示认可。

本案诉讼前，北京市东城区劳动人事争议仲裁委员会于2019年4月24日对双方争议作出裁决：驳回王某的全部申请请求。

【案件焦点】

用人单位是否应向离职员工王某发放年终奖。

【法院裁判要旨】

北京市东城区人民法院经审理认为：根据法律规定，用人单位应当按照劳动合同约定和国家规定，向劳动者及时足额支付劳动报酬。本案中，根据双方签订的《劳动合同书》约定，王某的工资按照《地铁一公司工资管理制度》执行，上述管理制度中明确将年度奖励纳入工资管理内容，且在地铁一公司2018年度员工奖励的考核统计周期内王某均在职，故地铁一公司应当按照劳动合同约定向王某给付2018年度奖励。王某的诉讼请求符合法律规定，予以支持。地铁一公司下发的《关于发放2018年度员工奖励的通知》虽经过职工代表大会审议，但因通知部分内容明显违反双方劳动合同约定，故对地铁一公司的答辩意见不予采信。

北京市东城区人民法院依照《中华人民共和国劳动合同法》第七十二条、第七十三条之规定，作出如下判决：

地铁一公司于判决生效后十日内，给付王某2018年度奖励工资25031元。

地铁一公司不服一审判决，提出上诉。北京市第二中级人民法院经审理认为：用人单位应当及时足额支付劳动报酬，不得随意克扣。本案中，地铁一公司与王某签订的《劳动合同书》约定王某的工资按照《地铁一公司工资管理制度》执行，而上述管理制度中已经明确将年度奖励纳入工资管理；同时，王某亦提交了银行流水证明其在职期间的年终奖金系作为工资发放，一审法院据此认定地铁一公司应按照《劳动合同书》的约定及此前惯例继续向王某支付2018年的年终奖，并无不当。王某在地铁一公司工作至2018年12月3日，地铁一公司主张适用其公司职工代表大会于2018年12月27日审议通过的《关于发放2018年度员工奖励的通知》来考核王某是否符合发放年终奖金明显有欠妥当，一审法院对其公司该项主张未予支持，正确合理。

北京市第二中级人民法院依照《中华人民共和国民事诉讼法》第一百七十条第一款第一项之规定，作出如下判决：

驳回上诉，维持原判。

【法官后语】

公司是否应该向离职员工发放年终奖的问题一直困扰着部分法官，认识并不统一，本案具有一定典型性。对于年终奖的概念，法律并没有规定。但国家统计局《关于工资总额组成的规定》第四条规定："工资总额由下列六个部分组成：（一）计时工资；（二）计件工资；（三）奖金；（四）津贴和补贴；（五）加班加点工资；（六）特殊情况下支付的工资。"其中，奖金一项是指支付给职工的超额劳动报酬和增收节支的劳动报酬，包括生产奖等。对于生产奖的范围，根据国家统计局《〈关于工资总额组成的规定〉若干具体范围的解释》的规定，主要包括超产奖、质量奖、年终奖（劳动分红）等。由此可见，年终奖是奖金的一种，它是工资的一部分，属于劳动报酬的范围。《中华人民共和国劳动法》第四十七条规定，用人单位根据本单位的生产经营特点和经济效益，依法自主确定本单位的工资分配方式和工资水平。故是否发放年终奖及相关事项，属于用人单位自主经营权的范围，法律并没有强制要求用人单位发放年终奖。具体来说，用人单位有权根据本单位的经营状况、劳动者的工作岗位及绩效表现等综合因素，自主确定年终奖等各类奖金是否发放、发放的条件及发放标准。

根据上述规定，本案引出了离职员工是否能得到年终奖的几点思考：

第一，用人单位和劳动者是否就年终奖问题进行约定或者规章制度是否有此规定。一旦劳动合同约定了或规章制度规定了年终奖的发放条件和发放标准，用人单位应依约或根据规定予以发放。无正当理由，不得拒绝发放年终奖，也不得以事先未约定或规定的条件拒绝发放年终奖。年终奖是否发放应遵循"约定优先"原则，本案中地铁一分公司与王某签订的《劳动合同书》约定王某的工资按照《地铁一公司工资管理制度》执行，而上述管理制度中已经明确将年度奖励纳入工资管理，按照合同约定和发放惯例，公司应该向王某发放年终奖。

第二，若没有约定或规定，年终奖本身属于工资范畴，应遵循按劳分配、同工同酬原则。即便是公司对年终奖的发放享有自主经营权，对于“不在册”或者离职的员工，只要在这一年度中为单位付出了劳动，用人单位就应按照同工同酬的原则，根据员工的相应工作时间折算，发放年终奖金。

第三，如何正确理解公司的自主经营权。公司对于年终奖的发放标准有明确规定，若劳动者未达到公司规定的考核标准，公司有权不向劳动者发放年终奖。但离职员工仅因为不“在册”，许多公司便以自主经营权为由停止向离职员工发放年终奖，有违公允。故笔者认为，劳动者与公司对年终奖有约定的从其约定，没有约定的按照“同工同酬”的原则，应按照相应工作时间折算年终奖的发放标准。

编写人：北京市东城区人民法院　刘杰

130　网络配送行业加班的认定

——刘某诉配送公司劳动争议案

【案件基本信息】

1. 裁判书字号

北京市第二中级人民法院（2019）京02民终1828号民事判决书

2. 案由：劳动争议纠纷

3. 当事人

原告（反诉被告、上诉人）：刘某

被告（反诉原告、被上诉人）：配送公司

【基本案情】

刘某于2017年2月8日到配送公司工作，工作地点为西城区西直门站点。同日，原告与配送公司签订了期限至2020年2月7日的劳动合同，在第二条工作地点与工作内容中约定刘某的岗位为服务人员/配送员。在第三条工作时间与休息休假中约定：配送公司因工作需要安排刘某加班加点的，刘某应服从统一安排；配送公司按规定支付加班加点的报酬，以保证刘某的合法权益；刘某加班工资计算基数为合同履行地的最低工资，刘某加班需填写加班申请单并获得批准，否则视为刘某同意配送公司不支付加班费；若因刘某个人原因需超时完成工作任务，不能算作加班。第四条劳动报酬约定双方协商月基本工资1890元，其他各项补贴、加班费、服务提成等根据实际工作情况支付。配送公司保证刘某工资不低于其劳动所在地的最低工资标准。2018年4月8日，配送公司向原告发出解除劳动合同通知书，通知刘某双方之间的劳动合同于该日解除。

刘某的工资构成包括基本工资、其他奖励、高温补贴、加班费、单量提成、假日三薪，奖励部分每月数额不等。加班费数额不等，配送公司主张该部分加班费为双休日跑单的提成加补贴，假日三薪为法定节假日向骑手发放的提成和补贴。

关于加班情况，刘某提交了公证书，刘某通过手机登录 App 软件，登录后，显示刘某的身份为配送公司西直门站员工。在相应的界面，显示有当月应出勤天数、已出勤天数、请假天数、未出勤天数，同时，在界面下方显示有效出勤时长。刘某依此自行制作加班统计表，根据界面上显示的有效出勤时长、出勤天数主张延时加班工资、双休日加班工资及考勤表记载的法定节假日出勤天数主张法定节假日 11 天加班工资。刘某认可在线时长不等于工作时长，在线时间可以自行控制。同时刘某主张每月超过 28 天的出勤天数是其自愿加班。

【案件焦点】

1. App 上显示的在线时间是否等同于实际工作时间；2. 特殊行业如配送行业加班费的考量因素；3. 法定节假日加班的特殊性。

【法院裁判要旨】

北京市西城区人民法院经审理认为：关于刘某主张配送公司支付延时加班费及双休日加班费的请求，其所依据的是本人统计的在线时长，但是在线时长不等于工作时长，刘某所提交的证据只能证明其本人登录 App 的在线时间，而无法证明其真正的工作时间，刘某以此累加主张加班费依据不足。同时，刘某对其岗位的特殊性和工作时间的特殊性是明知的，配送员的工作时间包括外出送餐时间和待命时间，其提供的服务为餐饮产品的配送，特殊的岗位性质决定无法按照标准工作时间安排工作，其工作时间也不限于工作日，其外出送餐按照订单数量享受相应的提成，并呈阶梯式增长，送单提成是其收入的绝大部分构成。在刘某不进行外送待命的情况下，其仍然享有保底工资，其多付出的劳动通过提成的形式予以体现。对刘某要求被告配送公司支付延时加班费及双休日加班费的请求不予支持。关于法定节假日加班工资，双方均认可仲裁裁决，予以确认。

北京市西城区人民法院依据《中华人民共和国劳动法》第三十九条、《企业职工带薪年休假实施办法》第三条之规定，判决如下：

一、配送公司支付刘某 2017 年 2 月 9 日至 2018 年 3 月 31 日期间法定节假日加班工资差额 2228.71 元；

二、驳回刘某的其他诉讼请求。

二审法院同意一审法院裁判意见。

【法官后语】

该案例代表了以网络主播、网约车司机、外卖骑手等为代表的非典型性行业的用工模式产生的新问题。在单位集中就业的传统标准劳动关系之外，各种形式的非标准劳动关系不断涌现，为劳动关系的法律调整提出了诸多新兴课题。[①] 非典型行业依托“网联网+”时代背景，灵活就业、灵活用工，给生活带来便利、给人民增加就业机会的同时，也给现行的用工方式、用工问题及法律规定提出了新的挑战，为劳动关系的界定和法律调整开放了空间。

劳动者的休息是恢复和增强劳动力的必要时间，也是人的生存需要，劳动者休息权的发展代表着一个国家劳动者享有基本权利的深度和广度，各个国家通过制定相关法律来保护劳动者，使劳动者充分享有休息权。我国将工时制与休假制相互配合，通过对标准工

① 谢增毅：《我国劳动关系法律调整模式的转变》，载《中国社会科学》2017 年第 2 期。

作时间、特殊工作时间及周休日、法定节假日等规定，为劳动者休息权的实现提供了法律保障。工作时间和休息时间构成了劳动者的所有时间，工作时间是指雇员在雇主的指令下，将自己的劳动力与雇主的生产资料进行有机结合，在实现劳动创造中消耗的具有一定拘束力的时间。[①] 工作时间一般具有“支配性”“关联性”“目的性”三个基本特征，其中的“支配性”主要体现雇主对雇员工作时间的支配程度；“关联性”强调从事与本职工作相关的业务；“目的性”以体现雇员的利益或是雇主的利益为出发点。

1. 配送行业加班费的考量因素

上文提到工作时间的三个基本特征——“支配性”“关联性”“目的性”——在安排加班的问题上，同样应当予以考虑。配送行业的“关联性”特点必然具备，只是在“约束性”和“目的性”方面有所弱化，具体从以下几方面进行考量。

（1）配送行业工作时间的确定。工作时间是劳动者为履行劳动义务而消耗的时间和劳动报酬的计发依据，但工作时间并不完全等同于实际劳动时间。现阶段，用人单位对送餐员的考勤管理较为松散，大多按照上线时间与下线时间是否间隔八小时来确定，即从配送员登录 App 的接单时间与其退出 App 的截单时间是否满足八小时判断，在八小时内平台自动派单劳动者不可拒绝，满足八小时即可领到保底工资，配送员可退出系统。但是由于就餐时间较为固定，八小时强制在线的时间也存在等待接单的空档期和实际工作的高峰期，行业的特殊性决定了无法真正计算出配送员的实际工作时间。

（2）配送行业劳动报酬的构成及计薪方式。配送员的工资构成

---

① 常凯：《劳动法》，高等教育出版社 2011 年版，第 385 页。

大多包括基本工资、补贴、服务提成几部分，基本工资即完成八小时在线即可取得的工资，一般为当地最低工资。配送员的主要收入构成是提单工资，送单量、每单价格、距离远近、天气情况都与提单工资相挂钩，在刘某待命不进行外送的情况下，其仍然享有保底工资，其多付出的劳动通过提成的形式予以体现。且晚间、双休日及法定节假日的订单计提价均高于平时，高于平时提单标准的收入也体现了对其额外工作量的补偿。

（3）配送员对于该行业工作时间、工作模式的知晓和接受程度。入职时用人单位预先明确告知配送员工时的特殊性以及由此带来的工作时间与正常行业之间的区别，首先配送员决定是否理解和接受该种特殊性，其次配送员会考虑在特殊的行业和计薪模式下如何实现自己收入的最大化，如何既考虑收入的提高又能保证自己的休息权，其自身有知晓、考虑、接受、决定、实施的过程。比如，本案的配送行业从业人员自述明确知晓提成收入是其收入的大部分构成，实行多劳多得。用人单位的告知和劳动者的接受视为对特殊工作时间和工作模式的同意。

（4）配送行业加班是否属于用人单位的生产经营需要，配送员对于工作时间是否有自主权。这是核心的判断因素。在传统的工作模式下，启动加班是用人单位的生产经营需要，与个人的发展需求等无关；决定是否加班也大多是用人单位的单方决定权，即使劳动者不情不愿，最终也会选择服从，用人单位没有给劳动者自主选择权；加班的时间、方式、地点也是由用人单位根据工作任务等进行确定，也没有赋予劳动者自主选择的空间。可以说，在传统模式下，加班的决定权和主导权都在于用人单位，劳动者本人的自主选择权几乎没有。但是，配送行业并非如此，劳动者的自主选择权体现得非常明显，用人单位对工作时间的“支配权”弱化。选择权体现在以下几个方面：第一，配送员八小时在线时间之外的工作选择权，即对于已经完成规定任务之后用人单位再额外增加工作量的选择权。八小时之外的工作时间取决于个人意愿和个人安排，用人单位对于其满足基本时间外的工作时间和工作量没有额外要求。第二，对于自己劳动报酬多少的判断和选择权，劳动者的个人需求与个人意愿起主要作用，多出于自发需要和经济利益的需求，与用人单位强行要求劳动者加班具有明显的不同，在此，工作时间“目的性”这一特征再次弱化，配送员在八小时之外仍选择不退出平台继续工作，是为了多完成工作量，进而取得相应的劳动报酬，而不是在已经完成规定任务之后用人单位再额外增加工作量。第三，对于如何实现自己休息权的选择权，从配送员自己登录的手机操作页面来看，在页面下方明确备注如需休息需要提前一周进行申请操作，是否选择休息、休息的天数很大程度掌握在劳动者手中。

2. 法定节假日加班的特殊性

法定节假日是“根据各国、各民族的风俗习惯或纪念要求，由国家法律统一规定用来庆祝及度假的休息时间的制度”①。我国法定节假日主要分为传统节日、政治性节日和特定身份和行业的纪念日。根据公民是否享有休息权，又分为全体公民均享有休息权的法定节假日、部分公民享有休息权的法定节假日及公民不享有休息权的法定节假日。

人在提供社会必要劳动时间之后，休息休假可以在较为自由的状态下享受丰富的文化生活，我国一些传统节日本身就是传统文化

---

① 夏征农：《大辞海·法学卷》，上海辞书出版社2003年版，第144页。

的重要载体，它通过周期复现的形式，强化着中华民族的文化认同意识，重视亲情的培育与表达，表达着我国人民的情感与信仰。法定节假日休息不仅保障劳动者的休息权，一定意义上也是经济价值与社会价值、文化价值与社会价值的博弈。法定节假日绝不仅仅承载了假日的功能，它还承载了一定的政治功能和文化功能，尤其是传统节日更寄托着一定的精神价值。也正是基于此，法定节假日加班费的标准高于延时加班和双休日加班。

试想，在万家团圆的节日，无论加班是否出于其自愿，配送员奔波在送餐路上，其内心不可能毫无波澜，这是国人情感寄托使然，也是法定节假日承载的特殊意义所在。因此，对于配送行业的法定节假日加班费问题，笔者倾向于由用人单位支付，当然，对于在法定假日额外发放的补助、高于平时和双休日的单量提成等应在计算时酌情进行考虑。

编写人：北京市西城区人民法院　李曦

131　医疗期满继续病休劳动者的工资应予以支付

——王某诉财务公司劳动争议案

【案件基本信息】

1. 裁判书字号

北京市第三中级人民法院（2019）京03民终16834号民事判决书

2. 案由：劳动争议纠纷

3. 当事人

原告（被上诉人）：王某

被告（上诉人）：财务公司

【基本案情】

王某于2016年10月11日入职财务公司，工作岗位为会计，双方签订期限为2016年10月11日至2018年10月10日的劳动合同，约定试用期为2个月，试用期月工资标准为4800元，转正后月工资标准为6000元。

王某正常工作至2016年12月26日，后请休病假。2017年2月14日至2017年2月28日期间，王某住院，进行左额顶开颅肿瘤切除手术、人工硬膜修补术，出院诊断为颅内占位性病变星形细胞瘤等，出院建议全休3个月。财务公司向王某发放工资至2017年3月29日。

2017年6月2日，财务公司曾以王某自2016年12月26日起再未到岗为由解除与王某的劳动合同。双方因此产生纠纷，王某提出继续履行劳动合同的仲裁申请，北京市海淀区劳动人事争议仲裁委员会作出裁决，认为王某自2016年12月27日起请休病假，财务公司予以批准并依据王某的工作年限向其支付了医疗期工资，现财务公司未举证证明其公司曾安排王某返岗工作，亦未举证证明王某不能从事原工作，其公司曾给其另行安排过工作，王某亦对财务公司的解除理由不予认可，其应承担举证不能的不利后果，故财务公司对王某解除劳动合同的行为存在不妥，遂裁决撤销财务公司的解除劳动合同决定，双方继续履行劳动合同。该裁决书已经发生法律效力。

后王某称财务公司于2017年3月22日进行单方面社保减员，要求财务公司支付2017年3月30至2017年9月21日期间的工资，财务公司以王某医疗期已于2017年3月27日结束，而后其未经许可继续休病假却未到岗上班为由，不同意支付该期间的工资。王某就双方争议向北京市朝阳区劳动人事争议仲裁委员会提出仲裁申请。该仲裁委员会裁决驳回王某的仲裁请求。王某不服，诉至法院。

【案件焦点】

根据法律规定确定的医疗期满后，用人单位是否应向继续病休的劳动者支付工资报酬。

【法院裁判要旨】

北京市朝阳区人民法院经审理认为：王某于2010年参加工作，于2016年10月11日入职财务公司，至其开始病休即2016年12月27日时，其在财务公司工作年限不足1年，依照《企业职工患病或非因工负伤医疗期规定》第三条之规定，王某的医疗期应为3个月。

本案中，王某的医疗期截至2017年3月26日，但财务公司在其医疗期满时依法解除劳动合同，而其此后于同年6月所作解除劳动合同决定亦被生效裁决确认违法，进而被撤销。故双方的劳动关系仍然存续。王某提交的《出院诊断证明书》载明其自2017年2月28日出院后全休3个月，故其仍有权享受该期间病假工资待遇，对于王某主张的2017年3月30日至同年5月31日的病假工资予以支持。王某未就其于2017年6月1日后应继续病休举证，对于其主张的此后的病假工资不予支持。

北京市朝阳区人民法院依照《中华人民共和国劳动合同法》第三十条、《最高人民法院关于适用〈中华人民共和国民事诉讼法〉的解释》第九十条，参照《企业职工患病或非因工负伤医疗期规定》第三条之规定，判决如下：

一、财务公司于本判决生效后七日内支付王某 2017 年 3 月 30 日至 2017 年 5 月 31 日期间的病假工资 3163.03 元；

二、驳回王某的其他诉讼请求。

二审法院同意一审法院裁判意见。

【法官后语】

在劳动争议裁审实践中，涉医疗期的纠纷越发常见。医疗期纠纷往往牵涉许多具体或特殊的情形，司法处理颇为棘手。本案涉及的是劳动者医疗期满后的待遇问题，具体可从以下三个方面进行探讨。

1. 关于医疗期的性质问题

《企业职工患病或非因工负伤医疗期规定》第二条规定，医疗期是指企业职工因患病或非因工负伤停止工作治病休息不得解除劳动合同的时限。因此，医疗期在性质上属于解雇保护期限。设置医疗期的目的之一即在于保护劳动者在患病或非因工负伤情形下享受治疗的权利。医疗期并不是劳动者享受病假的最长期间。

2. 关于医疗期满后的处置问题

从用人单位的权益视角看，医疗期设置的另一目的在于保障用人单位的合法用工权利。在劳动者医疗期满后，其劳动关系及相关待遇如何处置是医疗期制度的关键。综合《中华人民共和国劳动合同法》第四十条第一项，《企业职工患病或非因工负伤医疗期规定》

第六条、第七条，《劳动部关于贯彻〈企业职工患病或非因工负伤医疗期规定〉的通知》第二条等规定，劳动者医疗期满后的处置分为如下几种情形：

(1) 若劳动者系患癌症、精神病、瘫痪等短时间内无法治愈的特殊疾病的，其在依法核算的医疗期满后不能返岗工作的，经企业和劳动主管部门批准，可以适当延长医疗期。

(2) 若劳动者在医疗期满后能从事原工作的，双方应继续履行劳动合同。

(3) 若劳动者在医疗期满后不能从事原工作的，用人单位应另行安排工作，若劳动者可以胜任的，双方继续履行劳动合同。

(4) 若劳动者在医疗期满后不能从事原工作，也不能从事用人单位另行安排的工作的，用人单位应安排进行劳动能力鉴定。被鉴定为一级至四级的，应当退出劳动岗位，解除劳动关系，办理因病或非因工负伤退休退职手续，享受相应的退休退职待遇；被鉴定为五级至十级的，用人单位可以解除劳动合同，并按规定支付经济补偿金和医疗补助费。

(5) 若劳动者患病或者非因工负伤，劳动合同因届期终止的，用人单位应当依法支付经济补偿金和医疗补助费。

3. 劳动者在医疗期满后继续享受病假工资待遇的法律要件

劳动者在医疗期满后无正当理由未能返岗工作，其自然无权享受劳动报酬或病假待遇。劳动者在医疗期满后继续享受病假工资待遇应符合两项要件：其一是劳动者在医疗期满后无法从事原工作或用人单位另行安排的工作，或经医疗机构出具证明确需继续病休；其二是双方劳动关系未解除或终止，包括用人单位未行使解除劳动合同的权利或违法解除劳动合同。当然，实践中确实存在劳动者以患病为由，拖延不返岗工作以及部分医疗机构未按规定开具病休证明的情况，故一方面应当严格要求劳动者对于其医疗期后仍需休病假的情况进行举证，另一方面应当根据其所患疾病病情、用人单位调岗情况、病假审批情况等综合进行判断。

编写人：北京市朝阳区人民法院　吴克孟　姜真

132　以报销形式兑现的补助是否属于工资

——张某诉科技公司劳动争议案

【案件基本信息】

1. 裁判书字号

北京市丰台区人民法院（2019）京 0106 民初 21333 号民事判决书

2. 案由：劳动争议纠纷

3. 当事人

原告：张某

被告：科技公司

【基本案情】

张某于 2010 年 7 月 1 日入职科技公司，任财务部会计，2010 年 12 月 30 日，其任职财务部经理。自 2014 年 1 月起其工资标准调整至 20000 元每月，工资构成包含基本工资、岗位工资、奖金、补助，占比分别为 30%、30%、30%、10%。张某主张科技公司拖欠其 2014 年 1 月 1 日至 2018 年 5 月 31 日的补助、基本工资、岗位工资，其以上述原因为由于 2018 年 6 月 1 日从科技公司离职。

现张某要求科技公司支付上述期间拖欠的补助、基本工资、岗位工资，共计 141603 元。

科技公司辩称，张某主张的拖欠工资中包含补助，双方约定自 2017 年 11 月起补助以报销形式兑现，每月支付 2000 元，本案前置仲裁的裁决结果中认定报销的补助不属于劳动报酬，不应当计入工资，这部分金额应当扣除，故张某主张 2017 年 11 月之后的补助是没有依据的。

本案经前置仲裁程序，由北京市丰台区劳动争议仲裁委员会作出裁决，认定双方已就劳动报酬中补助性质形成实质性变更，该项补助系以报销形式兑现，该项目不属于劳动报酬，遂驳回张某的该项仲裁请求。

张某主张科技公司应支付其 2014 年 1 月 1 日至 2018 年 5 月 31 日的补助、基本工资、岗位工资。张某就其上述主张提供个人工资变化说明、工资情况表、银行交易明细、工资表、仲裁开庭笔录等证据予以佐证。上述工资表显示张某每月基本工资为 6000 元、岗位工资为 6000 元、补助 2000 元，亦载明“截至 2018 年 5 月 31 日总共欠张某工资 141603 元”。上述银行交易明细中显示 2017 年 12 月 7 日转账记录中显示有 2000 元为“报销”。

科技公司对工资情况表的真实性持有异议，对其他证据的真实性均不持异议，对工资表中载明的拖欠工资 141603 元亦不持异议，其公司主张自 2017 年 11 月起补助系以报销形式结算，不属于劳动报酬，不应计入工资，应从 141603 元中扣除上述补助。

【案件焦点】

以报销形式兑现的补助是否属于工资。

【法院裁判要旨】

北京市丰台区人民法院经审理认为：关于拖欠工资，因双方均认可科技公司拖欠张某 2014 年 1 月 1 日至 2018 年 5 月 31 日工资 141603 元，对此法院不持异议。科技公司关于上述欠薪中应扣除 2017 年 1 月至 2018 年 5 月共 17 个月每月 2000 元补助的主张缺乏事实依据，不予采信。依据《中华人民共和国劳动法》第五十条“工资应当以货币形式按月支付给劳动者本人。不得克扣或者无故拖欠劳动者的工资”之规定，对于张某主张科技公司支付 2014 年 1 月 1 日至 2018 年 5 月 31 日期间拖欠工资 141603 元的诉讼请求，予以支持。

北京市丰台区人民法院依照《中华人民共和国民事诉讼法》第六十四条规定，判决如下：

一、张某自 2010 年 7 月 1 日起至 2018 年 5 月 31 日止与科技公司存在劳动关系；

二、科技公司于本判决生效之日起 7 日内支付张某 2014 年 1 月 1 日至 2018 年 5 月 31 日期间拖欠工资 141603 元；

三、驳回张某的其他诉讼请求。

判决后，双方当事人均未上诉，本判决现已生效。

【法官后语】

本案的处理重点主要在于双方约定以报销形式兑现的补助是否应计入拖欠工资。

1. 本案中的补助是否属于工资

关于劳动者工资的组成部分，国务院发布的《关于工资总额组成的规定》第四条规定：“工资总额由下列六个部分组成：（一）计时工资；（二）计件工资；（三）奖金；（四）津贴和补贴；（五）加班加点工资；（六）特殊情况下支付的工资。”此外，劳动者的以下劳动收入不属于工资范围：(1) 单位支付给劳动者个人的社会保险福利费用，如丧葬补助金、生活困难补助费、独生子女补助等；(2) 劳动保护方面的费用，如用人单位支付给劳动者的工作服、解毒剂、清凉饮料费用等；(3) 按规定未列入工资总额的各种劳动报酬及其他劳动收入，如根据国家规定发放的创造发明奖、国家星火奖、自然科学奖、科学技术进步奖、合理化建议和技术改进奖、中华技能大奖等，以及稿费、讲课费、翻译费等。综上，补助属于非工资范畴，并非工资六大组成部分之一。

然而，本案中张某不具有生活困难之类的情况，科技公司向张某支付的金额并非因职工生活困难而支付的费用，且该费用系以报销形式支取，金额固定为每月 2000 元，从庭审中双方证据判断此项金额的发放目的更多是弥补收入上的不足。补助与补贴之间的区别之一在于目的性不同，补助更多的是因职工生活困难而支付的费用，而补贴是为了保证职工工资水平不受物价上涨或变动影响而支付的费用。因此，本案中所谓的“补助”实际为补贴，应当属于工资组成范畴，应计入工资总额。

2. 报销款是否属于工资

《中华人民共和国劳动合同法实施条例》第二十七条规定：“劳动合同法第四十七条规定的经济补偿的月工资按照劳动者应得工资计算，包括计时工资或者计件工资以及奖金、津贴和补贴等货币性收入……”《劳动部关于贯彻执行〈中华人民共和国劳动法〉若干问题的意见》第五十三条规定：“劳动法中的‘工资’是指用人单位依据国家有关规定或劳动合同的约定，以货币形式直接支付给本单位劳动者的劳动报酬，一般包括计时工资、计件工资、奖金、津贴和补贴、延长工作时间的工资报酬以及特殊情况下支付的工资等……”由此可见，工资的定义是“劳动报酬”，是劳动者提供劳动所获得的直接收入，是由劳动者全额支配的净收入。如果有关补贴需要凭票报销，实际上列入了经营成本由企业承担，还有劳动者需要用于差旅的支出，因为劳动者本身并非实际支配该补贴，所以这种情形下不能视为劳动者的劳动报酬，不能认定为工资的组成部分。因此，报销款原则上不属于工资范畴，其是用人单位对劳动者因工发生的相关费用的一种补偿，通常为实报实销，数额不固定。一般情况下，如果用人单位能提供员工报销的票据，且票据金额与实际报销金额一致，报销发生时间不固定，报销款支付金额不固定，报销款不会被认定为工资。实践中，有些用人单位每月给员工一定额度的补助，但不是直接发放现金，而是要求员工提供票据报销。在工资发放过程中，应严格区分报销款和工资。

3. 以报销形式兑现的补助是否属于工资

然而，补贴的发放形式决定了其属性，有些用人单位每月固定发放报销款，以票据报销形式支付劳动者补助的行为系其公司为了逃避税收等监管而刻意为之。这种情况下的固定报销款名为报销，实为工资。具体而言，如果双方约定了每月有固定的金额作为补贴工资发放，且每月均可以凭发票领取，则可以认定该报销款并不是真的凭票报销的款项，而是以报销款项名义支付的工资。

具体到本案中张某与科技公司之间明确约定其工资构成中包含补助，且双方约定的报销形式支付的补助金额是固定的，并非根据张某工作原因实际发生的款项实报实销。此外，科技公司与张某关于工资构成中包含补助及补助金额的比例在双方签订的合同中有详细约定，且该合同系制式合同，公司员工均签订有此种合同，也就是说本案争议焦点的补助在该公司内人人有份。同时，科技公司亦认可该项补助系用人单位对劳动者的福利。故参照《国家税务总局关于生活补助费范围确定问题的通知》第二条第二项规定，从福利费和工会经费中支付给本单位职工的人人有份的补贴、补助不属于免税的福利费范围，应当并入纳税人的工资、薪金收入计征个人所得税，因此科技公司以票据报销形式支付张某补助，该项补助性质实际应为工资，应将其列为劳动者的正常工资收入。

编写人：北京市丰台区人民法院　刘钟泽

133　员工离职原因不明的情况下用人单位是否支付补偿应区分具体情况进行认定

——运输公司诉杨某劳动争议案

【案件基本信息】

1. 裁判书字号

北京市第二中级人民法院（2019）京 02 民终 1784 号民事判决书

2. 案由：劳动争议纠纷

3. 当事人

原告（上诉人）：运输公司

被告（被上诉人）：杨某

【基本案情】

杨某为运输公司员工，岗位为司机，月平均工资 4000 元。杨某与运输公司的劳动合同于 2017 年 12 月 31 日到期。运输公司于

2017年12月1日向杨某发送终止（解除）续订劳动合同通知书。此后，双方对续订合同内容存在异议，未能签订合同。杨某的工资发放至2018年1月31日。双方均认可劳动关系已解除。

关于入职时间，杨某主张为2011年9月20日，但未能举证。双方均认可的外部应聘人员登记表、员工履历表、员工录用审批表、薪酬调查表、专业面试评价表显示杨某的入职时间为2011年10月30日。

关于劳动关系的解除时间及原因，运输公司主张双方在2018年1月一直协商续签事宜，杨某实际工作至2018年1月30日。杨某认可双方未能达成一致的续签意见，其本人在2018年1月30日之后仍正常出车，出车单均在运输公司保存，2018年3月7日被运输公司经理口头辞退。一审法院审理中曾向杨某释明如无法认定违法解除，是否同意变更诉讼请求为主张解除劳动合同经济补偿金，杨某表示同意。

关于工资，杨某主张其2016年3月7日至2018年3月7日期间存在延时加班工资、周六日加班工资及法定节假日加班，运输公司克扣其2017年10月1日至2018年1月31日期间工资，但未能提交证据，运输公司对此不予认可。杨某未就入职运输公司之前的工作年限举证。运输公司主张春节期间统一安排休年假，提交了2016年2月、2017年1月和2月考勤表。杨某不予认可。

【案件焦点】

1. 本案劳动关系解除时间的认定；2. 本案劳动关系解除原因的认定；3. 劳动者主张赔偿金，法院根据查明的事实能否改判经济补偿。

【法院裁判要旨】

北京市大兴区人民法院经审理认为：运输公司提交的终止（解除）续订劳动合同通知书不足以证明杨某离职时间为 2018 年 1 月 31 日，故采信杨某于 2018 年 3 月 7 日离职的主张，确认双方自 2011 年 10 月 30 日至 2018 年 3 月 7 日存在劳动关系。运输公司应当支付杨某 2018 年 2 月 1 日至 2018 年 2 月 28 日期间工资。

杨某主张运输公司无故违法辞退，未提交证据，运输公司虽不予认可，但亦未就离职原因举证，故法院比照协商一致解除劳动关系情形，判令运输公司支付解除劳动关系经济补偿金。

杨某就克扣工资及存在加班的情况未能举证，故对其主张工资差额和加班工资的诉讼请求不予支持。运输公司提交的考勤表不足以证明已安排杨某休带薪年休假，故应当支付杨某 2016 年 3 月 10 日至 2018 年 3 月 7 日期间未休年休假工资。杨某的工作岗位为司机，故其要求支付高温津贴，没有事实依据，不予支持。杨某未举证证明其与公司就冬季取暖补贴支付标准有约定，对其要求支付冬季取暖补贴的诉请，不予支持。

北京市大兴区人民法院依据《中华人民共和国劳动合同法》第七条、第三十条、第四十七条第一款、第三款，《职工带薪年休假条例》第三条、第五条之规定，判决如下：

一、确认杨某与运输公司自 2011 年 10 月 30 日至 2018 年 3 月 7 日期间存在劳动关系；

二、运输公司支付杨某解除劳动关系的经济补偿金 28000 元；

三、运输公司支付杨某 2018 年 2 月 1 日至 2018 年 2 月 28 日期间工资 4000 元；

四、运输公司支付杨某 2016 年 3 月 10 日至 2018 年 3 月 7 日期间未休年休假工资 3678.16 元；

五、驳回杨某的其他诉讼请求；

六、驳回运输公司的其他诉讼请求。

运输公司不服一审判决，提出上诉。北京市第二中级人民法院经审理认为：运输公司于劳动合同到期前向杨某发送终止（解除）续订劳动合同通知书，如杨某不同意续签劳动合同，运输公司应当在劳动合同到期之日终止双方劳动关系。但运输公司未与杨某终止劳动合同，杨某在 2017 年 12 月 31 日以后仍在该公司工作。运输公司主张杨某工作至 2018 年 1 月 30 日离职，但未能提交证据予以证明。杨某主张此后仍然正常工作至 2018 年 3 月 7 日，出车单均由运输公司保存。综合双方举证能力及举证情况，一审法院采信杨某的主张，认定其正常工作至 2018 年 3 月 7 日，确认杨某与运输公司在 2011 年 10 月 30 日至 2018 年 3 月 7 日期间存在劳动关系，并无不当。运输公司应当支付杨某 2018 年 2 月 1 日至 2018 年 2 月 28 日期间的工资。

杨某与运输公司就劳动关系解除原因均未能提交证据，同时，考虑到双方一直在协商续签事宜但未能达成一致的实际情况，一审法院比照协商一致解除劳动关系，判令运输公司支付杨某解除劳动关系经济补偿金，并无不当，予以维持。

运输公司上诉主张春节期间统一安排休年假，不同意支付未休年休假工资，但该公司提交的考勤表不足以证明已安排杨某休带薪年休假，亦未能提交证据证明已告知杨某超出法定节假日的休息天数为年假。一审法院判令运输公司支付 2016 年 3 月 10 日至 2018 年 3 月 7 日期间未休年休假工资，并无不当，予以维持。

北京市第二中级人民法院依照《中华人民共和国民事诉讼法》

第一百七十条第一款第一项之规定，判决：

驳回上诉，维持原判。

【法官后语】

劳动合同的解除存在用人单位提出解除、双方协商解除、劳动者自行离职等各种情形。对于用人单位来说，根据解除原因的不同，可能产生支付违法解除劳动合同赔偿金、支付解除劳动合同经济补偿金，以及无需支付任何款项三种后果。劳动合同解除原因的认定对于劳资双方影响甚大，法院应结合双方主张及举证尽可能查明劳动者离职的真实原因。

但在实践中，有部分案件无法查明劳动合同解除的真实原因。比如，本案劳动者杨某与用人单位运输公司均认可劳动合同已经解除，但对于解除原因则各执一词。劳动者主张被违法辞退，用人单位则主张劳动者自行离职，且双方均未能提交证据。此种情况下应该如何分配举证责任，从目前的法律规定看并没有具体的规范。

关于离职真伪不明的案件，多数情况下系因用人单位口头辞退，劳动者无法证明解除事实的发生及解除原因。考虑到劳动者在劳动关系中的弱势地位，客观上无法获得证据材料，基于劳动法的倾斜保护原则，采取折中方式，比照协商一致解除判令用人单位支付解除劳动关系经济补偿金，有利于实现公平，保护劳动者合法权益。因此对于离职原因难以查明的，司法实践中多比照双方协商一致解除劳动合同，判令用人单位支付解除劳动关系经济补偿金。

但需要注意的是不排除少数劳动者主动离开用人单位，转而立即申请仲裁主张用人单位违法解除。用人单位则基于劳动者提起仲裁的事实，认可双方劳动关系已解除。此种情况一律比照协商一致解除劳动关系，将会导致用人单位的合法权益受到侵害。

本案中，杨某主张违法解除劳动合同赔偿金，首先应适用“谁主张，谁举证”的基本原则，由杨某证明系用人单位解除劳动合同，在此基础上再根据《最高人民法院审理劳动争议案件适用法律问题的解释（一）》第四十四条的规定，由用人单位举证证明解除劳动合同的合法合理性。然后根据查明的情况，运输公司虽认可双方劳动关系已解除，但否认系公司作出解除行为，双方对劳动关系解除时间存在争议，杨某对于口头辞退的主张亦不能举证。考虑到双方一直在协商续签事宜但未能达成一致的实际情况，法院基于该事实推论双方均无劳动关系继续存续的本意，最终比照协商一致解除判令解除劳动关系经济补偿金。

但如果根据查明的事实，如劳动者存在严重违反规章制度的事实在先，或者此前已有辞职的主观意愿等，劳动者被公司辞退的主张不能做出合理解释说明的，应考虑是否存在劳动者在解除事实必然来临之前以提起仲裁的方式“先下手为强”的可能。以上情形则需要法院结合双方陈述的解除原因及时间，综合已查明的事实，根据日常经验法则作出合理的认定，以切实维护劳动者和用人单位的合法权益，不宜一律比照协商一致解除进行认定。

此外，违法解除劳动合同赔偿金与解除劳动关系经济补偿金均是基于劳动合同解除的事实支付给劳动者的补偿。如法院在审理中发现劳动者主张违法解除劳动合同赔偿金的诉请无法支持，可释明其是否同意变更为解除劳动关系经济补偿金，如劳动者同意变更，可直接予以处理。此种做法既维护了当事人的实体权利，又能节约司法资源，避免当事人诉累。

编写人：北京市第二中级人民法院　易晶晶

134 从事接触职业病危害工作的劳动者的法律保护

——吴某诉农牧科技公司经济补偿金案

【案件基本信息】

1. 裁判书字号

江苏省南京市中级人民法院（2018）苏01民终4457号民事判决书

2. 案由：经济补偿金纠纷

3. 当事人

原告（被上诉人）：吴某

被告（上诉人）：农牧科技公司

【基本案情】

2010年3月，吴某入职农牧科技公司从事兽医工作，双方签订了劳动合同，最后一期劳动合同期限为2014年11月1日至2017年10月31日。2017年10月31日，因双方劳动合同期限届满，农牧科技公司与吴某终止劳动关系，农牧科技公司给付吴某终止劳动合同的经济补偿金25360元。

吴某认为，农牧科技公司在其处于疑似职业病病人诊断医学观察期间内，以劳动合同到期为由解除劳动合同，不符合法律规定，故要求农牧科技公司支付违法解除劳动合同赔偿金。

【案件焦点】

农牧科技公司与吴某终止劳动合同是否符合法律规定。

【法院裁判要旨】

江苏省南京市六合区人民法院经审理认为：根据《中华人民共和国职业病防治法》的规定，对从事接触职业病危害的作业的劳动者，用人单位应当按照国务院安全生产监督管理部门、卫生行政部门的规定组织上岗前、在岗期间和离岗时的职业健康检查，并将检查结果书面告知劳动者。对未进行离岗前职业健康检查的劳动者不得解除或者终止与其订立的劳动合同。职业健康检查应当由取得《医疗机构执业许可证》的医疗卫生机构承担。《中华人民共和国劳动合同法》第四十五条规定，劳动合同期满，有本法第四十二条规定情形之一的，劳动合同应当续延至相应的情形消失时终止。《中华人民共和国劳动合同法》第四十二条第一项规定，从事接触职业病危害作业的劳动者未进行离岗前职业健康检查，或者疑似职业病病人在诊断或者医学观察期间的。劳动合同期满，劳动合同应当延至相应的情形消失时终止。本案中，吴某在农牧科技公司就职期间，从事的是接触职业病危害的兽医工作，农牧科技公司以劳动合同期满为由与吴某终止劳动合同前应为吴某安排离岗前的职业健康检查。农牧科技公司在劳动合同期满前安排原告在江苏省人民医院体检，该体检项目为常规体检，并非职业病的健康检查。况且吴某已于2017年5月向南京市职业病防治院申请职业病诊断，属于疑似职业病病人在诊断期间，2018年1月17日，吴某被诊断为职业病。综上，农牧科技公司在此期间以劳动合同期满为由与吴某解除劳动合同违反法律规定，应向原告支付违法解除劳动合同赔偿金。

江苏省南京市六合区人民法院依照《中华人民共和国职业病防治法》第三十五条，《中华人民共和国劳动合同法》第四十二条、第四十五条、第四十八条、第八十七条，《中华人民共和国民事诉讼法》第一百四十二条之规定，作出如下判决：

一、自本判决书生效之日起十日内，农牧科技公司向吴某支付违法解除劳动合同赔偿金35840元；

二、驳回吴某的其他诉讼请求。

农牧科技公司不服一审判决，提起上诉。江苏省南京市中级人民法院经审理认为：本案的争议焦点为农牧科技公司与吴某终止劳动合同是否合法。

本案中，农牧科技公司主张吴某2017年4月即在江苏省人民医院确诊为布鲁氏菌病，但因江苏省人民医院不属于经卫生行政部门批准的职业病诊断机构，该医院也并未对吴某是否属于职业病病人作出诊断，故对农牧科技公司的该项主张不予采信。吴某在一审时提交了南京市职业病防治院出具的2018年1月4日职业病诊断延期通知书及2018年1月17日职业病诊断证明书，能够证明南京市职业病防治院于2017年5月3日接受吴某的职业病诊断申请，在农牧科技公司于2017年10月31日与吴某终止劳动关系时，吴某作为疑似职业病病人仍处于诊断期间。农牧科技公司另主张其已安排吴某于2017年10月23日至江苏省人民医院进行离职前职业健康检查，但其一审提交的体检报告不能体现出该体检系职业健康检查，对其该项主张亦不予采信。根据《中华人民共和国劳动合同法》第四十二条第一项及第四十五条规定，从事接触职业病危害作业的劳动者未进行离岗前职业健康检查，或者疑似职业病病人在诊断或者医学观察期间的，劳动合同期满，劳动合同应当续延至相应的情形消失时终止。农牧科技公司于2017年10月31日与吴某终止劳动合同的行为，违反上述法律规定，应当依法向吴某支付违法终止劳动合同的赔偿金35840元。综上，农牧科技公司的上诉请求不能成立，应予驳回；一审判决认定事实清楚，适用法律正确。

江苏省南京市中级人民法院依照《中华人民共和国民事诉讼法》第一百七十条第一款第一项规定，判决如下：

驳回上诉，维持原判。

【法官后语】

《中华人民共和国职业病防治法》和《中华人民共和国劳动合同法》以强制性法律规范保护职业病劳动者的合法权益。第一，职业病诊断医疗卫生机构具有特定审批性。《中华人民共和国职业病防治法》第四十三条第一款规定，医疗卫生机构承担职业病诊断，应当经省、自治区、直辖市人民政府卫生行政部门批准。省、自治区、直辖市人民政府卫生行政部门应当向社会公布本行政区域内承担职业病诊断的医疗卫生机构的名单。第二，用人单位与职业病劳动者的解除劳动合同权受法律限制。《中华人民共和国劳动合同法》规定，从事接触职业病危害作业的劳动者未进行离岗前职业健康检查，或者疑似职业病病人在诊断或者医学观察期间的，劳动合同期满，劳动合同应当续延至相应的情形消失时终止。《中华人民共和国职业病防治法》也规定，未进行离岗前职业健康检查的劳动者，用人单位不得解除或者终止与劳动者订立的劳动合同。

本案中，吴某从事的是接触有职业病危害的兽医工作，用人单位以劳动合同期满为由与吴某终止劳动合同前，须为吴某进行离岗前职业健康检查，且职业健康检查应当由省级以上人民政府卫生行政部门批准的医疗卫生机构进行。非经审批获准的医疗卫生机构，无权进行职业健康检查及职业病的诊断，非具有职业病诊断资质医疗卫生机构作出的职业病诊断不具有合法性，也无法享受国家规定的职业病待遇。且农牧科技公司与吴某终止劳动合同时间处于吴某申请职业病鉴定的诊断期，不符合法律规定。故法院判决农牧科技公司解除劳动合同违法，应向吴某支付解除劳动合同的赔偿金。

本案有利于促进用人单位建立健全从事接触职业病危害劳动者的工作保护机制，为劳动者创造符合国家职业卫生标准和卫生要求的工作环境和条件，保障劳动者获得职业卫生保护，从源头上预防、控制和消除职业病危害。

编写人：江苏省南京市六合区人民法院　赵红肖

135　工伤职工提前恢复工作时劳动报酬的认定

——沈某诉商用车公司劳动争议案

【案件基本信息】

1. 裁判书字号

重庆市第一中级人民法院（2017）渝 01 民终 5807 号民事判决书

2. 案由：劳动争议纠纷

3. 当事人

原告（上诉人）：沈某

被告（被上诉人）：商用车公司

【基本案情】

2013 年 3 月 1 日，沈某与商用车公司签订书面劳动合同，约定沈某在商用车公司下属车间从事涂装喷漆工作。2016 年 3 月 1 日，沈某与商用车公司签订无固定期限劳动合同。2016 年 7 月 1 日起，商用车公司安排沈某在该公司多技能培训中心学习，并按照正常上班时间进行考勤。

2016 年 8 月 23 日，沈某被重庆市疾病预防控制中心诊断为职业性中度噪声聋。2016 年 10 月 26 日，沈某被认定为工伤。2017 年 1 月 12 日，沈某被重庆市两江新区劳动能力鉴定委员会鉴定为九级伤残，无护理依赖。2017 年 1 月 16 日，沈某向商用车公司提交解除劳动关系的申请书，主要载明：因车间关闭转入多技能培训中心学习，根据自身的实际情况，认为不适应公司安排的相关岗位，希望公司按照相关的法律法规给予经济补偿，并与公司协商解除劳动合同，望公司批准。2017 年 1 月 17 日，沈某与商用车公司签订《协商解除劳动合同协议书》，约定双方协商一致解除劳动合同（但未约定解除时间），后商用车公司依约支付了沈某经济补偿金 13386.52 元。从 2017 年 1 月 24 日起，沈某未到商用车公司多技能培训中心学习。2017 年 2 月 6 日，商用车公司通知沈某解除劳动关系，解除时间为 2017 年 2 月 6 日。当天，沈某正式从商用车公司离职。

2015 年 8 月至 2016 年 7 月，沈某每月工资分别为 3985.87 元、3744.33 元、3971.77 元、3806.37 元、3996.43 元、4022.62 元、4545.58 元、3857.9 元、4298.01 元、4121.26 元、4041.32 元、3968.70 元，另发放 2015 年第 13 个月工资 3147.50 元，共计 51507.66 元，平均每月工资 4292.31 元。从 2016 年 7 月沈某参加学习起，商用车公司每月向沈某发放的工资为 1375 元。

2017 年 2 月 13 日，沈某以商用车公司为被申请人向重庆市劳动人事争议仲裁委员会申请仲裁，请求裁决商用车公司支付 2016 年

8 月至 2017 年 1 月停工留薪期工资差额 19200 元等。后该委以商用车公司支付的工资标准不能低于合同履行地最低工资标准 1500 元/月为由，裁决商用车公司支付沈某 2016 年 8 月至 2017 年 1 月停工留薪期工资差额 1536.3 元等。沈某不服，向法院提起诉讼。

【案件焦点】

劳动者在停工留薪期间正常向用人单位提供劳动，但用人单位未按正常劳动报酬标准向劳动者支付劳动报酬的，劳动者能否要求用人单位补足。

【法院裁判要旨】

重庆市渝北区人民法院经审理认为：职工因工作遭受事故伤害或者患职业病需要暂停工作接受工伤治疗的，在停工留薪期内，原工资福利待遇不变，由所在单位按月支付。本案中，沈某虽然于 2016 年 8 月 23 日被诊断为职业性中度噪声聋，但沈某并没有暂停工作接受治疗。沈某没有享受停工留薪期，停工留薪期工资无从谈起，故沈某请求停工留薪期工资差额缺乏事实依据，不予支持。

重庆市渝北区人民法院依照《工伤保险条例》第三十三条之规定，判决如下：

驳回沈某的诉讼请求。

沈某不服一审判决，提起上诉。重庆市第一中级人民法院经审理认为：劳动者在发生工伤或者患职业病停止工作接受治疗时，依法享有正常工作时单位应当支付的各项待遇。本案中，沈某被诊断为职业性中度噪声聋，根据《重庆市工伤职工停工留薪期分类目录（试行）》的规定，沈某对应的停工留薪期为 6 个月。《重庆市工伤职工停工留薪期管理办法》第七条规定，工伤职工停工留薪期未满，但经工伤医疗服务协议机构证明工伤治愈的，停工留薪期终止。商用车公司没有举示工伤医疗服务协议机构出具的工伤治愈证明来证明沈某已工伤治愈，故不能以沈某未暂停工作为由认定沈某的工伤不需要治疗，并认定沈某不符合享受停工留薪期待遇的条件。沈某工伤后继续在商用车公司多技能培训中心学习期间，商用车公司按照正常的上班时间对沈某进行考勤，故该期间应视为沈某正常上班。在停工留薪期内，商用车公司每月向沈某支付的工资仅为 1375 元，不仅低于沈某正常劳动报酬标准，也低于合同履行地最低工资标准，即沈某上班比不上班所获待遇还低，与法律规定相抵触，也于理不符。对沈某主张的停工留薪期待遇差额，法院予以支持。一审判决以沈某没有暂停工作接受治疗，而是继续在商用车公司工作为由，不予支持沈某停工留薪期待遇不妥，法院予以纠正。

重庆市第一中级人民法院依照《工伤保险条例》第三十三条，《重庆市工伤职工停工留薪期管理办法》第三条、第七条，《中华人民共和国民事诉讼法》第一百七十条第一款第二项规定，判决如下：

一、撤销重庆市渝北区人民法院（2017）渝 0112 民初 6846 号民事判决；

二、商用车公司在本判决生效后十日内支付沈某停工留薪期工资差额 15081.25 元；

三、驳回沈某的其余诉讼请求。

【法官后语】

本案处理重点在于对停工留薪期的理解。《工伤保险条例》第三十三条第一款规定：“职工因工作遭受事故伤害或者患职业病需要暂停工作接受工伤医疗的，在停工留薪期内，原工资福利待遇不变，由所在单位按月支付。”该条款明确了停工留薪期的内涵，指职工因工负伤或者患职业病停止工作，接受治疗，继续享受原有待遇的期限。因此，停工留薪期是工伤职工依法享受的一项工伤保险待遇。停工留薪期既包括工伤职工在医院接受治疗的期间，也包括工伤职工在出院后休养恢复期间。

一般情况下，工伤职工治疗、康复的期间与停工留薪期目录或者劳动能力鉴定委员会确定的停工留薪期一致。司法实践中，由于工伤职工伤情的具体程度、个人体质、年龄、治疗状况等的差异，工伤职工在停工留薪期内可能会出现三种情况：第一种是停工留薪期满后，工伤职工尚未完全恢复，仍需进一步治疗；第二种是停工留薪期未满，但工伤职工经工伤医疗机构证明已经治愈；第三种是停工留薪期未满，工伤职工也未经工伤医疗机构证明已经治愈，工伤职工已经恢复工作。对于第一种情况，工伤职工可以依据《工伤保险条例》第三十三条第二款规定，经设区的市级劳动能力鉴定委员会确认后适当延长停工留薪期。对于第二种情况，各地的规定不完全一致，可按照当地具体规定来执行，如《重庆市工伤职工停工留薪期管理办法》第七条规定：“工伤职工停工留薪期未满，但经工伤医疗服务协议机构证明工伤治愈的，停工留薪期终止。”《北京市工伤职工停工留薪期管理办法》第七条规定：“工伤职工停工留薪期未满，但经工伤医疗机构证明工伤治愈的，经劳动能力鉴定后终止停工留薪期。”对于第三种情况，司法实践中工伤职工提前恢复工作的原因通常有以下几种：用人单位强行要求工伤职工恢复工作、工伤职工在不了解停工留薪期的情况下继续工作、工伤职工期望通过工作来增加额外收入以及工伤职工基于对工作的热爱主动在未治愈的情况下恢复工作等。工伤职工在停工留薪期间，本可以不参加工作而获得原有的工资待遇。现工伤职工提前恢复工作，不论基于何种原因，如果获得的工资待遇还要少于原有的工资待遇，即工作比不工作获得的工资待遇还低，于法、于情、于理都不符。因此，用人单位未按照正常劳动报酬标准向工伤职工支付劳动报酬的，工伤职工可以请求用人单位予以补足。

具体到本案中，一审、二审法院审理思路出现分歧，其主要原因即在于对停工留薪期的不同理解。一审法院认为沈某被诊断为职业病后未停止工作、接受治疗，故不存在停工留薪期，不应享受停工留薪期待遇。但二审法院认为沈某被诊断为职业病，依法享有停工留薪期，在商用车公司没有举证证明沈某停工留薪期内已工伤治愈的情况下，沈某提前上班所获得的劳动报酬低于合同履行地最低工资标准和正常劳动报酬标准，于法、于情、于理均不符，遂对一审判决予以改判。

编写人：重庆市第一中级人民法院　黄灵攀

136　公司管理人员能否因未订立书面劳动合同要求支付二倍工资

——蓝某诉纸品公司劳动争议案

【案件基本信息】

1. 裁判书字号

福建省厦门市中级人民法院（2018）闽 02 民终 4559 号民事判决书

2. 案由：劳动争议纠纷

3. 当事人

原告（被上诉人）：蓝某

被告（上诉人）：纸品公司

【基本案情】

蓝某于2017年7月6日入职纸品公司，任厂长职位。双方未签订书面劳动合同。纸品公司未为蓝某缴交社会保险。蓝某于2017年11月1日申请离职，于2018年1月16日办完离职手续，于2018年2月3日离开纸品公司。2018年3月28日，蓝某以纸品公司为被申请人向厦门市同安区劳动人事争议仲裁委员会提请仲裁，请求裁决纸品公司支付“1. 2017年8月至2018年2月未签订书面劳动合同的二倍工资41097元；2. 2017年8月至2018年2月平时加班费合计7120元和周末加班费11586元”。厦门市同安区劳动争议仲裁委员会经审理驳回申请人蓝某的全部仲裁请求。该裁决书送达后，蓝某对该裁决结果不服，于法定期限内向法院提起诉讼。庭审中，纸品公司辩称蓝某受聘于公司从事厂长管理岗位工作，负责全权管理工厂，包含员工人事方面等一切事务，其作为厂长故意规避签订劳动合同属于严重失职，蓝某必须自行承担责任。

【案件焦点】

1. 纸品公司是否需要因未与蓝某签订书面劳动合同而支付二倍工资；2. 工资是否包含加班费。

【法院裁判要旨】

福建省厦门市同安区人民法院经审理认为：1. 关于二倍工资差额。即使蓝某的职责包括签订劳动合同事项，也不能自行经手代表纸品公司与自己签订书面劳动合同，而应当由纸品公司的法定代表人或有权代理的人经手与蓝某签订书面劳动合同。故未签订书面劳动合同的责任在于纸品公司。根据《中华人民共和国劳动合同法》第八十二条第一款“用人单位自用工之日起超过一个月不满一年未与劳动者订立书面劳动合同的，应当向劳动者每月支付二倍的工资”之规定，纸品公司应向蓝某支付未签订书面劳动合同的二倍工资。因蓝某于 2017 年 7 月 6 日入职，故未签订书面劳动合同的二倍工资应从 2017 年 8 月 6 日起计算。纸品公司应向蓝某支付未签订书面劳动合同的二倍工资差额为 39927.38 元［（6194+1075）×26÷31+6484+6512.8+6090+6755+7989］。2. 关于加班费问题。被告举示了工资条，工资条显示工资中包含加班费，虽然原告对此不予确认，但原告自己举示的考勤表中计算工资公式显示“上班 24 天 6461.5 元（7000 元÷26×24）-个税 171.1 元-200 元=实付 6090 元”（11 月工资）、“上班 25.5 天 7000 元-个税 245 元=6755 元”（12 月工资），公式中印证双方约定的工资为 7000 元，也印证双方约定的工资为包薪制，即每月支付固定月薪，用人单位与劳动者约定的工资已经包含加班工资。所以原告主张加班费无事实和法律依据。

福建省厦门市同安区人民法院依照《中华人民共和国劳动合同法》第十条、第八十二条，《中华人民共和国民事诉讼法》第六十四条第一款之规定，判决如下：

一、纸品公司应于本判决生效之日起三日内支付蓝某未签订书面劳动合同二倍工资差额 39927.38 元；

二、驳回蓝某的其他诉讼请求。

纸品公司不服一审判决，上诉至福建省厦门市中级人民法院。福建省厦门市中级人民法院经审理认为：纸品公司主张蓝某的工作职责包含人事管理工作，应就其主张承担举证责任，但其未能举证证明蓝某的工作职责包含主管人事工作、签订劳动合同。所以纸品公司关于蓝某利用主管人事等职权故意不签订劳动合同的主张不予采信。另，纸品公司主张工资包含加班费，计算二倍工资时应予扣除。纸品公司应对此承担举证责任，但其举示的工资条上无蓝某签名，蓝某也不予认可，所以对工资条不予采信。纸品公司无法证明其发放工资包含加班费，故承担举证不利后果，一审法院认定双方约定工资包含加班费属于事实认定错误，应予以纠正。因此，纸品公司主张计算二倍工资时应扣除加班费缺乏事实和法律依据。综上所述，一审判决认定蓝某与纸品公司约定的工资已包含加班费，认定事实错误，予以纠正，但一审裁判结果正确。故对纸品公司的上述请求不予支持。

福建省厦门市中级人民法院依照《中华人民共和国民事诉讼法》第一百七十条第一款第一项、《最高人民法院关于适用〈中华人民共和国民事诉讼法〉的解释》第三百三十四条规定，判决如下：

驳回上诉，维持原判。

【法官后语】

关于公司管理人员能否因未订立书面劳动合同要求支付二倍工资，本案可以做一个拆分：一是公司管理人员是否属于劳动者，需不需要订立书面劳动合同；二是公司管理人员能否代替公司与自己订立书面劳动合同。

劳动合同法要求用人单位与劳动者之间必须订立书面劳动合同，

旨在完善劳动合同制度，保护处于弱势地位的劳动者的合法权益，构建和谐稳定的劳动关系。为了确保该规定的有效实施，《中华人民共和国劳动合同法》第八十二条第一款有“用人单位自用工之日起超过一个月不满一年未与劳动者订立书面劳动合同的，应当向劳动者每月支付二倍的工资”的惩罚性规定。正所谓“口说无凭”，订立书面劳动合同具有显著的现实意义：首先，有利于明确劳动关系双方权利、义务的内容和范围；其次，书面劳动合同是双方行使权利、履行义务的法律依据，有利于避免和减少劳动争议的发生，促进纠纷及时有效化解；最后，订立书面劳动合同有助于有关部门进行监督，对不当行为及时惩处，规范用工市场秩序。

公司的管理人员是否需要与公司签订书面劳动合同？在本案中，蓝某受聘于纸品公司从事厂长一职，假如其确实全权负责管理工厂，包括负责公司员工的人事方面和生产、销售等一切事务，那么其是否属于劳动法意义上处于“弱势地位”的劳动者？笔者认为，蓝某受公司相关制度的约束，为纸品公司工作，且并非公司法定代表人，只是其工作岗位较为特殊，但相较于纸品公司，蓝某仍是弱势的劳动者。而与劳动者签订书面劳动合同是法律的强制规定，蓝某入职后与纸品公司成立事实劳动关系，纸品公司依法应当与蓝某订立书面劳动合同。

若因劳动者过错导致未能签订劳动合同，最后不利后果由用人单位承担显然有违公平原则。蓝某作为管理人员，自己没有和公司签订劳动合同是否属于严重失职的行为？蓝某是否有权代替公司与自己订立书面劳动合同？笔者认为，即使蓝某的职责包括签订劳动合同事项，但其不能自行经手代表纸品公司与自己订立劳动合同。原因在于：首先，劳动合同具有特殊性，必须由双方当事人达成合意方能签订，若管理人员能够代替用人单位与自己订立劳动合同，则双方主体存在事实竞合，并不符合合同成立的一般要件。如果允许此种做法，身为劳动者的管理人员就能毫无顾忌地“坐地起价”，显然有违劳动合同法的立法目的。其次，管理人员与员工签订劳动合同本身基于用人单位对管理人员的授权委托，系职务代理行为，而代理公司与自己签订劳动合同这种“自己代理”属于滥用代理权的情形，亦是法律所规制的行为。根据《关于贯彻执行〈中华人民共和国劳动法〉若干问题的意见》第十一条的精神，蓝某应当与聘任他的上级部门或董事会签订劳动合同。综上，公司管理人员无权自己经手代表公司与自己签订劳动合同。所以蓝某未与纸品公司签订书面劳动合同过错在于纸品公司，在纸品公司无明确证据证明系蓝某拒绝签订书面劳动合同等过错的情况下，纸品公司不能以此拒绝支付二倍工资。

编写人：福建省厦门市同安区人民法院　林思婕

137 劳动者停职检查期间被降低工资数额是否构成“未及时足额支付劳动报酬”

——王某诉盐业公司劳动合同案

【案件基本信息】

1. 裁判书字号

江苏省无锡市中级人民法院（2018）苏02民终1931号民事判决书

2. 案由：劳动合同纠纷

3. 当事人

原告（上诉人）：王某

被告（被上诉人）：盐业公司

【基本案情】

2003年10月，王某入职盐业公司。2015年12月和2016年12月，盐业公司经过领导办公会研究通过，分别印发施行《基层单位经营者年薪制实施方案》，规定了经营者年薪的构成、分配管理和确定办法，还规定如果形成坏账造成公司损失的，酌情扣减绩效年薪的5%~100%。盐业公司按实施方案支付王某薪酬，但决定对2015年度和2016年度5%的绩效年薪暂缓发放。2016年9月，王某被调往案外某商贸公司工作，此时支付王某的工资制度发生变化，由原来的年薪制度变更为按月考核的效益工资。2016年11月，盐业公司向王某发出《通知》，主要内容为：据反映，王某曾在市场上做出不利于食盐市场稳定和企业利益的言行，经公司研究，对王某实施停职处理，配合调查，调查期间的工资按无锡市最低生活标准发放。自2016年12月起，盐业公司停发了王某的效益工资，仅按月支付王某基本工资和补贴。2017年2月13日，王某向盐业公司发出《律师函》，要求盐业公司在收到《律师函》之日起三日内撤销对王某的停职处理决定，为王某恢复工作并补发克扣的工资，否则将依据劳动合同法行使权利。2017年2月18日，王某向盐业公司发出《解除劳动合同的通知》，通知盐业公司解除劳动合同，并要求补发绩效年薪和效益工资、支付经济补偿并办理相关手续。2017年5月，王某经过仲裁前置程序，向法院提起诉讼，要求盐业公司支付经济补偿378102元，支付

2015 年度、2016 年 1 月至 8 月的绩效年薪，并支付 2016 年 12 月至 2017 年 2 月效益工资。盐业公司答辩认为，其因王某存在违纪行为而作出停职处理，但依据相关规定发放了岗位工资，并未剥夺王某的劳动权利和获得报酬的权利，王某提出支付经济补偿的请求并无法律依据，请求驳回王某的诉讼请求。

【案件焦点】

劳动者停职检查期间被降低工资数额是否构成《中华人民共和国劳动合同法》规定的“未及时足额支付劳动报酬”。

【法院裁判要旨】

江苏省无锡市梁溪区人民法院经审理认为：双方争议的盐业公司是否应支付经济补偿问题，关键看盐业公司的行为是否属于劳动合同法规定的未及时足额支付劳动报酬的情形。王某被停职后盐业公司实际按基本工资标准支付薪酬，现双方发生纠纷，应对盐业公司调整王某薪酬的合法性和合理性进行审查。由于盐业公司《基层单位经营者年薪制实施方案》确定的基层单位经营者薪资待遇较高，停职调查期间按基本工资标准调整薪酬后，王某的工资与之前相比差额较大，但是，王某停职接受调查期间不再履行原职务，按基本工资标准支付工资，既不违反法律的规定，也符合按劳取酬的原则；王某对停职调查的决定不服有正常的救济途径，盐业公司停职调查的期间也并未明显超出合理的范围，王某并不构成被迫解除劳动关系，故法院认定盐业公司的行为并不构成劳动合同法规定的未及时足额支付王某劳动报酬的情形，王某主张支付经济补偿的理由不能成立。

江苏省无锡市梁溪区人民法院依照《中华人民共和国劳动合同法》第三十条第一款，《江苏省工资支付条例》第十条、第三十四条之规定，判决如下：

一、盐业公司于本判决发生法律效力之日起十五日内支付王某2015年度5%绩效年薪5852.10元；

二、驳回王某其他诉讼请求。

王某不服，提起上诉。江苏省无锡市中级人民法院经审理认为：二审审理中，盐业公司提供的证据可以证明其对王某采取停职措施源于群众的反映，公司在作出停职措施前已经初步掌握了王某违反劳动纪律的事实，在调查过程中，公司亦向王某出示了有关证据，因此公司通知王某停职配合调查并不违法。王某在2017年2月13日发函催促公司恢复工作，在2月18日即发函解除劳动合同，王某未为公司预留必要的合理期间，在诉讼中王某亦未证明公司有故意拖延等滥用措施的行为。因此，王某应当自行对解除劳动合同的后果负责，对于其主张的经济补偿不予支持。

江苏省无锡市中级人民法院依照《中华人民共和国民事诉讼法》第一百七十条第一款第一项的规定，判决如下：

驳回上诉，维持原判。

【法官后语】

随着社会经济发展和反腐倡廉深入开展，劳动争议也出现一些新的特点。用人单位发现劳动者有违纪行为而按纪律处分程序处理时，双方如何在法律和政策规定的框架内保护自身的民事权益，既是当事人需要关注的新问题，也是人民法院审理劳动争议面临的新课题。本案审理中出现的争议，对我们处理此类问题有一定借鉴意义。

根据《中华人民共和国劳动合同法》第三十八条第一款第二项、第四十六条第一项的规定，用人单位未及时足额支付劳动报酬的，劳动者可以解除劳动合同，用人单位应当向劳动者支付经济补偿。本案中，盐业公司因王某的违纪行为，对王某实施停职调查处理，调查期间工资按无锡市最低生活标准发放。认定王某停职调查期间被降低工资数额是否构成《中华人民共和国劳动合同法》规定的“未及时足额支付劳动报酬”，关键看盐业公司行使停职权利行为的合法性，一审、二审法院从以下四个方面进行了综合审查。第一，审查确定盐业公司有关纪律处理的文件规定。第二，审查确定盐业公司掌握王某违纪行为的证据，二审法院认定盐业公司在作出停职措施前已经初步掌握了王某违反劳动纪律的事实，并在调查过程中向王某出示了有关证据。第三，审查确定降低报酬并未违反法律规定，盐业公司降低后的工资金额达到无锡市的最低工资水平，并未构成违法。第四，审查确定盐业公司行使停职调查权并未超出合理限度。一是停职调查的期间还在合理范围之内，二是王某对停职调查决定不服有相应的救济途径，其发函催促单位恢复工作，五天之后即发函解除劳动合同，并不构成单位滥用职权导致劳动者权益受到侵犯而被迫解除劳动合同。

从本案中对盐业公司行为的合法性审查分析，可以得出处理类似纠纷的参考性意见，即用人单位对劳动者违纪行为进行停职处理时发生劳动者提出解除劳动关系的争议，认定劳动者停职期间被降低劳动报酬是否构成《中华人民共和国劳动合同法》规定的“未及时足额支付劳动报酬”，关键在于审查劳动者被降低劳动报酬是否具备合法性和合理性，如果降低劳动报酬不合法不合理，即构成《中华人民共和国劳动合同法》规定的“未及时足额支付劳动报酬”的情形，劳动者支付经济补偿的理由成立，支付经济补偿的请求应予支持；如果降低劳动报酬具有合法性和合理性，则不构成《中华人民共和国劳动合同法》规定的“未及时足额支付劳动报酬”，对劳动者支付经济补偿的请求不予支持。合法性和合理性审查标准如下：（1）用人单位的停职处理有无相关的制度依据（规章制度）；（2）违纪行为有无证据证明；（3）降低的劳动报酬是否低于法律规定的最低工资标准；（4）行使停职权利是否超过合理的限度。

编写人：江苏省无锡市梁溪区人民法院　钱荣根

138　企业因政策性原因外迁致使劳动合同无法履行时如何支付经济补偿

——车架公司诉赵某劳动争议案

【案件基本信息】

1. 裁判书字号

北京市第二中级人民法院（2018）京 02 民终 7470 号民事判决书

2. 案由：劳动争议纠纷

3. 当事人

原告（上诉人）：车架公司

被告（被上诉人）：赵某

【基本案情】

赵某于2010年4月19日入职车架公司，任生产部员工，双方签订了劳动合同。车架公司与赵某未明确约定工资标准。车架公司与赵某约定的工作地点为北京经济技术开发区，赵某的实际工作地点位于北京市通州区。

2017年7月27日，北京市通州区某镇人民政府发布通知，决定从2017年8月至2017年10月在全镇范围内开展安全生产大检查，深化重点行业领域专项整治。2017年9月1日，车架公司按照上述专项整治要求将生产部搬迁至河北省霸州市胜芳镇，并向包括赵某在内的生产部员工发布生产部搬迁通知，通知内容为：公司应政府检查部门要求自8月25日起全部停产，为确保维持正常的生产经营活动，公司经研究决定自2017年9月1日起将生产部迁至河北省霸州市胜芳镇，生产部员工自2017年9月5日起至该地点上班，原有管理模式及薪资福利保持不变；若有未按规定时间到岗者，视同员工自行提出离职，不给予任何补偿；为了将对员工的生活和工作带来的不利影响降到最低，迁至霸州市胜芳镇后，公司免费为需要住宿的人员提供集体宿舍。赵某接到通知后，未按上述搬迁通知的要求到新地点上班。车架公司与赵某均认可双方之间的劳动合同于2017年9月8日解除。车架公司认为赵某未按规定时间到新地点工作视为自动离职，不同意支付经济补偿。

2017年9月11日，赵某向北京市通州区劳动人事争议仲裁委员会申请劳动仲裁，要求确认与车架公司2010年4月19日至2017年9月8日存在劳动关系，并要求车架公司支付解除劳动合同经济补偿金48000元、解除劳动合同代通知金6000元、未休年休假工资8276元。北京市通州区劳动人事争议仲裁委员会于2018年1月5日作出裁决：确认赵某与车架公司2010年4月19日至2017年9月5日存在劳动关系，车架公司向赵某支付解除劳动合同经济补偿金45000元、代通知金6000元、未休年休假工资3310元，驳回赵某的其他仲裁请求。车架公司同意上述裁决书中的第一项裁决，不同意其他项裁决，于法定期限内提起诉讼。

【案件焦点】

1. 车架公司将赵某未到新地点工作直接视为自动离职不予补偿是否构成违法解除劳动关系；2. 赵某主张的解除劳动合同经济补偿金及代通知金是否应当得到支持。

【法院裁判要旨】

北京市大兴区人民法院经审理认为：车架公司的生产部于2017年9月1日搬迁至河北省霸州市，该公司于同日向生产部员工发出搬迁通知，要求员工从2017年9月5日起到位于河北省霸州市的新工作地点上班，并提出为员工提供免费宿舍。但即便如此，新旧工作地点之间的距离亦超过社会通常认知的可预见的合理范围，劳动合同继续履行对赵某显失公平，结合车架公司生产部搬迁的政策背景，足以认定双方劳动合同订立时所依据的客观情况已经发生重大变化。因车架公司不能提供证据证明其公司曾就上述事项与劳动者进行过协商，结合车架公司发出的搬迁通知中关于未按规定时间到岗者视同自行离职的表述，可以认定车架公司在发出搬迁通知时已经对不到新工作地点上班的员工做出了解除劳动合同的意思表示。

车架公司与赵某解除劳动合同的行为明显不当，赵某关于车架公司应向其支付解除劳动合同经济补偿金及解除劳动合同代通知金的主张并无不合理之处，法院予以支持。

北京市大兴区人民法院依照《中华人民共和国劳动合同法》第四十条第三项、《职工带薪年休假条例》第五条第三款之规定，判决如下：

一、车架公司与赵某在2010年4月19日至2017年9月5日存在劳动关系；

二、车架公司于判决生效之日起十日内向赵某支付解除劳动合同经济补偿金31111.28元；

三、车架公司于判决生效之日起十日内向赵某支付解除劳动合同代通知金4148.17元；

四、车架公司无需向赵某支付未休年休假工资3310.34元；

五、驳回车架公司的其他诉讼请求。

车架公司不服，提起上诉。北京市第二中级人民法院经审理认为：车架公司因政策及政府行政管理原因，将其公司生产部自北京市通州区迁往河北省霸州市，考虑到上述两地之间的客观距离，此次搬迁导致的工作地点变更势必对劳动者的工作及个人生活造成重大影响，据此可以视为双方劳动合同订立时所依据的客观情况已经发生重大变化。《中华人民共和国劳动合同法》第四十条第三项对劳动合同订立时所依据的客观情况发生重大变化致使劳动合同无法履行的情形作出了明确规定。车架公司本应依照前述法律规定与劳动者协商，经双方协商未能就变更劳动合同达成协议的，方可提前三十日以书面形式通知劳动者本人或者额外支付劳动者一个月工资后解除劳动合同。但车架公司并未依照上述法律规定履行法定程序，而是径直向劳动者发出短期内不到新工作地点上班即视为自行离职且不予补偿的通知，该公司的上述作为已经足以构成解除劳动合同的不当行为，应当就此承担不利后果。现双方均认可劳动关系已经解除，而劳动者仅就解除劳动合同补偿金及代通知金提出诉讼请求，请求的数额并未超过车架公司就其不当行为应承担的赔偿责任范围，一审法院予以支持，并无不当。

北京市第二中级人民法院依照《中华人民共和国民事诉讼法》第一百七十条第一款第一项规定，判决如下：

驳回上诉，维持原判。

【法官后语】

近年来，因用人单位迁址导致工作地点改变，而劳动者无法到新地点工作，致使原有劳动合同无法继续履行，用人单位与劳动者就此产生争议的案件数量有所增长。其中，劳动合同解除后，究竟该支付赔偿金还是补偿金的问题经常成为用人单位与劳动者双方争议的核心。应当说，用人单位遇有政策原因导致的搬迁或外迁，致使劳动合同无法继续履行的情况，可以认定为劳动合同订立时所依据的客观情况发生重大变化的情形。而发生这种客观情况时，用人单位应当如何处理，劳动者应当如何维权，都是需要并且可以通过具体案件的处理指明方向的。事实上，劳动合同法第四十条第三项已经对劳动合同订立时所依据的客观情况发生重大变化致使劳动合同无法履行的情况如何处理作出了明确规定，并且上述规定是同时包含实体和程序要求的完整规定。但是，现实中劳动关系的履行状态经常呈现多样、复杂的特点，而部分用人单位的管理不规范和劳动者依法维权意识的不足，导致此类案件的处理结果经常带有敏感性和复杂性的双重特征。对于此类案件的处理，应当从以下三个方面进行考察。

一是用人单位是否严格按照法律规定处理外迁导致劳动合同履行不能时的经济补偿问题。劳动合同法第四十条第三项对劳动合同订立时所依据的客观情况发生重大变化致使劳动合同无法履行时，用人单位应当如何处理的规定是明确的，即应先履行与劳动者协商变更劳动合同的程序，协商无法达成一致后，方可以提前通知劳动者本人或者以支付代通知金的形式行使单方解除劳动合同的权利，并且解除时还应按照劳动合同法第四十六条第三项的规定支付经济补偿。用人单位未按照上述规定履行实体义务，或者没有按照法定程序去处理，比如既不协商也不支付补偿，直接通知劳动者到新地点工作并将不到岗者一律按照自动离职处理的，不但可能要被判决支付经济补偿，严重的还有可能构成违法解除劳动合同，在劳动者提出相关维权主张的情况下，被判决支付违法解除劳动合同赔偿金。

二是劳动者是否存在过度维权情形。劳动争议案件的审理首先应当关注劳动合同本身。遇到用人单位外迁，劳动者也可能主动提出解除劳动合同。但现实中有的劳动合同双方事先已经约定了工作地点为不同城市的，此时发生用人单位外迁导致工作地点在不同城市之间发生变化，劳动者不服从安排，未履行劳动合同约定，反而提出解除劳动合同并要求用人单位支付补偿金时，是不宜予以支持的。另外，还有更特殊的情况是，劳动者提前了解到国家有关产业疏解和经济结构调整的政策，预见到自己所在的用人单位可能发生外迁，便提前停止正常工作，甚至结成团体提前向用人单位要求赔偿，对用人单位的正常生产经营造成不良影响，此种情形构成严重违反劳动纪律及用人单位规章制度的，劳动者提出的不合理的经济补偿请求也不应得到支持。

三是外迁时用人单位与劳动者均未提出解除劳动合同导致陷入僵局时如何处理。外迁的客观事实已经发生，但用人单位没有按照劳动合同法第四十条第三项的规定行使单方解除权，劳动者主张被用人单位辞退又无证据证明用人单位确有解除行为，此时参考双方对劳动关系解除原因各执一词又均未能就各自主张提供充分证据的情况，应比照双方协商一致解除劳动关系进行处理，由用人单位支付劳动者法定经济补偿为宜。而上述处理在法律后果上实际亦与劳动合同法第四十条第三项的规定保持了一致，对于外迁中无法继续履行原有劳动合同的用人单位与劳动者都是相对公平的结果。对于劳动者和用人单位的利益给予公平保护，对双方的不当行为给予适当的约束，才能保障政策的科学落地，维护劳动关系的和谐稳定。

编写人：北京市第二中级人民法院　刘洁

139 人格混同的关联公司应否就欠薪债务向劳动者承担连带责任

——凤某诉食品甲公司、食品乙公司追索劳动报酬案

【案件基本信息】

1. 裁判书字号

福建省泉州市中级人民法院（2018）闽05民终4575号民事判决书

2. 案由：追索劳动报酬纠纷

3. 当事人

原告（被上诉人）：凤某

被告（上诉人）：食品甲公司

被告：食品乙公司

第三人：丙公司

【基本案情】

食品甲公司成立于1993年11月6日，股东为B公司，经营范围为培育、饲养、屠宰优良禽畜产品（不含我国特有的珍贵优良品种），生产饲料、肉类、面类、水产、果蔬加工（产品出口不含配额许可证管理品种）。食品乙公司成立于1992年6月1日，股东为A公司、C公司，经营范围为禽畜屠宰、肉食品、水产品等食品加工及副产品综合加工。丙公司成立于1988年12月15日，股东为A公司、B公司，经营范围为生产各种饲料、畜牧及其副产品加工。上述三家公司的住所地均位于福建省泉州市，法定代表人、董事长均为林某，三家公司的管理人员存在交叉任职情形，如1999年8月3日，食品甲公司的副董事长由吴甲变更为吴乙，2003年12月30日，丙公司的副董事长、副总经理由吴甲、吴丙变更为吴乙，2003年12月30日，食品乙公司的副董事长由林某变更为林某、吴甲。凤某曾任职于丙公司，董某曾任职于食品甲公司，庄某曾任职于食品乙公司，2010年4月至2010年11月，三人的工资均由客户名称为食品甲公司、账号相同的银行账户在同一时间进行发放。

就凤某与丙公司劳动争议一案，福建省泉州市洛江区人民法院于2016年3月21日作出（2015）洛民初字第871号民事判决：一、确认凤某与丙公司之间的劳动关系于2015年5月15日解除；二、丙公司应于本判决生效之日起十日内支付凤某工资7410元；三、丙公司应于本判决生效之日起十日内支付凤某经济补偿金31200元；四、驳回凤某的其他诉讼请求。2016年7月25日，凤某在上述判决生效后向法院申请强制执行。同年12月23日，泉州市洛江区人民法院在执行过程中，经调查未发现丙公司有可供执行的银行存款、房产等财产，作出终结本次执行程序的裁定。

2017年8月11日，凤某诉诸法院，要求食品甲公司、食品乙公司对丙公司欠其的上述劳动报酬承担连带清偿责任。

【案件焦点】

食品甲公司、食品乙公司是否应对丙公司欠凤某的劳动报酬承担连带清偿责任。

【法院裁判要旨】

福建省泉州市洛江区人民法院经审理认为：食品甲公司、食品乙公司、丙公司三家公司虽在工商登记部门登记为彼此独立的企业法人，但注册地址一致，法定代表人系同一个人，经营范围存在交叉情况，管理人员存在交叉任职情形，曾共用一个账户在同一时间分别给三家公司的工人发放工资，故三家公司之间表征人格的因素（人员、业务、财务等）高度混同，各自财产无法区分，已丧失独立人格，构成人格混同，应认定为关联公司。公司的独立财产是公司独立承担责任的物质保证，公司的独立人格也突出地表现在财产的独立上，当关联公司的财产无法区分，丧失独立人格时，也就丧失了独立承担责任的基础。丙公司尚欠凤某工资及经济补偿金38610

元无力清偿，损害了凤某的利益，其关联企业食品甲公司、食品乙公司应当对丙公司的上述债务承担连带清偿责任。法院于 2016 年 12 月 23 日作出终结本次执行程序的裁定，凤某方知自己的利益受到损害，其于 2017 年 8 月 11 日提起诉讼，并未超过诉讼时效。食品甲公司提出凤某起诉已过诉讼时效的意见，缺乏事实和法律依据，不予采纳。

福建省泉州市洛江区人民法院依照《中华人民共和国民法总则》第一百八十八条，《中华人民共和国公司法》第三条第一款、第二十条第三款，《中华人民共和国民事诉讼法》第六十四条第一款、第一百四十四条，《最高人民法院关于适用〈中华人民共和国民事诉讼法〉的解释》第九十条规定，作出如下判决：

一、食品甲公司、食品乙公司应对丙公司尚欠凤某的工资款和经济补偿金共计 38610 元承担连带清偿责任；

二、驳回凤某的其他诉讼请求。

一审判决后，食品甲公司提起上诉。福建省泉州市中级人民法院经审理认为：根据一审查明的事实，食品甲公司、食品乙公司、丙公司各自财产无法区分，已丧失独立人格，构成人格混同。丙公司尚欠凤某工资及经济补偿金 38610 元，且已无力清偿，损害了凤某的利益，故丙公司的关联企业食品甲公司、食品乙公司应当对该债务承担连带清偿责任。食品甲公司上诉称，其与凤某之间不存在劳动关系，其与食品乙公司、丙公司为各自独立的法人，应各自承担责任，本案不存在三家公司人员、业务、财务等方面交叉或混同，导致各自财产无法区分、丧失独立人格的情况，但其未能提出充分证据加以证明，亦未能提出足以反驳的相反证据，故法院对其上诉理由，不予采纳。一审判决认定的基本事实清楚，处理结果适当，二审予以维持。

福建省泉州市中级人民法院依照《中华人民共和国民事诉讼法》第一百七十条第一款第一项规定，作出如下判决：

驳回上诉，维持原判。

【法官后语】

公司之间人格混同的法律适用属于应用法学问题，常见于商业性质的公司之间债权债务纠纷，在劳动法领域案件中尚不多见。

所谓公司之间人格混同，是指两个或多个公司之间表征人格的因素（人员、业务、财务等）或特征高度混同。在公司之间人格混同是否适用公司法第二十条第三款“公司股东滥用公司法人独立地位和股东有限责任，逃避债务，严重损害公司债权人利益的，应当对公司债务承担连带责任”所规定的法人人格否认制度问题上，学界和实务界有以下两种不同观点。第一种观点认为，二者在规范对象、违背法律规则方面不尽相同，前者规范的是彼此独立的公司与公司之间的关系，属于“横向否认”，而后者调整的是公司股东与公司之间的关系，属于“纵向否认”；在我国公司法对法人人格否认制度所规制的责任主体已作出明确规定的情况下，不得以反向刺破公司面纱制度逆向否认公司人格。第二种观点认为，公司法第二十条第一款是针对公司法人人格否认法理的总括性规定，只要是股东滥用法人人格和股东有限责任的情形，无论是哪种扩张情形，均在本款的规制范围之内。

笔者认为，第二种观点较为合理。主要原因有：一是符合公平原则和诚实信用原则。二是符合公司法的立法本意和法理。三是得到最高人民法院指导案例的肯定。最高人民法院在第15号指导案例

（徐工集团工程机械股份有限公司诉成都川交工贸有限责任公司等买卖合同纠纷案）的裁判要点中指出“关联公司人格混同，严重损害债权人利益的，关联公司相互之间对外部债务承担连带责任”，而指导性案例的裁判要点对类案起着标杆的作用，类案的裁判标准不得与其相违背。按照该指导案例确定的裁判要点和裁判思路，公司之间人格混同可参照适用公司法第二十条第三款。

本案系追索劳动报酬纠纷，在对争议焦点即食品甲公司、食品乙公司是否应对丙公司欠凤某的劳动报酬承担连带清偿责任问题的处理上，一审、二审法院运用公司之间人格混同理论，并以上述第二种观点为基础进行裁决，其结果较好地维护了劳动者的权益，值得肯定。

编写人：福建省泉州市洛江区人民法院　林前枢

140　应签订无固定期限劳动合同却终止劳动合同的须支付赔偿金

——某大厦公司诉佟某劳动争议案

【案件基本信息】

1. 裁判书字号

北京市第二中级人民法院（2018）京 02 民终 9431 号民事判决书

2. 案由：劳动争议纠纷

3. 当事人

原告（上诉人）：某大厦公司

被告（被上诉人）：佟某

【基本案情】

2008 年 11 月 6 日，佟某入职某大厦公司，双方签订了期限为 2008 年 11 月 6 日至 2011 年 11 月 5 日的劳动合同，后又续签至 2014 年 11 月 5 日，再次到期后又续签至 2017 年 11 月 5 日。佟某离职前月工资 2500 元。

关于劳动合同续签过程，某大厦公司称 2017 年 11 月 5 日之前，多次与佟某商谈续签劳动合同事宜，但佟某表示不同意续签，2017 年 11 月 7 日上午由人事部经理马某与佟某就合同签订进行谈话，某大厦公司积极挽留佟某，当时佟某回复合同到期，不同意续签，并提交了当日录音。佟某认可录音真实性，但是辩称 2017 年 11 月 5 日劳动合同到期前某大厦公司从来没有找过佟某要续签劳动合同，11 月 6 日，某大厦公司让佟某签订一份三年期固定期限劳动合同，佟某认为应该签订无固定期限劳动合同，没有同意。11 月 7 日，某大厦公司又找佟某谈签订劳动合同事宜，佟某要求签订无固定期限劳动合同，某大厦公司不同意，录音中的内容是佟某不同意签订固定期限劳动合同，所以才离职。

2017 年 12 月 14 日，佟某向北京市东城区劳动人事争议仲裁委员会申请仲裁，要求某大厦公司：1. 支付 2014 年 11 月 6 日至 2017 年 11 月 5 日未续签劳动合同二倍工资差额 49697.52 元；2. 支付违法解除劳动合同赔偿金 74546.28 元。2018 年 5 月 7 日，该委作出京东劳人仲字〔2018〕第 820 号裁决书，裁决：一、某大厦公司支付佟某违法终止劳动合同赔偿金 52531.2 元；二、驳回佟某的其他仲裁请求。某大厦公司对该裁决不服，起诉至北京市东城区人民法院。

【案件焦点】

二次（或二次以上）固定期限劳动合同到期后，用人单位终止劳动合同，劳动者主张违法终止劳动合同的赔偿金，应否支持。

【法院裁判要旨】

北京市东城区人民法院经审理认为：用人单位应当在劳动合同到期前三十日，向劳动者提出是否续订劳动合同，并且对于订立劳动合同的期限承担举证责任。本案中，双方第三次劳动合同于2017年11月5日到期，但是某大厦公司并未提供证据证明提前与佟某协商过续签劳动合同，即使其提交的2017年11月7日录音也未明确载明用人单位要与佟某签订无固定期限劳动合同，而佟某不同意续签，因此在双方符合签订无固定期限劳动合同的条件时，某大厦公司不能证明曾提出签订无固定期限劳动合同而佟某明确拒绝的情况下，应当由某大厦公司承担举证不能的不利后果。双方劳动合同因某大厦公司未提出签订无固定期限劳动合同而终止，属于违法终止，应承担违法终止劳动合同赔偿金的责任。具体给付数额，根据佟某的工作年限和离职前应发工资核算，仲裁裁决数额不高于法定标准，法院予以确认。

北京市东城区人民法院依照《中华人民共和国劳动合同法》第十四条、第八十七条，《中华人民共和国民事诉讼法》第六十四条之规定，判决如下：

自判决生效之日起七日内，某大厦公司支付佟某违法终止劳动合同赔偿金52531.2元。

某大厦公司不服一审判决，提起上诉。北京市第二中级人民法院经审理认为：《中华人民共和国劳动合同法》第十四条第二款第三项规定，连续订立二次固定期限劳动合同，且劳动者没有本法第三十九条和第四十条第一项、第二项规定的情形，续订劳动合同的，劳动者提出或者同意续订、订立劳动合同的，除劳动者提出订立固定期限劳动合同外，应当订立无固定期限劳动合同。某大厦公司与佟某之间的劳动合同于 2017 年 11 月 5 日到期，但某大厦公司并未提交证据证明在此之前曾与佟某协商过续签劳动合同。因某大厦公司已与佟某签订过三次固定期限劳动合同，故佟某符合订立无固定期限劳动合同的条件，除佟某提出订立固定期限劳动合同外，某大厦公司应与佟某订立无固定期限劳动合同。某大厦公司提交的 2017 年 11 月 7 日录音未明确载明其公司提出与佟某签订无固定期限劳动合同，而佟某不同意续签，故一审法院认定在此情况下应由某大厦公司承担举证不能的不利后果，双方劳动合同因某大厦公司未提出签订无固定期限劳动合同而终止，属于违法终止，某大厦公司应向佟某支付违法终止劳动合同赔偿金，并无不当。某大厦公司不同意支付佟某违法终止劳动合同赔偿金的上诉请求，缺乏事实依据，法院不予支持。

北京市第二中级人民法院依照《中华人民共和国民事诉讼法》第一百七十条第一款第一项规定，作出如下判决：

驳回上诉，维持原判。

【法官后语】

本案处理重点在于二次（或二次以上）固定期限劳动合同到期后，用人单位终止劳动合同，劳动者主张违法终止劳动合同的赔偿金，应否支持。

为什么会出现上述问题，这还要从我国劳动法律关于连续订立二次固定期限劳动合同后，劳动者可以要求用人单位签订无固定期限劳动合同的权利说起。《中华人民共和国劳动合同法》第十四条规定：“无固定期限劳动合同，是指用人单位与劳动者约定无确定终止时间的劳动合同。用人单位与劳动者协商一致，可以订立无固定期限劳动合同……有下列情形之一，劳动者提出或者同意续订、订立劳动合同的，除劳动者提出订立固定期限劳动合同外，应当订立无固定期限劳动合同：（一）劳动者在该用人单位连续工作满十年的；（二）用人单位初次实行劳动合同制度或者国有企业改制重新订立劳动合同时，劳动者在该用人单位连续工作满十年且距法定退休年龄不足十年的；（三）连续订立二次固定期限劳动合同，且劳动者没有本法第三十九条和第四十条第一项、第二项规定的情形，续订劳动合同的。用人单位自用工之日起满一年不与劳动者订立书面劳动合同的，视为用人单位与劳动者已订立无固定期限劳动合同。”该条法律规定第二款第三项即劳动者在连续订立二次（含）以上固定期限劳动合同后享有无固定期限劳动合同签约权的法律依据。根据该项规定，劳动者有权选择订立固定期限劳动合同或者终止劳动合同，用人单位无权选择订立固定期限劳动合同或者终止劳动合同。上述情形下，劳动者提出或者同意续订、订立无固定期限劳动合同，用人单位应当与劳动者订立无固定期限劳动合同。

在连续订立二次（含）以上的劳动合同，劳动者享有无固定期限劳动合同签约权的情况下，用人单位在劳动合同到期后，应当如何做呢？《北京市劳动合同规定》第四十条规定：“劳动合同期限届满前，用人单位应当提前30日将终止或者续订劳动合同意向以书面形式通知劳动者，经协商办理终止或者续订劳动合同手续。”因此，用人单位应当在劳动合同期限届满前提前三十日通知劳动者其终止或续订劳动合同的意向，如用人单位未履行上述义务，而劳动者又没有《中华人民共和国劳动合同法》第三十九条和第四十条第一项、第二项规定的情形，用人单位在二次（或二次以上）固定期限劳动合同到期后直接发出终止劳动合同通知，不符合《中华人民共和国劳动合同法》第十四条第二款第三项之规定，应认定为违法终止劳动合同，劳动者主张违法终止劳动合同的赔偿金，于法有据，应予支持。

编写人：北京市第二中级人民法院　宋猛

141 用人单位未与劳动者签订书面劳动合同的可归责性是适用二倍工资罚则的前提

——自动设备公司诉元某劳动合同案

【案件基本信息】

1. 裁判书字号

江苏省无锡市中级人民法院（2018）苏02民终3251号民事判决书

2. 案由：劳动合同纠纷

3. 当事人

原告（被上诉人）：自动设备公司

被告（上诉人）：元某

【基本案情】

2017年1月5日，元某至自动设备公司工作。三个月左右后，自动设备公司的赵某给元某一份劳动合同并要求元某签订，其中保密协议第四条约定，劳动者调离用人单位或合同期满，应承担不对外泄露商业秘密的义务，并保证在五年内不从事与用人单位商业秘密有关的工作，并不得在同类竞争企业任职或者从事同类产品和同类业务，违反竞业限制约定的，除赔偿因此给用人单位带来的直接损失外，还应当向用人单位支付违约金 10 万元。元某查看上述合同后以竞业限制条款及违约金过高为由提出异议，拒绝签订，并告知自动设备公司没有上述不合理条款他就签订，自动设备公司则答复元某条款不能改，在其公司干就要签订劳动合同。元某工作至 2018 年 1 月 2 日，后未再提供劳动。

另查明，元某自行在东台市缴纳职工养老保险，2017 年 2 月至 11 月，自动设备公司每月通过银行打卡的方式支付元某 3500 元，2017 年 12 月支付元某 4855 元。

2018 年 2 月 2 日，双方曾就合同条款事宜进行协商。同年 2 月 8 日，元某向江阴市仲裁委申请仲裁，要求自动设备公司支付未签订书面劳动合同的二倍工资差额及经济补偿金等，得到支持。后自动设备公司不服仲裁裁决，诉至法院。

关于劳动合同的签订协商过程，一审中，元某主张在发现合同条款不合理后他未签订，后来为表示退让，他提出降低违约金金额就签订，再后来又退让，表示如果其他员工都签订他就签订，但其他员工没有签订，公司也没有找过他，故一直没有签订。自动设备公司则主张其公司多次要求元某签订劳动合同，但元某以需要考虑为由拒绝签订，直至 2018 年 2 月 2 日双方还在协商合同条款事宜，并非元某所称的一直没有找他。

【案件焦点】

自动设备公司是否需要支付元某未签订书面劳动合同二倍工资差额。

【法院裁判要旨】

江苏省江阴市人民法院经审理认为：劳动合同的订立和履行，应当遵循诚实信用原则。签订书面劳动合同是用人单位的法定义务，逾期不与劳动者订立书面劳动合同的，应当向劳动者每月支付二倍的工资，但确系特殊原因导致未签订劳动合同的，应当考虑用人单位是否履行诚实磋商的义务以及是否存在劳动者拒绝签订等情况。《中华人民共和国劳动合同法》第八十二条第一款的立法初衷是限制和惩戒用人单位故意不订立书面劳动合同、规避劳动合同义务的行为。本案中，自动设备公司提供给元某的劳动合同基本条款具备，元某对于自动设备公司要求与他签订劳动合同的事实不予否认，但主张条款不合理故拒绝签订，并非用人单位故意不订立，不符合二倍工资罚则制度的立法目的。从双方陈述的劳动合同签订过程可以看出双方就劳动合同条款曾有过协商，且元某在未提供劳动后尚与自动设备公司进行协商。故自动设备公司不应承担支付二倍工资的法律责任。

江苏省江阴市人民法院依照《中华人民共和国劳动合同法》第三条、第八十二条，《中华人民共和国劳动争议调解仲裁法》第六条之规定，作出如下判决：

驳回元某要求自动设备公司支付未签订书面劳动合同的二倍工资 39355 元的请求。

元某不服一审判决，提起上诉，请求撤销一审判决，改判自动设备公司支付二倍工资差额。江苏省无锡市中级人民法院经审理认为：用人单位自用工之日起超过一个月不满一年未与劳动者订立书面劳动合同的，应当依照劳动合同法第八十二条的规定向劳动者每月支付二倍的工资，并与劳动者补订书面劳动合同；劳动者不与用人单位订立书面劳动合同的，用人单位应当书面通知劳动者终止劳动关系。根据此规定，劳动者不愿意签订劳动合同的，用人单位可以书面通知劳动者终止劳动关系，继续留用则须支付二倍工资。

一审法院适用法律错误，二审法院予以改判。元某的上诉请求成立，予以支持。江苏省无锡市中级人民法院依照《中华人民共和国劳动合同法》第八十二条第一款、《中华人民共和国劳动合同法实施条例》第六条、《中华人民共和国民事诉讼法》第一百七十条第一款第二项的规定，判决如下：

一、撤销江阴市人民法院（2018）苏 0281 民初 6382 号民事判决；

二、自动设备公司于本判决生效之日起十日内支付元某未签订书面劳动合同二倍工资差额 39355 元。

【法官后语】

在本案审理过程中，一审法院与二审法院出现了两种不同观点：一审法院认为，劳动者拒绝签订劳动合同，并非用人单位故意不与其订立书面劳动合同的情形，并没有违反二倍工资罚则惩戒用人单位故意规避劳动合同义务的立法目的，用人单位不应承担支付二倍工资的法律责任。二审法院则认为，劳动者不与用人单位订立书面劳动合同的，用人单位应当书面通知劳动者终止劳动关系，如要继续留用则须支付二倍工资。

出现上述两种不同观点的原因在于，从二倍工资罚则的立法目的出发，如何把握用人单位未与劳动者签订书面劳动合同的可归责性，是劳动争议案件司法实践中的一个难点。

《中华人民共和国劳动合同法》第八十二条第一款规定的二倍工

资罚则制度，设置的目的是规范和引导用人单位与劳动者订立书面劳动合同，限制和惩治用人单位故意不订立书面劳动合同、规避劳动合同义务的行为。不订立书面劳动合同，劳动者和用人单位之间的权利义务内容就不清楚，当发生劳动争议时，劳动者往往因为没有签订书面劳动合同而拿不出维护自己权益的有力证据。因此，将与劳动者订立书面劳动合同作为用人单位的法定义务，更有利于保障劳动者的权益，也符合劳动关系双方的利益平衡。

应当注意的是，在适用该条款时，不能简单机械地认为只要用人单位未与劳动者签订书面劳动合同就一定满足二倍工资罚则的适用，还应当在满足形式条件的同时考虑用人单位不签订书面劳动合同的可归责性。

劳动合同在本质上还是合同，其订立与否取决于劳动关系双方的合意。如果是用人单位的原因导致未签订书面劳动合同，用人单位应当支付二倍工资；如果是其他不可归责于用人单位的原因，用人单位则不需要支付二倍工资。

本案中，用人单位未与劳动者订立书面劳动合同的原因系双方就合同条款未能协商一致，劳动者因而不同意与用人单位订立劳动合同，根据《中华人民共和国劳动合同法实施条例》第六条的规定，在此种情形下，用人单位应当书面通知劳动者终止劳动关系。本案的用人单位没有依法终止用工，继续任用没有签订书面劳动合同的劳动者，过错在于用人单位，故应当支付劳动者二倍工资。

通过检索相关案例，笔者发现未签订劳动合同不可归责于用人单位的情形比较有限，一般是用人单位已经尽到诚实信用、谨慎注意义务，且对于未签订劳动合同确实无过错，完全是由于劳动者的原因未签订劳动合同，后又主张二倍工资罚则的，人民法院才不予支持。例如：劳动者拒绝签订书面劳动合同、劳动者为享有劳动人事管理职权的高级管理人员、劳动者患病治疗期间、劳动者存在双重劳动关系等，上述情形下，未签订书面劳动合同的责任不在于用人单位。[①] 综上，当用人单位在日常管理中遇到不愿意签订书面劳动合同的劳动者时，应当严格依法终止双方之间的用工关系，而不应继续任用，这既可以完善用工制度，也可以在一定程度上降低用工风险。

编写人：江苏省江阴市人民法院　张峥莉　沈琪晔

142　工作时间包含值班、休息时间的特殊岗位劳动者加班事实和加班工资的认定

——物业管理公司诉聂某平劳动争议案

【案件基本信息】

1. 裁判书字号

江西省南昌市中级人民法院（2017）赣01民终1278号民事判决书

2. 案由：劳动争议纠纷

3. 当事人

原告（上诉人）：物业管理公司

被告（被上诉人）：聂某平

① 参见兰世民：《双重劳动关系中未签订劳动合同不应支付二倍工资》，载《人民司法·案例》2014年第2期。

【基本案情】

聂某平于2015年8月入职在物业管理公司，担任水电工，后于2016年3月1日提出离职，双方劳动合同终止。后聂某平向南昌市青山湖区劳动人事争议仲裁委员会申请仲裁，要求物业管理公司向其支付：1. 法定节假日加班工资3252.42元；2. 休息日加班工资10118.64元；3. 未签劳动合同双倍工资18340元；4. 经济补偿金2620元；5. 补缴社会保险。仲裁结果为物业管理公司向聂某平支付：1. 法定节假日加班工资1927.36元；2. 休息日加班工资6504.84元；3. 经济补偿金2620元；4. 二倍工资15720元；5. 驳回申请人其他请求。裁决后，物业管理公司诉至一审法院。

聂某平在二审庭审中陈述，其每天上8小时班，每天都上班，晚班没有事情的情况下可以休息睡觉，到了规定的时间点要去巡视，发现问题要检修。物业管理公司则主张，聂某平在正常营业时间需要巡视，晚上12点以后就可以去休息室睡觉，直至早上7点起来巡视，再办理交接班。二审法院经对照双方分别提供的排班表和考勤表认定，两份表格关于聂某平的上班记录基本一致，均为每天上班，B、C班依次轮流，B班时间是17：00~1：00，C班时间是1：00~8：30。另有供水房签字本记载聂某平的巡视签字有18：00（19：00）、23：00、7：00。

聂某平在一审庭审中陈述，其系2015年8月1日入职，2016年2月28日离职，工作期间物业管理公司未为其缴纳社保。物业管理公司在二审庭审中认可，其与聂某平未签订书面劳动合同。

【案件焦点】

物业管理公司是否应向聂某平支付休息日加班工资、法定节假日加班工资、解除劳动合同经济补偿金、未签书面劳动合同二倍工资及各项具体金额。

【法院裁判要旨】

江西省南昌市青山湖区人民法院经审理认为：聂某平在物业管理公司工作，用人单位自用工之日起与劳动者即建立劳动关系。聂某平要求物业管理公司支付其法定节假日、休息日加班工资、经济补偿金及二倍工资，于法有据，予以支持。聂某平要求物业管理公司补缴社会保险的请求，不属于人民法院受理劳动争议案件的范围，故对此不予审理。

江西省南昌市青山湖区人民法院依据《中华人民共和国劳动合同法》第三十八条、第四十六条第二项、第四十七条第三款、第八十二条，《中华人民共和国劳动法》第四十四条之规定，判决：

一、物业管理公司支付聂某平法定节假日加班工资1927.36元；

二、物业管理公司支付聂某平休息日加班工资6504.84元；

三、物业管理公司支付聂某平经济补偿金2620元；

四、物业管理公司支付聂某平二倍工资15720元；

五、驳回物业管理公司的其他诉讼请求。

物业管理公司不服，提起上诉。江西省南昌市中级人民法院经审理认为：

一、关于聂某平月工资金额。结合聂某平提供的工资银行流水及庭审陈述，一审认定其月平均工资2620元，二审予以维持。

二、关于加班。（一）休息日。聂某平排班时间大部分是商业场所的非营业时间，根据日常生活常识，该排班与普通意义上的上班明显不同，实际上包含了值班，且和休息时间交织。即便需要巡视和检修，但大部分时间仍是休息时间，在非营业时间内，水电工 8 小时不眠不休地进行巡视、检修明显违反常理。综合考虑到聂某平的岗位性质和排班时间，二审法院认为，聂某平的日常工作日和休息日不能机械地按日划分，一审判决不当，二审予以改判，对聂某平休息日加班工资的主张不予支持。（二）法定节假日。聂某平每月工资较为稳定，日薪在 120 元左右，众所周知，10 月法定节假日较为集中，如用人单位依法发放了该项加班工资，则聂某平该月工资金额较之其他月应超出至少 1000 元，但其工资流水并未反映出这一变化。仅在 2016 年 2 月有一笔 941 元的额外收入，但该月系春节期间，不排除系年底双薪或年终奖的可能。综合考虑，二审法院认为，物业管理公司主张已向聂某平支付法定节假日加班工资，证据不足，其主张已安排调休，亦未提供证据且不符合法律规定，故一审判决法定节假日加班工资 1927.36 元，二审予以维持。

三、关于解除劳动合同。物业管理公司存在未缴纳社保等情形，一审判决经济补偿金 2620 元，二审予以维持。

四、关于未签书面劳动合同双倍工资。因聂某平在仲裁中有此项诉请，且仲裁裁决了 15720 元，一审判决未违反不告不理原则，二审予以维持。

综上，一审判决认定事实不清，二审法院予以补充查明；适用法律基本正确，判决结果部分错误，二审法院予以部分改判。

江西省南昌市中级人民法院依照《中华人民共和国民事诉讼法》第一百七十条第一款第二项之规定，判决如下：

一、维持一审判决第一、三、四项；

二、撤销一审判决第二、五项；

三、驳回物业管理公司的其他诉讼请求；

四、驳回聂某平的其他诉讼请求。

【法官后语】

劳动争议审判实践中，物业公司类型的用人单位属案件高发领域，就该类案件的争议事项而言，又属加班工资争议占绝大多数。究其缘由，在于物业公司因经营性质而导致其所提供的岗位往往存在特殊性，主要表现为工作时间弹性大、工作时间与生活时间相互交织、上班时间、值班时间、加班时间、休息时间难以区分等特点，如双方在加班方面未明确约定，极易发生争议。

就此类特殊岗位加班争议的审理，涉及两个方面：一是加班事实；二是加班工资。关于前者，《最高人民法院关于审理劳动争议案件适用法律问题的解释（一）》第四十二条规定，劳动者主张加班费的，应当就加班事实的存在承担举证责任。但劳动者有证据证明用人单位掌握加班事实存在的证据，用人单位不提供的，由用人单位承担不利后果。审判实践中，劳动者一方往往仅以单位规章制度、打卡记录、考勤记录等对应普通岗位的日常上、下班时间及固定工作制主张加班事实，各法院在认定加班事实方面，标准并不统一，不免存在未考虑其岗位特殊性而直接套用日常固定工作时间、机械认定加班事实的问题。笔者认为，各行各业分工不同，特殊岗位是客观存在的，用人单位根据特殊岗位的职责需要灵活安排劳动者的工作方式和工作时间，属于其用工自主权，只要不违反法律强制性规定，均应认定为合法。劳动者在入职这类岗位之初，即清楚知晓其岗位的性质和具体工作时间，但其在工作期间内未提出异议，却在离职之后主张在职期间的所有加班工资，应提供充分证据，如仅以单位规章制度、打卡记录、考勤记录等主张加班事实，应不予支持。关于后者，包括延时加班工资、休息日加班工资、法定休假日加班工资，依照《中华人民共和国劳动法》第四十四条的规定，上述各项加班工资的发放标准分别是不低于劳动者正常工作时间工资的150%、200%、300%。从本条规定还可以看出，法定休假日与休息日不同，不存在补休，此因法定节假日系有特殊意义的假日，存在不可替代性。根据劳动部《工资支付暂行规定》第六条第三款，用人单位必须书面记录支付劳动者工资的数额、时间、领取者的姓名以及签字，并保存两年以上备查。故在加班事实已经确认的基础上，对加班工资的发放，应主要由用人单位负举证责任。法定在认定加班工资的金额时，则应区分加班工资的类型，结合证据和查明的事实合理推算，综合认定。同理，用人单位主张就休息日加班已安排补休的，亦应就安排补休的事实负举证责任。

本案一审未经充分说理，直接判决用人单位支付法定节假日及休息日加班工资，存在明显错误。就休息日加班，二审在补充查明相关事实的基础上，结合案涉岗位的特殊性及实际工作情况，对劳动者主张的休息日加班事实不予认定。就法定节假日加班，用人单位并未否认加班事实，仅主张其已安排调休及发放加班工资，但未提供充分证据。二审法院依据劳动者每月工资发放的金额，推算出用人单位未发放法定节假日加班工资的事实，对劳动者该项主张予以支持。

编写人：江西省南昌市中级人民法院　黄琳

143 破产企业营销职工业务费不能作为职工债权优先清偿

——陈某星诉电缆公司职工破产债权确认案

【案件基本信息】

1. 裁判书字号

江苏省无锡市中级人民法院（2017）苏02民终3920号民事判决书

2. 案由：职工破产债权确认纠纷

3. 当事人

原告（上诉人）：陈某星

被告（被上诉人）：电缆公司

【基本案情】

2006年2月11日，陈某星与电缆公司签订劳动合同书一份，合同期限自2005年8月4日起至2010年8月3日止，工作性质为管理工作。2006年4月28日，电缆公司将录用情况在宜兴市劳动和社会保障局进行备案登记。2014年2月8日，电缆公司与陈某星签订经营承包责任书一份，约定陈某星作为电缆公司业务人员从事业务承包，负责承包产品销售和货款回笼等事务。

2015年5月12日，电缆公司向陈某星出具业务明细一份，载明至2015年1月1日，电缆公司结欠陈某星201938.03元，此后截至2015年5月7日，电缆公司合计结欠陈某星219345.62元。该阶段明细单包括货款期初欠款、到账率、借支费用等内容。

同年5月20日，宜兴市官林镇人力资源和社会保障所与电缆公司共同出具解除、终止劳动合同通知单一份，载明陈某星与电缆公司因劳动合同期满，于2015年4月30日终止劳动合同。同年11月30日，陈某星向宜兴市劳动人事争议仲裁委员会（以下简称裁决委员会）申请仲裁，要求裁决电缆公司支付尚欠其工资及业务款等合计219345.62元，裁决委员会认为，陈某星在劳动关系存续期间从事营销工作，所得的业务费属于工资性质，但因电缆公司进入破产清算程序，应向管理人申报债权，故裁决对陈某星的仲裁请求不予受理。

2015年12月2日，宜兴法院裁定受理案外某公司对电缆公司的破产清算申请，电缆公司管理人接管电缆公司后，陈某星向电缆公司管理人申报了职工债权，电缆公司管理人经审核后，对该债权金额及性质未予核定。

【案件焦点】

1. 陈某星与电缆公司之间是否存在劳动关系；2. 陈某星主张的上述债权是否属于职工债权。

【法院裁判要旨】

江苏省宜兴市人民法院经审理认为：本案中，首先，备案登记和缴纳社会保险等证据说明双方具有建立劳动合同关系并受劳动合同法律关系约束的真实意思表示；其次，从电缆公司颁布的关于经营工作的规定来看，包括陈某星在内的营销经理均受电缆公司该规定的约束，体现了劳动关系从属性的特征；最后，陈某星作为电缆公司工作人员，向电缆公司提供劳动力，电缆公司以支付工资的形式换取劳动力，体现了双方具有的人身关系属性与财产关系属性相结合的劳动关系特征。因此，应当认定陈某星与电缆公司之间存在劳动关系。

但是，因陈某星在担任公司工作人员的同时亦从事电缆销售业务，且关于经营工作的规定也明确了营销经理自负盈亏、对应收款负连带责任，故双方属于平等民事主体之间的债权债务关系，未能体现劳动关系中从属性的特征，已经超出了劳动者和用人单位基于劳动关系所能约束的范围，业务费也明显不属于劳动法所保护的工资、福利、补偿金等范畴。因此，陈某星与电缆公司之间除存在劳动关系外，还存在基于平等民事主体之间的债权债务法律关系，属于两种法律关系的竞合。

对于争议焦点二，本案中，业务明细中结算欠款实质上属于普通平等民事主体之间债权债务结算的约定，已经超出了劳动法律关系及劳动法所保护的工资范围。

江苏省宜兴市人民法院依照《中华人民共和国合同法》第二条，《中华人民共和国劳动合同法》第三条、第七条，《中华人民共和国企业破产法》第一百一十三条之规定，判决：

驳回陈某星的诉讼请求。

此后陈某星不服一审判决，提起上诉。江苏省无锡市中级人民法院经审理认为：双方之间既形成了劳动合同关系，也形成了买卖合同关系。仲裁裁决虽认定陈某星主张的款项为工资，但电缆公司已提供证据证明涉案款项为买卖合同关系项下的费用结算，故并不能免除陈某星就其主张进一步举证的责任。且陈某星自认销售工作开展期间每月收到电缆公司对账单，其对《陈某星业务明细》的形成具有举证能力，也负有举证责任，故应承担就该主张举证不能的责任。

江苏省无锡市中级人民法院依照《中华人民共和国民事诉讼法》第一百七十条第一款第一项规定，判决如下：

驳回上诉，维持原判。

【法官后语】

1. 破产职工债权优先的原因

第一，劳动债权优先性充分尊重了我国国情。在现阶段，我国处于市场经济发展的改革转型时期，社会保障制度尚不完善，不足以完全担负起在破产案件之外清偿职工债权的任务，因此破产法保护职工债权优先性的立法设计，对各方共同分担改革成本，保证社会和经济的长期稳定发展具有极强的现实意义；第二，职工债权优先性体现了破产法的社会本位性。破产法的多元化目标决定了其社会本位性，而社会本位性最终落脚点仍然是个人利益的提升，其从个人的抽象平等中看到了具体不平等，从而对处于弱势的群体予以特殊保护，实现个人与社会的利益协调。而劳动者相对于企业主及其他债权人，其实际属于弱势群体，赋予其债权优先受偿，有利于维护社会稳定和协调社会利益，充分体现了建立和谐社会的精神与理念。当债务人企业因财产不足而应当进入破产程序时，不同债务的不同价值就凸显了出来，呈现了不同的等级，其中，劳动债权承载着生存价值、自由价值等，比仅承载经济利益的债务来说具有更高的价值等级。

2. 破产职工债权应被合理限缩

职工债权在破产财产分配中具有一定的优先性，所以在人类固有的利益驱动的行为模式下，债权人更倾向于将自己的债权陈述为职工债权。尽管我国劳动法等法律已对职工的定义进行了较为全面的阐释，但囿于商事交易和社会生活的纷繁复杂，不同背景下对于职工债权的认定确实存在一定的分歧。同时，一味地强调对劳动者的保护而无视其他市场参与主体的利益无异于竭泽而渔，极有可能发生的情况是企业生存条件持续恶化，而劳动者则继续大量失业。不少破产案件中各类债权人均以职工债权形式申报债权，“搭便车”现象突出，众多债权以职工债权自居而优先从资源有限的“公共鱼塘”中进行捕捞，严重影响了其他债权人利益。

3. 破产职工债权的甄别

确定劳动关系的主要法律特征应包括：(1) 主体具有特定性；(2) 劳动者将劳动力使用权让渡给用人单位进行分配安排；(3) 人身关系属性和财产关系属性相结合；(4) 人身依附性，劳动者服从雇主，遵守雇主的劳动纪律和规章制度。从立法本意上看，破产劳动债权应当是指在企业破产清算中应优先分配的因破产宣告前的劳动关系而发生的债权，包括破产企业所欠劳动者的工资（劳动报酬）、工资性待遇、因企业破产解除劳动合同依法应支付给劳动者的经济补偿金和欠缴的社会保险费用。它具有三个方面的特征：(1) 劳动债权权利的主体特定性，即具有劳动能力、已经同破产企业建立劳动合同关系、事实劳动关系或聘用制劳动关系的劳动者。(2) 劳动债权存在的时间性，即劳动债权必须是破产宣告前因为劳动关系而产生的债权，对于企业宣告破产后产生的其他一系列和劳动者相关的债权都不能列入劳动债权。(3) 劳动债权的程序性，即劳动债权必须由法院指定的破产管理人予以公示后记入企业的债权表才有权在破产财产中优先受偿。

编写人：江苏省宜兴市人民法院　陈豪　董大友

144 员工入职不满一个月，月平均工资如何认定

——模具加工店诉李某劳动合同案

【案件基本信息】

1. 裁判书字号

广东省东莞市中级人民法院（2017）粤19民终4223号民事判决书

2. 案由：劳动合同纠纷

3. 当事人

原告（上诉人）：模具加工店

被告（被上诉人）：李某

【基本案情】

2016年6月12日，李某进入模具加工店工作，双方没有签订劳动合同，模具加工店没有为李某参加工伤保险。2016年7月10日，李某发生受伤事故。2016年10月18日，东莞市社会保障局对李某受到的事故伤害予以认定为工伤。2016年11月11日，东莞市劳动能力鉴定委员会作出鉴定书，鉴定李某为伤残十级。李某工伤后没有回模具加工店上班，双方已经解除劳动关系。

关于李某的工作时间制度以及工资报酬标准。模具加工店主张双方约定李某每周工作5天，每天工作8小时，工资构成是底薪1510元+职位津贴50元+补助30元，加班费另行计算，李某工伤前的月平均工资是1510元/月；因李某入职不满一个月即发生

工伤事故，李某的工资报酬应参照同岗位即学徒员工的工资报酬，或者参照东莞市2015年人力资源市场工资指导价位中金属制品业的低位数工资24871元/年。李某主张其任职模具师傅，双方约定李某每月工作28天，每天工作8小时，固定月薪6500元，包括津贴、补贴、加班费等，李某工伤前的月平均工资是6500元。

关于李某2016年6月、2016年7月的出勤情况以及工资报酬情况。李某主张其2016年6月、2016年7月的出勤天数分别是17天、8.5天（1日休息），每天工作8小时，模具加工店已支付李某2016年6月的工资3900多元，2016年7月的工资尚未核算支付。模具加工店主张李某2016年6月、2016年7月的出勤天数分别是15天、8天或9天（1日、2日休息），每天工作8小时，李某2016年6月的工资是1530元，但尚未支付给李某，模具加工店的确已经支付4000元给李某，但并非李某所述的3900多元，也并非工资，而是医疗费，李某2016年7月的工资尚未核算。

【案件焦点】

1. 李某入职不满一个月即发生工伤事故，李某工伤前的月平均工资如何认定；2. 李某的工伤待遇如何计算。

【法院裁判要旨】

广东省东莞市第一人民法院经审理认为：对于李某工伤前的月平均工资问题。模具加工店作为用人单位应对李某的工资报酬支付情况负举证责任。模具加工店提供的工资条没有李某的签名确认，且根据工资条显示李某的出勤情况，模具加工店核算李某的工资数额亦低于东莞市同期最低工资标准，故对于工资条不予采纳。模具加工店确认已支付李某4000元，并主张是支付医疗费，并非支付工资，但未能提供医疗费发票、收据等证据予以证明其该主张，且李某确认模具加工店已支付李某3900多元，并主张是支付2016年6月的工资。结合李某于2016年6月12日入职的事实，以及双方提供的证据以及陈述，故采信李某的主张，认定李某每月工作28天，每天工作8小时，固定月薪6500元，李某工伤前的月平均工资是6500元。

模具加工店与李某之间的劳动关系已解除，李某因工伤致十级伤残，依据《工伤保险条例》《广东省工伤保险条例》的相关规定，模具加工店应支付李某一次性伤残补助金45500元、一次性工伤医疗补助金6500元和一次性伤残就业补助金26000元。

对于李某停工留薪期工资的问题。李某因工伤需要暂停工作接受工伤医疗，在停工留薪期内，原工资福利待遇不变。根据模具加工店与李某确认的李某的停工留薪期，模具加工店应支付李某停工留薪期工资8942.44元。

广东省东莞市第一人民法院依照《广东省工伤保险条例》的相关规定，作出如下判决：

一、确认模具加工店与李某之间的劳动关系已解除；

二、模具加工店支付李某2016年7月的工资1991.94元、一次性伤残补助金45500元、一次性工伤医疗补助金6500元、一次性伤残就业补助金26000元、停工留薪期工资8942.44元；

三、驳回模具加工店的其他诉讼请求。

二审法院同意一审法院裁判意见。

【法官后语】

在劳动争议案件的处理中，工资的认定是最核心、最关键的问题，涉及工伤待遇、经济补偿金、年休假工资等数额的计算。

1. 工资的分类

在司法实践中，根据工资的内涵和外延，工资可以分为应发工资、实发工资；也可以分为离职前的月平均工资、工伤前的月平均工资、正常工作时间工资、月缴费工资等。

（1）应发工资，是指劳动者在提供了正常劳动的情况下，用人单位应当支付给劳动者的工资报酬，包括基本工资、奖金、各项津贴、加班费等，还需要扣除缺勤扣款。应发工资不得低于当地同期最低工资标准。

（2）实发工资，也称为到手工资，是指用人单位实际支付给劳动者的工资报酬，即应发工资扣除用人单位代扣代缴的五险一金个人应承担部分、代扣代缴的个人所得税以及其他扣款后的工资。

（3）离职前的月平均工资，也称为劳动合同解除或终止前的月平均工资，是指劳动合同解除或终止前十二个月的平均工资。依照《中华人民共和国劳动合同法》第四十七条第三款的规定，计算经济补偿的月工资是指劳动者在劳动合同解除或终止前十二个月的平均工资，即离职前的月平均工资。离职前的月平均工资以离职前十二个月的应发工资进行计算，实际工作不足十二个月的，以实际月数计算。以应发工资计算是因为扣除的五险一金、个人所得税、其他扣款实际上也是劳动者的工资，只是由用人单位在劳动者的工资中代扣代缴而已。

（4）工伤前的月平均工资，是指劳动者发生工伤事故前十二个月的月平均工资。依照《广东省工伤保险条例》的相关规定，按工伤职工工伤前十二个月的平均工资计发一次性伤残补助金、一次性工伤医疗补助金、一次性伤残就业补助金，若工伤职工工伤前十二个月的平均工资低于解除或终止劳动关系前十二个月的平均工资，则按解除或终止劳动关系前十二个月的平均工资计发一次性工伤医疗补助金、一次性伤残就业补助金。工伤前的月平均工资是以工伤前十二个月的应发工资进行计算，实际工作不足十二个月的，以实际月数计算。

(5) 正常工作时间工资，是指劳动者在法定工作时间内提供正常劳动所获得的工资报酬，不包括加班费。

2. 工资的认定问题

《广东省工资支付条例》第十六条第一款明确规定，用人单位应当按照工资支付周期如实编制工资支付台账。工资支付台账应当至少保存二年。可见，用人单位对于劳动者的出勤情况和工资报酬支付情况负有举证责任。用人单位应当按月如实编制工资支付台账，列明具体工作时间、应发工资项目及数额、代扣、代缴、扣除项目及数额、实发工资数额等，由劳动者核实签名确认，并保存工资支付凭证。

实务中，劳动者入职不满一个月即解除劳动关系或者遭遇工伤事故的情形时有发生，用人单位与劳动者没有签订书面劳动合同，用人单位没有如实记录劳动者的出勤情况，亦没有如实编制工资支付台账，由于工作时间不足一个工资支付周期，用人单位只支付了不足一个月的工资或者未实际支付工资难以核算月平均工资，用人单位与劳动者对于月平均工资又存在较大争议。本案的裁判思路在类案中得到肯定，并在类案审理中逐渐形成较为固定的裁判规则，原则上由用人单位对于劳动者的出勤情况和工资支付情况负有举证责任，按照有利于劳动者的原则进行认定。对于用人单位非因客观原因不能举证的情形，劳动者主张的出勤情况和工资数额不存在明显过高或者不合理的情况，按照有利于劳动者的原则，可以采纳劳动者的主张；若劳动者的主张存在明显过高或者不合理的情况，可以结合案件具体情况，包括用人单位的规模、经营状况、其他员工工资以及劳动者的入职时间、任职岗位、年龄、工作经验等，参照本单位同岗位的平均工资或者东莞市同期同工种或者类似工种劳动力市场工资指导价位中高位数的工资数额，对劳动者的主张进行审核，作出合理、有利于劳动者的判定。对于用人单位确因客观原因无法举证的情形，劳动者又不能举证的，可以参照如下顺序进行认定：（1）有集体合同的，按照集体合同的规定认定；（2）按照同工同酬的原则处理，参照用人单位或者劳动者能够充分证明本单位同岗位的平均工资认定；（3）参照东莞市同期同工种或者类似工种劳动力市场工资指导价位中位数的工资数额予以认定。

2019 年 5 月 21 日修正、2019 年 7 月 1 日实施的《广东省工伤保险条例》对于计算工伤保险待遇的本人工资，明确本人工资低于全省上年度职工月平均工资百分之六十的，按照全省上年度职工月平均工资的百分之六十计算。这一规定也与保护劳动者的原则形成一致，对于计算工伤保险待遇的本人工资进行最低限制，更有利于保障工伤职工的利益。

编写人：广东省东莞市第一人民法院　梁园园

145 女职工生育津贴与正常工资差额的计算标准

——技术开发公司诉高某劳动争议案

【案件基本信息】

1. 裁判书字号

北京市第一中级人民法院（2016）京 01 民终 646 号民事判决书

2. 案由：劳动争议纠纷

3. 当事人

原告（被上诉人）：技术开发公司

被告（上诉人）：高某

【基本案情】

高某于 2008 年 7 月 23 日入职技术开发公司，担任软件开发测试技术支持，双方签订最后一份劳动合同期限为 2010 年 7 月 23 日至 2015 年 7 月 22 日。

2014 年 5 月 5 日，技术开发公司与高某签署《休假待岗协议》，双方约定高某自 2014 年 5 月 1 日起休待产假，技术开发公司每月向高某支付 1248 元生活费，其中第五条约定："乙方（高某）正常上班后，一切待遇恢复，并且给予'（工资标准-生育津贴）元/月×产假月数'元奖金的奖励，该部分奖金将按照半年一次两年发完，第一年发放三分之二，第二年发放三分之一。"高某于 2014 年 10 月 1 日剖宫产一名男婴，自 2014 年 10 月 1 日至 2015 年 2 月 20 日休产假共 143 天，经社保基金核算，高某生育津贴为

16568.93元，现已由技术开发公司支付高某。高某产假结束后未返岗工作，现双方均认可劳动关系已解除。

高某主张自2013年9月起月工资标准为12000元，并提交银行明细单予以佐证，该明细单显示高某在2013年10月至2014年2月期间每月实发工资数额均在10000元以上，2014年3月至4月期间每月实发工资数额为2263.02元。技术开发公司对银行明细单的真实性不持异议，但主张高某工资标准为6000元，多出部分款项系报销费用。技术开发公司未就其上述主张提交相应证据。就生育津贴计算基数一节，高某主张按照每月10000元标准作为计算基数，技术开发公司主张应当按照每月6000元标准作为计算基数。

高某以要求技术开发公司支付产假津贴差额为由申请仲裁，北京市海淀区劳动人事争议仲裁委员会裁决：技术开发公司于本裁决书生效之日起十日内，支付高某自2014年10月1日至2015年2月20日生育津贴差额31097.7元。技术开发公司不服仲裁裁决，提起诉讼，请求判决技术开发公司无须支付高某生育补贴差额31097.7元。

【案件焦点】

女职工生育津贴低于本人工资标准的，如何确定女职工工资标准。

【法院裁判要旨】

北京市海淀区人民法院经审理认为：依据《北京市企业职工生育保险规定》第十五条之规定，生育津贴系女职工产假期间工资，系女职工应享受的法定权利，然技术开发公司与高某签署《休假待岗协议》第五条的约定实质上将上述权利变更为企业奖励，且附加“正常上班”之义务，确与上述法律法规相悖，故技术开发公司应向高某支付产假期间生育津贴。就高某工资标准一节，虽技术开发公司主张高某月工资标准为 6000 元，该公司多支付的款项系报销费用，但未就此提交相应证据，对此法院不予采信。依据银行明细单所载明的每月工资数额及双方《休假待岗协议》所约定的生活费数额核算，技术开发公司主张按照每月 6000 元标准作为生育津贴计算基数，未低于高某生育前 12 个月平均工资标准，故以上述标准作为高某应得生育津贴之计算基数。经核算，技术开发公司应向高某支付生育津贴差额 12031.07 元。

北京市海淀区人民法院依据《中华人民共和国劳动法》第七十二条之规定，判决如下：

技术开发公司于判决生效后七日内支付高某生育津贴差额 12031.07 元。

高某不服一审判决，提起上诉。北京市第一中级人民法院经审理认为：本案的争议焦点为高某产假期间应得工资标准。根据《北京市企业职工生育保险规定》第七条及第十五条之规定可以确定，女职工产假期间应得工资标准，一般应为其本人上一年月平均工资。本案中根据查明的事实，高某于 2014 年 10 月生育，其 2013 年的月平均工资达到 1 万元，故高某请求技术开发公司按 1 万元标准补足产假工资，符合政策规定，应当支持。而技术开发公司所称按劳动合同约定的 6000 元补足产假工资，与政策规定不符，不予采纳。

北京市第一中级人民法院依照《中华人民共和国民事诉讼法》第一百七十条第一款第二项之规定，判决如下：

一、撤销北京市海淀区人民法院（2015）海民初字第 32787 号民事判决；

二、技术开发公司于本判决生效后十日内支付高某生育津贴差额 31097.7 元。

【法官后语】

生育津贴低于本人产假工资标准的，差额部分由用人单位补足，但如何确定女职工产假期间工资标准，从而确定生育津贴的差额，法律法规并没有明确的规定。

本案的争议焦点就在于如何确定高某的工资标准。高某正常工作期间及孕期、产期的工资经过多次调整。如何确定工资标准以判决补足差额的具体数额，一、二审法院出现意见分歧，而这一意见分歧也正代表了实践中对于女职工产假工资标准认定的两种不同观点。一种观点认为女职工产假期间工资标准应当以生育前 12 个月的平均工资作为月工资标准，另一种观点则认为应当以女职工生育时上一年度月平均工资作为产假工资标准，本案二审法院就采用了该种观点。

首先，从规章政策层面来看，第二种观点具有制度依据。《北京市企业职工生育保险规定》第七条第二款、第三款规定，企业按照其缴费总基数的 0.8%缴纳生育保险费。企业缴费总基数为本企业符合条件的职工缴费基数之和。职工缴费基数按照本人上一年月平均工资计算；低于上一年本市职工月平均工资 60%的，按照上一年本市职工月平均工资的 60%计算；高于上一年本市职工月平均工资 3 倍以上的，按照上一年本市职工月平均工资的 3 倍计算；本人上一年月平均工资无法确定的，按照上一年本市职工月平均工资计算。

同时，该规定第十五条第一款规定，生育津贴按照女职工本人生育当月的缴费基数除以30再乘以产假天数计算。此外，根据《北京市人力资源和社会保障局关于调整本市职工生育保险相关政策的通知》的规定，用人单位应当为其职工办理参加生育保险手续，并按照《北京市企业职工生育保险规定》的规定缴纳生育保险费用。生育津贴按照职工所在用人单位月缴费平均工资除以30天再乘以产假天数计发。上述规定虽然没有明确女职工产假期间的工资标准，但根据行文可以得出的结论是，女职工生育保险的缴纳及生育津贴的计算均是由上一年度职工月平均工资决定，而生育津贴即为产假工资。

其次，从统一裁判尺度的角度来看，第二种观点与类似纠纷的处理方式相同。劳动者被无故降薪要求用人单位补足工资差额是实践中常见的一种纠纷类型，也是与补足生育津贴差额最相类似的纠纷，都涉及工资标准的认定问题。补足工资差额案件中，劳动者的工资标准认定原则有二：一是根据双方劳动合同约定确定；二是实际履行改变劳动合同约定的，以劳动合同实际履行中用人单位实际支付的工资确定工资标准。本案双方对高某工资标准争议，实质上也是由于用人单位多次降薪引发。双方合同约定工资为6000元，高某正常工作期间实际发放工资均在10000元以上，应当以实际履行中技术开发公司支付的工资作为月工资标准，技术开发公司在高某怀孕后降低其工资的行为不符合《女职工劳动保护特别规定》，也违反了劳动合同法关于工资标准变更的规定，故以高某生产上一年度月平均工资作为工资标准，更符合一般案件的审理思路。

编写人：北京市第一中级人民法院　刘佳洁

146 用工单位未代劳务派遣单位为劳动者缴纳保险金，应承担连带赔偿责任

——超市公司诉服务外包公司等劳动争议案

【案件基本信息】

1. 裁判书字号

安徽省滁州市中级人民法院（2016）皖11民终920号民事判决书

2. 案由：劳动争议纠纷

3. 当事人

原告（上诉人）：超市公司

被告（上诉人）：服务外包公司

被告（被上诉人）：代某、戴某

【基本案情】

2014年1月1日，超市公司与服务外包公司签订《保安管理服务合同》，约定服务外包公司负责超市公司的安保服务项目。方某于2014年1月18日应聘进入服务外包公司上班，双方之间并未签订书面劳动合同。服务外包公司将其安排至超市公司从事保安工作，每月工资为1600元。2014年7月25日14时许，方某在超市公司经营的某超市二楼过道处工作时突然倒地猝死。滁州市琅琊区劳动人事争议仲裁委员会于2014年11月6日认定方某与服务外包公司之间自2014年1月22日至7月25日存在事实劳动

关系，该裁决书同时明确服务外包公司与超市公司之间系劳务派遣关系。2015 年 1 月 26 日，滁州市人力资源和社会保障局作出工伤认定决定书，认为方某的死亡属于视同工伤范围，视同为因工死亡。代某、戴某分别为方某的妻子、儿子。代某、戴某向滁州市琅琊区劳动人事争议仲裁委员会申请仲裁，要求相关赔偿。该委于 2015 年 7 月 24 日作出仲裁裁决，超市公司不服该裁决，诉至法院。

【案件焦点】

服务外包公司与超市公司之间是劳务外包关系还是劳务派遣关系，其在本案中是否应当承担连带赔偿责任。

【法院裁判要旨】

安徽省滁州市琅琊区人民法院经审理认为：用人单位以承揽、外包等名义，按照劳务派遣用工形式使用劳动者的，按照《劳务派遣暂行规定》处理。职工在劳动关系所在单位输出劳务期间遭受事故伤害的，由其劳动关系所在单位承担工伤保险责任，但实际用工单位存在过错给工伤（亡）职工造成损害的，应当承担连带赔偿责任，该过错应当包括用工单位未依法为劳动者代缴社会保险费。本案中，服务外包公司以劳务外包名义派遣方某至超市公司工作，方某因工死亡，根据生效仲裁裁决书的认定，方某与服务外包公司之间存在事实劳动关系，与超市公司之间按劳务派遣关系处理。服务外包公司未在滁州设立分支机构，故依法应由劳务派遣公司超市公司代服务外包公司为方某办理参保手续，缴纳社会保险费。而超市公司存在过错，并未为方某参保并缴纳该费用，加大了方某近亲属的维权成本。故服务外包公司与超市公司应对代某、戴某的合理赔偿承担连带责任。职工因工死亡，其近亲属可以领取丧葬补助金、供养亲属抚恤金和一次性工亡补助金。1. 丧葬补助金。丧葬补助金为6个月的统筹地区上年度职工月平均工资，即22578元（3763元/月×6个月）。2. 供养亲属抚恤金。根据《因工死亡职工供养亲属范围规定》第三条第二项规定，依靠因工死亡职工生前提供主要生活来源，因工死亡职工供养亲属为其配偶的，女年满55周岁的即可按规定申请供养亲属抚恤金。方某因工死亡，其配偶代某无业且已满55周岁，故代某享有按月领取供养亲属抚恤金的权利。具体标准按方某生前工资40%的标准计算，即640元/月（1600元×40%）。超市公司诉称代某有劳动能力且戴某应当有自己的合法收入，故不应支持供养亲属抚恤金的意见，因上述规定只是要求女性配偶年满55周岁或者丧失劳动能力即可，而非同时具备两条件；超市公司也无证据证明戴某的收入情况及其对代某的供养情况，故对该诉称意见不予采纳。3. 一次性工亡补助金。一次性工亡补助金标准为上一年度全国城镇居民人均可支配收入的20倍，即539100元（26955元/年×20）。代某、戴某虽认为供养亲属抚恤金及一次性工亡补助金的适用标准偏低，但其并未在规定的期限内向法院提起诉讼，视为其同意仲裁结果，对该答辩意见不予采纳。

安徽省滁州市琅琊区人民法院依照《中华人民共和国劳动合同法》第九十二条，《中华人民共和国劳动争议调解仲裁法》第六条，《工伤保险条例》第三十九条第一款，《劳务派遣暂行规定》第十八条、第十九条、第二十七条，《因工死亡职工供养亲属范围规定》第二条、第三条，《安徽省实施〈工伤保险条例〉办法》第二十八条、第三十二条第一款规定，判决：

一、驳回超市公司的诉讼请求；

二、服务外包公司于判决生效后十日内一次性支付代某、戴某丧葬补助金22578元；

三、服务外包公司于判决生效后十日内一次性支付代某、戴某一次性工亡补助金539100元；

四、服务外包公司自2014年8月起按月支付代某、戴某供养亲属抚恤金640元/月；

五、超市公司对上述第二、三、四项中的款项承担连带赔偿责任。

超市公司、服务外包公司不服一审判决，提起上诉。安徽省滁州市中级人民法院经审理认为：本案二审的争议焦点是：1. 服务外包公司与超市公司之间是劳务外包关系还是劳务派遣关系，其是否应当承担连带赔偿责任。2. 一审对供养亲属抚恤金的计算方式是否正确。

关于争议焦点1，超市公司与服务外包公司签订有保安管理服务合同，从合同涉及的服务内容、方式、权利义务、违约责任等条款分析，该合同符合劳务派遣协议的实质。用人单位超市公司虽以外包的名义，但实质上按劳务派遣用工形式使用劳动者方某。服务外包公司有无劳务派遣业务资质，按照《劳务派遣暂行规定》第二十七条规定，不影响对本案用工性质的认定。原审判决认定方某与服务外包公司之间存在事实劳动关系，与超市公司之间按劳务派遣关系处理正确，予以确认。服务外包公司未在滁州设立分支机构，根据《劳务派遣暂行规定》第十九条第二款规定，应由劳务派遣公司超市公司代服务外包公司为方某办理参保手续，缴纳社会保险费。但超市公司并未替方某参保并缴纳该费用，存在过错，且导致方某的近亲属无法享受相关工亡保险待遇。《中华人民共和国劳动合同法》第九十二条第二款规定，用工单位给被派遣劳动者造成损害的，劳务派遣单位与用工单位承担连带赔偿责任。因此，服务外包公司与超市公司应当承担连带赔偿责任。

关于争议焦点2，被扶养人生活费属于侵权责任赔偿项目，供养亲属抚恤金属于工伤责任赔偿项目，因侵权责任与工伤责任性质不同，供养亲属抚恤金与被扶养人生活费性质也不相同，两者之间不具有类比性。供养亲属抚恤金的发放标准和计算方式应按照《工伤保险条例》第三十九条的规定执行，该条第一款第二项规定，供养亲属抚恤金按照职工本人工资的一定比例发给由因工死亡职工生前提供主要生活来源、无劳动能力的亲属，其中配偶每月40%。并未对供养亲属抚恤金的领取年限进行限制。原审判决未对领取供养亲属抚恤金的年限进行限制并无不当，予以确认。

综上，超市公司、服务外包公司的上诉理由均不能成立，对其上诉请求均不予支持。原判决认定事实清楚，判决结果正确，应予维持。

安徽省滁州市中级人民法院依照《中华人民共和国民事诉讼法》第一百七十条第一款第一项规定，判决如下：

驳回上诉，维持原判。

【法官后语】

本案例的争议核心在于劳务派遣用工中用工单位承担法定连带赔偿责任的问题。具体而言，包括以下两个方面：

1. 不符合劳务派遣资质的单位向用工单位派遣劳动者的，三者之间是否构成劳务派遣关系

依据《中华人民共和国劳动合同法》第五十七条第一款第一项

规定，劳务派遣单位的注册资本不得少于200万元。在司法实践中，有些劳务公司成立时的注册资金并没达到最低注册资金的要求。在这种情况下，如果以劳务公司不符合劳动法要求的主体资格条件，认定劳务公司与劳动者之间不存在派遣与被派遣关系，难以有效保护劳动者的合法权益。就本案而言，服务外包公司提出其并不具备劳务派遣的资格，主张其与方某之间不存在派遣劳务关系，拒绝承担赔偿责任。但是，超市公司与服务外包公司之间签订的《保安管理服务合同》约定，服务外包公司负责超市公司的安保服务项目。根据《劳务派遣暂行规定》第二十七条规定，用人单位以承揽、外包等名义，按劳务派遣用工形式使用劳动者的，按照本规定处理。虽然方某和服务外包公司之间没有签订书面劳务派遣合同，但是依据该法条规定，应当认定方某与服务外包公司形成了劳务派遣关系。从劳动者的角度来看，事实上方某之所以到超市公司，其接受的正是服务外包公司的委派。在这种情况下，无论服务外包公司有无劳务派遣资质，都应当认定方某和服务外包公司之间形成了劳务派遣关系，从而更有效地保护劳动者的合法权益。

2. 在工伤赔偿案件中，给被派遣劳动者造成损害的，用工单位未代劳务派遣单位缴纳社会保险，用人单位是否需要承担连带赔偿责任

《劳务派遣暂行规定》第十八条规定，劳务派遣单位跨地区派遣劳动者的，应当在用工单位所在地为被派遣劳动者参加社会保险。第十九条规定，劳务派遣单位在用工单位所在地设立分支机构的，由分支机构为被派遣劳动者办理参保手续，缴纳社会保险费。劳务派遣单位未在用工单位所在地设立分支机构的，由用工单位代劳务派遣单位为被派遣劳动者办理参保手续，缴纳社会保险费。本案中，

服务外包公司作为劳务派遣单位，并没有在用工单位所在地设立分支机构，那么作为用工单位的超市公司就有义务代劳务派遣单位为被派遣劳动者办理参保手续，缴纳社会保险费，然而超市公司并没有履行这一法定义务，显然劳务派遣单位服务外包公司和用工单位超市公司未为劳动者缴纳社会保险费均存在过错。

《中华人民共和国劳动合同法》第九十二条规定，劳务派遣单位违反本法规定，给被派遣劳动者造成损害的，劳务派遣单位与用工单位承担连带赔偿责任。《中华人民共和国劳动合同法实施条例》第三十五条规定，用工单位违反劳动合同法和本条例有关劳务派遣规定，给被派遣劳动者造成损害的，劳务派遣单位和用工单位承担连带赔偿责任。该两条法条明确了劳务派遣单位和用工单位违反劳动法，造成劳动者损害的，应承担连带责任。然而，不为劳动者缴纳社会保险，是否属于该法条规定的“违反劳动合同法和本条例，给被派遣劳动者造成损害的，劳务派遣单位和用工单位承担连带赔偿责任”的范畴？就本案而言，劳务派遣单位和用工单位应当承担连带赔偿责任。原因在于，本案系劳动者在用人单位工作期间猝死，构成了工伤。而劳务派遣单位服务外包公司和用工单位超市公司均未为劳动者缴纳社会保险费，致使劳动者的家属无法通过正常的工伤程序获得补偿。不缴纳社会保险费的行为与劳动者无法获得工伤补偿的状况具有紧密的联系，所以服务外包公司和用工单位超市公司存在违反劳动法及条例的情形，应当认定两公司对劳动者方某的工伤承担连带赔偿责任。

编写人：安徽省滁州市琅琊区人民法院　王卫军

147 非法定事由终止劳动合同应支付违法终止劳动合同赔偿金

——邱某诉北京市海淀区某街道保洁中心劳动争议案

【案件基本信息】

1. 裁判书字号

北京市第一中级人民法院（2015）一中民终字第 00755 号民事判决书

2. 案由：劳动争议纠纷

3. 当事人

原告（反诉被告、上诉人）：邱某

被告（反诉原告、上诉人）：北京市海淀区某街道保洁中心（以下简称保洁中心）

【基本案情】

邱某于 2000 年 9 月入职保洁中心，任保洁员。双方于 2008 年 1 月 1 日签订了期限为 2008 年 1 月 1 日至北京 2008 年奥运会清扫保洁工作完成之时的《劳动合同书》；2009 年 1 月 1 日，双方签订了期限为 2009 年 1 月 1 日至北京国庆 60 周年大庆清扫保洁工作完成之时的《劳动合同书》；2011 年、2012 年、2013 年双方分别以自然年度为期限签订了书面劳动合同。双方签订的最后一份劳动合同于 2013 年 12 月 31 日期限届满。保洁中心以街道的保洁工作外包为由，于 2013 年 12 月 31 日与邱某终止了劳动合同。

2014年，邱某以要求保洁中心支付未签订书面劳动合同二倍的工资差额、加班费、违法解除劳动合同赔偿金等为由向北京市海淀区劳动人事争议仲裁委员会提出申请，该委裁决如下：1. 保洁中心支付邱某违法终止劳动合同赔偿金48350元；2. 驳回邱某的其他申请请求。邱某与保洁中心均不服裁决书，于法定期限内向法院起诉。邱某起诉在先。保洁中心认可不存在维持或者提高劳动合同约定条件向邱某提出续订劳动合同，而邱某不同意续订的情形。庭审中，保洁中心当庭同意按照《中华人民共和国劳动合同法》第四十六条之规定向邱某支付终止劳动合同经济补偿金。另查，根据双方均认可的银行卡对账单显示，邱某离职前12个月的平均工资数额为2018.75元。

【案件焦点】

保洁中心是否应当支付邱某违法终止劳动合同赔偿金。

【法院裁判要旨】

北京市海淀区人民法院经审理认为：根据《中华人民共和国劳动合同法》第四十六条第五项之规定，除用人单位维持或者提高劳动合同约定条件续订劳动合同，劳动者不同意续订的情形外，用人单位终止固定期限劳动合同的，应当向劳动者支付经济补偿。本案中，保洁中心认可不存在维持或者提高劳动合同约定条件向邱某提出续订劳动合同，而邱某不同意续订的情形，故保洁中心应当支付邱某终止劳动合同经济补偿金28262.5元。保洁中心不存在违法终止劳动合同的情形，故无须支付邱某违法终止劳动合同的经济赔偿金。

北京市海淀区人民法院依据《中华人民共和国劳动合同法》第

四十六条、第四十七条之规定，判决：

一、保洁中心于判决生效后7日内向邱某支付终止劳动合同经济补偿金28262.5元；

二、驳回邱某的其他诉讼请求。

判决后，双方均不服一审判决，提起上诉。北京市第一中级人民法院经审理认为：关于双方二审期间争议的主要焦点之劳动合同终止问题。根据《中华人民共和国劳动合同法》的相关规定，劳动者在用人单位连续工作满十年，或者连续订立二次固定期限劳动合同的，除劳动者提出订立固定期限劳动合同外，用人单位应当与劳动者订立无固定期限劳动合同。本案中，邱某已在保洁中心连续工作十余年，并多次签订固定期限劳动合同，确实符合签订无固定期限劳动合同的条件。保洁中心在劳动合同期限届满时未征求邱某意见，且其所提交的《解除、终止劳动关系（合同）证明书》上亦没有邱某的签字确认，保洁中心仍单方以非法定事由的“街道的保洁工作外包”为由与邱某终止劳动合同不再续签合同，属于违法终止的情形，应支付邱某违法终止劳动合同经济赔偿金。经核算，邱某所主张的违法终止劳动合同赔偿金的数额并未高于法定标准，法院予以支持。

北京市第一中级人民法院依据《中华人民共和国劳动合同法》第八十七条，《中华人民共和国民事诉讼法》第一百七十条第一款第二项之规定，判决如下：

一、撤销北京市海淀区人民法院（2014）海民初字第17126号民事判决；

二、保洁中心于本判决生效后7日内向邱某支付违法终止劳动合同经济赔偿金48350元；

三、驳回邱某的其他诉讼请求。

【法官后语】

劳动合同法相对于劳动法的重大改变之一就是扩大了必须签订无固定期限劳动合同的劳动者群体范围，其中包括连续签订两次固定期限劳动合同或在同一用人单位连续工作满十年等情形。本案中，邱某已在保洁中心连续工作十余年，并多次签订固定期限劳动合同，符合签订无固定期限劳动合同的条件，但保洁中心仍单方以非法定事由的“街道的保洁工作外包”为由与邱某终止劳动合同不再续签合同，这是否构成违法终止？一审法院和二审法院作出了不同的裁判结果。对此，笔者认为应当构成违法终止劳动合同，理由如下：

首先，从劳动合同法第十四条规定的文义上看，劳动者连续工作满十年，或者连续订立两次固定期限劳动合同，无其他法定情形，在续订合同时，除劳动者提出订立固定期限劳动合同外，应当订立无固定期限劳动合同。这里的“续订劳动合同”中“续订”应当理解为一种双方可以继续签订劳动合同的客观状态而非结果，毕竟订立合同的最终结果还得根据“劳动者提出或者同意续订、订立劳动合同的”这一意愿来决定，当然也就无须再由其中任何一方提出。换言之，在连续多次签订劳动合同或者劳动者已经连续工作满十年的情况下，用人单位实质上已经失去劳动合同期限的控制权，选择权完全在劳动者，用人单位也无权以劳动合同到期为由主张终止劳动关系。

其次，从劳动合同法设立无固定期限劳动合同的立法目的上来看，该规定的目的在于解决劳动合同短期化的问题，在符合签订无固定期限劳动合同条件而劳动者没有出错的情况下，对于已经付出劳动又能胜任用人单位工作的劳动者应当给予特别保护，此时如仍然要求用人单位也同意续签，无疑会让该规定落空。

本案中邱某与保洁中心的确符合签订无固定期限劳动合同的条件，但保洁中心在劳动合同期限届满时未征求邱某意见，且其所提交的《解除、终止劳动关系（合同）证明书》上也没有邱某的签字确认，保洁中心仍单方以非法定事由的“街道的保洁工作外包”为由与邱某终止劳动合同不再续签合同，属于违法终止的情形。那用人单位应当承担怎样的法律后果?

劳动合同法第四十八条就是关于用人单位违法解除或终止劳动合同法律后果的规定，对于用人单位“违反本法规定”解除或终止劳动合同的，首先要保护劳动者的合法权益，使劳动关系“恢复原状”，同时尊重劳动者有关是否继续履行劳动合同的选择，在劳动者权衡利弊后，要求继续履行劳动合同的，用人单位应当继续履行劳动合同，如劳动者不要求续订劳动合同的，劳动合同可以解除或终止，同时用人单位应支付赔偿金。虽然劳动合同法第四十八条没有明确将本案涉及的情况规定为违法终止劳动合同的情形，但是劳动合同法第十四条第二款第三项属于强制性规定，违反此条规定可以合理推断为违法终止劳动合同的情形。现邱某要求赔偿违法终止的赔偿金，那保洁中心应向其支付违法终止劳动合同赔偿金。

进而关于违法终止劳动合同赔偿金的计算问题。根据《中华人民共和国劳动合同法实施条例》第二十五条的规定，用人单位违反劳动合同法的规定终止劳动合同的，依照劳动合同法第八十七条的规定支付了赔偿金的，不再支付经济补偿，赔偿金的计算年限自用工之日起计算。从该条规定中可以看出，虽然无固定期限劳动合同和违法终止劳动合同等相关规定都是劳动合同法相对于劳动法新增的规定，但是为了劳动者利益的最大化，法律对违法终止劳动合同经济赔偿金的计算没有按照一般的法不溯及既往的原则，而是对那些长期为企业工作并作出稳定成绩的劳动者给予了特殊保护，即劳动者2008年1月1日之前的工作年限也应当计入。

编写人：北京市第一中级人民法院　郝映映

148　值班与加班的正确区分与待遇处理

——丁某诉物业公司劳动争议案

【案件基本信息】

1. 裁判书字号

山东省淄博市中级人民法院（2015）淄民三终字第744号民事判决书

2. 案由：劳动争议纠纷

3. 当事人

原告（上诉人）：丁某

被告（被上诉人）：物业公司

【基本案情】

2012年1月，原告入职被告处从事保安工作。原、被告签订了自2012年1月1日起至2014年12月31日止的《用工劳动协议》。被告未为原告缴纳工作期间的社会保险。2015年2月15日，原告离职。原告向淄博市张店区劳动人事争议仲裁委员会提起仲裁，要求被告支付公休日加班费17200元、法定节假日加班费3700元、经济补偿金6000元和双倍工资16500元。仲裁庭审中原告放弃了双倍工资16500元的仲裁请求。后该委裁决驳回原告的仲裁请求。原告对裁决不服，提起诉讼，主张其2011年6月24日入职被告处，其在2014年2月28日前工作期间全年无休，2014年3月1日起每月休息2天且法定节假日无休息，被告未缴纳社会保险、不支付加班费。被告则辩称：原告所诉公休日、法定节假日加班费无事实依据；经济补偿金无事实和法律依据。

【案件焦点】

被告是否应当向原告支付加班费和经济补偿金。

【法院裁判要旨】

山东省淄博市张店区人民法院经审理认为：当事人对自己的主张有责任提供证据。原告主张2011年6月24日入职被告处并要求被告支付加班费，但其提供的考勤表不足以证明其主张，被告亦不予认可，原告对此应承担举证不能的不利后果。故对原告的该项主张，依法仅认定原告于2012年1月入职被告处。被告主张原告无故不到单位上班、原告的工资为1400元/月，既未提交由其掌握的工资表等相关证据，又存在未为原告缴纳社会保险的违法行为；加之原告主张2011年6月至2013年8月的工资为1500元/月、2013年9月至2015年2月的工资为1600元/月，故原告关于解除劳动合同经济补偿金的诉求，应予支持，但其数额依法计算应为3875元（1550元/月×2.5个月）。原告关于双倍工资的请求，未经劳动仲裁前置程序处理，对此不予涉及。

山东省淄博市张店区人民法院依照《中华人民共和国劳动合同法》第三十八条第一款第一项、第四十六条第一项、第四十七条第一款，《中华人民共和国劳动法》第七十九条，《中华人民共和国民事诉讼法》第六十四条之规定，判决如下：

被告向原告支付解除劳动合同经济补偿金 3875 元并驳回原告丁某的其他诉讼请求（关于双倍工资的请求除外）。

丁某持原审起诉意见提起上诉。山东省淄博市中级人民法院经审理认为：用人单位安排劳动者从事与本职工作有关的值班任务，但值班期间可以休息的，不属于用人单位支付加班费的范围。丁某在入职物业公司时即清楚自己从事保安工作，保安工作的性质就是从事值班任务，在此期间可以休息，因此用人单位不需要支付其加班费。经济补偿金的计算基数是按照解除劳动合同前 12 个月的平均工资计算，丁某月平均工资为 1550 元，一审法院据此计算经济补偿金并无不当。

山东省淄博市中级人民法院依据《中华人民共和国民事诉讼法》第一百六十九条、第一百七十条第一款第一项、第一百七十五条之规定，判决如下：

驳回上诉，维持原判。

【法官后语】

本案中原告丁某在劳动仲裁和一、二审中均主张其存在加班并主张加班费，一审法院以原告举证不能为由对此不予支持，二审法院则最终认定其从事的保安工作的性质属于值班，在此期间可以休息，故用人单位不需要向其支付加班费。应当说二审对这一问题的认定更为合理和符合客观实际。而这实际上也引出了劳动法司法实践中的一个重要问题，那就是值班与加班的正确区分和相应的待遇处理问题。

根据我国劳动法第四十四条的规定，加班是指在正常工作时间之外安排劳动者进行工作。但法律对于值班并未作出具体规定，这也使得二者在区分认定上容易出现误区。值班和加班确实存在相同的地方：第一，二者均是在非工作时间进行本单位的工作，即二者所占用的时间都是非正常工作的时间。例如，既存在夜间加班的情况，也存在夜间值班的情况；节假日亦是如此，既有节假日加班，也有节假日值班。第二，二者都反映的是单位的意志，需要劳动者履行单位职责。也就是说，一方面无论是值班还是加班，都不是劳动者个人意志的体现，而是必须经过单位安排，体现的是单位的意志；另一方面不管是值班还是加班，均需要由劳动者履行一定的单位职责，而不是为了实现劳动者的个人目的。

当然，从以上所说的值班和加班的两个相同之处来看，其都是外在性的和表面性的，易为人们所感知，这也使人在第一感觉上对二者极易产生混淆，甚至让人产生“值班就是加班”的错觉。然而深入内在来看，二者存在实质性区别，那就是二者工作的具体内容不同。值班一般是指单位因安全、消防、假日等需要，临时或者根据规章制度来安排劳动者从事本职无关联的工作，或虽与劳动者本职工作有关联，但值班期间可以休息，一般为非生产经营性的责任。而加班则是劳动者在平时正常工作时间外继续从事自己的本职工作，或者说是继续完成自己的具体生产或经营任务，承担相应的生产经营性责任，其不存在边工作边休息的问题，而是纯粹地进行工作。也就是说，加班其实就是在非工作时间内正常工作，而值班则属于是“半工半休”，二者在具体工作内容上的不同客观上也导致了加班在工作强度上来讲明显要大于值班。加班和值班的上述本质性区别决定了要想从实践中正确区分加班还是值班，主要就是看劳动者在非工作时间里是否继续在原来的岗位上工作，是否存在具体的生产或经营任务，是否具有一定的休息时间（即是否可以边工作边休息）。如果劳动者在非工作时间继续在原来的工作岗位上工作或是有具体的生产或经营任务，一般应认定为加班；如果劳动者不是继续在其原来的工作岗位上工作，也没有具体的生产或经营任务，或是虽被安排与本职工作有关联的值班任务但值班期间可以休息的，则应当认定为值班。

对加班和值班进行正确区分，最终意义还是在于相应工资待遇的处理。由于加班实质上属于正常工作在非工作时间内的延续，系劳动者的一种“完全式劳动”，故《中华人民共和国劳动法》对其予以明确规定，即对加班的情形和相应情形下的工资待遇支付进行了刚性的规范。而值班并非完全意义上的正常工作，系劳动者的一种“不完全式劳动”，故法律对其并未予以明确规定，其相应的工资待遇也就不可能依据法律来确定，只能根据用人单位的内部制度、内部惯例或者与职工的具体约定来确定。从我国的劳动用工实际情况来看，无论是用人单位的内部规章制度，还是用人单位的内部惯例，抑或是用人单位与职工的具体约定，对于值班的工资待遇往往是以值班补贴、值班津贴或是值班费的形式或名义出现的，其一般要低于加班工资，而这也与值班和加班的不同性质相吻合，当然对于值班工资待遇的合适标准，则需要用人单位与劳动者合理协商确定。

因此，对于加班和值班的相应工资待遇问题，具体到司法实践中应作如下把握：由于加班及其相应的工资报酬是法定的，故用人单位安排劳动者加班的，必须按照法定标准向劳动者支付加班费或者说是加班工资；而值班因法律上并未明确规定，故关于值班的工资待遇一般情况下是由用人单位内部的规章制度予以规范，集体合同或劳动合同对此有约定或用人单位对此有惯例的，应按其执行。值得注意的是，审判实践中经常出现的则是劳动者以值班为由主张加班工资的情形，本案即是如此。而从前述的对于加班和值班的分析中不难看出，值班从本质上看并不属于加班，所以对于值班的情形而言，不能简单地套用《中华人民共和国劳动法》第四十四条的规定支持加班工资，即不能将值班等同于加班。对于值班的待遇问题，劳动者只能要求单位按照规章制度、集体合同、单项集体协议、劳动合同或惯例等支付相应待遇。具体到本案，丁某在入职物业公司时即已清楚自己从事保安工作，保安工作的性质就是从事值班任务，在此期间可以休息，故丁某在本案中系值班而非加班，其以值班为由要求加班工资依法不应得到支持。

编写人：山东省淄博市中级人民法院　荣明潇　胡晓梅

149　公司未注册成立前用工的双倍工资起算时间应如何认定

——周某诉废物利用公司劳动争议案

【案件基本信息】

1. 裁判书字号

山东省淄博市中级人民法院（2014）淄民三终字第 190 号民事判决书

2. 案由：劳动争议纠纷

3. 当事人

原告（上诉人）：周某

被告（上诉人）：废物利用公司

【基本案情】

废物利用公司于 2012 年 6 月 19 日注册成立，之前公司处在筹建阶段。自 2011 年 8 月 29 日，周某在该公司筹建期间从事工程部工作，岗位为工程师，工资为每月 16666 元。2013 年 1 月 24 日离职，其间双方未签订书面劳动合同。2013 年 3 月 1 日，周某向淄博市张店区劳动人事争议仲裁委员会申请仲裁，请求支付解除劳动合同赔偿金 27909 元、未签订书面劳动合同双倍工资差额 183333 元。淄博市张店区劳动人事争议仲裁委员会裁决废物利用公司支付解除劳动合同赔偿金 27909 元（上年度在岗职工月平均工资 3101 元×3×1.5 个月×2）并驳回其他仲裁请求。周某不服该裁决诉至法院，其请求同仲裁请求。废物利用公司辩称其不存在违法解除的情形，不应支付解除劳动合同赔偿金；未签订劳动合同的过错在劳动者，拖延不签劳动合同，因此不应支付双倍工资。

【案件焦点】

对于劳动者在用人单位注册成立之前就在该单位工作的，劳动者主张的未签订劳动合同双倍工资的起算时间应如何认定。

【法院裁判要旨】

山东省淄博高新技术产业开发区人民法院经审理认为：废物利用公司于 2012 年 6 月 19 日注册成立，之前公司处在筹建阶段，不具有民事行为能力，其没有权利也没有能力与劳动者签订书面劳动合同。周某主张 2011 年 9 月 29 日至 2012 年 8 月 29 日未签订劳动合同双倍工资差额 183333 元，2012 年 6 月 19 日公司注册成立之前，公司没有能力签订书面劳动合同；2012 年 6 月 19 日公司注册成立之后，应当与周某签订书面劳动合同，截止到 2013 年 1 月 24 日周某离职单位也未与其签订书面劳动合同，结合周某主张未签订劳动合同双倍工资差额的期间，公司应支付自公司注册成立之日起满一个月后至 2012 年 8 月 29 日未签订劳动合同的双倍工资差额。公司辩解周某以种种理由拖延签订劳动合同，但未提供相关证据予以证实，该辩解意见不成立，不予采信。周某主张的解除劳动合同赔偿金符合法律规定，予以支持。

山东省淄博高新技术产业开发区人民法院依照《中华人民共和国劳动合同法》第三十八条、第四十六条、第四十七条、第八十二条的规定，判决如下：

一、废物利用公司于本判决生效之日起十日内向周某支付解除劳动合同赔偿金 27909 元（上年度在岗职工月平均工资 3101 元×3×1. 5 个月×2）；

二、废物利用公司于本判决生效之日起十日内向周某支付 2012 年 7 月 19 日至 2012 年 8 月 29 日期间双倍工资差额 22165. 78 元（月工资 16666 元×1. 33 月）；

三、驳回周某的其他诉讼请求。

周某、废物利用公司均不服，持原审意见提起上诉。山东省淄博市中级人民法院经审理认为：在公司注册成立之前，筹建中的公司不是法律意义上的用人单位，不是劳动合同法的适格主体，其无能力与劳动者签订劳动合同；在公司成立后应当按照法律规定，与劳动者签订劳动合同。但废物利用公司在公司成立后怠于履行上述义务，按照法律规定，应从满一个月的次日即 2012 年 7 月 19 日支付劳动者双倍工资，直至周某离职之日即 2013 年 1 月 24 日，故周某的双倍工资差额共计 99996 元（月工资 16666 元×6 个月）。原审判决计算周某双倍工资起算时间正确，但截止时间错误，本院予以纠正。根据《中华人民共和国劳动合同法实施条例》第六条的规定："用人单位自用工之日起超过一个月不满一年未与劳动者订立书面劳动合同的，应当按照劳动合同法第八十二条的规定向劳动者每月支付两倍的工资，并与劳动者补订书面劳动合同；劳动者不与用人单位订立书面劳动合同的，用人单位应当书面通知劳动者终止劳动关系，并依照劳动合同法第四十七条的规定支付经济补偿。”废物利用公司主张未签订劳动合同的过错在周某，但未提供证据证明，且没有与周某书面终止劳动关系，双方劳动关系继续存在，废物利用公司应支付周某未签订劳动合同的双倍工资差额。综上，原审判决适用法律错误，本院予以纠正。

山东省淄博市中级人民法院依据《中华人民共和国劳动合同法实施条例》第六条，《中华人民共和国民事诉讼法》第一百六十九条、第一百七十条第一款第二项、第一百七十五条之规定，判决如下：

一、维持山东省淄博市张店区人民法院（2013）张民初字第1417号民事判决第一项；

二、撤销山东省淄博市张店区人民法院（2013）张民初字第1417号民事判决第三项；

三、废物利用公司于本判决生效之日起十日内向周某支付2012年7月19日至2013年1月24日期间双倍工资差额99996元；

四、驳回周某的其他诉讼请求。

【法官后语】

根据劳动合同法第八十二条第一款的规定，用人单位自用工之日起超过一个月未满一年未与劳动者订立书面劳动合同的，应当向劳动者每月支付二倍的工资。该“用工之日”一般就是劳动者到用人单位实际工作之日。对于劳动者在用人单位注册成立之前就在本单位工作的，未签订劳动合同双倍工资的起算时间是从工作之日还是公司注册成立之日，法律并无明确规定。对此情况，应认定用人单位自注册成立之日才具有劳动法规定的用人单位主体资格和与劳动者签订劳动合同的条件。理由如下：

一是筹建阶段的用人单位不是法律意义上的法人主体，不能独立承担法律责任。劳动合同法第二条规定："中华人民共和国境内的企业、个体经济组织、民办非企业单位等组织（以下称用人单位）与劳动者建立劳动关系，订立、履行、变更、解除或者终止劳动合同，适用本法。"因此，合法成立的具有独立法人资格的公司才是劳动合同的适格主体。筹建中的公司不具备权利能力和行为能力，不能成为劳动合同的适格主体，不具有合法的劳动用工权，筹建中的公司根本无法承担劳动合同法中规定的与劳动者签订劳动合同的法律义务。

二是劳动合同法第九十三条规定，对不具备合法经营资格的用人单位的违法犯罪行为，依法追究法律责任；劳动者已经付出劳动的，该单位或其出资人应当依照本法有关规定向劳动者支付劳动报酬、经济补偿、赔偿金。其中对"劳动报酬、经济补偿和赔偿金"应作狭义解释，不宜将责任范围扩大到未签订书面劳动合同的双倍工资差额等其他项目。从双倍工资的性质上来看，实际是用人单位没有按照法律规定与劳动者签订劳动合同所产生的法律后果，属于惩罚性的赔偿，并非劳动者提供劳动而获得的对价支付，在性质上并不是劳动报酬，因此不属于上述规定的情形之内。

从上述两点出发，因筹建中的公司不具有合法的劳动用工权，即使其与劳动者签订劳动合同也属于无效合同，因此要求筹建中的公司支付未签劳动合同的双倍工资，缺乏法律依据。故本案中法院最终认定废物利用公司应从注册成立之日起与周某签订劳动合同，对周某主张的未签订劳动合同的双倍工资应从废物利用公司注册成立之日的下一月的次日开始计算。

编写人：山东省淄博市中级人民法院　胡晓梅

150　员工期权收入应属于劳动报酬

——张某诉无线技术公司劳动争议案

【案件基本信息】

1. 裁判书字号

北京市第一中级人民法院（2013）一中民终字第13605号民事裁定书

2. 案由：劳动争议纠纷

3. 当事人

原告（上诉人）：张某

被告（被上诉人）：无线技术公司

【基本案情】

2011年4月6日，无线技术公司（甲方）与张某（乙方）签订一份劳动合同书（固定期限）。双方约定，本合同为固定期限劳动合同。本合同于2011年4月6日生效，其中试用期至2011年7月6日止，于2014年4月6日终止。乙方同意根据甲方工作需要，担任技术经理岗位（工种）工作。甲方每月10日前以货币形式支付乙方工资，月工资为25000元。上述合同书落款处，加盖有无线技术公司的印章，并有张某的签名字样。

同日，无线技术公司（甲方）与张某共同签订一份劳动合同变更书。双方约定，经甲乙双方协商一致，对本合同做以下变更：授予张某100000股期权；并在公司统一办理期权证书之时，发放期权证书。上述变更书落款处，加盖有无线技术公司的印章，并有张某的签名字样。

2012年7月13日，无线技术公司（甲方）与张某（乙方）共同签订一份补充协议。根据协议记载，甲乙双方经友好协商，就乙方的雇佣合同终止事宜达成以下条款，作为原合同的补充协议。一、雇佣合同终止日为2012年7月13日。甲乙双方雇佣关系自当日终止。二、甲方将支付乙方人民币：2.5×25000=62500元作为离职补偿金。三、甲方于2011年4月授予乙方的10万股期权将由乙方继续持有，但根据公司的规定需由公司现有法人代表靳某持有，双方于2012年8月31日前办理相关的公证书。四、离职补偿金将与7月考勤工资（工资结算至2012年7月13日全勤）一同发放，即于8月10日通过银行发放到乙方的工资卡上。五、本协议一式两份，双方签字盖章生效，甲乙双方各执一份，具有法律效力。上述协议落款处，分别有无线技术公司法定代表人靳某的签名字样以及张某的签名字样，并加盖有无线技术公司的印章。之后，张某以公司未履行协议为由向北京市海淀区人事仲裁委员会申请劳动仲裁，北京市海淀区人事仲裁委员会以本案不属于劳动争议为由未予立案，但未出具书面裁定书。张某遂向北京市海淀区人民法院起诉。

【案件焦点】

原告张某的诉求是否属于劳动争议。

【法院裁判要旨】

北京市海淀区人民法院经审理认为：本案中，原告张某起诉的直接依据主要涉及劳动合同变更书与补充协议两项，上述两项协议属于所签劳动合同书的重要组成部分，其中虽有涉及无线技术公司授予张某期权的内容，但该部分内容属于双方劳动合同关系范围内的具体权利义务关系根据相关法律规定，劳动者与用人单位在履行劳动合同过程中发生的纠纷，属于劳动争议调解仲裁法第二条规定的劳动争议。因此，根据劳动争议调解仲裁法关于劳动争议案件应当先行仲裁的规定，张某与无线技术公司之间的上述纠纷内容，应先行通过仲裁纠纷解决程序解决。

北京市海淀区人民法院依照《中华人民共和国劳动法》第二条，《最高人民法院关于审理劳动争议案件适用法律若干问题的解释》第一条第一项，《中华人民共和国民事诉讼法》第一百五十四条第一款第三项之规定，裁定：

驳回原告张某的起诉。

裁定后，张某不服，提起上诉。北京市第一中级人民法院经审理认为：根据双方的诉辩意见，本案的争议焦点为张某的诉求是否属于劳动争议。张某的诉求来源于双方劳动合同的变更和补充协议约定的内容，这属于关于张某待遇的问题，根据《中华人民共和国劳动争议调解仲裁法》第二条的规定，此类争议属于劳动争议的范畴，故应先通过劳动仲裁程序解决。

北京市第一中级人民法院依照《中华人民共和国民事诉讼法》第一百七十条第一款第一项之规定，裁定：

驳回上诉，维持原审裁定。

【法官后语】

根据双方的诉辩意见，本案的争议焦点为张某的诉求是否属于劳动争议。张某的诉求来源于双方劳动合同的变更和补充协议约定的内容，这属于关于张某待遇的问题，根据劳动争议调解仲裁法第二条的规定，此类争议属于劳动争议的范畴，故应先通过劳动仲裁程序解决。员工期权收入纠纷属于新型劳动争议案件，是伴随工资构成方式多样化、员工与企业关系重构过程中产生的。要解决此类案件，需要从期权的本质及劳动者和用人单位关系等两方面着手，多层次宽维度分析此类案件本质属性。

1. 股权纠纷的性质及分类

股权纠纷主要分为四类：股东出资纠纷、股权确认纠纷、股权转让纠纷、股东权利纠纷。从上述股权纠纷分类可以看出，本案不属于股权纠纷，本案纠纷的实质是涉及劳动者的待遇纠纷，应该属于劳动争议的范畴。但本案与传统的劳动争议纠纷又有不同，因为在传统的劳资关系中，劳动者一般不会涉及与公司有股权方面的纠纷和矛盾，但在员工期权纠纷中，则涉及股权的授予与行权，这就与股权纠纷产生了联系。

2. 股票期权的性质

要确定本案属于劳动争议案件，还需要分析股票期权的性质。

股票期权（Stock Option）又称经理股票期权（Executive Stock Option），是指某些高科技公司授予高科技人员或其他公司授予高级管理人员、技术骨干等雇员的在未来一定时间内以某一特定价格购买一定数量公司股票的权利。公司确定的“某一特定价格”称为行权价；公司授予股票期权的日期为授权日；权利人根据股票期权授予协议选择购买股票的过程，称为行权；经理人员购买股票的当日为行权日。股票期权制度的运行机理是：公司授予经理人股票期权，如果经理人经营管理有方，公司业绩优良，公司股票升值，经理人就可以在约定的时间，以原约定的较低的行权价购买被授予数量的股票，获得行权价与行权日股票市场价的差额，从而对经理人产生激励作用。股票期权制度在激励企业经营者、减少代理成本、改善治理结构、促进稳健经营等方面极具优越性。它把公司的利益和员工的利益连接起来，从而有效地提高员工的工作积极性，也降低了员工流失率。

根据《关于工资总额组成的规定》第四条规定，工资包括计时工资、计件工资、奖金、津贴和补贴、加班加点工资和特殊情况下支付的工资，该规定第十一条第九项规定“对购买本企业股票和债券的职工支付的股息（包括股金分红）和利息”不列入工资总额范围。所以实践中，有的观点不认为员工期权收入属于劳动报酬。但《关于工资总额组成的规定》颁布时我国还没有员工期权的概念，因此当时不可能将期权列入工资总额。随着经济生活的多元化发展，期权作为一种新型的劳动报酬开始大量出现。员工股份期权实质上是公司对员工的一种福利待遇，也是一种激励机制，它是建立在劳动关系的基础之上的，是一种新的货币分配方式。

期权纠纷是否属于劳动纠纷直接关系到是否要经过仲裁程序。劳动争议案件必须先向劳动争议仲裁委员会申请仲裁，对仲裁裁决不服的，才可向法院诉讼。员工期权争议是建立在劳动关系的基础之上的，所获得的股权收益也是对于公司努力工作的回报，因此应当属于劳动仲裁的受理范围。

编写人：北京市第一中级人民法院　许庆涛

151 用人单位因未签无固定期限劳动合同支付劳动者二倍工资是否应有期限限制

——陈某诉某大厦公司劳动争议案

【案件基本信息】

1. 裁判书字号

北京市第一中级人民法院（2011）一中民终字第18352号民事判决书

2. 案由：劳动争议纠纷

3. 当事人

原告（反诉被告、上诉人）：陈某

被告（反诉原告、被上诉人）：某大厦公司

【基本案情】

1996年5月，陈某到某大厦公司工作，双方签订了劳动合同。2006年11月，双方签订一年期劳动合同，约定该合同于2006年11月15日生效，于2007年11月15日终止，陈某担任办公室岗位工作，月工资为3750元。2007年11月12日，双方续订劳动合同，约定合同期限自2007年11月16日至2008年11月15日。

2008年10月14日，陈某向某大厦公司递交书面申请，称其在某大厦公司已连续工作12年多，希望与某大厦公司签订无固定期限劳动合同。某大厦公司在陈某提交的申请上注明“经公司研究决定，劳动合同到期后，不再与你续签订劳动合同”。

2008年11月10日，某大厦公司向陈某出具《解除劳动合同证明》，内容为：双方劳动合同期限于2008年11月15日终止。根据《中华人民共和国劳动合同法》第四十条第二款的有关规定，本单位决定于2008年11月10日与您解除劳动合同。

2008年11月15日，某大厦公司向陈某发送通知，内容为：您与公司签订的劳动合同将于2008年11月15日到期，到期后公司不再与您续签，现提前通知您办好相关离职移交手续。根据国家相关规定，公司将与您结清有关费用。

2009年3月23日，陈某申诉至北京市劳动争议仲裁委员会，要求：1. 撤销某大厦公司解除与陈某劳动合同的决定；2. 双方订立无固定期限劳动合同；3. 某大厦公司支付陈某未依法订立无固定期限劳动合同二倍工资。仲裁裁决后，陈某、某大厦公司均不服裁决结果向法院提起诉讼。

另查明，根据陈某的个人所得税完税证明，结合陈某的各项社会保险、住房公积金扣缴情况进行计算，陈某在2007年12月至2008年11月期间月平均工资收入为7888.55元。2008年陈某尚有7天年休假未休，某大厦公司未支付陈某未休年休假工资。

【案件焦点】

用人单位因未签无固定期限劳动合同支付劳动者二倍工资，是否应有期限限制。

【法院裁判要旨】

北京市西城区人民法院经审理认为：陈某在某大厦公司工作已超过十年，在双方劳动合同期限届满前三十日，陈某已向某大厦公司提出签订无固定期限劳动合同的申请，某大厦公司应与陈某签订无固定期限劳动合同。某大厦公司于2008年11月10日作出的《解除劳动合同证明》，缺乏法律及事实依据，陈某要求撤销解除劳动合同证明及要求签订无固定期限劳动合同的主张，于法有据，予以支持；某大厦公司要求确认解除劳动合同通知有效及不同意与陈某签订无固定期限劳动合同，缺乏法律依据，不予支持。

陈某与某大厦公司在原签订劳动合同未履行完毕前发生劳动争议，某大厦公司拒绝与陈某签订无固定期限劳动合同，做法欠妥。但陈某以此要求某大厦公司支付未签订书面劳动合同两倍工资，缺乏依据。某大厦公司应按法院核定月工资数额支付陈某自2008年12月起至签订无固定期限劳动合同止的工资。

陈某于2008年度尚有7天年假未休，故陈某要求某大厦公司支付未休年假的工资及赔偿金合理数额部分的诉讼请求，予以支持。陈某、某大厦公司的其他主张内容，证据不足且缺乏依据，均不予支持。

北京市西城区人民法院判决如下：

一、撤销被告某大厦公司于2008年11月10日作出的与原告陈某解除劳动合同的决定；

二、本判决生效后十日内，被告某大厦公司与原告陈某签订书面无固定期限劳动合同（合同期限自2008年11月16日起算）；

三、本判决生效后十日内，被告某大厦公司支付原告陈某2008年12月至2011年8月工资人民币252124.95元；

四、本判决生效后十日内，被告某大厦公司支付原告陈某未休年假工资及百分之五十的赔偿金3688.34元；

五、驳回原告陈某的其他诉讼请求；

六、驳回被告某大厦公司的反诉请求。

判决后，陈某不服，提起上诉。北京市第一中级人民法院经审理认为：根据查明的事实，陈某于1996年5月入职某大厦公司，到2008年已在某大厦公司连续工作满十二年。双方签订的最后一份劳动合同终止日期为2008年11月15日。某大厦公司于2008年11月10日以陈某不能胜任工作，经过调整工作岗位仍不能胜任工作为由解除与陈某的劳动合同关系，但从某大厦公司提供的证据来看，不足以证明某大厦公司解除劳动合同依据充分，故原审法院判决撤销某大厦公司的解除劳动合同决定并无不当，本院予以确认。

关于某大厦公司是否应当支付陈某未签无固定期限劳动合同二倍工资的问题。根据《中华人民共和国劳动合同法》的规定，劳动者在用人单位连续工作满十年的，劳动者提出或者同意续订、订立劳动合同的，除劳动者提出订立固定期限劳动合同外，应当订立无固定期限劳动合同。用人单位违反本法规定不与劳动者订立无固定期限劳动合同的，自应当订立无固定期限劳动合同之日起向劳动者每月支付二倍的工资。二倍工资中，一倍是劳动者的工资，另一倍是对用人单位违反法律规定不与劳动者订立无固定期限劳动合同的惩罚性赔偿。由于不订立书面无固定期限劳动合同属于不订立书面劳动合同的一种，因此，支付二倍工资的期限最长不超过十一个月。

本案中，陈某在某大厦公司已连续工作十二年，符合签订无固定期限劳动合同的条件，某大厦公司未依法与陈某签订无固定期限劳动合同，故其应当自2008年11月16日起向陈某每月支付二倍的工资，支付期限计算到2009年10月15日，在这之后，由某大厦公司按照陈某的月工资数额支付陈某工资，支付期限计算到本案一审法庭辩论终结时。关于某大厦公司上诉认为，由于双方对是否解除劳动合同有争议，故陈某主张诉讼期间未签订无固定期限劳动合同的二倍工资没有法律依据一节，根据法院查明的事实，在陈某向某大厦公司提出签订无固定期限劳动合同的申请后，某大厦公司明确拒绝与陈某签订无固定期限劳动合同，后某大厦公司又提出解除与陈某的劳动合同关系，但某大厦公司未提供充分证据证明其系合法解除劳动合同，因某大厦公司解除劳动合同不符合法律规定，故对于某大厦公司不同意支付陈某诉讼期间未签订无固定期限劳动合同二倍工资的答辩意见，不予采信。

关于陈某的月平均工资数额问题。由于陈某申请法院调查某大厦公司支付员工现金购物卡、置装费等工资福利情况不属于人民法院调查收集证据范围，故对于陈某主张其月平均工资数额为11581.34元的上诉理由，本院不予采信。根据陈某的个人所得税完税证明，结合陈某的各项社会保险、住房公积金扣缴情况进行计算，陈某在2007年12月至2008年11月期间月平均工资收入为7888.55元，原审判决认定数额有误，依法予以纠正。

根据法院查明的事实，陈某在2008年尚有7天年休假未休，某大厦公司应支付陈某未休年休假工资5077.69元。原审判决认定的陈某未休年休假工资数额有误，本院相应予以调整。陈某主张未休年休假工资50%的赔偿金，因未经劳动行政部门处理，对陈某该部分主张不予支持。

综上，原审判决部分不当，予以相应改判。北京市第一中级人民法院依据《中华人民共和国民事诉讼法》第一百五十三条第一款第三项之规定，判决：

一、维持北京市西城区人民法院（2010）西民初字第10834号民事判决第一、二、五、六项；

二、撤销北京市西城区人民法院（2010）西民初字第 10834 号民事判决第三、四项；

三、本判决生效后十日内，某大厦公司支付陈某：2008 年 11 月 16 日至 2009 年 10 月 15 日期间未签无固定期限劳动合同二倍工资 173548.1 元、2009 年 10 月 16 日至 2011 年 8 月 15 日期间工资 173548.1 元，共计 347096.2 元；未休年假工资 5077.69 元。

【法官后语】

1. 二倍工资的种类

根据劳动合同法第八十二条的规定，二倍工资分为两种类型。第一类是未依法签订书面劳动合同二倍工资，用人单位自用工之日起超过一个月不满一年未与劳动者订立书面劳动合同的，应当向劳动者每月支付二倍的工资；第二类是未依法签订无固定期限劳动合同二倍工资，用人单位违反法律规定不与劳动者订立无固定期限劳动合同的，自应当订立无固定期限劳动合同之日起向劳动者每月支付二倍的工资。上述二倍工资的两种类型是各自独立的，实践中应注意不能混淆。

2. 未签订书面劳动合同二倍工资的上限问题

根据劳动合同法第八十二条第一款规定，用人单位自用工之日起超过一个月不满一年未与劳动者订立书面劳动合同的，应当向劳动者每月支付二倍的工资。劳动合同法第十四条第三款又规定，用人单位自用工之日起满一年不与劳动者订立书面劳动合同的，视为用人单位与劳动者已订立无固定期限劳动合同。根据上述规定可见，立法已将未签订书面劳动合同二倍工资的上限规定为 11 个月。

3. 未依法签订无固定期限劳动合同二倍工资的上限问题

劳动合同法第八十二条第二款规定，用人单位违反本法规定不与劳动者订立无固定期限劳动合同的，自应当订立无固定期限劳动合同之日起向劳动者每月支付二倍的工资。那么，对于用人单位未依法与劳动者订立无固定期限劳动合同应当支付的二倍工资是否有期限限制?

有观点认为，没有期限限制。从劳动合同法第八十二条第二款规定来看，并未对二倍工资的期限进行限制。在符合签订无固定期限劳动合同条件时，依法与劳动者签订无固定期限劳动合同是用人单位的法定义务，只要用人单位未依法与劳动者订立无固定期限劳动合同，用人单位就必须自应当订立无固定期限劳动合同之日起向劳动者每月支付二倍的工资，直到双方补订无固定期限劳动合同。

笔者认为，有必要对支付二倍工资的期限进行限制。理由如下：(1) 二倍工资中，一半是劳动者的工资，另一半是对用人单位违反法律规定不与劳动者订立无固定期限劳动合同的惩罚性赔偿。而对惩罚性赔偿都应当有一定的限制，否则会导致用人单位与劳动者之间的利益严重失衡。(2) 对用人单位未依法与劳动者订立无固定期限劳动合同应当支付的二倍工资不设定期限限制，容易引发道德风险，不利于解决纠纷。按照不设定期限限制的观点，在补签无固定期限劳动合同之前，用人单位都应当支付二倍工资。而在审判实践中，笔者发现，补签合同不是用人单位一方就能完成，需要双方协商，补签劳动合同本身就非常容易产生纠纷，还可能存在劳动者为取得二倍赔偿不配合补签劳动合同的情形。(3) 用人单位不订立无固定期限劳动合同与不订立书面劳动合同，在行为违法性本质上是一样的，因此对两者二倍工资的支付期限作同一理解适用，都限定最长期限为11个月，符合同类情形、类似处理的基本公平原则，这样规定，既能督促用人单位及时与劳动者签订无固定期限劳动合同，也能有效平衡用人单位与劳动者之间的利益。

编写人：北京市第一中级人民法院　何锐

152　绩效类工资性质、单位考核程序及发放标准的确定

——网络技术公司诉姚某劳动争议案

【案件基本信息】

1. 裁判书字号

北京市第一中级人民法院（2011）一中民终字第14823号民事判决书

2. 案由：劳动争议纠纷

3. 当事人

原告（反诉被告、上诉人）：网络技术公司

被告（反诉原告、被上诉人）：姚某

【基本案情】

2010年1月19日，网络技术公司（甲方）与姚某（乙方）签订《劳动合同书》，约定：2.2 劳动合同期限为2010年1月19日至2013年1月18日，试用期3个月；3.1 岗位为运营总监及总经理助理；5.1 乙方成为甲方正式员工后，税前月工资33333元，工资构成为月基本工资20000元，绩效工资13333元；5.2 乙方试用期期间税前月工资为正式工资的100%，工资构成为月基本工资20000元，绩效工资13333元；5.3 甲方按月发放乙方基本工资，

每月工资天数以当月实际工作日计算，绩效工资每半年根据公司考核结果统一发放一次；5.4 甲方每月七日前以货币形式支付乙方上月工资；5.5 合同期间甲方可根据甲方经营需要、乙方工作岗位和工作任务的变化、乙方的工作业绩等依法调整乙方的工资级别、结构和待遇。

在工作期间，因为网络技术公司未按劳动合同约定的期限支付工资，所以姚某依据《中华人民共和国劳动法》第三十二条向网络技术公司发出解约信，要求解除劳动合同关系。

庭审中，网络技术公司提供 2010 年 9 月 15 日《考核表》、“绩效考核决议”及公司审计报告，主张经公司考核，公司现经营困难、没有完成经营指标、劳动者绩效考核不达标，决定不发放绩效工资。对此，劳动者认为其已经付出相应劳动，为公司创造了经济效益，上述材料系公司自制不予认可，公司应当按约定发放绩效工资。

后姚某向北京市石景山区劳动争议仲裁委员会（以下简称石景山仲裁委）申请劳动仲裁，要求单位支付绩效工资、解除劳动合同经济补偿金等劳动报酬及经济损失。2011 年 1 月 4 日，石景山仲裁委裁决：网络技术公司支付姚某解除劳动合同经济补偿金、迟延发放工资经济补偿金，并驳回了姚某的其他仲裁请求。姚某、网络技术公司均不服裁决内容，于 2011 年 1 月 18 日提起诉讼。网络技术公司提起诉讼在先。

【案件焦点】

绩效类工资性质、单位考核程序及发放标准的确定问题。

【法院裁判要旨】

北京市石景山区人民法院经审理认为：网络技术公司与劳动者虽然在劳动合同书中约定绩效工资每半年根据公司考核结果统一发放一次，但网络技术公司对减少劳动报酬的事实负有举证责任。本案中，劳动合同已经明确约定劳动者的工资构成为基本工资和绩效工资，但网络技术公司提供的《考核表》及“绩效考核决议”均系其自制，且考核依据不明确，对劳动者个人的工作业绩没有具体详细的考核标准，相关业绩标准在考核前未与劳动者达成一致意见，而公司生产经营困难系综合原因所致，在劳动者不存在重大过失、过错给单位造成严重经济损失的情况下，生产经营困难的状况不能归责于劳动者，对劳动者已经付出的劳动应当按约定足额支付劳动报酬。因此，网络技术公司对此未能提供有力证据证明，亦未能给予合理解释，故本院对其抗辩不予采纳，对劳动者要求支付绩效工资及迟延支付工资25%的经济补偿金的诉讼请求，予以支持。

北京市石景山区人民法院依据《中华人民共和国劳动合同法》第二十九条、第三十条、第三十八条第一款第二项、第四十六条、第四十七条之规定，判决：

网络技术公司于本判决生效后7日内支付姚某自2010年1月19日至8月30日绩效工资100074元及迟延发放工资25%的经济补偿金25018.5元等劳动报酬及经济损失。

二审法院同意一审法院裁判意见。

【法官后语】

绩效工资在劳动法上的法律性质、单位考核的程序方式及绩效工资的发放问题一直是引发劳动争议纠纷的导火索，也是审判实务中经常遇见并争议不止的问题。此问题的厘清与解决有助于指导审判实践，为劳动者寻找正确、便捷的绩效工资法律救济途径，也为充分发挥绩效工资及绩效考核机制的积极作用，起到法律的引导示范作用。

劳动部颁布的《工资支付暂行规定》第三条规定：工资是指用人单位依据劳动合同的规定，以各种形式支付给劳动者的工资报酬。因此，绩效工资应当是我国法定劳动报酬形式之一。

本案中，姚某与网络技术公司在劳动合同书上已经明确约定工资构成为月基本工资和绩效工资，故绩效工资应当视为劳动者工资构成的重要组成部分。

庭审中，双方争议的主要焦点是绩效工资是否应当发放、考核标准等问题。

绩效工资奖励机制的制定和落实，通常是企业为追求自身效益而自主决定的。但企业自主制定并非企业对绩效考核计划、标准拥有最终决定权。

根据我国劳动合同法第四条第二款、第三款、第四款规定："用人单位在制定、修改或者决定有关劳动报酬……直接涉及劳动者切身利益的规章制度或者重大事项时，应当经职工代表大会或者全体职工讨论，提出方案和意见，与工会或者职工代表平等协商确定。在规章制度和重大事项决定实施过程中，工会或者职工认为不适当的，有权向用人单位提出，通过协商予以修改完善。用人单位应当将直接涉及劳动者切身利益的规章制度和重大事项决定公示，或者告知劳动者。"

所以，绩效工资的奖励考核计划需履行法定程序，方可对用人单位和劳动者产生法律约束力。网络技术公司需完成以下举证责任，方可免除支付绩效工资的合同义务：1. 有明确的绩效考核标准及考核程序；2. 绩效考核标准及考核程序应依法经过法定职工民主程序；3. 绩效考核结果公平、公正、合理、科学。

一方面，网络技术公司在案件中提供的考核表及绩效考核决议均系其自制，而以上证据材料仅系考核结果，并非绩效考核计划标准，在内容上也不明确，对劳动者个人工作业绩没有具体详细考核分析，且未经过法定职工民主程序，故不能证实其考核结果的客观性与真实性。

另一方面，在用人单位没有达到上述绩效考核要求时，判断劳动者是否应享受绩效工资待遇，应采用民事责任通常的免责规则。即劳动者在工作中存在重大过失、过错给单位造成严重经济损失的情况下，才应少发或不发相应绩效工资。而企业生产经营困难通常与内部管理、市场竞争环境等多方面综合原因有关，因此，本案中，网络技术公司生产经营困难的状况在没有充分证据证实与劳动者过失、过错行为有因果关系时，是不能归责于劳动者的，对劳动者已经付出的劳动应当按约定足额支付劳动报酬。

编写人：北京市石景山区人民法院　左文兢

五、竞业限制

153 违反竞业限制违约金的性质认定

——潘某诉甲公司劳动争议案

【案件基本信息】

1. 裁判书字号

北京市第一中级人民法院（2020）京01民终4989号民事判决书

2. 案由：劳动争议纠纷

3. 当事人

原告（反诉被告、被上诉人）：潘某

被告（反诉原告、上诉人）：甲公司

【基本案情】

潘某于2015年4月10日入职甲公司，入职时担任研发办高级经理，离职时职务为×××.com部门负责人（×××.com是甲公司运营虚拟矿池的团队）。潘某正常工作至2017年8月8日，2017年8月10日因个人原因提出离职。

潘某与甲公司于2017年7月14日签订《保密、不竞争及知识产权协议》，就竞业禁止的约定、竞业禁止补偿费的支付、竞业禁止义务的终止、违约责任等进行约定。

潘某于2017年9月15日入职乙公司，后担任乙公司法定代表人。乙公司于2014年7月16日成立，其经营的虚拟矿池业务与甲公司所开展的业务存在重合。

甲公司于2018年8月27日提起劳动仲裁，仲裁委员会裁决：1. 潘某支付甲公司违反竞业禁止违约金2587400元；2. 潘某返还甲公司2017年9月至2018年8月期间竞业禁止补偿金231000元；3. 潘某继续履行《保密、不竞争及知识产权协议》及《补充协议》；4. 驳回甲公司的其他仲裁请求。潘某与甲公司均不服仲裁裁决，于法定期限内向法院提起诉讼。潘某起诉在先。

【案件焦点】

违反竞业限制违约金是否以用人单位遭受实际损失为前提。

【法院裁判要旨】

北京市海淀区人民法院经审理认为：关于潘某与甲公司是否受到《保密、不竞争及知识产权协议》《补充协议》的约束的问题。第一，潘某主张其不属于负有竞业限制义务的人员，但从其工作内容可见，潘某属于高级管理人员，具有履行竞业限制义务的主体资格。第二，潘某主张甲公司在其离职时并未要求其履行竞业限制义务，且支付竞业限制补偿金的时间已经超过其离职后一个月，但潘某与甲公司签订的《补充协议》中已经明确约定“乙方（劳动者）应在《劳动合同》解除后2年内，继续履行《保密、不竞争及知识产权协议》项下的竞业禁止义务”，加之潘某从甲公司离职后向甲公司提交了在职证明，潘某并未对此作出合理解释，在此情况下，法院有理由相信潘某提交在职证明的行为系履行《保密、不竞争及知识产权协议》中的义务。同时，潘某虽不认可2017年9月7日收到的款项包括竞业限制补偿金，但潘某并未就其所持该笔款项系工资及未休年休假工资的主张进行举证，故对潘某该主张不予采信。潘某于2017年8月10日离职，甲公司于2017年9月7日支付潘某竞业限制补偿金，并未违反双方之间签署的协议。综上，潘某及甲公司均应受《保密、不竞争及知识产权协议》《补充协议》的约束。

关于潘某是否存在违反上述竞业禁止协议的情形。潘某入职乙公司，乙公司经营的业务与甲公司所开展的业务存在重合，该情形势必影响甲公司该项业务的开展，故乙公司与甲公司存在竞争关系。潘某入职乙公司违反了《保密、不竞争及知识产权协议》《补充协议》约定的竞业限制义务。庭审时，潘某处于与甲公司约定的竞业限制期限内，故甲公司要求潘某继续履行《保密、不竞争及知识产权协议》《补充协议》并无不当，法院对此予以支持。鉴于上述协议的期限为自潘某离职后24个月，故潘某应当履行上述协议至2019年8月9日。同时，按照《保密、不竞争及知识产权协议》的约定，潘某应返还甲公司已经支付的竞业限制补偿金。鉴于法院已认定甲公司自2017年9月7日即开始支付潘某竞业限制补偿金，此后每月支付潘某竞业限制补偿金19250元，故潘某应当返还甲公司2017年8月至2019年1月期间已支付的竞业限制补偿金340290.32元。

《保密、不竞争及知识产权协议》中约定了违反竞业限制义务违约金，现潘某确实存在违反竞业限制义务的行为，应当支付甲公司违反竞业限制违约金，但协议约定的违约金数额畸高，故对该违约金的数额进行适当调整，酌定潘某应当支付甲公司违反竞业限制违约金462000元。

《保密、不竞争及知识产权协议》约定给甲方和甲方关联公司造成的损失高于违约金数额的，乙方还应承担赔给甲方和甲方关联公司造成的全部损失中已支付的违约金的不足补偿部分。现法院已经判定潘某向甲公司支付违约金，甲公司未举证证明其公司遭受的损失高于违约金，故对于甲公司要求潘某赔偿损失的诉讼请求不予支持。

北京市海淀区人民法院依照《中华人民共和国劳动合同法》第二十三条、第二十四条规定，判决如下：

一、潘某继续履行与甲公司签订的《保密、不竞争及知识产权协议》《补充协议》至2019年8月9日；

二、潘某返还甲公司2017年8月至2019年1月期间支付的竞业限制补偿金340290.32元；

三、潘某支付甲公司违反竞业限制违约金462000元；

四、驳回甲公司的其他诉讼请求。

甲公司不服，提起上诉。北京市第一中级人民法院经审理认为：潘某出资并入职乙公司，乙公司经营的业务与甲公司开展的业务存在重合，该情形势必影响甲公司该项业务的开展，故乙公司与甲公司存在竞争关系。潘某出资并入职乙公司显属违反了《保密、不竞争及知识产权协议》《补充协议》约定的竞业限制义务。潘某应当依照约定支付甲公司违反竞业限制义务违约金，但二审法院认为协议约定的违约金数额畸高，应对违约金数额进行调整，同时一审法院酌定的违约金数额过低，综合考虑潘某的违约情况、收入状况、约定的补偿金数额等因素，酌定潘某应当支付甲公司违反竞业限制违约金1386000元。

北京市第一中级人民法院依照《中华人民共和国民事诉讼法》第一百七十条第一款第二项规定，判决如下：

一、维持一审判决第一项、第二项；

二、撤销一审判决第三项、第四项；

三、潘某支付甲公司违反竞业限制违约金 1386000 元；

四、驳回甲公司的其他诉讼请求。

【法官后语】

1. 竞业限制违约金与赔偿责任的关系不明确

用人单位与劳动者签订竞业限制协议的主要目的在于保护用人单位的商业秘密。在涉及劳动者违反竞业限制义务后的法律责任问题上，《中华人民共和国劳动合同法》中有两个条款。第二十三条第二款规定："……劳动者违反竞业限制约定的，应当按照约定向用人单位支付违约金。"第九十条规定："劳动者违反本法规定解除劳动合同，或者违反劳动合同约定的保密义务或者竞业限制，给用人单位造成损失的，应当承担赔偿责任。"但《中华人民共和国劳动合同法》未明确二者之间的关系。

不明确的规定造成的问题，即劳动者违反竞业限制义务时可能同时侵犯了用人单位的商业秘密，也可能未侵犯。对于前一种情况，用人单位能否在主张支付违约金之外，另行要求劳动者赔偿经济损失？对于后一种情况，用人单位未因商业秘密受侵犯而遭受损失能否要求劳动者支付违约金？对于这两个问题的回答需要明确竞业限制违约金的性质。

2. 竞业限制违约金兼具赔偿性与惩罚性

实践中对于竞业限制违约金有三种观点：第一种观点认为，竞业限制违约金属于赔偿性质的违约金；第二种观点认为，竞业限制违约金属于惩罚性质的违约金；第三种观点则认为，竞业限制违约金兼具赔偿性与惩罚性。赔偿性违约金主要是为了弥补一方违约后另一方所受到的损失，当事人在约定违约金时一般需要考虑可以预见到的实际损失，预定金额应当与实际损失大体相当，交付违约金后不再承担赔偿责任。惩罚性违约金是指对债务人的违约行为实行惩罚，以确保合同债务得以履行的违约金，在设立时一般不考虑违约后可能造成的实际损失，甚至在没有损失的情况下也可以适用，且不能替代损害赔偿。

《中华人民共和国民法典》第五百八十五条对违约金作了规定："当事人可以约定一方违约时应当根据违约情况向对方支付一定数额的违约金，也可以约定因违约产生的损失赔偿额的计算方法。约定的违约金低于造成的损失的，人民法院或者仲裁机构可以根据当事人的请求予以增加；约定的违约金过分高于造成的损失的，人民法院或者仲裁机构可以根据当事人的请求予以适当减少。当事人就迟延履行约定违约金的，违约方支付违约金后，还应当履行债务。"一般认为，这条规定的违约金属于赔偿（补偿）性违约金，其数额应当与实际损失相当。

笔者认为，对于违反竞业限制违约金与赔偿责任的关系，应采纳兼具赔偿性与惩罚性一说。用人单位商业秘密被泄露，有可能会给用人单位造成损失，包括有形损失和无形损失，而后者难以财产形式具体估算。竞业限制违约金兼具赔偿性及惩罚性，其目的在于预防商业秘密被泄露，并不以用人单位遭受实际损失为前提，其经济赔偿责任范围较一般的违约赔偿范围要大。但根据公平原则和诚实信用原则，竞业限制违约金不能畸高，不能使劳动者生活陷入困窘，导致双方权利义务的严重失衡。关于损失赔偿，需要用人单位充分举证遭受的损失超过违约金的数额，否则不应支持。

3. 如何认定违约金过高或过低

用人单位和劳动者在竞业限制协议中约定的违约金过分高于或

者过分低于实际损失，当事人请求调整违约金数额的，人民法院应当以实际损失为基础，兼顾合同的履行情况、当事人的过错程度以及预期利益等综合因素，根据公平原则和诚实信用原则予以衡量，并作出裁决。

而对于用人单位未能举证证明违约行为造成的经济损失时，法院可以根据劳动者的申请，综合考虑劳动者的违约情况、给用人单位造成的损害、主观过错程度、工资收入水平、在职时间和职务、用人单位应支付的经济补偿数额及所在地区经济水平等因素，酌减违约金数额。

本案中，潘某违反了双方约定的竞业限制义务，应向甲公司支付违反竞业限制违约金。潘某申请降低违约金数额，双方约定的违约金数额是潘某一年补偿金的10倍，一审法院酌定潘某支付双方约定数额的10%，但二审法院综合考虑上述因素（包括违约情况、造成的损害、过错程度、收入状况、约定的补偿金数额等），认为潘某从甲公司离职后自行成立与甲公司存在直接竞争业务的公司，该公司进入虚拟矿池市场直接影响了甲公司的经营情况，同时由于潘某亦为其公司的控股股东，确定赔偿数额为约定数额的30%更为妥当。

编写人：北京市第一中级人民法院　范楷强

154 用人单位与非适格主体签订竞业限制协议的效力认定

——实业公司诉赵某竞业限制案

【案件基本信息】

1. 裁判书字号

江苏省无锡市中级人民法院（2020）苏02民终3434号民事判决书

2. 案由：竞业限制纠纷

3. 当事人

原告（上诉人）：实业公司

被告（被上诉人）：赵某

【基本案情】

2016年9月1日起，实业公司与赵某建立劳动关系，双方签订的劳动合同期限为2016年10月10日至2018年10月9日。合同约定赵某担任销售职务。后实业公司作为甲方与赵某作为乙方签订《保密及竞业限制协议》，约定："……五、竞业限制条款……（二）乙方承诺并保证：在其任职期间，或无论何种原因离开甲方企业两年内，无论在何地域，除非获得甲方书面许可，将不会直接或间接实施下列行为……单组组建、参与组建或受雇于与甲方生产同类产品或经营同类业务且有竞争关系或其他利害关系的其他公司或企业或组织，生产、经营与甲方有竞争关系的同类产品或业务……（四）乙方无论何种原因离开甲方两年内，由乙方承担本合同项下限制竞业义务而造成甲方所有的经济损失……七、违约责任……乙方每违反一项保密或竞业限制义务，除需立即改正外，还需向甲方支付违约金500万元。该违约金不足以弥补甲方损失的，不足部分仍应赔偿……”

赵某与实业公司于2016年12月13日解除劳动关系，解除理由为“劳动者提前三十日书面通知用人单位解除劳动合同”。2016年12月14日，实业公司的李某通过个人账户向赵某转账50万元。

2017年5月20日，赵某与环保公司签订劳动合同，环保公司的部分业务与实业公司的业务相同。实业公司遂申请劳动仲裁，仲裁机构于当日作出不予受理通知书。后实业公司向法院起诉，请求判令赵某：1. 返还竞业禁止补偿金50万元并支付利息损失；2. 支付合同约定的竞业禁止违约金500万元。

【案件焦点】

赵某是否属于其他负有保密义务的人员。

【法院裁判要旨】

江苏省无锡市新吴区人民法院经审理认为：实业公司未提供证据证明其支付的50万元系竞业限制补偿金。鉴于竞业限制协议以用人单位向劳动者支付经济补偿金为生效要件，用人单位未给予劳动者经济补偿的，竞业限制条款对劳动者不具有约束力。故实业公司依据竞业限制条款主张赵某返还竞业禁止补偿金、支付违约金的诉讼请求，依法不予支持。

江苏省无锡市新吴区人民法院依照《中华人民共和国劳动争议

调解仲裁法》第二十七条、《江苏省劳动合同条例》第二十八条、《最高人民法院关于适用〈中华人民共和国民事诉讼法〉的解释》第九十条之规定，判决如下：

驳回实业公司的全部诉讼请求。

实业公司不服，提起上诉。江苏省无锡市中级人民法院经审理认为：竞业限制制度的实质是通过对劳动者劳动择业自由权加以合理限制以充分保护用人单位的商业秘密，法律仅规定对负有保密义务的劳动者，用人单位才可以在劳动合同或保密协议中约定竞业限制条款。故在评判赵某与实业公司签订的《保密及竞业限制协议》是否有效时，应先行判定赵某是否负有保密义务。本案中，第一，实业公司主张赵某为高级管理人员或其他负有保密义务的人员。但首先，双方签订的劳动合同仅约定赵某担任销售职务，并没有明确其为销售主管；其次，实业公司提供的电子邮件无法直接证明赵某系公司高级管理人员，故对实业公司的该项主张不予采信。第二，实业公司主张赵某接触公司的产品配方，但未提供证据予以证明，故不予采信。关于经营秘密，实业公司提供的经营信息仅显示正常业务往来信息，不能达到证明其为经营秘密的目的。另外，对于其主张的经营秘密，实业公司亦未提供证据证明其采取何种特殊保密手段；至于实业公司提到的客户名单，实业公司未能说明系区别于相关公知信息的特殊客户信息，不应认定为需要保密的信息。综上，赵某不属于法律规定的竞业限制主体，实业公司未提供证据证明赵某接触了公司的商业秘密，故实业公司与赵某签订的《保密及竞业限制协议》无效，其要求赵某支付竞业限制违约金及代理费，无事实和法律依据，不予支持。

一审法院未对赵某是否属于法律规定的竞业限制主体进行分析，

径自认为竞业限制协议以用人单位向劳动者支付经济补偿金为生效要件，属于法律适用瑕疵，依法予以纠正。综上，对实业公司的上诉请求不予支持。

江苏省无锡市中级人民法院依照《中华人民共和国劳动合同法》第二十四条、《中华人民共和国民事诉讼法》第一百七十条第一款第一项、《最高人民法院关于适用〈中华人民共和国民事诉讼法〉的解释》第三百三十四条规定，判决如下：

驳回上诉，维持原判。

【法官后语】

在信息科技和互联网高速发展的时代，信息市场竞争不断加剧，企业越来越重视对商业秘密和知识产权的保护，主动与劳动者签订竞业限制协议或者在劳动合同中约定竞业限制条款。“然而统计表明，知识经济时代，雇员转换工作的几率远远高于工业时代”①，司法实践中，由劳动者跳槽引发的竞业限制纠纷案件亦逐渐增多。

1. 法院是否应审查竞业限制协议主体适格问题

从立法技术上说，《中华人民共和国劳动合同法》关于竞业限制对象的规定是比较明确的，也是恰当的。该法第二十四条明确竞业限制的人员限于用人单位的高级管理人员、高级技术人员和其他负有保密义务的人员。高级管理人员是指公司的经理、副经理、财务负责人，上市公司董事会秘书和公司章程规定的其他人员。就目前我国立法来看，法律规定了高级管理人员的竞业限制义务。如公司法规定，董事、监事、高级管理人员应当遵守法律、行政法规和公

---

① 于强：《竞业限制与企业商业秘密保护》，载《湖北经济学院学报》2019年第1期。

司章程，对公司负有忠实义务和勤勉义务；董事、高级管理人员未经股东会或者股东大会同意，不得利用职务便利为自己或者他人谋取属于公司的商业机会，自营或者为他人经营与所任职公司同类的业务。但对于高级技术人员和其他负有保密义务的人员，尤其是作为兜底的“其他负有保密义务的人员”，并没有法律条文予以界定。

竞业限制的初衷是保护用人单位的商业秘密及知识产权。对于竞业限制，劳动者和单位之间的约定往往是因为劳动者处于弱势地位而被迫接受。① 因此，如果将用人单位的所有劳动者都纳入这一条款进行适用，就违反了竞业限制制度的设立初衷，直接侵犯了绝大多数劳动者的劳动自由权。当前竞业限制条款在企业实际操作中有泛化趋势，几乎已经成为所有员工与企业签订劳动合同的必备条款。② 有的用人单位直接用《员工手册》等规章制度要求劳动者承担竞业限制义务。更有甚者，有的用人单位将竞业限制义务扩张到劳动者的近亲属等第三人，要求劳动者的近亲属不得从事竞业行为或者要求劳动者对其近亲属的竞业行为承担违约责任。企业滥用竞业限制条款虽然可以保护用人单位的权益，但严重侵犯了劳动者的自主择业权，导致保护劳动者自主择业权与保护用人单位权益严重失衡。③

在现代社会，劳动给付是绝大多数不具有资产及生产工具者赖以生存之手段，因此，劳动权属于生存权的一种，不能与一般的法

---

① 郑爱青：《从英法劳动法判例看劳动法上的忠实义务与竞业限制条款——对我国劳动合同法规范竞业限制行为的思考和建议》，载《法学家》2006 年第 2 期。

② 崔宇琪、许霄腾：《“互联网+”环境下我国竞业限制制度的完善》，载《濮阳职业技术学院学报》2018 年第 3 期。

③ 张卫国、刘斌：《经济法概论》，天津大学出版社 2013 年版，第 230 页。

律权利同等对待。[①] 而商业秘密仅是一种财产权，其价值位阶要低于劳动权。对于“没有特殊技能、技术，且职位较低，处于弱势的劳工，纵使在相同或类似业务的公司任职，亦无妨碍原雇主之可能，此时竞业禁止应认定为拘束劳工转业自由”[②]。用人单位为自身利益而限制所有劳动者离开本职位后的择业行为与劳动者享有的基本权利相违背，某些劳动者往往由于学历与技能的限制处于更加弱势的地位，如此要求他们会严重影响其基本生存，违背公平原则。因此，合理设置协议的主体范围具有重要意义，鉴于此，法院应对协议主体适格与否进行审查。

2. 对“其他负有保密义务人员”的举证责任分配

举证责任的分配是根据法律规定，将待证事实的证明责任分配给当事人。用人单位要求劳动者承担竞业限制违约责任，最基本的请求权基础规范为《中华人民共和国劳动合同法》第二十三条、第二十四条的规定，故用人单位需要承担证明责任的基础要件事实之一为：劳动者是否属于竞业限制的适格主体。对于劳动者是否属于其他负有保密义务的人员，如用人单位不能提供证据或者提供的证据不足以证明该事项的，不能认为劳动者属于该类人员。主要理由是：第一，用人单位与劳动者的地位并不平等，劳动者为了就业，通常没有能力拒签竞业限制协议，且劳动者对竞业限制的影响力缺乏理性的判断，所以，不能通过劳动者签订的竞业限制协议直接推定其接触或者知悉用人单位的商业秘密和与知识产权相关的保密事

---

① 侯玲玲：《离职后竞业限制协议规制之法理研究》，载《人民司法》2011 年第 17 期。

② 郭玲惠：《劳工保密义务于竞业禁止约款之法律意义》，载《万国法律》2003 年第 10 期。

项；第二，用人单位对劳动者具有管理权，劳动者根据用人单位的安排进行日常工作，所以劳动者在工作中有没有接触商业秘密、对用人单位的知识产权事项知悉与否，用人单位更容易证明；第三，“主张积极事实之人，就该事实负有举证责任；否定事实（即主张消极事实）之人，就该事实不负举证责任”①。当事人应当就其主张“存在某一事实”承担举证责任。如若要求劳动者证明其工作中不能接触商业秘密或不知悉与知识产权相关的事项，属于令其自认其无，有违举证责任分配的基本原则。

在司法实践中，对于“其他负有保密义务人员”的认定，需要用人单位举证证明两个方面：一是本单位具有特定技术或经营秘密；二是劳动者存在接触商业秘密的可能。

法院在审查劳动者是否属于其他负有保密义务的人员时，可以考虑以下因素：一是工作岗位。当劳动者的岗位为主管、店长等时，更有可能接触或知悉商业秘密和与知识产权相关的保密事项。当劳动者的岗位是业务员、一般销售人员、讲师等时，因其非重要决策人员，通常难以接触或知悉相关事项。二是工作内容。即工作上是否存在接触或知悉相关事项的可能。三是劳动者的收入。德国审判中有观点认为，如果劳动者属于低薪资的职工，考虑其所处职位不高，不易接触用人单位的商业秘密，故不属于竞业限制的义务主体。② 四是劳动者的工作年限。劳动者工作年限越长，用人单位对其越信任，其就越有可能接触或知悉商业秘密和与知识产权相关的保密事项。

编写人：江苏省无锡市中级人民法院　许晓倩

---

① 骆永家：《民事举证责任论》，商务印书馆1995年版，第72页。

② 邓恒：《德国的竞业限制制度与商业秘密保护及其启示》，载《法学杂志》2017年第3期。

155 用人单位在规章制度中规定竞业限制对劳动者不具有法律约束力

——郭某诉资管北京分公司劳动争议案

【案件基本信息】

1. 裁判书字号

北京市朝阳区人民法院（2020）京0105民初21792号民事判决书

2. 案由：劳动争议纠纷

3. 当事人

原告：郭某

被告：资管北京分公司

【基本案情】

2018年4月13日，郭某入职企业管理公司，担任高级顾问。2018年9月1日，资管北京分公司、企业管理公司及郭某签订三方协议，约定：2019年9月1日起，郭某的用人单位由企业管理公司变更为资管北京分公司。郭某的月基本工资标准为15000元。劳动合同书约定"根据岗位及工作性质，郭某同意在资管北京分公司需要的情况下与其签订竞业限制协议"，"郭某违反与资管北京分公司签订的服务期约定或竞业禁止约定的，应按照相关约定向该公司支付违约金"。2019年3月13日，郭某因个人原因离职，双方劳动关系解除。资管北京分公司主张，根据《员工手册》第5.9条规定，离职后六个月属于竞业限制期限，郭某离职后入职与其公司具有竞争关系的商务咨询公司，同样从事人才服务，已违反竞业限制义务，应按规定支付基本工资的十倍作为违约金。郭某不予认可，主张双方未达成过竞业限制的协议，其不受竞业限制的约束。

资管北京分公司曾就本案争议提起劳动仲裁。2019 年 12 月 9 日，仲裁委裁决郭某支付资管北京分公司违约金 150000 元。郭某不服，诉至法院。

【案件焦点】

《员工手册》是否可以作为郭某承担竞业限制义务的依据。

【法院裁判要旨】

北京市朝阳区人民法院经审理认为：对负有保密义务的劳动者，用人单位可以在劳动合同或者保密协议中与劳动者约定竞业限制条款，并约定在解除或者终止劳动合同后，在竞业限制期限内按月给予劳动者经济补偿。因此，竞业限制义务的承担需以用人单位与劳动者存在竞业限制约定为前提。该种约定可以在劳动合同中设置相关条款，也可以单独签署保密协议或竞业限制协议予以明确。竞业限制条款的本质是契约，需在用人单位与劳动者平等协商的基础上，形成双方真实的合意。而《员工手册》是用人单位规章制度的一种，是用人单位行使用工管理权的方式之一，通常在劳动者入职之前已经制定。竞业限制的内容应由双方平等协商确定，不应通过规章制度来事先确定。用人单位通过《员工手册》要求劳动者承担竞业限制义务有可能导致竞业限制对全体员工统一适用，不当扩大竞业限制的适用范围，影响无关人员的择业自由。因此，用人单位在《员工手册》中规定竞业限制义务的，对劳动者不具有法律约束力。

本案中，资管北京分公司与郭某签订的劳动合同书中亦约定若需承担竞业限制义务需另行签订竞业限制协议，现资管北京分公司依据《员工手册》的规定，要求郭某承担竞业限制违约金，缺乏法律依据，故对郭某要求无需支付资管北京分公司竞业限制违约金150000元的诉讼请求，予以支持。

北京市朝阳区人民法院依照《中华人民共和国劳动合同法》第二十三条之规定，判决如下：

郭某无需支付资管北京分公司竞业限制违约金150000元。

判决后，双方当事人均未上诉，本判决现已生效。

【法官后语】

竞业限制，根据《中华人民共和国劳动合同法》的相关规定，是指用人单位与高级管理人员、高级技术人员和其他负有保密义务的人员约定，在劳动者离职后一定期限内，不得到与本单位有竞争关系的其他单位从事同类业务或者自己从事与原单位有竞争关系的经营活动，其主要目的在于保护用人单位的商业秘密。但择业自由、劳动权与商业利益相比属于更高位阶的法益价值，对劳动者的择业限制需以法律明确规定或双方明确约定为限。法律在衡量用人单位的商业利益与劳动者的择业自由后，允许用人单位与负有保密义务的劳动者约定竞业限制。该种约定可以在劳动合同中设置相关条款，也可以单独签署保密协议或竞业限制协议予以明确。竞业限制条款的本质是契约，关于劳动者是否属于竞业限制人员、竞业限制的期限、竞业限制的地点、竞争企业的范围、竞业限制违约金和补偿金的数额、支付方式等均需要双方平等协商予以具体确定。因此，法律明确规定竞业限制义务的承担需以用人单位与劳动者存在竞业限制约定为前提。

《员工手册》是用人单位规章制度的一种，属于用人单位行使用工管理权限的一种方式，其主要意志来自用人单位的管理需求，其主要内容系对劳动者的行为约束，完全不同于双方权利义务对等的协议约定，不具有契约属性。以《员工手册》等规章制度规定竞业限制，不符合竞业限制的立法目的。通过《员工手册》要求劳动者承担竞业限制义务有可能导致竞业限制对全体员工统一适用，不当扩大竞业限制人员的范围，影响无关人员的择业自由。竞业限制的本质上是对于竞争的限制。市场经济的活力在于竞争，人才流动是竞争的动力。若过度地限制劳动者自主择业权，最终将不利于激发市场活力。实践中，竞业限制条款或协议通常是由用人单位提供的格式条款，劳动者在双方谈判中本就处于被动或弱势地位，若将其谈判的权利完全剥夺，以入职时即已制定好的《员工手册》直接规定劳动者履行竞业限制义务，将对劳动者显失公平。因此，在考虑义务主体的生存权和择业权、权利主体的竞争利益和商业秘密以及公共利益后，笔者认为，用人单位在规章制度中规定竞业限制义务的，对劳动者不具有法律约束力。

综上所述，竞业限制条款的本质是契约，竞业限制的内容应由双方平等协商确定，不应通过规章制度来事先确定。用人单位在规章制度中规定竞业限制义务的，对劳动者不具有法律约束力。

编写人：北京市朝阳区人民法院　肖唯

156 竞争关系的认定与竞业限制违约金畸高的酌减

——刘某诉甲公司劳动争议案

【案件基本信息】

1. 裁判书字号

北京市第三中级人民法院（2019）京03民终2100号民事判决书

2. 案由：劳动争议纠纷

3. 当事人

原告（上诉人）：刘某

被告（上诉人）：甲公司

【基本案情】

刘某于2015年12月31日与甲公司建立劳动关系，岗位为总裁，工作内容为负责甲公司的全面管理，双方签订了期限为三年的《劳动合同书》及期限为两年的《保密与竞业限制协议》。

《保密与竞业限制协议》中列举的竞争企业未包括乙公司，但表述为“包括但不限于”；竞业限制补偿金标准为离职前十二个月平均月工资的30%；竞业限制违约金为竞业限制期内应支付的竞业限制补偿金总额的3倍。诉讼中，该协议到期。

刘某于2016年9月29日向甲公司提出辞职，最后出勤日为2016年11月4日。刘某离职前12个月的月平均工资为15万元。刘某于2016年11月入职乙公司，担任总裁。在入职甲公司前，刘某曾在乙公司工作17年，最后职务为副总裁。

甲公司与乙公司在营业执照上的经营范围均包括普通货运、仓储、国际航空货物运输。甲公司主营业务为大宗货物物流，乙公司主营业务为小件物流。甲公司曾经将自身过量的电器货物运输业务委托给乙公司承担。刘某在甲公司担任总裁期间，曾参与甲公司收购乙公司的相关事宜。

甲公司曾向北京市朝阳区劳动仲裁委提出仲裁申请，要求裁决：刘某支付违反竞业限制义务的违约金。该仲裁委裁决：刘某支付甲公司违反竞业限制义务的违约金337万元。刘某不服，诉至法院。

【案件焦点】

1. 乙公司与甲公司是否存在竞争关系；2. 甲公司要求刘某支付的竞业限制违约金是否畸高。

【法院裁判要旨】

北京市朝阳区人民法院经审理认为：

1. 关于乙公司是否为甲公司的竞争企业。从经营范围看，两公司的业务范围存在一定的重合；从实际运营看，两公司存在经营同类或类似业务的行为。故两公司应属竞争企业。从刘某的职务看，其在两公司均担任总裁，负责两公司的全面运营管理，对于经营同类或类似业务存在竞争风险。甲公司与乙公司的主营业务方向虽不一致，但主营业务方向不同不能直接排除存在竞争关系。双方协议中虽未列举乙公司，但竞争关系的判断应以实际是否存在竞争为准，不应苛求列举穷尽，且该条文亦表述为“包括但不限于”。对甲公司关于乙公司为该公司的竞争企业的主张，予以采信。

2. 关于竞业限制违约金是否畸高，显失公平。竞业限制违约金兼具补偿性及惩罚性，其目的在于预防商业秘密被泄露的可能性，并不以用人单位遭受实际损失为前提。但根据公平原则和诚实信用原则，竞业限制违约金不能畸高，不能造成劳动者生活陷入困窘，导致双方权利义务严重失衡。故，综合考量劳动者给用人单位造成的损害、劳动者的主观过错程度、收入水平、职务、在职时间、违约期间、竞业限制经济补偿数额等案件具体情况，双方约定的违反竞业限制违约金数额失衡。

北京市朝阳区人民法院依据《中华人民共和国劳动合同法》第二十三条、第二十四条，《最高人民法院关于审理劳动争议案件适用法律若干问题的解释（四）》第十条，《最高人民法院关于适用〈中华人民共和国合同法〉若干问题的解释（二）》第二十九条，《中华人民共和国民事诉讼法》第六十四条之规定，判决如下：

一、刘某于本判决生效之日起十日内支付甲公司违反竞业限制义务违约金 220 万元；

二、驳回刘某的其他诉讼请求。

二审法院同意一审法院裁判意见。

【法官后语】

竞业限制是用人单位对高级管理人员、高级技术人员和其他负有保密义务的人员所做出的择业限制。法律在衡量用人单位的商业利益与劳动者的择业自由后，允许用人单位与负有保密义务的劳动者约定竞业限制条款，劳动者违反该约定的，需向用人单位支付违约金，其主要目的在于保护用人单位的商业秘密。

竞业限制违约金类案件的争议焦点往往集中在以下两点：一是

劳动者的新单位是否与原单位存在竞争关系；二是用人单位要求劳动者支付的竞业限制违约金是否畸高。

1. 竞争关系应根据双方约定、经营范围、实际运营以及是否存在竞争风险予以认定

首先，应根据双方的约定判断是否构成竞争关系，尤其要看是否属于列举的竞争对手。但需注意的是，不应苛求列举穷尽，未列举不代表不存在竞争关系，竞争关系的判断仍应以实际情况为准。

其次，应审查两家单位的经营范围。经营范围是企业在设立登记时依据国家相关规定在营业执照上刊载的经营活动内容。若两家企业的经营范围存在重合，那么实际运营中极有可能与本单位生产或者经营同类产品、从事同类业务，构成竞争关系。主营业务是指企业为完成其经营目标而从事的主要活动，可根据企业营业执照上规定的主要业务范围确定。但主营业务方向不同不能直接排除存在竞争关系，非主营业务也可构成竞争关系。

再次，应审查两家单位的实际运营情况。实际运营中存在经营同类或类似业务的，显然构成竞争关系。即使营业执照上未能体现经营范围的重合，用人单位超出经营范围但实际经营该业务，也可以与劳动者就该业务的竞业限制进行约定，该约定合法有效。用人单位应就其实际经营该业务承担举证责任。

最后，还应审查两单位是否存在竞争风险。可以通过劳动者的职务以及作用进行判断。如本案中，刘某在甲公司和乙公司均属负责公司运营管理的高级管理人员，从事的工作关乎两单位在行业中的核心竞争力；刘某在甲公司担任总裁期间，亦曾参与甲公司收购乙公司的相关事宜；刘某的职务和作用导致其入职乙公司后对于甲公司来说具有经营同类或类似业务的竞争风险。

2. 竞业限制违约金的畸高与酌减，应当综合考量实际损害、主观过错、收入水平、职务特点、违约期间等具体情况，根据公平原则和诚实信用原则予以确定

竞业限制违约金兼具补偿性及惩罚性功能，其目的在于防止企业的商业秘密被人为泄露，维护企业的竞争优势。劳动者违反竞业限制义务可能会给用人单位带来有形或无形的损失，其经济损失难以进行准确量化，故竞业限制违约金的确定并不以用人单位遭受实际损失为前提。但在确定具体的竞业限制违约金时，亦应当遵循公平原则和诚实信用原则，在用人单位的损失与劳动者的赔偿责任之间进行衡量，不能因承担过高竞业限制违约金导致劳动者陷入困窘，致使双方权利义务严重失衡。

实践中，可以综合考量劳动者给用人单位造成的损害、劳动者的主观过错程度、工资收入水平、职务特点、在职时间、违约期间、用人单位应支付的经济补偿数额以及当地的经济发展水平等案件具体情况，具体判断竞业限制违约金是否畸高以及可调整的数额。

综上，本案提出的“竞争关系应根据双方约定、经营范围、实际运营以及是否存在竞争风险，予以认定；竞业限制违约金的畸高与酌减，应当综合考量实际损害、主观过错、收入水平、职务特点、违约期间等具体情况，根据公平原则和诚实信用原则，予以确定”的裁判规则，可为竞业限制违约金类案件裁判标准的完善提供有益的借鉴，具有一定参考价值。

编写人：北京市朝阳区人民法院　肖唯

157 未约定经济补偿的竞业限制协议的效力和解除权规则

——姜某诉教育公司劳动争议案

【案件基本信息】

1. 裁判书字号

北京市第一中级人民法院（2019）京01民终2016号民事判决书

2. 案由：劳动争议纠纷

3. 当事人

原告（上诉人）：姜某

被告（被上诉人）：教育公司

【基本案情】

教育公司是一家教育培训机构，2015年4月1日姜某入职该公司，担任教学部门讲师，工作内容包括教师资格证培训等。2015年7月24日，教育公司与姜某签订了《竞业禁止协议书》，约定姜某在职期间及离职后两年之内不得以任何形式从事与其公司业务类型相同或相似、存在竞争关系的业务，但未约定教育公司支付竞业限制补偿金。2018年6月12日，姜某以个人原因离职。离职后，教育公司未向姜某支付竞业限制补偿金，亦未明示要求姜某履行或者不履行竞业限制协议。2018年8月8日姜某向教育公司送达《解除竞业限制协议书》，载明“依法解除公司与本人的竞业（协议）限制的约定”。教育公司收到《解除竞业限制协议书》后，立即于2018年8月10日向姜某的银行账户转账支付了12998元，载明用途为7月至8月的竞业限制补偿金。2018年8月14日，该公司工作人员通过微信向姜某发送《保密、竞业禁止义务告知书》的图片，告知姜某“向公司发出的《解除竞业限制协议书》无效，公司不同意解除该协议”。

2018年8月2日，姜某以要求解除竞业（协议）限制的约定为由向北京市海淀区劳动人事争议仲裁委员会提出劳动仲裁申请，当日，仲裁委以仲裁申请不属于受案范围为由决定不予受理。姜某于2018年8月6日向法院提起诉讼，请求判令解除姜某与教育公司于2015年7月24日签订的《竞业禁止协议书》。

【案件焦点】

1. 未约定经济补偿的竞业限制对劳动者是否具有法律拘束力；2. 未约定经济补偿的竞业限制的解除权规则。

【法院裁判要旨】

北京市海淀区人民法院经审理认为：根据《最高人民法院关于审理劳动争议案件适用法律若干问题的解释（四）》第六条的规定，用人单位与劳动者之间约定了竞业限制条款，但未约定解除或者终止劳动合同后给予劳动者经济补偿，劳动者履行了竞业限制义务，仍可要求用人单位按月支付经济补偿。故竞业限制协议出现未约定或者明确约定竞业限制补偿金的情况时，并不影响合同本身的效力，未约定竞业限制补偿金的给付及具体金额亦不能成为免责的事由。

当事人在劳动合同或者保密协议中约定了竞业限制和经济补偿，劳动合同解除或者终止后，因用人单位的原因导致三个月未支付经济补偿，劳动者请求解除竞业限制约定的，人民法院应予支持。姜某于 2018 年 6 月 12 日因个人原因离职，教育公司于 2018 年 8 月 10 日向其支付两个月的竞业限制补偿金，故对姜某所持因教育公司未支付竞业限制补偿金而解除双方竞业禁止协议书之主张，不予支持。

北京市海淀区人民法院依照《中华人民共和国劳动合同法》第二十三条、第二十四条，《最高人民法院关于审理劳动争议案件适用法律若干问题的解释（四）》第八条之规定，判决如下：

驳回姜某的全部诉讼请求。

姜某不服一审判决，提起上诉。北京市第一中级人民法院经审理认为：就双方《竞业禁止协议书》的效力，双方签订的《竞业禁止协议书》约定了劳动者的竞业限制义务，但未约定用人单位支付经济补偿。《中华人民共和国劳动合同法》第二十三条第二款规定："对负有保密义务的劳动者，用人单位可以在劳动合同或者保密协议中与劳动者约定竞业限制条款，并约定在解除或者终止劳动合同后，在竞业限制期限内按月给予劳动者经济补偿……"据此，在约定竞业限制的前提下，经济补偿的给付具有强制性。未约定经济补偿的竞业限制条款，为欠缺合同必备条款，应当进行补充。而《最高人民法院关于审理劳动争议案件适用法律若干问题的解释（四）》第六条为未约定经济补偿的竞业限制规定了补偿金标准，上述规定以法定形式对欠缺的竞业限制条款作出了补充，故竞业限制约定对双方当事人仍具有约束力。

就姜某对竞业限制约定解除行为的效力，《中华人民共和国合同法》第九十四条规定："有下列情形之一的，当事人可以解除合同……（三）当事人一方迟延履行主要债务，经催告后在合理期限内仍未履行……"而合理期限和解除方式的认定应适用《最高人民法院关于审理劳动争议案件适用法律若干问题的解释（四）》第八条规定。也就是说，因用人单位的原因导致三个月未支付经济补偿，劳动者可不经催告程序径行解除竞业限制约定。而本案中，姜某在双方解除劳动合同后未达三个月即行使解除权，且教育公司在收到姜某通知后及时按法律规定的标准补充支付了竞业限制经济补偿金，故姜某的解除行为缺乏法律依据，法院对其解除《竞业禁止协议书》的上诉请求不予支持。

北京市第一中级人民法院依照《中华人民共和国民事诉讼法》第一百七十条第一款第一项规定，判决如下：

驳回上诉，维持原判。

【法官后语】

竞业限制不仅涉及用人单位的商业秘密权，同时也涉及劳动者的自由择业权。现行成文法未明确规定当事人约定了竞业限制但未约定经济补偿，在双方劳动关系解除或终止后用人单位未支付竞业限制经济补偿，劳动者要求解除竞业限制约定的情况下如何裁处。对此，学界和司法实务界有不同认识。

第一种观点认为，此类竞业限制约定无效。理由在于：竞业限制对劳动者而言极大程度让渡了自由择业权，进一步直接关系其生存权。那么在对劳动者科以竞业限制义务的情形下，作为对价，用人单位未作出经济补偿金的约定或承诺，属于免除自己的法定责任，双方权利义务显失公平。这属于劳动合同法第二十六条“用人单位免除自己的法定责任、排除劳动者权利的”情形，竞业限制约定应当认定无效。

第二种观点认为，未约定经济补偿金的竞业限制条款对劳动者不发生效力。此类观点以用人单位不作为的行为推定其自认对要求劳动者遵循竞业限制义务的放弃。

第三种观点认为，未约定经济补偿金的竞业限制条款应当认定有效并对劳动者具有法律拘束力，并应当适用现行成文法中对竞业限制补偿金、解除权规则等的规定。理由主要有三。

第一，从意思自治原则和信赖利益保护原则角度分析。竞业限制协议的缔约双方均为具有完全民事行为能力的主体，应当对己方签署的合同以及对己方权利的处分具有客观、清醒的认知，司法权应当在此基础上进行审查，并保护合同效力的稳定性；且现在越来越多用人单位在劳动关系存续期间即与劳动者签署离职后的竞业限制协议，用人单位对劳动者进行商业秘密的开示在一定程度上基于确信劳动者离职后仍具有竞业限制义务，肯定竞业限制约定的效力有利于对信赖利益的保护和对客观形成的权利义务关系的尊重。

第二，从保护营商环境的大背景和商业利益保护的现实困境角度分析。在现今的市场环境中，确实有个别劳动者违反竞业限制义务、损害原用人单位竞争优势，而在此情形下原用人单位知悉劳动者离职后的就业去向本身就非常困难，举证证明劳动者违反竞业限制义务则更加困难；此外，劳动者还存在诸如利用家人、朋友的身份从事竞业限制行为等在取证和法律认定方面更为困难的障碍。为保护公平竞争、诚实守信的营商环境，司法权不应当轻易否定既有的竞业限制效力，在此基础上深化、细化竞业限制权利义务的平衡保护问题。

第三，从成文法适用和法律解释角度分析。就《最高人民法院关于审理劳动争议案件适用法律问题的解释（一）》第三十六条进行法律解释，审查未约定经济补偿的竞业限制协议对劳动者是否具有拘束力。首先，从体系解释的角度分析，竞业限制协议作为合同的一种，可以参照适用民法典合同编的规定进行合同补充。在劳动合同约定劳动者负有竞业限制义务的前提下，双方分别负有对待给付义务，用人单位的经济补偿支付义务具有强制性。即便双方未明确约定经济补偿，经济补偿的支付仍具有效力，应作为默示条款补充进竞业限制协议。同理，该条以司法解释的形式对未作出约定时的补偿标准进行了强制性规定。至此，根据合同补充原理，对于未约定经济补偿的竞业限制协议，“用人单位按照劳动者在劳动合同解除或者终止前十二个月平均工资的30%按月支付经济补偿”的内容应当作为默示条款补充进竞业限制协议，竞业限制的核心权利义务至此相对完备，当事人不履行合同缺乏正当性。其次，从利益衡量的角度分析，用人单位的商业秘密权本身有独立的价值，不依托于经济补偿而存在，欠缺对价条款不意味着这些利益不值得保护。当然，缺乏经济补偿的对价条款会在权利义务上产生利益的不平衡，补足对价条款，就可以在双方利益之间重新达成平衡，实现立法目的。

就《最高人民法院关于审理劳动争议案件适用法律问题的解释（一）》第三十八条进行法律解释，审查劳动者对未约定经济补偿的竞业限制的解除权规则。首先，从文义解释的角度分析，前已论及，根据合同补充原理，即便未约定经济补偿，经济补偿条款也应作为默示条款补充到竞业限制约定中，故未约定经济补偿金的竞业限制协议在进行合同补充后就形成了具有经济补偿条款的竞业限制协议，从而符合了该条的适用条件。其次，从体系解释的角度分析，用人单位未及时支付竞业限制经济补偿金，构成民法典第五百六十三条“当事人一方迟延履行债务或者有其他违约行为致使不能实现合同目的”情形。竞业限制协议订立的合同目的一方面在于保护用人单位的商业秘密和与知识产权相关的保密事项，另一方面在于在限制劳动者就业权的前提下保障其生存权。支付竞业限制补偿金是双务合同中用人单位一方的主要义务，在继续性合同履行中，用人单位超过一定期限不履行支付义务将致使合同目的不能实现。《最高人民法院关于审理劳动争议案件适用法律问题的解释（一）》第三十八条将用人单位迟延履行债务致使不能实现合同目的的期间界定为“三个月”，较为适宜地平衡了双方权益，为竞业限制法律关系中的劳动者提供了现行法框架内的、更为具体可行的解除权规则，适用这一规则不会加重劳动者的不利后果。最后，从利益衡量的角度分析，竞业限制制度是强调平等保护劳动双方权利的劳动法律制度。所谓平等保护，对合同双方来讲，权利人对自身权利进行保护的作为程度都应当和法律对其权利进行的肯定性评价呈正相关关系。法律在这一制度设计上减少了对劳动者的侧重保护，正是鼓励劳动者作为保护自身利益的第一责任人，积极参与权利义务配置。而负有竞业限制义务的劳动者也因为蕴含人力资本价值，本身更具有博弈能力，更能对保护自身权益有所作为。经济补偿金是劳动者在竞业限制对待给付中的核心权利，未约定经济补偿，劳动者也存在注意义务的欠缺，对此，法律不设置更倾斜保护劳动者的解除权规则，是对平等保护原则的贯彻。

在本案的判决中，合议庭选择了第三种观点。笔者建议，在劳动者的就业权、生存权与用人单位商业利益权之间，立法权和司法权均应当进一步向精细化方向迈进，并在价值选择上进一步实现双方权利之间的二元保护和平衡共赢。

编写人：北京市第一中级人民法院　王丽蕊

158 未足额支付竞业限制补偿金应认定竞业限制条款对当事人不具有约束力

——夏某诉基金公司劳动合同案

【案件基本信息】

1. 裁判书字号

江苏省扬州市中级人民法院（2019）苏10民终1758号民事判决书

2. 案由：劳动合同纠纷

3. 当事人

原告（被上诉人）：夏某

被告（上诉人）：基金公司

【基本案情】

2016年6月30日，夏某与基金公司签订劳动合同一份。2017年4月1日，夏某、基金公司又签订劳动合同一份，约定基金公司聘用夏某在营销事业部从事总经理职务，同日夏某、基金公司又签订竞业限制协议一份，约定夏某任职期间及自劳动合同期满或解除后两年内，不得受聘于与基金公司有竞争关系的经济组织；若由于基金公司原因导致其未向夏某支付经济补偿金达三个月或以上，夏某有权立即解除竞业限制协议，在协议解除后夏某有权拒绝履行协议项下的竞业限制义务。协议签订后，基金公司聘用夏某在营销事业部从事总经理职务，工作地点在扬州。该公司自

2017 年 8 月至 2018 年 1 月每月通过第三方账户向夏某发放工资 26400 元，自 2017 年 10 月至 2018 年 2 月基金公司又通过银行转账方式向夏某支付代发工资五笔，金额分别为 36572.07 元、44556.27 元、20618.82 元、82563.95 元和 3978.99 元。2018 年 1 月双方协商解除劳动合同，夏某离职，基金公司于 2018 年 2 月支付夏某经济补偿金 288733.50 元。此后基金公司于 2018 年 3 月 9 日支付夏某竞业限制补偿金 7655 元，2018 年 4 月后每月支付夏某竞业限制补偿金 3985 元。后因双方产生劳动争议纠纷，夏某诉至法院。

另查明，2018 年 1 月 8 日，基金公司（甲方）与夏某（乙方）签订《解除劳动雇佣关系协议书》，该协议书约定了“甲方同意在乙方妥善办理完成所有工作移交手续后以转账形式支付乙方离职工资。其中包含以下内容：乙方 2018 年 1 月 1 日至 1 月 8 日应发放的工资（以实际出勤为准）。根据相关规定，甲方应支付给乙方的提成奖金，共计人民币 264187 元。具体发放日期 2018 年 2 月”等内容。

2018 年 4 月至 11 月，基金公司每月向夏某支付上月竞业限制补偿金 3985 元，从 2018 年 12 月至 2019 年 2 月，基金公司每月向夏某支付上月竞业限制补偿金 4000 元，之后未再支付。

2019 年 4 月 8 日，夏某向扬州市劳动人事争议仲裁委员会申请仲裁，请求确认竞业限制协议中的竞业限制条款对夏某不具有约束力。扬州市劳动人事争议仲裁委员会以夏某提供的证明其请求事项相关的证据不足为由，决定不予受理，遂成讼。

【案件焦点】

基金公司是否存在未足额向夏某支付经济补偿金的情形。

【法院裁判要旨】

江苏省扬州市邗江区人民法院经审理认为：夏某、基金公司之间签订的劳动合同及竞业限制协议，并不违反法律法规的强制性规定，应当认定有效。双方均应当按照合同和协议的约定履行。基金公司每月支付夏某的竞业限制补偿金一直未达到夏某工资的20%，夏某以行为解除竞业限制协议拒绝履行协议项下的竞业限制义务，并不违反双方竞业限制协议的约定。同时夏某的工作地点在江苏，《江苏省劳动合同条例》第二十八条第一款、第二款也规定，用人单位对处于竞业限制期限内的离职劳动者应当按月给予经济补偿，月经济补偿额不得低于该劳动者离开用人单位前十二个月的月平均工资的三分之一。用人单位未按照约定给予劳动者经济补偿的，劳动者可以不履行竞业限制义务，但劳动者已经履行的，有权要求用人单位给予经济补偿。因此对于夏某的诉讼请求，法院应予支持。

江苏省扬州市邗江区人民法院依照《中华人民共和国劳动合同法》第二条和《最高人民法院关于审理劳动争议案件适用法律若干问题的解释（四）》第八条的规定，判决如下：

确认夏某、基金公司之间于2017年4月1日签订的竞业限制协议中的竞业限制条款对夏某不具有约束力。

基金公司不服一审判决，提出上诉。江苏省扬州市中级人民法院经审理认为：第一，诉权是当事人请求法院行使审判权保护其民事权益的权利，当事人行使诉权需要具备当事人之间存在现实争议和诉的利益两个要件。本案中，双方当事人就夏某是否应当履行案涉竞业限制协议所约定义务的争议已经存在，而且夏某存在通过诉讼明确其是否应按约履行的确认利益，由此避免争议导致的不确定性。因此，夏某提出确认案涉竞业限制协议中竞业限制条款对其不具有约束力的主张，不违反法律规定。

第二，关于本案应适用的地方性法规的确定问题。已生效的（2018）苏10民辖终225号民事裁定书认定，根据夏某提供的证据，可以证实其工作地点隶属于扬州市邗江区，并由此确认一审法院对本案具有管辖权，因此本案审理中适用江苏省相关地方性法规的规定并无不当。

第三，夏某主张案涉竞业限制协议中竞业限制条款对其不具有约束力，系由于认为基金公司并未足额支付竞业限制补偿金。对此，根据《最高人民法院关于审理劳动争议案件适用法律若干问题的解释（四）》以及《江苏省劳动合同条例》的相关规定，基金公司向夏某支付竞业限制补偿金的计算基础应为夏某的实际月平均工资。本案中，夏某所主张的工资数额包括基金公司向其支付的月工资和提成奖金以及孙某慧向其的汇款。鉴于二审中，基金公司对其与夏某签订的《解除劳动雇佣关系协议书》约定的264187元为夏某的提成奖金予以认可，根据《江苏省工资支付条例》第六十二条规定，该部分应计入夏某的工资。即使第三方账户向夏某的汇款性质不足以认定为基金公司支付的工资，但是上述收入与基金公司已经认可的向夏某支付的工资总数相加，再平均计算夏某的月工资数额，已经明显超过基金公司主张的月工资2万元。因此，基金公司实际每月向夏某支付的补偿金并未达到夏某月平均工资的20%，也即基金公司未能按约足额支付竞业限制补偿金，且其支付的标准也不符合《江苏省劳动合同条例》有关“月经济补偿额不得低于该劳动者离开用人单位前十二个月的月平均工资的三分之一”的规定。在这种情况下，夏某认为己方可以不履行案涉竞业限制协议约定义务，主张竞业限制协议中竞业限制条款对其不具有约束力可以成立。

江苏省扬州市中级人民法院依照《中华人民共和国民事诉讼法》第一百七十条第一款第一项之规定，判决如下：

驳回上诉，维持原判。

【法官后语】

当前，用人单位为确保在行业中的发展优势，在与掌握商业秘密的劳动者建立劳动关系的同时，会与劳动者签订竞业限制协议或者在劳动合同中添加竞业限制条款，确保劳动者在离职后并在一定期限内不会对用人单位自身发展产生冲击。但在当前司法实践中，劳动者在履行竞业限制约定义务时，存在用人单位未能及时向劳动者支付竞业限制补偿金的情形，遂引发纠纷。

一是劳动者可就用人单位未足额支付竞业限制补偿金提起诉讼。诉权是当事人请求法院行使审判权保护其民事权益的权利，当事人行使诉权需要具备当事人之间存在现实争议和诉的利益两个要件。本案中，双方当事人就夏某是否应当履行案涉竞业限制协议所约定义务的争议已经存在，而且夏某存在通过诉讼明确其是否应按约履行的确认利益，由此避免由于争议导致的不确定性。因此，夏某提出确认案涉竞业限制协议中竞业限制条款对其不具有约束力的主张，不违反法律规定。

二是竞业限制经济补偿金计算标准。首先，确定竞业限制经济补偿金的计算基数。按照《最高人民法院关于审理劳动争议案件适用法律问题的解释（一）》第三十六条之规定，经济补偿金的标准确定为劳动合同解除或终止前12个月平均工资的30%且不低于合同履行地最低工资标准。而此处的工资应当包括基本工资、生活补贴、津贴、奖金、加班费等各项收入。其次，确定竞业限制经济补偿金的计算比例。在用人单位与劳动者有约定时，应当适用约定的标准，没有约定应当依照法定标准。最后，依据管辖法院确立适用的地方标准。本案中，夏某的工作地点在扬州市邗江区，一审法院具有管辖权，因此本案适用江苏省相关地方性法规的规定。与此同时，依据基金公司现支付给夏某的工资总额，夏某月平均工资明显高于基金公司主张的月工资 2 万元，因此，基金公司实际每月向夏某支付的补偿金并未达到夏某的月平均工资的 20%，也未达到《江苏省劳动合同条例》第二十八条第一款规定的月平均工资的三分之一，即基金公司未能按约向夏某足额支付竞业限制补偿金。

三是未足额支付的竞业限制补偿金属于“未支付经济补偿金”范畴。一方面，劳动者因竞业限制可能在一定时间内无法就业获得收入，相应地，用人单位的经济补偿可能成为劳动者维持生活的唯一收入来源。如果用人单位未足额支付经济补偿，可能危及劳动者的生存权益。另一方面，《最高人民法院关于审理劳动争议案件适用法律问题的解释（一）》第三十八条给了用人单位长达三个月的时间补足少付的经济补偿，用人单位如非恶意拖欠，完全可以在此期间补足该差额以避免劳动者解除竞业限制。如果用人单位在此期间届满之日仍未支付该差额，可推断其为严重违约，此时支持劳动者有关解除竞业限制的主张，不会造成双方利益的失衡。本案中，从双方解除合同起，基金公司一直未能足额支付夏某竞业限制经济补偿金，当属“未支付经济补偿金”范畴。

编写人：江苏省扬州市中级人民法院　韩冰　王兵

159 竞业限制违约金约定过高可调整

——化工公司诉张某竞业限制案

【案件基本信息】

1. 裁判书字号

江苏省苏州市中级人民法院（2018）苏05民终2523、2524号民事判决书

2. 案由：竞业限制纠纷

3. 当事人

原告（被上诉人）：化工公司

被告（上诉人）：张某

【基本案情】

张某原系化工公司副总经理，于2016年5月4日离职，离职前分管销售，月平均工资为13296元。2015年1月1日，张某与化工公司签订《保密与竞业限制协议》，协议明确化工公司的经营范围为化学药液过滤机、化工泵等，并约定张某在工作期间以及离职之日起二十四个月内，不得在与化工公司及化工公司关联公司有竞争关系的单位内任职或以任何方式为其服务，也不得自己生产、经营与化工公司及化工公司关联公司有竞争关系的同类产品或业务。劳动合同解除后，化工公司须向张某支付竞业限制补偿费为1680元/月。张某若违反协议约定，无论是否造成化工公司经济损失，化工公司都可追索全部张某已领取的补偿费，要求张某

赔偿化工公司因此遭受的经济损失（若有），并向化工公司支付违约金 1000000 元。张某离职后，化工公司按照最低工资标准共计向张某发放了竞业限制补偿金 23660 元。2017 年 6 月 7 日，张某以某环保科技有限公司销售员名义向某环境工程有限公司出售了一批化学泵。

后化工公司向昆山市劳动人事争议仲裁委员会申请仲裁，请求裁决：1. 张某返还竞业限制补偿金 23660 元；2. 张某支付化工公司违约金 1000000 元。该委作出裁决：1. 张某支付化工公司违反竞业限制协议违约金 40000 元；2. 张某返还化工公司支付的竞业限制补偿金 23660 元。化工公司不服仲裁裁决，向法院提起诉讼。

【案件焦点】

1. 双方当事人在《保密与竞业限制协议》中约定的竞业限制违约金金额是否合理；2. 如不合理，应当如何进行调整。

【法院裁判要旨】

江苏省昆山市人民法院经审理认为：张某离职后领取了化工公司按月发放的竞业限制补偿金，但未能履行竞业限制义务，应当支付违约金，双方在《保密与竞业限制协议》中约定的违约金为 1000000 元，该金额过高，应当适当调低，考虑张某离职前在化工公司担任的职务以及工资收入情况，酌情认定违约金为 500000 元。

江苏省昆山市人民法院依照《中华人民共和国劳动合同法》第二十四条、第二十五条之规定，作出如下判决：

一、张某于判决生效之日起十日内返还化工公司竞业限制补偿金 23660 元；

二、张某于判决生效之日起十日内支付化工公司违反竞业限制义务的违约金 500000 元。

张某不服一审判决，提起上诉。江苏省苏州市中级人民法院经审理认为：本案双方协议约定违约金为 1000000 元，但化工公司每月应支付的补偿金仅为 1680 元，不足张某离职前月平均工资的 15%，远低于法定标准。竞业限制补偿是对劳动者履行竞业限制的对价，也是竞业限制期间劳动者的生活来源之一，用人单位支付补偿金标准过低往往会成为劳动者无法恰当履行竞业限制义务的诱因。法院认为，《保密与竞业限制协议》约定的权利义务明显不对等，一审法院将违约金调整为约定的二分之一仍显过高，不利于双方利益的平衡，故有进一步调整的必要。竞业限制违约金的调整既要考虑劳动者竞业行为给用人单位带来的实际损失，还应当适度体现对劳动者违约行为的惩罚。因化工公司并未举证其损失数额，可以参照张某在化工公司创造的劳动价值也即工资收入情况做出推定。张某在离职一年后发生违约行为，其年收入约为 160000 元，此可以作为认定化工公司损失的参考金额，同时综合考虑竞业限制补偿金数额、张某违约情节等因素，并适度体现对劳动者违约行为的惩罚性，法院酌情将张某应当支付的违约金调整为 300000 元。

江苏省苏州市中级人民法院依照《中华人民共和国劳动合同法》第二十四条、第二十五条，《江苏省劳动合同条例》第二十八条，《中华人民共和国民事诉讼法》第一百七十条第一款第二项之规定，作出如下判决：

一、维持昆山市人民法院（2017）苏 0583 民初 17150、17581 号民事判决第一项；

二、撤销昆山市人民法院（2017）苏0583民初17150、17581号民事判决第二项；

三、张某于本判决生效之日起十日内向化工公司支付违反竞业限制义务违约金300000元；

四、驳回化工公司的其他诉讼请求。

【法官后语】

劳动合同法上的竞业限制违约金在性质和功能上有别于合同法上的违约金。合同法上的违约金兼具补偿和惩罚的特性，但主要是为了弥补违约行为给当事人造成的损失，而竞业限制违约金则具有“惩罚性”，即通过对劳动者的再就业自主权作出限制，进行事先预防以达到保护用人单位商业秘密的目的。劳动者在签订竞业限制协议时就对违约责任的承担有一定的预期，因此如果劳动者违反竞业限制约定，根据当事人意思自治的原则，一般应当按照约定支付违约金。

但是约定的竞业限制违约金过高或者过低，都不利于双方权利义务的平衡，更不利于竞业限制制度的有效发挥，此种情况下法院需要酌情对竞业限制违约金进行调整。调整时，要综合考虑竞业限制补偿金的数额、劳动者违约行为的情节、给用人单位带来的实际损失、劳动者非法获益等多种因素，并根据公平原则和诚实信用原则予以衡量，还应当适度体现竞业限制违约金对劳动者违约行为的惩罚特性。本案中，《保密与竞业限制协议》约定化工公司应支付张某的竞业限制补偿金仅为1680元/月，违约金却高达1000000元，双方权利义务明显不对等，故有调整的必要。在对违约金进行调整时，可将用人单位支付的竞业限制补偿金额和用人单位遭受的实际损失这两个可量化的因素作为考量的基础。

申言之，如以竞业限制补偿金为考量因素，根据《最高人民法院关于审理劳动争议案件适用法律问题的解释（一）》第三十六条第一款的规定，当事人在劳动合同或者保密协议中约定了竞业限制，但未约定解除或者终止劳动合同后给予劳动者经济补偿，劳动者履行了竞业限制义务，要求用人单位按照劳动者在劳动合同解除或者终止前十二个月平均工资的30%按月支付经济补偿的，人民法院应予支持。照此规定，可将劳动者在劳动合同解除或终止前十二个月平均工资的30%作为用人单位支付竞业限制经济补偿的法定最低标准。本案中，化工公司每月实际支付的竞业限制补偿金不足张某离职前月平均工资的15%，远低于法定标准，根据权利义务相对应的原则，也可将违约金1000000元调整至相应的比例，也就是150000元。如以用人单位遭受的实际损失为考量因素，因化工公司无法证明张某竞业行为导致的损失数额，可将张某创造的劳动价值即年收入作为参考标准，张某在离职一年后发生违约行为，其年收入约为160000元，此可以作为认定化工公司损失的参考金额。基于以上两种情况，兼具考虑竞业限制违约金对劳动者违约行为的惩罚特性，笔者认为将违约金调整至300000元较为合适。

编写人：江苏省苏州市中级人民法院　姚栋财

160 竞业限制协议补偿金的性质认定及支付时间

——张某诉机械科技公司劳动争议案

【案件基本信息】

1. 裁判书字号

北京市第三中级人民法院（2015）三中民终字第06630号民事判决书

2. 案由：劳动争议纠纷

3. 当事人

原告（上诉人）：张某

被告（上诉人）：机械科技公司

【基本案情】

张某于2003年4月21日入职机械科技公司，从事技术岗位工作。2003年7月1日，双方签署《保密协议》，约定张某应当遵守《员工手册》第十一章有关“知识产权与保密制度”的规定，机械科技公司根据该规定按月向张某支付保密费，用于张某离职后3年内，保守被告的商业秘密和不与其竞业的补偿费。机械科技公司为张某缴纳了在职期间的失业保险。

2011年6月15日，双方劳动合同到期终止。机械科技公司于次日以银行转账的方式支付张某14196元。张某认可已收到该款项，但主张该款项系补发的2010年的年终奖，并提供了发放2009年年终奖的工资条。机械科技公司则主张因张某在2010年考核不合格，所以未向张某发放年终奖，并降低了其基本工资和月奖金额，该款项系其支付张某的终止劳动合同经济补偿金，并提供了终止劳动合同经济补偿审批单、记账凭证。张某主张上述证据系机械科技公司单方制作，不认可其真实性。经询，张某主张机械科技公司离职前 12 个月的平均工资为 4095 元，该金额包括月奖金，机械科技公司认可 4095 元中包含月奖金，但主张除上述金额外，其每年还有饭补、旅游费、过节费及年终奖等。

庭审中，机械科技公司提交了 2003 年版的《员工手册》及有张某本人签字的《技术部传阅单》，该手册规定员工在职期间以及离职之后 3 年内，不得从事与机械科技公司存在竞业的行为，机械科技公司每月向技术人员支付 250 元的保密费，用于员工离职后 3 年内，保守商业秘密和不竞业的补偿，员工缺勤、旷工期间，按公司《考勤与休假制度》扣发保密费。张某及其他工作人员在《技术部传阅单》上签字。机械科技公司认可其签字的真实性，但主张当时传阅的文件与机械科技公司提供的《员工手册》不符。张某提供了 2004 年 8 月的工资条，上显示保密费用为每月 200 元。张某主张保密费用与竞业限制无关，公司所有员工均有保密费，并提供机械科技公司的门卫李某涛的工资条，其上显示李某涛的工资每月亦包含保密费。机械科技公司对上述证据的真实性均不予认可。张某还提供高级工程师证书及机械科技公司的科研项目申报书，其上显示张某在该项目中担任总体设计工作。机械科技公司对上述证据的真实性予以认可。

【案件焦点】

1. 机械科技公司在张某在职期间，支付竞业限制补偿金的法律行为是否有效；2. 竞业限制补偿金的性质如何认定。

【法院裁判要旨】

北京市朝阳区人民法院经审理认为：竞业限制经济补偿金是用人单位因限制劳动者离职后的就业范围而对劳动者作出的补偿，该补偿以劳动者在离职后不从事与用人单位相竞争的业务为支付前提，通常自劳动者离职之日起按月支付。然而，双方签署的保密协议则将竞业限制的经济补偿提前至张某在职期间，并随工资一同发放，并不考虑张某离职后的就业情况，且根据机械科技公司提供的《员工手册》，如果张某缺勤、旷工，那么机械科技公司将依照《考勤与休假制度》扣发保密费。上述情形不符合竞业限制经济补偿金的基本特征，机械科技公司向张某支付的保密费应属于工资范畴，而非对竞业限制的补偿，本院对机械科技公司关于已支付张某竞业限制经济补偿金的主张不予采纳。现张某主张已履行竞业限制义务，机械科技公司对此未予以否认或提供反证，故本院对张某的主张予以采纳，机械科技公司依法应支付张某离职后 2 年内的竞业限制经济补偿金。因双方缺少对补偿金标准的明确约定，故本院按照法定标准，依法确认机械科技公司应支付张某 2011 年 6 月 15 日至 2013 年 6 月 14 日期间的竞业限制经济补偿金 29484 元（4095 元×30%×24 个月）。张某主张 2013 年 6 月 14 日之后的补偿金，缺少法律依据，本院不予支持。

北京市朝阳区人民法院依照《中华人民共和国劳动合同法》第二十三条、第二十四条、第四十六条、第四十七条、第九十八条，《最高人民法院关于审理劳动争议案件适用法律若干问题的解释（四）》第六条，《中华人民共和国劳动争议调解仲裁法》第六条之规定，判决如下：

一、被告机械科技公司于本判决生效后七日内支付原告张某终止劳动合同的经济补偿金4231.5元；

二、被告机械科技公司于本判决生效后七日内支付原告张某2011年6月15日至2013年6月14日期间的竞业限制经济补偿金29484元；

三、驳回原告张某的其他诉讼请求。

二审法院同意一审法院裁判意见。

【法官后语】

本案中，争议焦点涉及对于竞业限制补偿金性质的认定，这直接关系到是否允许用人单位在劳动者在职期间提前发放补偿金。法律规定竞业限制补偿金应当在解除或终止劳动合同后的竞业限制期限内按月支付。但现行法律并未明确界定该补偿金的性质及“提前支付”“随工资支付”的法律后果。实践中经常出现用人单位将竞业限制补偿金混同于劳动报酬，一并发放的情形。本案中，用人单位与劳动者约定，竞业限制经济补偿金随劳动者在职期间的工资一同发放，并以劳动者的出勤情况作为计算依据。法院生效判决认为，机械科技公司因其未考虑劳动者离职后的就业情况，并对补偿金的支付附加了除竞业禁止之外的其他条件，不符合竞业限制经济补偿金的性质和设立目的。

1. 竞业限制协议的生效时间与补偿金的发放

对于劳动者竞业限制义务是起始于离职之时，抑或是向前追溯到在职期间，理论界尚存争议。但本案生效判决认为，竞业限制协议限制劳动者在一定期限和范围内从事同类工作，实质上是在一定时间内阻碍劳动者从事其最熟练的工作，可能导致劳动者在离职后因不能发挥优势丧失工作机会和较高的薪酬待遇，为了弥补劳动者的损失，用人单位需给付相对公平合理的竞业限制经济补偿金。从这个角度出发，竞业限制协议属于“附条件的合同”，条件成就时，合同生效。作为一种制度安排，经济补偿金一般只能发生在离职之时及之后，不能提前。如果允许经济补偿金提前发放，经济补偿金将成为工资的一部分，等于否定了经济补偿的存在。

2. 对竞业限制补偿金性质的判断

实践中，用人单位对于竞业限制条款的订立以及竞业限制补偿金的支付往往占有主动地位，其通过企业内部制度设计来达到规避法律的目的。如果用人单位将竞业限制补偿金混同于劳动报酬的一部分，或者对于补偿金的发放附加与竞业限制义务无关的条件，将会对劳动者的合法权益造成威胁。因此，应当严格将竞业限制补偿金与劳动报酬相区分。补偿金是用人单位对劳动者履行竞业限制义务所支付的补偿，不得附加其他无关条件，并应按照约定足额、按期支付，不得随意扣减；而劳动报酬是对劳动者在职期间提供劳动所支付的对价，支付基础是劳动者按约定履行工作义务，完成工作内容，遵守单位规章制度，其与竞业限制并不存在交叉和混同。

编写人：北京市朝阳区人民法院　汪洋

161　竞业限制行为主体认定与相关新问题处理

——化学公司诉郎某、甲公司劳动合同案

【案件基本信息】

1. 裁判书字号

上海市第一中级人民法院（2011）沪一中民三（民）终字第1294号民事判决书

2. 案由：劳动合同纠纷

3. 当事人

原告（被上诉人）：化学公司

被告（上诉人）：郎某、甲公司

【基本案情】

化学公司系一家生产销售氧化物系列等化学原料及化学制品等产品的知名企业。2004年5月8日，郎某与化学公司签订聘用合同一份。同日，双方又签订一份保密协议，主要内容为郎某在双方雇佣关系存续期间及雇佣关系终止之日起三年内负有竞业限制义务。合同签订后，郎某即在化学公司工作，担任产品开发工程师。2009年6月8日，郎某辞职并离开化学公司。

2007年6月7日，郎某之妻作为股东，与他人共同投资成立了甲公司，该公司的经营范围与化学公司类似。另有一家成立于2001年的乙公司，董事为郎某等四人。该公司于2009年5月至6月间收购与化学公司经营范围类似之丙公司。同年8月13日，丙公司重新组建新的董事会，郎某等为董事。

2009年9月8日，化学公司发函给郎某，要求其遵守双方保密协议之约定；将竞业限制期限缩短为两年，并按郎某此前正常年工资的50%，按季度支付年补偿金，向化学公司提供付款账户及郎某未违反也不会违反上述竞业限制条款的承诺书。郎某收函后未予回复。

化学公司诉称：郎某在任职及离职竞业限制期间，严重违反双方有关保密与竞业限制的约定，以各种名义设立和经营多家与化学公司有竞争关系的公司，要求其承担相应责任，甲公司承担连带责任并不得聘用郎某。

郎某辩称：竞业限制系针对离职后。2007 年和 2008 年期间其尚未离职，故不适用，化学公司以其妻投资甲公司为由追究其责任于法无据。

甲公司辩称：郎某与本公司没有劳动关系，本公司和郎某承担连带责任缺乏依据。

【案件焦点】

1. 竞业限制主体认定；2. 劳动争议中禁止令与连带责任的适用。

【法院裁判要旨】

上海市徐汇区人民法院经审理认为：郎某在任职期间及离职后的行为，系以合法形式掩盖非法目的，违反了双方之间有关保密协议与竞业限制的约定，应承担违约责任，具体数额由法院酌定。化学公司申请禁止令系继续履行双方竞业限制义务的具体化，是双方约定及法律所规定郎某不能作为的从形式至内容的要求，故予以支持。因甲公司形式上是郎某之妻与他人合股而设立，看似非郎某参与的公司，但实则甲公司与郎某同一。为此，甲公司应承担连带责任。

上海市徐汇区人民法院依照《中华人民共和国劳动法》第七十八条、第九十九条、第一百零二条，《中华人民共和国劳动合同法》第九十条，《上海市劳动合同条例》第五十五条的规定，作出如下判决：

一、郎某继续履行与化学公司保密协议中约定的竞业限制义务；

二、禁止郎某于2011年6月7日前间接或直接参与甲公司的经营及提供劳务；

三、郎某于本判决生效之日起十日内赔偿化学公司30万元；

四、甲公司对本判决第三项郎某的赔偿责任承担连带责任。

宣判后，郎某与甲公司持一审答辩意见提起上诉。上海市第一中级人民法院经审理认为：根据双方保密协议约定，受限制的竞业形式不单单指向受雇，亦包括投资与经营。虽无证据显示郎某直接与甲公司建立劳动关系，但在婚姻关系存续期内，夫妻一方基于共同利益的对外行为难以认定仅为一方的个人行为。另外，郎某之于乙公司及丙公司的相关投资行为亦可以认定为其违反了与化学公司保密协议的约定。就郎某违约责任之具体核定，一审酌定数额并无不当，可予维持。

因法定连带责任有较为严格的限制条件，对之判令不宜超越相关法律规定，无证据显示甲公司曾于郎某仍在化学公司任职期间与其建立劳动关系，故不适用劳动合同法第九十一条关于连带责任的规定。另，本案是竞业限制的违约之诉而非不正当竞争的侵权之诉，系以郎某存在违约行为而判令其承担违约责任，基于合同相对性及法人独立性，判令甲公司就郎某的违约行为而承担违约连带责任依据不足。不得在特定竞争主体投资或就业系履行竞业限制义务的方式之一，故原审判决主文第二项实际已涵盖在第一项中，并无单独列明之必要，故依法予以撤销。

上海市第一中级人民法院依照《中华人民共和国民事诉讼法》（2007年修正）第一百五十三条第一款之规定，作出如下判决：

一、维持一审判决第一项、第三项；

二、撤销一审判决第二项、第四项；

三、驳回郎某的其他上诉请求。

【法官后语】

与传统竞业限制纠纷案件不同，本案的当事人并非直接与受限制用人单位建立劳动关系，而是本人或其近亲属投资经营与原用人单位经营范围有交集之公司，意图以此规避己方义务。笔者认为，郎某通过其妻的投资经营行为实际可被判定为以合法形式掩盖非法目的。基于婚姻家庭法之原理与世俗观念，郎某及其妻的投资行为系以夫妻共同财产为基础，投资收益亦将归入夫妻共同财产，故实难将其妻对甲公司的投资行为与郎某本人分割剥离。在此问题上，虽然一二审法院表述不同，但审理思路大体相符，可谓殊途同归。之后分歧在于劳动争议案件的审理中如何对具体措施与责任进行识别与适用，既平衡双方利益，又不违背法律规定。

1\. 我国现行民商事法律中的禁止令主要集中于对知识产权、人身权的保护，劳动争议案件能否适用并无明文规定

就禁止令的性质来看，针对的是侵权行为的重复或预期发生，并非对应违约行为。劳动争议中的竞业限制纠纷案件，其诉请基础在于双方是否存在合法有效竞业限制的约定及劳动者是否存在违约行为，而违约行为所对应的法律责任根据现行法律仅限继续履行、采取补救措施、承担约定责任或者赔偿损失。故禁止令无论在明文规定上还是在法理分析上均不宜在劳动争议案件中适用。本案中所谓“禁止令”所欲实现的救济实际已包含在要求郎某继续履行竞业限制义务的判项当中，另行判令禁止令亦无必要。

2\. 连带责任作为一项严厉的民事责任，对之判定应审慎有据

连带责任依其来源不同，可分为约定连带责任与法定连带责任。

本案中，当事人之间对此并无约定。而劳动争议案件中连带责任限定于其他用人单位在劳动者未经原用人单位同意即建立双重劳动关系，虽郎某之妻在郎某任职于化学公司期间即投资设立甲公司，但无证据显示期间双方已直接建立劳动关系，故法定连带责任在此并不适用。另外依连带责任内容之不同，可将连带责任划分为违约连带责任与侵权连带责任。违约连带责任即指当事人共同违反合同约定而产生的连带责任，侵权连带责任即指当事人共同侵权行为造成损害发生而产生的连带责任。本案中，系以郎某存在违约行为判令其承担违约责任，基于合同相对性及法人独立性，甲公司既非保密协议的合同相对方，亦非违约行为的实施主体，故判令甲公司就郎某的违约行为承担违约连带责任依据不足。因本案系劳动争议之诉并非民事侵权之诉，故关于甲公司是否与郎某存在共同侵权行为而应承担侵权连带责任，不应在本案中进行审查并作出裁判。

总之，在涉及竞业限制纠纷案件中，审判人员应甄别劳动者相关行为之性质，剔出以合法形式掩盖非法目的之法律规避行为，并据此依法裁判，以平衡用人单位无形资产保护与劳动者择业自由之法益冲突。在对待连带责任之诉请时，也应仔细辨析请求权之基础。另在无明文规定的情况下，劳动争议案件中不宜创设性地出具禁止令。

编写人：上海市徐汇区人民法院　蒋克勤

上海市第一中级人民法院　叶佳

162 如何认定竞业限制条款是否显失公平

——吴某诉甲学校劳动争议案

【案件基本信息】

1. 裁判书字号

江西省南昌市中级人民法院（2012）洪民一终字第353号民事判决书

2. 案由：劳动争议纠纷

3. 当事人

原告（上诉人）：吴某

被告（上诉人）：甲学校

【基本案情】

2005年3月，吴某到甲学校担任音乐教师、英语教师。2008年11月6日，双方签订劳动合同，期限为2008年12月1日至2011年11月30日。同时，双方签订了保密协议，其中第一条规定，如乙方（吴某）提前终止劳动合同，保密协议的竞业条款终止日为：甲乙双方劳动关系终止日顺延24个月。第三条规定，除得到甲方（甲学校）书面同意外，乙方在竞业限制期间不得在与甲方存在竞业关系的单位工作，也不得自行办学。工作期间，甲方每月预支付乙方竞业限制补偿金100元，如双方提前终止劳动合同，甲方根据竞业时长，按每月200元支付补偿金。如乙方违约，应给予甲方6万元的经济赔偿。2010年9月12日，经甲学校批准，吴某辞职。同年11月10日，甲学校电话通知吴某领取竞业补偿金，但其一直未领取。此后，甲学校先后分四次将11个月的竞业补偿金2200元，转账汇入吴某账号。2011年5月16日，甲学校发现吴某自3月31日始在乙学校工作，并提供了公证书等证据予以证实。其后，甲学校向南昌市劳动人事争议仲裁委员会申请仲裁，请求依法裁决被申请人停止在竞业单位工作，并向申请人支付竞业赔偿金6万元；支付申请人公证费、交通费等1200元；返还申请人竞业补偿金2200元。仲裁裁决为："被申请人在接到本裁决书之日起15日内，向申请人支付竞业赔偿金20000元，退回申请人竞业补偿金2200元，驳回申请人的其他仲裁请求。"原告对仲裁裁决不服，诉至法院，请求依法撤销仲裁裁决的第一项、第二项，并要求被告偿还原告在工作期间应得到的工资回补9000元。

【案件焦点】

1. 吴某与甲学校签订的竞业限制协议是否有效；2. 如果该协议显失公平，如何裁判。

【法院裁判要旨】

江西省南昌市西湖区人民法院经审理认为：原、被告签订的劳动合同及保密协议，属当事人双方真实意思表示，不违反法律、行政法规的强制性规定，应认定为有效。双方提前终止劳动合同后，被告按每月200元支付了原告11个月的竞业限制补偿金，而原告违反双方签订的保密协议，在竞业限制期间任职于与被告存在竞争关系的工作单位，故应对此承担相应的违约责任。但被告既不能提供证据证明其受到的损失，亦不能证明竞争对手由此获得的利益，而双方所约定的经济赔偿数额畸高，有违公平原则，故对该违约金的具体数额，法院予以适当调整。对原告要求被告偿还原告在工作期间应得到的工资回补 9000 元的诉请，因未经劳动仲裁的前置程序，法院不予审理。对被告提出原告应返还其给付的竞业限制补偿金 2200 元，因该补偿金为补偿原告竞业限制的对价，系双方履行保密协议时原告一方所享有的权利，故该请求法院不予支持。对被告请求原告承担相应的公证费、交通费等 1200 元，因缺乏相应的法律依据，法院不予支持。

江西省南昌市西湖区人民法院依照《中华人民共和国劳动合同法》第二十三条、第二十四条的规定，判决如下：

一、原告吴某在本判决生效之日起十日内支付被告甲学校竞业赔偿金 10000 元；

二、驳回原告其他诉讼请求。

吴某、甲学校持原审意见提起上诉。江西省南昌市中级人民法院经审理认为：吴某与甲学校签订了劳动合同和保密协议，约定明确，校方也按约履行了支付竞业限制补偿金的义务，故吴某也应按约履行竞业限制义务，但吴某却在竞业限制期间受聘于与校方存在竞业关系的学校，故应对此承担违约责任。对此一审法院判决吴某承担赔偿责任并无不当。双方约定的违约赔偿金 6 万元对于毕业工作不久的吴某而言过高，但一审法院判决吴某仅支付竞业赔偿金 1 万元又较低，酌情调整为 2 万元。

江西省南昌市中级人民法院依照《中华人民共和国民法通则》第一百一十二条第二款、《中华人民共和国劳动合同法》第三条、《中华人民共和国民事诉讼法》第一百五十三条第一款第二项之规定，判决如下：

一、维持南昌市西湖区人民法院（2012）西民初字第22号民事判决第二项；

二、变更南昌市西湖区人民法院（2012）西民初字第22号民事判决第一项为：吴某在本判决生效之日起十日内支付被告甲学校竞业赔偿金20000元。

【法官后语】

随着社会分工的日益细致，不少职业和岗位的技术性、秘密性程度渐高。基于此，用人单位出于自身利益的考虑，凭借其优势地位，在和劳动者签订劳动合同时，往往会另行附上保密条款或竞业限制协议，约定劳动者在合同期及终止后一段时间内承担保密和竞业限制义务，如违反约定则将承担数额较高的违约金。具体到本案，审理时需解决以下两个问题：

1. 该竞业限制协议的效力如何

甲学校按照约定，在竞业限制期内每月支付吴某竞业限制补偿金200元，但该标准远低于劳动者月平均工资的30%或劳动合同履行地最低工资标准的规定。显然，该竞业限制协议严重不对等。用人单位以低额的补偿，限制了劳动者竞业自由的权利，有悖于民法上权利义务相一致的精神。民法对民事法律行为的构成实行三要件说：民事主体适格，意思表示真实，不违反法律、行政法规的强制性规定。可见，本案中的竞业限制协议是符合该三要件的。但签订劳动合同并不是传统意义上的民事法律行为，其不属于传统民法调整的范畴，而是社会法调整的范围。在隶属于社会法的劳动法领域，国家的强制性干预程度和范围显然更高。但本案在裁判时并无竞业限制条款效力的具体法律规定。故本案中，用人单位对劳动者竞业限制的补偿虽然过低，但参照民法的相关精神，竞业限制的协议仍应认定为有效。

2. 该竞业限制协议是否显失公平

与劳动者相比，用人单位无疑处于强势一方，尤其是在签订劳动合同时，用人单位更是占据了优势，劳动合同也是其单方制定的格式合同。本案中，甲学校支付给吴某的竞业限制补偿金畸低，但劳动者违反协议，却需依据竞业限制条款的约定，支付用人单位高额的违约金，显然极不公平。显失公平在民法上属于可撤销的情形，即使在劳动法领域亦可以行使诉权，但本案中吴某早已过了行使撤销诉权的期间，且其亦未提出该项诉请。在这种情形下，依据公平原则，法官依据个案中的自由裁量权，一审判决原告支付被告竞业赔偿金 10000 元，二审调整为 20000 元，裁量尺度有所不同，目的都是基于竞业限制条款的显失公平，作出了有利于劳动者一方的判决。

编写人：江西省南昌市西湖区人民法院　张世民

163　未约定经济补偿金的竞业限制协议是否有效

——温某诉管理咨询公司劳动争议案

【案件基本信息】

1. 裁判书字号

北京市朝阳区人民法院（2013）朝民初字第 04296 号民事判决书

2. 案由：劳动争议纠纷

3. 当事人

原告：温某

被告：管理咨询公司

【基本案情】

2011 年 3 月 23 日，温某入职管理咨询公司，担任市场总监。双方劳动合同约定，温某离职后两年内不得在与管理咨询公司经营同类业务的其他用人单位任职，或者自己经营与管理咨询公司相同的业务，但未约定管理咨询公司应支付温某竞业限制经济补偿金。2012 年 3 月 19 日，温某离职。之后，温某提起劳动仲裁，要求管理咨询公司支付其自入职至 2012 年 6 月的竞业限制经济补偿金 144000 元，并继续履行竞业限制协议。管理咨询公司认为，劳动合同未约定竞业限制的经济补偿金，其也未实际支付，因此应视为温某的竞业限制义务已经解除，并在仲裁庭审时，明确表示不要求温某履行竞业限制义务。后温某不服仲裁裁决，提起本案诉讼。

【案件焦点】

1. 未约定经济补偿金的竞业限制协议是否有效；2. 如果有效，那么管理咨询公司不支付经济补偿金的方式能否视为对温某竞业限制义务的解除。

【法院裁判要旨】

北京市朝阳区人民法院经审理认为：双方的劳动合同虽未约定竞业限制的经济补偿金，但明确约定温某在离职后两年内负有竞业限制义务，现温某已履行竞业限制义务，管理咨询公司依法应支付温某相应的经济补偿。管理咨询公司应以明示的方式作出解除竞业限制协议的意思表示，其不支付补偿金不能视为对竞业限制协议的解除。管理咨询公司在2012年6月25日仲裁开庭时，明确告知温某不要求其履行竞业限制义务，因此双方关于竞业限制的约定，应自当日解除。温某要求管理咨询公司继续履行竞业限制协议的请求，不予支持。在竞业限制协议解除后，公司依法还应支付温某三个月的额外经济补偿，但因温某对经济补偿金仅主张至2012年6月，故管理咨询公司应支付温某自2012年3月19日至2012年6月30日的经济补偿金，具体数额按照温某离职前十二个月平均工资的30%进行计算。温某要求在职期间竞业限制的补偿金，于法无据，本院不予支持。

北京市朝阳区人民法院依照《最高人民法院关于审理劳动争议案件适用法律若干问题的解释（四）》第六条第一款、第九条之规定，判决如下：

管理咨询公司于本判决生效后七日内给付温某竞业限制补偿金8303元。

判决后，双方当事人均未上诉，本判决现已生效。

【法官后语】

对未约定经济补偿金的竞业限制协议效力问题，我国法律没有明确规定。《最高人民法院关于审理劳动争议案件适用法律问题的解释（一）》第三十六条第一款仅规定，“当事人在劳动合同或者保密协议中约定了竞业限制，但未约定解除或者终止劳动合同后给予劳动者经济补偿，劳动者履行了竞业限制义务，要求用人单位按照劳动者在劳动合同解除或者终止前十二个月平均工资的30%按月支付经济补偿的，人民法院应予支持”，但并没有明确此类协议的效力。

笔者认为，此类协议应认定为有效。首先，此类协议不具有认定为无效的法定情形，只要双方当事人意思表示真实，就应认定为有效。《中华人民共和国劳动合同法》没有要求当事人在竞业限制协议中必须约定经济补偿金，此类协议不构成对法律强制性规定的违反。竞业限制协议本身具有双务性，一方不得竞业，另一方须支付补偿，双方互负义务。未约定经济补偿金，不等于劳动者就无权主张补偿，双方仍然可以通过协商一致，签订补充协议，或立法直接规定等途径使问题得到解决，所以此类协议并没有排除劳动者的主要权利。其次，认定为无效不利于实现劳动者与用人单位之间的利益平衡。如果劳动者选择履行竞业限制义务，那么根据上述司法解释的规定，用人单位应支付劳动者经济补偿金；而当劳动者选择违反竞业限制义务时，用人单位却不享有要求停止竞业、支付违约金或赔偿损失的请求权。这无疑有失公平，会造成当事人之间的利益失衡。最后，认定协议为有效，有利于维护市场的交易秩序，鼓励诚信。如果此类协议被认定为无效，那么劳动者在明知约定了竞业限制的情况下，仍然可以随意违反约定，其他用人单位也可以随意使用掌握企业商业秘密的人员，尤其在当前诚信缺失，不正当竞争现象大量存在的情况下，认定此类协议无效，不利于市场交易秩序的维护，也使竞业限制丧失了其本来的制度意义。

本案中，正是基于对此类协议认定为有效，法院才最终确认双方的竞业限制协议已于仲裁庭审时解除，并据此支持了劳动者超出三个月的竞业限制经济补偿金。

编写人：北京市朝阳区人民法院　牛元元

六、社会保险

164 《工伤保险条例》第十四条在新兴业态从业人员工伤认定中的适用

——服务公司诉某市某区人力资源和社会保障局、某市人力资源和社会保障局工伤认定案

【案件基本信息】

1. 裁判书字号

北京市第二中级人民法院（2020）京02行终545号行政判决书

2. 案由：工伤认定纠纷

3. 当事人

原告（上诉人）：服务公司

被告（被上诉人）：某市某区人力资源和社会保障局（以下简称区人社局）、某市人力资源和社会保障局（以下简称市人社局）

第三人：高甲

【基本案情】

高某就职于某服务公司，担任送餐员职务。2018年8月8日早上6点45分，高某在家给电动车充电的过程中，因电池故障导致火灾，造成高某全身90%严重烧伤。经送医抢救无效，高某于2018年8月12日死亡。2019年3月25日，高某之父高甲向区人社局申请工伤认定。区人社局于2019年4月10日正式受理，于2019年6月5日作出《认定工伤决定书》（以下简称被诉认定工伤

决定)，主要内容为：我局认为，高某受到的事故伤害符合《工伤保险条例》第十四条第二项之规定，属于工伤认定范围，现予以认定为工伤。服务公司不服，于2019年8月1日向市人社局申请行政复议。2019年9月30日，市人社局作出《行政复议决定书》(以下简称被诉复议决定)，维持了区人社局作出的被诉认定工伤决定。服务公司仍不服，提起本案诉讼，请求撤销被诉认定工伤决定及被诉复议决定。

【案件焦点】

事发时，高某是否属于“从事与工作有关的预备性工作”。

【法院裁判要旨】

北京市西城区人民法院经审理认为：工作时间、工作场所、工作原因是工伤保险行政部门认定工伤所需考量的主要因素。管理体系规范的传统公司，关于工作时间、工作场所和工作内容，公司相关规范性文件均有明确的规定，一般不易产生争议。而本案工伤认定产生争议，则与基于互联网发展所形成的新兴业态相关联。

本案中，服务公司是一家人力资源公司，其职员高某通过手机软件为外卖公司提供送餐服务，并根据接单量取得劳动报酬。事实上，依托于互联网软件提供送餐服务的公司，其职员的工作时间和工作场所相较于传统企业具有一定的开放性。从其接单那一刻起或者其登录系统之后处于可接单状态即可视为处于工作状态，而整个送餐所途经的地点均可视为工作场所。对于“外卖骑手”这种新兴业态，工作时间和工作场所具有开放性，在骑手未接单的情形下，认定工作时间和工作场所非常困难。正因如此，区人社局并未依据

《工伤保险条例》第十四条第一项规定，以“工作时间和工作场所内，因工作原因受到事故伤害”为由，作出认定工伤决定，而是从案件实际情况出发，结合高某平时登录接单系统的时间以及外卖骑手互联网送餐的行业特征，依据《工伤保险条例》第十四条第二项规定，以“工作时间前后在工作场所内，从事与工作有关的预备性或者收尾性工作所受到事故伤害”为由，作出被诉认定工伤决定。

如前所述，高某从事的是互联网送餐服务，其工作主要内容是在互联网平台接受订单后，使用电动车从商户处取餐并送往客户指定的地点。从事送餐服务，电动车是当前主要的行驶工具。本案中，服务公司职员高某在早上6点45分为其电动车电池充电时，因电池故障导致火灾，引发了悲剧。因电动车系其工作的必备工具，每天必须充满电方可使用，故区人社局认定高某为电动车电池充电是其从事送餐服务工作有关的预备性工作，并无不当。

关于早上6点45分是否属于工作时间前后的问题。服务公司称其公司工作时间为上午9点至晚上10点，但并未提供相应的规范性文件予以证明，且区人社局提供的高某接单记录显示其上午9点前均有接单记录，因此对服务公司所称的上述工作时间不能确认。《工伤保险条例》第十四条对“工作时间前后”并未作具体规定，在适用该法条时，需要考量的核心要素是“工作原因”。只要符合“从事与工作有关的预备性或者收尾性工作受到事故伤害”（即因工作原因受到事故伤害）的条件，那么“工作时间前后”具体指多长时间，工伤认定行政部门则可在个案中依据具体案情，结合工伤认定的原则精神及一般生活常识，综合考量后予以认定。本案中，服务公司职工高某为了准备工作，在早上6点45分为电动车电池充电。基于生活常识，电池充电是一个持续的过程，充满电所需时间一般较长，区人社局认定该时间段属于“工作时间前后”，明显不违背生活常识。区人社局认定早上 6 点 45 分属于工作时间前后，并无不当。

综上，区人社局作出被诉认定工伤决定，认定事实清楚，适用法律正确，并无不当之处。市人社局作出的被诉复议决定，程序合法，结论正确。服务公司请求撤销被诉认定工伤决定及被诉复议决定的诉讼请求，缺乏事实和法律依据，依法不予支持。

北京市西城区人民法院依照《中华人民共和国行政诉讼法》第六十九条、第七十九条之规定，判决如下：

驳回服务公司的诉讼请求。

二审法院同意一审法院裁判意见。

【法官后语】

本案是一起针对新业态从业人员所受伤害进行工伤认定的典型案例。近年来，快递、外卖送餐等新业态随着互联网电商的发达而迅速崛起。新业态的振兴，一方面为互联网经济的发展提供了强劲动力，另一方面也对以传统行业为模型而设计的工伤保险制度提出了新的课题。

本案中，法院认为，在适用《工伤保险条例》第十四条第二项对新兴业态从业人员所受伤害进行工伤认定时，对“工作时间”“工作场所”及“与工作有关的预备性工作”的认定，应充分结合该行业的自身特点进行综合考虑。

1. 关于“工作时间”的认定

《工伤保险条例》并未对“工作时间”的概念作出细化解释，而通过司法实践，法院早已将“工作时间”的概念延伸至职工从事与工作有关的准备性或者收尾性工作所需的时间、确因工作需要而加班加点的时间以及其他因工作需要的必要工间休息时间等。这种延伸是司法机关在用工模式不断发展的情况下，对劳动者权益进行充分考量所得出的必然结论。同样，较考勤制度完备、工作时间固定的传统行业而言，送餐员的工作时间更加弹性、灵活，即便公司对工作时间作出明确规定，劳动保障部门对于实际工作时间的认定也不应仅以此为准，还应综合考虑多种因素。本案中，结合高某正为其电动车充电的事实，可以认定事故发生时系广义上的“工作时间”。当事企业所述“尚未接单即不属于工作时间”系对立法及司法实践的错误理解，不应支持。

2. 关于“工作场所”的认定

与工作时间相类似，工伤认定行政及司法实践对于“工作场所”的把握也因兼顾现实中的多种情况而出现宽松化的趋势。一般而言，职工为完成其本职工作或特定工作所涉及的必要相关区域，均可视为“工作场所”。此外，对“工作场所”的理解，还应根据职工的工作职责、工作性质、工作需要等方面综合考虑认定。本案中，高某驾驶电动车从事送餐工作，每日充电成为工作必不可少的一环。在当事企业并未统一提供充电场所的情况下，高某为其电动车充电的场所，应视为从事预备工作的必要场所，纳入“工作场所”的范畴。

3. 关于“与工作有关的预备性工作”的认定

实际上，“从事与工作有关的预备性工作”这一因素，是适用《工伤保险条例》第十四条第二项判断工伤是否成立的核心。实践中对于工作时间和工作地点的宽松化把握，与将职工在“从事与工作有关的预备性工作”中所受伤害纳入工伤保护范围，存在密切联系。

高某从事送餐员工作，事发当时正在为工作用电动车充电。而据法院审理查明，涉事企业并未为送餐员配备工作车辆，而是在招收送餐员时明确要求应聘人员自行配备电动车。据此，涉事电动车并不能视为高某上下班所使用的普通交通工具，而应认定为高某完成工作的必要设施。高某在正式送餐工作开始前准备必要工作设施的行为，应视为"从事与工作有关的预备性工作"，予以考虑。

需要说明的是，"与工作有关的预备性工作"也是判断工作时间、工作场所时必须考量的因素。在确有证据证明职工从事与工作有关的预备性工作的情况下，不宜对工作时间、工作场所作过于严格的把握。只要劳动保障机关的判断符合普通公众的认知、不脱离生活常识，即可认为具有事实及法律依据。

编写人：北京市第二中级人民法院　杨波

165　社会保险经办机构对用人单位未在劳动者工亡当月缴纳工伤保险费应区分处理

——精工建筑公司诉某市某区社会保障管理服务中心工伤保险待遇行政给付案

【案件基本信息】

1. 裁判书字号

浙江省绍兴市中级人民法院（2020）浙 06 行终 260 号行政判决书

2. 案由：工伤保险待遇行政给付纠纷

3. 当事人

原告（被上诉人）：精工建筑公司

被告（上诉人）：某市某区社会保障管理服务中心（以下简称区社保中心）

【基本案情】

原告精工建筑公司的原职工肖某因2019年7月5日在工作中受伤致死，精工建筑公司于2019年7月11日向区人社局提出认定工伤的申请。区人社局受理后，经调查核实，于2019年9月3日作出认定工伤决定书，认定肖某为因工死亡。后精工建筑公司向原区社保局申请工伤保险待遇，原区社保局于2019年11月18日作出《不予支付告知书》。精工建筑公司不服该《不予支付告知书》，遂起诉。

原区社保局现已更名为区社保中心。精工建筑公司自2018年7月起为肖某缴纳工伤保险，至2019年7月15日后中断缴纳。肖某死亡后，精工建筑公司与肖某家属在某街道人民调解委员会的主持下于2019年7月8日达成人民调解协议书。2019年7月9日，精工建筑公司根据人民调解协议书的约定，向肖某家属支付了一次性补偿款。

【案件焦点】

1. 精工建筑公司是否为肖某依法缴纳工伤保险费；2. 肖某因工死亡能否享有由工伤保险基金支付工伤保险待遇的权利。

【法院裁判要旨】

浙江省绍兴市柯桥区人民法院经审理认为：职工死亡当日，关于其个体的相关权利义务均已终止，故保险目的和保险利益也在死亡之日终止。系统中断操作虽由精工建筑公司工作人员主动进行，但在未被明确告知社会保险费是次月扣缴的情况下，其中断操作符合常规操作思维。精工建筑公司在发现肖某死亡当月的工伤保险费并未扣缴后，主动要求补缴，可见此种情况的产生并非精工建筑公司主观上不想缴，而是因为征缴机构当月社会保险费次月扣缴的设置，导致精工建筑公司客观上不能缴，不能据此认定为精工建筑公司未依法为肖某缴纳工伤保险费。另从被告提交的证据“人员月缴费信息”来看，上面记载的“应收年月、到账年月、结算年月”均是当月，并未反映出扣缴要延后一月的情形，故肖某死亡当月工伤保险费不能扣缴的后果，不能由精工建筑公司承担。

浙江省绍兴市柯桥区人民法院依照《中华人民共和国行政诉讼法》第七十条第六项之规定，判决如下：

一、撤销区社保中心于2019年11月18日作出的《不予支付告知书》；

二、责令区社保中心对精工建筑公司提出的关于肖某因工死亡工伤保险待遇的理赔申请重新作出审核决定。

区社保中心不服，提起上诉。浙江省绍兴市中级人民法院经审理认为：被诉《不予支付告知书》中所记载的法律依据为《中华人民共和国社会保险法》第四十一条第一款规定，即“职工所在用人单位未依法缴纳工伤保险费，发生工伤事故的，由用人单位支付工伤保险待遇”。但本案中，被上诉人在工亡职工肖某入职当月（2018年7月）即已为其缴纳工伤保险费，直至肖某因工死亡当月（2019年7月），其间共计12个月，从未中断，应认定其具备依法缴纳工伤保险费的主观意图，并实际履行了除职工工亡当月的缴纳义务。

被上诉人已就争议当月社会保险费未能被扣缴说明合理理由，上诉人在此情况下机械认定被上诉人“未依法缴纳”明显不当，不利于鼓励和肯定用人单位的工伤保险缴费积极性，亦不利于彰显《中华人民共和国社会保险法》第一条规定的“维护公民参加社会保险和享受社会保险待遇的合法权益”之立法目的。同时，上诉人亦未在被诉告知书中就被上诉人能否补缴等情形作出全面答复，亦属不当。

浙江省绍兴市中级人民法院依照《中华人民共和国行政诉讼法》第八十九条第一款第一项之规定，判决如下：

驳回上诉，维持原判。

【法官后语】

因工伤事故发生后劳动者死亡，用人单位停止缴纳事故当月工伤保险费导致工伤保险基金拒绝支付工伤保险待遇的事件，在实践中时有发生。用人单位是否应当继续为劳动者缴纳当月工伤保险费，以及如何界定用人单位缴费时间，是否只要用人单位存在未缴纳情形，工伤保险基金就可据此拒绝支付本应由其支付的工伤保险待遇，实践中也引发了一定争议。

首先，机械理解死亡事故当月也应当缴费，缺乏事实和法律依据。用人单位未给工亡职工继续缴纳死亡当月的社会保险费用，是因为该职工死亡事件出现，该操作符合正常人的思维习惯，不能因职工死亡当月未缴纳保险费用而否认其以前已连续足额缴纳保险费用的事实以及相关的保险目的和保险利益。

其次，社会保险部门应当正确区分因工伤事故导致死亡与未死亡的两种事实情形，正确适用《工伤保险条例》的相关规定。当然，根据各地不同操作规程会出现不同情况的处理。即使还要继续缴纳，社会保险费征收部门也负有释明义务，应当告知缴纳人或单位；未告知或者未作认真审查，就不能按“未缴费”情形处理。

再次，因系统设置等客观原因，用人单位无法补缴工伤保险费不应成为工伤保险基金拒付工伤保险待遇的事由。连续、无间隔地依法足额按时缴纳工伤保险费，才能维持工伤保险基金的支付能力，推动社会保障制度的发展。然而，并不能由此得出结论，认为工伤保险法律关系存续期间，只要用人单位出现了欠缴情形，就一律由用人单位承担所有工伤保险待遇支付义务。对欠缴工伤保险费的用人单位，社会保险法第八十六条已经明确用人单位的限期缴纳、补足、加收滞纳金、罚款等法律责任承担方式，这同时也是工伤保险相关部门的职责所在。可见，未按时足额缴纳工伤保险费的法律后果是用人单位限期补缴并缴纳滞纳金，并可能受到行政处罚，而工伤保险基金拒付相应工伤保险待遇非用人单位逾期缴纳工伤保险费的法律后果之一。同时，本案中用人单位在足额缴纳死亡前一个月工伤保险费后，在被告告知因原告未缴纳死亡当月工伤保险费时，原告积极要求补缴，最后未能补缴是出自系统设置等客观原因，不能就此归因于原告。

最后，由工伤保险基金支付相应工伤保险待遇契合立法目的，利于发挥法的引导作用。从工伤保险的社会保障本质、工伤保险法律法规的快速救济与补偿目的来看，用人单位积极参加工伤保险，在工伤保险法律关系存续期间因非用人单位主观原因而未承担工伤保险费用，在劳动者发生工伤后，及时补缴并承担相应法律责任的，由工伤保险基金按照规定支付工伤保险待遇并无不妥。

编写人：浙江省绍兴市柯桥区人民法院　张懿

166 工伤保险报销外的合理费用应由用人单位承担

——杨某诉电梯公司劳动争议案

【案件基本信息】

1. 裁判书字号

北京市高级人民法院（2018）京民申 2654 号民事裁定书

2. 案由：劳动争议纠纷

3. 当事人

原告（上诉人、再审申请人）：杨某

被告（被上诉人、再审被申请人）：电梯公司

【基本案情】

杨某自 2003 年 2 月入职电梯公司，先后担任电梯调试员、质量安全项目经理等职。电梯公司为杨某缴纳了工伤保险，并购买了一款商业保险。2007 年 7 月 13 日，杨某因工受伤。2008 年 5 月 7 日，杨某被认定构成工伤。2009 年 11 月 27 日，杨某经鉴定为工伤致残等级标准一级，护理依赖程度为完全护理依赖。2009 年 12 月 23 日，杨某被核准工伤待遇，伤残津贴及护理费起付日期为 2009 年 12 月。工伤保险报销了杨某大部分费用，但报销范围外的医疗费、护理费数额仍然巨大。现杨某仍在持续治疗和康复过程中，工伤保险未报销的费用仍在不断累积。杨某起诉要求电梯公司支付：1. 2007 年 7 月 13 日至 2015 年 12 月 31 日保险未报销的医疗费（含辅助器具费）123 万元；2. 2010 年 1 月 1 日至 2016 年

4月25日保险未报销的护理费45万元。电梯公司认为：保险报销范围外的医疗费（含辅助器具费）、护理费属于经审核后应自费的部分，没有法律规定应由用人单位承担，故不同意杨某的诉讼请求。

【案件焦点】

电梯公司作为用人单位是否应当承担杨某工伤保险报销范围外的医疗费（含辅助器具费）、护理费。

【法院裁判要旨】

北京市朝阳区人民法院经审理认为：工伤保险报销范围外的医疗费（含辅助器具费）、护理费应由谁承担，当前法律法规未作直接明确的规定，应依据工伤保险立法精神、相关法律、司法解释以及法理进行综合、体系考量。

第一，工伤保险制度的首要目的在于及时救治、补偿工伤职工，同时通过社会化方式分散用人单位的工伤风险，但分散风险并不代表免除全部损害赔偿责任。

第二，相关法律规定：职业病病人和因生产安全事故受到损害的从业人员，除依法享有工伤保险外，依照有关民事法律，尚有获得赔偿权利的，有权向用人单位提出赔偿要求。据此可知，对劳动者在工伤保险外主张民事赔偿的权利，立法持肯定态度。

第三，《最高人民法院关于审理人身损害赔偿案件适用法律若干问题的解释》第十一条第三款宜理解为工伤保险范围内不适用雇主责任。该解释第十二条第一款宜理解为劳动者就工伤赔偿在程序上应先主张工伤保险责任。上述规定均未否定劳动者在享受工伤保险待遇后，还享有就其他损失向用人单位主张赔偿的实体权利。

第四，根据举重以明轻的法理，雇主对雇员从事雇佣活动所受人身损害系承担无过错赔偿责任。法律关于用人单位应支付劳动者停工留薪期的工资福利待遇的规定，即说明用人单位在工伤保险报销范围外，应承担劳动者的部分间接损失。若因工伤产生更为严重的直接损失，却由受害职工自行承担，有悖法律体系的内在逻辑。

故，工伤保险报销范围外的医疗费，应由用人单位按无过错原则承担。同理，工伤职工生活不能自理，呼吸机、咳痰机等辅助器具属维持生命所需，故工伤保险报销范围外合理的护理费、工伤辅助器具费亦应由用人单位承担。具体承担费用由法院综合案情予以核算或酌定。

北京市朝阳区人民法院依照《中华人民共和国侵权责任法》第三十五条，《中华人民共和国职业病防治法》第五十九条，《中华人民共和国安全生产法》第五十三条，《工伤保险条例》第一条、第十七条、第三十三条、第三十五条，《最高人民法院关于审理人身损害赔偿案件适用法律若干问题的解释》第十一条、第十二条之规定，判决如下：

一、电梯公司于本判决生效之日起三日内支付杨某 2007 年 7 月 13 日至 2015 年 12 月 31 日社会保险及商业保险未予报销的医疗费用（含辅助器具费）共计 110 万元；

二、电梯公司于本判决生效之日起三日内支付杨某 2010 年 1 月 1 日至 2016 年 4 月 25 日期间社会保险未予报销的护理费用共计 42 万元；

三、驳回杨某的其他诉讼请求。

二审法院、再审法院同意一审法院裁判意见。

【法官后语】

《工伤保险条例》对工伤保险诊疗项目目录、工伤保险药品目录、工伤保险住院服务标准目录（以下简称“三个目录”）有明确规定，工伤职工应在规定的目录和标准范围内治疗，工伤保险仅报销属于“三个目录”内的费用。工伤保险报销范围外的费用应由谁承担，现行法律没有明确规定，理论与实务均有争议。

反对工伤保险报销范围外的费用由用人单位负担一方，所持主要理由如下：

1. 法律法规没有明确规定工伤保险报销范围外的费用由用人单位承担，判决用人单位承担缺乏法律依据。法官是法律的执行者，不应超越法律进行裁判。

2. 工伤职工应在规定的目录和标准范围内治疗，认定工伤保险报销范围外的费用由用人单位承担，易引发道德风险，如容易诱发过度医疗、骗取工伤保险等情况发生。

对比本案支持意见与反对意见所论述的理由，笔者认为支持意见所持理由更为充分，更有利于解决受害职工因工伤陷入生活困境的实际困难，符合法律公平和公正的价值追求。

第一，法律法规无直接的文字表述不代表未包含本意。《工伤保险条例》是有关权利保障的行政法规，在行政法规本身规定不明确的条件下，应尽可能朝着有利于劳动者利益的角度进行解释。支持意见通过探究立法目的、分析请求权性质、类比制度规范、分析法律内在逻辑，作体系性综合解释，选择由用人单位承担，更符合法律本意。

第二，反对意见关于容易引发道德风险的担忧不应影响责任承担的判断。以重伤职工为例，工伤保险报销范围外的费用占实际发生费用的比例并不高，但金额巨大且绝大多数费用由工伤职工自行支付，产生过度医疗、骗取工伤保险的可能性并不大。而支持观点亦非毫不考虑花费的合理性、必要性，即使对抢救和维持生命所必需的合理费用予以支持，实际也并未覆盖工伤职工的全部损失。工伤事故和职业病对劳动者及其家庭造成的除了身体上的伤痛，还有无尽的精神痛苦。不可再生的劳动力会造成巨大经济压力，生活陷入难以为继的窘境时，再由受害的职工自行承担巨额费用，显失公平，甚至会引发严重的社会危机和社会问题。

第三，劳动保障类法律法规常常授权地方作出相应具体实施政策，具有很强的政策性，各省市地区有关劳动保障的政策具有自身特点，存在地区差异，但这种具体差异的前提应该是不与上位法相冲突。

第四，支持意见符合国际主流做法。民法和劳动法各自从人身损害和社会保险的角度对工伤事故加以规范，从而使工伤事故具有民事侵权赔偿和社会保险赔偿双重性质。基于此，工伤职工存在两个请求权：一个是基于工伤保险关系而享有的工伤保险待遇请求权，另一个是基于人身损害而享有的民事侵权损害赔偿请求权。世界各国在工伤保险赔偿制度方面形成了不同的救济模式：（1）取代模式，即只能请求工伤保险待遇。（2）选择模式，即两种救济任选其一。（3）双重模式，即同时获得两种救济。（4）补充模式，即可以同时请求，但不得超过其所受损失的总额。补充模式既分散了用人单位的风险，减轻了用人单位的负担，避免受害人获得双份利益，同时又保证了受害人获得完全赔偿，从而得到较多的运用。支持意见实则选择了补充模式。反对意见更接近取代模式。

如何处理好工伤保险报销范围外费用的承担问题，事关劳动者与用人单位的利益平衡，甚至关乎法律制度惩戒和预防功能的实现以及社会的安定与和谐。本案在现行法律未明文规定对工伤保险报销范围外费用如何处理的背景下，运用了文义解释、体系解释、社会学解释等方法，从立法目的、立法精神、请求权基础等角度进行说理，其所确立的“工伤保险报销外的合理费用应由用人单位承担”的裁判规制，对从司法层面加强工伤职工权益保护具有一定意义，对指导审判实践、解决疑难问题亦具有借鉴意义。

编写人：北京市朝阳区人民法院　肖唯

167　劳动者声明免除用人单位法定义务又反悔的效力认定

——维修公司诉陈某劳动争议案

【案件基本信息】

1. 裁判书字号

北京市第二中级人民法院（2019）京02民终7192号民事裁定书

2. 案由：劳动争议纠纷

3. 当事人

原告（上诉人）：维修公司

被告（被上诉人）：陈某

【基本案情】

2015年11月3日，陈某入职维修公司，岗位为钣焊工。2017年6月30日，陈某于工作中受伤；2017年7月25日，陈某所受伤害经北京市大兴区人力资源和社会保障局认定为工伤；2017年12月19日，陈某经北京市大兴区劳动能力鉴定委员会鉴定为职工工伤与职业病致残等级标准十级。2018年7月26日，陈某与维修公司间劳动关系解除。陈某于当日签署声明一份，载有："本人因个人原因自动要求辞职，自即日起与公司解除劳动关系，工资将于公司正常发薪日发放，其他一切费用（包括但不限于加班费用、年休假工资、补偿金、赔偿金）都已结清！双方再无其他纠纷！"陈某认可其应当享受的一次性伤残补助金及一次性医疗补助金已经由社保机构发放。

2018年11月7日，陈某以维修公司为被申请人向北京市房山区劳动人事争议仲裁委员会（以下简称房山仲裁委）申请仲裁，要求维修公司支付一次性伤残就业补助金25401元。2019年1月10日，房山仲裁委裁决维修公司支付陈某一次性伤残就业补助金25401元。维修公司不服该仲裁裁决结果，于法定期限内诉至法院。

【案件焦点】

劳动者遭遇工伤后解除劳动合同时，声明免除用人单位支付一次性伤残就业补助金后又反悔，该免责声明的效力如何认定。

【法院裁判要旨】

北京市房山区人民法院经审理认为：当事人对自己提出的诉讼

请求所依据的事实或者反驳对方诉讼请求所依据的事实，应当提供证据加以证明，当事人未能提供证据或者证据不足以证明其事实主张的，由负有举证证明责任的当事人承担不利后果。用人单位为劳动者缴纳社会保险属于法定义务，劳动者在遭受工伤事故伤害以后享受工伤保险待遇属于其法定权利。《工伤保险条例》第三十七条规定，职工因工致残被鉴定为七级至十级伤残的，劳动、聘用合同期满终止，或者职工本人提出解除劳动、聘用合同的，由用人单位支付一次性伤残就业补助金。陈某于离职时签署声明表示与维修公司再无其他纠纷，该声明免除了维修公司支付一次性伤残就业补助金的法定义务，限制了陈某的权利，导致陈某已领取的工伤保险待遇远低于法定标准；故而维修公司基于该声明主张无需支付陈某一次性伤残就业补助金的陈述不予采纳。十级工伤职工在终止或者解除劳动关系时，用人单位应当支付的一次性伤残就业补助金具体标准为解除或者终止劳动关系时 3 个月的本市上年度职工月平均工资。经核算，维修公司应支付陈某一次性伤残就业补助金 25401 元。维修公司要求无需支付该款项的诉讼请求，不予支持。

北京市房山区人民法院依据《工伤保险条例》第三十七条规定，作出如下判决：

维修公司于本判决生效后十日内支付陈某一次性伤残就业补助金 25401 元。

维修公司不服，提起上诉，后申请撤回上诉。北京市第二中级人民法院依照《中华人民共和国民事诉讼法》第一百七十三条规定，裁定如下：

准许维修公司撤回上诉。一审判决自本裁定书送达之日起发生法律效力。

【法官后语】

在司法实践中，纠纷双方就赔偿问题签订和解协议或一次性解决协议较为常见。但鉴于劳动争议的特殊性，在劳动争议纠纷中，双方当事人针对免除用人单位全部或部分责任所作的法律行为需要谨慎分析。

1. 本案中“免责声明”的性质

本案中的劳动者在解除劳动合同时签署的声明免除了维修公司的法定义务，双方纠纷一次性了结。对该免责声明的性质，有三种不同的意见。

第一种意见认为是合同关系中的免责声明。在这一理解中，免责声明是指行为主体对于自己从事的民事活动或者与自己有关的民事活动，声明自己权利义务或者立场的公示行为。通常，免责声明主要用于合同关系中，即在合同中明确法律明文规定的当事人对其不履行合同不承担违约责任的条件。法律明文规定的免责条件主要有不可抗力、货物本身的自然性质、货物的合理损耗及债权人的过错。

第二种意见认为是劳动者免除用人单位义务的单方法律行为。本案中的声明并未有用人单位盖章或签名，劳动者仅以个人名义，以明示的方式免除了用人单位的支付义务，放弃了自己的合法权益，可以认定为劳动者的单方法律行为，无须用人单位同意即可成立。

第三种意见认为该声明本质上是劳动者与用人单位间达成的和解协议。实践中，劳动者在遭遇工伤、解除劳动合同时必然会与用人单位进行沟通协商，双方要想协商一致解除劳动合同，那么劳动者作出的任何处分行为都应是用人单位以明示或默认的形式许可的。现双方在劳动合同解除时，重新就双方的权利义务进行协商并达成一致，故这一声明应为民事合同的一种，即和解协议。

笔者同意第三种意见。本案中所谓的免责声明并非字面意义的免责声明，不涉及合同法中规定的免责条款。基于司法实践及普通人的一般理解，劳动者未经用人单位同意而自行作出免除用人单位责任，并对己不利的单方法律行为的可能性也很小，故而认为该声明为用人单位与劳动者之间自愿签订的和解协议。至于该协议是否有效，劳动者在签订后又反悔是否构成违约，则需进一步考量。

2. 劳动争议中免除法定义务的和解协议是否有效

民事合同是否生效取决于三点：一是行为人是否具有民事行为能力；二是当事人的意思表示是否真实；三是法律行为内容是否违反法律和社会公共利益。劳动合同关系不同于一般的合同关系，劳动关系主体之间既有法律上的平等性，又具有客观上的隶属性。调整劳动关系的劳动法的基本价值取向是侧重保护劳动者的，其中强制性规范与任意性规范相结合，且大多为强制性规范。这些强制性规范对用人单位设定了明确的义务，用人单位必须严格遵守。

用人单位为劳动者缴纳社会保险就是法律为用人单位设定的法定义务，劳动者在遭受工伤事故伤害后享受工伤保险待遇属于劳动者的法定权利。所以，即使用人单位与劳动者之间就用人单位对劳动者工伤如何赔偿协商一致，自愿签订和解协议，该协议也可能违反了法律规定，损害了劳动者的正当权益，不论从合同的生效条件来看还是从劳动法的强制性规定来看，该免责声明（协议）都不能生效。

至于一方当事人能否反悔，在和解协议无效的情况下，当事人当然可以反悔。如用人单位与劳动者自愿签订和解协议且不违反法律和行政法规的，履行完毕后，一方当事人反悔，主张双方约定无效的，则不予支持。但协议中双方的权利义务明显失衡、显失公平的，仲裁委或人民法院可予以适当调整。用人单位与劳动者就工伤保险待遇达成协议，劳动者又在履行完毕后以双方约定的给付标准低于法定标准为由，在仲裁时效内要求用人单位按法定标准补足差额部分的，应予支持。

编写人：北京市房山区人民法院　郭艳茹　吴奕晗

168 劳动者以用人单位医疗保险险种选择不当为由要求用人单位赔偿损失的，不属于劳动争议案件受理范围

——李某诉公交客运公司劳动争议案

【案件基本信息】

1. 裁判书字号

北京市东城区人民法院（2019）京0101民初22483号民事裁定书

2. 案由：劳动争议纠纷

3. 当事人

原告：李某

被告：公交客运公司

【基本案情】

李某于2003年7月26日入职公交客运公司工作，2018年7月23日在公交客运公司处办理退休手续。李某提交的其本人的社会保险个人权益记录显示：2005年1月至2010年1月期间的社保

缴费单位为八方达公司农合工，2010 年 2 月至 2018 年 7 月期间的缴费单位为公交客运公司。其中，2005 年 1 月至 2010 年 12 月期间，李某的医疗实际缴费部分为空白，2011 年 1 月至 2011 年 12 月期间的医疗实际缴费月份为 1 个月。李某认为，2005 年 4 月至 2011 年 11 月期间，公交客运公司未为李某缴纳农村劳动力医疗保险，致使李某办理退休手续时因缴费年数不满足北京市基本医疗保险规定，无法享受退休人员的基本医疗保险待遇。李某退休时按基本医疗保险相关规定，一次性补缴了 50216 元。北京市西城区社会保险基金管理中心向李某出具了项目为工龄补偿的北京市社会保险基金专用票据，付款单位为公交客运公司。

李某认为，自己以北京市农村劳动力转移的身份来公交客运公司处工作，公交客运公司没有选择国家承认的、可以累计年限计算工龄的、劳动者能够享受退休待遇的农村劳动力保险，给其造成一定的经济损失。后李某向北京市东城区劳动人事争议仲裁委员会提起仲裁，该委以申请人主体不适格为由于 2019 年 9 月 5 日作出不予受理通知书。现李某不服，向法院提起诉讼，诉如所请。

公交客运公司辩称，公交客运公司已按照北京市医疗保险相关政策要求，依法依规为职工办理医疗保险相关手续，为李某缴纳了诉争期间的基本医疗保险和大额医疗互助险；如存在应缴费而未缴费的情况，应由社会保险相关机构责令公交客运公司进行补缴。现李某要求公交客运公司补偿 2005 年至 2011 年在职期间由公交客运公司承担的医疗保险费用，缺乏政策依据，故请求法院予以驳回。

【案件焦点】

因医疗保险险种选择问题产生的劳动争议案件是否属于人民法院受理劳动争议案件的范围。

【法院裁判要旨】

北京市东城区人民法院经审理认为：劳动者与用人单位之间发生的下列纠纷，属于劳动法第二条规定的劳动争议，当事人不服劳动争议仲裁委员会作出的裁决，依法向人民法院起诉的，人民法院应当受理：（一）劳动者与用人单位在履行劳动合同过程中发生的纠纷；（二）劳动者与用人单位之间没有订立书面劳动合同，但已形成劳动关系后发生的纠纷；（三）劳动者退休后，与尚未参加社会保险统筹的原用人单位因追索养老金、医疗费、工伤保险待遇和其他社会保险费而发生的纠纷。本案中，李某已于 2018 年 7 月办理了退休手续，并经社保机构核算了基本养老保险待遇，现李某因就公交客运公司为其缴纳的医疗保险险种产生异议并要求公交客运公司补偿 2005 年 4 月至 2011 年 11 月在职期间本应由单位承担的 10%的医疗保险费用，不符合劳动争议案件的受理范围，应予驳回。

北京市东城区人民法院根据《最高人民法院关于审理劳动争议案件适用法律若干问题的解释》第一条，《中华人民共和国民事诉讼法》第一百一十九条、第一百五十四条第一款第三项之规定，裁定如下：

驳回李某的起诉。

判决后，双方当事人均未上诉，本判决现已生效。

【法官后语】

本案是北京市范围内第一起因医疗保险险种选择问题引发的劳

动争议纠纷，具有一定的新颖性。司法实践中较为常见的是，用人单位未为劳动者缴纳医疗保险，而劳动者发生医疗费，要求用人单位承担相应的医疗费的案件。本案的特别之处在于，公交客运公司按照当时的政策为李某缴纳了医疗保险，却不计入劳动者的缴费年限，李某在办理退休手续时发现自己无法享受基本医疗保险待遇进而要求赔偿损失。

本案的发生与我国多险种并存的医疗保险制度密切相关，也是将农民工纳入医疗保险缴费范围后历史性、政策性的结果。本案中，李某要求赔偿损失的缘由在于其认为在办理退休手续时一次性趸交5万余元费用包括用人单位即公交客运公司和个人缴纳的基本医疗保险费。那么，如何理解“由本人一次性补足应当由用人单位和个人缴纳的基本医疗保险费”呢？这涉及社会保险法领域中非常重要的一个概念——工龄。工龄是我国职工退休的一个条件。对计算社会保险待遇有法律意义的只是连续工龄和缴费工龄。本案中，李某的缴费工龄远未达到职工退休时的工作年限。在办理这起案件时，笔者向人力资源和社会保障局的工作人员了解到，劳动者退休后能否享受医疗保险待遇及享受何种医疗保险待遇受多种因素影响，即便李某不选择一次性补缴工龄补偿，其也并非在退休后无法享受任何医疗保险待遇，其可以选择新型农村合作医疗或者城镇居民医疗保险，当然，这两种医疗保险的待遇较职工基本医疗保险待遇相去甚远。因此，李某在办理退休手续时自行缴纳的工龄补偿系其利益衡量后的自行处分行为。

本案反映出涉社会保险的劳动争议案件大多包含社保制度变革或施行时间节点、政策性强，且相关申领手续需要通过劳动行政部门审批处理。因此，人民法院需查明是否应当由劳动行政部门处理，劳动行政部门是否能够处理解决，若是，则不属于法院处理范围。值得注意的是，大多数老年劳动者起诉的劳动争议纠纷均涉及社保损失类诉请。在排除用人单位有未尽义务或者有过错的行为后，大多数案件中，老年劳动者并非无法从社会保险基金领取或享受相应的社会保险待遇，而是政策变化、档案残损等历史性原因导致劳动者退休时实际享受的社会保险待遇与其预期的社会保险待遇有所差别，其主张损失的数额有高度的意定性。大量的案件中，劳动者并未穷尽除诉讼外的救济措施，导致案件并未触及法院受理此类纠纷的范围，故老年劳动者在此类案件中败诉率较高。

编写人：北京市东城区人民法院　游煜聪　景琪

169　劳动者主张工伤保险待遇降低的差额部分如何认定

——曾某诉锅炉公司工伤保险待遇案

【案件基本信息】

1. 裁判书字号

江苏省无锡市中级人民法院（2019）苏 02 民终 4971 号民事判决书

2. 案由：工伤保险待遇纠纷

3. 当事人

原告（被上诉人）：曾某

被告（上诉人）：锅炉公司

【基本案情】

曾某于2015年8月9日进入锅炉公司从事转炉炉长工作，双方签订了劳动合同。2016年12月7日，曾某在工作中受伤。受伤前，锅炉公司未为曾某缴纳社会保险。受伤后，锅炉公司为曾某补缴社会保险，缴费时间自2016年12月至2018年10月。2016年12月至2017年7月的社保缴费基数为2678元/月。双方一致确认曾某受伤前的平均工资为12900元/月。

2017年1月9日，曾某所受事故伤害认定为工伤。2018年1月12日，经鉴定致残程度为九级。后锅炉公司为曾某办理了工伤保险待遇理赔手续，经无锡市社会保险基金管理中心核定，一次性伤残补助金为25596元、一次性医疗补助金为50000元，上述款项已由社保机构核发至锅炉公司，锅炉公司已将相应理赔款项支付给曾某。

2019年1月，曾某至惠山仲裁委申请仲裁，要求锅炉公司支付一次性伤残补助金差额损失90191元。惠山仲裁委对曾某的仲裁请求，不予支持。曾某不服仲裁裁决，于2019年2月起诉至本院。

2019年4月4日，曾某向劳动保障监察部门投诉，要求单位为其补缴2015年8月至2016年11月的社会保险费和补足2016年12月至2017年3月社保基数差额部分，因投诉的违法行为距投诉之日起已超过2年，劳动保障监察部门不再受理。

因锅炉公司未足额缴纳社保，导致曾某本应享受到的工伤保险待遇降低，曾某就降低的差额部分起诉至法院。

【案件焦点】

曾某主张一次性伤残补助金差额是否属于法院受诉范围。

【法院裁判要旨】

江苏省无锡市惠山区人民法院经审理认为：曾某的诉讼请求并非要求补交社会保险费，其主张的一次性伤残补助金差额属工伤保险待遇范畴。《无锡市工伤保险实施办法》第二十二条第二款规定，因用人单位的过错，造成工伤职工享受的工伤保险待遇降低的，差额部分由用人单位承担。曾某于 2015 年 8 月 9 日进入锅炉公司工作，锅炉公司一直未为曾某缴纳社保，直至曾某于 2016 年 12 月 7 日发生工伤事故后，锅炉公司才为曾某缴纳社保，且缴纳社保的时间是从 2016 年 12 月开始，社保缴费基数为 2678 元/月，远低于曾某受伤前的月平均工资 12900 元。锅炉公司具有过错，其过错直接导致曾某不能按照 12900 元/月×9 个月＝116100 元领取一次性伤残补助金，曾某所能领取的工伤保险待遇显著降低。

在目前的情况下，即使锅炉公司为曾某按正常标准补足社保，由于系用人单位的原因造成工伤职工享受的工伤保险待遇降低，曾某也无法再从社会保险基金管理中心领取一次性伤残补助金差额部分，故该差额部分 90504 元（116100 元-25596 元）应由锅炉公司赔偿给曾某。对锅炉公司认为曾某的诉讼请求不属法院受诉范围的意见不予采纳。

关于一次性伤残补助金差额 90504 元中，是否要考虑扣除曾某个人需缴纳和承担的相关款项。工伤保险金均应由单位缴纳，故 90504 元中无需扣除曾某个人需缴纳和承担的款项。

关于锅炉公司辩称曾某对社会保险费一直未提出异议，视为曾某对实际缴费情况予以认可，曾某无权再主张一次性伤残补助金差额，该意见无事实和法律依据，本院不予采信。

江苏省无锡市惠山区人民法院依照《中华人民共和国民事诉讼

法》第六十四条第一款、《最高人民法院关于适用〈中华人民共和国民事诉讼法〉的解释》第九十条之规定，判决如下：

锅炉公司于本判决生效之日起十日内支付曾某一次性伤残补助金差额 90504 元。

二审法院同意一审法院裁判意见。

【法官后语】

随着工业化进程的推进，在生产效率不断提高的同时，劳动工具的复杂化、生产方式的危险化也导致工伤事故频发。为了保障劳动者的生存权益、分散用人单位的用工风险，工伤保险应运而生。然而在施行的过程中，资本的趋利性、用人单位在劳动关系中的强势地位以及较低的违法成本，导致了制度实施的偏差。有的用人单位心存侥幸，不交或少交工伤保险，使得工伤员工无法获得应得的赔偿，有的用人单位甚至利用工伤程序的烦琐性，在工伤认定、劳动能力鉴定、劳动仲裁或诉讼、工伤保险待遇核算等程序中无所不用其极地拖延、阻碍，迟迟不赔偿。法院有必要在此类案件中树立明确的价值导向，充分保护劳动者的合法权益，不让违法者获益，从而保障工伤保险制度充分发挥其功能。

本案的争议焦点在于：一是劳动者主张因用人单位降低工伤保险费率导致其本应享受到的一次性伤残补助金降低，降低的差额部分是否属于法院的受理范围；二是用人单位是否应当承担一次性伤残补助金的差额部分。

关于争议焦点一，法院是否受理该类案件，首先要考察劳动者是否能够通过劳动监察等方式由用人单位补足社会保险，由社保经办机构发放足额的社会保险待遇，如果可以通过此种方式补足劳动者的待遇，应当告知劳动者通过行政机关处理。工伤保险已经成为一种国家强制保险，因此法院应充分尊重工伤保险制度，可以通过工伤保险解决的，仍应由社会保险部门处理。但对于社会保险部门确定无法通过补缴社会保险处理，而劳动者又确实存在社会保险待遇降低的情形的，人民法院应当受理。根据《劳动和社会保障部关于实施〈劳动保障监察条例〉若干规定》第十八条规定，劳动监察部门只对发生在两年之内的违反劳动保障法律的行为予以查处，而很多劳动者在此前往往已经花了很长时间去维权，投诉之日早已超过工伤发生之日的两年，导致用人单位无法为劳动者补足工伤保险，也不需要再补足，劳动者的权益最后只能落空。在此种情况下，法院应当受理案件，保护劳动者的合法权益。

关于争议焦点二，用人单位是否承担补足差额的责任，应当考察用人单位的过错。具体可以从以下几方面考察：用人单位少缴的社会保险费用于何处、少缴社会保险的时间长短、劳动者是否知情或同意等。如果用人单位将少缴的社会保险转入单位私库，那么实际上是一种变相地减少劳动者劳动报酬的行为，该部分少缴的社保属于单位的不当得利，由此引发的劳动者的社会保险待遇降低也应由单位负责。如果用人单位虽然长期以来少缴了部分社会保险费，但该部分少缴的费用用于发放给劳动者，劳动者对此也是知晓的，那么用人单位没有过错，也就无需承担补足的责任。鉴于劳动关系具有一定的隶属性，劳动者在劳动关系中往往处于弱势地位，是否缴纳、有无足额缴纳工伤保险的选择权往往在于用人单位，而用人单位基于自身利益考量往往更倾向于作出更不利于劳动者的选择，故在举证责任分配上法院可采取过错推定原则，由用人单位对其不具有过错进行举证。

编写人：江苏省无锡市惠山区人民法院　邹迪凡

170 劳动者主张违法解除劳动合同赔偿金后还能否主张生育津贴差额损失

——朱某诉商务公司劳动争议案

【案件基本信息】

1. 裁判书字号

重庆市第五中级人民法院（2019）渝 05 民终 1730 号民事判决书

2. 案由：劳动争议纠纷

3. 当事人

原告（被上诉人）：朱某

被告（上诉人）：商务公司

【基本案情】

2016 年 5 月 3 日，朱某入职商务公司，从事营销工作，工资标准为 6041.89 元/月。双方签订有固定期限的劳动合同，期限至 2022 年 5 月 2 日。2017 年 10 月 9 日，朱某通过钉钉软件向商务公司请假，请假类型为病假，请假事由为过敏性鼻炎，请假时间为 5 天，并上传 2017 年 9 月 30 日医院出具的诊疗证明书，具体内容为朱某早孕，休假半个月。该钉钉截图显示审批拒绝。2017 年 11 月 1 日，朱某通过钉钉软件向商务公司请假，请假类型为病假，请假事由：疱疹病毒引起的免疫力低下，现在又有点低烧，请假时间 30 天，并上传 2017 年 10 月 27 日医院出具的诊疗证明书，皮肤照片及药品照片，诊疗证明书具体内容为朱某早孕（先兆流产），休假一个月。该钉钉截图显示审批拒绝。商务公司对两份截图真实性表示认可，但认为商务公司拒绝的原因是朱某请假时的理由与提交的病历资料不一致，朱某也未进一步履行书面请假手续。商务公司以钉钉系统打卡考核员工的考勤。商务公司举示的钉钉系统考勤记录显示缺卡时间除 2017 年 10 月 30 日、31 日外，其余与朱某请假时间一致。朱某认可该考勤的真实性，但认为缺卡时间与请假时间相一致，并非旷工。商务公司于 2017 年 11 月 3 日向同在商务公司上班的朱某丈夫李某送达《上班通知书》，要求朱某自收到通知 3 日内到公司上班，否则将按公司相关规定追究违约责任直至解除劳动关系。2017 年 11 月 8 日，商务公司再次以同样方式同样内容向朱某发出《上班通知书》，朱某丈夫李某签署并在该《上班通知书》上载明：已阅，朱某目前在医院治疗，请勿打扰，朱某事务由我负责转告和代办。2017 年 11 月 16 日，商务公司向朱某发出《解除劳动合同通知书》，以朱某至今旷工 18 天，已经严重违反公司规章制度为由解除与朱某签订的劳动合同。2017 年 11 月 16 日起，朱某未再到商务公司上班。

2018 年 7 月 24 日，重庆市南岸区社会保障局工伤生育科出具《情况说明》一份，认为朱某应享受顺产产假 128 天，因朱某所在单位于 2018 年 4 月 18 日对朱某办理了五险减少，减少原因为解除合同，朱某应享受的生育津贴为 25600 元。朱某领取了 44 天的生育生活津贴 8800 元。

【案件焦点】

商务公司违法解除劳动合同并停止为朱某缴纳生育保险，朱某主张违法解除赔偿金后还能否主张生育津贴差额损失。

【法院裁判要旨】

重庆市南岸区人民法院经审理认为：商务公司违法解除劳动合同，导致朱某未能全额领取生育津贴 25600 元，依法应由商务公司向朱某补足差额部分 25600 元-8800 元=16800 元。

重庆市南岸区人民法院依照《中华人民共和国劳动法》第三条，《中华人民共和国劳动合同法》第三十条第一款、第三十九条、第四十七条、第八十七条，《最高人民法院关于审理劳动争议案件适用法律若干问题的解释》第十三条、第十九条，《中华人民共和国民事诉讼法》第六十四条第一款的规定，作出如下判决：

一、商务公司于判决生效之日起十日内支付朱某违法解除劳动合同的赔偿金 24167.56 元；

二、商务公司于判决生效之日起十日内支付朱某 2017 年 9 月提成工资 4905 元、10 月工资 2500 元、11 月工资 1250 元；

三、商务公司于判决生效之日起十日内支付朱某生育津贴 16800 元；

四、驳回朱某其他诉讼请求。

商务公司不服一审判决，提起上诉。重庆市第五中级人民法院经审理认为：关于商务公司是否应当对朱某未享有的生育津贴承担赔偿责任的问题。用人单位在劳动关系存续期间为劳动者缴纳基本养老保险、基本医疗保险、工伤保险、失业保险、生育保险系其法定义务。商务公司与朱某在劳动关系存续期间，商务公司已经按照法律规定为朱某缴纳了各项社会保险，并不存在未缴纳或未按时足额缴纳的情形。二审中，双方均确认劳动关系解除的时间为 2017 年

11 月 16 日，在双方劳动关系已经解除的情况下，用人单位已不具有为劳动者缴纳社会保险的法定义务，现朱某选择以商务公司违法解除双方的劳动合同为由，要求商务公司承担违法解除劳动合同的赔偿金后，又要求商务公司赔偿因违法解除劳动合同而未能申领的生育津贴差额，缺乏法律依据，不予支持。一审判决认定事实清楚，但适用法律不当，应予纠正。

重庆市第五中级人民法院依照《中华人民共和国民事诉讼法》第一百七十条第一款第二项之规定，作出如下判决：

一、维持一审判决第一项、第二项；

二、撤销一审判决第三项、第四项；

三、驳回朱某的其他诉讼请求。

【法官后语】

本案处理重点在于用人单位违法解除劳动合同并停止为劳动者缴纳生育保险，劳动者主张违法解除赔偿金的同时，能否再向用人单位主张生育津贴差额损失。笔者认为，无论用人单位解除劳动关系是否合法，只要用人单位和劳动者均确认劳动关系已经解除，在解除之后用人单位就不具有为劳动者缴纳社会保险包括生育保险的法定义务。劳动者要求商务公司承担违法解除劳动合同的赔偿金后，又要求用人单位赔偿因违法解除劳动合同而未能足期缴纳生育保险导致的生育津贴差额损失的主张不能成立。

1. 生育保险制度的立法思考

我国的生育保险制度是国家通过立法，对怀孕、分娩女职工给予生活保障和物质帮助的一项社会政策。其宗旨在于通过向职业妇女提供生育津贴、医疗服务和产假，帮助她们恢复劳动能力，重返工作岗位。目前立法规定，享有生育津贴的前提是用人单位已为职工缴纳了生育保险，所需资金从生育保险基金中支付。立法强调用人单位为职工缴纳生育保险是法定义务。职工应是指与用人单位存在劳动关系的劳动者，如果存在解除劳动关系情形的，劳动者在劳动关系解除前是用人单位的职工。缴纳生育保险的主体只能是用人单位，劳动者个人无法缴纳，享受生育津贴的情形如下：(1) 女职工生育享受产假；(2) 享受计划生育手术休假；(3) 法律、法规规定的其他情形。未依法为职工缴纳生育保险的用人单位，应按相关规定向劳动者支付生育津贴。

2. 用人单位违法解除劳动合同并停止为劳动者缴纳生育保险的责任承担问题

用人单位违法解除劳动合同时，劳动者尚不具备享受生育津贴条件的，劳动者需就主张违法解除赔偿金或者全额生育津贴作出选择。《中华人民共和国劳动合同法》第四十八条规定，用人单位违反本法规定解除或者终止劳动合同，劳动者要求继续履行劳动合同的，用人单位应当继续履行；劳动者不要求继续履行劳动合同或者劳动合同已经不能继续履行的，用人单位应当依照本法第八十七条规定支付赔偿金。具体到本案，朱某在商务公司出现违法解除劳动合同行为时，其认可违法解除行为并主张赔偿金，这是朱某在商务公司违法解除劳动合同后，在要求用人单位继续履行或不要求继续履行，要求支付赔偿金之间作出的选择。作出选择的同时，双方劳动合同解除，朱某不再是商务公司的职工，商务公司没有再为其缴纳生育保险的义务。而此时朱某仍处于怀孕期间，还没有生育或可以享受产假，其只能按用人单位缴纳生育保险期间领取相应的生育津贴，对用人单位停止缴纳生育保险后未能领取到的生育津贴损失，只能由朱某自己承担。

值得注意的是，根据《中华人民共和国劳动合同法》第四十八条规定，用人单位违反本法规定解除或者终止劳动合同时，劳动者可以作另一种选择，即要求继续履行劳动合同的，这时用人单位应当继续履行。具体到本案，朱某如果出于领取足额生育津贴的考虑，可以不认可商务公司的违法解除行为，要求商务公司继续履行劳动合同，商务公司应当为朱某持续缴纳生育保险，但是相应地，朱某就不能获得违法解除赔偿金。在劳动者尚未生育或休完产假的情形下，用人单位有违法解除劳动合同行为时，劳动者要从自身利益最大化的角度考虑，作出对自己最有利的选择。但是，并不是说违法解除赔偿金与生育津贴损失就不能同时兼得，用人单位自始从未给劳动者缴纳生育保险，劳动者生育、休完产假后，用人单位又违法解除劳动合同的，劳动者主张违法解除赔偿金和生育津贴损失均应得到支持。

编写人：重庆市第五中级人民法院　周媛媛

171 用人单位分立、合并、转让的，承继单位应当承担原用人单位的工伤保险责任

——李某诉贸易公司劳动争议案

【案件基本信息】

1. 裁判书字号

新疆维吾尔自治区阿克苏地区中级人民法院（2019）新29民终659号民事判决书

2. 案由：劳动争议纠纷

3. 当事人

原告（上诉人）：李某

被告（上诉人）：贸易公司

第三人（被上诉人）：棉麻公司

【基本案情】

1994年9月，李某开始在棉麻公司上班。2016年10月18日，李某在上下班途中发生交通事故。李某此次受到的伤害经阿克苏地区人力资源和社会保障局认定为工伤。2017年8月21日，阿克苏地区劳动能力鉴定委员会认定李某的工伤为八级，无护理依赖。

2018年6月11日，经库车县委常委会研究同意，贸易公司与棉麻公司签订《棉麻公司轧花厂转让协议》，约定：棉麻公司将其所属的轧花一厂、轧花五厂、轧花九厂经资产评估后，在评估价格的基础上优惠10%转让给贸易公司；棉麻公司在收到贸易公司全部合同款后办理资产过户手续，但贸易公司不得将配置的轧花厂对外出租或转让，必须自己经营管理；职工安置方案：（1）对现有转让资产中所涉及的职工被告必须全部接收，妥善安置，继续履行原厂与职工的劳动合同关系，已退休职工未缴纳缴足医疗保险费用的，由贸易公司按相应规定补足；（2）如贸易公司对轧花厂职工未按本合同约定接收并妥善安置，则所涉轧花厂不予转让，同时贸易公司须承担违约责任；（3）对因工致伤残的职工提出解除合同，则须进行伤残鉴定，按照因工伤残的有关规定给予妥善安置。合同并约定了违约责任等其他内容。从2018年8月起，李某正式在贸易公司工作，工作岗位为门卫，每月工资为3400元。庭审中，贸易公司及棉麻公司对工伤认定及劳动能力鉴定均未提出异议。

李某因个人身体原因于2019年2月向贸易公司提出解除劳动合同关系，贸易公司未予同意，并计划安排李某去轧花一厂工作或者在贸易公司担任办公室主任，李某称无法胜任，故从2019年3月1日起未再去公司上班。

【案件焦点】

李某的经济补偿金和工伤赔偿应当由谁承担。

【法院裁判要旨】

新疆维吾尔自治区库车县人民法院经审理认为：《工伤保险条例》第四十三条第一款规定，用人单位分立、合并、转让的，承继单位应当承担原用人单位的工伤保险责任。贸易公司与棉麻公司签订的《棉麻公司轧花厂转让协议》约定，因工致伤残的职工由贸易公司给予妥善安置。贸易公司作为承继单位，应当承担工伤赔偿责任。李某离开贸易公司系自身身体原因主动离开，其主张棉麻公司支付经济补偿金，无事实及法律依据，应不予支持。

新疆维吾尔自治区库车县人民法院依照《中华人民共和国劳动合同法》第四十六条、第五十条，《工伤保险条例》第三十七条、第四十三条第一款，《中华人民共和国民事诉讼法》第六十四条第一款规定，作出如下判决：

一、贸易公司于本判决生效后十日内向李某支付一次性伤残就业补助金100206元；

二、驳回李某的其他诉讼请求。

李某、贸易公司不服一审判决，提出上诉。新疆维吾尔自治区阿克苏地区中级人民法院经审理认为：劳动合同法规定用人单位发生合并或者分立等情况，原劳动合同继续有效，劳动合同由承继其权利和义务的用人单位继续履行。贸易公司与棉麻公司签订转让协议属于法律规定之情形，李某的劳动合同权利和义务由承继其权利和义务的贸易公司继续履行。根据转让协议约定：对因工致伤残的职工由贸易公司给予妥善安置。根据《工伤保险条例》规定：用人单位分立、合并、转让的，承继单位应当承担原用人单位的工伤保险责任。贸易公司作为用人单位，理应承担原用人单位的工伤保险责任。李某未提前30日以书面形式通知用人单位解除合同，而是主动提出辞职，并非贸易公司提出解除劳动合同，非因用人单位法律规定的情形，用人单位无需支付经济补偿，故对李某主张棉麻公司支付经济补偿不予支持。

新疆维吾尔自治区阿克苏地区中级人民法院依照《中华人民共和国民事诉讼法》第一百七十条第一款第一项规定，作出如下判决：

驳回上诉，维持原判。

【法官后语】

企业的分立、合并和转让在现代市场经济中是一种常见的现象。作为市场经济的主体，为谋求利益的最大化，企业常常借助分立、合并等形式分散经营风险，变更经营范围，最终实现资源的优化配置。为了在追求效率与保障利益相关者的合法权益间达到平衡，无论是企业的合并还是企业的分立，都不能以损害第三人的利益为代价，特别是不能损害弱势群体的利益。《中华人民共和国民法典》第六十七条规定，法人合并的，其权利和义务由合并后的法人享有和承担。法人分立的，其权利和义务由分立后的法人享有连带债权，承担连带债务，但是债权人和债务人另有约定的除外。保障职工的基本权益，使其不因用人单位的合并、分立和转让而受到不利的影响，对于形成良好的市场经济秩序，规范企业形式变更有着重要的意义。

用人单位发生合并或者分立等情况，原劳动合同继续有效，劳动合同由承继其权利和义务的用人单位继续履行。《工伤保险条例》第四十三条第一款规定，用人单位分立、合并、转让的，承继单位应当承担原用人单位的工伤保险责任；原用人单位已经参加工伤保险的，承继单位应当到当地经办机构办理工伤保险变更登记。贸易公司作为用人单位，理应承担原用人单位即棉麻公司的工伤保险责任。另外，根据贸易公司与棉麻公司签订的《棉麻公司轧花厂转让协议》第六条职工安置方案中“对因工致伤残的职工提出解除合同，则须进行伤残鉴定，按照因工伤残的有关规定给予妥善安置”的约定，应由贸易公司对因工致伤残的职工给予妥善安置。本案中，贸易公司向李某赔偿一次性伤残就业补助金符合规定，亦符合双方约定，李某的该请求应予得到支持。

李某离开单位系因自身原因主动离开，其向棉麻公司主张经济补偿金，根据《中华人民共和国劳动合同法》第四十六条的规定，李某未提前30日告知用人单位解除劳动合同，不属于用人单位有法律规定的情形从而劳动者解除合同、用人单位需支付经济补偿的情形；且李某的劳动合同权利和义务因贸易公司与棉麻公司签订的《棉麻公司轧花厂转让协议》而由承继其权利和义务的贸易公司继续履行，其基于此自愿在贸易公司继续工作，并领取工资，现又主张棉麻公司支付经济补偿，无事实及法律依据，不予支持。

编写人：新疆维吾尔自治区库车市人民法院　罗玉

172 工伤保险的法定义务不得约定免除，工伤保险赔偿与人身保险赔偿可以兼得

——东莞某某公司无锡分公司诉李某某工伤保险待遇案

【案件基本信息】

1. 裁判书字号

江苏省无锡市中级人民法院（2018）苏 02 民终 3064 号民事判决书

2. 案由：工伤保险待遇纠纷

3. 当事人

原告（上诉人）：东莞某某公司无锡分公司

被告（被上诉人）：李某某

【基本案情】

2016 年 1 月 21 日，李某某入职东莞某某公司无锡分公司，双方未签订劳动合同，东莞某某公司无锡分公司未为李某某缴纳社会保险费。李某某签订承诺书，载明：因本人自身原因无法办理社会保险，由此造成的责任均由本人自行承担。现同意公司为本人购买商业保险并承诺凡本人在工作期间发生的工伤、意外伤害，均由公司为本人购买的商业保险理赔为准，不再要求公司任何赔偿及工伤待遇。2016 年 1 月 28 日，李某某发生伤残事故。2017 年 2 月 9 日，无锡市锡山区人力资源和社会保障局作出工伤认定决定书，认定李某某的伤残事故属工伤性质。2017 年 6 月 9 日，无锡市劳动能力鉴定委员会对李某某作出伤残八级的鉴定结论。2018 年 1 月 4 日，李

某某向无锡市锡山区劳动人事争议仲裁委员会提出仲裁申请，请求裁令东莞某某公司无锡分公司支付工伤费用。2018 年 2 月 12 日，东莞某某公司无锡分公司不服仲裁结果，向法院提起诉讼，要求不支付工伤费用。

【案件焦点】

1. 劳动者自愿承诺不缴纳社会保险费，发生工伤的，能否免除用人单位的工伤保险赔偿责任；2. 劳动者自愿承诺工伤损失以保险公司理赔为准的，人身保险赔偿与工伤保险赔偿能否兼得。

【法院裁判要旨】

江苏省无锡市锡山区人民法院经审理认为：本案的法律争议之核心在于用人单位与劳动者能否约定免除工伤保险待遇赔偿责任；劳动者能否同时获得工伤保险赔偿和人身保险赔偿。

关于问题一。《工伤保险条例》第二条第一款规定，中华人民共和国境内的企业、事业单位、社会团体、民办非企业单位、基金会、律师事务所、会计师事务所等组织和有雇工的个体工商户（以下称用人单位）应当依照本条例规定参加工伤保险，为本单位全部职工或者雇工（以下称职工）缴纳工伤保险费。根据该规定，为职工缴纳工伤保险费是用人单位的法定义务，该法定义务不得通过任何形式予以免除或变相免除。劳动者自愿承诺不缴纳社会保险费，发生工伤的，并不能免除用人单位的工伤保险待遇赔偿责任。用人单位应当依法参加工伤保险，为本单位全部职工或者雇工缴纳工伤保险费。应当参加工伤保险而未参加的用人单位职工发生工伤的，由该用人单位按照《工伤保险条例》规定的工伤保险待遇项目和标准支付费用。因此，为劳动者缴纳工伤保险费系用人单位的法定义务，当劳动者发生工伤时，并不因劳动者自愿承诺不缴纳社会保险费，而免除用人单位的工伤保险待遇赔偿责任。

关于问题二。法律及司法解释并不禁止受工伤的职工或其家属获得双重赔偿。《最高人民法院关于审理工伤保险行政案件若干问题的规定》第八条第一款规定，“职工因第三人的原因受到伤害，社会保险行政部门以职工或者其近亲属已经对第三人提起民事诉讼或者获得民事赔偿为由，作出不予受理工伤认定申请或者不予认定工伤决定的，人民法院不予支持”，第三款规定，“职工因第三人的原因导致工伤，社会保险经办机构以职工或者其近亲属已经对第三人提起民事诉讼为由，拒绝支付工伤保险待遇的，人民法院不予支持，但第三人已经支付的医疗费用除外”。由此可见，上述规定并不禁止受工伤的职工同时获得民事赔偿和工伤保险待遇赔偿。用人单位为劳动者投保了人身意外伤害保险的，即使劳动者作出承诺，亦不能免除用人单位的赔偿责任。本案中，东莞某某公司无锡分公司为李某某投保了团体人身保险，该保险不属于责任险，受益人为李某某，其可以兼得。因此，李某某虽获得了保险理赔款，但并不能在赔偿款中予以扣除，亦不能免除东莞某某公司无锡分公司应承担的工伤保险待遇赔偿责任。即使李某某承诺以保险公司理赔为准，但保险公司理赔款与其应获得的工伤保险待遇差距甚大，显失公平，李某某也以提出仲裁申请的方式明示推翻了原先作出的承诺。东莞某某公司无锡分公司应当依法支付李某某各项工伤保险待遇。

江苏省无锡市锡山区人民法院依照《中华人民共和国合同法》第五十四条第一款第二项，《工伤保险条例》第二条、第三十七条、第六十二条第二款，《江苏省实施〈工伤保险条例〉办法》第二十七条，《中华人民共和国民事诉讼法》第一百四十二条之规定，判决：

一、由东莞某某公司无锡分公司支付李某某一次性伤残补助金32703元、一次性工伤医疗补助金80000元、一次性伤残就业补助金35000元、医疗费69409.59元、住院伙食补助费440元，合计217552.59元，该款于本判决生效之日起十日内付清；

二、驳回东莞某某公司无锡分公司的诉讼请求。

二审法院同意一审法院裁判意见。

【法官后语】

实践中，在一些劳动力流动性大的行业，主观上劳资双方缴纳社会保险费的意愿均不强，客观上面临劳动者高流动性的现实，故而用人单位普遍存在不依法缴纳社会保险费的情形。同时，用人单位也试图通过购买商业保险来弥补劳动者发生工伤时需承担的赔偿责任。但是，商业保险与工伤保险是有显著区别的，不同的商业险险种性质上也有区别，在实践中还需注意审查并加以区分。

工伤保险与人身意外险的区别。从保险的属性看，工伤保险是为了维护社会稳定与安全而设立的，具有社会属性，具有强制性，缴纳工伤保险是用人单位的法定义务，不得约定免除。团体人身意外险是商业性质的保险，用人单位为投保人，已参加工伤保险的用人单位员工为被保险人。就其投保的出发点而言，有助于更好地保障劳动者及用人单位的利益，应予保护和提倡。但从法律上分析，上述险种在性质上属于商业保险中的人身保险，被保险人只能是用人单位的员工，且受益人一般也指定为被保险人。一旦发生保险事故，保险公司支付保险金的对象是被保险人，即工伤员工。员工获得赔偿是基于商业保险合同的约定，其性质属保险公司赔付的保险金，而工伤保险中的一次性工伤医疗补助金、一次性伤残就业补助金等属于工伤待遇，支付该工伤待遇是用人单位的法定义务。用人单位不得以保险公司已支付商业保险理赔款为由，主张免除其向工伤员工支付工伤保险待遇的义务。虽然投保时用人单位支付了保险费，但用人单位购买这种商业保险并非用人单位的法定义务，只能认定是用人单位给予员工的一种“福利”。并且，工伤职工的生命、健康因事故遭受损害，其损失无法用金钱衡量或者弥补，此时也不适用财产保险中的损失填补原则。工伤职工可以兼得二种保险的赔偿款。

人身意外险与雇主责任险的区别。雇主责任险是被保险人所雇佣的员工在受雇过程中从事与被保险人经营业务有关的工作而遭受意外或者患与业务有关的国家规定的职业性疾病，所致伤、残或死亡，被保险人根据有关法律及劳动合同应承担的医药费用及经济赔偿责任，由保险公司在规定的赔偿限额内负责赔偿的一种保险。雇主责任险也属于商业性质，但是与团体人身意外险不同的是，雇主责任险的受益人为用人单位而非劳动者，用人单位购买商业险的初衷其实是想将工伤保险待遇的风险转移给保险公司，从用人单位的本意出发，在招用不符合缴纳工伤保险条件的劳动者时，可以为其投保雇主责任险，以此来分担用工风险。

综上，就本案而言，李某某签订的不缴纳工伤保险的承诺书免除了东莞某某公司无锡分公司的法定义务，是无效的。东莞某某公司无锡分公司在没有为李某某缴纳工伤保险的前提下，李某某的工伤费用应由该公司支付。虽然该公司为李某某购买了团体人身意外险，但该保险赔偿只能作为给李某某的福利，不得抵扣用人单位要支付的工伤费用。对于招用符合缴纳工伤保险条件的劳动者，用人单位应当为其依法按时足额缴纳工伤保险。对于招用不符合缴纳工伤保险的劳动者，用人单位可以为其投保雇主责任险，从而分担企业用工风险。

编写人：江苏省无锡市锡山区人民法院　邓方媛　赵玲洁

173　用人单位在住所地为跨区域被派遣劳动者缴纳社会保险的行为合法

——杭某诉人力顾问公司、日化公司经济补偿金案

【案件基本信息】

1. 裁判书字号

江苏省无锡市中级人民法院（2018）苏02民终4053号民事判决书

2. 案由：经济补偿金纠纷

3. 当事人

原告（上诉人）：杭某

被告（被上诉人）：人力顾问公司、日化公司

【基本案情】

杭某与人力顾问公司先后签订三份劳动合同，均约定“双方按照国家和当地有关社会保险的规定参加社会保险，履行缴纳社会保险费的义务”。第二份、第三份劳动合同约定，杭某被派遣至日化公司工作。三份劳动合同履行期间，杭某实际是在无锡任美容顾问。

从2010年7月到2016年5月，人力顾问公司都是在广州为杭某办理的基本医疗保险，但是在不同期间名称有所不同。2016年2月19日至3月15日，因日化公司劳务派遣比例问题，人力顾问公司向杭某发放召回通知、待岗通知、返岗通知等。2016年3月31日，杭某向人力顾问公司发出解除劳动合同通知书，主要有两点理由：(1) 自入职起至2015年7月，人力顾问公司一直未依法缴纳企业职工基本医疗保险，根据《劳务派遣暂行规定》的相关规定，人力顾问公司应该在用工单位所在地即上海为其缴纳社会保险，但人力顾问公司一直在广州缴纳，这种行为已构成未依法缴纳社会保险费；(2) 2016年2月29日，人力顾问公司无故要求杭某待岗并降低工资报酬，属于未按劳动合同约定提供劳动条件，所以请人力顾问公司接到通知后依法补缴社会保险费、支付解除劳动合同的经济补偿金46953元并办理退工手续。人力顾问公司在接到通知书后给予回复，认为其已为杭某购买了社会保险，不存在违法行为，故不同意杭某以不实理由单方解除劳动合同，也不存在需要支付经济补偿金的情况。杭某起诉至法院，请求法院判令：1. 人力顾问公司支付经济补偿金46953元；2. 日化公司对上述付款义务承担连带责任。

【案件焦点】

人力顾问公司是否依法为杭某缴纳社会保险。

【法院裁判要旨】

江苏省无锡市梁溪区人民法院经审理认为：人力顾问公司在与杭某劳动关系存续期间，已按《中华人民共和国社会保险法》及其所在地的规定要求为杭某办理社会保险登记并缴纳社会保险费（包括基本医疗保险费），并根据当地政策的调整要求自 2015 年 7 月起为杭某办理职工社会医疗保险。人力顾问公司的上述行为并不违反法律法规的禁止性规定，且无不当之处，故根据现有证据并结合本案实际情况，可认定人力顾问公司作为用人单位已依法履行为杭某办理并缴纳社会保险费之义务。杭某认为用人单位未参保具体单项社会保险险种并依据《劳务派遣暂行规定》有关参保地的规定认为参保地不当，可通过向社会保险经办机构或劳动行政部门投诉举报等途径维护其权益，但据此解除劳动合同并主张经济补偿金，依据不足，不予支持。

江苏省无锡市梁溪区人民法院依照《中华人民共和国劳动法》第七十八条，《中华人民共和国劳动合同法》第二十九条、第三十七条、第三十八条第一款第一项和第三项、第四十六条第一项、第五十八条之规定，判决如下：

驳回杭某的诉讼请求。

杭某不服一审判决，提起上诉。江苏省无锡市中级人民法院经审理认为：首先，《劳务派遣暂行规定》的施行日期是 2014 年 3 月 1 日，其对 2014 年 3 月 1 日之前劳务派遣社会保险费的缴纳并无溯及力，不能以此评价 2014 年 3 月 1 日前人力顾问公司的缴纳行为。其次，人力顾问公司缴纳社会医疗保险依据的是《广州市社会医疗保险条例》，该条例的效力等级为地方性法规，《劳务派遣暂行规定》的效力等级为部门规章。根据《中华人民共和国立法法》第九十五条的规定，地方性法规、规章之间不一致时，由有关机关依照法律规定的权限作出裁决。杭某认为人力顾问公司依据的地方性法规与规章冲突，应按照法定程序呈请相关部门解决，人力顾问公司依据

《广州市社会医疗保险条例》缴费的行为并未被认定违法。最后，人力顾问公司并无主观上不为杭某缴纳社会保险的故意，客观上也不存在不缴纳的行为，且其缴纳行为严格按照《中华人民共和国社会保险法》及用人单位所在地广州的规定进行。自杭某入职人力顾问公司以来，人力顾问公司已经按照相关规定的要求为杭某办理社会保险登记并缴纳社会保险费（包括基本医疗保险费），并根据政策的调整自2015年7月起为杭某办理职工社会医疗保险。可以看出，人力顾问公司已经依法尽到用人单位缴纳社会保险的义务。

江苏省无锡市中级人民法院依照《中华人民共和国民事诉讼法》第一百七十条第一款第一项的规定，作出如下判决：

驳回上诉，维持原判。

【法官后语】

在竞争激烈的全球化经济发展过程中，用工弹性化是企业强化竞争优势的方法之一，而劳务派遣方式正是产业工作形态顺应弹性化多元发展的结果。劳务派遣以及跨区域劳务派遣的迅速发展，在一定的时期内解决了大量劳动者的就业问题，在一定程度上维护了社会稳定，提高了经济效益，但是发展也必然伴随问题出现。在众多的新问题中，社会保险的缴纳问题日益突出。根据社会保险法规定，缴纳社会保险是用人单位的法定义务，故派遣单位应当依法为被派遣劳动者缴纳各类社会保险。在跨区域劳务派遣用工形式中，劳务派遣单位应以何种标准、在何地为被派遣劳动者缴纳社会保险，仍属法律空白。

2014年3月1日起施行的《劳务派遣暂行规定》第十八条规定，劳务派遣单位跨地区派遣劳动者的，应当在用工单位所在地为被派遣劳动者参加社会保险，按照用工单位所在地的规定缴纳社会保险费，被派遣劳动者按照国家规定享受社会保险待遇。在本案中，劳务派遣单位即用人单位为位于广州的人力顾问公司，用工单位为注册地在上海的日化公司，杭某的实际工作地点在无锡。人力顾问公司未依照《劳务派遣暂行规定》在用工单位所在地上海而是以用人单位住所地广州的标准，在广州为杭某缴纳社会保险，是否构成依法为杭某缴纳社会保险？

首先，从法律层面来讲，《中华人民共和国社会保险法》第四条规定："中华人民共和国境内的用人单位和个人依法缴纳社会保险费……"《中华人民共和国劳动合同法》第五十八条第一款规定："劳务派遣单位是本法所称用人单位，应当履行用人单位对劳动者的义务。"因此，为被派遣劳动者缴纳社会保险是用人单位即劳务派遣单位的法定义务。具体到跨地区劳务派遣这一特殊用工形式，劳动合同法和社会保险法均未对社会保险缴纳地有特别规定，故劳务派遣单位作为独立法人，在公司注册所在地缴纳社会保险，并不违反社会保险法的规定。

其次，从法的溯及力分析，《中华人民共和国立法法》第一百零四条规定，法律、行政法规、地方性法规、自治条例和单行条例、规章不溯及既往，但为了更好地保护公民、法人和其他组织的权利和利益而作的特别规定除外。该条法律规定为我国法律在溯及力问题上确立了"从旧兼有利"原则。"从旧"即原则上法不溯及既往，"有利"即在新法更有利于维护私权利的情况下适用新法。在本案中，《劳务派遣暂行规定》的施行日期是2014年3月1日，其对2014年3月1日之前劳务派遣社会保险费的缴纳并无溯及力，不能以此评价2014年3月1日前人力顾问公司的缴纳行为。

最后，从法的效力位阶分析，人力顾问公司缴纳社会医疗保险依据的是《广州市社会医疗保险条例》，该条例的效力等级为地方性法规，《劳务派遣暂行规定》的效力等级为部门规章。根据《中华人民共和国立法法》第一百零六条的规定，地方性法规、规章之间不一致时，由有关机关依照法律规定的权限作出裁决。杭某认为人力顾问公司依据的地方性法规与规章冲突，应按照法定程序呈请相关部门解决，人力顾问公司依据《广州市社会医疗保险条例》缴费的行为并未被认定违法，故人力顾问公司依照此规定履行缴纳社会保险费是依法履行义务的行为。杭某以未依法缴纳社会保险为由要求人力顾问公司支付经济补偿金，没有事实依据，法院不予支持。

编写人：江苏省无锡市中级人民法院　许晓倩

174　职业病的认定及疑似职业病期间的医疗费用认定问题

——周某诉鞋业公司工伤保险待遇案

【案件基本信息】

1. 裁判书字号

广东省清远市中级人民法院（2018）粤18民终2818号民事判决书

2. 案由：工伤保险待遇纠纷

3. 当事人

原告（被上诉人）：周某

被告（上诉人）：鞋业公司

【基本案情】

周某于2003年4月1日入职广州万某公司，后于2006年10月1日调到鞋业公司担任胶水股工作。2015年5月12日，鞋业公司与周某解除劳动合同。周某于2015年5月21日的职业健康体检报告结论为未发现疑似职业性慢性苯中毒。2015年7月至2016年3月，周某在湖南凯某鞋业有限公司工作。周某从2003年4月1日至2015年7月工作，由用人单位为其缴纳社会保险费。

2016年3月16日至2016年4月26日，周某在住院治疗期间，被诊断为急性淋巴细胞性白血病L2型。2016年5月13日，周某向广东省职业病防治院要求进行职业病诊断，该院于2016年10月8日向鞋业公司发出《职业病诊断有关处理通知书》，认为周某可定为疑似职业性肿瘤病人，并通知鞋业公司提交周某所从事工种的工艺流程图和所在车间的平面图等材料。

2017年2月17日，广东省职业病防治院出具《职业病诊断证明书》，依据：1. 周某被诊断为急性淋巴细胞性白血病L2型；2. 目前资料不能排除周某在鞋业公司工作期间有六个月以上过量苯职业接触史；3. 潜伏期两年以上。诊断结论认为周某所患疾病为职业性肿瘤（苯所致白血病）。鞋业公司对该职业病诊断结论有异议，向广州市职业病诊断鉴定委员会申请二次鉴定。广州市职业病诊断鉴定委员会于2017年6月14日出具《职业病鉴定书》，鉴定结论为职业性肿瘤（苯所致白血病）。2017年3月8日，鞋业公司向清远市清新区人力资源和社会保障局提出工伤认定申请，该局于2017年6月29日作出《工伤认定决定书》，认定周某于2003年4月至2015年5月造成职业性肿瘤（苯所致白血病）属工伤。2017 年 7 月 14 日，清远市劳动能力鉴定委员会作出《初次鉴定（确认）结论书》，确定周某劳动功能及生活自理障碍等级、停工留薪期（即医疗期）。

2018 年 1 月 2 日，周某向清远市清新区劳动人事争议仲裁委员会申请仲裁，请求鞋业公司向其支付 1078145.58 元，包括医疗费、护理费、住院伙食补助费、交通费。清远市清新区劳动人事争议仲裁委员会于 2018 年 4 月 9 日作出《仲裁裁决书》，裁决驳回周某的所有仲裁请求。周某不服该仲裁裁决，遂于 2018 年 5 月 9 日起诉。

【案件焦点】

周某职业病认定问题及疑似职业病期间产生的相关治疗费用承担问题。

【法院裁判要旨】

广东省清远市清新区人民法院经审理认为：本案系因周某患职业性肿瘤，不服劳动仲裁而引起的工伤保险待遇纠纷。根据周某和鞋业公司的诉辩意见，法院根据庭审查明的事实，归纳本案的争议焦点为：一是周某所主张的相关费用应否由鞋业公司支付；二是周某所主张疑似职业病期间治疗的费用如何确定。

关于周某所主张的相关费用应否由鞋业公司支付的问题。周某于 2016 年 5 月 13 日向广东省职业病防治院职业病诊断办公室要求进行职业病诊断，广东省职业病防治院职业病诊断办公室于 2016 年 10 月 8 日认定其为疑似职业性肿瘤病人，其疾病于 2017 年 2 月 17 日经广东省职业病防治院诊断为职业性肿瘤（苯所致白血病），于

2017 年 6 月 14 日经广州市职业病诊断鉴定委员会维持原职业病诊断结论，于 2017 年 6 月 29 日经清远市清新区人力资源和社会保障局认定为工伤。法院认为，广东省职业病防治院和广州市职业病诊断鉴定委员会均依据周某、鞋业公司和湖南凯某鞋业有限公司提交的资料认定，不能排除周某六个月以上过量苯职业接触史，潜伏期两年以上。周某从鞋业公司处离职至发现疾病，不超过两年，且在工作期间有接触苯，法院对广州市职业病诊断鉴定委员会认定的鉴定结论即周某属职业性肿瘤（苯所致白血病）予以认定。鞋业公司认为湖南凯某鞋业有限公司应承担周某疑似职业病期间的损失，但未提交有效证据来证明其主张，法院不予认定。

根据《中华人民共和国职业病防治法》第五十五条第三款规定，周某于 2016 年 10 月 8 日被广东省职业病防治院认定为疑似职业性肿瘤病人，其疾病于 2017 年 2 月 17 日经广东省职业病防治院诊断为职业性肿瘤（苯所致白血病），其于 2016 年 3 月 16 日到 2017 年 2 月 17 日治疗疾病所花费的医疗费用属于疑似职业病病人在诊断、医学观察期间的费用，应由用人单位承担。周某参加城乡居民医疗保险，属于其依法享有的社会福利，其所产生的医疗费，扣除医保统筹报销及补偿部分后，应由鞋业公司予以支付。

关于周某所主张的费用如何确定的问题。根据提交的证据和相关法律规定，法院认定周某所主张的费用为：医疗费 312329.47 元、护理费 46273.55 元、住院伙食补助费 16170 元、交通费 5000 元，合计 379733.02 元。

广东省清远市清新区人民法院依照《中华人民共和国职业病防治法》第五十五条第三款、第五十七条、第五十八条，《广东省工伤保险条例》第二十五条、第二十七条，《中华人民共和国民事诉讼法》第六十四条第一项规定，判决：

一、鞋业公司应向周某支付医疗费 312329.47 元、护理费 46273.55 元、住院伙食补助费 16170 元、交通费 5000 元；

二、驳回周某的其他诉讼请求。

鞋业公司向广东省清远市中级人民法院提起上诉。广东省清远市中级人民法院经审理认为：一是鞋业公司提出该职业病的诊断结论的效力异议问题，经查明该诊断结论确是广东省职业病防治院职业病诊断办公室向鞋业公司发出职业病诊断有关业务处理通知书，但《职业病诊断证明书》是广东省职业病防治院出具，该院具有承担职业病诊断资质的医疗卫生机构，加盖的是广东省职业病防治院职业病诊断专用章。鞋业公司对该职业病诊断结论有异议，向广州市职业病诊断鉴定委员会申请二次鉴定，二次鉴定维持了鉴定结论，故广东省职业病防治院作出的诊断结论能作为证据使用，具有证据的证明力。二是周某于 2017 年 2 月 17 日之前治疗的相关费用应由鞋业公司承担。

广东省清远市中级人民法院依照《中华人民共和国民事诉讼法》第一百七十条第一款第一项的规定，作出如下判决：

驳回上诉，维持原判。

【法官后语】

本案是工伤保险待遇纠纷中职业病相关事由的典型案例。《职业病诊断与鉴定管理办法》和《中华人民共和国职业病防治法》规范了职业病诊断鉴定工作，为实际工作提供了法律依据。关于周某职业病的认定问题，主要争议点在于：一是职业病机构的认定问题；二是结合周某的工作情况与疾病的相关性分析；三是治疗疑似职业病期间产生的费用承担问题。

关于争议点一：法律规定了“职业病诊断应当由取得《医疗机构执业许可证》的医疗卫生机构承担”，广东省职业病防治院具有承担职业病诊断资质的医疗卫生机构，作为复议机关的广州市职业病诊断鉴定委员会维持了原职业病诊断结论，鉴定程序合理合法，可作为认定职业病的依据。关于争议点二：根据《工伤保险条例》第十七条的规定，周某被认定为职业病后应及时进行工伤认定，但因周某先后在两个单位就职，需结合工作事实予以综合认定。周某在鞋业公司离职两个月后在湖南凯某鞋业有限公司工作六个月病发，根据《职业病诊断证明书》认定“不能排除周某在鞋业公司工作期间有六个月以上过量苯职业接触史，潜伏期两年以上”，结合周某的工作时间和疾病产生时间，即其于2003年4月1日至2015年5月12日在鞋业公司工作，工作岗位存在接触苯，于2015年7月至2016年3月在湖南凯某鞋业有限公司工作，工作岗位不存在接触苯的可能性，直至于2016年3月16日生病住院，上述事实可认定鞋业公司与周某职业病具有相关性，且周某职业病被认定为工伤，因此，鞋业公司应负责周某的工伤医疗待遇。关于争议点三：《中华人民共和国职业病防治法》规定了疑似职业病治疗期间的相关费用由用人单位即工伤认定单位承担，且该疾病属于职业病的前期治疗，周某该期间所产生的相关医疗费用应由鞋业公司负责。在此需注意的是，疑似职业病治疗期间所产生的医疗费用，鞋业公司需承担的部分为扣除医保统筹及补偿部分后的费用，周某不能重复主张。

若劳动者离职后怀疑为职业病，应及时对疾病进行职业病检查，再申请工伤认定，以维护自身权益。用人单位应秉持以人为本的理念，若所属工作内容具有职业病危害的，招用劳动者时应如实告知工作内容、工作条件、职业危害等，做好工作防护，购买社会保险，同时定期组织劳动者进行体检，承担企业责任。

编写人：广东省清远市清新区人民法院　李芬

175　冒名劳动者发生工伤，用人单位应否承担责任

——保安公司诉韦一等劳动争议案

【案件基本信息】

1. 裁判书字号

广西壮族自治区来宾市中级人民法院（2016）桂13民终328号民事判决书

2. 案由：劳动争议纠纷

3. 当事人

原告（上诉人）：保安公司

被告（被上诉人）：韦一、韦二、韦三、韦四、黄某

【基本案情】

韦甲与韦乙系同胞兄弟，韦一、韦二、韦三、韦四系韦甲之子女，黄某系韦甲之妻。2011年12月20日，韦甲以韦乙的名义到保安公司工作，2012年3月辞职。2012年12月18日，韦甲再次以韦乙的名义到保安公司上班，月平均工资为1200元。韦甲在入职时，提交的政审表中“姓名”“身份证号码”“家庭成员情况”等均填写韦乙的信息，该表经来宾市公安局南泗派出所盖章，并由经办人签字。韦甲在保安公司工作期间，交接班记录表、考勤

表、工资报销花名册等材料中均以“韦乙”之名签字。保安公司亦以“韦乙”之名缴纳各项社会保险费用。2013 年 4 月 20 日上午，韦甲在值班期间突发疾病，经抢救无效于次日凌晨死亡。2013 年 9 月 5 日，来宾市兴宾区劳动人事争议仲裁委员会认定保安公司与韦甲存在劳动关系。2014 年 5 月 26 日，来宾市人力资源和社会保障局认定韦甲的死亡视同工伤；2014 年 9 月 1 日，来宾市人民政府来维持了前述工伤认定。2015 年 6 月 23 日，来宾市兴宾区劳动人事争议仲裁委员会裁决保安公司向韦一等人支付医药费 11287.25 元、丧葬补助金 18807 元、一次性工亡补助金 491300 元、每月供养亲属抚恤金 564.21 元。保安公司不服，提起本案诉讼。

【案件焦点】

冒名劳动者发生工伤，用人单位已缴纳工伤保险费的，应否承担工伤保险赔偿责任。

【法院裁判要旨】

广西壮族自治区来宾市兴宾区人民法院经审理认为：《中华人民共和国社会保险法》及《工伤保险条例》中均明确规定用人单位未依法缴纳工伤保险费，发生工伤事故的，由用人单位支付工伤保险待遇，该规定为强制性规定，且无免责情形，故保安公司以韦甲隐瞒其真实身份导致用人单位错误地以他人名义缴纳工伤保险为由，主张该公司免除支付工伤保险待遇责任不能成立。保安公司以“韦乙”之名缴纳了工伤保险费，未以“韦甲”之名缴纳工伤保险费，导致劳动者韦甲未能享受工伤保险待遇，依法应当按照工伤保险待遇项目和标准支付工伤保险费用。对于本次工伤事故造成的损失，双方对仲裁裁决认定赔偿项目和数额均无异议。

广西壮族自治区来宾市兴宾区人民法院依照《中华人民共和国社会保险法》第四十一条第一款、《工伤保险条例》第六十二条第二款的规定，经该院审判委员会讨论决定，判决：

一、保安公司向韦一、韦二、韦三、韦四、黄某支付医药费11287.25元、丧葬补助金18807元、一次性工亡补助金491300元；

二、保安公司每月向黄某支付供养亲属抚恤金564.21元，直至黄某丧失供养条件时止。

保安公司持原审起诉意见提起上诉。广西壮族自治区来宾市中级人民法院经审理认为：韦甲冒用韦乙的名字到保安公司工作，单位也已以韦乙的名字办理工伤保险。保安公司以韦乙的名字缴纳工伤保险费，致使工伤事故发生后，韦甲的亲属无法从社保部门获得工伤保险赔偿。对此用人单位以劳动者假冒身份为其投保而遭受社会保险损失，由工伤保险基金承担的工伤保险待遇部分，应由用人单位和劳动者根据过错承担责任。保安公司提供的政审表，韦甲在个人情况和家庭成员情况处分别填写了韦乙及韦乙亲属的名字，并贴上照片，来宾市公安局南泗派出所盖章且由承办人签字。韦乙在接受法院询问时，陈述政审表上的照片不能很确定是其本人，反正就是不能一眼看出是其本人。公安机关作为户籍、居民身份信息的专业行政管理部门，其审查能力、严格程度应高于保安公司。来宾市公安局南泗派出所在对政审表进行审查时都未能审查出准备入职保安公司的是韦甲而非韦乙，结合韦乙对政审表上照片的陈述，可以认定保安公司已经尽到了审查的审慎义务。韦甲作为具有完全民事行为能力人，其向用人单位保安公司提供虚假身份证明，冒用韦乙的名义入职，明显违反劳动合同法规定的告知义务和诚实信用原则，导致用人单位未能正确办理社会保险事宜，进而造成发生工伤事故后本应能从保险机构申领相关保险待遇不能实现，其自身存在严重过错，故对于该损失其应自行承担责任。但基于韦甲与保安公司存在事实劳动关系，韦甲确因工伤事故死亡，根据公平原则及医疗费和丧葬补助金系依附于人身损失由用人单位保安公司承担，故由保安公司向韦一等人支付医药费和丧葬补助金合计30094.25元。

广西壮族自治区来宾市中级人民法院依照《中华人民共和国民法通则》第四条、《中华人民共和国民事诉讼法》第一百七十条第一款第二项规定，判决如下：

一、撤销来宾市兴宾区人民法院（2015）兴民初字第2290号民事判决；

二、保安公司向韦一、韦二、韦三、韦四、黄某支付医药费11287.25元、丧葬补助金18807元，合计30094.25元。

【法官后语】

本案的难点除用人单位是否应承担责任外，还有就是冒用身份劳动者工伤保险待遇救济路径的问题。

1. 对于冒名劳动者发生工伤，用人单位已投保工伤保险情况下，还应否承担赔偿责任的问题

实践中对此存有争议，有观点认为，尽管劳动者冒用他人身份入职，但双方已形成事实劳动关系，劳动者也是在工作中遭受伤害，况且我国目前实行强制性工伤社会保险制度，因此用人单位应承担损害赔偿责任。本案一审法院即持此观点，支持了原告的诉讼请求。而另有观点则认为，由于劳动者冒用他人名义，其不是工伤保险中的被保险人，无法从社保机构获得工伤保险赔偿，该社保损失是由

劳动者冒名重大过错行为造成的，应由其自行承担，用人单位无须承担本应由工伤保险基金支付的赔偿责任。还有的观点认为应增加考量用人单位对冒名顶替行为的审查义务，认为用人单位以劳动者冒用身份为其投保而遭受社保损失，用人单位和劳动者按过错承担责任。

虽然目前我国工伤保险实行无过错责任及强制性工伤社会保险制度，构成工伤的劳动者，应依法享有工伤保险待遇，但在劳动者冒用他人名义入职的案件中，应考虑其特殊之处。毕竟工伤保险不仅有保障因工作遭受事故伤害或者患职业病的劳动者获得医疗救治和经济补偿目的，也有分散用人单位工伤风险的作用。冒名劳动者发生工伤的，在用人单位已经为劳动者购买了工伤保险的情况下，用人单位已经履行了相应的投保义务，造成不能享受工伤保险待遇是由于劳动者冒用他人名义入职这一重大过错行为造成的，况且该行为本身已违反了劳动合同法规定的劳动者有如实告知义务以及诚实信用原则，故对此劳动者应自行承担责任。否则就会出现用人单位不仅缴纳了工伤保险费，还需要承担本已经转移由工伤保险基金支付的那部分工伤保险待遇，使得用人单位投保工伤保险没有任何意义。关于用人单位对冒名行为是否有审查义务及审查义务的程度。由于入职材料基本上由劳动者提供，按照法律规定劳动者本就应当如实提供材料，而用人单位并非专业的审核机关，故不能对其科以过重的审查义务，用人单位对入职材料进行形式审查即可。在本案中，劳动者韦甲冒用其胞弟名义入职，用人单位保安公司已尽到了基本的审查义务，导致劳动者不是工伤保险的被保险人，其自身存在重大过错，由此造成的社保损失应自行担责，但基于其确因工伤死亡，对于依附于人身损失实际发生的医药费和必要的丧葬费可酌情予以支持，且用人单位保安公司在诉讼中亦表示愿意支付部分补偿，因此，该案二审对本案进行改判。

2. 冒名劳动者工伤保险待遇救济路径问题

我国建立了工伤保险基金制度，由用人单位缴纳的工伤保险费、工伤保险基金利息和依法纳入工伤保险基金的其他资金构成，对于已经缴纳工伤保险费的劳动者构成工伤的，由工伤保险基金支付相应的工伤保险待遇。在用人单位以冒名劳动者的名义缴纳了工伤保险费，工伤保险的被保险人是其他主体，与该劳动者身份不符，社保部门一般会以主体不符为由拒付工伤保险赔偿。虽然用人单位因入职劳动者提供虚假身份信息而以他人名义办理工伤保险，但其真实意思仍是为实际入职的劳动者进行投保，因为其与被冒名者没有任何关系，所以冒名劳动者与社保经办机构之间事实上已成立工伤保险关系。而在《工伤保险条例》及《中华人民共和国行政诉讼法》中规定，社会保险经办机构负责本行政区域内的工伤保险工作，收取工伤保险费、工伤认定、核定工伤保险待遇等均属于行政行为，认为行政机关没有依法支付社会保险待遇的属于行政诉讼的受案范围。因此，对于社保机构拒付工伤保险赔偿的，冒名工伤劳动者或者其近亲属可以通过行政诉讼救济。在司法实践中，已经有不少工伤职工或者其近亲属诉诸行政诉讼，法院据此进行审理，在查清用人单位与冒名劳动者存在事实劳动关系，并已为劳动者缴纳工伤保险费的，社保部门应当从社保基金中支付工伤保险待遇。

3. 民事诉讼救济与行政诉讼救济之辩

冒名劳动者工伤保险待遇救济路径存在本案的民事诉讼救济与行政诉讼救济的争议，主要是因为我国目前工伤保险赔偿来源及途径的二元化，工伤劳动者如其所在的用人单位已经为其缴纳工伤保险费，则由工伤保险基金支付工伤保险待遇，否则由用人单位自行承担工伤保险赔偿责任，从而导致工伤保险纠纷解决机制的二元化。因此，不仅要求劳动者在入职时应当如实提供资料，用人单位亦要审慎审查，并依法为劳动者缴纳工伤保险费，而作为社保部门更应加强监管，依法有效监督用人单位及时且如实地为劳动者办理工伤保险，对于冒名的行为应当予以严厉处罚，并对此采取相应补救措施，以便劳动者能够依法享有工伤保险待遇。

编写人：广西壮族自治区来宾市中级人民法院　韦霄倩

176　用人单位没有足额缴纳社保，劳动者可否要求赔偿延期退休待遇损失

——陈某诉某清洁公司、某人力资源公司劳动争议案

【案件基本信息】

1. 裁判书字号

广东省广州市中级人民法院（2016）粤 01 民终 15976 号民事判决书

2. 案由：劳动争议纠纷

3. 当事人

原告（上诉人）：陈某

被告（被上诉人）：某清洁公司、某人力资源公司

【基本案情】

陈某与某人力资源公司于 2012 年 6 月 1 日签订期限为 2012 年 6 月 1 日至 2014 年 5 月 31 日的固定期限劳动合同，约定由某人力

资源公司派往某清洁公司处任保洁员。2013年5月1日，陈某与某清洁公司签订期限为2013年5月1日至2015年4月30日的固定期限劳动合同，约定陈某在某清洁公司所承接项目从事保洁工作。2015年4月30日，陈某与某清洁公司签订期限为2015年5月1日至2015年8月31日的固定期限劳动合同，约定陈某在某清洁公司所承接项目从事保洁工作。劳动合同到期后双方没有续签，陈某于2015年9月26日达到法定退休年龄，但截至庭审期间尚在某清洁公司工作，未办理退休手续。

陈某向法院起诉，请求判令：1. 某人力资源公司、某清洁公司赔偿陈某延迟退休损失（损失计算时间从2015年9月开始，到实际领取退休金时止）共13500元，其中基础养老金=（上一年广东省待岗职工平均工资数5908元+个人月工资2000元）/2×15，再加上个人账户资金；2. 某人力资源公司、某清洁公司赔偿陈某解除劳动合同经济补偿金2000元；3. 某人力资源公司、某清洁公司为陈某足额补缴2012年6月至2013年2月共9个月社会保险费；4. 某人力资源公司、某清洁公司为陈某足额补缴2012年6月至2015年9月所欠缴的住房公积金。

庭审中，陈某主张某人力资源公司在其工作期间只为其缴纳了2012年6月到2013年2月的工伤保险，没有足额缴纳其他社保险种，某清洁公司没有为陈某缴纳任何社保费。

某清洁公司认为陈某在工作期间提出由其自行在街道缴纳社会保险，不需要某清洁公司为其缴纳社会保险，因此某清洁公司并未为陈某缴纳社会保险费，但陈某之前一共缴纳养老保险91个月，后面的80个月是陈某一次性补缴的，即使加上某清洁公司应为其缴纳的9个月养老保险，陈某也远远达不到能够领取退休金的180个月的标准，根本不能办理退休。某人力资源公司则称其曾催促陈某办理补缴社会保险，为此，某人力资源公司向陈某发出《关于催促陈某缴交社保补缴个人部分费用通知书副本》，陈某确认收到该通知，并认为社保机构核定的缴费月份不正确，故不同意先向某人力资源公司支付社会保险个人应承担的部分费用，社会保险补缴的费用由被告全额支付，陈某应承担的个人部分费用待办理退休手续后再返还给某人力资源公司。对于经济补偿金问题，陈某庭审中明确为要求某人力资源公司支付解除与陈某签订的劳动合同的经济补偿。某人力资源公司则称陈某系自动离职，且陈某要求支付经济补偿的诉讼请求已经超过了仲裁时效。

【案件焦点】

用人单位没有足额缴纳社保费，劳动者可否要求赔偿延期退休待遇损失。

【法院裁判要旨】

广东省广州市越秀区人民法院经审理认为：关于陈某要求某人力资源公司、某清洁公司赔偿延迟退休损失问题。陈某提交的《缴费历史明细表》显示，2012年6月至2013年2月期间，某人力资源公司仅为陈某缴纳社会保险工伤一项，2013年3月至2015年8月期间的缴费单位为广州市海珠区官洲街道社区服务中心（广州市海珠区官洲街道劳动和社会保障服务中心）。由此可见，陈某在与某人力资源公司存在劳动关系的最后期间由案外人为其缴纳社会保险，陈某与某清洁公司建立劳动关系时已经由该案外人为其缴纳社会保险并缴费至2015年7月，且陈某2013年才一次性补缴80个月的养老保险费。因此，陈某达到法定退休年龄时因社会保险费累计缴费不足十五年而未能及时享受养老保险待遇系由其自身特殊原因造成，并非完全由于其与某人力资源公司、某清洁公司存在劳动关系时某人力资源公司、某清洁公司未为其全额缴纳社会保险费所导致。而且，陈某接到某人力资源公司的缴费通知后又拒绝支付其社会保险费个人应缴部分的金额，致使补缴工作无法及时完成。陈某庭审中又以社保机构核定的缴费月份不正确为由不同意向某人力资源公司支付社会保险个人应缴部分的金额，该扩大损失的后果应由陈某自行负担。综上，陈某主张某人力资源公司、某清洁公司赔偿其延迟退休损失的请求缺乏充分的事实依据，法院不予支持。

综上所述，广东省广州市越秀区人民法院依照《中华人民共和国社会保险法》第十六条，《中华人民共和国劳动争议调解仲裁法》第二十七条的规定，判决如下：

驳回陈某的诉讼请求。

陈某不服原审判决，提起上诉。广东省广州市中级人民法院经审理认为：关于陈某要求某人力资源公司、某清洁公司赔偿延迟退休损失问题。根据《中华人民共和国社会保险法》第十条第一款规定，“职工应当参加基本养老保险，由用人单位和职工共同缴纳基本养老保险费”。陈某提交的《缴费历史明细表》显示，2012年6月至2013年2月期间某人力资源公司仅为陈某缴纳社会保险工伤一项，并未缴纳基本养老保险。截至2015年8月陈某累计缴纳养老保险费171个月，未达到办理退休领取退休金的缴纳180个月的标准。如果某人力资源公司依法为陈某缴纳社保，或者在2015年陈某法定退休年龄到来前及时补缴，陈某即可于2015年9月及时办理退休并领取退休金。因此，某人力资源公司未依法按时为陈某缴纳社保是导致陈某迟延退休的直接原因。某人力资源公司虽于2016年1月28日向陈某发出缴交社保补缴个人应缴部分的通知，但因双方对于补缴事项未达成一致意见而未进行补缴，且某人力资源公司发出上述通知书的时间晚于陈某依法可以退休的时间，延迟退休的事实已经发生。现陈某自行办理了社保补缴并已办理退休手续，某人力资源公司无法也无需再办理补缴手续，因此，陈某要求某人力资源公司赔偿其延期退休的待遇损失，按照每月1113元计算12个月共13356元，法院予以支持。

综上所述，陈某的上诉有理，对于其上诉请求，法院予以支持。原审法院对于陈某延迟退休待遇损失问题判决有误，法院予以纠正。

广东省广州市中级人民法院依照《中华人民共和国社会保险法》第十条第一款，《中华人民共和国民事诉讼法》第一百七十条第一款第二项的规定，判决如下：

一、撤销一审判决；

二、某人力资源公司于本判决生效之日起七日内向陈某支付延迟退休待遇损失13356元；

三、驳回陈某的其他诉讼请求。

【法官后语】

本案的核心问题是用人单位没有足额缴纳社保，劳动者可否要求赔偿延期退休待遇损失？具体涉及以下问题：

1. 社会保险损失赔偿纠纷是否具有可诉性

我国劳动合同法将社会保险纳入劳动合同的条款而成为劳动合同的内容之一，并规定社会保险是劳动合同的必备条款，用人单位不履行缴纳社会保险费的义务，即为不履行劳动合同，劳动者的社会保险利益受损，劳动者与用人单位形成了实际的债权债务关系，由此引发的争议属于“因履行劳动合同的争议”，应具有可诉性。根据《最高人民法院关于审理劳动争议案件适用法律问题的解释（一）》第一条第一款规定“劳动者与用人单位之间发生的下列纠纷，属于劳动争议，当事人不服劳动争议仲裁机构作出的裁决，依法提起诉讼的，人民法院应予受理”，其中该条款第五项规定了“劳动者以用人单位未为其办理社会保险手续，且社会保险经办机构不能补办导致其无法享受社会保险待遇为由，要求用人单位赔偿损失发生的纠纷”。上述规定明确将社会保险损失赔偿纠纷纳入诉讼解决。应注意这里的“劳动者”不仅限于在职期间的劳动者，还包括退休之后的劳动者。

2. 劳动者请求社会保险损失赔偿的条件

根据《最高人民法院关于审理劳动争议案件适用法律问题的解释（一）》第一条第五项的条文理解，劳动者请求用人单位赔偿社会保险待遇损失，应同时具备以下三个条件：（1）用人单位未给劳动者足额缴纳社会保险；（2）社会保险经办机构不能补办；（3）因为用人单位未缴纳，导致劳动者无法享受社保待遇。如果社会保险经办机构可以补办缴纳社会保险的，劳动者不能以此主张社会保险损失赔偿。

3. 如何计算未缴纳社会保险而给劳动者造成的损失

劳动者起诉要求用人单位赔偿损失的，人民法院应根据不同社会保险险种，判决用人单位按缴费标准或待遇标准补偿劳动者相应损失。用人单位所在地设区的市级人民政府相关劳动政策对基本社会保险有明确补偿标准的，人民法院可以按该标准判决。社会保险待遇损失难以界定的，人民法院可委托社会保险机构核定。本案中，用人单位未缴纳社会保险，导致劳动者延迟退休一年，劳动者无法获得该期间的退休金，故法院以此来确定未缴纳社会保险的待遇损失。

4. 劳动者自愿不缴纳社保费或与用人单位协商一致不缴纳社保费的效力问题

意思自治、平等协商是合同法的一大基本原则，但这种自治必须是在法律允许的范围之内。我国劳动法规定，用人单位和劳动者必须依法参加社会保险，缴纳社会保险费。从法律的规定，我们可以看出，社会保险是国家强制性保险，为职工办理社会保险是用人单位的法定义务，即使劳动者主动提出要求也不能免除用人单位为职工参加社会保险的法定义务。因此，劳动者签订承诺书自愿不缴纳社保费或与用人单位签订劳动合同协商一致不缴纳社保费，都因内容违反了国家现行法律、行政法规的强制性规定，而导致无效。另外，根据社会保险法第八十六条“用人单位未按时足额缴纳社会保险费的，由社会保险费征收机构责令限期缴纳或者补足”之规定，即使劳动者不想参加社会保险，用人单位把相应费用直接支付给劳动者本人，也不能免除用人单位为劳动者参保、缴纳保险费的法定义务。

编写人：广东省广州市越秀区人民法院　高瑜曼　周鸿明

177 如何认定劳动者因工受伤后签署的解聘协议效力

——陈某诉建设集团公司劳动争议案

【案件基本信息】

1. 裁判书字号

浙江省三门县人民法院（2015）台三民初字第641号民事判决书

2. 案由：劳动争议纠纷

3. 当事人

原告：陈某

被告：建设集团公司

【基本案情】

2014年5月15日，原、被告签订《劳动合同》，约定：被告安排原告在被告公司工作，合同期从2014年5月15日起至工作任务完成时止；试用期为60天，试用期内每天报酬80元，试用期满后100元每天。被告为原告缴纳了工伤保险费。2014年6月29日，原告因工受伤，花费医疗费已由被告支付。2014年7月31日，原告出院，医嘱休息五个月。同日，原、被告签订《解聘协议》，约定：因工伤事故原因，被告与原告解除劳动聘用关系。2015年3月5日，劳动能力鉴定委员会作出原告八级伤残的鉴定结论。3月19日，原告提起仲裁申请，后原告对仲裁结果不服，提起诉讼。

原告认为，原、被告虽在 2014 年 7 月 31 日签署了《解聘协议》，但因当时被告告知原告如果签订协议，则在社保中心赔的钱多，故有诱骗的性质，而且原告的工伤在该时尚未处理完毕，故解除劳动关系是不符合法律规定的，要求解除原、被告之间的劳动关系，并要求被告支付住院伙食补助费、护理费等。被告则认为，原、被告劳动关系在 2014 年 7 月 31 日已解除，故原告诉称解除原、被告之间的劳动关系的诉请已无必要。

【案件焦点】

原告在医嘱休息期内，尚未进行工伤及劳动能力鉴定时，劳资双方签署的解聘协议是否有效。

【法院裁判要旨】

浙江省三门县人民法院经审理认为：原、被告之间存在劳动关系，原告在工作过程中遭受伤害，构成工伤，被告依法应向原告给付相应的工伤保险待遇。原、被告于 2014 年 7 月 31 日签订了《解聘协议》，而此时原告刚刚出院，尚未经过工伤认定以及劳动能力鉴定，故该《解聘协议》违反了《中华人民共和国劳动合同法》以及《工伤保险条例》的相关规定，应认定为无效。原告于 2015 年 3 月 19 日申请仲裁时提出解除原、被告之间的劳动关系，故原、被告之间的劳动关系依法于原告提出解除劳动关系的请求后才解除。

浙江省三门县人民法院根据《中华人民共和国劳动合同法》第十九条第三款，《工伤保险条例》第三十条第四款、第三十三条、第三十七条之规定，判决如下：

一、解除原告陈某与被告建设集团公司的劳动关系；

二、被告建设集团公司支付给原告陈某一次性伤残就业补助金28217元、停工留薪期工资18300元、住院期间护理费4224元，总计50741元，款限本判决生效之日起十日内付清；

三、驳回原告陈某的其他诉讼请求。

判决后，双方当事人均未上诉，本判决现已生效。

【法官后语】

本案在审理中有两种意见：一种认为，《中华人民共和国劳动合同法》第三十六条规定“用人单位与劳动者协商一致，可以解除劳动合同”。此条没有就劳资双方协商解除劳动合同作出例外规定，故该解聘协议当属有效。笔者持另一种意见，认为：

1. 并非协商一致就能解除劳动合同

《中华人民共和国劳动合同法》第三十六条规定：“用人单位与劳动者协商一致，可以解除劳动合同。”该条体现了国家以民法的意思自治原则调整劳动合同当事人的关系，但劳动合同兼具公私法调整的性质，劳动合同的合意解除在当事人意思自治基础上，还要受到公法的监督和限制。同时，根据逻辑推理，用人单位与劳动者协商一致是解除双方劳动合同的必要条件，并非充分条件。并不表明如果双方协商一致了，就能产生解除劳动合同的法律效果，这还涉及价值评价，看是否存在无效或者可撤销、效力待定的情形。

2. 协商解除劳动合同需遵循以下原则

具有关系性特性的劳动合同从成立、生效至解除阶段必须受到一定限制，否则在用人单位与劳动者信任关系破裂的情况下达成的解除协议，就容易破坏双方利益平衡状态，违背公序良俗原则等。因此，在实践中，合意解除合同除当事人自愿外，还应该遵守以下原则：

（1）诚实信用原则。要求双方当事人在协商解除劳动合同的过程中，讲究信用，恪守诺言，诚实不欺，将自己的信息如实地相告，不应该欺瞒对自己不利的信息，最终使对方利益和社会利益受损。如果涉及第三人，用人单位和劳动者还负有告知义务。本案原告认为被告为了达到解聘目的，以在社保中心赔的钱多为由，诱导原告签订《解聘协议》。虽然被告未予认可，但从实际来看，如果不解除劳动合同，则原告尚能享有完整的医疗期内的停工留薪期工资，以及医疗期结束后要求继续履行劳动合同等利益，而如果解除劳动合同，则劳动者不仅可能会丧失上述劳动法对工伤职工所特别保护的利益，还可能因伤残面临再就业困难、失业等困境，故此时解除劳动合同，对劳动者来说的确是多了利益损失，对用人单位来说却是少了负担。

（2）合法原则。根据《中华人民共和国劳动合同法》第四十二条的规定，职工在医疗期内，在本单位患职业病或是因工负伤并被确认丧失或者部分丧失劳动能力的，用人单位不能对劳动者实行无过失性辞退。根据《工伤保险条例》第三十三条的规定，职工因工受伤，在停工留薪期内，原工资福利待遇不变。由上可见，法律对工伤及医疗期内的劳动者是进行了特别保护的，严格保障劳动者的权益。如果认定该时期签订的解聘协议有效，可能会导致用人单位为了达到利益最大化，通过各种优势，胁迫劳动者与其签订解聘协议，以架空法律对该时期的劳动者特别保障的条款，造成不良的社会效果。当然，如果用人单位确实有证据能够证明劳动者是自愿、主动提出要求解除劳动合同的，属劳动者对自身权利的处分，应当认定解聘协议有效。但用人单位不能单以双方共同签署的解聘协议直接证明劳动者解除劳动合同的自愿性。

（3）公序良俗原则。双方当事人在合意解除劳动合同过程中应当遵守的公共秩序及善良风俗。这里的善良风俗是以最起码的道德要求为核心。本案中用人单位对劳动者的管理存在人身属性，双方法律地位存在不对等性，在职工工伤后，双方的地位更是加重了倾斜，工伤职工如果欲及时得到工伤赔偿的话，相关的费用支付以及手续办理需要单位的配合，如停工留薪期工资需要由单位支付，而工伤保险基金的领取一般也需要单位的申报，用人单位的优势地位显露无遗。如果被告不签署解聘协议，就有可能无法及时得到赔偿，影响后续治疗。当然如果用人单位有证据证明，此时被告是主动、自愿解除劳动合同，不在此限。

综上，在劳动者因工受伤，尚未进行劳动能力鉴定时，对劳资双方签署的劳动合同解聘协议效力要具体分析。

编写人：浙江省三门县人民法院　夏群佩　赵敏丹

178　用人单位与劳动者协议不参加社会保险行为的效力认定

——印染公司诉李某劳动争议案

【案件基本信息】

1. 裁判书字号

江苏省苏州市中级人民法院（2012）苏中民终字第0777号民事判决书

2. 案由：劳动争议纠纷

3. 当事人

原告（被上诉人）：印染公司

被告（上诉人）：李某

【基本案情】

2010年4月30日，李某进入印染公司工作，同日，双方签订全日制劳动合同，约定合同期限自2010年4月30日至2011年4月29日。李某等员工还于同日向印染公司提交申请，主要内容为："公司已依法告知其参加社会保险的事宜，并敦促其提供相关资料，经本人慎重考虑，决定不参加社会保险。因此而产生的责任及后果均由我本人承担。请将公司应承担之社会保险费随工资发放给本人。"印染公司未为李某办理城镇职工社会保险参保手续。

同年11月11日，李某因脑出血、肋骨骨折、肺挫伤住院治疗。李某共支付医疗费69753.32元。后经劳动争议仲裁委员会裁决，印染公司应向李某支付医疗费61869.96元、病假工资2352元。印染公司不服，认为李某申请不缴纳社会保险，公司同意其申请，并向李某支付了社保补贴，由此产生的责任应当由李某自行承担，其无需向李某支付其自身患病的医疗费。李某非因工负伤，既未提交病假证明，在医疗期满后也未到公司上班，其劳动关系自2012年12月24日最后一次出院后解除。审理中，原、被告双方一致认可被告李某用去的医疗费中，应当列入社保基金报销的金额是61869.96元；李某患病期间，印染公司分两次向李某支付11000元。

【案件焦点】

印染公司与李某之间不参加社会保险、将应当缴纳的社会保险费以社保补贴形式发放的约定是否有效。

【法院裁判要旨】

江苏省张家港市人民法院经审理认为：用人单位和劳动者必须依法参加社会保险，缴纳社会保险费。为职工参加社会保险是用人单位的法定义务，属于法律的强制性规定。根据法律规定，违反法律、行政法规强制性规定的劳动合同属于无效或部分无效。因此，李某与印染公司之间关于不参加社会保险的合意行为无效。基于双方对印染公司是否发放社保补贴存在争议，李某在印染公司工作期间患病，因未参加社会保险导致其医疗费无法由社保基金承担，由此产生的损失应由原告承担。从照顾相对于用人单位而言处于弱势的劳动者等实际情况出发，对李某产生的医疗费损失，由印染公司承担 43000 元，其余部分由被告自理。印染公司向李某支付了 11000 元，双方未书面约定该款的性质，但印染公司作为义务人，只要承担法定义务即可，其之前已支付的款项，应从总的赔偿款中扣除。

江苏省张家港市人民法院依照《中华人民共和国民事诉讼法》第六十四条、《中华人民共和国劳动法》第七十二条、《中华人民共和国劳动合同法》第二十六条第一款第三项的规定，判决：

原告印染公司支付被告李某医疗费 43000 元、病假工资 2352 元，合计 45352 元，扣除已支付的 11000 元，余款 34352 元限原告印染公司于判决生效后 10 日内履行。

李某不服一审判决，提起上诉。江苏省苏州市中级人民法院经审理认为：社会保险制度作为一项经济、社会制度，牵涉整个国家改革、发展、稳定的大局，更牵涉广大人民群众的根本利益。为职工参加社会保险是用人单位的法定义务，用人单位为劳动者缴纳社会保险具有强制性，无需与劳动者协商，任何单位、任何个人不得以任何形式、任何理由进行减免。故用人单位未为劳动者缴纳社会保险而产生的损失均应由用人单位承担。本案中，印染公司是于2004年成立的外商投资企业，为职工参加社会保险是其成立之时就应承担的法定义务。《社会保险费征缴暂行条例》规定缴费个人应当缴纳的社会保险费，由所在单位从其本人工资中代扣代缴，社会保险费不得减免。这也表明用人单位帮助劳动者代扣代缴不存在现实障碍。即使用人单位与劳动者之间有不参加社会保险之约定，就算是出于劳动者自愿，但该约定明显违反法律、行政法规强制性规定，与社会保险的保障功能不符，当属无效。印染公司未依法为李某参加社会保险，导致李某的医疗费无法由社保基金承担，由此产生的损失应由印染公司全部承担。

虽然印染公司认为李某申请不参加社会保险，公司还每月发放社保补贴280元，但这不构成印染公司免除责任的任何理由。首先，所谓的申请从形式上看是格式化的，关键条款均为事先打印，上面除李某外还有其他数十名员工的签名；其次，即使李某自愿申请不参加社会保险，印染公司也不能同意，印染公司作为用人单位应该比李某更清楚不参加社会保险可能导致的后果，以用人单位的强势地位完全可以避免不参加社会保险情况的发生。因此印染公司应当承担李某的医疗费无法由社保基金报销而产生的全部损失。李某在享受权利的同时也应承担相应的义务，每月280元的社保补贴应予抵扣。虽然李某否认公司发放社保补贴，但在申请上有保险费随工资发放本人的表述，原审法院向印染公司有关人员的调查笔录和印染公司原始财务凭证中的工资单能够证明有 280 元社保补贴的项目，故本院对印染公司每月发放社保补贴予以确认，理应从印染公司所承担未依法为李某参加社会保险而产生的医疗费损失中抵扣。

关于印染公司支付李某 11000 元性质问题。李某主张该款属于印染公司自公司关爱基金中发放的困难补助，不应从印染公司承担的医疗费中扣除。结合本案有关事实和证据，该 11000 元款项应当从公司承担的医疗费中扣除。理由如下：一是双方未书面约定该款项的性质；二是该款项的来源名为关爱基金，实际并非来源于工会组织或职工捐款，依然是公司拨款；三是印染公司支付李某 11000 元时，考虑到未为李某交社会保险的因素。故印染公司已支付的该款项，应从总赔偿款中扣除。综上所述，原审判决部分不当，上诉人李某的部分上诉请求有理有据，予以支持。

江苏省苏州市中级人民法院依照《中华人民共和国民事诉讼法》第一百五十三条第一款第三项、《中华人民共和国劳动合同法》第二十六条第一款第三项之规定，判决：

一、撤销江苏省张家港市人民法院（2011）张民初字第 1461 号民事判决；

二、印染公司支付李某医疗费 61869. 96 元、病假工资 2352 元，合计 64221. 96 元，扣除已支付的 11000 元，扣除返还社保补贴 1680 元，余款 51541. 96 元限印染公司于本判决生效后 10 日内履行。

【法官后语】

劳动法第七十二条规定：“社会保险基金按照保险类型确定资金来源，逐步实行社会统筹。用人单位和劳动者必须依法参加社会保险，缴纳社会保险费。”社会保险作为一项政治经济制度，与商业保险不同，具有强制性、普惠性、保障性、非营利性等特点，这些特点决定了为劳动者参加社会保险是用人单位的社会责任，也是用人单位的法定义务，用人单位不能以任何形式、采取任何手段免除为劳动者参加社会保险、缴纳社会保险费用的义务，违反这项义务，用人单位应当承担责任。实践中，用人单位通过各种手段规避为劳动者参加社会保险义务的情形随处可见，一些方式甚至披上了貌似"合法"的外衣，严重扰乱了劳动秩序，侵害了劳动者的权益。

本案涉及的用人单位与员工协议不参加社会保险、将应缴社会保险费以现金方式直接发放的情形，其产生背景是，现实中还存在社会保险异地转移难的困境，加之有些员工缺少法律意识、风险意识，重视眼前利益，不少外来打工的劳动者乐于接受用人单位的此种行为，而这种貌似"合法"、充分尊重劳动者本人意愿的行为不仅不应提倡，而且应当予以禁止并严厉打击。该案的一审和二审均认为作为用人单位的印染公司与劳动者协议不参加社会保险违反了法律的强制性规定，但是在判决过程中围绕劳动者本人是否需要就同意用人单位不为自己参加社会保险承担一定的责任时发生分歧，一审法院认为劳动者在明知用人单位的行为可能侵害到自身权益时，仍然同意接受用人单位的意见，存在一定过错，需要自行承担一部分责任。而二审法院则从社会保险制度设置的意义出发，认为在任何情况下，用人单位都必须为不给劳动者参加社会保险的行为所造成的后果承担全部责任。应该说，二审法院判决充分考虑了劳动者作为弱势一方在签订劳动合同中的无奈选择，更加有力地保护了劳动者的合法权益。

编写人：江苏省张家港市人民法院　吴丹

七、劳动争议仲裁

179 劳动者要求用人单位办理档案转移手续，不应适用仲裁消灭时效

——牛某诉市场调查公司劳动争议案

【案件基本信息】

1. 裁判书字号

北京市朝阳区人民法院（2019）京 0105 民初 62647 号民事判决书

2. 案由：劳动争议纠纷

3. 当事人

原告：牛某

被告：市场调查公司

【基本案情】

牛某于 2004 年 10 月 8 日入职市场调查公司，担任市场调查公司的总经理，于 2016 年 3 月 18 日离职。双方均认可牛某的档案材料存放单位为北京市海淀区人力资源公共服务中心。牛某提交了北京市海淀区人力资源公共服务中心出具的存档人员人事证明信，记载：牛某系我处存档人员，该同志的档案人事关系委托我中心存放管理，其存档方式为单位存档（市场调查公司），该同志人事档案关系于 2005 年 1 月在我中心按现有方式委托保管。落

款加盖有北京市海淀区人力资源公共服务中心人事档案证明专用章，日期为2018年9月3日。市场调查公司认可上述证据的真实性，不认可其为牛某办理存档手续。双方均提交了集团规章制度，其第2.3条记载：员工的档案关系原则上不调入公司，部门经理以上人员根据实际情况而定。

市场调查公司主张牛某离职时未向市场调查公司汇报集体存档一事，也未将集体存档协议书移交给市场调查公司，市场调查公司不知道牛某存档事宜，也没有以公司名义办过存档手续，牛某的诉讼请求超过仲裁申请时效。

【案件焦点】

1. 劳动者要求用人单位配合办理档案转移手续，是否适用“劳动争议申请仲裁的时效期间为一年”的规定；2. 要求办理档案转移手续的请求权与财产请求权是否有区别；3. 劳动争议中劳动者要求转移档案、办理社会保险的转移手续等请求是否具有人身依附属性。

【法院裁判要旨】

北京市朝阳区人民法院经审理认为：用人单位应当在解除或者终止劳动合同时出具解除或者终止劳动合同的证明，并在十五日内为劳动者办理档案和社会保险关系转移手续。发生劳动争议，当事人对自己提出的主张，有责任提供证据。本案中，双方均提交了集团规章制度，其中第2.3条记载“员工的档案关系原则上不调入公司，部门经理以上人员根据实际情况而定”，双方均认可牛某担任市场调查公司的总经理，牛某于2016年3月18日从市场调查公司处离职。市场调查公司所持不知道牛某存档事宜、没有以公司名义办过存档手续的意见并非不予配合牛某办理档案转移手续之合理抗辩理由。目前牛某个人档案仍由北京市海淀区人力资源公共服务中心保管，故对于市场调查公司所持牛某之请求已超出仲裁时效之抗辩理由亦不予采信。综上，市场调查公司应配合牛某办理档案转移手续。

北京市朝阳区人民法院依照《中华人民共和国劳动合同法》第五十条、《中华人民共和国劳动争议调解仲裁法》第六条之规定，判决如下：

市场调查公司于本判决生效后十五日内配合牛某办理档案转移手续。

判决后，双方当事人均未上诉，本判决现已生效。

【法官后语】

《中华人民共和国民法典》第一百八十八条规定，向人民法院请求保护民事权利的诉讼时效期间为三年。第一百九十六条规定，下列请求权不适用诉讼时效的规定：（一）请求停止侵害、排除妨碍、消除危险；（二）不动产物权和登记的动产物权的权利人请求返还财产；（三）请求支付抚养费、赡养费或者扶养费；（四）依法不适用诉讼时效的其他请求权。

民事权利受到侵害的权利人在法定的诉讼时效期间内不行使权利，当时效期间届满时，债务人获得诉讼时效抗辩权。在法律规定的诉讼时效期间内，权利人提出请求的，人民法院将强制义务人履行所承担的义务。而在法定的诉讼时效期间届满之后，权利人行使请求权的，人民法院将不再予以保护。诉讼时效届满后，义务人虽可主张时效抗辩，权利人请求权的行使权发生障碍，但权利本身及请求权并不消灭。当事人超过诉讼时效后起诉的，人民法院应当受理。受理后，如另一方当事人提出诉讼时效抗辩且查明无中止、中断、延长事由的，判决驳回其诉讼请求。如果另一方当事人未提出诉讼时效抗辩，则视为其自动放弃该权利，法院不得依照职权主动适用诉讼时效。

《中华人民共和国劳动争议调解仲裁法》第二十七条第一款、第四款规定，劳动争议申请仲裁的时效期间为一年。仲裁时效期间从当事人知道或者应当知道其权利被侵害之日起计算。劳动关系存续期间因拖欠劳动报酬发生争议的，劳动者申请仲裁不受本条第一款规定的仲裁时效期间的限制；但是，劳动关系终止的，应当自劳动关系终止之日起一年内提出。《中华人民共和国劳动合同法》第五十条第一款规定，用人单位应当在解除或者终止劳动合同时出具解除或者终止劳动合同的证明，并在十五日内为劳动者办理档案和社会保险关系转移手续。

在劳动关系中，双方当事人的权利义务复杂，不仅包括财产性的权利义务关系，如一方提供劳动，另一方支付劳动报酬的对待给付义务；还有很多具有人身依附属性的权利义务关系，如劳动关系解除时，用人单位需及时为劳动者办理退工手续、转移档案、办理社会保险的转移手续等，以便于劳动者再就业及接续社会保险等。

在审判实践中，因不履行带有人身性的义务而引起的劳动争议很多，用人单位往往以劳动者的请求已超过时效为由作为抗辩。但是，并不是所有的请求权均可适用消灭时效。诉讼时效制度设立的根本目的在于维护稳定的交易秩序，适用于财产权。行使人身权的目的主要是实现权利人作为民事主体的价值，满足其内在的需要，而与社会交易秩序的稳定和安全并无直接联系。有关人格、身份等不具有财产利益内容的请求权，并非本质为相对权的债权请求权，而是绝对权，关系到民事主体的人格存续、生存利益以及伦理道德，因此不应适用诉讼时效的规定。在劳动关系中，对于因人身性的义务而产生的请求权，如劳动者要求用人单位为其办理退工手续或转移档案、社会保险手续的，也不适用消灭时效。这些义务是用人单位的法定义务，其履行关系到劳动者基本生存权与就业权的实现，具有强制性。劳动者的档案及其所载内容与劳动者个人择业、就业、退休、社会保险等各方面均存在密切的联系，档案与劳动者本人具有强烈的人身依附属性。劳动者要求用人单位办理档案转移手续的诉讼请求与财产请求权具有明显区别。且在劳动者起诉时，用人单位未为劳动者办理档案转移手续处于持续状态，故不应适用“劳动争议申请仲裁的时效期间为一年”的规定。

编写人：北京市朝阳区人民法院　李静

180　养老保险待遇损失纠纷的仲裁时效与计算方法

——陈某诉××中专劳动争议案

【案件基本信息】

1. 裁判书字号

江苏省南通市中级人民法院（2019）苏06民终2808号民事判决书

2. 案由：劳动争议纠纷

3. 当事人

原告（被上诉人）：陈某

被告（上诉人）：××中专

【基本案情】

陈某自2006年9月起至××中专工作，双方未签订书面劳动合同。2011年2月9日，陈某年满五十周岁，达到法定退休年龄，但继续在××中专工作。后××中专通知陈某对其不再继续聘用，陈某在××中专工作至2019年1月29日。陈某工作期间，××中专未为陈某缴纳社会保险。

2018年12月24日，启东市社会保险事业管理处出具《证明》一份，主要内容为陈某未在启东参加企业职工养老保险，未缴纳养老保险费。

2019年1月18日，就××中专未缴纳社会保险事宜，陈某向劳动仲裁委申请仲裁。劳动仲裁委以原告已达到法定退休年龄，主张的劳动争议不属于劳动法调整的范围为由不予受理。陈某遂以诉称的事实和理由诉至法院。

2019年3月19日，启东市社会保险事业管理处出具《证明》一份，主要内容为陈某现未按月享受启东市企业职工基本养老保险待遇。

2010年南通市全市在岗职工月平均工资为3287元。

【案件焦点】

1. 陈某养老保险待遇损失的核定及有无超过仲裁时效；2. 如未超过仲裁时效，对于陈某的养老保险待遇损失应如何计算；3. 陈某诉请违法解除劳动关系赔偿金有无法律依据。

【法院裁判要旨】

江苏省启东市人民法院经审理认为：《最高人民法院关于审理劳

动争议案件适用法律若干问题的解释（三）》第一条规定，劳动者以用人单位未为其办理社会保险手续，且社会保险经办机构不能补办导致其无法享受社会保险待遇为由，要求用人单位赔偿损失而发生争议的，人民法院应予受理。本案中，××中专未为陈某办理社会保险手续，陈某已达法定退休年龄，无法补办，且未能享受社会保险待遇，故陈某要求××中专赔偿养老保险待遇损失，于法有据，法院予以支持。关于陈某的入职时间，陈某提供了 2019 年 1 月 17 日的《证明》、银行流水明细并对其工资发放方式、发放人员进行了详细陈述。因××中专未提供任何证据证实其主张，故陈某 2006 年 9 月入职的事实具有高度可能性。

劳动者达到退休年龄时，因用人单位应缴未缴养老保险致使劳动者养老保险缴费年限未达到按月领取退休金的条件，如果劳动者在同一用人单位连续工作年限未满十五年的，自用人单位依法应当为劳动者办理社会保险之日起，按照每满一年发给相当于一个月当地上一年度职工月平均工资标准一次性支付劳动者养老保险待遇赔偿。陈某 2006 年 9 月至 2019 年 1 月 29 日在××中专工作，××中专应从 2006 年 9 月起依法为陈某办理社会保险，直至 2011 年 2 月 9 日陈某达到法定退休年龄之日。然而××中专未为陈某办理，故应按照每满一年发给一个月南通市 2010 年度在岗职工月平均工资 3287 元的标准，一次性支付陈某养老保险待遇损失，计 13148 元（3287 元/月×4 个月）。对于陈某主张的达到法定退休年龄后继续在××中专的工作时间，因在实践操作中，对于达到法定退休年龄前未缴纳过社会保险的劳动者，在达到法定退休年龄时用人单位无法为其补缴社会保险，亦无法律、行政法规强制性规定要求用人单位在法定退休年龄后继续为劳动者缴纳社会保险，故陈某达到法定退休年龄后继续在××中专的工作年限不能计入其养老保险待遇赔偿的连续工作年限。

××中专辩称陈某诉请养老保险待遇损失已经超过仲裁时效。《中华人民共和国劳动争议调解仲裁法》第二十七条第一款规定，劳动争议申请仲裁的时效期间为一年，仲裁时效期间从当事人知道或者应当知道其权利被侵害之日起计算。对于因用人单位未为劳动者依法缴纳社会保险费，劳动者主张达到法定退休年龄后养老保险待遇损失赔偿的，仲裁时效自达到退休年龄之日起开始计算；达到退休年龄后仍继续用工的，则从双方解除劳动关系之日起开始计算。本案中，陈某于2011年2月9日达到法定退休年龄后，继续在××中专工作至2019年1月29日，陈某于2019年1月18日就养老保险待遇损失申请劳动仲裁，未超过一年仲裁时效。

用人单位与其招用的已达退休年龄但未享受养老保险待遇或领取退休金的人员，双方之间用工情形符合劳动关系特征的，应认定双方形成特殊劳动关系，双方之间关于试用期、工作时间、休息休假、劳动保护、最低工资的争议，适用劳动合同法的规定予以处理。此系对已达法定退休年龄继续就业者群体的特殊保护，但双方当事人中任何一方都可以随时通知对方终止用工，且用人单位无须支付劳动者经济补偿。本案中，陈某达到法定退休年龄后在××中专继续工作，双方形成特殊劳动关系，××中专可以随时终止用工，且无须支付经济补偿，更谈不上违法解除，故陈某主张违法解除劳动关系的经济赔偿金，无法律依据，不予支持。

综上所述，陈某诉请养老保险待遇损失，未超过一年仲裁时效，××中专应赔偿陈某养老保险待遇损失13148元。陈某诉请违法解除劳动关系的经济赔偿金，无法律依据，不予支持。

江苏省启东市人民法院依照《中华人民共和国劳动争议调解仲

裁法》第二十七条第一款、《最高人民法院关于审理劳动争议案件适用法律若干问题的解释（三）》第一条规定，判决如下：

××中专于判决发生法律效力之日起十日内支付原告陈某养老保险待遇损失 13148 元。

××中专不服一审判决，提起上诉。江苏省南通市中级人民法院经审理认为：诉讼当事人有义务就其主张提供证据，如果不能提供相应证据或者所提供证据不足以证明其主张的，将承担不利的诉讼后果。××中专作为用人单位应当保存被上诉人陈某的考勤记录、工资发放记录及劳动用工合同等证明材料，以证明陈某的工作起始时间，但该单位未能提供。一审根据陈某本人陈述及其提供的银行流水明细，结合证人证言等情况，认定陈某于 2006 年 9 月入职××中专并无不当。用人单位未依法为劳动者缴纳社会保险，应当依照规定向劳动者支付养老保险待遇赔偿。一审法院判令××中专向陈某支付 2006 年 9 月至 2011 年 2 月期间的养老保险待遇赔偿，赔偿标准为南通市 2010 年度在岗职工月平均工资 3287 元，合情合理合法。××中专认为应当以陈某实际月工资为计算标准，没有法律依据。

江苏省南通市中级人民法院依照《中华人民共和国民事诉讼法》第一百七十条第一款第一项之规定，判决如下：

驳回上诉，维持原判。

【法官后语】

随着人们物质生活条件及自身健康水平的不断提高，越来越多达到退休年龄的劳动者选择继续在原单位工作或另行到新的用人单位就业。达到或超过退休年龄的劳动者在工作中积累并掌握了一定的劳动技能，其继续就业有利于节约成本、提高效率，我国法律并未禁止达到退休年龄的劳动者继续就业。现实中这一群体人数日益增多，对其相关劳动权益的保护就显得尤为重要。

《中华人民共和国劳动合同法实施条例》第二十一条规定，劳动者达到法定退休年龄的，劳动合同终止。通常情况下，劳动者达到退休年龄后办理退休手续，开始享受基本养老保险待遇，其与用人单位之间的劳动关系即行终止。达到退休年龄的劳动者继续在原单位工作而未终止劳动合同履行的，视为双方当事人同意按照原劳动合同约定的除合同期限外的各项条件继续履行合同。对于用人单位与其招用的已达到或超过退休年龄但未享受基本养老保险待遇或领取退休金的员工发生用工争议，因双方法律关系并未发生实质性的变更，若双方之间用工情形符合劳动关系特征的，应当按照劳动关系的特殊情形处理，即双方之间构成特殊劳动关系。在此情形下，劳动双方任何一方都有权随时终止劳动合同的履行，用人单位无需支付经济补偿金或赔偿金。但劳动者请求享受《中华人民共和国劳动法》《中华人民共和国劳动合同法》规定的劳动报酬、劳动保护、劳动条件、工作时间、休息休假、职业危害防护、福利待遇的，应予支持。

《中华人民共和国劳动争议调解仲裁法》第二十七条第一款规定，劳动争议申请仲裁的时效期间为一年，仲裁时效期间从当事人知道或者应当知道其权利被侵害之日起计算。该条第四款规定，劳动关系存续期间因拖欠劳动报酬发生争议的，劳动者申请仲裁不受本条第一款规定的仲裁时效期间的限制；但是，劳动关系终止的，应当自劳动关系终止之日起一年内提出。陈某达到法定退休年龄后继续在××中专工作，双方当事人并未终止彼此之间的法律关系，而是形成一种特殊的劳动关系。用人单位未依法缴纳社会保险费造成劳动者达到法定退休年龄后无法享受养老保险待遇，双方在劳动者退休之时终止劳动关系的，劳动者主张养老保险待遇损失赔偿的仲裁时效自达到退休年龄之日起开始计算；达到退休年龄后仍继续用工的，则从双方解除劳动关系之日起开始计算。因××中专并未与陈某解除劳动关系，依照我国劳动争议调解仲裁法第二十七条第三款的规定，关于养老保险待遇损失的仲裁时效应从双方终止劳动关系之日起计算。陈某达到退休年龄后继续在××中专工作至 2019 年 1 月 29 日，此后未再到单位上班，应视为双方自此终止劳动关系，陈某于 2019 年 1 月 18 日提出仲裁申请并未超过一年的法定时效。

对养老保险待遇损失的计算方法，如果劳动者在同一用人单位连续工作年限满十五年的，则应由用人单位按照同等条件的正常退休职工的养老保险待遇按月支付给劳动者。如果劳动者在同一用人单位连续工作年限未满十五年的，因用人单位在劳动者达到法定退休年龄时客观上已无法继续为劳动者缴纳社会保险，其责任并不完全在于用人单位。审判实践中各地的损失计算方法不同，多地采取用人单位按照每满一年发给相当于一个月当地上一年度职工月平均工资标准一次性支付劳动者养老保险待遇赔偿。对于养老保险待遇损失的计算期间，因劳动者达到退休年龄时其养老保险待遇损失业已固定，故对于达到法定退休年龄后继续在原用人单位工作的时间，不能计入其养老保险待遇损失的赔偿年限。

本案认定陈某与××中专之间构成特殊情形劳动关系，从仲裁时效上解决了困扰审判实践的认识误区，依法维护了达到或超过退休年龄劳动者的正当权益。对于在同一用人单位连续工作未满十五年的劳动者养老保险待遇损失的计算期间，本案在法理上坚持了平等保护的基本原则，其界定方法对于同类案件的审判具有借鉴意义。

编写人：江苏省南通市中级人民法院　郭相领

181 一审按撤诉处理将导致仲裁裁决书生效

——段某诉快餐公司劳动争议案

【案件基本信息】

1. 裁判书字号

北京市第二中级人民法院（2018）京 02 民终 10406 号民事判决书

2. 案由：劳动争议纠纷

3. 当事人

原告（上诉人）：段某

被告（被上诉人）：快餐公司

【基本案情】

段某于 2014 年 1 月 22 日入职快餐公司，签订期限为 2014 年 1 月 22 日至 2017 年 1 月 21 日的劳动合同。2014 年 11 月 26 日，段某在快餐公司的宣武门分店工作时受伤；2015 年 4 月 1 日，东城区劳动能力鉴定委员会向段某发放工伤证；2017 年 3 月 14 日，段某工伤等级被认定为十级。2017 年 4 月 20 日，北京市西城区社会保险基金管理中心核定段某一次性伤残补助金 24332 元；2018 年 1 月 2 日，快餐公司向段某支付一次性伤残补助金 24332 元。

段某曾就公司应支付其 2017 年 4 月 28 日至 2017 年 5 月 28 日医药费 1000 元申请仲裁，北京市东城区劳动人事争议仲裁委员会认定双方劳动关系于 2017 年 3 月 14 日终止，驳回段某仲裁请求。

段某不服该裁决，起诉至人民法院，后因无正当理由拒不到庭，北京市东城区人民法院作出（2017）京0101民初17386号裁定书，裁定按段某撤诉处理。

段某再次申请仲裁，北京市东城区劳动人事争议仲裁委员会裁决驳回段某的仲裁请求。段某不服该裁决，起诉至北京市东城区人民法院，要求：1. 快餐公司支付段某伤残补助金24656.45元；2. 快餐公司继续履行与段某之间的劳动合同。后因涉及管辖权问题，北京市第二中级人民法院裁定本案由北京市西城区人民法院审理。

【案件焦点】

劳动争议案件中，法院根据民事诉讼法的规定按撤诉处理后，仲裁裁决书是否发生法律效力。

【法院裁判要旨】

北京市西城区人民法院经审理认为：快餐公司已按照北京市西城区社会保险基金管理中心核定金额向段某支付一次性伤残补助金，现段某再次主张该项补助，无法律依据，法院不予支持。仲裁裁决书认定双方劳动关系于2017年3月14日终止，段某起诉后无正当理由拒不到庭，人民法院按撤诉处理，该仲裁裁决书生效，双方劳动关系于2017年3月14日终止，段某要求继续履行劳动合同的诉讼请求，无事实及法律依据，法院依法予以驳回。

北京市西城区人民法院依照《工伤保险条例》第三十七条之规定，判决如下：

驳回段某的诉讼请求。

段某不服一审判决，提起上诉。北京市第二中级人民法院经审理认为：段某在法院审理阶段提交的证据均不足以推翻已生效的北京市东城区人民法院（2017）京0101民初17386号裁定书，因此仲裁裁决书生效，段某与快餐公司之间的劳动关系于2017年3月14日终止。故段某要求继续履行劳动合同的诉讼请求，无事实及法律依据，法院对其该项上诉请求不予支持。因一次性伤残补助金的金额由北京市西城区社会保险基金管理中心核定，并非段某自行核定的数额，且快餐公司已向段某支付一次性伤残补助金，故段某再次主张该项补助，无事实及法律依据，法院对其该项上诉请求亦不予支持。

北京市第二中级人民法院依照《中华人民共和国民事诉讼法》第一百七十条第一款第一项之规定，判决如下：

驳回上诉，维持原判。

【法官后语】

本案争议焦点在于劳动争议案件中，原告不服劳动仲裁在法定期限内提起诉讼后，无正当理由拒不到庭参加诉讼或者未经法庭许可中途退庭，法院根据民事诉讼法的规定按撤诉处理后，仲裁裁决书是否发生法律效力。

首先，仲裁裁决书经原告起诉后并非绝对不发生法律效力。如果仅认为仲裁裁决书经原告起诉后绝对不生效，易造成仲裁裁决书效力空白，当事人将失去获得司法保护的权利凭证，无法申请强制执行。

其次，可比照“期满不起诉”的裁决书生效规则。《中华人民共和国劳动争议调解仲裁法》第五十条规定：“当事人对本法第四十七条规定以外的其他劳动争议案件的仲裁裁决不服的，可以自收到仲裁裁决书之日起十五日内向人民法院提起诉讼；期满不起诉的，裁决书发生法律效力。”参照该规定，原告提起诉讼后无正当理由拒不到庭参加诉讼或者未经法庭许可中途退庭的，法院将按撤诉处理，这就相当于法院没有对劳动纠纷和劳动仲裁进行审判，类比“期满不起诉”的法律效果，仲裁裁决书应当认定为发生法律效力。

最后，应当指出的是，《最高人民法院关于适用〈中华人民共和国民事诉讼法〉的解释》第三百七十九条规定：“当事人认为发生法律效力的不予受理、驳回起诉的裁定错误的，可以申请再审。”对当事人自动撤回上诉处理的裁定，因法院已就案件实体争议进行审判，当事人不服生效的一审判决可通过对该判决申请再审获得救济。我国民事诉讼法相关规定已明确当事人不服因按自动撤回上诉而生效的一审判决的救济途径，但生效的仲裁裁决书如果确有错误，当事人的救济途径就会缺乏法律依据。因此，笔者建议在立法层面上尽快制定按撤诉处理后仲裁裁决书的效力问题及当事人的救济途径。

综上，劳动争议案件中，原告不服劳动仲裁在法定期限内提起诉讼后，无正当理由拒不到庭参加诉讼或未经法庭许可中途退庭，法院按撤诉处理后，仲裁裁决书将发生法律效力。

编写人：北京市东城区人民法院　程新桐

182 劳动关系转为劳务关系的，劳动报酬仲裁时效何时起算

——餐饮公司诉赵某香劳动争议案

【案件基本信息】

1. 裁判书字号

北京市第一中级人民法院（2017）京 01 民终 7523 号民事判决书

2. 案由：劳动争议纠纷

3. 当事人

原告（上诉人）：餐饮公司

被告（被上诉人）：赵某香

【基本案情】

赵某香于1962年8月7日出生，为农业户口，赵某香于2005年11月3日入职餐饮公司，工作至今，餐饮公司从未为赵某香缴纳社会保险。

赵某香于2017年7月17日以要求餐饮公司支付2005年11月3日至2017年6月30日期间未缴纳的养老保险赔偿金为由向北京市海淀区劳动人事争议仲裁委员会提起仲裁申请，该委作出不予受理案件的决定，赵某香不服该决定，向法院起诉。

餐饮公司辩称，赵某香于2012年8月7日达到法定退休年龄，双方劳动关系于该日终止，之后，双方形成劳务关系。赵某香

应当在劳动关系终止之日起一年内主张劳动报酬，而被上诉人于2017年7月17日主张，明显超过一年时效，故餐饮公司无需支付养老保险赔偿金。

【案件焦点】

劳动关系转化为劳务关系，但劳动者提供劳动一直处于延续且无间断的状态，就拖欠劳动报酬发生争议的，仲裁时效期间何时起算。

【法院裁判要旨】

北京市海淀区人民法院经审理认为：2005年11月3日到2012年8月7日期间，双方存在劳动关系。因餐饮公司在双方劳动关系存续期间未为赵某香缴纳养老保险，且赵某香系农业户籍，餐饮公司应向赵某香支付未缴纳养老保险的赔偿金。2012年8月7日之后，赵某香仍在餐饮公司工作，双方之间形成劳务关系。双方之间法律关系的性质虽存在变化，但赵某香向餐饮公司提供有偿劳动一直处于延续且无间断的状态，故对餐饮公司提出的时效抗辩意见不予采纳。

北京市海淀区人民法院依照《中华人民共和国劳动法》第七十三条规定，判决如下：

一、餐饮公司支付赵某香2005年11月3日至2011年6月30日期间未缴纳养老保险赔偿金9395.4元；

二、驳回赵某香的其他诉讼请求。

二审法院同意一审法院裁判意见。

【法官后语】

本案的关键在于如何理解《中华人民共和国劳动争议调解仲裁法》第二十七条第四款。从文义上看，劳动报酬请求权的仲裁时效从劳动关系终止之日起算。“劳动关系终止”应指劳动者不再提供劳动、用人单位不再支付劳动报酬，不局限于《中华人民共和国劳动合同法》中规定的劳动合同终止的情形。

劳动报酬请求权的仲裁时效期间适用特殊的起算点，其正当性基础是：第一，在劳动关系存续期间不能期待劳动者积极行使自己的权利。第二，劳动关系存续期间，双方存在相互信任关系；在双方相互信任时，争议之解决往往是私下协商，很难期待其诉于仲裁委。劳动者在用人单位工作常常是几年甚至是几十年，双方不仅是一种管理与被管理的关系，亦是一种长期友好合作关系或是比较熟悉的关系，存在信任。这种信赖关系能够产生经济利益。因此，法律应尽量维持当事人之间的信任关系，促进双方的友好合作。

但仅凭这两点，尚不足以论证劳动报酬请求权不受仲裁时效期间的限制。因为劳动者对用人单位主张其他的合法权益，也会面临上述困境，但是依然受仲裁时效期间的限制。这主要是因为劳动报酬请求权相比一般债权具有特殊性。一方面，劳动报酬请求权带有人格属性。劳动报酬是公民生存的基础，相比其他债权，其更为重要。另一方面，劳动报酬请求权是继续性债。继续性债是指债的内容，非一次给付可完结，而是继续的实现，其基本特色系时间因素在债的履行上居于重要的地位，总给付内容与给付时间的长度相关。如果对每笔劳动报酬分别计算仲裁时效，劳动者会因担心债权“过期”而频繁主张权利，这不仅可能导致当事人频繁主张权利而激化矛盾，不利于维持当事人之间劳动关系稳定，损害信任，还会因频繁起诉，造成诉累，浪费司法资源。因此，个人与公司之间只要持续产生劳动报酬，其仲裁时效就未起算。

劳动报酬请求权的产生不仅因双方存在劳动关系而产生，当双方存在劳务关系时，亦可产生。所以，从立法目的上看，在劳务关系存续期间，拖欠劳动报酬发生争议的，诉讼时效期间可适用《中华人民共和国劳动争议调解仲裁法》第二十七条第四款的规定。

本案中，公司拖欠的养老保险金是赵某香提供劳动所应得之对价，公司只承担代扣代缴义务，属于劳动报酬。其从2005年入职工作至今，一直在接受公司的指挥监督，且其在单位已经工作十几年，对单位具有很大的信任。另外，其对餐饮公司的劳动报酬请求权持续、不间断地产生至今。很难期待在此期间，赵某香向仲裁委主张自己的劳动报酬请求权。所以，餐饮公司的时效抗辩，不应予以支持。

编写人：北京市第一中级人民法院　王飞

183　未签书面劳动合同二倍工资的仲裁时效中断问题

——杨某诉某驾校劳动争议案

【案件基本信息】

1. 裁判书字号

北京市第一中级人民法院（2012）一中民终字第3136号民事判决书

2. 案由：劳动争议纠纷

3. 当事人

原告（上诉人）：杨某

被告（被上诉人）：某驾校

【基本案情】

2009年8月3日，杨某向北京市大兴区劳动争议仲裁委员会提出仲裁申请，要求确认其与某驾校自1992年8月15日至2009年5月15日期间存在劳动关系，某驾校支付其：1. 1999年6月至2009年5月15日的社会保险金；2. 2008年未休年休假10天的加班工资2980.8元及50%的赔偿金1490.4元；3. 2007年5月15日至2009年5月15日期间休息日加班199天的加班费39543.8元及50%的赔偿金19771.9元、2008年4月4日及2009年4月4日清明节加班2天的加班费596元及50%的赔偿金298元；4. 2009年4月1日至2009年5月15日工资2183元及50%的经济补偿金1352元；5. 解除劳动合同的经济补偿金36737元及50%的赔偿金18368.5元。某驾校否认与杨某存在劳动关系。仲裁委裁决驳回杨某的全部仲裁请求。

杨某不服上述裁决内容，诉至北京市大兴区人民法院，法院判决驳回杨某的全部诉讼请求。杨某不服该判决，提起上诉，北京市第一中级人民法院作出（2010）一中民终字第6919号民事裁定书，裁定撤销原判决，发回重审。法院重审后，经一审和二审，最终于2011年5月16日判决确认杨某与某驾校自2002年9月25日至2009年5月15日期间存在事实劳动关系。

2011年5月23日，杨某向北京市大兴区劳动争议仲裁委员会提出仲裁申请，要求某驾校支付其2008年2月1日至2009年5月15日未签订书面劳动合同双倍工资的差额32550元。仲裁委以申请超过劳动仲裁的时效期间为由，驳回杨某的全部仲裁请求。杨某不服上述裁决内容，诉至北京市大兴区人民法院，即本案诉讼。

【案件焦点】

杨某主张 2008 年 2 月 1 日至 12 月 31 日期间未签订书面劳动合同二倍工资是否已过仲裁时效。

【法院裁判要旨】

北京市大兴区人民法院经审理认为：杨某主张某驾校支付其 2008 年 2 月 1 日至 12 月 31 日未签订书面劳动合同双倍工资差额的请求，应在 2009 年 12 月 31 日前提出申请。现杨某于 2011 年 5 月 23 日申请仲裁，且未提交证据证明存在时效中断或中止的其他情形，故法院对其要求某驾校支付其 2008 年 2 月 1 日至 2008 年 12 月 31 日未签订书面劳动合同双倍工资差额的请求不予支持。

北京市大兴区人民法院依据《中华人民共和国劳动争议调解仲裁法》第二十七条第二款之规定，判决如下：

驳回原告杨某的诉讼请求。

杨某不服一审判决，提起上诉，称：其因确认劳动关系纠纷于 2009 年 8 月 3 日申诉至大兴仲裁委时，未签订书面劳动合同双倍工资差额请求的仲裁时效开始中断，并自 2011 年 5 月 16 日开始重新计算，故其于 2011 年 5 月 23 日申请仲裁，并未超过仲裁时效期间。

北京市第一中级人民法院经审理认为：根据查明的事实，杨某于 2009 年 8 月 3 日向大兴仲裁委提出申诉，要求确认其与某驾校存在劳动关系，但某驾校否认与杨某存在劳动关系，直到 2011 年 5 月 16 日，法院的生效判决才最终确认杨某与某驾校自 2002 年 9 月 25 日至 2009 年 5 月 15 日期间存在劳动关系。杨某向某驾校主张 2008 年 2 月 1 日至 12 月 31 日期间未签订书面劳动合同双倍工资差额，仲裁时效于 2009 年 1 月 1 日开始起算，而劳动关系的存在是主张未签书面劳动合同双倍工资差额的基础，杨某于 2009 年 8 月 3 日向大兴仲裁委提出申诉，未过 1 年的时效期间，应认定申请仲裁时效中断，直到 2011 年 5 月 16 日，法院的生效判决最终确认杨某与某驾校自 2002 年 9 月 25 日至 2009 年 5 月 15 日期间存在劳动关系，仲裁时效重新计算，故杨某于 2011 年 5 月 23 日申请仲裁未过 1 年的时效期间。某驾校应支付杨某 2008 年 2 月 1 日至 12 月 31 日期间未签订书面劳动合同双倍工资差额 23100 元（2100 元/月×11 个月 = 23100 元）。

北京市第一中级人民法院依据《中华人民共和国民事诉讼法》第一百七十条第一款第二项之规定，判决如下：

一、撤销北京市大兴区人民法院（2011）大民初字第 11074 号民事判决；

二、本判决生效后十日内，某驾校支付杨某 2008 年 2 月 1 日至 12 月 31 日期间未签订书面劳动合同二倍工资差额 23100 元。

【法官后语】

劳动争议调解仲裁法第二十七条第二款规定："前款规定的仲裁时效，因当事人一方向对方当事人主张权利，或者向有关部门请求权利救济，或者对方当事人同意履行义务而中断。"那么，在同一劳动关系下，如果劳动者先就一种请求权（如本案的确认劳动关系）提出仲裁申请，而后又就另一种请求权（如本案的二倍工资）提出仲裁请求，前一请求权的主张能否中断后一请求权？

笔者认为，应根据两次仲裁的具体请求和事实经过，按照公正、及时、诚实信用的原则，进行分析判断。如果因单位否认与劳动者存在劳动关系，劳动者向仲裁机构或法院请求确认劳动关系的，则在确认劳动关系的仲裁和诉讼期间，对其劳动法上其他相关请求权的仲裁时效，应认定为中断。理由如下：

首先，劳动争议调解仲裁法第三条规定："解决劳动争议，应当根据事实，遵循合法、公正、及时、着重调解的原则，依法保护当事人的合法权益。”当用人单位在仲裁或诉讼中否认与劳动者存在劳动关系时，劳动者主张确认劳动关系将成为双方之间的主要争议，同时也将成为劳动者其他劳动法上请求权的前提基础。因单位否认存在劳动关系，劳动者在仲裁和诉讼中的主要精力必将集中于如何证明存在劳动关系。考虑到劳动者在法律知识和证据提供方面的弱势地位，要求其在主张确认劳动关系的同时必须一并提起劳动法上的全部相关请求权，明显是不公正的。同时，在确认劳动关系成为首要争议的情况下，由仲裁机构或法院先行对劳动关系存在与否做出结论性意见，作为当事人能否主张其他劳动法上请求权的基础，也符合及时解决纠纷的原则。

其次，劳动合同法第三条第一款规定：“订立劳动合同，应当遵循合法、公平、平等自愿、协商一致、诚实信用的原则。”对于劳动争议调解仲裁法第二十七条第二款仲裁时效中断的理解适用，也必须遵循诚实信用原则。从本案的实际情况看，杨某于2009年8月3日即向大兴仲裁委提出申诉，并未怠于行使权利；在劳动关系于2011年5月16日经仲裁和诉讼被认定后，杨某于同月23日即提出申诉要求某驾校支付未签订书面劳动合同二倍工资，应属积极行使权利。而某驾校先是否认劳动关系，导致诉讼拖延；之后在劳动关系被确定后又提出仲裁时效抗辩，其行为明显有违诚实信用原则。

综上所述，本案中，杨某于2009年8月3日向大兴仲裁委提出申诉，应认定申请仲裁时效中断，故杨某于2011年5月23日主张2008年2月1日至12月31日期间未签订书面劳动合同二倍工资未过仲裁时效。

编写人：北京市第一中级人民法院　何锐

八、其　他

184　劳动者赔偿责任的认定

——某律所诉徐某劳动争议案

【案件基本信息】

1. 裁判书字号

北京市第一中级人民法院（2020）京 01 民终 1568 号民事判决书

2. 案由：劳动争议纠纷

3. 当事人

原告（上诉人）：某律所

被告（被上诉人）：徐某

【基本案情】

徐某于 2018 年 6 月 22 日入职某律所，担任出纳，双方口头约定入职时试用期工资 4000 元，饭补 200 元，2018 年 9 月 1 日转正后工资 5000 元，饭补 200 元。

徐某与某律所就徐某是否在工作中存在重大过失给事务所造成损失存在争议。2018 年 9 月 6 日 15 时 40 分左右，徐某在某律所前台接到电话，对方声称是该单位主任彭某的客户实业公司，向其索要收款信息，并让其加 QQ 号，之后对方要打款，故将收款信息发送给对方，后跳出一个 QQ 群，里面显示有“主任”、客户实业公司及其本人的 QQ 号。实业公司告知其已汇款 20 万元，并让其查询是否收到。之后徐某添加了“主任”的QQ号为好友，“主任”给其发私聊信息，询问其是否收到汇款，并告知还有一笔款要付，让其查询余额。徐某让“主任”给其发微信，对方回复说微信不方便，要在QQ上发，徐某认为该QQ号是某律所主任彭某使用，就没有怀疑，因为此前都是微信告知，之后在付款单上补签字的，所以在“主任”给其发送对方账号后，其按“主任”要求备注“借款”，向该账户转账26万元，16时41分左右汇款完毕。17时左右，徐某通过微信通知主任彭某，彭某告知并非其要求转账，此时徐某发现被骗了，在17时17分报警说明被骗情况。

案件审理过程中，某律所表示事务所没有专职会计，仅有兼职外聘会计，每个月由会计整理一两次账目，徐某配合兼职会计工作。某律所以要求徐某赔偿因其失职造成的经济损失为由提起劳动仲裁，仲裁委裁决：徐某支付某律所因其失职造成的经济损失130000元。

二审法院另查明，在徐某所述的被诈骗事件中，诈骗者通过QQ冒充了某律所主任彭某。经核实，徐某最初是与QQ号为×的“彭某律师”进行沟通并加为了好友，之后诈骗者又通过另一QQ号与徐某就转款事宜进行了沟通，其名称为“彭某律师来自‘多人聊天’”。徐某与该QQ号并未加为好友，而且该聊天界面显示有“屏蔽此人”“加为好友”。经询问，徐某表示当时并没有注意到是与两个QQ号进行聊天，以为是同一个。徐某认可其在职期间的某律所主任一直是彭某，其不了解彭某是否有QQ，且某律所亦从未使用QQ与其进行过沟通，以往工作中的沟通方式是微信、电话或当面，本次转款前未按照以往工作方式与彭某确认。

【案件焦点】

劳动者因执行工作任务造成用人单位损害的，应承担何种责任以及承担责任的范围。

【法院裁判要旨】

北京市海淀区人民法院经审理认为：劳动关系存续期间，劳动者所进行的与其工作内容相关的业务活动，应属职务行为。劳动者因履行该职务而使用人单位遭受的损失也应当由用人单位承担，此乃用人单位在选择劳动者时所应承担的用人风险。但若劳动者在工作中存在恶意损害用人单位利益的行为，其给用人单位造成的损失应进行赔偿，根据本案查明的事实情况，徐某显然对某律所损害结果不具故意。若劳动者在工作中存在一定的失误，则需审查劳动者的行为是否构成重大过失：如构成重大过失，则劳动者应根据过错程度承担责任；如劳动者仅为一般过失，且应免除赔偿责任。结合本案，某律所自行提交的财务管理制度中明确规定出纳和会计各自建账，分工明确，互相监督。而从某律所陈述及提交的数张支出凭证来看，某律所在长期的财务管理流程中，均未能按案件审理过程中提交的财务管理制度执行，款项支出时无任何会计人员制单，而直接由出纳付款，即某律所自身财务流程存在重大漏洞。徐某提交的与彭某聊天记录也显示，某律所此前存在多笔先付款后制单的情形。更何况，某律所自述在徐某入职前已有类似的情形发生，犯罪分子早已知悉某律所存在明显漏洞，而此时某律所仍未能及时修改财务款项支出流程，采取补救措施，防范风险。某律所财务款项支出流程存在重大漏洞才是导致损失结果发生的主要原因。徐某仅存在一般过失，且徐某与损害结果的发生也不具备直接因果关系，鉴此，对某律所要求徐某承担赔偿责任的请求不予支持。

北京市海淀区人民法院依据《中华人民共和国民事诉讼法》第六十四条之规定，判决如下：

一、确认徐某无需向某律所支付因其失职造成的经济损失130000元；

二、驳回某律所全部诉讼请求。

某律所不服，提起上诉。北京市第一中级人民法院经审理认为：根据本案查明的事实，某律所并无通过QQ安排徐某工作的情况，徐某主张受骗时误认为QQ号的使用者是某律所主任彭某，但是彭某从未使用QQ与徐某沟通联系，并且存在两个所谓的“彭某律师”分别与徐某联系，聊天界面亦存在明显不同。徐某作为某律所的财务人员，负责用人单位的钱款收付及相关财务工作，应负有高度谨慎注意义务，而徐某仅仅通过QQ聊天就将某律所大额资金转入陌生账户，且在转账前未采取任何以往的工作方式进行联系确认，应当认定其明显存在重大过失。一审法院认定徐某与损害结果的发生不具备直接因果关系、徐某仅存在一般过失，明显失当，予以纠正。鉴于徐某重大过失的行为造成了某律所的经济损失，其应承担相应的赔偿责任。关于具体赔偿金额，根据某律所遭受的损失情况、徐某过错的严重程度等因素，确定徐某应向某律所赔偿经济损失130000元。

北京市第一中级人民法院依照《中华人民共和国民事诉讼法》第一百七十条第一款第二项规定，判决如下：

一、撤销一审判决；

二、徐某赔偿某律所经济损失130000元；

三、驳回徐某的诉讼请求；

四、驳回某律所其他诉讼请求。

【法官后语】

近几年来，用人单位要求劳动者赔偿损失的劳动争议案件越来越多，诚如本案，这类案件争议焦点集中在劳动者因工作造成用人单位损害，其是否应当承担责任以及承担责任的范围。虽然我国司法理论及实务的主流观点均认为应当限制劳动者因工作造成用人单位的赔偿责任，但是由于我国并无明确的法律规定，如何限制劳动者的赔偿责任各地认识不一。

就本案而言，合议庭认为劳动者在工作中致用人单位损害的，应当以具有重大过失为前提，同时赔偿应避免对劳动者负担过重。主要基于以下几点考虑：

1. 用人单位应当承担经营风险

用人单位在生产经营过程中必然伴随着特殊的风险，如生产设备、生产本身或者制造出的产品所包含的危险性。该风险来源于生产流程以及工作本身相关联的领域。另外，劳动者从属于用人单位，客观上在用人单位单方决定的工作环境中劳动。劳动者自身过失行为造成的损害，其背后往往隐藏着用人单位在监管、督导以及用工的安排、组织等方面存在的瑕疵，从而使劳动者的工作存在缺陷。因此，用人单位基于用工管理权决定了劳动者的责任风险，劳动者的过失往往是用人单位过失的反映和投射。

根据危险责任的理论，即引起、控制危险源并从中获得经济利益的人自应承担特殊风险实现的损害，劳动者因执行工作导致风险增加产生的损害应由用人单位承担。一方面，劳动者的工作行为使得用人单位获得经济利益，用人单位理应承担劳动者执行工作相关的风险。另一方面，劳动者是在用人单位掌控的工作条件和安排的工作环境中工作，其相比劳动者处于一个更容易控制或防控风险的位置。

基于以上考虑，劳动者因履行职务而使用人单位遭受的损失也应由用人单位承担，如果劳动者仅具有一般过失，应免除赔偿责任。

2. 参照《中华人民共和国民法典》第一千一百九十一条的规定

根据《中华人民共和国民法典》第一千一百九十一条的规定，劳动者因执行工作任务造成他人损害的，用人单位承担侵权责任后，可以向故意或者重大过失的人员追偿。虽然关于劳动者在工作中造成用人单位损害的情形，民法典没有作出规定，但是根据“同类情况，同等处理”的法理，劳动者承担赔偿责任应以其具有故意或重大过失为前提。

本案所涉及的争议焦点与《中华人民共和国民法典》第一千一百九十一条规范所解决的问题具有相似性，应得到相同的法律评价。根据《中华人民共和国民法典》第一千一百九十一条的规定，用人单位不得向一般过失的劳动者追偿，同样是基于危险责任的思想，从而保障劳动者的权益。当劳动者在工作中造成用人单位损害时，其同样值得保护，因为一方面，劳动者被纳入了用人单位安排的生产经营活动，劳动者的行为均是在用人单位指挥命令下进行；另一方面，二者的不同之处不足以构成不同的法律评价。劳动者行为造成损害的对象是第三人还是用人单位无需差别对待，故《中华人民共和国民法典》第一千一百九十一条确定的规则同样可以适用于劳动者因工作造成用人单位损害的情形。

3. 劳动者应受到倾斜保护

根据对劳动者进行倾斜保护的理念，劳动者在赔偿其给用人单位造成的损失时，同样应对劳动者进行必要的保护，以避免其承担不可承受的经济负担。该种理念主要基于以下两点：其一，权责相一致的思想。用人单位享受着用工所带来的利益，但是劳动者获得的劳动报酬却与其工作中时刻承担的责任风险悬殊，由劳动者按照一般的侵权规则承担赔偿责任显失公允。权益与责任应具有一致性，用人单位不能承担较小的责任风险却享受较大的利益。其二，生存权之要求。劳动者没有能力获得足以填补损害的劳动报酬，劳动者承担巨大损失会对其生存造成巨大影响。

本案中，合议庭在确定徐某的赔偿范围时，不仅考虑了某律所的与有过失责任，还考虑到徐某应当受到劳动法等社会法的倾斜保护，这不仅包括徐某的工资水平、工作职位以及一贯的工作表现等因素，还包括徐某的个人情况，如家庭情况、财产状况、赔偿能力等因素。

编写人：北京市第一中级人民法院　王飞

185 基于户籍约定服务期的违约金条款效力认定

——某出版社诉陈某劳动争议案

【案件基本信息】

1. 裁判书字号

北京市第二中级人民法院（2020）京 02 民终 8460 号民事判决书

2. 案由：劳动争议纠纷

3. 当事人

原告（被上诉人）：某出版社

被告（上诉人）：陈某

【基本案情】

2017年5月，某出版社与陈某签订了《劳动合同书》，期限至2018年4月30日，约定某出版社为陈某办理北京户籍，陈某承诺服务期为五年，服务期限内因任何个人原因离职，即视为违约，应承担违约责任并交纳违约金。违约金按照不满服务期的年限计算，每年需交纳违约金2万元，6个月以上不满1年的按1年计算，6个月以下不足半年的按照半年计算。8月，陈某向某出版社提交《落户申请报告》，自述求学及入职后的工作学习情况，对未来工作作出规划并申请落户。某出版社予以批准并向教育部留学服务中心出具证明，请其协助办理档案转至中国国际人才开发中心事宜。

2017年12月，双方签订《劳动合同续订书》，约定继续履行劳动合同至2022年4月30日，某出版社承诺为陈某办理北京户籍，陈某承诺在本单位的服务期为五年。违约金金额调整为每年6万元。2018年9月，双方签订《集体户口管理协议》。

2018年11月，陈某向某出版社提交《离职报告》，载明“由于个人原因，无法为单位继续服务”，故提出辞职申请。同日，陈某在《出版社离职审批单》中的事项原因一栏填写“个人原因：1. 身体健康问题；2. 经过努力发现不适合本工作；3. 经济情况每况愈下，经济负担过重；4. 希望换个环境”。部门负责人及分管领导审批意见栏均签写需汇报或报请批示，人力资源部负责人签写“呈请冯书记批示”，后于2018年12月签写“不同意，在服务期内因个人原因辞职，违背当初承诺，不同意”。

2018年12月3日后，陈某不再为某出版社提供劳动。12月6日，某出版社出具书面《关于不同意陈某在服务期内提出辞职申请的答复》，并向其邮寄送达，但继续为其缴纳社会保险至2020年5月。某出版社认为陈某的行为严重违反合同约定，给单位造成巨大的经济损失及严重不良影响，故起诉要求其支付违约金及多交的社保费用。陈某主张双方劳动合同中关于落户服务期的违约金条款违反法律规定，应属无效，故不同意某出版社的诉讼请求。

【案件焦点】

双方关于办理北京户口的服务期约定及违约金条款效力如何认定。

【法院裁判要旨】

北京市东城区人民法院经审理认为：北京市户口属于稀缺资源，某出版社根据陈某的个人申请及非京籍留学回国人员在京就业落户的相关政策，为陈某办理北京市户口的行为属于用人单位为劳动者提供特殊待遇的范畴，陈某与某出版社签订《劳动合同书》及续订合同书的行为，亦能表明陈某接受了某出版社为其提供的特殊待遇。双方基于上述事实，经过协商一致签订了《劳动合同书》及续订合同书，双方均应当诚信守约。现陈某在明知自身的北京市户口已经通过某出版社办理完毕，双方存在服务年限约定的情形下，仍然提前向某出版社提交离职报告并从该公司离职，其行为已经违背了诚实信用原则，理应向某出版社依约支付因此造成的经济损失。某出版社提供的证据虽可证明其人力成本支出与为陈某等人员办理落户手续相关，但不足以证明系因陈某一人造成，故依据双方劳动合同约定及履行情况，酌情认定陈某应支付经济损失100000元。

北京市东城区人民法院依据《中华人民共和国劳动合同法》第

三条之规定，判决如下：

一、陈某赔偿某出版社经济损失 100000 元；

二、驳回某出版社的其他诉讼请求。

陈某不服，提出上诉，北京市第二中级人民法院经审理认为：双方劳动合同中关于服务期为五年以及陈某提前离职所需要承担责任的约定应当参照适用劳动合同法第二十二条之规定。现陈某在明知双方存在五年服务期之约定的情况下，仍然选择提前离职，且从未表达将户口迁回原籍的意思表示，表明其基于谋求更高待遇等想法自愿选择违约，有违公平原则与诚实信用原则，亦给某出版社造成较大损失，故理应支付相应的经济损失。一审法院综合涉案劳动合同的相关约定及合同履行情况，酌情确定陈某应当支付 100000 元，处理妥当，予以维持。陈某上诉主张一审判决确定的金额畸高，缺乏依据，不予支持。

北京市第二中级人民法院依照《中华人民共和国民事诉讼法》第一百七十条第一款第一项规定，判决如下：

驳回上诉，维持原判。

【法官后语】

本案涉及的服务期及违约金约定条款一直是劳动合同履行和劳动争议司法实务中的热点问题，且随着社会经济的发展，优秀人才在不同企业间的流动也是促进行业竞争和发展的重要渠道。其中不仅蕴含着劳动者的生存权和劳动自由权，也有企业的经营自主权和财产权的体现。而劳动合同法需要做的，就是平衡二者之间的利益关系，集中体现在服务期违约金条款的规定及限制。

1. 服务期的含义

劳动合同法虽在劳动合同的订立一章规定了服务期，但其与劳动合同的其他必备条款又有着本质区别。首先，服务期的约定一般以用人单位已为或承诺为劳动者履行劳动合同约定义务之外的义务为前提，比如提供出资培训、住房补贴、大额保险、本地落户等。其次，用人单位据此要求劳动者在一定期限内仅为本单位工作，劳动者则将承诺作为对这种特殊义务的回报。双方之间本质上形成的是平等的对价关系。①

因此，服务期就是用人单位和劳动者之间约定的、对劳动者有特殊约束力的、劳动者因获得特殊的条件而应当与用人单位持续劳动关系的期限。而这种期限往往是与劳动合同期限相区别的。

2. 服务期的范围

劳动合同法第二十二条仅明确了“出资培训服务期”，是考虑到用人单位提供特殊待遇是对存量人才进行的争夺型竞争，而出资培训是对增量人才的开发型竞争，争夺型竞争在促进人才供给上作用较小且会加剧人才供求矛盾，并对劳动力市场秩序带来负面影响。②但随着社会经济的发展与劳动分工、分层的多样化，劳动者相对于用人单位来说并非总是处于弱势地位。近年来，企业高管、高科技人员、科研专家、紧缺型劳动者（如飞行员）等在就业市场上具有很强的议价能力。而用人单位为了吸引和留住这类人才，采取的有效方式之一就是提供包括各类非货币性福利在内的优渥条件。

基于此，我们对前述条文的理解也不能仅局限在文义的框架内，

---

① 董保华：《论劳动合同中的服务期违约金》，载《法律适用》2008 年第 4 期。
② 王全兴：《劳动合同法条文精解》，中国法制出版社 2007 年版，第 77 页。

而应当将其理解为授权性规范，即该条文授予用人单位可以自行抉择是否通过对劳动者进行专业技术培训的方式约定服务期的权利，其中当然应包括落户等特殊待遇。

3. 违约金条款的效力认定

作为违约责任的承担方式，违约金兼具赔偿功能和压力功能，前者侧重于填补违约损害的功用，后者则强调履约担保的机能。[①] 从性质上而言，又分为补偿性和惩罚性两种。在服务期条款中约定违约金，是因为用人单位已经为劳动者提供或承诺提供一定特殊经济利益，本质上应当是一种民事债权债务关系，只不过其对价义务的履行是劳动者放弃一定期限内的择业自由。因此，这种权利义务关系的平衡需要由惩罚性赔偿金加以保障，一如“二倍工资”的法律规定。

虽然从表面上看，赔偿性惩罚金的约定限制了劳动者的辞职权利，加重其劳动义务，但实际上，其与劳动法的社会本位立法目的并不矛盾。设置惩罚性赔偿金的最终目的是推进劳动者劳动技能的提升，增加劳动者的劳动价值，这也符合劳动立法对劳动者倾斜保护的原则。

综上，对用人单位与劳动者基于户籍约定服务期的违约金条款，可在对条款内容进行形式及实质审查的基础上进行效力认定，并可根据双方议价能力的高低、实际履行的服务期期限等案件实际情况对违约金金额进行认定及调整。

编写人：北京金融法院　王玫

北京市东城区人民法院　李燕

---

① 姚明斌：《违约金双重功能论》，载《清华法学》2016年第5期。

186 聘用合同约定服务期内辞职违约金的合法性认定

——某医院诉贾某人事争议案

【案件基本信息】

1. 裁判书字号

北京市顺义区人民法院（2020）京 0113 民初 1455 号民事判决书

2. 案由：人事争议纠纷

3. 当事人

原告（反诉被告）：某医院

被告（反诉原告）：贾某

【基本案情】

2014 年 9 月 2 日，贾某与某医院签订《2014 年顺义区卫生系统接收毕业生协议书》（以下简称《毕业生协议书》），约定贾某在某医院的工作时间不低于 8 年服务期限，每少服务一年缴纳 1 万元违约金。2014 年 9 月 22 日，贾某与某医院签订《北京市事业单位聘用合同书》（以下简称《聘用合同书》），规定单方解除合同应支付违约金 0.5 万～15 万元，贾某每少工作一年应向某医院支付经济补偿金 1 万元，不满一年按一年计算。2014 年 10 月 9 日，贾某与某医院签订《外出参加专科医师培训协议书》（以下简称《外出培训协议书》），约定贾某培训结束后，应在某医院处服务 8 年以上，不足 8 年，要求调离本院的，除需承担医院规定的其他违约责任外，还需要退还培训期间某医院所发的各项费用并支付违约金。2014 年 10 月 15 日至 2017 年 10 月期间，贾某被派外出培训。贾某自 2019 年 2 月 11 日起不再上班。某医院认为是贾某无故不上班导致合同不能继续履行，贾某理应退还某医院 2014 年 10 月 15 日至 2017 年 10 月培训期间的全部工资收入等并支付违约金。

某医院提起劳动仲裁，要求贾某退还住院医师规范培训期间工资收入、绩效奖金、公积金、为贾某缴纳的各项保险费用、住房补贴，支付违约金等。仲裁裁决：贾某支付某医院违约金 12 万元，返还某医院工资、绩效奖金、住房补贴 87717.21 元，驳回某医院的其他仲裁请求。某医院与贾某均不服上述仲裁裁决，诉至法院。

【案件焦点】

聘用合同约定服务期违约金是否合法、违约金数额如何认定。

【法院裁判要旨】

北京市顺义区人民法院经审理认为：人民法院对人事争议案件的实体处理应当适用人事方面的法律规定。根据《北京市事业单位聘用合同制试行办法》的规定，聘用合同必须具备违反聘用合同的责任条款，违约金数额由双方当事人在聘用合同中自行约定，在聘用合同中未约定，但造成可计算经济损失的，由责任人按实际损失承担经济赔偿责任。

某医院与贾某在《毕业生协议书》及《外出培训协议书》中关于违约金及培训违约责任的约定并不违反规定，应当认定为有效。贾某在服务期内提出离职，属于违约行为，应当向某医院承担违约责任。但是某医院主张按照所有关于违约责任的条款向贾某主张违约金显失公平，属于重复评价其违约行为。因此，对应支付的违约金数额，结合约定、违约情节及过错程度予以确定。

贾某在2014年10月至2017年10月期间接受外派培训，帮助贾某提高医疗水平及医疗技能，其间某医院按照贾某正常提供劳动的标准向其发放工资应当属于对贾某培训的投资，享有培训的期待收益权。双方约定贾某在培训期满后应当在某医院服务不得少于8年，贾某的离职行为对某医院应当享受的培训收益产生重要影响，造成培训收益的重大损失，应当按照双方的约定承担赔偿责任。

北京市顺义区人民法院依据《中华人民共和国民事诉讼法》第六十五条之规定，判决如下：

一、贾某支付某医院违约金120000元；

二、贾某返还某医院工资、绩效奖金、住房补贴87717.21元；

三、贾某支付某医院代为缴纳的个人所得税税款576.85元；

四、驳回某医院的其他诉讼请求；

五、驳回贾某的全部诉讼请求。

判决后，双方当事人均未上诉，本判决现已生效。

【法官后语】

1. 服务期违约金的问题

聘用合同服务期违约金法源层级较低，规定各异。人事争议与劳动争议一直采用双轨制审理，作为行政法规的《事业单位人事管理条例》对人事体系违约金也并无涉及，违约金的最高执行依据仍为原人社部于2002年颁布的《关于在事业单位试行人员聘用制度的意见》。关于聘用合同违约金的具体规定多存在于层级较低的部门规章和地方政府规章及政策文件，而由于聘用合同具体管理办法由各地自行制定，关于服务期及违约金的具体标准各异。例如，《北京市事业单位聘用合同制试行办法》规定，任何一方违反聘用合同规定或者聘用合同未到期，又不符合解除条件，单方面解除聘用合同的要承担违约责任，违约金数额由双方当事人在聘用合同中自行约定，在聘用合同中未约定，但造成可计算经济损失的，由责任人按实际损失承担经济赔偿责任。但该办法并未就双方可以约定服务期的情形作出规定。根据《上海市事业单位聘用合同办法》，聘用合同当事人可以对由聘用单位出资招聘、培训或者提供其他特殊待遇的受聘人员的服务期作出约定，违反服务期约定的，受聘人员应当支付违约金，违约金数额应当遵循公平、合理的原则约定。

2. 服务期违约金的多重价值

（1）尊重契约自由，保障诚实信用。诚实信用作为民法及劳动法的基本原则，在社会各个领域均应得到良好贯彻。聘用人员服务期内离职的情形主要可以分为以下两种：一是聘用人员的根本目的是获得事业单位提供的各项有利条件及资源，在目的达成后便离职，这种情形具有明显的恶意；二是聘用人员虽不具有主观恶意，但其提出离职的行为客观上违背诚信原则。离职违约金可以在一定程度上约束聘用人员的不诚信行为，保障守约方的合法权益。

（2）督促履行特殊对待义务，追求实质公平。产生违约金争议的部分事业单位，往往会为就业人员办理落户并提供培训进修机会等，其重要意义不言而喻。事业单位提供的稀缺性资源所蕴含的价值不容小觑，其目的在于吸引优秀人才，并交换人才较长时间的劳动价值。在事业单位履行了特殊投入义务后，聘用人员因享受事业单位提供的特殊福利而形成的对待义务亦应当增加。如果聘用人员在获取稀缺资源后未能按约定的服务期限提供劳动，其创造的劳动价值低于事业单位付出的稀缺资源的价值，那么根据公平原则，聘用人员应当对用人单位的损失进行补偿，以矫正失衡的利益格局。

（3）构建稳定人事关系，促进事业单位与聘用人员的长远发展。事业单位与引进的人才约定服务期违约金多是因为事业单位为聘用人员提供了稀缺的特殊待遇及培训机会，这对于人才开发具有积极作用。在立法对于聘用人员忠诚义务的规范还是空白的情况下，如果违约金制度缺失会导致聘用关系处于不确定的状态，事业单位将缺乏留住人才的能力，由此也会造成事业单位丧失培养人才的动力，导致其行为短视化，这样既不利于事业单位的发展，也不利于聘用人员的长远发展。

3. 服务期违约金的审查及救济

服务期限是否合理应当围绕事业单位所处的行业、聘用人员所从事的岗位、事业单位提供的稀缺资源的价值等方面进行考量。对于违约金支付标准，首先应当尊重双方意思自治，在聘用人员对于违约金标准提出异议时，参照民法典的相关规定予以调整，并最终根据双方的约定、聘用人员辞职的原因、提供实际服务的时间、聘用人员的收入及事业单位是否存在过错等情况酌情确定，在维护守约方事业单位合法利益的情况下，避免生硬适用双方的约定，实现案件结果的实质正义。本案为双方互诉案件，分歧较大，在判决作出后，双方均未提出上诉，且积极履行了判决的给付义务，充分体现了案件处理的公正性及良好社会效果。

编写人：北京市顺义区人民法院　李秀文

187 用人单位与劳动者就违反脱密期约定违约金的效力认定

——金属公司诉李某劳动合同案

【案件基本信息】

1. 裁判书字号

江苏省无锡市锡山区人民法院（2020）苏0205民初2211号民事判决书

2. 案由：劳动合同纠纷

3. 当事人

原告：金属公司

被告：李某

【基本案情】

2002年12月31日，李某入职金属公司，双方签订劳动合同。2010年4月29日，李某与金属公司签订《参与TFT配套项目制作人员的特别协议》（以下简称《特别协议》），该协议第二条约定："当李某向金属公司书面提出辞职时，金属公司应及时将李某调整到其他非配套工程岗位工作并与调整后的工作岗位同工同酬。李某必须在调整后的工作岗位服务时间超过3年。""李某不遵守本协议有关保密约定，或李某因个人理由解除劳动合同，或李某因严重失职或违反规章制度而被公司解雇的，李某应向公司支付违约金30万元整。"

2019年2月22日，李某向公司提交书面辞职信，后工作至2019年3月31日，此后再未上班，也不接受公司其他岗位的工作安排。金属公司认为李某违反了《特别协议》中的服务期约定，遂诉至法院，要求李某支付违约金30万元并返还2019年5月代扣缴的2019年4月住房公积金360元及个人所得税610.67元。

【案件焦点】

1.《特别协议》中有关劳动者提出辞职的必须在用人单位调整后的岗位服务超过三年的约定是否有效；2. 劳动者违反前述约定是否需按《特别协议》约定支付违约金30万元。

【法院裁判要旨】

江苏省无锡市锡山区人民法院经审理认为：第一，用人单位与劳动者可以在劳动合同中约定保守用人单位的商业秘密和与知识产权相关的保密事项。《江苏省劳动合同条例》第二十七条第二款规定，对负有保密义务的劳动者，用人单位可以与其在劳动合同或者保密协议中，就劳动者要求解除劳动合同的提前通知期以及提前通知期内的岗位调整、劳动报酬作出约定。提前通知期不得超过六个月。本案中，金属公司与李某签订的《特别协议》中未明确约定劳动者要求解除劳动合同的提前通知期，而是约定劳动者提出辞职的，必须在用人单位调整后的岗位服务超过三年，此约定使得劳动者至少需提前三年向用人单位提出辞职，显然违反了《江苏省劳动合同条例》第二十七条不得超过六个月之规定，故该约定内容无效。

第二，李某不应支付违约金30万元。《中华人民共和国劳动合同法》第二十二条规定，用人单位为劳动者提供专项培训费用，对其进行专业技术培训的，可以与该劳动者订立协议，约定服务期。劳动者违反服务期约定的，应当按照约定向用人单位支付违约金。该法第二十三条第二款规定，对负有保密义务的劳动者，用人单位可以在劳动合同或者保密协议中与劳动者约定竞业限制条款，并约定在解除或者终止劳动合同后，在竞业限制期限内按月给予劳动者经济补偿。劳动者违反竞业限制约定的，应当按照约定向用人单位支付违约金。同时，该法第二十五条规定，除本法第二十二条和第二十三条规定的情形外，用人单位不得与劳动者约定由劳动者承担违约金。本案中，《特别协议》中约定的劳动者的脱密期既不属于用人单位对劳动者进行专业技术培训而约定的服务期，也并非双方约定的竞业限制期限，因此《特别协议》中有关李某违反该义务或以个人原因提出解除劳动合同需支付违约金的约定于法有悖，属无效条款，对劳动者不产生约束力。

第三，李某不同意在本案中退还金属公司主张的代扣缴的住房公积金及个人所得税。因金属公司代扣缴的2019年4月住房公积金系缴纳至李某的公积金账户，受益人为李某，故李某应予返还。金属公司在李某明确提出辞职并实际再未上班后自行支付李某4月工资并向税务部门缴纳了个人所得税，李某对此并无过错，也已将实发工资款予以退还，故李某对个人所得税并无返还义务。

江苏省无锡市锡山区人民法院依照《中华人民共和国劳动合同法》第二十二条、第二十三条、第二十五条，《江苏省劳动合同条例》第二十七条，《江苏省工资支付条例》第三十五条之规定，判决如下：

一、李某退还金属公司2019年4月住房公积金360元；

二、驳回金属公司的其他诉讼请求。

判决后，双方当事人均未上诉，本判决现已生效。

【法官后语】

1. 脱密期的定义

脱密期也叫解除劳动关系提前通知期，是指用人单位与掌握企业商业秘密、负有保密义务的劳动者约定，在劳动合同终止前或劳动者提出解除劳动合同时，用人单位有权将劳动者由涉密岗位调整到非涉密岗位，进行一定期限的脱密工作后，才能解除劳动关系。但《中华人民共和国劳动合同法》中并没有规定脱密期，因此实践中对脱密期协议的效力产生了争议。

2. 脱密期协议的效力认定

笔者认为，《中华人民共和国劳动合同法》中虽未规定脱密期，但脱密期的约定目的在于保护用人单位的商业秘密，这与现行《中华人民共和国劳动合同法》中规定的劳动者需保守用人单位商业秘密以及基于竞业限制的约定对劳动者的自主择业权做出一定限制的精神是一致的。并且，一些地方性法规、规章中仍保留了脱密期的相关规定，可以作为脱密期协议有效的依据。因此，用人单位与劳动者协商一致，依法订立的脱密期协议应具有法律效力，对双方均有约束力。

3. 脱密期协议的审查要点

第一，适用脱密期协议的劳动者应是掌握企业商业秘密、负有保密义务的劳动者。如劳动者在工作过程中并不接触用人单位的商业秘密，从而不负有保密义务的，即使签订了脱密期协议，该协议对劳动者也不产生约束力。

第二，脱密期约定的期限不得超过六个月。实践中，用人单位往往会与劳动者约定1~3年甚至更长时间的脱密期，虽然脱密期协议要尊重当事人意思自治，但是脱密期限会影响到劳动者的离职时间和再就业选择，脱密期限应当在公平合理范围内约定且不得违反法律规定。地方性法规、规章明确规定不得超过六个月的，应当遵照执行。无地方性法规、规章规定的，笔者认为，可以参照《中华人民共和国劳动合同法》第二十四条规定的竞业限制期限不得超过二年执行。

第三，脱密期须由劳动者与用人单位协商一致而设立。实践中，有些用人单位以规章制度的形式规定了脱密期，而未与劳动者单独签订脱密期协议。笔者认为，脱密期协议须由劳动者与用人单位协商一致而设立，用人单位以规章制度单方进行规定的，应按照《中华人民共和国劳动合同法》第四条规定，经民主程序制定、公示或告知劳动者，得到劳动者的明确同意，方对劳动者产生约束力。

第四，协议中约定劳动者违反脱密期约定需支付违约金的条款无效。《中华人民共和国劳动合同法》第二十五条明确规定，除本法第二十二条及第二十三条规定的情形外，用人单位不得与劳动者约定由劳动者承担违约金。也即，仅在服务期协议和竞业限制协议中，可以约定劳动者违反服务期约定及竞业限制约定的，应当向用人单位支付违约金。因此，如在脱密期协议中约定劳动者违反脱密期约定的应向用人单位支付违约金，该约定违反了《中华人民共和国劳动合同法》第二十五条规定，属无效条款。

编写人：江苏省无锡市锡山区人民法院　赵玲洁

188 在法定最长试用期内延长试用期属于二次约定试用期
——教育公司诉王某劳动争议案

【案件基本信息】

1. 裁判书字号

北京市第一中级人民法院（2020）京 01 民终 5195 号民事判决书

2. 案由：劳动争议纠纷

3. 当事人

原告（上诉人）：教育公司

被告（被上诉人）：王某

【基本案情】

王某于 2018 年 3 月 26 日入职教育公司，任渠道总监一职，双方订立有期限自 2018 年 3 月 26 日起至 2021 年 3 月 25 日止的劳动合同，其中试用期至 2018 年 6 月 25 日止。王某正常工作至 2018 年 12 月 27 日，教育公司在 2018 年 12 月 28 日中午向王某送达解除劳动合同通知书。

教育公司主张，其公司与王某在劳动合同中约定了 3 个月试用期，但因王某销售业绩为零，与简历所介绍的优异销售能力不符，故延长 3 个月试用期。总计 6 个月试用期符合法律规定，因此其公司无需支付王某违法约定试用期赔偿金及 2018 年 6 月 26 日至 2018 年 9 月 30 日期间的工资差额。为此，教育公司提交了王某个人简历、聘用通知书、延期考察通知书复印件以及教育公司人事赵某与王某的微信截屏作为证据。聘用通知书显示试用期为3个月。延期考察通知书内容显示："王先生……在三个月试用期间没有签单，按照公司《营销人员绩效激励办法》，不予转正……现经公司决议，将王某的考察期延长三个月，日期为2018年6月26日至2018年9月25日……"微信聊天记录内容显示："赵某：早！你的转正还是想等你有了第一份合同回来再说哈，觉得你快了！加油！合同签了就第一时间告诉我。王某：嗯嗯，好！谢谢！"王某主张其再次约定的试用期至2018年9月30日才结束，为证明其主张，王某提交了《试用期转正通知书》予以佐证，该通知书载有"王某……经过试用期的综合考评，您已经顺利地通过了公司的转正审核，自2018年10月1日起成为公司的一名正式员工"，落款时间为2018年9月30日。教育公司对《试用期转正通知书》的真实性无异议。

王某以要求教育公司支付违法约定试用期赔偿金等为由提起劳动仲裁，仲裁委员会裁决教育公司支付王某2018年6月26日至2018年9月30日期间违法约定试用期赔偿金42027.59元。教育公司不服仲裁裁决，向法院提起诉讼。

【案件焦点】

1. 在法定最长试用期范围内延长试用期是否属于二次约定试用期；2. 法定最长试用期范围内延长试用期是否应支付违法约定试用期赔偿金。

【法院裁判要旨】

北京市海淀区人民法院经审理认为：同一用人单位与同一劳动

者只能约定一次试用期。本案中，教育公司与王某订立有三年期的固定期限劳动合同，约定试用期至 2018 年 6 月 25 日止，此后该公司于 2018 年 6 月 25 日以王某试用期无签单为由延长试用期至 2018 年 9 月 25 日，属于二次约定试用期。无论教育公司与王某是否已就延长试用期的问题协商一致，再次约定试用期的行为已违反法律强制性规定。另外，通过 2018 年 9 月 30 日教育公司出具的《试用期转正通知书》可知，王某自 2018 年 10 月 1 日成为正式员工，再结合 2018 年 9 月 26 日至 2018 年 10 月 25 日期间的工资发放情况可知，王某的试用期至 2018 年 9 月 30 日才结束，故教育公司应支付王某 2018 年 6 月 26 日至 2018 年 9 月 30 日期间违法约定试用期的赔偿金 42027. 59 元。

北京市海淀区人民法院依照《中华人民共和国劳动合同法》第三十条第一款、第四十七条、第八十三条、第八十七条，《中华人民共和国劳动法》第四十四条之规定，作出如下判决：

一、教育公司支付王某 2018 年 11 月 26 日至 12 月 28 日工资差额 2982. 3 元；

二、教育公司支付王某绩效工资差额 5406. 9 元；

三、教育公司支付王某 2018 年 6 月 26 日至 2018 年 9 月 30 日违法约定试用期赔偿金 42027. 59 元；

四、教育公司支付王某 2018 年 6 月 26 日至 9 月 30 日工资差额 6480. 04 元；

五、教育公司支付王某违法解除劳动合同赔偿金 22557. 47 元；

六、教育公司支付王某延时加班工资 1777. 45 元。

二审法院同意一审法院裁判意见。

【法官后语】

《中华人民共和国劳动合同法》第十九条规定："劳动合同期限三个月以上不满一年的，试用期不得超过一个月；劳动合同期限一年以上不满三年的，试用期不得超过二个月；三年以上固定期限和无固定期限的劳动合同，试用期不得超过六个月。同一用人单位与同一劳动者只能约定一次试用期……"本案中，双方劳动合同期限为三年，故双方约定的试用期不得超过六个月。双方在劳动合同中约定试用期为三个月，用人单位在试用期届满前延长三个月试用期，总试用期为六个月，并未超过法定最长使用期限，该行为应当如何处理？笔者认为，该问题应当从两个层面进行分析。

1. 法定最长试用期内延长试用期是否属于二次约定试用期

有观点认为，该行为不属于二次约定试用期。笔者认为，该行为属于二次约定试用期。在无特殊情况下，双方协商顺延试用期违反同一用人单位与同一劳动者只能约定一次试用期的规定，属于二次约定试用期。

2. 法定最长试用期内延长试用期是否应当支付违法约定试用期赔偿金

有观点认为，该行为即使属于二次约定试用期，延长的试用期仍在法定最长试用期范围内，因此不应支付违法约定试用期赔偿金。第一，法律规定支付违法约定试用期赔偿金的前提是"违法约定的试用期已经履行的……按已经履行的超过法定试用期的期间向劳动者支付赔偿金"，其中超过法定试用期的期间应当理解为法定最长试用期期间。故延长的试用期期间在法定最长期间范围内，不应支付违法约定试用期赔偿金。第二，惩罚性赔偿的适用应当谨慎，即在用人单位严重侵害劳动者合法权益，有法律明文规定的违法行为和责任后果的情况下，才可适用。就本问题而言，法定最长试用期是法律限制用人单位滥用试用期、保护劳动者合法权益的界限。超过这一界限，劳动者合法权益可能会受到严重损害，故而法律通过设置惩罚性赔偿的措施来惩罚突破最长期限的行为。而在法定最长期限内延长，即使属于二次约定，违法性和可能对劳动者造成的损害也相对较低，故不应适用违法约定试用期赔偿金，补足工资即可。

笔者认为，该行为属于二次约定试用期，违反法律强制性规定，应当支付违法约定试用期赔偿金。从法律条文内容来看，劳动合同法第八十三条规定："用人单位违反本法规定与劳动者约定试用期的，由劳动行政部门责令改正；违法约定的试用期已经履行的，由用人单位以劳动者试用期满月工资为标准，按已经履行的超过法定试用期的期间向劳动者支付赔偿金。""超过法定试用期"并不能当然理解为"超过法定最长试用期"，违反劳动合同法规定与劳动者约定试用期的情形，并非只有超出法定最长试用期一种，二次约定试用期亦属于违法约定试用期。如果将"超过法定试用期"理解为"超过法定最长试用期"，在二次约定试用期之和在法定最长期间内的情况下，就不用向劳动者支付违法约定试用期赔偿金，这显然与法律规定是背道而驰的。因此，劳动合同法第八十三条中的"超过法定试用期"并非"超过法定最长试用期"。在法定最长试用期内延长试用期属于二次约定试用期，应当支付违法约定试用期赔偿金。

编写人：北京市第一中级人民法院　甄乾龙

189 《安全承诺书》能否成为用人单位要求劳动者赔偿的依据

——运输公司诉董某劳动争议案

【案件基本信息】

1. 裁判书字号

湖北省武汉市黄陂区人民法院（2019）鄂0116民初5811号民事判决书

2. 案由：劳动争议纠纷

3. 当事人

原告：运输公司

被告：董某

【基本案情】

董某原系运输公司的职工，2015年2月到运输公司工作，岗位司机，双方未签订书面的劳动合同，但在入职时董某与该公司签订的《安全承诺书》约定：其在日常工作中因违反有关规定而造成安全生产责任事故，其责任完全由本人承担。触犯法律法规或给公司造成经济损失，一切后果由个人自负。2017年2月27日，董某驾驶A车，与前方由吕某驾驶的B车发生碰撞，造成A车驾驶员董某、乘车人屈某受伤及两车不同程度受损的道路交通事故。道路交通事故认定书认定董某负此次事故全部责任，吕某、屈某不承担此次事故责任。董某具备驾驶相关车辆的资格，事故是董某驾驶机动车未与同车道行驶的前车保持足以采取紧急制动措施的安全距离所致。事故发生后，运输公司依法向受害人进行了赔偿。2019 年 6 月 18 日，运输公司申请劳动仲裁，请求裁决董某赔偿运输公司车辆停运损失 556612 元。仲裁裁决驳回运输公司的仲裁请求。现运输公司认为，事故车辆停运 183 天，停运期间的损失 540582 元应由董某予以赔偿。董某认为，运输公司的诉讼请求没有事实和法律依据。董某在履职过程中没有严重失职行为，否则董某受伤不会被认定为工伤，运输公司所谓的停运损失由劳动者进行赔偿没有事实和法律依据，故请求法院依法驳回运输公司的诉讼请求。

【案件焦点】

劳动者签订《安全承诺书》是否能成为用人单位要求劳动者赔偿的依据。

【法院裁判要旨】

湖北省武汉市黄陂区人民法院经审理认为：劳动者和用人单位之间的关系并非平等的民事主体之间的关系，双方具有权利义务上的非对等性。劳动者执行职务时，用人单位既可能是劳动者职务行为的获益方，又可能是劳动者职务行为的受损害方；劳动者履行职务行为受用人单位指派和管理，其履行职务行为并无独立的意志和利益；劳动者的工资与劳动者的职务行为对用人单位所创造的价值不平等；企业经营本身存在风险；劳动者履行职务行为亦不是其单独的个体行为，而需要管理层和其他劳动者的配合。因此，在劳动者履行职务行为对用人单位造成损失时，不能简单地适用平等民事主体之间的过错责任原则。通常情况下，只有在劳动者履行职务行为时存在故意或重大过失，给用人单位造成经济损失的情况下，且在劳动合同中约定损失的处理办法，劳动者才负赔偿责任。

运输公司应证明董某在履行职务行为时存在故意或重大过失以及在劳动合同中约定损失的处理方法。交通事故中的责任是发生交通事故的双方或多方之间的责任分配，劳动者在交通事故中的责任分配与劳动者在执行职务时是否存在故意或重大过失并无必然联系。虽然交通部门认定董某对交通事故负全责，但是交通事故责任方面的全责不能简单等同于董某在履行职务行为时存在故意或重大过失。即便董某对交通事故负全责，运输公司亦负有对董某管理不当之责任。关于运输公司的损失。运输公司主张车辆停运 183 天，但并无证据证实停运，且停运损失系运输公司自行按照公司的司机出车的费用计量方式计算，并无其他证据佐证或者鉴定结论定论，即使该损失存在，也系间接损失。《工资支付暂行规定》第十六条规定，因劳动者本人原因给用人单位造成经济损失的，用人单位可按照劳动合同的约定要求其赔偿经济损失。该损失在双方未签订书面劳动合同约定的前提下，不能按照《安全承诺书》不公平的约定转移该损失而由董某承担。综上，法院不能确信董某在履行职务行为时存在故意或重大过失。因此，运输公司要求董某赔偿其因交通事故造成的车辆停运损失无事实和法律依据，不予支持。

湖北省武汉市黄陂区人民法院依照《中华人民共和国民事诉讼法》第六十四条之规定，判决如下：

驳回运输公司的诉讼请求。

判决后，双方当事人均未上诉，本判决现已生效。

【法官后语】

随着市场经济的不断发展以及劳动双方法律意识的增强，用人单位要求劳动者承担赔偿责任的案件越来越多。在现实生活中，很多企业为了规避自身责任，在员工入职时就要求员工签订《安全承诺书》，承诺其在日常工作中因违反规定而造成安全生产责任事故，其责任完全由本人承担。《安全承诺书》能否作为用人单位要求劳动者赔偿的依据？

《安全承诺书》是不能作为用人单位要求劳动者过错赔偿的依据。首先，从劳动者和用人单位的地位来看，用人单位与劳动者之间的权利义务关系并不对等，劳动者受用人单位的支配和命令，由用人单位向其支付劳动报酬。用人单位要求员工签订《安全承诺书》时，本身是处于一种强势地位，员工并非在完全自愿的情形下签订《安全承诺书》，用人单位利用自身强势地位，免除自己的法定责任，排除劳动者权利的，违反了法律法规的强制性规定，根据《中华人民共和国民法典》第一百五十三条第一款规定，违反法律、行政法规的强制性规定的民事法律行为无效。故应认定该《安全承诺书》无效或部分无效。其次，企业经营本身就存在风险，劳动者仅仅通过自身劳动从用人单位获取一定报酬，用人单位通过签订《安全承诺书》来转移经营风险，使劳动者承担的风险远远超出其获取的劳动报酬，对劳动者是显失公平的。最后，《安全承诺书》多为格式条款，其中有很多的免责条款，而格式条款加重对方责任、排除对方主要权利的，该条款无效。

劳动者过错赔偿是指劳动者在劳动过程中出现过错，使用人单位的财产受到损失，劳动者对其过错造成的损害承担民事赔偿。劳动者虽为弱势群体，但为了平衡用人单位和劳动者之间的利益，相关法律也规定了劳动者过错赔偿责任。《中华人民共和国劳动法》第三条第二款规定，劳动者应当完成劳动任务，提高职业技能，执行劳动安全卫生规程，遵守劳动纪律和职业道德。第一百零二条规定，劳动者违反本法规定的条件解除劳动合同或者违反劳动合同中约定的保密事项，对用人单位造成经济损失的，应当依法承担赔偿责任。根据《工资支付暂行规定》第十六条规定，因劳动者本人原因给用人单位造成经济损失的，用人单位可按照劳动合同的约定要求其赔偿经济损失。但劳动者过错赔偿责任应区别于民事侵权归责原则，在法律、法规缺乏明文规定的情况下，对劳动者的赔偿责任应严格限制。用人单位应举证证明劳动者履行职务行为时存在故意或重大过失，在给用人单位造成经济损失的情况下，且在劳动合同中约定损失的处理方法，劳动者才负赔偿责任。否则，用人单位不应要求员工承担赔偿责任。结合本案，董某因交通事故造成车辆受损，给用人单位造成了一定的经济损失。根据道路交通事故认定书，董某承担全部责任。但交通事故中的责任是发生交通事故的双方或多方之间的责任分配，劳动者在交通事故中的责任分配与劳动者在执行职务时是否存在故意或重大过失并无必然联系，用人单位不能证明董某在履行职务行为时存在故意或者重大过失，因此用人单位要求董某承担过错赔偿责任的诉请，不应得到支持。

用人单位要求劳动者签订《安全承诺书》，并以此作为要求劳动者承担过错赔偿责任的依据，是不符合相关法律法规的规定的。用人单位防范安全事故应加强对公司安全规章制度的制定，完善安全措施，加强对员工安全教育和培训，提高员工的安全意识。仅凭一纸《安全承诺书》不能规避和免除自身法定责任，不应得到支持。

编写人：湖北省武汉市黄陂区人民法院　陈师师

190 被派遣员工权益费用分担约定不明时原则上应由派遣单位负担

——甲公司诉乙公司合同案

【案件基本信息】

1. 裁判书字号

北京市朝阳区人民法院（2019）京 0105 民初 2549 号民事判决书

2. 案由：合同纠纷

3. 当事人

原告：甲公司

被告：乙公司

【基本案情】

甲公司和乙公司于 2012 年 12 月 28 日签订期限为 2013 年 1 月 1 日至 2014 年 12 月 31 日的《劳务派遣协议》，就甲公司向乙公司提供劳务派遣事宜进行了约定。双方在该协议中未就派遣员工的住房公积金问题进行约定。

2013 年 9 月 4 日，甲公司与案外人侯某签订《劳动合同书》，约定甲公司派遣侯某至乙公司工作。

2018 年 4 月 28 日，北京住房公积金管理中心（以下简称公积金中心）作出责令限期缴存通知书，责令甲公司为侯某缴纳 2013 年 9 月至 2015 年 3 月的住房公积金 4826 元。2018 年 11 月 28 日，甲公司向公积金中心一次性补缴 4826 元。

甲公司和乙公司此前曾就派遣员工的住房公积金问题产生纠纷并已有（2015）朝民初字第31547号民事判决书。根据该判决查明的事实，2003年9月1日至2015年12月31日期间甲公司与乙公司陆续签订有8份《劳务派遣协议》。上述判决认为甲公司与乙公司于2003年首次签订《劳务派遣协议》时，《住房公积金管理条例》业已实施，而《劳务派遣协议》中未对员工住房公积金缴纳事项进行约定。双方合作多年，且2011年为员工补缴住房公积金后，双方均未就《劳务派遣协议》进行补充和修改，是对国家法律法规的故意规避，损害了劳动者的合法权益。综合考虑双方过错，双方应共同承担派遣员工住房公积金补缴费用。上述判决遂按50%比例判令乙公司向甲公司支付员工的住房公积金费用。判决作出后，双方不服，均提起上诉。北京市第三中级人民法院于2016年4月8日作出（2016）京03民终1204号民事判决书，判决驳回上诉、维持原判。

现甲公司起诉要求乙公司支付为劳务派遣员工缴纳的住房公积金费用4826元。乙公司不同意甲公司的诉讼请求。

【案件焦点】

在劳务派遣法律关系下，当派遣单位和用工单位未就派遣员工的权益费用负担问题进行明确约定时，用工单位应否分担派遣单位为派遣员工支付的权益费用问题。

【法院裁判要旨】

北京市朝阳区人民法院经审理认为：首先，在派遣单位、用工单位、劳动者的三方劳务派遣法律关系中，派遣单位和用工单位之间系平等主体之间的民事合同法律关系，派遣单位和劳动者之间是劳动法律关系。涉及劳动法律关系履行事项和基于劳动法律关系而产生的行政法律关系履行事项时，派遣单位应依法承担相应的法定义务。

其次，在派遣单位依照劳动法规范承担相应法定义务之后，就其与用工单位之间如何分担的问题，在法律规范没有明确规定之时，应属于派遣单位和用工单位基于意思自治原则平等进行协商之范畴。就本案所涉住房公积金费用问题，法律规范并没有就派遣单位和用工单位的内部分担进行明确规定，则该问题应属于派遣单位和用工单位自由协商之范畴。

最后，当派遣单位和用工单位未就费用分担达成明确约定时，应依据《中华人民共和国合同法》第六十一条、第六十二条之规定进行处理。本案中，甲公司和乙公司未在《劳务派遣协议》中就派遣员工住房公积金费用的分担进行明确约定。而在公积金中心针对涉案员工向甲公司作出责令限期缴存通知之前，甲公司和乙公司曾就派遣员工的住房公积金费用分担问题产生争议，北京市第三中级人民法院作出（2016）京 03 民终 1204 号民事判决书，确认由二者各按 50%的比例分担派遣员工的住房公积金费用。该判决作出后，未有证据显示甲公司和乙公司就派遣员工的住房公积金缴纳以及费用的最终分担问题进行补充约定，则可以视为双方认可（2016）京 03 民终 1204 号民事判决书所确认的 50%分担比例。本院据此以该标准对本案予以处理。

北京市朝阳区人民法院依照《中华人民共和国合同法》第六十一条之规定，判决如下：

一、乙公司于本判决生效后七日内支付甲公司住房公积金费用 2413 元；

二、驳回甲公司的其他诉讼请求。

判决后，双方当事人均未上诉，本判决现已生效。

【法官后语】

劳务派遣用工因具有灵活性强、用工成本低等优势而为许多用工单位所青睐。它最显著的特征是劳动者的雇佣和使用发生了分离。然而，也正是基于这种分离，派遣单位与用工单位相互推诿，损害被派遣劳动者合法权益的情形时有发生。

在劳务派遣关系中，派遣单位是用人单位，与劳动者建立劳动关系，应当履行用人单位对劳动者的义务。劳动者的合法权益受到损害时，派遣单位应依法承担相应责任。用工单位给劳动者造成损害的，派遣单位作为用人单位亦应承担连带赔偿责任。本案中，甲公司是涉案员工的用人单位，在公积金中心责令其为涉案员工缴存住房公积金时，甲公司应按责令要求缴存。

被派遣劳动者的合法权益得以保障之后，相关费用在派遣单位和用工单位之间具体由谁负担的问题，应从如下四个方面予以明确：

第一，法律对于派遣单位和用工单位的费用负担有明确规定的，应以法律规定处理。例如，依照《中华人民共和国劳动合同法》第六十二条第一款第三项之规定，用工单位应负担支付加班费的法定义务。

第二，派遣单位和用工单位对于相关费用负担有约定的，依双方约定处理。例如，若本案中甲公司和乙公司约定被派遣员工的住房公积金由甲公司缴存，但费用由乙公司最终负担的，则对于甲公司的本案诉求应全部予以支持。

第三，派遣单位和用工单位对于相关费用的负担没有约定或约定不明的，应依据《中华人民共和国民法典》第五百一十条之规定进行处理。先考察双方能否补充约定，若无法补充约定的，则应审查双方是否存在默示条款或交易习惯。劳务派遣协议往往会持续一段时间，双方签订合同之时对于风险分配的考虑可能并不周全。基于派遣单位和用工单位派遣劳动者的长期合作关系，若有充分证据证明存在相对稳定、明确的惯例或习惯做法，则可以作为劳务派遣协议的默示条款或交易习惯来填补合同漏洞，明确双方的责任范围。本案中，此前生效判决判定甲公司和乙公司各按50%的比例分担派遣员工的住房公积金费用，双方已实际执行判决，且未有证据显示双方就该分担方式进行过变更，则可以认为二者就被派遣员工的住房公积金费用负担达成了各按50%比例分担的默示条款，故本案最终采纳该标准进行处理。

第四，若派遣单位和用工单位就相关费用负担不存在默示条款或交易习惯的，则原则上应由派遣单位负担。理由有三：首先，派遣单位作为用人单位，应当履行用人单位对劳动者的义务。若相关费用经上述途径均不能确定应由用工单位负担或分担的，理应由作为用人单位的派遣单位自担。其次，派遣单位作为专营劳务派遣或人事代理服务的职业机构，对于相关费用最终负担的明确负有更高的注意义务，若相关费用经上述途径均不能确定应由用工单位负担或分担的，派遣单位应自担此种经营风险。最后，从法政策上考量，让派遣单位最终负担相关费用，可以使其切实担负用人单位责任，敦促其合法经营，最终促使劳务派遣制度充分发挥灵活用工的优势，避免沦为转嫁用工成本的工具。

编写人：北京市朝阳区人民法院　吴克孟　刘思源

191 劳动者的言论自由与合法维权的边界

——沈某诉某某客车公司劳动争议案

【案件基本信息】

1. 裁判书字号

北京市第三中级人民法院（2019）京03民终12053号民事判决书

2. 案由：劳动争议纠纷

3. 当事人

原告（上诉人）：沈某

被告（被上诉人）：某某客车公司

【基本案情】

沈某于2011年1月1日入职某某客车公司。2018年5月29日至2018年6月29日期间，沈某通过多个社交平台网站等用中文、英文和法文先后发布42篇文章，如《某某客车：设计陷害逼迫员工辞职的“最佳雇主”》《我的诉求VS.漫天谣言》《致造谣者：你将需要无数个谎言去掩盖最初的谎言》等。上述文章中出现“设计陷害”“无情压榨”“仍遭霸凌”“私设公堂”“变本加厉”“迫害升级”“循循善诱”“威慑欺骗”“怎会有人用如此恶毒的手段对付一个兢兢业业工作的普通员工”“真的特别感谢身边一直支持我的家人、朋友、前同事和现同事们，尤其是原本不相识，由于曾在这家公司遭受同样的迫害，而主动联系我的那些前同事。甚至还有合作过的客户，其实真人只见过一次，都来后台给我留言："确实让人心寒'"等表述内容，点击量过万。某某客车公司于2018年7月5日向沈某送达了《最终书面警告》，责令沈某限期删除相关文章并对其作出警告，但沈某并未删除。

某某客车公司于2018年7月11日在北京市某公证处的公证下向沈某送达了《解除劳动合同通知书》，称沈某存在诸多不当行为，包括但不限于擅自在互联网及社交媒体发布文章与录音，违反公司《员工手册》中有关社交媒体管理以及信息通信技术设施使用之规定，引发给公司造成负面影响的媒体曝光事件，在公司内部和外部造成严重影响和恶劣后果。该等行为不仅严重违背最基本的职业道德，更严重违反公司《员工手册》的规定，故决定解除与沈某的劳动合同。沈某向顺义区劳动人事争议仲裁委员会申请仲裁，要求某某客车公司支付违法解除劳动合同赔偿金。该委裁决驳回了沈某的仲裁请求。沈某不服，诉至法院。一审法院辩论终结前，沈某仍未删除其发布的上述文章。

【案件焦点】

劳动者的言论自由在依法维权过程中的尺度把握问题。

【法院裁判要旨】

北京市顺义区人民法院经审理认为：劳动者作为公民享有言论表达的自由，这种表达自由不因表达手段的不同而改变，言论自由在劳动关系中也应该得到保障。但是劳动者的言论自由应该受到劳动关系一般原则的限制，也就是不得侵犯公民、法人的名誉权、荣誉权、商业秘密等权利。同时，劳动关系具有一定的人身属性，劳动者亦负有忠实义务。沈某于2018年5月29日至2018年6月29日期间在各大知名互联网及社交平台用中文、英文、法文共发表了42篇与某某客车公司相关的文章或录音。文章和录音中，除了部分客观事实的表述，亦存在大量具有贬损之意或攻击性的词汇。对于沈某的申诉，某某客车公司进行了调查，并与之进行了多次谈话，并建议其转岗以解决其问题等方法，某某客车公司采取的措施虽然不能达到沈某所要求的满意程度，但是不能就此认定为某某客车公司存在符合沈某发表的文章中所描述的情形。综观沈某涉案的多篇文章中的语言环境，其在文章中所使用的前述词汇中具有贬损之意或攻击性，已经超越了言论自由的限度，引起阅读受众对某某客车公司的名誉产生怀疑，随之造成社会评价的降低，对某某客车公司的名誉造成了影响。并且，在某某客车公司向沈某发出书面警告，甚至在本案法庭辩论终结前，沈某仍未删除上述文章。在此情况下，某某客车公司依据《员工手册》与沈某解除劳动合同的行为，并无不妥，故沈某要求支付违法解除劳动合同赔偿金的请求，不予支持。

北京市顺义区人民法院依照《中华人民共和国劳动合同法》第三十九条之规定，作出如下判决：

驳回沈某的全部诉讼请求。

二审法院同意一审法院裁判意见。

【法官后语】

本案的起因在于劳动者认为用人单位为故意增加其工作量逼迫其离职。实践中，部分劳动者认为用人单位对其“不公平”进而引发一系列纠纷。在此过程中，劳动者如何在法律规定和用人单位规章制度的框架下依法合理维权就显得尤为重要。

民事主体享有名誉权，任何组织或者个人不得以侮辱、诽谤等方式侵害他人的名誉权。法律对言论自由的限制虽未具体明确到劳动关系领域，但这并不意味着这一领域是“法外之地”。劳动者发表有损用人单位的合法利益的言论可能存在以下几种情况：一是泄露商业秘密或者其他保密信息；二是虚构事实，恶意诽谤；三是个人经历情感表达等。有的劳动者在工作过程中，认为受到了不公正待遇，会将自身经历以及感受表达出来，在这个过程中同时夹杂着对用人单位的个人评价。劳动者行使言论自由必然是公开发表，公共表达。如果劳动者对用人单位的评价包括贬损或者攻击性表达，可能会引发其他公众对用人单位的社会评价降低，损害用人单位的名誉权。劳动者表达不当则极易引发用人单位惩戒权的行使。因此，劳动者在维权过程中要注意言论自由的界限。

要注意区分言论自由与劳动者忠实义务的关系。我国目前劳动法及劳动合同法虽没有劳动者忠实义务的相关规定，但诚实信用原则及劳动关系的人身隶属性则是忠实义务的法律基础，这也已经成为理论学界的普遍共识。劳动者的言论自由应当置于其忠实义务的框架之下考量。劳动者不应任意作出不利于用人单位的言论，但劳动者基于自身合法权益、公共利益考量的“告发”行为则不应受到该限制。

要注意区分言论自由与劳动者维权途径的多样性。虽然劳动法规定了本单位劳动争议调解委员会申请调解、向劳动争议仲裁委员会申请仲裁、向人民法院提起诉讼等纠纷解决渠道，但实践中，劳动者在与单位发生纠纷时，往往会寻求内部途径解决，一般会逐级寻求上级领导协调，或者逐级反映至单位最高级别的人员或者机构，在内部解决不理想的情况下，劳动者才通过外部机构予以干涉。因此，企业应当设置合理的申诉渠道，拓展纠纷解决方式，保证劳动者在工作中发生纠纷能够有途径进行反馈，用人单位能够及时进行合理管理、情绪疏导，防止突发事件的发生。

编写人：北京市顺义区人民法院　何庆玲

192　劳动者服务期未满提前离职应赔偿相应培训费用

——叶某诉飞机制造公司劳动争议案

【案件基本信息】

1. 裁判书字号

北京市第三中级人民法院（2019）京 03 民终 2846 号民事判决书

2. 案由：劳动争议纠纷

3. 当事人

原告（反诉被告、上诉人）：叶某

被告（反诉原告、被上诉人）：飞机制造公司

【基本案情】

叶某（乙方）原系飞机制造公司（甲方）职工，双方签订了期限为 2013 年 11 月 4 日至 2016 年 11 月 4 日的劳动合同，约定叶某为生产维修部门工程师，该劳动合同第五十一条约定："本合同履行期间，乙方参加甲方出资的培训的，甲乙双方需按照甲方培训管理制度的要求另行签订培训协议，乙方应严格遵守甲方培训管理制度，履行培训协议的约定，否则，乙方应按照培训协议的约定向甲方支付违约金，给甲方造成损失的，还需承担赔偿责任。"

2014 年 9 月至 10 月，飞机制造公司安排叶某参加了 G650 机

型培训并顺利结业。此次培训，飞机制造公司共支出培训费100360美元、差旅费82553.24元。双方对此次培训签订了《培训确认单》，但未签订培训合同。

2017年4月27日，叶某因个人原因提出辞职，双方于2017年5月22日解除劳动关系。

2018年5月15日，飞机制造公司提起仲裁申请，要求叶某赔偿培训费损失561258.6元。仲裁裁决叶某支付飞机制造公司培训费损失327401元。叶某与飞机制造公司均不服仲裁裁决，诉至法院。

叶某主张飞机制造公司安排其至美国培训是为满足商业发展需要及对放行人员的法定要求，履行作为维修单位的法定义务，在其晋升为生产领班之前进行的岗前培训而非专业技术培训，该培训具有基础性、必要性及常规性特征，并不属于劳动合同法第二十二条规定的专业技术培训，且双方从未签订培训协议，未对培训费用和服务期限、违约责任作出约定，其不应承担赔偿培训费的责任。

飞机制造公司则主张其公司对生产领班岗位从未有参加G650机型培训的要求，叶某参加的培训非岗前培训，而是提升其专业技能的专项技术培训，且其公司的规章制度对服务期、培训费的返还及折算方法等均有明确规定，叶某清楚知道培训管理制度要求的5年服务期及培训费返还折算方法，若培训结束之日起服务满3年离职的，应当赔偿80%的培训费。另，叶某已经收到其公司发送的培训费结算明细邮件，该邮件亦列明了培训费金额、赔偿折算方法及应当返还的培训费数额，叶某在与其公司沟通离职事宜时并未对培训费返还及金额提出异议，反而表示其下家亚洲商务航空有限公司同意支付该笔培训费。

【案件焦点】

1. 本案所涉及的培训是岗前培训还是专业技术培训；2. 未签订培训协议的情况下，服务期未满提前离职应否赔偿培训费损失。

【法院裁判要旨】

北京市顺义区人民法院经审理认为：岗前培训指的是员工在已经具备该岗位所要求的专业技能的情况下，用人单位在员工上岗前对其安排的涉及企业文化、规章制度、岗位职责、岗位技能等简单、必要的培训。根据查明的事实，叶某参加的培训对应特定机型的维修、放行等，如果不参加相应机型的培训，所持有的执照上将没有该类机型的培训记录，将不具备该类机型的维修、放行等资格。显然，叶某所参加的机型培训非岗前培训，而是能够提升其专业技能、扩大其执业范围的专业技术培训。

叶某虽主张未与飞机制造公司签订培训协议，双方不存在服务期及培训费赔偿的约定，但叶某参加学习了飞机制造公司制定的《人力资源政策手册》中有关于服务期及培训费的规定，叶某对飞机制造公司关于服务期及培训费的规定是知悉的。根据规定，叶某的服务期应为培训结束后满五年。叶某于 2014 年 9 月 8 日至 10 月 31 日期间接受了飞机制造公司安排的专业技术培训，于 2017 年 4 月 27 日因个人原因提出辞职致使双方劳动关系于 2017 年 5 月 22 日解除，属于在服务期届满前离职。叶某的提前离职，对飞机制造公司造成的损失是显而易见的：首先，飞机制造公司失去了叶某这名具有维修、放行 G650 机型资质的员工；其次，叶某离职后，飞机制造公司不得不另行安排员工参加 G650 机型的培训。叶某提前离职的行为不仅违反了飞机制造公司关于服务期的规定，也违反了诚实信用原则，其应对因此给飞机制造公司造成的培训费损失承担赔偿责任。具体赔偿数额，应结合飞机制造公司关于服务期的规定、叶某参加培训产生的费用、叶某参加培训的时间及离职时间等予以确定。

北京市顺义区人民法院依照《中华人民共和国劳动合同法》第三条、第二十二条以及《中华人民共和国劳动合同法实施条例》第十六条之规定，判决如下：

一、叶某支付飞机制造公司培训费损失 339094 元，于本判决生效之日起七日内执行；

二、驳回叶某的诉讼请求；

三、驳回飞机制造公司的其他诉讼请求。

二审法院同意一审法院裁判意见。

【法官后语】

本案的争议焦点在于叶某与飞机制造公司未签订专门培训协议约定服务期及培训费赔偿的情况下，飞机制造公司能否依照规章制度中关于服务期、培训费的规定要求叶某赔偿培训费损失。

《中华人民共和国劳动合同法》第二十二条规定，用人单位为劳动者提供专项培训费用，对其进行专业技术培训的，可以与该劳动者订立协议，约定服务期。劳动者违反服务期约定的，应当按照约定向用人单位支付违约金。违约金的数额不得超过用人单位提供的培训费用。用人单位要求劳动者支付的违约金不得超过服务期尚未履行部分所应分摊的培训费用。

结合本案，飞机制造公司为叶某安排了专业技术培训，但双方未按照劳动合同的约定签订专门的培训协议，叶某也正是以此为由主张双方不存在服务期及培训费赔偿的约定。但事实上，叶某签字的《培训确认单》中载明“作为培训费的对价，培训学员需承诺自培训结束之日起为公司履行相应的服务年限，具体服务期年限及违约金支付应根据培训合同相关规定执行”，叶某参加学习的飞机制造公司的规章制度中也对服务期及培训费赔偿作出了明确规定，故叶某对参加培训后应履行相应的服务期是明知的。虽然双方未签订专门的培训协议，但在飞机制造公司对服务期及培训费赔偿作出规定且叶某亦明知的情况下，足以视为双方已经对服务期达成过合意，对违反服务期的后果有相应的预期，基于诚实信用原则和公平原则，叶某应当为其提前离职的行为承担赔偿责任。

实践中，用人单位为提高生产效率和市场竞争力，必然存在安排劳动者进行专业技术培训提升技能的情况，而劳动者通过培训也增进了技能、提升了职业竞争力。为避免劳动者借助用人单位的出资培训，在提升职业竞争力后随时离职，造成用人单位损失的情况发生，赋予用人单位对劳动者的服务期限及服务期未满离职应承担责任进行约定的权利，符合诚实信用原则和公平原则，这也正是《中华人民共和国劳动合同法》第二十二条的立法本意。鉴于实践中用人单位与劳动者在约定服务期限时形式的多样性，不应局限于《中华人民共和国劳动合同法》第二十二条中所体现的“协议”形式，即使双方未签订相应的协议，在能够证明劳动者对服务期限是明知的情况下，依据诚实信用原则，可以确认双方存在服务期限的约定。具体培训费的损失，可以结合双方的约定、用人单位的支出、劳动者的受益、服务期限等因素，依据公平原则作出认定。

编写人：北京市顺义区人民法院　张锐

193 以“风险激励”为名将回款风险转嫁给劳动者的约定无效

——李某诉商贸公司劳动争议案

【案件基本信息】

1. 裁判书字号

江苏省常州市中级人民法院（2019）苏04民终4508号民事判决书

2. 案由：劳动争议纠纷

3. 当事人

原告（被上诉人）：李某

被告（上诉人）：商贸公司

【基本案情】

李某原系商贸公司的销售员。劳动合同约定实行基本工资和绩效工资相结合的内部工资分配办法，绩效工资根据工作业绩和公司效益按照内部考评办法确定。庭审中，双方均认可李某截至离职时享受业务费（风险激励奖）总计19748.76元，但李某实际收到商贸公司发放的业务费（风险激励奖）为1773.76元，差额17975元未发放，系因为李某经手的客户常州某纺织品有限公司由于商贸公司提供的产品不合格迟迟未能解决，故客户拒绝支付尾款。商贸公司即将该未收回的尾款从李某的业务费（风险激励奖）中予以扣除。

商贸公司扣款的依据为：第一，在《销售绩效考核与奖励政策》中，“风险激励考核奖”部分规定：“公司以奖励基数的0.9%作为对销售员的风险激励奖，该奖金每月按客户单位分别预结算，年末一次性办理挂账手续。账期满3年后，对于已结清提示财务警示风险的客户单位应收款，则公司发放对应部分奖金。对需要办理离职交接的销售员，离职人员必须按公司要求办理完交接手续并签订《离职协议》，按协议约定方式结算该奖金。”“销货、退赔货与坏账损失的财务处理”中规定：“对确实无法回收的应收款，销售员承担货款损失：客户往来资料齐全的，销售员承担该笔货款损失额的30%，在工资和奖金中扣除；往来资料不符合财务要求的，销售员承担该笔货款损失额的50%，在工资和奖金中扣除。”第二，2019年3月6日李某离职时签订的员工离职移交清单载明：“未结清货款在截止期限内回款，产生的业务费由移交人享受，移交人的业务费按照销售政策结算与发放。如未在截止期限内完全收回货款，移交人自愿放弃该业务以及该业务今后回款所产生的业务费……移交人在移交或离职后，必须协助接手人回笼上述货款，移交人承诺如不配合接手人及时回笼货款，视同移交人自愿放弃该业务以及该业务回款所产生的业务费，同时承担连带清偿责任。”

李某因不服商贸公司不予发放该款项，起诉至法院，请求支付拖欠的业务费（风险激励金）17975元。

【案件焦点】

用人单位通过规章制度及离职协议的方式将企业回款风险转嫁给劳动者的约定是否有效。

【法院裁判要旨】

江苏省常州市钟楼区人民法院经审理认为：用人单位应当根据劳动合同约定和国家规定，向劳动者及时足额支付劳动报酬。本案中，17975 元系李某应当享有的业务费（风险激励金），属于李某的工资报酬，商贸公司应当予以发放。商贸公司辩称在李某离职时签订了《客户单位业务交接单》，载明李某应当对未收回的货款承担连带清偿责任。但公司销售货物的货款能否收回是公司应当承担的经营风险，该风险不应由劳动者承担。无论是《销售绩效考核与奖励政策》中约定产生坏账后由销售员承担一定比例的坏账损失，还是双方在《客户单位业务交接单》中约定销售员对未收回的货款承担连带清偿责任，都使劳动者处于不确定的巨大风险中，损害劳动者通过劳动获取报酬的权利，导致双方权利义务失衡，故该约定对李某无效。李某要求商贸公司支付不当扣除的款项 17975 元，法院予以支持。

江苏省常州市钟楼区人民法院依据《中华人民共和国劳动合同法》第三十条作出如下判决：

商贸公司于判决生效之日起十日内支付李某业务费（风险激励金）17975 元。

商贸公司不服一审判决，提起上诉。江苏省常州市中级人民法院经审理认为：工资是指用人单位根据国家规定或者劳动合同的约定，依法以货币形式支付给劳动者的劳动报酬，包括奖金等。本案中，商贸公司所提李某在离职过程中签订的《客户单位业务交接单》，一方面，该交接单系因离职引起，属于劳动争议引起的纠纷。另一方面，该交接单约定李某必须协助接手人回笼资金，否则承担连带清偿责任。回笼资金系企业经营风险，而劳动者在任何情况下都不应承担企业的商业经营风险。这是因为劳动合同的本质是劳动者提供劳动、用工者支付报酬，企业风险与劳动者无关。本案中虽然李某与用人单位签订了交接单，但是由于该交接单的本质是将企业的商业经营风险转嫁给劳动者，违反了劳动合同的基本法律性质，侵害了劳动者的利益，因此是无效的。商贸公司上诉称交接单系平等主体之间签订的债权债务协议的理由没有法律依据，不予支持。另外，因李某自愿放弃应得风险激励奖的30%，对此予以确认。

江苏省常州市中级人民法院依据《中华人民共和国民事诉讼法》第一百七十条第一款第二项之规定，作出如下判决：

一、撤销一审判决；

二、商贸公司于本判决生效之日起十日内支付李某业务费（风险激励奖）12582.5元。

【法官后语】

关于离职协议条款的效力。《最高人民法院关于审理劳动争议案件适用法律问题的解释（一）》第三十五条第一款规定，劳动者与用人单位就解除或者终止劳动合同办理相关手续、支付工资报酬、加班费、经济补偿或者赔偿金等达成的协议，不违反法律、行政法规的强制性规定，且不存在欺诈、胁迫或者乘人之危情形的，应当认定有效。离职协议既是双方意思自治的民事合同，又兼具社会法属性，应当兼顾民法和劳动法的效力认定规则，既要尊重双方意思表示自由，又要突出劳动权益的保护。民事法律规范中，《中华人民共和国民法典》第一百五十三条规定了违反法律、行政法规的强制性规定的民事法律行为无效，但是该强制性规定不导致该民事法律行为无效的除外，并增加了违背公序良俗作为判断是否导致民事行为无效的实质性审查标准。劳动法律规范中，依据《中华人民共和国劳动合同法》第二十六条第一款第二项的规定，用人单位免除自己的法定责任、排除劳动者权利的劳动合同无效或者部分无效。可以看出，基于对劳动者倾斜性保护的立法宗旨，《中华人民共和国劳动合同法》更加关注劳资双方的利益平衡问题。对于个案中判断合同效力的实质性评判标准，应当在对法律、法规进行规范解释的基础上，结合个案具体案情，以双方权利义务是否失衡，当事人行为是否符合诚信原则，是否符合一般公众对公平、正义的认知，是否影响社会发展基本秩序等因素进行考量。

现阶段工资（包括奖金等）仍是劳动者及其家庭成员生活的主要来源。获取劳动报酬是劳动者最基本的权利，与保护劳动者生存权、健康权相关联。《中华人民共和国劳动法》明令禁止克扣劳动者工资，如该法第五十条规定，不得克扣或者无故拖欠劳动者的工资。对于确因劳动者原因需要扣除工资的亦作了数额的限制，如因劳动者本人原因给用人单位造成经济损失的，用人单位可按照劳动合同的约定要求其赔偿经济损失。经济损失的赔偿，可从劳动者本人的工资中扣除。但每月扣除的部分不得超过劳动者当月工资的20%。若扣除后的剩余工资部分低于当地月最低工资标准，则按最低工资标准支付。充分体现了对劳动者获取劳动报酬的保护。基于劳动者获取劳动报酬的重要性，对于离职协议相应条款的效力应当充分体现平衡双方利益的价值选择。劳动者劳动获取报酬，企业经营获取利润。劳动者不应承担企业的经营风险，这是劳动者与企业所有人（企业的股东等）的本质区别。在劳动关系下，劳动者与用人单位具有人身依附性，劳动者亦属于用人单位的生产要素，因劳动者对企业的经营没有自主权，故要求其承担企业的经营风险违反了权利、义务相对等的原则。本案中，劳动者已经离职，坏账的产生原因在于产品质量有瑕疵，劳动者并无过错。企业可通过诉讼等法律途径向债务人主张货款，但其怠于行使自己的权利，而是通过制度与离职协议安排，要求将坏账损失从劳动者工资（奖金）中扣除，实际是将经营风险转嫁给劳动者，使得企业只享受利润而不承担相应的经营风险，违反公平原则。

综上，企业不应在规章制度或劳动合同中任意扩大自身权利。在制定规章制度或作合同安排时，应充分重视条款的合法性和合理性，考察是否与现有的民事法律及劳动法律的效力性规则相冲突，避免侵害劳动者的基本权利。

编写人：江苏省常州市钟楼区人民法院　丁民

194 经协商的合法规章制度效力优先于劳动合同

——长途运输公司诉雷某某劳动争议案

【案件基本信息】

1. 裁判书字号

江西省吉安市中级人民法院（2018）赣 08 民终 1765 号民事判决书

2. 案由：劳动争议纠纷

3. 当事人

原告（反诉被告、被上诉人）：长途运输公司

被告（反诉原告、上诉人）：雷某某

【基本案情】

被告雷某某自2004年至2017年在原告处担任董事长职务。2006年10月，原告与被告签订协议约定，被告担任董事长，任期三年，任期内每年的净资产收益率不低于10%，任期三年每年必须完成当年利润总额预算目标任务，确认达到上述目标，未发现存在隐藏的并确认为任职期间产生的、影响上述工作目标结果真实性的管理责任，可获得公司30万元现金奖励（含税）；原告无需承担被告的工资、劳动保障和社会保险等费用，合同自2004年1月1日起生效。2004年至2006年，原告超额完成了协议、激励方案中约定的任务。2006年12月28日，原告召开第一届董事会第二十一次会议，后申报通过了激励方案，并通过了关于“另外因公司董事长合同约定30万元，高出本方案标准2.52万元，同意按就高不就低原则，给予奖励董事长30万元……”的申报意见。2017年1月31日，第一次临时股东会会议以通信表决方式通过了激励方案。方案规定，方案仅适用于本公司高层管理人员，包括公司决策层和执行层成员，高层管理人员包含专职董事长，决策层、执行层成员的全部报酬包括年薪、在职消费（含保险、福利待遇）和本方案所指的激励奖金三项之和，不再享受其他任何方式的工作报酬。同时规定对前述人员的奖励，如在此之前已有其他奖励约定的，应根据就高不就低原则进行奖励，但不得重复奖励。

【案件焦点】

规章制度与劳动合同的约定就奖励规定不一致时，哪个效力应该优先。

【法院裁判要旨】

江西省吉安市吉州区人民法院经审理认为：长途运输公司与雷某某签订的协议书，虽然约定了30万元的奖励，但此后制订的激励方案经法定程序通过，雷某某参与并同意了激励方案的表决，该激励方案合法有效，且系公司规章制度，对雷某某具有拘束力。该激励方案的奖励条件与协议基本相同，但方案明确了在此之前有其他奖励约定的，应按照就高不就低原则奖励，并且不得重复奖励。该部分内容明确无疑义。且申报意见中也明确了协议30万元与激励方案的关系，雷某某对此明知。雷某某在任职的很长时间中未提出协议奖励的30万元，迟至任期届满才提出，不符合常理。雷某某提供的公司认可30万元协议奖励的证据系雷某某利用职务之便自行盖章获得，不应采信。

江西省吉安市吉州区人民法院依照《中华人民共和国劳动合同法》第二条、第七条、第二十九条，《最高人民法院关于民事诉讼证据的若干规定》第二条、第六条、第八条第一款、第六十五条、第六十九条第一款、第七十条第一款第一项，第七十二条第一款，《中华人民共和国民事诉讼法》第六十四条第一款、第一百六十四条第一款之规定，判决如下：

一、驳回雷某某的反诉请求；

二、长途运输公司无需向雷某某支付奖励300000元；

三、驳回长途运输公司的其他诉讼请求。

二审法院同意一审法院裁判意见。

【法官后语】

本案审理中，就应否支持劳动者激励奖之外的30万元奖励存在两种意见。一种意见认为，根据《最高人民法院关于审理劳动争议案件适用法律问题的解释（一）》第五十条第二款的规定，用人单位制定的内部规章制度与集体合同或者劳动合同约定的内容不一致，劳动者请求优先适用合同约定的，人民法院应予支持。规章制度可理解为“用人单位为组织劳动过程、进行劳动管理，依法制定和实施的规则和制度的总和，一般适用于本单位的全体劳动者或大部分劳动者”。[①] 其目的是建立单位内部的秩序，明确劳动者的权利义务和各行政部门的职责，从而保障生产经营或服务活动能够有序进行。规章制度往往是一种集体意志，具有一般性。规章制度更易被用人单位滥用，将劳动合同本应约定或调整事项向规章制度转移，导致劳动合同被架空，借少数人的民主侵害多数职工依法享有的民主权利，规章制度是用人单位强加给劳动者不得不接受的格式条款。而劳动合同是用人单位与个别劳动者就劳动权利义务单独作出的约定，劳动者在缔约过程中享有更多的平等自主权，更能适应单个劳动关系的即时需求，更利于保护劳动者合法权益。正是基于此，上述司法解释作出了劳动合同与规章制度不一致时，劳动合同优先适用的规定。激励方案属于用人单位的规章制度，本案激励方案的程序、实体虽然合法合规，但是适用劳动合同约定，劳动者可以获得两次奖励，生存权系劳动者的基本权利，裁判应有利于劳动者，在本案中法官应主动向劳动者释明该规定，在劳动者提出优先适用要求后，应优先适用劳动合同约定，支持劳动者的诉讼请求。

另一种意见认为，应适用用人单位的激励方案，用人单位无需再向劳动者支付激励奖之外的协议奖励。理由为，第十六条并不是

---

① 董保华：《劳动合同立法的争鸣与思考》，上海人民出版社2011年版，第387页。

一旦出现不一致的情形就应适用。首先，第十六条的适用应以劳动者提出为前提，法院不应主动释明、适用。其次，即使规章制度与劳动合同的内容不一致，“由于企业规章制度是对个别劳动合同之共同内容作出的适用于用人单位全体劳动者的规则，企业规章制度与劳动合同在法律效力上的关系，表现为企业规章制度的效力高于劳动合同”①。只有在规章制度违反法律、法规规定，损害劳动者权益的情况下，才从保护劳动者角度优先适用劳动合同的规定。最后，《最高人民法院关于审理劳动争议案件适用法律问题的解释（一）》第五十条第一款规定，用人单位根据劳动合同法第四条规定，通过民主程序制定的规章制度，不违反国家法律、行政法规及政策规定，并已向劳动者公示的，可以作为确定双方权利义务的依据。规章制度依法可以作为裁判依据，其不应被理解为格式条款，它是企业进行自主管理对劳动者所制定的一般性规定，在程序实体合法的情况下，规章制度应予以适用，如一味地强调劳动者权利保护，无视规章制度，实质是通过裁判侵害了企业经营自主权，不利于企业健康发展。因此，不能无限扩大适用。

法院裁判最终选择了第二种意见，除了前述理由，还有一点就是，本案中的激励方案的通过是在劳动合同之后，而且被告作为高层管理人员全程参与并同意了激励方案的通过。其实，激励方案在某种程度上也是被告对之前劳动合同内容的协议更改，激励方案对奖励的规定才是原、被告对奖励执行方式的最终真实意思表示。

规章制度与劳动合同不一致时，两者的效力哪个应该优先？《最高人民法院关于审理劳动争议案件适用法律问题的解释（一）》第

① 常凯主编：《劳动关系学》，中国劳动社会保障出版社2005年版，第348页。

五十条第二款虽然规定劳动合同效力高于规章制度，但适用的前提在于尊重与保障劳动者的诉请选择，对于两者效力的高低并没有作正面解释。导致学术界和司法实践对于规章制度和劳动合同存在前述两种观点。就审判层面而言，适用《最高人民法院关于审理劳动争议案件适用法律问题的解释（一）》第五十条第二款，应该注意以下几个方面：

1. 该条款设置劳动者选择权的目的在于，给用人单位和劳动者更多的自主、协商空间，同时为复杂的司法实践预留裁量空间。因而在劳动者未主动提出的情况下，法院不应向劳动者释明。

2. 当规章制度与劳动合同不一致，劳动者提出优先适用要求时，应按照《最高人民法院关于审理劳动争议案件适用法律问题的解释（一）》第五十条第二款，优先适用劳动合同。

3. 当规章制度与劳动合同不一致，劳动者未提出优先适用要求时，首先从内容、程序上审查规章制度是否符合法律法规要求，其次应注意审查案件中的特殊情况，如规章制度是用人单位依据既定程序单方面通过的，还是企业与劳动者协商一致通过的，对于后一形式的规章制度，实质上规章制度已经演化为劳动合同的一部分。在规章制度程序实体合法，在劳动合同之后通过，且通过程序经过了协商程序的情况下，则应适用规章制度，即使规章制度的适用不利于劳动者。在有证据表明用人单位在制度的制定过程中存在利用强势地位，将对劳动者不合理的规定借助民主程序转化为规章制度，或者劳动者有证据证明规章制度的制定程序不合法，规章制度未公示，存在违反法律法规等情形时，则应优先适用劳动合同。

规章制度与劳动合同的选择适用中，应有效平衡用人单位经营自主权与劳动者权利保护二者之间的关系，一味地强调劳动者为弱势群体，不加以区分从有利于劳动者角度裁判，将导致企业经营自主权受限，部分劳动者滥用劳动救济权利，纯粹为追求高额赔偿而滥诉。过分强调企业经营自主权，无视劳动者在经济、缔约、举证上的弱势地位，则会导致用人单位滥用强势地位侵害劳动者合法权益。因此，在此类劳动按争议案件的审理中，应尽量避免走这两个极端，而应该基于案件本身在证据事实上的特殊性，在依法的情况下，有效平衡用人单位和劳动者之间的合法权利。

编写人：江西省吉安市吉州区人民法院　王婉冰

195 具有初始培训费性质的引进费应作为飞行员离职时违约金的计算依据

——陈某诉航空公司劳动争议案

【案件基本信息】

1. 裁判书字号

北京市第三中级人民法院（2018）京 03 民终 4151 号民事判决书

2. 案由：劳动争议纠纷

3. 当事人

原告（上诉人）：陈某

被告（被上诉人）：航空公司

【基本案情】

陈某于2014年3月8日取得美国飞行执照，2014年9月2日入职航空公司，同日，双方签订2014年9月2日至2015年9月1日的劳动合同，合同约定陈某担任飞行员职务。2015年5月4日，陈某取得中国飞行执照。2015年8月31日，陈某离职，离职原因为调往集团。2015年12月1日，双方再次签订2015年12月1日至2030年11月30日的劳动合同。两份合同均将员工手册作为附件之一，陈某签字确认已了解相关内容。2017年7月20日，陈某与航空公司解除劳动关系。

航空公司主张双方签订服务期协议，公司为陈某支付引进费及培训费927000元。对此，航空公司提交下列证据：

1. 2014年5月20日签订的委托引进协议，甲方为航空公司、乙方为某投资公司，协议约定航空公司委托某投资公司向某飞行学院（位于美国，下略）引进8名飞行员，引进费为每名飞行员人民币630000元，具体人数以实际引进人数为准。引进费暂由某投资公司代航空公司支付，航空公司分期向某投资公司偿还，拟引进人员名单为陈某等8人。航空公司主张实际引进人数为6人。

2. 2014年8月1日签订的委托书，内容为某飞行学院委托山东某公司代为向来美国学习私人或商业飞行员课程的中国学员或任何第三方机构收取行政费用以及学费；2014年9月23日签订的人才输送合同，甲方为某投资公司、乙方为某飞行学院，合同约定某投资公司从某飞行学院已完成培训学员中选聘8名学员到某投资公司工作，并支付某飞行学院费用作为人才引进费，约定每录用一名飞行员，某投资公司向某飞行学院支付人民币630000元，其中包括学员在美国的全部学费和人才引进费用；网上银行电子回单2张，回单显示付款人为某投资公司、收款人为山东某公司，金额分别为756000元和3024000元；某投资公司记账凭证2张，摘要分别为“预支付山东某公司培训费—引进飞行员”和“支付山东某公司培训费—引进6名飞行员尾款”。

3. 2015年12月1日陈某签订的飞行员承诺书，承诺将履行十五年的劳动合同服务责任，且如果因为本人原因无法完成该十五年的劳动合同服务责任，本人将承担相应的经济损失，并将引进费偿还给公司；2015年12月1日双方签订的补充协议及同日的补充协议变更书；2016年2月19日、2016年3月16日、2016年7月16日、2017年2月16日、2017年4月16日补充协议变更书；2015年12月1日（2张）、2016年2月19日（2张）、2016年3月16日、2016年7月16日、2017年2月16日、2017年4月16日陈某签字确认的借款单共计8张，上述补充协议及借款单载明航空公司对陈某进行了R66机型培训、407改机型、R44熟练检查、R44旅游观光、R44特情训练等培训并支出培训费用297000元。

【案件焦点】

飞行员引进费的性质。

【法院裁判要旨】

北京市密云区人民法院经审理认为：关于飞行员引进费的性质问题，从字面理解“引进费”确实不符合专业技术培训费用的含义，但考虑到飞行员职业的特殊性，航空公司为引进陈某并与之建立劳动关系确实支付了该笔费用，在人才输送合同中亦明确载明该费用包括学员在美国的全部学费及人才引进费用，应属于初始培训费用范畴，且陈某在承诺书中签字确认如因个人原因无法完成十五年服务期限，本人将引进费偿还给公司，而在此后签订的数份补充协议及补充协议变更书中亦对该630000元作为引进费培训费加以明确，陈某对此并未提出异议，并签字确认。陈某与航空公司签订的数份补充协议及补充协议变更书均系双方当事人真实意思表示，应属合法有效，双方均应按照约定行使权利和履行义务。故法院认为该引进费亦属于航空公司对陈某在美国学习期间以及争取与其建立劳动关系的一种培训性支出。

北京市密云区人民法院依照《中华人民共和国劳动合同法》第二十二条、《最高人民法院关于民事诉讼证据的若干规定》第二条之规定，作出如下判决：

一、陈某于本判决生效之日起十日内给付被告航空公司培训费297000元；

二、驳回陈某的诉讼请求。

陈某不服一审判决，提起上诉。北京市第三中级人民法院经审理认为：关于培训费的赔偿问题，陈某提出双方签订的承诺书、补充协议和补充协议变更书应属无效、引进费以及297000元的费用支出并非专项培训支出的上诉理由。对此，一方面，陈某与航空公司签订数份补充协议和补充协议变更书，陈某并未提交证据证明上述协议非本人真实意思表示，在陈某确认本人签署上述协议亦未提交反证的情况下，陈某主张上述补充协议和补充协议变更书应属无效，缺乏事实和法律依据，法院对此不予采信；另一方面，结合一审查明事实，考虑飞行员的职业特殊性以及补充协议和补充协议变更书中对于引进费培训费的明确约定，一审法院认定引进费属于航空公司对陈某的一种培训性支出以及297000元培训费系属专业技术性培训支出，并无不当。

北京市第三中级人民法院依照《中华人民共和国民事诉讼法》第一百七十条第一款第一项之规定，作出如下判决：

驳回上诉，维持原判。

【法官后语】

飞行员离职时通常要向航空公司支付违约金。在航空公司支付的相关费用中，引进费的性质如何界定、是否能根据其支付情况将其认定为培训性支出而要求飞行员承担，对此进行如下分析：

关于违约金的法律依据问题，劳动合同法第二十二条第一款规定，“用人单位为劳动者提供专项培训费用，对其进行专业技术培训的，可以与该劳动者订立协议，约定服务期”。该条虽然没有明确界定服务期的概念，但规定了服务期适用的情形，根据上述规定可以厘清服务期的构成。第一，服务期应由用人单位与劳动者约定，该约定属于劳动合同所涵盖的内容，与劳动合同中约定的诸如工作岗位、工资、工时制度、劳动条件等其他内容共同确定服务期期限内劳动关系双方的权利义务。也就是说，服务期应以用人单位与劳动者之间存在劳动合同关系为前提，并且以双方约定的形式存在。第二，服务期的约定以用人单位向劳动者提供专项培训费用，对劳动者进行专业技术培训为条件；由于服务期具有限制劳动者自由择业的法律后果，其适用条件必须受到严格限制，以免使其成为用人单位损害劳动者利益的工具。应明确的是，此处的“培训费用”应当是“专项的”，“技术培训”也应当是“专业的”，不是任何培训费用和技术培训都构成约定服务期的条件。劳动法第六十八条第二款规定："从事技术工种的劳动者，上岗前必须经过培训。"这种类型的岗前培训是面对从事该技术岗位的所有劳动者的，不属于专项培训的范畴，因而不能成为约定服务期的条件。第三，劳动者违反服务期的约定将导致违约责任。劳动合同法第二十二条第二款规定，"劳动者违反服务期约定的，应当按照约定向用人单位支付违约金"。这是劳动合同法中规定的能够对劳动者适用违约金的情形之一。用人单位对劳动者进行培训是一种人力资源投资，劳动者因违反服务期约定必然会给用人单位造成一定损失，因此由劳动者给付用人单位一定的违约金是正当的，并且法律为了平衡双方利益亦对违约金的上限作出了规定，即"违约金的数额不得超过用人单位提供的培训费用。用人单位要求劳动者支付的违约金不得超过服务期尚未履行部分所应分摊的培训费用"。

综上，航空公司之所以能向离职飞行员索要违约金，其前提是双方有关于服务期的约定，航空公司向飞行员提供专项培训费用，对其进行专业技术培训。本案中，双方有关于服务期的约定，关键在于对航空公司引进飞行员时支付的引进费性质的认定问题。引进费虽然名称上与专项培训费用存在差异，但对于专项培训费用的理解不应仅仅局限于字面意思，还应综合考虑对引进费的支付主体、支付对象、支付时包含的内容等方面进行认定，在符合由招用飞行员的航空公司为引进飞行员而向培养飞行员的航空学校支付相关费用用于支付学费以及引进费的情况下，应认定为航空公司为与飞行员建立劳动关系的一种培训性支出。

编写人：北京市密云区人民法院　曲明辉

196 劳动者对用人单位承担赔偿责任的认定标准

——手表公司诉李某等劳动合同案

【案件基本信息】

1. 裁判书字号

江苏省无锡市中级人民法院（2018）苏 02 民终 724 号民事判决书

2. 案由：劳动合同纠纷

3. 当事人

原告（被上诉人）：手表公司

被告（上诉人）：李某、张某

被告：陈某、人力资源公司

【基本案情】

2014 年 6 月 13 日，手表公司与人力资源公司签订员工派遣服务协议，约定由人力资源公司向手表公司派遣员工。协议签订后，人力资源公司将其员工陈某、李某、张某派遣至手表公司从事导购工作，工作地点在手表公司无锡分公司。按照无锡分公司工作制度，上早班员工下班时，必须与上晚班员工进行统计手表数量等方面交接工作；上晚班人员要统计一天的销售金额、手表数量，还要统计当月销售金额、手表数量；经手销售手表的员工负责在销售登记本上登记；撤柜的手表应锁入柜子里保管。

2016 年 6 月 30 日，手表公司将 97 只各种品牌、规格型号的手表调拨给无锡分公司用于促销活动，由陈某经手。2016年8月13日，陈某接到手表撤柜指令，便与张某一起将44只手表撤柜放入临时找来的缠满黄色胶带的一个纸箱内，张某在纸箱封口处贴了写有“44只手表”的黄色便利贴，后将该纸箱放在手表柜台内部的纸箱上，未按规定将手表锁入柜子保管。2016年8月14日，陈某下班与李某交接时，未交接撤柜手表方面的事项，也未交接手表数量。当天，店长杨某要求当班的李某、张某清理店内垃圾，李某见店内音响旁边有三个纸箱（其中包含装有撤柜手表的纸箱），李某便将这些纸箱都当作垃圾清出店内，摆放在店门外一侧，后由荟聚购物中心的清洁工收走了上述纸箱。次日，陈某得知纸箱被李某扔掉后报警求助，但寻找未果。事后，李某及张某先后以个人原因为由辞职离开手表公司。李某、张某、陈某2016年在职时月收入为3800元左右。手表丢失给手表公司造成了损失，遂诉至法院请求判令人力资源公司、李某、张某、陈某连带赔偿44只手表的损失344688元。

【案件焦点】

1. 李某、张某、陈某及人力资源公司是否应对手表公司遗失的44只手表承担赔偿责任；2. 李某、张某、陈某及人力资源公司之间是否存在连带赔偿责任。

【法院裁判要旨】

江苏省无锡市锡山区人民法院经审理认为：劳动者在履职过程中存在重大过失而给用人单位造成损失的，应当承担赔偿责任。本案中，张某、陈某未按规定将撤柜的手表锁入手表柜内保管，而是随意摆放，陈某又未与李某交接手表撤柜方面的事宜，此乃遗失手表的诱因。李某在清理店内垃圾时未认真核查，将店堂内的纸箱随意当作垃圾清理，张某也未尽到注意义务。因此，李某、张某、陈某对造成手表公司 44 只手表遗失均负有重大过失责任。鉴于事件发生在履行劳动合同期间，劳动关系具有人身依附性，用工单位与劳动者的法律地位不同，且用工单位支付给劳动者的对价即劳动报酬与劳动者创造的劳动成果具有不对等性，故用工单位作为劳动成果的享有者，亦应承担一定的经营风险，再则用工单位管理缺失也是造成损失发生的因素之一。考虑本案三位劳动者工资收入情况，结合本案实际，酌定李某赔偿经济损失 20000 元，张某、陈某各赔偿经济损失 15000 元。手表公司在本案中要求人力资源公司承担赔偿责任，于法无据；要求人力资源公司承担连带责任也缺乏劳动法律关系中的法律依据及书面约定，故对人力资源公司的诉讼请求应予驳回。

江苏省无锡市锡山区人民法院依照《中华人民共和国劳动法》第三条第二款、《中华人民共和国劳动合同法》第二十九条、《工资支付暂行规定》第十六条、《中华人民共和国民事诉讼法》第六十四条第一款、《最高人民法院关于适用〈中华人民共和国民事诉讼法〉的解释》第九十条之规定，判决如下：

一、李某于本判决生效后十日内赔偿手表公司经济损失 20000 元；

二、张某于本判决生效后十日内赔偿手表公司经济损失 15000 元；

三、陈某赔偿手表公司经济损失 15000 元，上述赔偿款自本判决生效后的次月起每月在陈某本人工资中扣除，但每月扣除的部分不超过其当月工资的 20%，若扣除后的剩余工资低于无锡市最低工资标准，则按最低工资标准支付，直至结清为止；双方劳动合同解除或者终止时，陈某应一次性付清赔偿款；

四、驳回手表公司的其他诉讼请求。

二审法院同意一审法院裁判意见。

【法官后语】

在劳动合同履行过程中，发生劳动者因本人原因给用人单位造成经济损失的，特别是损失金额巨大的情况下，用人单位往往会要求劳动者予以赔偿，而劳动者是否应当赔偿、赔偿多少成为双方的争议焦点，难以调和。司法实践中，处理此类案件需要首先确定法律依据。通过查找发现，现行法律依据主要有《中华人民共和国劳动合同法》第九十条“劳动者违反本法规定解除劳动合同，或者违反劳动合同中约定的保密义务或者竞业限制，给用人单位造成损失的，应当承担赔偿责任”及《工资支付暂行规定》第十六条“因劳动者本人原因给用人单位造成经济损失的，用人单位可按照劳动合同的约定要求其赔偿经济损失。经济损失的赔偿，可从劳动者本人的工资中扣除。但每月扣除的部分不得超过劳动者当月工资的20%。若扣除后的剩余工资部分低于当地月最低工资标准，则按最低工资标准支付”。而这些依据并不能准确界定并解决具体纠纷，也表明立法上对于劳动者承担赔偿责任的方式、范围、标准等缺乏明确规定，需要在实践中探索出能够广泛适用的裁判规则。

结合本案例分析，处理因劳动者本人原因造成用人单位经济损失，用人单位主张损失赔偿的纠纷，需准确把握以下三点。

第一，确定归责原则。在劳动关系中，劳动者对用人单位存在人身、财产上的从属性、依附性，劳动者接受用人单位的管理、指挥与监督。因此，采用过错责任原则符合劳动立法保护劳动者、平衡劳动关系中双方利益的宗旨。

第二，确定赔偿标准。劳动关系区别于普通民事关系，如果不加限制地要求劳动者为其任何程度的过错均承担全部的损害赔偿责任，是有失公允的。因此，从立法宗旨与社会认同的角度出发，在案件处理中，要衡量劳动者的过失程度，属一般过失的不宜要求劳动者承担赔偿责任；属于重大过失的，劳动者承担的赔偿责任应限于用人单位的直接经济损失。确定具体赔偿额度及比例时，根据劳动者过错的大小、损害的程度，参照劳动者的工资收入水平，确定劳动者应赔偿的数额。如劳动者故意造成经济损失的，则应承担全部的损害赔偿责任。特别需要注意的是，如判决时劳动者与用人单位的劳动关系尚未解除，则依据《工资支付暂行规定》第十六条的规定，在劳动者每月工资收入中扣除赔偿款时不超过劳动者当月工资的20%，且不得低于当地月最低工资标准。

第三，确定赔偿依据。用人单位要求劳动者承担赔偿责任的，需举证证明劳动者存在重大过失，另外需举证双方在劳动合同或规章制度中对赔偿事由、赔偿范围、额度和比例等作过约定或规定。但是根据案件实际情况，如劳动者的行为明显与其应尽的工作职责不相适应，违反了职业道德与职业操守，那么即使没有劳动合同或者规章制度的约定，也应依法对用人单位造成的损失承担相应的赔偿责任。

劳动者并非无责主体，因自身过错造成用人单位财产损失的，理应承担相应的赔偿责任，亦应当对劳动者的赔偿责任制度加以完善规制，否则将不利于用人单位财产权的保护，造成劳动关系的另一种失衡。

编写人：江苏省无锡市锡山区人民法院　赵玲洁　高益新

197 劳动者非因本人原因到新用人单位的工作年限和劳动关系存续期间的区别适用

——付某诉能源公司劳动争议案

【案件基本信息】

1. 裁判书字号

四川省内江市中级人民法院（2018）川10民终82号民事判决书

2. 案由：劳动争议纠纷

3. 当事人

原告（上诉人）：付某

被告（上诉人）：能源公司

【基本案情】

付某系能源公司职工，自2005年10月起至2017年7月止，能源公司为其缴纳了工伤保险，其中2010年3月至2013年4月没有缴纳工伤保险记录。付某于2009年2月25日至3月5日参加煤矿职工安全培训，其单位为能源公司。

2015年3月31日至2015年4月3日，付某因慢阻肺急性加重、肺心病等住院治疗3天。2015年7月6日至2015年7月10日，付某又因慢性阻塞性肺病伴急性加重、慢性肺源性心脏病住院治疗4天。2017年7月26日，能源公司向某医院出具介绍信一封，其中载明“付某从1993年至2015年从事掘进等工作，接触粉尘有害因素22年”。2017年7月28日，某医院向付某出具职业健康体检报告，载明“本次职业健康体检未发现明显与职业相关的健康损害”，该报告上载明本次检查系“离岗”检查，同时载明付某总工龄22年、接触职业危害工龄22年、职业史起始时间为1993年1月、结束时间为2015年7月（工种为掘进）。该介绍信和检查报告均签盖有能源公司公章。

2017年8月22日，付某向威远县劳动人事争议仲裁委员会提出仲裁申请，威远县劳动人事争议仲裁委员会以超过仲裁时效为由决定不予受理后，付某向法院提起诉讼。

2017年9月14日，某司法鉴定所出具司法鉴定意见书一份，载明：“1. 付某肺部功能障碍评定为八级病残。2. 付某职业病与其职业有因果关系。3. 付某职业病未达到大部分丧失劳动能力的程度。”

诉讼中，能源公司辩称付某是从案外某矿业公司转来的，与能源公司在2010年2月至2013年5月解除了劳动关系，认可付某与能源公司2014年8月至2015年3月存在劳动关系，能源公司只为付某购买了工伤保险，没有购买其他社会保险。付某、能源公司双方均认可付某于2015年3月起就没有在能源公司上班。

【案件焦点】

付某与能源公司劳动关系的存续时间。

【法院裁判要旨】

四川省威远县人民法院经审理认为：结合能源公司出具的职业健康体检报告、介绍信，付某提供的培训证书，能源公司当庭确认的2014年8月至2015年3月双方存在劳动关系及能源公司自2005

年10月起为付某缴纳工伤保险至2017年7月的事实，应当确定付某与能源公司于1993年至2015年3月存在劳动关系。付某于2015年3月开始停止工作治疗疾病，依法应自2015年3月起享有二十四个月的医疗期，在此期间，能源公司不能解除双方劳动合同关系。付某主张劳动关系于2017年7月26日解除，且能源公司未提供证据证明双方于2015年3月解除劳动合同，并结合能源公司于2017年7月28日出具离岗检查介绍信、能源公司为付某缴纳工伤保险至2017年7月等事实，应确定双方劳动关系于2017年7月26日解除。故双方劳动关系存续时间依法确定为1993年1月至2017年7月26日。

四川省威远县人民法院依照《中华人民共和国劳动合同法》第三十六条、第三十七条、第三十八条、第四十条、第四十一条、第四十六条、第四十七条、第九十七条，《中华人民共和国社会保险法》第六十三条，《中华人民共和国民事诉讼法》第六十四条、第一百四十二条、第一百五十二条，《最高人民法院关于民事诉讼证据的若干规定》第二条第二款，《最高人民法院关于适用〈中华人民共和国民事诉讼法〉的解释》第九十条之规定，判决如下：

一、确认付某与能源公司自1993年起至2017年7月26日存在劳动关系；

二、能源公司于本判决生效之日起十日内向付某支付经济补偿金等64191元；

三、驳回原告付某的其他诉讼请求。

能源公司、付某不服一审判决，提起上诉。四川省内江市中级人民法院认为：结合能源公司出具的介绍信、职业健康体检报告、工伤保险缴费明细及能源公司在一审中陈述付某是从其他公司转过来的事实，根据《中华人民共和国劳动合同法实施条例》第十条的规定，对付某的工作年限应依法连续计算即自 1993 年起至 2017 年 7 月 28 日。因能源公司系 2000 年 7 月 25 日成立，能源公司作为合法的用工主体与付某之间的劳动关系存续时间应从 2000 年 7 月 25 日起计算至 2017 年 7 月 28 日。

四川省内江市中级人民法院依照《中华人民共和国民事诉讼法》第一百七十条第一款第二项之规定，判决如下：

一、维持四川省威远县人民法院（2017）川 1024 民初 2528 号民事判决第二项、第三项；

二、撤销四川省威远县人民法院（2017）川 1024 民初 2528 号民事判决第一项，即“确认付某与能源公司自 1993 年起至 2017 年 7 月 26 日存在劳动关系”；

三、付某与能源公司自 2000 年 7 月 25 日起至 2017 年 7 月 28 日存在劳动关系。

【法官后语】

煤矿企业间的合并、更替衍生出一系列的法律问题，其中劳动者工作场所、工作岗位未变化但用人单位变更的情况屡见不鲜，从业人员权益保护问题突出。《最高人民法院关于审理劳动争议案件适用法律问题的解释（一）》第四十六条明确规定，劳动者仍在原工作场所、工作岗位工作，劳动合同主体由原用人单位变更为新用人单位的，应当认定为劳动者非因本人原因从原用人单位被安排到新用人单位工作，工作年限合并计算为新用人单位工作年限。本案中，一审、二审法院在认定劳动关系存续期间的不同认识和判决，在一定程度上反映了当前司法实践中存在将合并计算的工作年限与劳动关系存续期间混淆适用的问题。

在劳动者非因本人原因变更用人单位的情况下，合并计算的工作年限与劳动关系存续期间是不完全相同的概念。区别主要表现在：

1. 内涵与外延不同

合并计算的工作年限是一种法律拟制的劳动者连续工作年限，指劳动者在一个或者若干个单位工作，按规定连续计算的工作时间。劳动关系存续期间是指自劳动者与用人单位建立劳动关系起直至劳动关系终止或解除的期间。劳动关系存续期间是狭义的本单位工作年限，包含在合并计算的工作年限中，合并计算的工作年限是广义的本单位工作年限。

2. 来源不同

劳动关系存续期间来源于《中华人民共和国劳动合同法》第七条规定，合并计算的工作年限规定体现在《中华人民共和国劳动合同法实施条例》第十条、《最高人民法院关于审理劳动争议案件适用法律问题的解释（一）》第四十六条。

3. 计算方式不同

劳动关系存续期间自用人单位用工之日起计算，合并计算的工作年限是若干用人单位按规定计算的工作年限的总和。

4. 适用不同

本案中，虽一审、二审认定的劳动关系存续期间不同，但最终判决的经济补偿金等并无差别，这反映了合并计算工作年限的优越性，但并不意味着劳动关系存续期间和合并计算的工作年限的区别无意义，两者在适用上有严格的区别。

（1）合并计算的工作年限的适用情形：原用人单位未支付经济补偿金的，经济补偿金按合并计算的工作年限支付；用人单位违法解除或者终止劳动合同的，按经济补偿金标准的二倍向劳动者支付补偿金；职工患病或非因公负伤，需要停止工作医疗时，根据本人实际参加工作年限和本单位工作年限，给予三个月到二十四个月的医疗期；劳动者在用人单位工作满十年，除劳动者提出订立固定期限劳动合同外，应当订立无固定期限劳动合同；劳动者在用人单位连续工作满十五年，且距法定退休年龄不足五年，用人单位不得依照无过失性辞退、经济性裁员的规定解除劳动合同，且劳动合同期满延续。

（2）劳动关系存续期间适用的情形：已建立劳动关系，未同时订立书面劳动合同的，应当自用工之日起一个月内订立书面劳动合同，自用工之日起超过一个月不满一年未订立书面劳动合同的，应当向劳动者每月支付二倍的工资；用人单位自用工之日起满一年不与劳动者订立书面劳动合同的，视为用人单位与劳动者已订立无固定期限劳动合同；用人单位应当自用工之日起三十日内为其职工申办社会保险登记；劳动者与原工作单位因拖欠劳动报酬发生争议的，应当与原工作单位自劳动关系终止之日一年内提出。

综上所述，在具体司法实践中，面对企业合并、更替频繁的行业，应特别注意结合行业特点、用人单位经营时间及其他劳动关系存在的证据，综合认定劳动者的劳动关系存续期间、合并计算的工作年限，并进行区别适用。

编写人：四川省内江市中级人民法院　雷琳

198 用人单位不宜被认定为有权申请宣告劳动者死亡的利害关系人

——海运公司申请宣告公民死亡案

【案件基本信息】

1. 裁判书字号

广州海事法院（2018）粤72民特64号民事裁定书

2. 案由：宣告公民死亡纠纷

3. 当事人

申请人：海运公司

被申请人：杨某某

【基本案情】

2017年6月21日，杨某某与海运公司订立劳动合同，约定杨某某的岗位为“××”轮的轮机长，合同期限至2020年6月20日。

2017年8月23日，受2017年第13号台风“天鸽”影响，“××”轮在珠江口沉船，船上11人落水，6人死亡，杨某某和另一名王姓船员失踪。

2017年9月23日，就杨某某失踪一事，海运公司与杨某某家属杨某（杨某某之子）、高某某（杨某某之妻）等人签订和解协议，约定海运公司一次性补偿杨某某近亲属112万元，协议还约定杨某某近亲属取得前述款项需提交法院宣告杨某某死亡的民事判决。2017年10月30日，杨某某之子杨某代表杨某某近亲属领取了共计112万元的和解赔偿款项。

2017 年 11 月 16 日，广州沙角海事处出具证明，载明根据事故发生的天气、海况以及船员失踪的时间判断，杨某某生还可能性不大。

后海运公司要求杨某某近亲属向法院申请宣告杨某某死亡，杨某某近家属以情感上难以接受等理由拒绝。海运公司遂向广州海事法院申请宣告杨某某死亡。

【案件焦点】

劳动者的用人单位能否被认定为宣告劳动者死亡的利害关系人。

【法院裁判要旨】

广州海事法院经审理认为：申请人海运公司与杨某某之间订有书面劳动合同，系杨某某的用人单位。虽然申请人在杨某某家属未能提供宣告杨某某死亡判决的情形下向杨某某家属支付和解补偿款，可能遭受申请人自称的法律风险，但其遭受的前述自称法律风险并不足以使申请人具有宣告杨某某死亡的利害关系人资格。至于申请人自称面临的法律风险，申请人可寻其他合法途径予以解决。故申请人关于宣告杨某某死亡的申请于法无据，应予驳回。

广州海事法院依照《中华人民共和国民法总则》第四十六条，《中华人民共和国民事诉讼法》第一百七十七条、第一百七十八条、第一百八十四条、第一百五十四条第一款第十一项的规定，裁定如下：

驳回申请人海运公司宣告杨某某死亡的申请。

【法官后语】

台风作为一种自然现象，由其作为原因力引起的海难事故，在宣告失踪和宣告死亡事故中作为"意外事件"处理较为合理。故海运公司申请宣告杨某某死亡的事实要件（意外事件）、时间要件（不受二年时间限制）均已满足。本案焦点问题是海运公司是否为民法典第四十六条规定的"利害关系人"。

《最高人民法院关于适用〈中华人民共和国民法典〉总则编若干问题的解释》第十六条规定，人民法院审理宣告死亡案件时，被申请人的配偶、父母、子女，以及依据民法典第一千一百二十九条规定对被申请人有继承权的亲属应当认定为民法典第四十六条规定的利害关系人。符合下列情形之一的，被申请人的其他近亲属，以及依据民法典第一千一百二十八条规定对被申请人有继承权的亲属应当认定为民法典第四十六条规定的利害关系人：（一）被申请人的配偶、父母、子女均已死亡或者下落不明的；（二）不申请宣告死亡不能保护其相应合法权益的。被申请人的债权人、债务人、合伙人等民事主体不能认定为民法典第四十六条规定的利害关系人，但是不申请宣告死亡不能保护其相应合法权益的除外。因此，有权宣告杨某某死亡的利害关系人应包括杨某某的配偶、父母、子女以及依据民法典第一千一百二十九条规定对被申请人有继承权的亲属。海运公司并非杨某某的近亲属，因此应判断海运公司是否为杨某某的"债权人、债务人、合伙人等"。

笔者认为，应结合宣告死亡制度的目的予以判定前述主体范围。宣告死亡的制度目的是及时了结下落不明人与他人的财产关系和人身关系，维护正常的社会秩序。从反向规制看，也需避免他人恶意利用宣告死亡制度损害失踪人利益的问题。从主体构成要件层面上看，申请宣告死亡的利害关系人是与失踪的自然人具有利益关系的主体；从利益实现层面上看，需满足如不宣告该自然人死亡则其利益不能实现。也就是说，只要能通过其他制度保护其利益的，就不宜允许该主体宣告失踪自然人死亡的权利。可以通过其他诉讼程序维护其债权的普通债权人以及可通过其他行为或诉讼程序了结与失踪人债务关系的债务人则无权申请宣告自然人死亡。而与失踪自然人存在劳动合同关系的用人单位，劳动者的失踪必然影响其与劳动者的劳动关系是否应该存续、是否需继续承担对劳动者缴纳社会保险等重大利害关系，其可以通过宣告自然人失踪实现其利益。在此情形下，不宜赋予其通过宣告劳动者死亡这种具有重大后果的制度维护其权益。

就本案而言，海运公司与杨某某近亲属达成的协议中包括杨某某近亲属需向法院申请宣告杨某某死亡的条件。海运公司在该条件尚未成就之时，即基于人道主义考量向杨某某近亲属全额支付了112万余元和解款项。虽然之后杨某某近亲属未及时向法院申请宣告杨某某死亡，可能使海运公司遭受保险公司的索赔等实际损失，但海运公司的前述自称损失可以通过以杨某某近亲属为被告，以杨某某近亲属未履行合同义务或者存在不当得利为由，以诉讼程序予以救济。而申请宣告杨某某死亡并不是该公司实现其利益的唯一选择。故法院裁定驳回海运公司的申请。驳回海运公司申请后，承办法官向杨某某近亲属释明了其全额收取和解款项但未向法院申请宣告杨某某死亡可能存在的法律风险。后杨某某配偶高某某以申请人身份向法院申请宣告杨某某死亡。法院根据事实和法律规定，准许了高某某的申请。

编写人：广州海事法院　徐春龙

199　用人单位主张劳动者支付“猎头费”的处理方法

——科技公司诉宁某劳动争议案

【案件基本信息】

1. 裁判书字号

北京市第一中级人民法院（2018）京01民终8065号民事判决书

2. 案由：劳动争议纠纷

3. 当事人

原告（上诉人）：科技公司

被告（被上诉人）：宁某

【基本案情】

宁某于2016年6月2日入职科技公司，双方订立了固定期限劳动合同。2017年7月10日，宁某因个人原因以电子邮件形式向科技公司提交了离职申请，此后未再出勤。

科技公司主张，其公司收到宁某的离职申请后，于2017年7月11日起多次通过电子邮件的方式告知宁某应办理工作交接，但宁某提出离职后便离开工作岗位未再出勤，未提前30日向其公司提出离职申请，未办理离职工作交接。此外，宁某等12人还串通同事离职并入职竞争对手的公司，对销售工作造成不良影响，导致其公司重新招录、培训、试用员工，产生了费用，给其公司造成经济损失。同时，宁某等12人的离职打断了其公司正常的研发、经营工作，导致产品的研发停滞，无法按期交付，给其公司造成巨大经济损失。宁某应当对上述损失承担赔偿责任。为证明其主张，科技公司提交电子邮件打印件、付款通知书、支出凭单、增值税发票予以证明。电子邮件发件方为科技公司。其中2017年7月11日发送的电子邮件中要求宁某自提交辞职申请之日起30日内，应当继续在公司正常履职并协助公司完成工作交接。2017年7月13日发送的电子邮件中载明宁某提出离职申请后未进行任何交接善后，未完成工作交接并对公司产品造成影响的，公司将保留追究法律责任的权利。付款通知书显示出具方为人力公司，付款详情为咨询费，并载有“宁某”字样，金额共计40000元。支出凭单中载明猎头费（宁某）、增值税发票显示付款方为科技公司，收款方为人力公司，名称为咨询服务。宁某对电子邮件的真实性不认可，主张该邮箱为工作邮箱，其于2017年7月10日提出离职后，当日发现其已没有登录该邮箱的权限。宁某不认可付款通知书、支出凭单的真实性，认可增值税发票的真实性。

宁某主张，其已经办理了离职交接，交接给部门经理马某（马某与科技公司亦有劳动争议案件在审），科技公司提交的增值税发票中并未见其个人信息，其并不知晓存在招聘费用。即使科技公司确实发生了与招聘相关的费用，也是其公司自愿支出，并非法律规定其公司必须支出，也并非其本人要求科技公司所支出，此类费用为科技公司的经营成本，与其无关。

【案件焦点】

1. 科技公司能否证明“猎头费”为招聘宁某所支出的必需费用；2. 科技公司能否证明宁某违法离职所造成的损失。

【法院裁判要旨】

北京市海淀区人民法院经审理认为：宁某因个人原因于 2017 年 7 月 10 日向科技公司提出离职，此后便停止工作未再出勤，该行为确实存在不当之处。科技公司主张宁某赔偿因违反法律规定解除劳动关系造成的损失，科技公司应当举证证明损失的客观存在以及损失系因宁某未提前三十日通知解除劳动关系的行为所致。现科技公司主张诉讼请求的金额包括招聘宁某的费用以及其公司依据宁某工作内容的重要程度估算得出，科技公司并未提交证据证明宁某所造成损失的客观存在以及损失与宁某的辞职行为存在因果关系，科技公司应当承担举证不能的法律后果。综上，科技公司的诉讼请求，缺乏事实依据，法院不予支持。

北京市海淀区人民法院依照《中华人民共和国劳动法》第七十九条规定，判决：

驳回科技公司的诉讼请求。

科技公司不服一审判决，提起上诉。北京市第一中级人民法院经审理认为：科技公司主张宁某应赔偿的损失包括其公司招收录用宁某所支付的费用和因违法解除劳动关系造成的经济损失，招录费具体指其公司向人力公司支付的猎头费 40000 元。现科技公司提交的证据不足以证明该 40000 元为其公司招录宁某所产生的费用，且科技公司与宁某亦未在劳动合同中对猎头费的承担予以约定，故法院对科技公司的该主张不予支持。科技公司主张宁某赔偿因其违法解除劳动关系造成的损失，应举证证明损失的客观存在以及损失系因宁某未提前三十日通知解除劳动关系的行为所致。现科技公司未能提交证据予以证明，应承担举证不能的法律后果。对科技公司要求宁某赔偿违法解除劳动关系对其公司造成的经济损失的上诉请求，法院不予支持。

北京市第一中级人民法院依照原《中华人民共和国民事诉讼法》第一百七十条第一款第一项之规定，判决：

驳回上诉，维持原判。

【法官后语】

用人单位主张劳动者赔偿违法离职给用人单位造成的损失，一般指因劳动者未提前三十日（试用期内为三日）通知用人单位，给用人单位造成的直接经济损失。而在现代经济多元化发展的背景下，用人单位不再单纯地依靠单位内部人事部门招聘员工，为了更好更快地寻找到符合需求的人才，往往要借助猎头公司的力量，并支出一笔不菲的猎头费。这在互联网行业、科技行业、设计行业等新兴行业尤为盛行，而此类行业跳槽率居高不下，也就意味着涉及猎头费的劳动争议案件有极大的增加的可能性，而该争议在立法中尚属空白，司法观点也并不一致。当通过猎头公司招募进来的劳动者选择主动离职时，用人单位往往将猎头费计算进用人成本或劳动者离职导致的损失，向劳动者主张，由劳动者承担或全部或一定比例的猎头费。本案用人单位主张的损失便包括了猎头费，虽然根据全案的事实情况，未支持用人单位的主张，但具有拓展研究意义。

1. 猎头费的性质

（1）内涵

猎头公司是“高级管理人员代理招募机构”的俗称，是为用人单位搜寻高层管理人才和关键技术岗位人才的招募服务的组织，由用人单位支付搜寻和推荐候选人所需的相应佣金，即猎头费，收费类型多为“服务费”“咨询费”，数额按招募岗位年薪的一定比例计算，价格不菲。优点是能够提供专业性、有针对性的服务，保密性高，节约时间，已成为现代经济体下的重要组成部分。

(2) 相关案例

通过在中国裁判文书网上搜索，笔者发现包含“猎头费”关键词的劳动争议案件寥寥可数，多集中于居间合同纠纷、服务合同纠纷和委托合同纠纷，案情多为猎头公司要求对方当事人按双方约定支付服务费及违约金。用人单位与猎头公司签订《猎头服务合同》，对拟招聘的岗位名称、薪资、付款时间、付款条件、付款方式等作出约定，由猎头公司寻找合适目标员工，进行推荐。《猎头服务合同》中通常只对岗位的条件进行描述和要求，不针对具体的某个人。

(3) 结论

通过案例检索及对猎头行业业务流程的考察发现，猎头与中介不同。中介是连接需求双方的桥梁，处于中间立场，而猎头的服务对象是客户公司，更多关注的是客户公司的想法，满足的是客户公司的岗位需求。从《猎头服务合同》的格式和内容也可以看出，该合同效力仅及于客户公司和猎头公司双方，并非客户公司、猎头公司与劳动者三者之间产生的法律关系。猎头费的收费模式大致分为按过程收费、按结果收费和打包收费，但无论是哪种收费模式，付款方均为客户公司，因此猎头费为客户公司基于与猎头公司签订的服务合同向猎头公司的劳动支付的对价。而现实中，通过猎头公司寻找的目标岗位，多为技术岗或管理岗，符合岗位需求的劳动者可以通过劳动为用人单位创造较高的价值，而客户公司也往往会与猎头公司约定保证期限，在该保证期限内推荐的劳动者无法为公司提供劳动的，猎头公司重新为客户公司搜寻下一个合适的人选，在一定程度上减少客户公司承担的风险。因此，将猎头费视为用人单位自主选择的运营方式产生的成本较为适宜。

2. 本案猎头费未得到支持的理由

(1) 科技公司未能证明招用宁某支出了40000元猎头费

本案中，科技公司主张其公司通过猎头公司招用的宁某，支出了猎头费用40000元，并提交了付款通知书，显示出具方为人力公司，付款详情为咨询费，并载有“宁某”字样，金额共计40000元；提交的支出凭单中载明猎头费（宁某）、增值税发票显示付款方为科技公司，收款方为人力公司，名称为咨询服务。但上述证据仅载有宁某名字，无其他信息，无法证明是科技公司招用宁某支出的费用。

(2) 科技公司与宁某的劳动合同中未对猎头费进行约定

①合同相对性原理

如上所述，猎头公司与客户公司之间的合同效力，不及于第三人；猎头费是客户公司基于与猎头公司签订的服务合同向猎头公司的劳动支付的对价。根据合同相对性原理，在用人单位与劳动者没有特殊约定的情况下，用人单位为其单位的利益而支出的猎头费，不应转嫁在劳动者身上。

②缺乏“期待可能性”

本案中，科技公司与宁某签订的劳动合同中，对猎头费没有进行约定，该公司也未提举证据证明与宁某以其他方式有过该约定。在此情况下，从法律上讲，宁某对此并没有产生预期，即宁某不知自己的离职会产生赔付40000元猎头费的法律后果。

3. 若双方在劳动合同约定了猎头费，是否能得到支持

首先，需判断用人单位提交的证据是否能证明该劳动者是通过该猎头公司的推荐入职公司，并确定用人单位实际支付猎头公司的猎头费数额。

其次，若用人单位与劳动者在劳动合同中约定了劳动者违反法律规定或劳动合同约定离职，赔付用人单位支出的全部或者一定比例的猎头费，则需查明劳动合同中将该项约定为什么性质。通过司法实践来看，用人单位多将该项约定在违约金项下。但2008年劳动合同法施行后，法律禁止在法定情形之外为劳动者约定违约金，也不得在法律规定之外限制劳动者解除合同的权利。用人单位与劳动者约定由劳动者承担违约金的情形只有两种。一种是用人单位为劳动者提供专项培训费用，对其进行专业技术培训的，可以与该劳动者订立协议，约定服务期。劳动者违反服务期约定的，应当按照约定向用人单位支付违约金。另一种是对负有保密义务的劳动者，用人单位可以在劳动合同或者保密协议中与劳动者约定竞业限制条款，劳动者违反竞业限制约定的，应当按照约定向用人单位支付违约金。除以上两种情况外，约定违约金条款都为无效条款。

最后，若双方在劳动合同中单独约定该项如何处理？虽然司法实践中暂未出现该情形的案例，但在日后该类案件的处理上，法院应在尊重双方平等自愿、协商一致的基础上，以利益衡量和个案分析为原则，结合猎头费的性质，综合考虑全案事实，行使自由裁量权。

编写人：北京市第一中级人民法院　高天琪

200 劳动争议诉讼中公司法人格的突破

——黄某诉王某、武某劳动争议案

【案件基本信息】

1. 裁判书字号

北京市东城区人民法院（2018）京 0101 民初 5988 号民事判决书

2. 案由：劳动争议纠纷

3. 当事人

原告：黄某

被告：王某、武某

【基本案情】

2007 年 8 月，黄某入职建筑劳务公司工作。12 月 22 日，黄某在建筑劳务公司承建的某小区工地施工的过程中受伤，被认定为工伤，评定为五级伤残。后经生效裁决，建筑劳务公司支付黄某相应工伤待遇。

2017 年 5 月 20 日，建筑劳务公司申请注销，6 月 20 日在《某商报》刊登注销公告，7 月 29 日该公司召开股东会，就公司注销作如下决议：一、同意公司注销。二、同意成立清算组，清算组成员为张某、周某、王某，张某任清算组组长。三、同意将上述决定登报公告公司注销情况及告知公司债权债务人。四、向公司登记机关申请注销登记。该决议落款处有股东“张某、陈某、王某、武某”四人签名。2017年7月31日，落款为“孝昌县某某商贸有限公司”的清算报告中关于债权债务清偿情况载明“清算费用0.00元。截至2017年7月31日，公司债权债务已清算完毕，剩余财产已分配完毕”，但该报告落款处加盖的是建筑劳务公司公章。2017年8月4日，经工商行政管理部门核准，建筑劳务公司办理了注销登记。注销时，王某、武某为建筑劳务公司自然人股东。

2018年3月16日，黄某再次向北京市东城区劳动人事争议仲裁委员会提出仲裁申请，要求建筑劳务公司的股东给付工伤赔偿及继续治疗费用168000元。2018年3月23日，该委以被申请人主体不适格为由作出不予受理通知书。黄某不服不予受理通知书，诉至法院，主张建筑劳务公司注销时未对此前欠其的工伤赔偿款进行责任承担的结算，故应承担二次手术及康复费用。

【案件焦点】

用人单位已于发生劳动争议前注销的，劳动者是否可通过劳动争议诉讼获得相应补偿。

【法院裁判要旨】

北京市东城区人民法院经审理认为：根据公司法的相关规定，公司清算时，清算组应当按照公司法规定，将公司解散清算事宜书面通知全体已知债权人，并根据公司规模和营业地域范围，在全国或者公司注册登记地省级有影响的报纸上进行公告。清算组未按照前款规定履行通知和公告义务，导致债权人未及时申报债权而未获清偿，债权人主张清算组成员对因此造成的损失承担赔偿责任的，人民法院应依法予以支持。本案中，根据生效的法院判决书及劳动争议仲裁委员会裁决书，建筑劳务公司自然人股东之一的王某明知其担任法定代表人期间公司与黄某之间存在涉及工伤赔偿给付义务的劳动争议，且黄某医治其所受工伤时植入内固定物需要取出。但在该公司准备注销时，王某作为清算组成员，未向黄某明确告知要求其申报债权。建筑劳务公司在清算过程中，亦未对黄某工伤的后续治疗费用予以考虑，且未在清算报告中载明注销后对公司债务的责任承担方案，由此导致黄某工伤医疗费的债权未能通过清算程序得以清偿。王某、武某对此存在不当之处。

另经核实，建筑劳务公司四名自然人股东中，张某与武某实为同一人，陈某查无此人，但建筑劳务公司却向工商行政管理部门提供了有四名股东签字确认的关于办理公司注销并成立清算组的股东会决议；且清算报告落款处公司名称为“孝昌县某某商贸有限公司”，却加盖建筑劳务公司公章，属于提交虚假的办理注销及清算手续、骗取公司登记机关办理法人注销登记。建筑劳务公司股东王某、武某亦应承担对黄某债务的赔偿责任。

北京市东城区人民法院依照《工伤保险条例》第六十二条第二款，《最高人民法院关于适用〈中华人民共和国公司法〉若干问题的规定（二）》第十一条、第十九条之规定，作出如下判决：

一、自本判决生效之日起七日内，王某、武某支付原告黄某工伤二次手术及康复费用25000元；

二、驳回黄某的其他诉讼请求。

判决后，双方当事人均未上诉，本判决现已生效。

【法官后语】

劳动关系是劳动者与用人单位之间的法律关系，从民法的角度来看，一般情形下关系的一方是自然人，另一方是法人。法人作为民事主体活动，享有法律赋予其的拟制人格，始于成立，终于消灭。法人成立前以法人名义进行的民商事活动的效力及法律后果，和法人消灭后可能产生的附随义务，亦为近年来民商法领域所重视，陆续以司法解释等形式作出规定。但在劳动法领域，作为劳动关系一方的法人，仅能在其存续期间才有可能雇用自然人并与其建立劳动关系，并承担相应的权利义务。

同样，法人作为劳动争议中的诉讼主体，亦须以其民事主体的身份存在为前提。在目前的审判实践中，如作为用人单位的法人在仲裁、诉讼过程中注销，法院可直接依据司法解释的相关规定变更被注销公司股东为当事人继续进行审理。但本案碰到的“瓶颈”是作为用人单位的法人，在与劳动者尚未产生劳动争议时即办理了注销登记，劳动争议仲裁委员会即是以被申请人主体不适格为由作出的不予受理决定。劳动者据此诉至法院时，是应当告知劳动者按照公司法的相关规定追究公司的清算注销责任，还是在劳动法框架下直接进行审理。这涉及民事案件中当事人资格审查的前提问题，也是劳动争议案件审理中确认原、被告之间是否存在劳动关系这一基础法律关系的基本问题。本案中的处理方式即为直接在劳动法框架下进行实体审理并作出判决，但在采用该种方式、突破民法和公司法对于“注销法人拟制人格已消灭”这一基本限制、直接以公司股东为被告进行劳动争议案件的审理时，应注意审查以下几个方面。

1. 劳动者与被注销法人是否存在劳动关系

劳动者与用人单位存在劳动法律关系，是所有劳动争议案件审理的基础，任何案件的进一步审理均以此为前提。劳动关系存在的最直接证据包括劳动合同、社保缴纳凭证、工资发放记录、个税缴纳记录等，此外还有已发生法律效力的判决书、调解书、裁决书等法律文件。如劳动者均无法提供上述证据，则需要根据审理一般确认劳动关系案件中适用的相关规定，来确定劳动者与被注销法人是否曾存在劳动关系，进而确认劳动者直接起诉被注销法人的股东是否符合法律规定。

2. 该法人是否在双方发生劳动争议前即已注销

根据法律的明确规定，与劳动者建立劳动关系的系用人单位，而非自然人。因此，如劳动者提出劳动仲裁或提起诉讼时，作为用人单位的法人仍然存在，则仲裁委员会和法院应当以该法人为当事人立案，在仲裁或诉讼过程中法人实体因注销而消灭的，依职权变更其股东为诉讼主体。如法人在劳动仲裁阶段注销，仲裁委员会依职权变更当事人为法人股东并作出实体裁决后，劳动者不服的，可直接以股东为被告提起诉讼；裁决承担实体责任的法人股东不服的，亦可以其个人名义就仲裁裁决提起诉讼，但应与本案的处理方式相区别。①

3. 劳动争议纠纷的发生在注销时是否可预期

此处的可预期是指注销时的公司股东是否知道或应当知道与其员工可能在公司注销后产生劳动争议纠纷。因劳动争议的仲裁时效通常情况下长于公司注销程序所需时间，故公司股东在清算或办理注销登记时是否已知晓或应当知晓存在尚未进入仲裁或诉讼程序的

① 根据《最高人民法院关于审理劳动争议案件适用法律问题的解释（一）》第二十九条的规定，劳动者与未办理营业执照、营业执照被吊销或者营业期限届满仍继续经营的用人单位发生争议的，应当将用人单位或者其出资人列为当事人。

劳动争议纠纷，就成为能否直接适用该办法进行处理的关键审查点之一。例如，本案中劳动者尚有工伤二次手术费用未支付，或其他劳动者存在医疗、生育、失业等社会保险问题需要解决，或其他涉及工商、税务等行政部门主管范围内的纠纷尚未处理完毕的，则可视为存在可预期的劳动争议纠纷。

4. 清算报告中是否就注销后发生的债务分担作出约定

根据公司法的规定，有限公司的出现及存在意义就是以其公司自有财产对外承担有限责任，出资人则以其出资份额对公司债务承担有限责任，而不应将公司债务负担无限扩张至出资人。但为了规制出资人对公司对外债务的恶意规避等行为，法律也要求清算时应当对公司资产、债权债务分担等作出约定，并对未来可能出现的公司债权债务作出安排。劳动关系可以说是任何一家有限公司都不可避免产生的法律关系，故对公司曾有劳动权利义务的处理是债权债务安排中的一个重要方面。如公司股东在明知存在可预期劳动争议纠纷的情况下，清算报告中未对注销后的债权债务处理作出安排，则应视为清算组未按规定履行通知和公告义务，可直接在劳动争议案件中要求作为清算组成员的股东承担相应法律责任。

5. 是否存在以虚假清算报告骗取注销登记的行为

对于发生劳动争议时已注销的公司，调取其工商登记资料为必要工作。其中，需要着重审查的就是清算报告。如本案中建筑劳务公司四名自然人股东的身份信息经法院核实存在不实之处，且清算报告落款公章名称与建筑劳务公司名称不符，显然属于提交虚假的办理注销及清算手续、骗取公司登记机关办理法人注销登记的行为，作为公司股东理应承担相应责任。

编写人：北京市东城区人民法院　王玫

201 带薪年休假的决定和豁免

——温某明诉半导体公司劳动争议案

【案件基本信息】

1. 裁判书字号

北京市第一中级人民法院（2017）京01民终8213号民事判决书

2. 案由：劳动争议纠纷

3. 当事人

原告（上诉人）：温某明

被告（被上诉人）：半导体公司

【基本案情】

温某明系半导体公司的研发测试工程师。2016年11月23日，双方签订《解除劳动合同协议书》，约定双方之间的劳动关系于2017年1月31日解除；工资、奖金、津贴及其他有关福利和补偿的结算日为2017年1月31日。该协议的附件一中载明，温某明的入职时间为2014年12月15日，月基本工资为59104.83元，未载明未休年休假工资的数额；在附件一的（B）款约定，以上补偿中的未休假期的补偿将由工资系统自动计算，以上所列金额为估算数据仅供参考，最终数额以工资系统自动计算得出的结果为准。

上述协议签订后，温某明即开始进行工作交接。2017 年 1 月 11 日，半导体公司通过发送电子邮件、快递的方式通知温某明，截至 2017 年 1 月 6 日，温某明的剩余年休假（年休假额度计算至 2017 年 1 月 31 日）为 130. 19187 小时，公司要求温某明在 2017 年 1 月 13 日至 1 月 26 日期间休假，年休假先从剩余法定年休假中扣除。2017 年 1 月 12 日，温某明通过电子邮件回复半导体公司拒绝休假。后半导体公司通过银行转账支付了温某明离职补偿款，其中包含了 50. 19 小时的未休年休假工资 17048. 54 元。

2016 年 1 月 11 日，温某明向北京市海淀区劳动人事争议仲裁委员会（以下简称海淀仲裁委）申请劳动仲裁，要求半导体公司支付其未休年休假工资。后海淀仲裁委裁决驳回温某明的仲裁请求。半导体公司认可该裁决内容，温某明不服该裁决内容，诉至一审法院，请求判令半导体公司支付其未休年休假工资 115623. 328 元。

【案件焦点】

半导体公司是否应当支付温某明 80 个小时未休年休假工资。

【法院裁判要旨】

北京市海淀区人民法院经审理认为：劳动者的合法权益受法律保护，当事人应当对自己的主张提供证据予以证明。根据查明的事实，原、被告均认可截至 2017 年 1 月 31 日即离职日，原告总计应休年休假的额度为 130. 19187 小时，本院对此不持异议。现原告主张上述时间均为法定未休年休假，被告主张部分为法定、部分为公司奖励假，但未就此提供确实、有效的证据予以证实，应当承担举证不能的法律后果，故本院采信原告关于 130. 19187 小时均为法定年休假的主张。

根据《企业职工带薪年休假实施办法》第十条第二款的规定，用人单位安排职工休年休假，但是职工因本人原因且书面提出不休年休假的，用人单位可以只支付其正常工作期间的工资收入。现被告为原告安排了共计 10 天（80 小时）的年休假，原告通过电子邮件回复予以拒绝，被告无需支付原告上述期间的未休年休假工资。剩余的未休年休假 50.19187 小时，被告仅支付原告补偿 17048.54 元，该数额低于法定的补偿标准，应当予以补足。故对原告主张的未休年休假工资的合理部分，本院予以支持，对于其过高的诉请，依据不足，不予支持。

北京市海淀区人民法院依据《中华人民共和国民事诉讼法》第六十四条第一款之规定，判决：

一、半导体公司于判决生效之日起七日内支付原告温某明未休年休假工资 17050.1 元；

二、驳回温某明的其他诉讼请求。

二审法院同意一审法院裁判意见。

【法官后语】

劳动者依法享受与本人工作年限相关的带薪年休假，是法律赋予劳动者的休息权。而如何配置决定具体休假时间的权利，则成为带薪年休假法律规制的核心问题。《职工带薪年休假条例》第五条既规定了用人单位在带薪年休假的决定权方面具有极大的主导权，同时又要求用人单位在统筹安排年休假时必须考虑劳动者的意愿，以试图平衡双方的利益，但却导致在实践中用人单位和劳动者极易因此产生争议。本案争议的焦点即为用人单位安排劳动者休年休假，而劳动者书面提出不休年休假，用人单位是否可以豁免支付300%未休年休假工资报酬的责任。对此，应当从以下几个方面考量：

首先，从带薪年休假制度的立法本意看。带薪年休假制度是保证劳动者在享有基本工作权利基础之上同时享有与之相辅相成的休息休假权，从而保障劳动者劳动力的恢复提高，以充沛的体力和精力投入新的劳动和工作，其立法本意在于保护劳动者的休息权。之所以规定用人单位按照300%支付年休假工资报酬，只是一种替代和补偿措施，其根本目的在于倒逼用人单位切实保护劳动者的休息权。因此，带薪年休假的强制性不仅是对用人单位，而且也是对劳动者而言的，不区分情形地一律强制用人单位支付补偿将会造成双方的利益失衡，亦与立法本意不相符。

其次，从带薪年休假的性质理解《职工带薪年休假条例》第五条。劳动者休假权不仅是劳动者的自由，更关系到企业的经营状况，所以，年休假权不是纯粹意义上的形成权，用人单位在年休假问题上有一定的决定权。从该条规定的文义看，用人单位只需"考虑"劳动者本人意愿，但无需劳动者同意。也就是说，休年休假是由用人单位主动安排的，是用人单位的强制法定义务，而非必须由劳动者主动提出休年休假申请才实施。即使劳动者没有提出休年休假的申请，用人单位也应当主动安排，而不能视为劳动者自动放弃。从用工实际看，带薪年休假的最终实现，一般有赖于劳动者的主动申请和用人单位的批准，而是否批准劳动者休假则体现了用人单位统筹安排的法定义务和自主经营权利。如果劳动者以积极的明示的方式表示其不休年休假，则属于其考量自身利益后作出的选择，用人单位就没有义务为其另外安排补休或者额外支付工资。

最后，从诱发道德风险的角度理解《企业职工带薪年休假实施办法》第十条的制度设计。劳动者在年休假期间享受与正常工作期间相同的工资收入，而未休年休假则可享受到300%的工资报酬，所以用人单位未安排年休假的用工成本要远高于安排年休假。实践中，确实存在部分劳动者因个人动机不休年休假的情形，如用人单位安排劳动者休息，劳动者为了三倍的工资报酬或其他目的不休；劳动者提前三十天通知用人单位解除劳动合同，在通知期内，劳动者有机会休年休假，但劳动者未要求休假。基于此，用人单位安排劳动者休年休假有防范用工风险和节约用工成本的合理动机，同时也要在一定程度上限制劳动者“放弃”带薪年休假的权利。

具体到本案中，劳动者与用人单位达成解除劳动合同的合意后，用人单位有足够的时间安排工作交接以及处理劳动关系存续期间的未尽事宜，劳动者未休年休假即属于未尽事宜范畴，且离职前集中休年休假合理可行。既然用人单位有证据证明其主动安排过法定带薪年休假，而劳动者无法休息系其本人原因造成并以书面形式提出放弃，那用人单位就可以免除支付应休未休年休假额外工资报酬的责任。

编写人：北京市第一中级人民法院　郝映映

202　混合用工关系诉讼管辖的确立标准

——电子沈阳分公司、电子北京公司诉徐某劳动争议案

【案件基本信息】

1. 裁判书字号

北京市第三中级人民法院（2015）三中民终字第11928号民事裁定书

2. 案由：劳动争议纠纷

3. 当事人

原告（上诉人）：电子沈阳分公司、电子北京公司

被告（被上诉人）：徐某

【基本案情】

徐某于2003年4月15日入职电子北京公司，2008年4月15日与电子沈阳分公司签订了无固定期限劳动合同。后电子沈阳分公司于2014年12月29日向徐某发出了《解除劳动合同通知书》，载明其与徐某的劳动关系保留至2014年12月31日。徐某在电子北京公司工作期间的工作地点位于沈阳市，在电子沈阳分公司工作期间的工作地点为沈阳市沈河区；徐某在2003年4月至2014年12月期间一直担任工程师，工作岗位未发生过变更。

后徐某申请劳动仲裁，要求电子北京公司及电子沈阳分公司支付其违法解除劳动关系的赔偿金等，仲裁裁决作出后，电子北京公司及电子沈阳分公司对裁决不服，诉至北京市朝阳区人民法院。

北京市朝阳区人民法院向徐某送达起诉书及开庭传票，徐某在答辩期内提出管辖异议，并主张其与电子沈阳分公司建立有劳动关系，签订有无固定期限劳动合同，故其用人单位系电子沈阳分公司，该公司的住所地位于沈阳市沈河区，且劳动合同的履行地亦为此处，而电子北京公司并非其用人单位，北京市既非用人单位所在地，亦非劳动合同履行地，故其认为本案依法应由辽宁省沈阳市沈河区人民法院管辖。

【案件焦点】

1. 徐某所提管辖异议是否应得到支持；2. 本案的管辖法院如何确定。

【法院裁判要旨】

北京市朝阳区人民法院经审理认为：劳动争议案件依法由用人单位所在地或劳动合同履行地人民法院管辖。本案中，徐某自 2008 年 4 月起即与电子沈阳分公司签订了劳动合同，劳动合同履行地为沈阳市沈河区，电子沈阳分公司作为用人单位，其所在地亦为沈阳市沈河区；电子北京公司虽然曾经为徐某的用人单位，但徐某在该公司工作期间的工作地点亦为沈阳市，其与电子北京公司之间的劳动合同履行地并非在北京市朝阳区，且自 2008 年起，徐某的用人单位已变更为电子沈阳分公司，至今已有 7 年，其在该公司工作的时间超过其在电子北京公司工作的时间，为查明案件事实，方便劳动者进行诉讼，此案应由辽宁省沈阳市沈河区人民法院管辖为宜。因此，徐某所提出的管辖权异议成立，本案应当移送劳动合同履行地及用人单位所在地法院辽宁省沈阳市沈河区人民法院审理。

北京市朝阳区人民法院依照《最高人民法院关于审理劳动争议案件适用法律若干问题的解释》第八条的规定，裁定如下：

被告徐某对本案管辖权提出的异议成立，本案移送辽宁省沈阳市沈河区人民法院审理。

电子沈阳分公司及电子北京公司持原审答辩意见提起上诉。北京市第三中级人民法院经审理认为：电子沈阳分公司、电子北京公司系以不服辽宁省沈阳市劳动人事争议仲裁委员会作出的沈劳人仲字（2015）第 205 号仲裁裁决书为由提起的诉讼，请求判令电子沈阳分公司、电子北京公司不向徐某支付违法解除劳动合同赔偿金等，故本案属于劳动争议案件，应当依据法律有关劳动争议案件的规定确定管辖法院。

《最高人民法院关于审理劳动争议案件适用法律若干问题的解释》第八条规定：“劳动争议案件由用人单位所在地或者劳动合同履行地的基层人民法院管辖。劳动合同履行地不明确的，由用人单位所在地的基层人民法院管辖。”本案中，徐某自 2008 年 4 月起即与电子沈阳分公司签订了劳动合同，劳动合同履行地为辽宁省沈阳市沈河区；电子沈阳分公司作为用人单位，其所在地亦为辽宁省沈阳市沈河区。加之徐某的住所地亦在辽宁省沈阳市沈河区，本案所涉及的电子沈阳分公司认为徐某虚报、谎报工作情况的服务报告单所涉及的场所均位于辽宁省，故一审法院从有利于查明案件事实、方便当事人诉讼的角度综合考虑，将本案移送劳动合同履行地及用人单位所在地法院辽宁省沈阳市沈河区人民法院审理并无不当。因此，电子沈阳分公司及电子北京公司的上诉理由不成立，其上诉请求应予驳回。

北京市第三中级人民法院依照《中华人民共和国民事诉讼法》第一百七十条第一款第一项、第一百七十一条、第一百七十五条的规定，裁定如下：

驳回上诉，维持原裁定。

【法官后语】

通过本案的审理，我们发现劳动争议纠纷中，管辖法院的确定存在两个问题：第一，劳动者与两个以上存在关联关系的用人单位建立混合用工关系，若各用人单位的所在地不一致，应如何确定管辖法院；第二，用人单位所在地与劳动合同履行地不一致时，应如何确定管辖法院。

针对第一个问题，笔者认为应着重考虑两个方面的因素，一是用工年限的长短，二是距离争议发生时间的远近。劳动者在某一用人单位工作时间越长，或者某一单位距离争议发生时间越近，劳动者与该用人单位存在的联系就越紧密，相比于存在关联关系的其他用人单位，法院在审理案件过程中所需查明的事实与该用人单位存在的关联也就越大，因此在混合用工关系中，劳动者在各用人单位的工作年限，以及其中某一单位距离争议发生时间的远近，应作为确定用人单位所在地的衡量标准。本案中，电子北京公司与电子沈阳分公司存在关联关系，徐某先后与电子北京公司及电子沈阳分公司签订了劳动合同，其为电子北京公司提供劳动的时间为5年，其为电子沈阳分公司提供劳动的时间将近7年，而徐某因发生劳动争议申请仲裁前系在其与电子沈阳分公司所签订的劳动合同期限内，故笔者认为应将电子沈阳分公司的住所地确定为本案的用人单位所在地。

针对第二个问题，劳动仲裁是劳动争议诉讼的前置程序，我国立法机关对于劳动争议纠纷的诉讼管辖没有设立特殊规定，但对劳动仲裁程序中的管辖问题作出过规定，《中华人民共和国劳动争议调解仲裁法》第二十一条第二款规定，“劳动争议由劳动合同履行地或者用人单位所在地的劳动争议仲裁委员会管辖。双方当事人分别向劳动合同履行地和用人单位所在地的劳动争议仲裁委员会申请仲裁的，由劳动合同履行地的劳动争议仲裁委员会管辖。”可见，本条确定了仲裁管辖由劳动合同履行地和用人单位所在地仲裁委员会管辖的原则，且劳动合同履行地的仲裁委员会具有优先管辖权。

对比仲裁管辖的立法精神，针对诉讼管辖，我国司法机关作出的回应是《最高人民法院关于审理劳动争议案件适用法律问题的解释（一）》第三条，该条规定："劳动争议案件由用人单位所在地或者劳动合同履行地的基层人民法院管辖。劳动合同履行地不明确的，由用人单位所在地的基层人民法院管辖。"该条款确立了劳动争议诉讼管辖由用人单位所在地和劳动合同履行地法院管辖的原则，虽然该条款未明确用人单位所在地与劳动合同履行地出现分离时，劳动合同履行地法院享有优先管辖权，但管辖法院的确定应方便当事人的诉讼，且有利于案件事实的查明，而劳动合同履行地多为劳动者的经常居住地，便于劳动者参加诉讼，降低诉讼成本，且与劳动争议纠纷的联系最为紧密，有利于法院的调查取证，因此劳动合同履行地法院的优先管辖权亦应作为诉讼管辖的原则得以确立。

编写人：北京市朝阳区人民法院　白星晖

203　职工在新的工作单位是否需要工作一年以上才能享受带薪年休假

——徐某诉重机公司劳动争议案

【案件基本信息】

1. 裁判书字号

北京市第一中级人民法院（2013）一中民终字第 7454 号民事判决书

2. 案由：劳动争议纠纷

3. 当事人

原告（被上诉人）：徐某

被告（上诉人）：重机公司

【基本案情】

原告徐某于2011年6月24日入职被告重机公司工作，双方签订了书面《劳动合同书》，合同约定：合同为固定期限合同，合同为期3年，从2011年6月24日至2014年6月24日止。其中试用期为3个月，岗位为机加工艺工程师，每月标准工资为1615元。徐某于2012年7月4日离职。

徐某主张在重机公司工作期间，公司未为其安排带薪年休假，亦未支付其带薪年休假工资，故提起劳动仲裁，要求公司支付其在职期间的带薪年休假工资22303元。重机公司对徐某的请求不予认可，主张徐某至2012年6月24日才工作满一年，故其2011年度无权享受带薪年休假；另外，公司已经安排徐某休了2012年度的年休假，并提交了2012年的考勤表原件，用以证明徐某的年假、加班已全部调休完毕，该《考勤表》显示徐某按大小周出勤，出勤至2012年6月30日，同时落款处有“年假、加班已全部调休完毕”的记录，徐某对该考勤表不予认可，称考勤表出勤情况与事实不符，并且该考勤表存在涂改现象，“年假、加班已全部调休完毕”这句话是事后添加的，并提交2012年考勤表的复印件予以证明。

劳动仲裁认为职工在用人单位连续工作1年以上的才有权享受带薪年休假，徐某于2011年6月24日入职被告重机公司，2012年6月24日才工作满一年，故徐某无权享受2011年度的带薪年休假，而对于2012年6月24日至7月4日期间的带薪年休假，经折算不足一天，故徐某2012年度亦无权享受带薪年休假，综上，驳回了徐某要求公司支付其带薪年休假工资的仲裁申请。

徐某不服仲裁裁决，诉至法院。庭审中，徐某提交了《企业职工养老保险关系持续登记表》，该表显示其参加工作时间为1989年8月1日。另外，徐某提交的银行交易明细，其中显示徐某的每月实发工资为：2012年2月9254.2元、3月9254.2元、4月9254.2元、5月9094.2元、6月7827.42元。

【案件焦点】

《企业职工带薪年休假实施办法》第三条规定，职工连续工作满12个月以上的，享受带薪年休假。这12个月是从劳动者首次参加工作开始计算，还是从劳动者到该用人单位工作开始计算。

【法院裁判要旨】

北京市昌平区人民法院经审理认为：重机公司提交的《考勤表》并未显示安排徐某休带薪年休假，徐某的工龄已满20年，其于2011年6月24日入职被告公司工作，2011年他在该公司的剩余日天数为6月24日至12月31日，总计190天。因此徐某在2011年的休假天数应为：（190÷365）×15＝7.8天，故2011年度其仍可以在该公司休7天的带薪年休假。其于2012年7月4日离职，当年在该单位的工作天数是186天，其未休年休假天数应为：（186天÷365天）×15＝7.6天，故2012年度徐某可以在该公司休7天的带薪年休假。

关于计算未休年休假工资的计算标准，重机公司称2011年2月至2012年1月期间徐某平均每月工资为1615元，徐某主张以银行打卡记录为准，本院按照徐某的工资对账单，认定其在职期间实发工资为平均每月9872.32元。

北京市昌平区人民法院依照《企业职工带薪年休假实施办法》

第三条之规定，判决：

被告重机公司支付原告徐某带薪年休假工资12709.2元。

重机公司提起上诉。北京市第一中级人民法院经审理认为：重机公司主张徐某已休带薪年休假，并提供考勤表予以证明。但从考勤表记载的内容来看，并未具体显示徐某于何时已休带薪年休假，仅凭重机公司单方在考勤表上注明“年假、加班已全部调休完毕”，不足以证明徐某已休带薪年休假，故重机公司应支付徐某未休带薪年休假工资12709.2元，对于重机公司不同意支付徐某未休带薪年休假工资的上诉请求，不予支持。

北京市第一中级人民法院依照《中华人民共和国民事诉讼法》第一百七十条第一款第一项之规定，判决如下：

驳回上诉，维持原判。

【法官后语】

《企业职工带薪年休假实施办法》第三条规定，职工连续工作满12个月以上的，享受带薪年休假。但该规定往往被用人单位解读为，职工在“本单位”连续工作满12个月以上的，享受带薪年休假。于是实践中，职工入职新的单位之后，新的单位往往要求劳动者在该单位连续工作满1年以上才允许休年休假，这种做法实际上是对上述规定的误读。

实际上，职工无论是在同一用人单位连续工作满1年还是在不同用人单位累计工作时间满1年的都可以休年休假，不会因为职工更换单位而重新计算连续工作满1年的期间。换言之，员工在原单位当年已经休过或部分休过年休假，到了新单位后，仍可按规定再休年休假，只要他满足累计工作时间和进新单位的时间就可以。不过，当年在新单位年休假的天数需要按规定折算后确定。折算的方法是：在新单位当年年休假的休假天数=（当年度在本单位剩余日历天数÷365 天）×职工本人全年应当享受的年休假天数。折算后不足 1 整天的部分不享受年休假。

从立法本意上来说，年休假是对劳动者休息权利的保护，无论劳动者在几家用人单位工作过，累计工作年限是劳动者劳动能力、工作经验、自身价值的体现，另一方面也是累计疲劳程度的反映和体力、精力得以恢复所需时间的体现。用人单位在招聘职工时会对劳动者在同行业的工作时间、工作经验有一定的要求，同时在劳动者入职时确定的工资报酬也与该劳动者此前的工作年限和经验挂钩。那么，当涉及劳动者休息的权利时，用人单位不能只着眼于劳动者丰富的工作经验而置其借以获得经验的累计工作时间于不顾，故仲裁认为劳动者需要在新的用人单位重新连续工作满一年以上才能享受带薪年休假，是没有法律依据的。

编写人：北京市昌平区人民法院　王琳

ISBN 978-7-5216-2981-1

9 787521 629811 >

图书在版编目（CIP）数据

劳动纠纷裁判规则理解与适用 / 国家法官学院，最高人民法院司法案例研究院编 .—北京：中国法制出版社，2023. 3

（中国法院年度案例集成丛书）

ISBN 978-7-5216-2981-1

Ⅰ. ①劳… Ⅱ. ①国… ②最… Ⅲ. ①劳动争议-审判-案例-中国 Ⅳ. ①D922. 591. 5

中国版本图书馆 CIP 数据核字（2022）第 193747 号

策划编辑：李小草 韩璐玮（hanluwei666@ 163. com）
责任编辑：赵律玮（ayu. 0907@ 163. com） 封面设计：李 宁

劳动纠纷裁判规则理解与适用

LAODONG JIUFEN CAIPAN GUIZE LIJIE YU SHIYONG

编者/国家法官学院 最高人民法院司法案例研究院
经销/新华书店
印刷/三河市紫恒印装有限公司
开本/880 毫米×1230 毫米 32 开 印张/ 35. 25 字数/ 708 千
版次/2023 年 3 月第 1 版 2023 年 3 月第 1 次印刷

中国法制出版社出版
书号 ISBN 978-7-5216-2981-1 定价：150. 00 元

北京市西城区西便门西里甲 16 号西便门办公区
邮政编码：100053 传真：010-63141600
网址：http：//www. zgfzs. com **编辑部电话：010-63141793**
市场营销部电话：010-63141612 **印务部电话：010-63141606**

（如有印装质量问题，请与本社印务部联系。）

中国法院2012~2023年度案例系列

国家法官学院　最高人民法院司法案例研究院　编

简便易用、专业实用——打造“好读有用”的案例

1. 专业的作者：国家法官学院自2012年起推出“中国法院年度案例丛书”，至今已有12年，旨在探索编辑案例的新方法、新模式，以弥补当前各种案例书的不足。自2020年起，丛书由国家法官学院与最高人民法院司法案例研究院共同编辑，每年年初定期出版。

2. 强大的规模：2012、2013年各推出15本，2014年推出18本，2015年推出19本，2016年推出20本，2017年推出21本，自2018年起推出23本，含传统和新近的热点纠纷，这些案例是从全国各地法院收集到的上一年度审结的近万件典型案例中挑选出来的，具有广泛的选编基础和较强的代表性。

3. 独特的内容：不再有繁杂的案情，高度提炼案情和裁判要旨，突出争议焦点问题。不再有冗长的分析，主审法官撰写“法官后语”，展现裁判思路方法。

4. 数据库增值服务：2023年继续推出数据库增值服务，凡购买本书，扫描前勒口二维码，即可免费使用往年同类案例数据库。

《中国法院2023年度案例系列（全23册）》

1. 婚姻家庭与继承纠纷
2. 物权纠纷
3. 土地纠纷（含环境资源纠纷）
4. 房屋买卖合同纠纷
5. 合同纠纷
6. 买卖合同纠纷
7. 借款担保纠纷
8. 民间借贷纠纷
9. 侵权赔偿纠纷
10. 道路交通纠纷
11. 雇员受害赔偿纠纷（含帮工损害赔偿纠纷）
12. 人格权纠纷
13. 劳动纠纷（含社会保险纠纷）
14. 公司纠纷
15. 保险纠纷
16. 金融纠纷
17. 知识产权纠纷
18. 行政纠纷
19. 刑事案例一
20. 刑事案例二
21. 刑事案例三
22. 刑事案例四
23. 执行案例